올어바웃 기록형 형사법 1
(핵심정리)

홍형철 변호사

새로움

제5판 머리말

이번 제5판에서 추가 및 수정된 내용은 다음과 같습니다.

1. 2023년 실시된 제12회 변호사시험 해설 등을 예시답안 등으로 추가하였습니다.

2. 2023. 4. 4. 개정된 도로교통법 및 2022. 5. 9. 개정된 형사소송법 등 개정된 법률의 내용을 반영하였습니다.

3. 2023. 4. 1. 판례공보까지 고려하여 최신판례를 추가하였고, 최근 대법원 전원합의체 판결에 따라 교재 내용 중 일부를 변경하였습니다.

4. 그 밖에 일부 오타 등을 수정하였습니다.

본서가 수험생들의 합격에 큰 도움이 되길 바랍니다.

홍형철 변호사 드림

머리말

　변호사시험 형사법 기록형 시험은 실체법과 절차법뿐만 아니라 다양한 실무과목 내용과 문제풀이를 위한 방법론으로써 메모법 등 실전지식까지 골고루 공부해야만 제대로 문제를 풀고 답안을 작성할 수 있습니다.
　따라서 제대로 된 기록형 공부를 위해서는 단순한 문제풀이 교재가 아닌 위와 같은 내용을 모두 담고 있는 제대로 된 교재가 필요합니다.
　이러한 필요성에 따라 그 동안의 강의경험과 실무지식 등을 바탕으로 기록형 시험에 필요한 내용들을 한 권에 정리하였습니다. 형법과 형사소송법, 그 밖의 실무과목들의 내용 중 기록형 시험을 위해 기본적으로 알고 있어야 하는 내용들을 '기록형 시험을 위한 기본지식'으로, 실제 기록형 문제를 풀고 답안을 작성하는데 필요한 내용들을 '기록형 시험을 위한 실전지식'으로 나누어 정리하였는바, 그에 대한 각 세부구성 및 내용은 아래와 같습니다.

　Ⅰ. 기록형 시험을 위한 기본지식
　1. 기록형 시험을 위한 형사절차 개관: 형사기록은 수사기록과 공판기록으로 구성되어 있습니다. 따라서 기록을 제대로 이해하기 위해서는 실제 수사와 공판이 어떻게 진행되는지와 각 절차에 따라 어떠한 서면들이 기록에 첨부되는지를 알아야 합니다. 이를 위해 기록형 시험을 위해 꼭 알아야 하는 수사절차와 공판절차의 내용들을 정리하였습니다.
　2. 기록형 시험을 위한 증거법 정리: 형사재판에서 사실인정의 근거가 되는 증거는 매우 중요하고, 특히 증거재판주의의 전제가 되는 증거능력은 기록형 시험에서 매번 중요하게 출제되는 부분입니다. 기록형 시험에 필요한 증거능력 관련 증거법의 내용들을 정리하였습니다.
　3. 기록형 시험을 위한 사실인정론: 자유심증주의에 따른 사실의 인정은 법관의 전권입니다. 그러나 피고인을 변호하는 변호인의 입장에서는 법관의 사실인정에 대해 공소사실을 부인하는 취지의 논증을 하여야 합니다. 이를 위해 기본적인 사실인정의 구조를 익히고 이를 변론요지서 등 답안에서 활용할 수 있어야 합니다. 기록형 시험에 필요한 사실인정론의 내용들을 판례 사례를 중심으로 정리하였습니다.

　Ⅱ. 기록형 시험을 위한 실전지식
　1. 기록형 시험을 위한 무면공 정리 - 답안작성법: 기록형 시험에서는 각 쟁점에 대한 결론뿐만 아니라 그 결론에 이르는 논증 과정을 제대로 답안에 현출하는 것이 중요합니다. 이를 위해 무죄, 면소, 공소기각의 각 사유별로 답안을 구성하는 방법과 답안에 현출하여야 하는 세부 표현들을 정리하였습니다.
　2. 기록형 시험을 위한 메모법 정리: 기록형 시험을 강의하는 모든 사람들이 메모의 필요성을 강조하지만, 정작 변호사시험 기록형 시험만을 위한 제대로 된 메모법을 제대로 가르치는 사람은 거의 없었습니다. 기록형 시험을 제대로 풀기 위해서는 변호사시험 형사법 기록형만을

위한 메모법을 따로 정리하여 공부해야 합니다. 형사재판실무와 검찰실무, 형사변호사실무의 메모법 등을 참조하여 변호사시험 형사법 기록형만을 위한 메모법을 만들어 정리하였습니다.

3. 기록형 시험을 위한 서면양식 정리: 6회 동안 치러진 변호사시험에서는 변론요지서와 검토의견서만이 출제되었지만, 보석허가청구서나 항소이유서 등 출제될 수 있는 몇 가지 양식들이 더 있습니다. 따라서 변론요지서와 함께 출제 가능한 서면들의 기본적인 양식과 구성, 내용 등을 정리하였습니다.

4. 기록형 시험을 위한 특별법 정리: 공소장의 적용법조와 공소사실을 작성하여야 하는 검찰실무와 달리, 공소장이 주어지는 변호사시험을 위해서는 모든 특별형법의 구성요건들을 하나하나 정리할 필요는 없습니다. 교통사고 관련 범죄 등과 같이 검찰실무에 준할 정도로 꼼꼼한 정리가 필요한 특별법과 부정수표단속법 등과 같이 시험에 필요한 내용만을 정리하면 충분한 특별법 내용들을 정리하였습니다.

기록형 시험을 공부함에 있어서는 내용정리와 함께 문제풀이를 꼭 함께 하여야 합니다. 따라서 이 책을 공부하는 수험생들은 「올어바웃 기록형 형사법 2 (기출해설)」을 꼭 함께 공부하시기 바랍니다. 특히 메모법을 공부한 후 위 기출해설편에 첨부된 메모예시를 참고하여 기출문제를 꼭 풀어볼 것을 당부 드립니다.

2017년 6월

홍형철 변호사

Contents
차 례

PART 1 기록형 시험을 위한 기본지식

CHAPTER 01 기록형 시험을 위한 형사절차 개관 ··· 3
CHAPTER 02 기록형 시험을 위한 증거법 정리 ·· 43
CHAPTER 03 기록형 시험을 위한 사실인정론 ··· 74

PART 2 기록형 시험을 위한 실전지식

CHAPTER 01 기록형 시험을 위한 무면공 정리 – 답안작성법 ································ 95
CHAPTER 02 기록형 시험을 위한 메모법 정리 ··· 157
CHAPTER 03 기록형 시험을 위한 서면양식 정리 ·· 165
CHAPTER 04 기록형 시험을 위한 특별법 정리 ··· 195

참고문헌

강구진, 형사소송법원론
권요병, 형사소송법
김기두, 형사소송법
김영환, 형사소송법 강의
김재환, 형사소송법
노규호, 형사소송법판례
노명선, 형사소송법 사례연구
노명선·이완규, 형사소송법
노수환, 핵심형사기록
배종대·이상돈·정승환·이주원, 형사소송법
백형구, 알기쉬운 형사소송법
법무부, 개정형사소송법
법원행정처, 법원실무제요 형사 Ⅰ
법원행정처, 법원실무제요 형사 Ⅱ
사법연수원, 검찰실무 Ⅰ
사법연수원, 검찰실무 Ⅱ
사법연수원, 검찰서류작성례
사법연수원, 수사절차론
사법연수원, 형사소송절차실무
사법연수원, 형사변호사실무
사법연수원, 형사증거법 및 사실인정론
사법연수원, 형사판결서작성실무
사법연수원, 형사판례요약집
손동권, 형사소송법
송광섭, 형사소송법
신동운, 신형사소송법
신양균, 형사소송법
심희기·양동철, 쟁점강의 형사소송법
양동철, 형사소송실무
이상돈, 사례연습 형사소송법
이영란, 한국형사소송법
이은모, 형사소송법
이재상, 신형사소송법
이재상, 신형사소송법연습

임동규, 신형사소송법
정영석·이형국, 형사소송법
정웅석·백승민, 형사소송법
진계호, 형사소송법
차용석·최용성, 형사소송법
차정인, 형사소송실무

PART 1
기록형 시험을 위한 기본지식

CHAPTER 01 | 기록형 시험을 위한 형사절차 개관

Ⅰ. 형사절차의 의의와 구성

형사실체법이 규정하는 범죄행위가 저질러졌을 때 형사실체법을 당해 사건에 적용하여 실현하는 절차를 형사절차라 하고, 이러한 절차를 규율하는 것이 형사절차법이라 한다.

광의의 형사절차란 수사와 협의의 형사절차, 형의 집행을 모두 포함하는 개념이고, 협의의 형사절차란 공소의 제기로부터 판결의 선고에 이르기까지의 통상의 공판절차를 의미한다. 그 중에서도 공판절차를 중심으로 한 형사소송은 형사절차의 핵심이고, 형사소송의 결론에 해당하는 것이 형사재판이다.

형사재판은 범죄를 행한 자를 확인하고 그에 대하여 어떠한 형사제재를 과할 것인지를 결정하는 법원의 의사표시적 소송행위로서 사건의 실체에 대한 법원의 공권적 판단을 의미한다.

Ⅱ. 수사절차

1. 수사절차와 수사의 조건

가. 수사와 수사절차

수사라 함은 범죄의 혐의가 있다고 사료되는 경우에 공소제기 여부를 결정하거나 공소를 제기하고 이를 유지[1]하기 위한 준비로서 범죄사실의 조사, 범인의 발견·확보 및 증거의 발견·수집·보전을 위한 수사기관의 활동을 말하며, 수사 활동이 연속적으로 진행되는 일련의 과정을 수사절차라 한다.

수사는 수사기관이 재량을 가지고 법에 명문으로 금지되어 있지 아니한 이상 모든 방법을 이용하여 할 수 있다(형사소송법 제199조). 수사절차는 실체진실의 발견과 기본적 인권의 보장을 그 기본이념으로 한다.

나. 수사의 조건

수사는 일반적으로 범죄혐의의 발견에서 시작하여 공소제기 또는 불기소처분 등의 수사종결처분에 의하여 종료한다. 이러한 일련의 과정인 수사절차의 개시와 그 진행, 유지에 필요한 조건을 수사조건이라 한다. 수사의 조건으로서는 일반적으로 ① 범죄의 혐의, ② 수사의 필요성, ③ 수사의 상당성이 논의된다.

2. 수사기관의 종류와 상호관계

가. 검사

검사는 검찰권을 행사하는 국가기관이고, 공익의 대표자로서 ① 범죄수사·공소제기와 그 유지에 필요한 사항, ② 범죄수사에 관한 특별사법경찰관리 지휘·감독, ③ 법원에 대한 법령

---

[1] 수사는 주로 공소제기 전에 행하여지는 것이나 공소의 유지를 위하여 필요한 경우에는 공소제기 이후에도 할 수 있다.

의 정당한 적용 청구, ④ 재판 집행 지휘·감독, ⑤ 국가를 당사자 또는 참가인으로 하는 소송과 행정소송 수행 또는 그 수행에 관한 지휘·감독, ⑥ 다른 법령에 따라 그 권한에 속하는 사항을 그 직무와 권한으로 하고 있는 국가기관(검찰청법 제4조 제1항)으로서 형사사법의 중추적 기능을 담당한다.

나. 일반사법경찰관리

일반사법경찰관리는 담당하는 범죄수사의 대상에 원칙적으로 제한이 없다.

1) 경찰청 등 소속 일반사법경찰관리 경무관·총경·경정·경감·경위는 사법경찰관으로서 범죄의 혐의가 있다고 사료하는 때에는 범인·범죄사실과 증거를 수사하고, 경사·경장·순경은 사법경찰리로서 수사의 보조를 하여야 한다(형사소송법 제197조).

2) 검찰청 소속 일반사법경찰관리 검찰총장 등의 지명을 받은 자로서, 검찰주사·마약수사주사·검찰주사보·마약수사주사보는 사법경찰관의 직무를, 검찰서기·마약수사서기·검찰서기보·마약수사서기보는 사법경찰리의 직무를 행한다(검찰청법 제47조 제1항).

다. 특별사법경찰관리

일반사법경찰관리만으로는 전문지식의 부족과 행정기관의 소관업무에 대한 감독의 효율성으로 인하여 효과적이고 적정한 수사를 기재하기 어려워, 이러한 필요에 따라 생겨난 것이 특별사법경찰관리이다. 특별사법경찰관리의 직무를 해할 자와 그 직무의 범위는 법률로써 정하게 되어 있다(형사소송법 제245조의10). 특별사법경찰관리는 그 근무지를 관할하는 지방검찰청 검사장의 지명을 받아야 하는 것이 원칙이다(사법경찰관리의 직무를 수행할 자와 그 직무범위에 관한 법률 제5조).

라. 수사기관 상호간의 관계

<u>검사와 사법경찰관은 수사, 공소제기 및 공소유지에 관하여 서로 협력하여야 한다</u>(형사소송법 제195조 제1항). 종전 형사소송법상 검사는 범죄수사에 관하여 사법경찰관리를 지휘·감독할 직무와 권한이 있었으나, 개정된 형사소송법은 검사와 사법경찰관이 대등한 관계에 있음을 전제로 그 협력의무를 규정하고 있다.

사법경찰관은 자신의 명의와 권한으로 수사를 할 수 있으나, 사법경찰리는 검사나 사법경찰관의 수사를 보조할 뿐 그 독자의 수사는 할 수 없다(형사소송법 제197조 제2항). 따라서 각종 조서도 사법경찰관이 작성하여야 함이 원칙이나, <u>실무에서는 사법경찰리가 사법경찰관사무취급의 명목으로 각종 조서를 작성하고 있고, 판례 역시 사법경찰리 작성의 조서는 사법경찰리가 검사의 지휘를 받아 수사사무를 보조하기 위하여 작성한 것으로서 그 유효성을 인정하고 있다</u>(2001도2657).

일반사법경찰관리와 특별사법경찰관리도 서로 대등한 수사기관으로서 협조관계에 있음은 물론이나, 일반사법경찰관리와 특별사법경찰관리의 수사권이 서로 경합되는 경우에는 특별사법경찰관리에게 수사의 제1차적 책임이 있다. 또한 일반사법경찰관리의 수사권이 특별사법경찰관리와의 관계에 있어서 배제되는 경우도 있다(관세법 제284조 제2항, 근로기준법 제105조 등 참조).

마. 2020. 2. 4. 개정 형사소송법 및 검찰청법

2020. 2. 4. 개정된 형사소송법은 법무부장관과 행정안전부장관이 발표한 「검·경 수사권 조정 합의문」의 취지에 따라 검찰과 경찰로 하여금 국민의 안전과 인권 수호를 위하여 서로 협력하게 하고, 수사권이 국민을 위해 민주적이고 효율적으로 행사되도록 하기 위하여 일부 내용을 개정하였다.

이러한 개정법들은 2021. 1. 1.부터 시행한다. 다만, 형사소송법 제312조 제1항의 개정규정은 2022. 1. 1.부터 시행하고(법률 제16908호 검찰청법 일부개정법률 및 법률 제16924호 형사소송법 일부개정법률의 시행일에 관한 규정), 개정규정 시행 후 공소제기된 사건부터 적용한다(형사소송법 부칙 제1조의2).

1) 개정 형사소송법 주요내용

① 검사와 사법경찰관은 수사, 공소제기 및 공소유지에 관하여 서로 협력하도록 함(제195조 신설).

② 경무관, 총경, 경정, 경감, 경위가 하는 모든 수사에 관하여 검사의 지휘를 받도록 하는 규정 등을 삭제하고, 경무관, 총경 등은 범죄의 혐의가 있다고 사료하는 때에 범인, 범인사실과 증거를 수사하도록 함(제196조).

③ 검사는 송치사건의 공소제기 여부 결정 또는 공소의 유지에 관하여 필요한 경우 등에 해당하면 사법경찰관에게 보완수사를 요구할 수 있고, 사법경찰관은 정당한 이유가 없는 한 지체 없이 이를 이행하도록 함(제197조의2 신설).

④ 검사는 사법경찰관리의 수사과정에서 법령위반, 인권침해 또는 현저한 수사권 남용이 의심되는 사실의 신고가 있거나 그러한 사실을 인식하게 된 경우에는 사법경찰관에게 사건기록 등본의 송부를 요구할 수 있고, 송부를 받은 검사는 필요한 경우 사법경찰관에게 시정조치를 요구할 수 있으며, 검사는 시정조치 요구가 정당한 이유 없이 이행되지 않은 경우에 사법경찰관에게 사건을 송치할 것을 요구할 수 있도록 함(제197조의3 신설).

⑤ 검사는 사법경찰관과 동일한 범죄사실을 수사하게 된 때에는 사법경찰관에게 사건을 송치할 것을 요구할 수 있고, 요구를 받은 사법경찰관은 지체 없이 검사에게 사건을 송치하도록 하되, 검사가 영장을 청구하기 전에 동일한 범죄사실에 관하여 사법경찰관이 영장을 신청한 경우에는 해당 영장에 기재된 범죄사실을 계속 수사할 수 있도록 함(제197조의4 신설).

⑥ 검사가 사법경찰관이 신청한 영장을 정당한 이유 없이 판사에게 청구하지 아니한 경우 사법경찰관은 관할 고등검찰청에 영장 청구 여부에 대한 심의를 신청할 수 있고, 이를 심의하기 위하여 각 고등검찰청에 외부 위원으로 구성된 영장심의위원회를 둠(제221조의5 신설).

⑦ 사법경찰관은 범죄를 수사한 때에는 범죄의 혐의가 인정되면 검사에게 사건을 송치하고, 그 밖의 경우에는 그 이유를 명시한 서면과 함께 관계 서류와 증거물을 검사에게 송부하도록 함(제245조의5 신설).

⑧ 사법경찰관은 사건을 검사에게 송치하지 아니한 경우에는 서면으로 고소인·고발인·피해자 또는 그 법정대리인에게 사건을 검사에게 송치하지 아니하는 취지와 그 이유를 통지하도록 함(제245조의6 신설).

⑨ 사법경찰관으로부터 사건을 검사에게 송치하지 아니하는 취지와 그 이유를 통지받은 사람은 해당 사법경찰관의 소속 관서의 장에게 이의를 신청할 수 있고, 사법경찰관은 이의신청이 있는 때에는 지체 없이 검사에게 사건을 송치하도록 함(제245조의7 신설).

⑩ 검사는 사법경찰관이 사건을 송치하지 아니한 것이 위법 또는 부당한 때에는 그 이유를 문서로 명시하여 사법경찰관에게 재수사를 요청할 수 있도록 하고, 사법경찰관은 요청이 있으면 사건을 재수사하도록 함(제245조의8 신설).

⑪ 특별사법경찰관은 모든 수사에 관하여 검사의 지휘를 받음(제245조의10 신설).

⑫ 검사가 작성한 피의자신문조서는 공판준비 또는 공판기일에 그 피의자였던 피고인 또는 변호인이 그 내용을 인정할 때에 한하여 증거로 할 수 있음(제312조).

제195조(검사와 사법경찰관의 관계 등) ① 검사와 사법경찰관은 수사, 공소제기 및 공소유지에 관하여 서로 협력하여야 한다.

② 제1항에 따른 수사를 위하여 준수하여야 하는 일반적 수사준칙에 관한 사항은 대통령령으로 정한다.
[종전 제195조는 제196조로 이동 <2020. 2. 4.>]

제196조(검사의 수사) 검사는 범죄의 혐의가 있다고 사료하는 때에는 범인, 범죄사실과 증거를 수사한다.
[제195조에서 이동, 종전 제196조는 제197조로 이동 <2020. 2. 4.>]

제197조(사법경찰관리) ① 경무관, 총경, 경정, 경감, 경위는 사법경찰관으로서 범죄의 혐의가 있다고 사료하는 때에는 범인, 범죄사실과 증거를 수사한다. <개정 2020. 2. 4.>

② 경사, 경장, 순경은 사법경찰리로서 수사의 보조를 하여야 한다. <개정 2020. 2. 4.>

③ 삭제 <2020. 2. 4.>

④ 삭제 <2020. 2. 4.>

⑤ 삭제 <2020. 2. 4.>

⑥ 삭제 <2020. 2. 4.>

[제196조에서 이동, 종전 제197조는 삭제 <2020. 2. 4.>]

제197조의2(보완수사요구) ① 검사는 다음 각 호의 어느 하나에 해당하는 경우에 사법경찰관에게 보완수사를 요구할 수 있다.

  1. 송치사건의 공소제기 여부 결정 또는 공소의 유지에 관하여 필요한 경우

  2. 사법경찰관이 신청한 영장의 청구 여부 결정에 관하여 필요한 경우

② 사법경찰관은 제1항의 요구가 있는 때에는 정당한 이유가 없는 한 지체 없이 이를 이행하고, 그 결과를 검사에게 통보하여야 한다.

③ 검찰총장 또는 각급 검찰청 검사장은 사법경찰관이 정당한 이유 없이 제1항의 요구에 따르지 아니하는 때에는 권한 있는 사람에게 해당 사법경찰관의 직무배제 또는 징계를 요구할 수 있고, 그 징계 절차는 「공무원 징계령」 또는 「경찰공무원 징계령」에 따른다.

제197조의3(시정조치요구 등) ① 검사는 사법경찰관리의 수사과정에서 법령위반, 인권침해 또는 현저한 수사권 남용이 의심되는 사실의 신고가 있거나 그러한 사실을 인식하게 된 경우에는 사법경찰관에게 사건기록 등본의 송부를 요구할 수 있다.

② 제1항의 송부 요구를 받은 사법경찰관은 지체 없이 검사에게 사건기록 등본을 송부하여야 한다.

③ 제2항의 송부를 받은 검사는 필요하다고 인정되는 경우에는 사법경찰관에게 시정조치를 요구할 수 있다.

④ 사법경찰관은 제3항의 시정조치 요구가 있는 때에는 정당한 이유가 없으면 지체 없이 이를 이행하고, 그 결과를 검사에게 통보하여야 한다.

⑤ 제4항의 통보를 받은 검사는 제3항에 따른 시정조치 요구가 정당한 이유 없이 이행되지 않았다고 인정되는 경우에는 사법경찰관에게 사건을 송치할 것을 요구할 수 있다.

⑥ 제5항의 송치 요구를 받은 사법경찰관은 검사에게 사건을 송치하여야 한다.

⑦ 검찰총장 또는 각급 검찰청 검사장은 사법경찰관리의 수사과정에서 법령위반, 인권침해 또는 현저한 수사권 남용이 있었던 때에는 권한 있는 사람에게 해당 사법경찰관리의 징계를 요구할 수 있고, 그 징계 절차는 「공무원 징계령」 또는 「경찰공무원 징계령」에 따른다.

⑧ 사법경찰관은 피의자를 신문하기 전에 수사과정에서 법령위반, 인권침해 또는 현저한 수사권 남용이 있는 경우 검사에게 구제를 신청할 수 있음을 피의자에게 알려주어야 한다.

제197조의4(수사의 경합) ① 검사는 사법경찰관과 동일한 범죄사실을 수사하게 된 때에는 사법경찰관에게 사건을 송치할 것을 요구할 수 있다.

② 제1항의 요구를 받은 사법경찰관은 지체 없이 검사에게 사건을 송치하여야 한다. 다만, 검사가 영장을 청구하기 전에 동일한 범죄사실에 관하여 사법경찰관이 영장을 신청한 경우에는 해당 영장에 기재된 범죄사실을 계속 수사할 수 있다.

> **구 형사소송법 제195조(검사의 수사)** 검사는 범죄의 혐의 있다고 사료하는 때에는 범인, 범죄사실과 증거를 수사하여야 한다.
>
> **제196조(사법경찰관리)** ① 수사관, 경무관, 총경, 경정, 경감, 경위는 사법경찰관으로서 모든 수사에 관하여 검사의 지휘를 받는다.
>
> ② 사법경찰관은 범죄의 혐의가 있다고 인식하는 때에는 범인, 범죄사실과 증거에 관하여 수사를 개시·진행하여야 한다.
>
> ③ 사법경찰관리는 검사의 지휘가 있는 때에는 이에 따라야 한다. 검사의 지휘에 관한 구체적 사항은 대통령령으로 정한다.
>
> ④ 사법경찰관은 범죄를 수사한 때에는 관계 서류와 증거물을 지체 없이 검사에게 송부하여야 한다.
>
> ⑤ 경사, 경장, 순경은 사법경찰리로서 수사의 보조를 하여야 한다.

⑥ 제1항 또는 제5항에 규정한 자 이외에 법률로써 사법경찰관리를 정할 수 있다.

제197조(특별사법경찰관리) 삼림, 해사, 전매, 세무, 군수사기관 기타 특별한 사항에 관하여 사법경찰관리의 직무를 행할 자와 그 직무의 범위는 법률로써 정한다.

제221조의5(사법경찰관이 신청한 영장의 청구 여부에 대한 심의) ① 검사가 사법경찰관이 신청한 영장을 정당한 이유 없이 판사에게 청구하지 아니한 경우 사법경찰관은 그 검사 소속의 지방검찰청 소재지를 관할하는 고등검찰청에 영장 청구 여부에 대한 심의를 신청할 수 있다.
② 제1항에 관한 사항을 심의하기 위하여 각 고등검찰청에 영장심의위원회(이하 이 조에서 "심의위원회"라 한다)를 둔다.
③ 심의위원회는 위원장 1명을 포함한 10명 이내의 외부 위원으로 구성하고, 위원은 각 고등검찰청 검사장이 위촉한다.
④ 사법경찰관은 심의위원회에 출석하여 의견을 개진할 수 있다.
⑤ 심의위원회의 구성 및 운영 등 그 밖에 필요한 사항은 법무부령으로 정한다.

제245조의5(사법경찰관의 사건송치 등) 사법경찰관은 고소·고발 사건을 포함하여 범죄를 수사한 때에는 다음 각 호의 구분에 따른다.
1. 범죄의 혐의가 있다고 인정되는 경우에는 지체 없이 검사에게 사건을 송치하고, 관계 서류와 증거물을 검사에게 송부하여야 한다.
2. 그 밖의 경우에는 그 이유를 명시한 서면과 함께 관계 서류와 증거물을 지체 없이 검사에게 송부하여야 한다. 이 경우 검사는 송부받은 날부터 90일 이내에 사법경찰관에게 반환하여야 한다.

제245조의6(고소인 등에 대한 송부통지) 사법경찰관은 제245조의5제2호의 경우에는 그 송부한 날부터 7일 이내에 서면으로 고소인·고발인·피해자 또는 그 법정대리인(피해자가 사망한 경우에는 그 배우자·직계친족·형제자매를 포함한다)에게 사건을 검사에게 송치하지 아니하는 취지와 그 이유를 통지하여야 한다.

제245조의7(고소인 등의 이의신청) ① 제245조의6의 통지를 받은 사람은 해당 사법경찰관의 소속 관서의 장에게 이의를 신청할 수 있다.
② 사법경찰관은 제1항의 신청이 있는 때에는 지체 없이 검사에게 사건을 송치하고 관계 서류와 증거물을 송부하여야 하며, 처리결과와 그 이유를 제1항의 신청인에게 통지하여야 한다.

제245조의8(재수사요청 등) ① 검사는 제245조의5제2호의 경우에 사법경찰관이 사건을 송치하지 아니한 것이 위법 또는 부당한 때에는 그 이유를 문서로 명시하여 사법경찰관에게 재수사를 요청할 수 있다.
② 사법경찰관은 제1항의 요청이 있는 때에는 사건을 재수사하여야 한다.

제245조의9(검찰청 직원) ① 검찰청 직원으로서 사법경찰관리의 직무를 행하는 자와 그 직무의 범위는 법률로 정한다.
② 사법경찰관의 직무를 행하는 검찰청 직원은 검사의 지휘를 받아 수사하여야 한다.
③ 사법경찰리의 직무를 행하는 검찰청 직원은 검사 또는 사법경찰관의 직무를 행하는 검찰청 직원의 수사를 보조하여야 한다.

④ 사법경찰관리의 직무를 행하는 검찰청 직원에 대하여는 제197조의2부터 제197조의4까지, 제221조의5, 제245조의5부터 제245조의8까지의 규정을 적용하지 아니한다.

제245조의10(특별사법경찰관리) ① 삼림, 해사, 전매, 세무, 군수사기관, 그 밖에 특별한 사항에 관하여 사법경찰관리의 직무를 행할 특별사법경찰관리와 그 직무의 범위는 법률로 정한다.

② 특별사법경찰관은 모든 수사에 관하여 검사의 지휘를 받는다.

③ 특별사법경찰관은 범죄의 혐의가 있다고 인식하는 때에는 범인, 범죄사실과 증거에 관하여 수사를 개시·진행하여야 한다.

④ 특별사법경찰관리는 검사의 지휘가 있는 때에는 이에 따라야 한다. 검사의 지휘에 관한 구체적 사항은 법무부령으로 정한다.

⑤ 특별사법경찰관은 범죄를 수사한 때에는 지체 없이 검사에게 사건을 송치하고, 관계 서류와 증거물을 송부하여야 한다.

⑥ 특별사법경찰관리에 대하여는 제197조의2부터 제197조의4까지, 제221조의5, 제245조의5부터 제245조의8까지의 규정을 적용하지 아니한다.

제312조(검사 또는 사법경찰관의 조서 등) ① 검사가 작성한 피의자신문조서는 적법한 절차와 방식에 따라 작성된 것으로서 공판준비, 공판기일에 그 피의자였던 피고인 또는 변호인이 그 내용을 인정할 때에 한정하여 증거로 할 수 있다.

② 삭제

> **구 형사소송법 제312조(검사 또는 사법경찰관의 조서 등)** ① 검사가 피고인이 된 피의자의 진술을 기재한 조서는 적법한 절차와 방식에 따라 작성된 것으로서 피고인이 진술한 내용과 동일하게 기재되어 있음이 공판준비 또는 공판기일에서의 피고인의 진술에 의하여 인정되고, 그 조서에 기재된 진술이 특히 신빙할 수 있는 상태하에서 행하여졌음이 증명된 때에 한하여 증거로 할 수 있다.
>
> ② 제1항에도 불구하고 피고인이 그 조서의 성립의 진정을 부인하는 경우에는 그 조서에 기재된 진술이 피고인이 진술한 내용과 동일하게 기재되어 있음이 영상녹화물이나 그 밖의 객관적인 방법에 의하여 증명되고, 그 조서에 기재된 진술이 특히 신빙할 수 있는 상태 하에서 행하여졌음이 증명된 때에 한하여 증거로 할 수 있다.

2) 개정 검찰청법 주요내용

<u>검사가 수사를 개시할 수 있는 범죄의 범위를 부패범죄, 경제범죄, 공직자범죄, 선거범죄, 방위사업범죄 등으로 구체적으로 규정하고, 검사의 범죄수사에 관한 지휘·감독 대상을 특별사법경찰관리로 한정함.</u>

> **구 검찰청법 제4조(검사의 직무)** ① 검사는 공익의 대표자로서 다음 각 호의 직무와 권한이 있다.
>
> 1. 범죄수사, 공소의 제기 및 그 유지에 필요한 사항. 다만, 검사가 수사를 개시할 수 있는 범죄의 범위는 다음 각 목과 같다.
>   가. 부패범죄, 경제범죄, 공직자범죄, 선거범죄, 방위사업범죄, 대형참사 등 대통령령으로 정하는 중요범죄

나. 경찰공무원이 범한 범죄
　　　다. 가목·나목의 범죄 및 사법경찰관이 송치한 범죄와 관련하여 인지한 각 해당 범죄와 직접 관련성이 있는 범죄
　2. 범죄수사에 관한 특별사법경찰관리 지휘·감독
　3. 법원에 대한 법령의 정당한 적용 청구
　4. 재판 집행 지휘·감독
　5. 국가를 당사자 또는 참가인으로 하는 소송과 행정소송 수행 또는 그 수행에 관한 지휘·감독
　6. 다른 법령에 따라 그 권한에 속하는 사항
② 검사는 그 직무를 수행할 때 국민 전체에 대한 봉사자로서 정치적 중립을 지켜야 하며 주어진 권한을 남용하여서는 아니 된다.

> **구 검찰청법 제4조(검사의 직무)** ① 검사는 공익의 대표자로서 다음 각 호의 직무와 권한이 있다.
> 1. 범죄수사, 공소의 제기 및 그 유지에 필요한 사항
> 2. 범죄수사에 관한 사법경찰관리 지휘·감독
> 3. 법원에 대한 법령의 정당한 적용 청구
> 4. 재판 집행 지휘·감독
> 5. 국가를 당사자 또는 참가인으로 하는 소송과 행정소송 수행 또는 그 수행에 관한 지휘·감독
> 6. 다른 법령에 따라 그 권한에 속하는 사항
> ② 검사는 그 직무를 수행할 때 국민 전체에 대한 봉사자로서 정치적 중립을 지켜야 하며 주어진 권한을 남용하여서는 아니 된다.

바. 2022. 9. 10. 개정 형사소송법 및 검찰청법 등

1) 개정 형사소송법 주요내용

2022. 9. 10. 개정·시행 된 형사소송법은 2020. 2. 4. 개정된 형사소송법을 다시 개정하여 ① 검사는 송치요구 등에 따라 사법경찰관으로부터 송치받은 사건 등에 관하여는 동일성을 해치지 아니하는 범위 내에서만 수사할 수 있도록 하고, ② 수사기관이 수사 중인 사건의 범죄 혐의를 밝히기 위한 목적으로 합리적인 근거 없이 별개의 사건을 부당하게 수사하는 것을 금지하며, ③ 다른 사건의 수사를 통해 확보된 증거 또는 자료를 내세워 관련 없는 사건에 대한 자백이나 진술을 강요할 수 없도록 하는 한편, ④ 사법경찰관으로부터 수사결과 불송치결정을 받아 이의신청을 할 수 있는 주체에서 고발인을 제외하였다.

개정 전	개정 후
제196조(검사의 수사) (생 략)	제196조(검사의 수사) ① (현행과 같음)
〈신설〉	② 검사는 제197조의3제6항, 제198조의2제2항 및 제245조의7제2항에 따라 사법경찰관으로부터 송치받은 사건에 관하여는 해당 사건과 동일성을 해치지 아니하는 범위 내에서 수사할 수 있다.

제198조(준수사항) ① ~ ③ (생 략) 〈신설〉	제198조(준수사항) ① ~ ③ (현행과 같음) ④ 수사기관은 수사 중인 사건의 범죄 혐의를 밝히기 위한 목적으로 합리적인 근거 없이 별개의 사건을 부당하게 수사하여서는 아니 되고, 다른 사건의 수사를 통하여 확보된 증거 또는 자료를 내세워 관련 없는 사건에 대한 자백이나 진술을 강요하여서도 아니 된다.
제245조의7(고소인 등의 이의신청) ① 제245조의6의 통지를 받은 사람은 해당 사법경찰관의 소속 관서의 장에게 이의를 신청할 수 있다. ② (생 략)	제245조의7(고소인 등의 이의신청) ① 제245조의6의 통지를 받은 사람(고발인을 제외한다)은 해당 사법경찰관의 소속 관서의 장에게 이의를 신청할 수 있다. ② (현행과 같음)

2) 개정 검찰청법 주요내용

2022. 9. 10. 개정·시행된 검찰청법은 ① 검사가 수사를 개시할 수 있는 범죄의 범위에서 공직자범죄, 선거범죄, 방위사업범죄, 대형참사 등 4개 범죄를 제외하되, ② 선거범죄에 대해서는 2022년 12월 31일까지 수사권을 유지하도록 하고, ③ 다른 법률에 따라 사법경찰관리의 직무를 행하는 자 및 고위공직자범죄수사처 소속 공무원이 범한 범죄는 수사를 개시할 수 있음을 명시하며, ④ 검사는 자신이 수사개시한 범죄에 대하여는 공소를 제기할 수 없도록 하는 한편, ⑤ 검찰총장은 부패범죄 및 경제범죄에 대한 수사를 개시할 수 있는 부의 직제 및 해당 부에 근무하고 있는 소속 검사 등의 현황을 분기별로 국회에 보고하도록 하였다.

개정 전	개정 후
제4조(검사의 직무) ① 검사는 공익의 대표자로서 다음 각 호의 직무와 권한이 있다.	제4조(검사의 직무) ① 검사는 공익의 대표자로서 다음 각 호의 직무와 권한이 있다.
1. 범죄수사, 공소의 제기 및 그 유지에 필요한 사항. 다만, 검사가 수사를 개시할 수 있는 범죄의 범위는 다음 각 목과 같다.	1. 범죄수사, 공소의 제기 및 그 유지에 필요한 사항. 다만, 검사가 수사를 개시할 수 있는 범죄의 범위는 다음 각 목과 같다.
가. 부패범죄, 경제범죄, 공직자범죄, 선거범죄, 방위사업범죄, 대형참사 등 대통령령으로 정하는 중요 범죄	가. 부패범죄, 경제범죄 등 대통령령으로 정하는 중요 범죄
나. 경찰공무원이 범한 범죄	나. 경찰공무원(다른 법률에 따라 사법경찰관리의 직무를 행하는 자를 포함한다) 및 고위공직자범죄수사처 소속 공무원(「고위공직자범죄수사처 설치 및 운영에 관한 법률」에 따른 파견공무원을 포함한다)이 범한 범죄
다. (생 략)	다. (현행과 같음)
2. ~ 6. (생 략)	2. ~ 6. (현행과 같음)

② 검사는 그 직무를 수행할 때 국민 전체에 대한 봉사자로서 헌법과 법률에 따라 국민의 인권을 보호하고 적법절차를 준수하며, 정치적 중립을 지켜야 하고 주어진 권한을 남용하여서는 아니 된다. 〈신 설〉	② 검사는 자신이 수사개시한 범죄에 대하여는 공소를 제기할 수 없다. 다만, 사법경찰관이 송치한 범죄에 대하여는 그러하지 아니하다. ③ 검사는 그 직무를 수행할 때 국민 전체에 대한 봉사자로서 헌법과 법률에 따라 국민의 인권을 보호하고 적법절차를 준수하며, 정치적 중립을 지켜야 하고 주어진 권한을 남용하여서는 아니 된다.
제24조(부장검사) ① ~ ③ (생 략) 〈신 설〉	제24조(부장검사) ① ~ ③ (현행과 같음) ④ 검찰총장은 제4조제1항제1호가목의 범죄에 대한 수사를 개시할 수 있는 부의 직제 및 해당 부에 근무하고 있는 소속 검사와 공무원, 파견 내역 등의 현황을 분기별로 국회에 보고하여야 한다.

3) 개정 검사의 수사개시 범죄 범위에 관한 규정 주요내용 등

가) 개정이유

2022. 9. 10. 개정·시행된 검사의 수사개시 범죄 범위에 관한 규정은 검사가 수사를 개시할 수 있는 범죄로 예시된 중요 범죄의 유형을 '부패범죄, 경제범죄, 공직자범죄, 선거범죄, 방위사업범죄, 대형참사 등'에서 '부패범죄, 경제범죄 등'으로 변경하는 내용으로 검찰청법이 2022. 9. 10. 개정됨에 따라, ① 중요 범죄인 부패범죄와 경제범죄에 해당하는 범죄를 그 성격에 따라 재분류하여 명확히 규정하고, ② 중요 범죄에 사법질서를 저해하는 범죄를 추가하는 등 검사가 수사를 개시할 수 있는 중요 범죄의 범위를 정비하는 한편, ③ 법률의 위임 없이 검사가 기존 사건과 관련하여 인지한 범죄에 대하여 수사를 개시할 수 있는 범위를 불합리하게 제한하여 오던 '직접 관련성이 있는 범죄' 규정을 삭제하였다.

나) 주요내용

① 검사가 수사를 개시할 수 있는 중요 범죄의 범위 정비(제2조, 별표 1부터 별표 3까지 신설)

② **부패범죄**를 사무의 공정을 해치는 불법 또는 부당한 방법으로 자기 또는 제3자의 이익이나 손해를 도모하거나, 직무와 관련하여 그 지위 또는 권한을 남용하는 범죄 등으로 정의하고, 부패범죄에는 직권남용죄 등「부패방지 및 국민권익위원회의 설치와 운영에 관한 법률」에 따른 부패행위 관련 부패범죄와 공무원의 부정선거운동죄 등 정치자금 및 공직선거 관련 법률에 따른 부패범죄 등이 포함되도록 함.

③ **경제범죄**를 생산·분배·소비·고용·금융·부동산·유통·수출입 등 경제의 각 분야에서 경제질서를 해치는 불법 또는 부당한 방법으로 자기 또는 제3자의 경제적 이익이나 손해를 도모하는 범죄로 정의하고, 경제범죄에는 횡령·배임죄 등「형법」상 경제범죄와 보험사기죄 등 금융 관련 법률에 따른 경제범죄 등이 포함되도록 함.

④ 검사가 수사를 개시할 수 있는 중요 범죄에 무고·도주·범인은닉·증거인멸·위증·허위감정통역·보복범죄 및 배심원의 직무에 관한 죄 등 국가의 사법질서를 저해하는 범죄와 개별 법률에서 국가기관으로 하여금 검사에게 고발·수사의뢰하도록 규정된 범죄를 추가함.

⑤ 송치받은 사건 등과의 직접 관련성 규정 삭제(현행 제3조 삭제)

국가의 범죄대응 역량 약화와 수사 절차 지연 등에 따른 문제점을 개선하기 위하여, 법률의 위임 없이 하위 법령으로 검사가 기존 사건과 관련하여 인지한 범죄에 대하여 수사를 개시할 수 있는 범위를 지나치게 제한한다는 지적을 받아 온 '직접 관련성이 있는 범죄' 관련 규정을 삭제함.

개정 전	개정 후
제2조(중요 범죄) 「검찰청법」(이하 "법"이라 한다) 제4조제1항제1호가목에서 "부패범죄, 경제범죄, 공직자범죄, 선거범죄, 방위사업범죄, 대형참사 등 대통령령으로 정하는 중요 범죄"란 다음 각 호의 범죄를 말한다.	제2조(중요 범죄) 「검찰청법」(이하 "법"이라 한다) 제4조제1항제1호가목에서 "부패범죄, 경제범죄 등 대통령령으로 정하는 중요 범죄"란 다음 각 호의 범죄를 말한다.
1. 부패범죄: 다음 각 목의 죄	1. 부패범죄: 다음 각 목의 어느 하나에 해당하는 범죄로서 별표 1에 규정된 죄
가. 공무원, 「공공기관의 운영에 관한 법률」 제4조에 따른 공공기관의 임직원 등으로서 법무부령으로 정하는 사람(이하 "주요공직자"라 한다)이 범한 「형법」 제129조부터 제133조까지(다른 법률에 따라 가중처벌되는 경우를 포함한다)에 해당하는 죄 및 그 죄의 뇌물에 대하여 주요공직자가 아닌 사람이 범한 같은 법 제133조에 해당하는 죄	가. 사무의 공정을 해치는 불법 또는 부당한 방법으로 자기 또는 제3자의 이익이나 손해를 도모하는 범죄
나. 「특정범죄 가중처벌 등에 관한 법률」 제2조·제3조·제5조에 해당하는 죄 및 같은 법 제2조의 뇌물에 대한 「형법」 제133조에 해당하는 죄	나. 직무와 관련하여 그 지위 또는 권한을 남용하는 범죄
다. 「변호사법」 제109조부터 제111조까지 및 제114조에 해당하는 죄	다. 범죄의 은폐나 그 수익의 은닉에 관련된 범죄
2. 경제범죄: 다음 각 목의 죄 가. 「특정경제범죄 가중처벌 등에 관한 법률」 제3조[「형법」 제347조, 제347조의2, 제351조(같은 법 제347조 또는 제347조의2의 상습범으로 한정한다), 제355조 또는 제356조의 죄를 범한 경우로 한정한다]에 해당하는 죄 나. 「특정범죄 가중처벌 등에 관한 법률」 제6조에 해당하는 죄 다. 「특정범죄 가중처벌 등에 관한 법률」 제8조	2. 경제범죄: 생산·분배·소비·고용·금융·부동산·유통·수출입 등 경제의 각 분야에서 경제질서를 해치는 불법 또는 부당한 방법으로 자기 또는 제3자의 경제적 이익이나 손해를 도모하는 범죄로서 별표 2에 규정된 죄

(「조세범 처벌법」 제3조제1항 또는 「지방세기본법」 제102조제1항의 죄를 범한 경우로 한정한다)에 해당하는 죄
라. 「자본시장과 금융투자업에 관한 법률」 제443조부터 제446조까지에 해당하는 죄(그 위반행위에 대하여 같은 법 제448조에 따라 처벌받는 경우를 포함한다)
마. 「산업기술의 유출방지 및 보호에 관한 법률」 제36조, 제36조의2 및 제37조에 해당하는 죄(그 위반행위에 대하여 같은 법 제38조에 따라 처벌받는 경우를 포함한다)
바. 「부정경쟁방지 및 영업비밀보호에 관한 법률」 제18조, 제18조의2 및 제18조의3에 해당하는 죄(그 위반행위에 대하여 같은 법 제19조에 따라 처벌받는 경우를 포함한다)
사. 「채무자 회생 및 파산에 관한 법률」 제645조, 제646조, 제655조 및 제656조에 해당하는 죄
아. 「독점규제 및 공정거래에 관한 법률」 제124조부터 제127조까지에 해당하는 죄(그 위반행위에 대하여 같은 법 제128조에 따라 처벌받는 경우를 포함한다)
자. 「하도급거래 공정화에 관한 법률」 제29조 및 제30조에 해당하는 죄(그 위반행위에 대하여 같은 법 제31조에 따라 처벌받는 경우를 포함한다)
차. 「표시·광고의 공정화에 관한 법률」 제17조 및 제18조에 해당하는 죄(그 위반행위에 대하여 같은 법 제19조에 따라 처벌받는 경우를 포함한다)
카. 「가맹사업거래의 공정화에 관한 법률」 제41조에 해당하는 죄(그 위반행위에 대하여 같은 법 제42조에 따라 처벌받는 경우를 포함한다)
타. 「특정경제범죄 가중처벌 등에 관한 법률」 제4조에 해당하는 죄
파. 「특정범죄 가중처벌 등에 관한 법률」 제8조의2에 해당하는 죄
하. 「대외무역법」 제53조, 제53조의2 및 제54조부터 제56조까지에 해당하는 죄(그 위반행위에 대하여 같은 법 제57조에 따라 처벌받는 경우를 포함한다)
거. 「특정범죄 가중처벌 등에 관한 법률」 제11조제1항(수출입 또는 수출입 목적의 소지·소유의 경우로 한정한다)에 해당하는 죄
너. 「마약류 불법거래 방지에 관한 특례법」 제6조 및 제9조제1항에 해당하는 죄(수출입 또는 수

출입 목적의 소지·소유의 경우로 한정하며, 그 위반행위에 대하여 같은 법 제18조에 따라 처벌받는 경우를 포함한다) 더. 가목부터 바목까지, 타목 및 하목의 범죄에 따른 「범죄수익은닉의 규제 및 처벌 등에 관한 법률」 제2조제4호의 범죄수익등에 대한 같은 법 제3조 및 제4조에 해당하는 죄(그 위반행위에 대하여 같은 법 제7조에 따라 처벌받는 경우를 포함한다)	
3. 공직자범죄: 주요공직자가 범한 다음 각 목의 죄	3. 다음 각 목의 어느 하나에 해당하는 죄
가. 「형법」 제122조부터 제127조까지(다른 법률에 따라 가중처벌되는 경우를 포함한다)에 해당하는 죄	가. 무고·도주·범인은닉·증거인멸·위증·허위감정통역·보복범죄 및 배심원의 직무에 관한 죄 등 국가의 사법질서를 저해하는 범죄로서 별표 3에 규정된 죄
나. 「형법」 제227조, 제229조(같은 법 제227조의 죄를 범한 경우로 한정한다. 이하 이 목에서 같다) 및 제235조(같은 법 제227조 또는 제229조의 미수범으로 한정한다)에 해당하는 죄	나. 개별 법률에서 국가기관으로 하여금 검사에게 고발하도록 하거나 수사를 의뢰하도록 규정된 범죄
제3조(직접 관련성이 있는 범죄) 법 제4조제1항제1호다목에서 "직접 관련성이 있는 범죄"란 같은 호 가목·나목의 범죄 및 사법경찰관이 송치한 범죄(이하 "해당 범죄"라 한다)와 합리적 관련성이 있는 범죄로서 다음 각 호의 범죄를 말한다. 1. 「형사소송법」 제11조 각 호에 따른 관련사건. 다만, 같은 조 제1호에 따른 1인이 범한 수죄(數罪)는 다음 각 목에 따른 범죄에 해당하는 경우로 한정하되, "직접 관련성이 있는 범죄" 중 "사법경찰관이 송치한 범죄와 관련하여 인지한 각 해당 범죄와 직접관련성이 있는 범죄"에 대해서는 해당 범죄와 영장에 의해 확보한 증거물을 공통으로 하는 범죄를 포함한다. 가. 해당 범죄와 동종범죄 나. 범죄수익의 원인 또는 그 처분으로 인한 「형법」 제129조부터 제133조까지, 제355조 및 제356조의 죄 2. 「형사소송법」 제208조제2항에 따른 동일한 범죄 3. 「형법」 제19조에 따른 독립행위로서 경합하는 범죄 4. 해당 범죄에 대한 무고죄	〈삭 제〉

3. 수사의 개시

가. 수사의 단서

<u>수사기관이 범죄혐의가 있다고 판단하게 되는 원인</u>을 수사의 단서라고 한다(형사소송법 제196조 제1항, 제197조 제1항 참조). 수사의 단서로는 다음과 같은 사유가 있다.

적극적 수사단서	소극적 수사단서
• 현행범인의 발견(형사소송법 제212조) • 변사체의 검시(형사소송법 제222조) • 불심검문(경찰관직무집행법 제3조) • 신문·방송 그 밖의 보도매체의 기사·풍문(특별사법경찰관리 집무규칙 제22조 등) • 타사건 수사 중 범죄발견(여죄발견)	• 고소(형사소송법 제223조) • 고발(형사소송법 제234조) • 자수(형법 제52조, 형사소송법 제240조) • 진정·탄원·투서·익명의 신고(특별사법경찰관리 집무규칙 제22조 등) • 피해신고

특히 현행법상 <u>고발이 소추요건</u>으로 규정되어 있는 경우는 다음과 같다.

범죄	고발권자
조세범처벌법위반(제21조 본문)	국세청장·지방국세청장·세무서장
관세법위반(제284조 제1항)	관세청장·세관장
출입국관리법위반(제101조 제1항 본문)	출입국관리사무소장·출장소장·외국인보호소장
독점규제및공정거래에관한법률위반(제71조 제1항)	공정거래위원회
하도급거래공정화에관한법률위반(제32조)	
표시·광고의공정화에관한법률위반(제16조 제3항)	
근로기준법위반(제112조)	노동위원회
전투경찰대설치법위반(제11조 제2항)	지휘관

나. 사건의 수리

사건의 수리라 함은 형사사건이 검찰청 또는 경찰서 등 특정 수사기관의 담당부서에 <u>접수</u>되어 <u>사건번호가 부여</u>되는 절차를 말한다. 인지와 입건 및 사건의 수리는 개념상 구별된다. 즉 <u>인지</u>는 수사기관이 각종 수사의 단서에 의하여 곧바로 또는 내사의 과정을 거쳐 적극적·능동적으로 범죄혐의를 인정하고 수사에 착수하는 처분을 말하는 것으로 입건의 한 방법이고, <u>입건</u>은 인지뿐만 아니라 그 밖에 고소·고발·자수 등 수사의 단서에 의하여 소극적·수동적으로 수사가 개시되는 경우까지 포함하는 수사개시의 절차를 지칭하는 것이며, 사건의 <u>수리</u>는 입건뿐만 아니라 수사의 개시여부와 관계없이 다른 청으로부터 이송·법원 등 다른 기관으로부터의 송치 등을 포함하여 수사관서에 사건이 접수되는 것을 총칭한다.

1) **검찰단계의 사건수리 사유**   ① 검사가 범죄를 인지한 경우[2], ② 검사가 고소·고발 또는 자수를 받은 경우, ③ 검사가 진정인·탄원인 등 민원인이 제출하는 서류가 고소·고발의 요건을 갖추었다고 판단하여 고소·고발사건으로 수리하는 경우, ④ 형사소송법의 규정에 의하여 사법경찰관 또는 특별사법경찰관으로부터 사건의 송치를 받은 경우, ⑤ 다른 검찰청의 검사 또는 군사법원 감찰부 검찰관으로부터 사건의 송치를 받은 경우, ⑥ 다른 소년법·가정폭력범죄의처벌등에관한특례법 등에 의하여 가정법원 또는 지방법원으로부터 사건의 송치를 받은 경우, ⑦ 즉결심판에 관한 절차법에 의하여 경찰서장으로부터 사건의 송치 또는 사건기록의 송부를 받은 경우, ⑧ 불기소사건·기소중지사건·참고인중지사건 또는 공소보류사건을 재기한 경우, ⑨ 공소를 취소한 사건에 관하여 다시 공소를 제기할 경우, ⑩ 법원 또는 군사법원의 사건이송결정에 의하여 사건이 대응하는 법원에 계속된 경우, ⑪ 재심을 청구한 사건에 대하여 법원의 재심개시결정에 의하여 사건이 대응하는 법원에 계속된 경우, ⑫ 재정신청한 사건에 대하여 고등법원으로부터 재정결정서를 송부받은 경우, ⑬ 상급법원에서의 병합·이송·환송판결에 의하여 사건이 대응하는 법원에 계속된 경우, ⑭ 관할위반판결이 선고된 사건에 대하여 다시 공소를 제기하는 경우가 있다(검찰사건사무규칙 제2조).

2) **경찰단계의 사건수리 사유**   ① 사법경찰관이 범죄를 인지한 경우, ② 사법경찰관이 고소·고발 또는 자수를 받은 경우, ③ 다른 관서로부터 이송을 받은 경우가 있다.

4. 경찰단계에서의 수사절차

가. 수사의 전단계(내사)

내사란 범죄에 관한 보도·풍설·진정·탄원·투서·익명의 신고 등이 있을 때 수사의 대상이 될 범죄의 존재 여부를 확인하기 위한 수사기관의 활동을 말한다. 내사의 단계를 거쳐 범죄혐의가 있는 때 범죄혐의의 유무를 명백히 하여 공소제기 여부를 결정하기 위하여 범인을 발견하고 증거를 수집하는 활동을 하여야 하였다면 내사의 단계를 거쳐 수사가 개시된 것으로 보아야 하고, 이 경우에는 수사기관 내부에서 사건수리 절차를 이행하였는지 여부를 불문하고 형사소송법이 적용된다(실질설).

나. 수사의 개시

수사기관이 형사사건을 최초로 수리하여 수사를 개시하는 것을 입건이라고 한다. 사법경찰관이 범죄의 혐의가 있다고 인식하는 때에는 수사를 개시하고, 지체 없이 범죄인지서를 작성하여 수사기록에 편철하여야 한다. 입건 이후에는 혐의자(또는 피내사자)가 피의자로 된다.

---

[2] 다만 2020. 2. 4. 검찰청법이 개정됨에 따라 검사가 수사를 개시할 수 있는 범죄의 범위는 일정범위로 한정된다.

다. 수사의 실행

사법경찰관리가 수사를 개시한 때에는 피의자나 사건관계인의 인권이 침해되지 않도록 신속하게 수사를 마쳐야 한다.

라. 수사의 종결

사건에 관하여 사안의 진상을 파악하고 법령을 적용하여 범죄혐의가 확인된 때에는 수사를 종결한다. **사법경찰관이 수사를 종결하였을 때 범죄의 혐의가 있다고 인정되는 경우에는 지체없이 사건을 관할 지방검찰청 검사장 또는 지청장에게 송치하여야 한다.** 이 경우 수사담당 사법경찰관리는 수사기록의 표지를 작성하여야 하는바, 이를 '**사건송치서**'라 한다.

사법경찰관은 관계 법령에 따라 검사에게 사건을 송치할 때에는 송치의 이유와 범위를 적은 **송치 결정서**와 압수물 총목록, 기록목록, 범죄경력 조회 회보서, 수사경력 조회 회보서 등 관계 서류와 증거물을 함께 송부해야 하고, 피의자 또는 참고인에 대한 조사과정을 영상녹화한 경우에는 해당 영상녹화물을 봉인한 후 검사에게 사건을 송치할 때 봉인된 영상녹화물의 종류와 개수를 표시하여 사건기록과 함께 송부해야 한다. 사법경찰관은 사건을 송치한 후에 새로운 증거물, 서류 및 그 밖의 자료를 추가로 송부할 때에는 이전에 송치한 사건명, 송치 연월일, 피의자의 성명과 추가로 송부하는 서류 및 증거물 등을 적은 추가송부서를 첨부해야 한다.

5. 검찰단계에서의 수사절차

가. 사건의 전단계(내사)

사법경찰관의 경우와 같다.

나. 수사의 개시

1) **조사사건 제도** 검찰은 수사절차의 투명성을 높이고 수사과정에서 국민의 인권을 더욱 보호하기 위하여 종래 검찰청에서 '내사사건' 또는 '진정사건'으로 수리하고 처리하던 사건 중 일부를 '수사사건'이라는 명칭으로 수리 및 처리하는 '수사사건' 제도를 2012년에 신설하였다. 그러나 2020. 2. 4. 형사소송법 및 검찰청법 개정으로 수사지휘제도가 폐지되고, 피혐의자의 수사기관 출석조사가 있는 경우 등의 경우 수사를 개시한 것으로 보아 입건하도록 함에 따라, **수사사건을 조사사건으로 개편하여, 수사의 개시사유에 해당하지 않는 사건만을 조사사건으로 처리하도록 하였다**(검찰사건사무규칙 제288조부터 제231조까지 참조).

2) **범죄인지** 내사결과 피내사자에게 범죄의 혐의가 인정되거나 수사사건에서 피의자신문조서를 작성하는 등의 사유가 있으면 인지절차를 통하여 입건하게 된다. 인지는 **범죄인지서**를 작성하여 상사의 결재를 받아야 한다.

3) **송치사건 및 고소 · 고발사건의 접수와 배당** 사법경찰관으로부터 사건의 송치를 받으면 사관과(계)에서 **접수**하여 **사건번호를 부여**한 뒤 전산 입력한다. 검찰청에 직접 제출된

고소·고발장도 송치사건과 같이 접수한다. 위와 같이 수리된 사건은 배당을 통하여 담당검사가 정하여야 지고 이 담당검사를 주임검사라 부른다. 일단 부여된 사건번호는 그 사건이 종결될 때까지 변경되지 아니한다. 다만 기소중지 또는 참고인중지 후 사건이 다시 개시된 경우에는 새로운 사건번호가 부여된다.

다. 수사의 실행

수사는 법령에 규정된 범위 내에서 독자적인 방법으로 행한다.

라. 수사의 종결(사건처리)

수사를 종결하였을 때에는 공소장 기타 결정서를 작성하여 검찰청의 장 또는 장의 지명을 받은 검사의 결재를 받아야 한다. 다만 위 결재는 검사의 결정에 대한 확인행위에 불과하며 결정의 효력발생요건은 아니다.

6. 수사의 방법 - 임의수사

가. 임의수사의 의의 및 내용

1) **임의수사의 의의** 강제처분에 의한 수사를 강제수사라고 하고 강제수사 이외의 수사를 임의수사라 한다(형사소송법 제199조 제1항). 현행법상 임의수사의 방법으로는 피의자신문, 참고인조사, 감정 또는 통역·번역 위촉, 사실조회, 실황조사, 임의제출물 압수, 수사촉탁 등이 있으나, 상대방의 동의·승낙을 전제로 하거나 성질상 어느 누구의 동의·승낙 없이도 할 수 있는 것이면 어떠한 방법에 의하여서도 수사할 수 있는 것이 원칙이다.

2) **수사의 내용** 수사기관이 수사할 사항은 범인, 범죄사실과 증거이다(제195조). 구체적으로 ① 누가(주체), ② 언제(일시), ③ 어디서(장소), ④ 무엇 또는 누구에 대하여(객체 또는 피해자), ⑤ 어떻게(방법), ⑥ 무엇을(행위 및 결과) 하였는가(이를 '6하의 원칙'이라 한다)를 기본적으로 규정하여야 하고, 나아가 ⑦ 공범의 유무, ⑧ 범행의 동기·원인까지(이를 합하여 '8하의 원칙'이라고 한다) 규명하여 각 이에 따른 증거를 수집하여야 한다.

위와 같은 수사의 내용에 따라 공소장에서는 공소사실이 특정될 수 있도록 누가(주체), 누구와 함께(공범), 언제(일시), 어디서(장소), 무슨 이유로(동기 및 원인), 무엇에 대하여(객체 또는 피해자), 어떤 방법으로(수단 및 방법), 무엇을 했는가(행위와 결과)의 순서대로 공소사실을 기재한다.

나. 피의자신문

1) **피의자신문의 의의** 검사 또는 사법경찰관은 수사에 필요한 때에는 피의자의 출석을 요구하여 진술을 들을 수 있다(형사소송법 제200조). 통상 피의자신문은 출석요구를 통해 피의자를 수사관서에 출석시켜 행하여진다. 출석요구를 하였으나 불출석한 경우에는 반드시 그 흔적을 기록에 남겨야 한다. 정당한 이유 없이 출석요구에 응하지 않는 것은 체포영장청구의 사유가 되고, 영향조건 또는 정상참작의 자료로 활용될 수 있기 때문이다.

2) **신문방법 및 조서작성** 검사 또는 사법경찰관은 피의자를 신문함에 있어서는 <u>범죄사실과 정상에 관한 필요사실을 신문하여야 하며 피의자에게 이익 되는 사실을 진술할 기회를 주어야 한다</u>(형사소송법 제242조). 필요한 경우에는 피의자와 다른 피의자 또는 참고인을 <u>대질신문할 수도 있다</u>(제245조). 피의자의 진술은 <u>조서에 기재하여야 하고</u>(제244조 제1항, 피의자신문조서), 그 조서는 공판정에서 증거로 사용된다(제312조). 조서를 기재하는 방식으로는 <u>문답식과 서술식이 있으나</u>, 실무상 전자가 널리 이용되고 있다.

3) **신문사항** 피의자신문시 <u>필요적 신문사항</u>으로는 ① 인정신문·전과관계·환경에 관한 것인 <u>피의자 특정에 관한 사항</u>, ② 범행의 일시·장소·동기·수단·방법·객체·결과·공범관계·범행후정황3)·피해자와의 관계·위법성이나 책임조각사유의 존부·소추요건에 관한 것인 <u>범죄사실에 관한 사항</u> 및 ③ 자수나 자복이 여부 및 그 동기와 경위·피해회복여부·피의자의 처벌로 인하여 그 가정에 미치는 영향 등에 관한 것인 <u>정상이나 피의자에게 이익될 사항</u>이 있다.

다. 참고인조사

1) **참고인조사의 의의** 검사 또는 사법경찰관은 수사에 필요한 때에는 <u>피의자 아닌 자의 출석을 요구하여 그 진술을 들을 수 있다</u>(형사소송법 제221조). 참고인은 수사관서로부터 출석요구를 받더라도 반드시 출석할 의무가 있는 것은 아니다. 따라서 수사에 필요한 사실을 안다고 명백히 인정되는 자가 출석이나 진술을 거부한 경우에는 검사는 제1회 공판기일 전에 한하여 판사에게 그에 대한 증인신문을 청구할 수 있다(제221조의2 제1항). 참고인조사는 피의자신문과 달리 사법경찰관리의 참여 없이 할 수 있고, 참고인에게는 진술거부권과 변호인의 조력을 받을 권리를 고지할 필요도 없다.

2) **조사방법** 참고인조사에 있어서는 ① <u>피의자 및 피해자와의 관계</u>, ② <u>범죄사실과 관련되어 경험하였거나 알고 있는 내용</u>, ③ 경험하였거나 알게 된 경위, ④ 직접 경험한 것인지 아니면 <u>다른 사람으로부터 전문한 것인지 여부</u>, ⑤ 기타 진술동기 등을 명백히 하여야 한다. 특히 <u>피해자의 경우</u>에는 ⑥ 피해를 입은 경위와 피해 정도 이외에 ⑦ 피해회복 여부, ⑧ <u>처벌희망의사의 유무</u>와 피의자에 대한 감정 등도 조사하여야 한다.

3) **조서작성** 참고인의 진술은 <u>진술조서에 기재하여야 한다</u>(검찰사건사무규칙 제13조 제2항, 수사규정 제24조 제2항). 다만 진술내용이 복잡하거나 참고인이 희망하는 때에는 <u>자필진술서</u>를 작성·제출하게 할 수 있다(검찰사건사무규칙 제38조 제3항).

4) **진술의 신빙성 확보**

가) **피의자와 이해관계가 일치하는 참고인** 이러한 참고인은 대개 수사기관에 대하여 협조를 거부하고 진실을 말하지 않는 경우가 대부분이며, 수사기관의 적극적인 설득노력에 의해 진실을 말한 경우에도 장차 공판단계에서 진술을 번복할 것이 충분히 예상되므

---

3) 장물의 처분이나 증거인멸의 방법 등이 대표적인 예이다.

로 피의자의 자백조서에 준하여 진술내용을 구체적으로 상세히 조서에 기재하고 그 진술을 뒷받침할 수 있는 객관적 증거의 수집에 노력하여야 한다. 판례는 '피고인의 처의 증언이라 하여 항상 신빙성이 없다고 단정할 수는 없다'고 판시한 바 있다(83도823).

나) 피의자와 이해관계가 상반되는 참고인 피해자 또는 고소인과 같이 피의자와 이해관계가 대립하거나 적대관계에 있는 참고인의 진술을 청취할 때에는 그 진술내용을 과신하지 않고 신빙성 유무를 신중히 검토함과 동시에 진술을 뒷받침할 수 있는 객관적 증거의 수집에 노력하여야 한다. 판례는 ① 피고인에 대한 주관적 감정이 개입된 공범의 진술을 신빙성이 없다고 판시하였고(83도3283 등),4) ② 일반적으로 불순한 동기를 가지고 타인의 범행을 탐지하여 감독관청에 고자질함을 일삼는 사람의 언행에는 허위가 개입될 개연성이 농후하므로 이를 신빙하여 유죄의 선고를 함에 있어서는 특히 신중하여야 한다고 판시하였다(2005도8965).

다) 피의자와 이해관계 없는 참고인 피의자와 이해관계 없는 참고인은 수사에 협조적인 자와 비협조적인 자로 나눌 수 있다. 특히 후자의 경우에는 이들로부터 진술을 얻어낼 수 있는 효과적인 방안을 모색함과 동시에 일단 진술을 얻어낸 경우에도 장래 공판단계에서 변호인의 집요한 반대신문이 있을 경우 수사기관에서의 진술내용을 쉽게 포기하고 번복할 가능성이 많으므로 이에 대비하여 진술의 신빙성을 확보하는데 노력하여야 한다. 판례는 ① 일관성 없는 진술, 상호 모순된 진술, 객관적 사실에 부합하지 않는 진술(92도737), ② 경험칙에 어긋나는 진술(83도3067), ③ 진술 동기 및 경위에 합리성이 결여된 진술(84도460)5)은 신빙성이 없다고 판시하였다.

라. 임의제출물의 압수

검사 또는 사법경찰관은 피의자, 기타인의 유류한 물건이나 소유자, 소지자, 보관자가 임의로 제출한 물건을 영장 없이 압수할 수 있다(형사소송법 제218조). 실무상 대부분의 압수는 임의제출의 형식에 의한다. 압수를 할 때에는 압수조서와 압수목록을 작성하여야 하고,6) 압수목록 교부서를 피압수자에게 교부하여야 한다. 압수조서에는 압수의 경위를, 압수목록에는 압수물건의 특징을 각각 구체적으로 기재하여야 한다. 또한 압수를 한 때에는 지체없이 압수물총목록을 작성하여 압수조서와 함께 압수물사무담당직원에게 인계하여 압수물수리절차를 취하여야 한다(형사소송규칙 제16조 제3항).

---

4) 위 증인들은 이미 형이 확정되어 복역 중이어서 공범자인 피고인에게 유리하게 진술할 가능성도 배제할 수 없다 할 것이므로 위와 같은 사실을 모아 볼 때 위 증인들의 번복증언은 논리상 도리어 믿기 어렵다고 판단되어야 할 것이다(위 판례).
5) 만일 위 피해자가 경찰이나 검찰 진술대로 범인을 확인할 수 있을 만큼 기억하고 있었다면 같은 회사에 근무하며 평소 보아서 알고 있는 피고인을 경찰에서 대면할 때까지 범인으로 지목한 바 없다가 경찰이 피고인을 범인으로 검거한 뒤에야 비로소 피고인이 범인이라고 지목하고 있는 것은 선뜻 납득이 가지 않는다(위 판례).
6) 다만 피의자신문조서 또는 진술조서에 압수의 취지를 기재함으로써 압수조서의 작성에 갈음할 수 있다(검찰사건사무규칙 제16조 제1항, 수사규정 제44조 제1항, 제3항).

마. 수사관계사항의 조회

검사 또는 사법경찰관은 수사에 관하여 **공무소 기타 공사단체에 조회하여 필요한 사항의 보고를 요구할 수 있다**(형사소송법 제199조 제2항). 위와 같은 보고의 요구는 **수사사항조회서**를 송부하는 방법이 원칙이고(검찰사건사무규칙 제15조 제1항), 위 조회서를 송부받은 단체 등은 **조회회보서**를 통해 관련 내용을 보고한다.

바. 통역·번역·감정의 위촉

검사 또는 사법경찰관은 수사에 필요한 때에는 **통역 또는 번역·감정을 위촉할 수 있다**(형사소송법 제221조 제2항).

통역을 하여 진술을 들은 때에는 통역인을 통하여 그 조서의 기재내용을 진술인에게 확인시킨 후 통역인으로 하여금 진술인과 함께 조서 말미에 기명날인 또는 서명하게 한다. 통역인을 개입시켜 조사한 경우에도 조서는 국어로 작성한다. 따라서 조서 작성 후 외국인에게 조서를 열람시킬 수는 없고 읽어 들려주어야 한다.

감정을 위촉할 때에는 감정인에게 **감정위촉서**를 교부하고 감정에 임하게 함여 감정인은 감정의 일시·장소·경위 및 결과를 기재한 **감정서**를 제출하여야 한다. 감정서의 기재내용에 의문이 있거나 부족한 것이 있으면 **감정인을 참고인으로 조사**하면 된다.

사. 실황조사

실황조사라 함은 **수사기관이 범죄현장 또는 기타 장소에 임하여 실제 상황을 조사하는 활동**을 의미한다. 이는 오관의 작용으로 직접 경험한다는 점에서 일종의 검증이라 할 수 있으나 통상 강제력이 수반되지 아니한다. **실무상 대부분의 범죄현장 상황파악은 실황조사를 통하여 이루어지고 있다**. 구체적인 사건에 관하여 실황조사에 의할 것인지 아니면 검증에 의할 것인지 여부를 사건의 성질·경중·장소 등을 고려하여 결정하여야 한다.

검사가 실황조사를 한 때에는 **실황조서**를 작성하고(검찰사건사무규칙 제51조), 사법경찰관리가 실황조사를 한 때에는 **실황조사서**를 작성한다.

아. 수사촉탁

수사촉탁이라 함은 대등한 수사기관 상호간에 특정한 사항에 관한 수사를 촉탁하는 것을 말한다. 촉탁사항에 관하여는 특별한 제한이 없으나, 그 촉탁의 범위는 특정한 사항에 한정된다. 이는 **수사촉탁서**에 의하는 것이 원칙이고 촉탁을 받은 수사기관에서는 공조사건부에 기재하고 이를 배당한다. 공조수사가 끝나면 진술조서나 수사자료 등을 첨부한 **공조사건회답서**에 의하여 회답하여야 한다(검찰사건사무규칙 제52조).

자. 출국금지 및 출국정지

범죄수사를 위하여 출국이 적당하지 아니하다고 인정되는 사람에 대하여는 1개월 이내의 기간을 정하여 **법무부장관은 출국을 금지할 수 있다**(출입국관리법 제4조 제2항). 다만 소재를 알 수 없어 기소중지결정이 된 사람 또는 도주 등 특별한 사유가 있어 수사진행이 어려운 사람에 대하여는 3개월 이내의 기간을 정하여, 기소중지결정이 된 경우로서 체포영장 또는 구속영장이 발부된 사람에 대하여는 영장 유효기간 이내의 기간을 정하여 출국을 금지할 수 있다.

법무부장관은 출입국관리법 제4조 제1항 또는 제2항 각 호의 어느 하나에 해당하는 **외국인에 대하여는 출국을 정지할 수 있다**(출입국관리법 제29조 제1항, 제4조). 범죄수사를 위한 출국정지기간은 원칙적으로 10일 이내이다. 다만 특별한 사정이 있는 경우 1개월 또는 3개월 등의 기간 이내에 출국을 정지할 수도 있다(출입국관리법시행령 제36조 제1항).

출국금지를 함에 있어서는 통상 검사지휘서와 객관적인 소명자료를 첨부한 **출국금지요청서**를 작성하여 법무부장관에게 송부하여야 한다. 한편 피의자가 현재 출국 중이고 단기간 내에 귀국한다는 자료가 없을 때에는 기소중지결정을 함과 동시에 법무부장관에게 피의자의 **입국시통보**를 요청하고, 입국시통보만으로 피의자의 신병확보가 어려운 경우에는 **입국시통보 및 입국사실확인직후 출국금지·정지**를 요청하여야 한다.

차. 소재수사

수사를 위하여 피의자·고소인·참고인 등 사건관계인의 출석을 요구하였으나 이에 불응하여 그 소재여부가 의심스럽다거나 소재불명이어서 소환조사할 수 없는 경우에 사법경찰관리로 하여금 위 사건관계인의 소재여부를 확인·탐지하도록 하는 수사를 말한다. 소재수사를 하는 방법은 **소재수사지휘서**를 작성하여 송부하거나 **구두**로 지시한다.

카. 전과관계조회 등

피의자의 전과 등 범죄전력에 대한 조회는 범죄경력조회와 수사경력조회가 있다. **범죄경력자료**란 수사자료표 중 벌금 이상의 형의 선고, 집행유예의 취소, 벌금 이상의 형과 함께 부과된 몰수·추징·사회봉사명령·수강명령 등의 선고 또는 처분에 관한 자료를 말하고, **수사경력자료**라 함은 수사자료표 중 벌금 미만의 형의 선고 및 검사의 불기소처분에 관한 자료 등 범죄경력자료를 제외한 나머지 자료를 말한다.

범죄경력자료는 신원 및 범죄경력에 관하여 수형인명부 또는 전산입력된 범죄경력자료를 열람·대조·확인하는 방법으로 이루어지고, 수사경력자료는 신원 및 수사경력에 관하여 전산입력된 수사경력자료를 열람·대조·확인하는 방법으로 이루어진다.

피의자의 전과 등 범죄전력 조회 외에도 수사기관은 주민조회, 조직폭력배조회, 우범자조회, 운전면허조회, 차적조회 등을 할 수 있다.

타. 심리생리검사(거짓말탐지기검사)

수사기관은 피의자나 참고인의 동의를 받아 심리생리검사를 할 수 있다. 심리생리검사 과정에서 피검사자의 진술 당시에 발생하는 생리적 변화를 기록하고 이를 분석함으로써 진술의 진위나 사실에 대한 인식여부를 판단하게 된다.

판례는 심리생리검사결과의 증거능력을 인정하기 위한 전제요건을 엄격하게 판단하고 있고, 그 전제요건을 충족하여 증거능력이 인정되는 경우에도 그 검사결과는 피검사자의 진술의 신빙성을 판단하는 정황증거로서의 기능을 하는데 그친다고 판시하고 있다(83도3146). 구체적으로 판례는 ① 거짓말을 하면 반드시 일정한 심리상태의 변동이 일어나고, ② 그 심리상태의 변동은 반드시 일정한 생리적 반응을 일으키며, ③ 그 생리적 반응에 의하여 피검사자의 말이 거짓인지 아닌지가 정확히 판정될 수 있다는 세 가지 전제조건이 충족되어야 하고, 특히 마지막 생리적 반응에 대한 거짓 여부 판정은 ㉠ 거짓말탐지기가 검사에 동의한 피검사자의 생리적 반응을 정확히 측정할 수 있는 장치이어야 하고, ㉡ 질문사항의 작성과 검사의 기술 및 방법이 합리적이어야 하며. ㉢ 검사자가 탐지기의 측정내용을 객관성 있고 정확하게 판독할 능력을 갖춘 경우라야만 그 정확성을 확보할 수 있는 것이므로 이상과 같은 여러 가지 요건이 충족되지 않는 한 증거능력을 부여할 수 없다고 판시하고 있다(2005도130).

파. 범인식별절차

수사기관은 용의자 중 범인을 식별하기 위하여 피해자나 목격자와 용의자를 대면시킬 수 있다. 일반적으로 범인식별절차에서 목격자 진술의 신빙성을 높이기 위하여 일정한 절차적 요건이 필요하나 범죄 직후 목격자의 기억이 생생하게 살아 있는 상황에서 현장이나 그 부근에서 범인식별절차를 실시하는 경우에는 즉각적인 용의자와 목격자의 일대일 대면도 예외적으로 허용된다(2008도12111).

판례는 범인식별절차에서의 목격자 진술의 신빙성을 높게 평가할 수 있게 하려면 ① 범인의 인상착의 등에 관한 목격자의 진술 내지 묘사를 사전에 상세히 기록화한 다음, ② 용의자를 포함하여 그와 인상착의가 비슷한 여러 사람을 동시에 목격자와 대면시켜 범인을 지목하도록 하여야 하고, ③ 용의자와 목격자 및 비교대상자들이 상호 사전에 접촉하지 못하도록 하여야 하며, ④ 사후에 증거가치를 평가할 수 있도록 대질 과정과 결과를 문자와 사진 등으로 서면화하는 등의 조치를 취해야 한다고 판시하였다(2008도12111).

또한 위와 같은 요건은 사진제시, 동영상제시, 가두식별 등의 방법에 의한 범인식별절차에도 마찬가지로 적용된다(2007도5201).

하. 지명수배 및 지명통보

기소중지자, 미체포자 등을 수사기관의 전산망에 입력하여 수배(통보)함으로써 소재를 발견하여 검거 내지 출석요구 통보를 쉽게 하기 위한 수사방법을 말한다.

거. 수사보고서 작성

수사실무상 가장 많이 활용되는 것 중 하나가 수사보고서이다. 이에 대하여는 법령이나 학문상 정의된 것이 없으나 수사실무상 수사담당자가 의도하는 특정한 목적을 달성하는 방법으로 널리 사용된다.

7. 수사의 종류 2 - 강제수사

가. 강제수사의 의의 및 종류

강제수사는 형사소송법 또는 기타 법률에 특별한 규정이 있는 경우에 필요한 최소한도의 범위 안에서만 행할 수 있는 수사방법이다. 현행 형사소송법상으로는 ① 피의자의 **체포**, ② 피의자의 **구속**, ③ **압수와 수색**, ④ **검증**, ⑤ **증거보전**, ⑥ **증인신문의 청구**, ⑦ **감정유치**, ⑧ **감정에 필요한 처분**이 있으며, 특별법상으로는 통신비밀보호법에서 정하는 전기통신의 **감청** 등이 있다.

나. 피의자의 체포

체포한 상당한 범죄혐의가 있고 일정한 사유가 존재하는 경우 일정한 시간 동안 구속에 선행하여 피의자의 인신의 자유를 제한하는 수사처분을 말한다. 피의자의 체포에는 **영장에 의한 체포**, **긴급체포**, **현행범인체포**의 3가지가 있다.

영장에 의한 체포는 **체포영장**에 의해 집행하고, 긴급체포시에는 **긴급체포서**를 작성하여야 한다. 수사기관이 현행범인을 체포한 경우에는 **현행범인체포서**를 작성하여야 하고, 사인이 체포한 현행범인을 수사기관이 인도받은 때에는 **현행범인 인수서**를 작성하여야 한다. 사법경찰관이 체포한 피의자를 석방하였을 때에는 **석방보고서**를 작성하여 그 사실을 검사에게 보고하여야 한다(수사규정 제36조).

다. 피의자의 구속

구속은 체포에 비하여 보다 장기간 피의자를 구금하는 것을 말한다. 따라서 피의자의 인신을 구속하기 위해서는 당연히 **법관의 영장에 의하여야** 한다. 체포한 피의자에 대하여 구속영장을 청구하는 경우에는 체포영장, 긴급체포서, 현행범인체포서 또는 현행범인인수서를 첨부하여야 한다.

체포된 피의자에 대한 **구속전 피의자심문**은 지체없이 하여야 하고, 이 경우 특별한 사정이 없는 한 구속영장이 청구된 다음 날까지 심문하여야 한다(형사소송법 제201조의2 제1항). 미체포 피의자에 대하여는 **구인을 위한 구속영장**을 발부하여 피의자를 구인한 후 심문하여야 한다. 구속전 피의자심문 후에는 **심문조서**를 공판조서에 준하여 작성하여야 한다(제201조의2 제10항). 이러한 조서는 형사소송법 **제315조 제3호**에서 정하는 '기타 특히 신용할 만한 정황에 의하여 작성된 문서'에 해당한다.

라. 압수와 수색

1) **의의** 압수는 증거물 또는 몰수할 것으로 사료하는 물건의 점유를 강제적으로 취득하는 처분이고(형사소송법 제219조, 제106조 제1항), 수색은 위와 같은 물건이나 사람을 발견하기 위하여 사람의 신체·물건·주거 기타 장소에 강제력을 행사하는 처분을 말한다(제219조, 제109조).

2) **영장주의 원칙** 압수와 수색은 성질상 별개의 처분이지만 실제로는 같은 기회에 같은 장소에서 행하여지는 것이 보통이고, 영장 역시 압수·수색영장이라는 1통의 영장을 사용하고 있다. 수사상 압수·수색은 해당 사건과 관계가 있다고 인정할 수 있는 것에 한정하여 할 수 있다(형사소송법 제215조). 증거물 또는 몰수할 물건을 압수한 때에는 <U>압수조서와 압수목록</U>을 작성하여야 한다. 압수조서에는 압수의 경위를, 압수목록에는 압수물건을 특징을 구체적으로 기재하여야 한다.

3) **영장집행의 제한** 일출 전·일몰 후에는 압수·수색영장에 야간집행을 할 수 있는 기재가 없으면 그 영장의 집행을 위하여 타인의 주거, 간수자 있는 가옥·건조물·항공기 또는 선차 내에 들어가지 못한다(형사소송법 제219조, 제125조).

그러나 제216조의 규정에 의한 처분을 하는 경우에 <U>급속을 요할 때</U>에는 제123조 제2항, 제125조의 규정에 의함을 요하지 아니한다(형사소송법 제220조). 또한 <U>도박 기타 풍속을 해하는 행위에 상용된다고 인정되는 장소, 공개한 시간 내의 여관·음식점 기타 야간에 공중이 출입할 수 있는 장소</U>에서의 압수·수색은 그러한 제한을 받지 아니한다(제219조, 제126조).

다만 제217조에 의한 압수·수색·검증시에는 위와 같은 예외가 허용되지 아니한다.[7]

4) **디지털 증거의 압수·수색** '디지털 증거'란 범죄와 관련하여 디지털 형태로 저장되거나 전송되는 증거로서의 가치가 있는 정보를 말한다(디지털 증거의 수집·분석 및 관리 규정 제3조 제1호). 형사소송법 제106조 제3항은 압수의 목적물이 컴퓨터용디스크, 그 밖에 이와 비슷한 정보저장매체인 경우에는 <U>기억된 정보의 범위를 정하여 출력하거나 복제하여 제출받아야 하고, 범위를 정하여 출력 또는 복제하는 방법이 불가능하거나 압수의 목적을 달성하기에 현저히 곤란하다고 인정되는 때에는 정보저장매체 등을 압수할 수 있다</U>고 규정하고 있다.

판례는 전자정보의 복제·탐색·출력 시 피압수자 등에서 참여의 기회를 보장하여야 하고, 혐의사실과 무관한 전자정보의 임의적인 복제 등을 막기 위한 적절한 조치를 취하여야 하며, 탐색과정에서 별도의 범죄혐의와 관련된 전자정보를 우연히 발견한 경우라면 수사기관은 더 이상의 추가 탐색을 중단하고 법원에서 별도의 범죄혐의에 대한 압수·수색영장을 발부받아야 하고, 피압수자의 참여권 보장 및 압수한 전자정보목록 교부 등 적절한 조치가 필요하다고 판시하고 있다(2011모1839).

5) **영장주의의 예외** 압수·수색에 있어 사전영장의 원칙에 대하여는 다음과 같은 예외가 인정된다.

가) 검사 또는 사법경찰관은 피의자를 구속영장에 의한 구속, 체포영장에 의한 체포, 긴급체포, 현행범인 체포를 하는 경우에 필요한 때에는 영장 없이 타인의 주거나 타인이 간수하는 가옥·건조

---

[7] 이에 대하여는 형사소송법 제220조가 제216조만을 규정하고 있으므로 적용되지 않는다는 견해와 사후에 발부된 압수·수색·검증영장에 일출전·일몰후의 압수·수색·검증이 허용되어 있다면 법관의 사후추인에 의하여 야간의 압수·수색·검증이 허용되었다고 보는 견해, 제217조에 의한 강제처분에도 긴급성을 요한다는 점에서 제200조를 준용하여야 한다는 견해 등이 대립한다.

물·항공기·선거 내에서 피의자수색을 할 수 있다(형사소송법 제216조 제1항 제1호).[8] 다만, 체포영장에 의한 체포 또는 구속영장에 의한 구속을 하는 경우의 피의자 수색은 미리 수색영장을 발부받기 어려운 긴급한 사정이 있는 때에 한정한다(같은 호 단서).

위 '피의자수색'는 피의자를 체포·구속하기 위한 수색을 의미한다.

나) 검사 또는 사법경찰관은 피의자를 구속영장에 의한 구속, 체포영장에 의한 체포, 긴급체포, 현행범인 체포를 하는 경우에 필요한 때에는 영장 없이 그 체포현장에서 압수·수색 또는 검증을 할 수 있다(형사소송법 제216조 제1항 제2호).

이 경우 압수를 계속할 필요가 있는 때에는 **지체없이 압수·수색영장을 청구**하여야 하고, 그 청구는 **체포한 때부터 48시간 이내**에 하여야 한다(제217조 제2항). 만약 청구한 영장을 발부받지 못한 때에는 압수한 물건을 즉시 반환하여야 한다(같은 조 제3항).

본호에 의한 압수·수색은 **체포 또는 구속의 원인이 되는 범죄사실과 관련이 있는 물건에 대하여만 허용**된다.

다) 검사 또는 사법경찰관이 피고인에 대한 구속영장을 집행하는 경우에 필요한 때에는 집행현장에서 압수·수색 또는 검증을 할 수 있다(형사소송법 제216조 제2항).

피고인에 대한 구속영장의 집행 자체는 집행기관의 활동으로서 수사처분은 아니나 집행현장에서 행하는 압수·수색·검증은 수사처분에 속하므로, 그 결과를 법관에게 보고하거나 압수물을 제출할 것을 요하지 아니한다.

라) 범행 중 또는 범행 직후의 범죄장소에서 긴급을 요하여 영장을 발부받을 수 없는 때에는 영장 없이 압수·수색·검증을 할 수 있다(형사소송법 제216조 제3항).

이 경우에는 **사후에 지체없이 압수·수색·검증영장을 발부받아야** 한다(형사소송법 제216조 제3항 후문). 본항은 피의자의 체포·구속을 전제로 하지 않는다는 점에서 체포현장에서의 압수·수색과 다르다. 즉 범행직후의 범죄장소이면 족하고 범인이 범행현장에 있음을 요하지 아니하며 범인을 체포하지 않더라도 무방하다.

본항에 의하여 압수·수색을 한 후 사후영장을 발부받지 못한 때에는 압수한 물건을 **즉시 반환**하여야 한다.

마) 검사 또는 사법경찰관은 긴급체포된 자가 소유·소지 또는 보관하는 물건에 대하여 긴급히 압수할 필요가 있는 경우에는 24시간 이내에 한하여 영장 없이 압수·수색 또는 검증을 할 수 있다(형사소송법 제217조 제1항).

---

[8] 개정 전 형사소송법은 긴급성 등을 추가적인 요건으로 하지 아니하고 체포 또는 구속시 영장주의 예외로서 피의자수색을 광범위하게 허용하였다. 그러나 2018. 4. 26. 헌법재판소는 수색에 앞서 영장을 발부받기 어려운 긴급한 사정이 있는지에 대한 여부를 구별하지 아니하고 피의자가 소재할 개연성이 있으면 영장 없이 곧바로 타인의 주거 등을 수색할 수 있도록 하는 것은 헌법 제16조에 따른 영장주의에 위반된다는 이유로 헌법불합치 결정을 내렸다. 이에 따라 2019. 12. 31. 개정·시행된 형사소송법은 체포영장 또는 구속영장에 의한 체포 또는 구속시에는 미리 수색영장을 발부받기 어려운 긴급한 사정이 있는 때에 한하여 피의자수색을 허용하고 있다.

긴급체포의 경우에도 제216조 제1항 제2호에 의하여 체포현장에서 압수·수색·검증이 가능하므로, 본조의 처분은 긴급체포에 따른 부수처분이 아니다. 이 경우 역시 <u>사후영장을 발부받아야 함</u>은 앞서 살펴본 바와 같다(제217조 제2항).

본 항에 의한 압수의 대상은 <u>긴급체포의 사유가 된 범죄사실 수사에 필요한 최소한의 범위 내의 것</u>이어야 하고, 그 압수의 대상이 되는 것인지는 당해 범죄사실의 구체적인 내용과 성질, 압수하고자 하는 물건의 형상·성질, 당해 범죄사실과의 관련 정도와 증거가치, 인멸의 우려는 물론 압수로 인하여 발생하는 불이익의 정도 등 압수 당시의 여러 사정을 종합적으로 고려하여 객관적으로 판단하여야 한다(2008도2245).[9]

마. 검증

검증은 사람의 신체나 장소 또는 물건의 존재형태·움직임을 <u>오관의 작용으로 직접 경험하는 강제처분</u>이다.[10] 검증의 절차에 관하여는 영장주의 원칙과 그 예외, 영장의 제시, 참여, 검증조서의 작성 등이 모두 압수·수색의 경우와 같다(형사소송법 제215조 내지 제217조).

바. 증거보전

증거보전이라 함은 공판기일에서의 정상적인 증거조사를 기다리다가는 증거를 사용하기 곤란한 사정이 있는 때에 <u>검사, 피고인, 피의자, 변호인 등의 청구에 의하여 제1회 공판기일 전에 판사가 압수, 수색, 검증, 증인신문, 감정</u>을 하여 두는 제도를 말한다(형사소송법 제184조 제1항).

또한 범죄의 수사에 없어서는 아니 될 사실을 안다고 명백히 인정되는 자가 검사 또는 사법경찰관의 출석요구 또는 진술을 거부하는 경우에 <u>검사는 제1회 공판기일 전 판사에게 청구하여 증인신문을 미리 할 수 있다</u>(제221조의2).

사. 감정유치

감정유치라 함은 임의수사의 방법인 <u>감정을 위촉함에 있어서 피의자의 정신 또는 신체에 관한 감정이 필요한 경우 피의자를 병원 기타 적당한 장소에 유치하는 처분</u>으로서 피의자의 신체적 자유를 제한하는 강제수사의 한 방법이다. 감정유치를 하기 위해서는 판사의 <u>감정유치장</u>을 발부받아야 한다(형사소송법 제221조의3 제1항, 제2항, 제172조 제4항).

아. 감정에 필요한 처분

검사 또는 사법경찰관으로부터 감정의 위촉을 받은 <u>감정인은 감정에 관하여 필요한 때에는 판사의 허가를 얻어</u> 타인의 주거·간수자 있는 가옥·건조물·항공기·선차 내에 들어가거나, 신체의 검사, 사체의 해부, 분묘의 발굴, 물건의 파괴 등 <u>강제처분</u>을 할 수 있다(형사소송법 제221조의4 제1항, 제173조 제1항).

---

9) 위 판례는 경찰관이 전화사기죄 범행의 혐의자를 긴급체포하면서 그가 보관하던 다른 사람의 주민등록증, 운전면허증 등을 압수한 것을 제217조 제1항에서 규정한 압수로서 적법하다고 인정한 사례이다.
10) 실황조사도 일종의 검증이라 할 수 있으나 실황조사에는 통상 강제력이 수반되지 않는다.

자. 통신제한조치와 통신사실 확인자료 제공요청

통신제한조치는 우편물의 검열 및 전기통신의 감청으로 이루어진다(통신비밀보호법 제2조 제1호 내지 제3호, 제3조 제2항). **우편물의 검열**이라 함은 우편물에 대하여 당사자의 동의 없이 이를 개봉하거나 기타의 방법으로 그 내용을 지득 또는 채록하거나 유치하는 것을 말하고(제2조 제6호), **전기통신의 감청**이라 함은 전기통신에 대하여 당사자의 동의 없이 전자장치·기계장치 등을 사용하여 통신의 음향·문언·부호·영상을 청취·공독하여 그 내용을 지득 또는 채록하거나 전기통신의 송·수신을 방해하는 것을 말한다(같은 조 제7호).

이와 달리 전기통신 일시, 전기통신 개시 및 종료시간, 발착신 통신번호, 사용도수, 컴퓨터통신·인터넷의 로그기록, 정보통신망에 접속된 정보통신기기의 발신기지국 위치추적자료, 컴퓨터통신·인터넷 사용자의 접속지 추적자료 등의 자료는 통신조치와는 구별되는 **통신사실 확인자료**로서(통신비밀보호법 제2조 제11호) 법원의 허가 등을 얻어야 열람 가능하다.

불법검열에 의한 우편물의 내용과 불법감청에 의한 전기통신 내용 및 타인의 대화비밀을 침해하여 얻은 증거는 증거능력이 부정된다(통신비밀보호법 제4조, 제14조 제2항).

> **통신비밀보호법 제4조(불법검열에 의한 우편물의 내용과 불법감청에 의한 전기통신내용의 증거사용 금지)** 제3조의 규정에 위반하여, 불법검열에 의하여 취득한 우편물이나 그 내용 및 불법감청에 의하여 지득 또는 채록된 전기통신의 내용은 재판 또는 징계절차에서 증거로 사용할 수 없다.
>
> **제14조(타인의 대화비밀 침해금지)** ① 누구든지 공개되지 아니한 타인간의 대화를 녹음하거나 전자장치 또는 기계적 수단을 이용하여 청취할 수 없다.
> ② 제4조 내지 제8조, 제9조 제1항 전단 및 제3항, 제9조의2, 제11조 제1항·제3항·제4항 및 제12조의 규정은 제1항의 규정에 의한 녹음 또는 청취에 관하여 이를 적용한다.

차. 금융거래 추적

금융거래 추적이라 함은 금융거래 내용에 대한 정보 또는 자료를 명확히 파악하기 위하여 대상자 또는 그의 거래처 등 관련자가 거래한 금융기관의 회계서류를 조회·확인·검색함으로써 자금의 이동경로를 확인하는 것을 말한다. 일반적으로 수사기관은 법관이 발부한 **영장에 의하여 금융기관에 금융거래정보제공을 요구하여 이를 제출받는 것이 대부분이나, 예금주의 동의를 받아 금융기관에 정보를 요구할 수도 있다**(금융실명거래 및 비밀보장에 관한 법률 제4조 제1항).

Ⅲ. 수사의 종결과 수사기관의 처분

1. 일반사법경찰관의 수사종결

사법경찰관은 범죄를 수사한 후 <u>범죄의 혐의가 있다고 인정되는 경우에는 지체 없이 검사에게 사건을 송치하고, 관계 서류와 증거물을 검사에게 송부하여야 한다</u>(제245조의5 제1호). <u>사법경찰관은 자신이 수사한 범죄에 대하여 혐의가 인정되지 않는다고 판단하는 경우에는 불송치결정에 따라 수사를 종결할 수 있다</u>(제245조의5 참조). 사법경찰관은 자신이 수사한 범죄의 피의자나 참고인의 소재를 알 수 없는 경우에는 수사중지(피의자중지 또는 참고인중지)결정을 하고, 7일 이내에 사건기록을 검사에게 송부하여야 한다.

> **검사와 사법경찰관의 상호협력과 일반적 수사준칙에 관한 규정 제51조(사법경찰관의 결정)** ① 사법경찰관은 사건을 수사한 경우에는 다음 각 호의 구분에 따라 결정해야 한다.
>
> 1. 법원송치
> 2. 검찰송치
> 3. 불송치
>   가. 혐의없음
>   1) 범죄인정안됨, 2) 증거불충분
>   나. 죄가안됨
>   다. 공소권없음
>   라. 각하
> 4. 수사중지
>   가. 피의자중지
>   나. 참고인중지
> 5. 이송
>
> ② 사법경찰관은 하나의 사건 중 피의자가 여러 사람이거나 피의사실이 여러 개인 경우로서 분리하여 결정할 필요가 있는 경우 그 중 일부에 대해 제1항 각 호의 결정을 할 수 있다.
>
> ③ 사법경찰관은 제1항제3호나목 또는 다목에 해당하는 사건이 다음 각 호의 어느 하나에 해당하는 경우에는 해당 사건을 검사에게 이송한다.
> 1. 「형법」 제10조제1항에 따라 벌할 수 없는 경우
> 2. 기소되어 사실심 계속 중인 사건과 포괄일죄를 구성하는 관계에 있는 경우
>
> ④ 사법경찰관은 제1항제4호에 따른 수사중지 결정을 한 경우 7일 이내에 사건기록을 검사에게 송부해야 한다. 이 경우 검사는 사건기록을 송부받은 날부터 30일 이내에 반환해야 하며, 그 기간 내에 법 제197조의3에 따라 시정조치요구를 할 수 있다.
>
> ⑤ 사법경찰관은 제4항 전단에 따라 검사에게 사건기록을 송부한 후 피의자 등의 소재를 발견한 경우에는 소재 발견 및 수사 재개 사실을 검사에게 통보해야 한다. 이 경우 통보를 받은 검사는 지체 없이 사법경찰관에게 사건기록을 반환해야 한다.
>
> **제53조(수사 결과의 통지)** ① 검사 또는 사법경찰관은 제51조 또는 제52조에 따른 결정을 한 경우에는 그 내용을 고소인·고발인·피해자 또는 그 법정대리인(피해자가 사망한 경우에는 그 배우자·직계친

족·형제자매를 포함한다. 이하 "고소인등"이라 한다)과 피의자에게 통지해야 한다. 다만, 제51조제1항제4호가목에 따른 피의자중지 결정 또는 제52조제1항제3호에 따른 기소중지 결정을 한 경우에는 고소인등에게만 통지한다.

② 고소인등은 법 제245조의6에 따른 통지를 받지 못한 경우 사법경찰관에게 불송치 통지서로 통지해 줄 것을 요구할 수 있다.

③ 제1항에 따른 통지의 구체적인 방법·절차 등은 법무부장관, 경찰청장 또는 해양경찰청장이 정한다.

제54조(수사중지 결정에 대한 이의제기 등) ① 제53조에 따라 사법경찰관으로부터 제51조제1항제4호에 따른 수사중지 결정의 통지를 받은 사람은 해당 사법경찰관이 소속된 바로 위 상급경찰서의 장에게 이의를 제기할 수 있다.

② 제1항에 따른 이의제기의 절차·방법 및 처리 등에 관하여 필요한 사항은 경찰청장 또는 해양경찰청장이 정한다.

③ 제1항에 따른 통지를 받은 사람은 해당 수사중지 결정이 법령위반, 인권침해 또는 현저한 수사권 남용이라고 의심되는 경우 검사에게 법 제197조의3제1항에 따른 신고를 할 수 있다.

④ 사법경찰관은 제53조에 따라 고소인등에게 제51조제1항제4호에 따른 수사중지 결정의 통지를 할 때에는 제3항에 따라 신고할 수 있다는 사실을 함께 고지해야 한다.

제58조(사법경찰관의 사건송치) ① 사법경찰관은 관계 법령에 따라 검사에게 사건을 송치할 때에는 송치의 이유와 범위를 적은 송치 결정서와 압수물 총목록, 기록목록, 범죄경력 조회 회보서, 수사경력 조회 회보서 등 관계 서류와 증거물을 함께 송부해야 한다.

② 사법경찰관은 피의자 또는 참고인에 대한 조사과정을 영상녹화한 경우에는 해당 영상녹화물을 봉인한 후 검사에게 사건을 송치할 때 봉인된 영상녹화물의 종류와 개수를 표시하여 사건기록과 함께 송부해야 한다.

③ 사법경찰관은 사건을 송치한 후에 새로운 증거물, 서류 및 그 밖의 자료를 추가로 송부할 때에는 이전에 송치한 사건명, 송치 연월일, 피의자의 성명과 추가로 송부하는 서류 및 증거물 등을 적은 추가송부서를 첨부해야 한다.

제62조(사법경찰관의 사건불송치) ① 사법경찰관은 법 제245조의5제2호 및 이 영 제51조제1항제3호에 따라 불송치 결정을 하는 경우 불송치의 이유를 적은 불송치 결정서와 함께 압수물 총목록, 기록목록 등 관계 서류와 증거물을 검사에게 송부해야 한다.

② 제1항의 경우 영상녹화물의 송부 및 새로운 증거물 등의 추가 송부에 관하여는 제58조제2항 및 제3항을 준용한다.

2. 검사의 수사종결

수사가 종료되면 검사는 사건에 관하여 결정을 하고 그 결정에 대한 후속조치가 이루어진다. 특히 고소·고발사건에 대하여는 고소인·고발인에 대하여 그 처리결과를 통지하는 등 검찰 외부적으로도 검사의 결정에 부수되는 각종 조치가 뒤따른다.

구체적인 검사의 사건처리 유형과 그 사유는 다음과 같다(검찰사건사무규칙 제98조 등 참조).

사건 처리			사유
공소제기결정	공판청구 (구공판)	구속	객관적 혐의인정
		불구속	
	약식명령청구(구약식)		
불기소결정	협의의 불기소 처분	공소권없음	면소판결사유
			공소기각판결사유
			공소기각결정사유
			기타(형의 필요적 면제사유)
		죄가안됨	위법성조각사유
			책임조각사유
			기타(처벌하지 아니한다)
		혐의없음(범죄인정안됨)	구성요건해당성 없음
		혐의없음(증거불충분)	피의사실 인정안됨·증거없음·증거불충분
	기소유예		공소제기가 가능함에도 제반사항을 참작하여 소추의 필요가 없다고 인정되는 경우
	각하		고소장 기재 등에 의하여 공소권없음·죄가안됨·혐의없음에 해당함이 명백한 경우
			고소·고발 사건에서 고소·고발이 제244조·제232조 제2항·제235조에 위반한 경우, 고소권자 아닌 자가 고소한 경우, 고소인·고발인의 진술을 청취할 수 없는 경우, 수사와 소추할 공공의 이익이 없거나 극히 적은 경우
			동일사건에 관한 검사의 불기소처분 존재하는 경우
			수사를 개시할 구체적 사유나 정황이 충분치 않은 경우
	기소중지		피의자소재불명, 범인의 불명
	참고인중지		참고인·고소인·고발인·관련피의자 소재불명
	공소보류		공소제기의 보류
송치결정	보호사건송치		소년보호사건송치
			가정보호사건송치
			성매매보호사건송치
			아동보호사건송치

	이송	타관송치
		군검찰관송치

Ⅳ. 제1심 공판절차 개관

1. 공소제기와 사건의 접수

공소란 검사가 법원에 대하여 특정 피고인의 형사사건에 관한 유죄판결을 구하는 의사표시를 말한다. 공소제기의 권한은 검사에게 독점되어 있고(형사소송법 제246조, 국가소추주의, 기소독점주의), 그 제기여부도 오로지 검사의 재량에 달려 있으며(제247조, 기소편의주의), 법원은 검사의 공소제기가 없는 한 형사사건에 관한 심판을 할 수 없다(불고불리의 원칙).[11]

공소의 제기는 검사가 **공소장을 관할 법원에 제출**하는 방식으로 하며(형사소송법 제254조 제1항), 공판정이라 하더라도 구두기소는 허용되지 아니한다. 공소장이 각 지방법원 또는 지원의 형사과 또는 사무과에 **접수**되면, 접수 담당직원은 접수 즉시 **사건번호를 부여**하며,[12] 이때 붙인 사건번호와 사건명은 그 사건의 종국에 이르기까지 변경 없이 사용된다.

배당은 매일 접수를 마감한 직후 또는 다음 날 업무시작 즉시 시행된다. 따라서 기소된 다음 날이면 **재판부가 결정**된다. 사건배당이 확정된 이후라도 재판부의 사무분담 변경이 있거나, 관련사건의 병합심리가 필요한 경우, 착오에 의하여 합의사건이 단독사건으로 또는 단독사건이 합의사건으로 접수·배당된 경우 등에는 **재배당**을 할 수 있다. **본안소송에 부수하는 신청사건**은 법령에 다른 규정이나 사건의 성질상 달리 취급할 필요가 있는 경우 이외에는 별도의 배당절차를 거칠 필요 없이 **본안사건 담당재판부가 처리함을 원칙**으로 한다.

2. 공판의 준비

가. 공소장 부본의 송달

법원은 공소장 부본을 피고인 또는 변호인에게 지체없이 송달하여야 한다(형사소송법 제266조). 실무상 공소장 부본은 주로 피고인에게 송달한다. 다만, 제1심에서 국선변호인이 선정되면 법원은 공소장 부본을 국선변호인에게 송달한다. 공소장 부본 송달은 늦어도 **제1회 공판기일 전 5일까지** 하여야 한다.

제1심 형사공판사건(다만 약식명령에 대하여 정식재판이 청구된 경우를 제외한다)에서 피고인에게 **공소장 부본을 송달할 때에 의견서 양식을 함께 송달하고, 피고인은 위 양식을 송달받은 날로부터 7일 이내에 공소사실에 대한 인정여부·절차진행·성행 및 환경·정상에 관한 의견 등을 기재한 의견서를 법원에 제출하여야** 한다.

---

[11] 법원의 심판대상은 공소장에 기재된 공소사실로 한정되고 비록 공소사실과 동일성이 인정되더라도 공소장에 기재되지 않은 사실은 잠재적 심판의 대상으로서 공소장변경에 의하여 비로소 현실적 심판의 대상이 된다.
[12] 형사와 관계되는 사건부호로 형사제1심합의사건은 「고합」, 형사제1심단독사건은 「고단」, 약식사건은 「고약」, 약식명령에 대한 정식재판청구 사건은 「고정」, 형사항소사건은 「노」, 형사상고사건은 「도」 등이 있다.

의견서의 양식은 '공소사실에 대한 의견', '절차진행에 대한 의견', '성행 및 환경에 대한 의견', '정상에 대한 의견'란 등으로 되어 있고, 공소장 부본 송달시 그 양식을 함께 송달한다.

나. 국선변호인 선정

법원은 공소장 부본 발송시까지 '국선변호인 선정을 위한 고지서'를 송달하고, 청구를 원할 경우 고지서 뒷면에 인쇄된 '국선변호인 선정청구서' 양식을 이용하여 청구를 하도록 한다. 법원이 선정결정을 하게 되면, 그 결정 등본을 그 국선변호인과 피고인에게 송달한다. 다만 공판정에서 선정결정을 고지하는 경우에는 결정서를 작성하지 아니하고 공판조서에 기재하는 방식으로 할 수 있다. 국선변호인으로 선정된 변호인은 함부로 이를 거부할 수 없고, 법원의 허가를 받아야만 사임할 수 있다.

다. 공판기일의 지정 및 변경

공소장 부본이 송달되고 국선변호인 선정 등의 절차가 완료되면 재판장이 공판기일을 지정한다(형사소송법 제267조 제1항). 제1회 공판기일은 송달일로부터 5일의 유예기간 경과 후에 열리도록 여유 있게 지정하여야 한다. 구속사건의 경우 제1회 공판기일은 배당이 완료된 사건기록이 재판부에 배부된 후 지체없이 지정하되, 기일을 지정하는 날로부터 14일 이내의 날로 정함을 원칙으로 한다(구속사건의 신속한 기일지정에 관한 예규 참조).

제1회 공판기일의 지정은 사건번호순으로 한다. 다만 구속사건의 경우에는 구속기간의 제한 때문에 불구속사건과 구분하여 따로 기일을 정하는 경우가 많다. 친고죄로 구속된 피고인에 대하여 고소취소장이 제출된 경우와 같이 공소기각이 명백한 사건 등에 대하여는 순서와 관계없이 즉시 재판할 수 있도록 특별기일 등을 정함이 보통이다.

재판부는 공판기일을 일주일에 2회 개정함을 원칙으로 하고, 여러 건의 공판기일을 같은 날로 정할 경우 가능한 한 시간대별로 나누어 공판기일을 정하는 것이 일반적이다. 충실한 공판중심주의 구현에 필요한 법정심리시간을 고려하여 적정한 수의 사건을 같은 공판기일로 지정하여, 그 공판기일에 진행할 수 있을 만큼 각 사건을 진행한 다음, 그 이후의 절차는 다음 공판기일(이를 속행기일이라 한다)을 정하여 진행하는 식으로 처리한다.[13]

재판장은 여러 공판기일을 일괄하여 지정할 수 있으며(형사소송법 제267조2의 제3항), 매일 계속 개정하지 못하는 경우 특별한 사정이 없는 한 전회의 공판기일부터 14일 이내로 다음 공판기일을 지정하여야 한다(제4항). 공판기일의 변경은 재판장이 직권으로 하거나, 검사·피고인 또는 변호인의 신청에 의하여 할 수 있다(제270조 제1항).

라. 피고인의 소환 및 통지

공판기일에는 피고인, 대표자 또는 대리인을 소환하여야 한다(형사소송법 제267조 제2항). 공판기일이 지정되면 검사, 변호인과 보조인에게 그 공판기일을 통지하여야 한다(같은 조 제3항).

---

13) 예를 들면 자백하는 간단한 사건이면 첫 번째 공판기일에 변론종결까지 마치고, 부인하거나 별도의 양형심리를 위하여 증인신문 등을 요하는 사건이면 첫 번째 공판기일에는 증거조사 이전까지 진행하는 방식으로 한다.

피고인을 소환함에는 <u>소환장을 발부</u>하여 이를 <u>우편으로 송달</u>하는 것이 원칙이나, 법원 구내에서 피고인에게 <u>구두</u>로 통지할 수도 있고, 피고인으로부터 <u>출석응낙서</u>를 받음으로써 소환장 송달에 갈음할 수 있다(형사소송법 제76조 제2항 전단, 제268조). <u>구금된 피고인에 대하여는 교도관에게 통지하여 소환</u>하므로(제76조 제4항), 소환장을 발부하지 아니하고 인편 또는 전화 등에 의한다.

검사에 대한 공판기일의 통지는 그 공판기일에 진행할 사건목록을 일괄 기재하여 검찰청 담당직원에게 교부하는 방식으로, 변호인과 보조인에 대해서는 <u>공판기일 통지서를 송달</u>하는 방식으로 한다. 수인의 변호인 중 대표변호인의 지정이 있는 경우 대표변호인에 대한 통지 또는 서류의 송달은 변호인 전원에 대하여 효력이 있다(형사소송법 제32조의2 제4항).

변호인에게 공판기일 통지를 하지 않고 개정하여 심리를 하는 것은 위법하나, 적법한 공판기일 통지가 된 이상 그 변호인이 공판기일에 출석하지 않더라도 당해 사건이 필요적 변호사건이 아니라면 그 공판심리의 효력에는 영향이 없다(69도803).

마. 공판기일 전 증거조사 준비

법원은 직권 또는 검사, 피고인이나 변호인의 신청에 의하여 공판기일 외에서도 공무소 또는 공사단체에 필요한 사항을 <u>조회</u>하거나, <u>보관 서류의 송부를 요구</u>할 수 있다(형사소송법 제272조 제1항). 이러한 요구는 개인에 대하여는 할 수 없고, 회신서나 송부되어 온 서류는 그 후 공판기일에서 증거서류로 제출되어 개별적으로 지시·설명되고 조사되어야 비로소 증거가 된다(제291조).

또한 법원은, 검사, 피고인이나 변호인의 신청에 의하여, 공판준비에 필요하다고 인정할 때에는 공판기일 전에 <u>피고인 또는 증인을 신문</u>할 수 있고, <u>검증·감정 또는 번역</u>을 명할 수 있다(형사소송법 제273조). 이에 따라 기일 전 피고인 등을 신문한 경우에도 그 신문조서 등이 그 후 공판기일에 증거서류로 제출되어 개별적으로 지시·설명되고 조사되어야 비로소 증거가 된다(제291조).

검사, 피고인 또는 변호인은 공판기일 전에 <u>서류나 물건을 증거로서 법원에 제출</u>할 수 있다(형사소송법 제274조). 마찬가지로 그 후 공판기일에 증거서류나 증거물로 제출되어 증거조사를 거쳐야 비로소 증거가 된다(제291조 내지 제292조의3).

3. 공판준비절차

가. 공판준비절차의 의의 및 구성

공판준비절차는 공판기일에서의 심리를 준비하기 위하여 법원이 행하는 일련의 절차이자, 집중심리를 위하여 <u>사건에 대한 쟁점을 정리하고 입증계획을 수립</u>하는 절차이다(형사소송법 제266조의5). 원칙적으로 쟁점이 복잡하고 다투는 사건에서 활용하고, 자백하는 사건에 있어서는 중요한 양형요소에 관하여 의문이 있는 경우, 의견서 등에서 자백의 취지를 표현하고는 있으나 법률상 죄의 성립에 의문이 있는 경우 등에 한하여 활용한다.

공판준비절차는 크게 **기일외 공판준비절차**와 **공판준비기일**로 나누어진다. 공판준비절차는 임의적 절차이나 **국민형사참여재판에서는 필수적** 절차이다.

나. 의견서제출제도

피고인 또는 변호인은 공소장 부본을 송달받은 날부터 7일 이내에 공소사실에 대한 인정 여부, 공판준비절차에 관한 의견 등을 기재한 <u>의견서를 법원에 제출</u>하여야 한다(형사소송법 제266조의2 제1항 본문). 다만 피고인이 진술을 거부하는 경우에는 그 취지를 기재한 의견서를 제출할 수 있다(같은 항 단서).

다. 증거의 열람·등사 제도

검사, 피고인 또는 변호인은 공소제기된 사건과 관련된 서류나 물건을 열람·등사할 수 있다(형사소송법 제266조의3, 제266조의11 등).

라. 공판준비기일

법원은 검사·피고인 또는 변호인의 의견을 들어 공판준비기일을 지정할 수 있고, 검사·피고인 또는 변호인은 법원에 대하여 공판준비기일의 지정을 신청할 수 있다(형사소송법 제266조의7). 법원은 검사·피고인 및 변호인에게 공판준비기일을 통지하여야 하고, 공판준비기일이 지정된 사건에 관하여 변호인이 없는 때에는 지체없이 직권으로 국선변호인을 선정하고 피고인 및 변호인에게 이를 고지하여야 한다(제266조의8).

공판준비기일에서 <u>피고인의 출석은 필수는 아니다</u>. 다만 법원은 필요하다고 인정하는 때에는 피고인을 소환할 수 있으며, 피고인은 법원의 소환이 없는 때에도 공판준비기일에 출석할 수 있다(형사소송법 제266조의8 제5항).

법원은 공판준비기일에서 ① **공소장의 보완과 변경**, ② **쟁점의 정리**, ③ **증거의 신청 및 채부** 등을 할 수 있다(형사소송법 제266조의9 제1항). 공판준비기일에서는 증거신청과 그에 대한 의견진술, 증거채부까지만 하고 <u>증거조사는 공판기일에 하는 것이 원칙</u>이다.

법원은 공판준비기일을 종료하는 때에는 검사·피고인 또는 변호인에게 쟁점 및 증거에 관한 정리결과를 고지하고, 이에 대한 이의의 유무를 확인하여야 하고, 그 내용을 기재한 **공판준비조서**를 작성하여 재판장 또는 법관과 참여한 법원사무관 등이 기명날인 또는 서명하여야 한다(형사소송법 제266조의10 제1항, 규칙 제123조의12).

마. 실권효

<u>공판준비기일에서 신청하지 못한 증거</u>는 그 신청으로 인하여 소송을 현저히 지연시키지 아니하는 때, 또는 중대한 과실 없이 공판준비기일에 제출하지 못하는 등 <u>부득이한 사유를 소명</u>한 때의 어느 하나에 해당하는 경우에 한하여 공판기일에 신청할 수 있다. 다만 법원은 실체적 진실 발견을 위하여 이에 구애받지 않은 채 <u>직권으로 증거조사를 할 수 있다</u>(형사소송법 제266조의13).

4. 공판기일에서의 절차

가. 공판정

공판정은 판사와 검사, 법원사무관 등이 출석하여 개정한다. 검사의 좌석과 피고인 및 변호인의 좌석은 법대의 좌우측에 마주보고 위치하고, 증인의 좌석은 법대의 정면에 위치하며, 피고인은 피고인신문 시에만 증인석에 좌석한다. 법원사무관과 법원서기(보)는 법대 아래 중앙에 마주 앉는데, 방청석에서 볼 때 좌측에 법원사무관이, 우측에 법원서기(보)가 앉으며, 속기사는 통상 법원사무관 옆에 설치된 속기용 컴퓨터 앞에 앉는다.

공판은 공개함이 원칙이다. 다만 공판정 안에서의 녹화, 촬영, 중계방송 등 행위에 관해서는 미리 재판장의 허가를 얻어야 한다(법원조직법 제59조).

나. 공판의 개정

법관은 법관출입문으로 입정하되 통상 재판장, 우배석판사, 좌배석판사의 순서로 입정한다. 소송관계인과 방청인은 법관 입정시 법원경위의 "모두 일어서 주십시오."라는 구령에 따라 모두 일어나고 재판부가 착석한 뒤 착석하는 것이 관행이다. 재판장은 재판을 시작할 때 "지금부터 ○○부(○○단독) 형사(합의)재판을 시작하겠습니다."라고 개정선언을 하고, 사건심리에 앞서 판결을 먼저 선고하는 때에는 개정선언에 이어 "지금부터 형사(합의)판결을 선고하겠습니다."라고 고지하며, 폐정할 때 "오늘 재판을 모두 마치겠습니다."라는 폐정선언을 하는 것이 일반적이다. 한 기일에 여러 사건을 심리하는 경우가 일반적인 바, 이 경우 재판장의 사건호명에 의하여 그 사건에 대한 공판기일이 열린다. 재판장의 사건호명에 따라 방청석(불구속 피고인) 또는 피고인 대기실(구속 피고인)에서 대기하고 있던 피고인이 피고인 좌석에 나와 앉고, 변호인도 변호인대기석에서 변호인석으로 옮겨 앉는다.

공판을 개정하기 위해서는 검사가 출석하여야 한다. 검사가 2회 이상의 기일 통지를 받고도 불출석하는 때에는 검사의 출석 없이 개정할 수 있다(형사소송법 제278조). 판결선고만을 하는 경우에는 검사가 출석할 필요가 없다(제278조). 다만 무죄·집행유예 판결 등으로 구속영장이 실효되는 피고인을 즉시 석방하기 위하여 판결선고시에도 검사가 법정에 출석하여 있다가 그 자리에서 석방지휘를 하고 있다.

피고인이 출석하지 않으면 개정할 수 없음이 원칙이다(형사소송법 제267조 본문). 다만 이에 대해서는 일정한 예외가 있다(제276조 단서, 제277조 등 참조). 제33조 제1항 각 호에 해당하는 사건 및 같은 조 제2항, 제3항 규정에 따라 변호인이 선정된 사건에 관하여는 변호인 없이 개정하지 못한다(제282조 본문). 그 밖의 사건에 있어서는 사선변호인이 불출석한 상태에서 그대로 개정할 수 있다. 다만 사선변호인이 선임된 사건의 경우 그 변호인이 출석하였는지를 확인한 연후에 사건을 호창하는 것이 보통이다.

공판절차는 원칙적으로 피고인이 앉은 상태에서 진행하나, 재판장의 인정신문에 대한 답변·증거신청 및 최후진술과 같은 재판부에 대한 소송행위시에는 피고인을 일어서도록 한다. 검사와 변호인 역시 마찬가지이다.

다. 진술거부권의 고지

피고인은 진술하지 아니하거나 개개의 질문에 대하여 진술을 거부할 수 있고, 재판장은 피고인에게 진술을 거부할 수 있음을 고지하여야 한다(형사소송법 제283조의2). 진술거부권의 고지는 인정신문에 앞서서 행하여진다. 인정신문에 대하여도 진술을 거부할 수 있다.

라. 인정신문

재판장은 제일 먼저 피고인에게 성명, 연령, 등록기준지, 주거와 직업을 물어서 출석한 자가 피고인임에 틀림없음을 확인하여야 한다(형사소송법 제284조). 피고인이 법인인 때에는 출석한 대표자, 특별대리인 또는 대리인을 상대로, 법인의 명칭, 사무소, 대표자의 성명·주소, 대리인과 법인과의 관계 등을 물어서 확인한다.

인정신문을 마친 뒤 재판장은 피고인에 대하여 그 주소의 변동이 있을 때에는 이를 법원에 보고할 것을 명한다(소송촉진 등에 관한 특례규칙 제18조 제1항).

마. 검사의 모두진술

검사는 공소장에 의하여 공소사실, 죄명 및 적용법조를 낭독하여야 한다(형사소송법 제285조 본문). 피고인의 출석 없이 개정한 경우에도 모두진술을 하여야 한다. 다만 재판장은 필요하다고 인정하는 때에는 검사에게 공소의 요지를 진술하게 할 수 있다(같은 조 단서).

바. 피고인의 모두진술

피고인은 검사의 모두진술 후 공소사실의 인정여부를 진술하여야 하고, 이익이 되는 사실도 진술할 수 있다(형사소송법 제286조). 재판장은 피고인에게 공소사실을 인정하는지 여부에 관하여 물어야 하며, 피고인 및 변호인은 공소에 관한 의견 그 밖에 이익이 되는 사실 등을 진술할 수 있다(형사소송규칙 제127조의2). 공소에 관한 의견은 사건의 실체나 절차, 법률상의 가중·감경사유나 정상, 소송조건 등 그 대상에 제한이 없고, 공소기각이나 면소 등을 구하거나, 국선변호인 선정청구나 병합 신청, 연기 신청 등 절차상의 청구나 신청도 가능하다. 그 밖에 피고인의 입장이나 심경과 같은 것도 진술할 수 있으나, 재판과 무관한 사항을 장황하게 진술하는 경우 재판장은 이를 제한할 수 있다.

사. 재판장의 쟁점정리 등

피고인의 모두진술 후 재판장은 피고인 또는 변호인에게 쟁점의 정리를 위하여 필요한 질문을 할 수 있고, 증거조사에 앞서 검사 및 변호인으로 하여금 공소사실 등의 증명과 관련된 주장 및 입증계획 등을 진술하게 할 수 있다(형사소송법 제287조).

아. 증거조사

증거조사는 재판장의 쟁점정리 등 절차가 끝난 후에 실시한다(형사소송법 제290조). 당사자주의에 따라 증거조사는 당사자의 신청에 의하여 행함을 원칙으로 하고, 직권에 의한 증거조사는 보충적으로 이루어진다(제295조). 법원은 증거신청에 대하여, 증거능력 있는 자료를 증거로 채택하여 이를 법이 정한 방식대로 조사하게 된다. 피고인이 모두 자백하는 사건이라도 증거조사를 생략할 수는 없고, 다만 간이공판절차에 의할 수 있을 뿐이다.

먼저 적극적 당사자인 **검사가 증거목록을 제출**하면서 그 목록에 기재된 범죄성립과 소추조건, 양형자료 등에 관한 증거서류를 **증거로 신청**한다. 재판장은 **변호인이나 피고인**에게 증거서류를 사전에 검토하였는지 여부를 먼저 확인한 다음 증거서류의 **증거능력 유무에 관한 의견을 진술**하게 한다(형사소송규칙 제134조 제2항). 증거서류의 성격에 따라 증거능력에 관한 의견은 ① **동의**, ② **부동의** 또는 ① **적법성**, ② **진정성립**, ③ **내용의 임의성**, ④ **내용의 인정**으로 구분하여 진술하여야 한다. 성격을 달리하는 서류들이 하나의 증거에 함께 있는 경우에는 **서류의 성격에 따라 구별하여 증거인부를 하여야 한다**.14) 피고인과 변호인이 증거서류 등에 관한 의견을 구두로 진술하거나 증거의견서를 서면으로 제출하면 이는 증거목록의 **증거의견란**에 기재된다.

증거부동의한 서류에 대하여는 법원은 그 채부결정을 보류하고, 검사는 그 서류의 원진술자를 증인으로 신청하는 등의 절차를 밟게 되며, 한편 피고인 및 변호인은 그에 반대되는 증거서류나 증인 등을 신청한다.

증거조사의 순서는 원칙적으로 **검사가 신청한 증거를 먼저 조사한 후 피고인 또는 변호인이** 신청한 증거를 조사하고(형사소송법 제291조의2 제1항), 그 증거에 대한 조사가 끝난 후에 **직권**으로 결정한 증거를 조사하되(같은 조 제2항), 다만 법원은 직권 또는 검사·피고인 또는 변호인의 신청에 따라 증거조사의 순서를 변경할 수 있다(같은 조 제3항). 증거조사를 위하여 소송관계인이 증거로 제출한 서류나 물건에 대하여 증거를 제출한 자가 공판정에서 개별적으로 지시·설명하고(제291조 제1항), 신청에 의하여 증거조사를 하는 때에는, **증거서류**인 경우 원칙적으로 신청인이 이를 **낭독**하는 방식으로 이루어지고(제292조 제1항), **증거물**인 경우 신청인이 이를 **제시**하여야 하며(제292조의2 제1항), 법원이 직권으로 증거조사하는 때에는 소지인 또는 재판장이 증거서류를 낭독하거나 증거물을 제시하여야 한다(제292조 제2항, 제292조의2 제2항). 그 후 재판장은 피고인의 의견제시나 보충설명 등이 증거의 신빙성에 관한 판단자료로 사용될 수 있으므로 피고인에게 각 증거조사결과에 대한 의견을 진술하게 한다(제293조).

증인은 신청한 검사, 변호인 또는 피고인이 먼저 이를 신문하고 다음에 다른 검사, 변호인 또는 피고인이 신문하며, 그 다음에 재판장이 신문하는 것이 원칙이다(형사소송법 제161조의2 제1항, 제2항 참조, **교호신문** 또는 상호신문). 범죄의 피해자는 법정에서 진술할 수 있는 권리가 부여되어 있는바, 법원은 피해자 등의 신청이 있는 때에는 공판절차가 현저히 지연될 우려가 있는 등의 특별한 사정이 없는 이상, 그를 증인으로 신문하여야 한다(제294조의2 제1항 참조).

---

14) 예컨대 피의자와 피해자를 대질시켜 신문하는 경우 피의자의 진술부분은 피의자신문조서, 피해자의 진술부분은 참고인조서의 성격을 갖는다.

자. 피고인신문

증거조사를 마친 후에는 검사 또는 변호인은 차례로 피고인에게 공소사실 및 정상에 관하여 필요한 사항을 신문할 수 있다(형사소송법 제296조의2 제1항).15) 다만, 재판장은 필요하다고 인정하는 때에는 증거조사가 완료되기 전이라도 피고인신문을 허가할 수 있다(단서). 피고인신문시 피고인은 법대의 정면에 위치한 증인석에 좌석한다(제275조 제3항).

피고인이 다른 공동피고인 또는 그 밖의 재정인의 면전에서 충분한 진술을 할 수 없다고 판단되는 때에는 재판장은 그 다른 공동피고인 또는 재정인을 퇴정하게 하고 진술시킬 수 있다(형사소송법 제297조 제1항 후문, 형사소송규칙 제140조의3 참조). 공동피고인을 퇴정하게 한 경우 피고인의 진술이 종료한 때에는 재판장은 퇴정시켰던 피고인을 입정시켜 법원사무관 등으로 하여금 진술의 요지를 알려주게 하여야 한다(형사소송법 제297조 제2항).

차. 최종변론

증거조사와 피고인신문이 끝나 유·무죄 및 양형에 관한 자료가 충분히 제출되어 최종 판단을 내릴 수 있게 되면, 당사자의 의견진술이 행하여진다. 의견진술은 검사, 변호인, 피고인 순으로 하는 것이 관례이다. 이 절차를 마쳐 판결선고만이 남은 상태를 '**변론종결**', 줄여서 '**결심**'이라 부른다.

1) **검사의 의견진술(논고)** 실심리가 끝나면 재판장은 검사로 하여금 사실과 법률적용에 관하여 의견을 진술하게 하여야 한다. 통상의 사건의 경우 간단히 **구형**(과형에 관한 의견진술)16)만 하는 것이 관례이나, 사회에 미치는 영향이 큰 사건이나 유·무죄가 법률적인 쟁점이 되어 있는 사건 등에 있어서는 사건 전반에 관한 의견을 진술하고, 그 의견서를 재판부 등에 제출함으로써 조서에 첨부될 수 있도록 한다.

2) **피고인과 변호인의 의견진술** 재판장은 검사의 의견을 들은 후 피고인과 변호인에게 **최종의 의견을 진술할 기회를 주어야 한다**(형사소송법 제303조). 이는 검사의 의견에 대한 반박과 아울러 사건에 관한 최종적인 의견의 개진으로서 유·무죄 및 양형에 관한 사실관계 및 법률문제 전부에 대하여 할 수 있다. 변호인의 의견진술시 변론의 취지를 명백히 하고 조서에 누락되는 것을 방지하기 위하여 **변론요지서**를 제출하는 것이 바람직하다.

카. 판결선고일의 지정

변호인과 피고인의 의견진술이 끝나면 **변론은 종결**되며, 판결의 선고는 변론을 종결한 기일에 하여야 한다. 다만 특별한 사정이 있는 때에는 따로 선고기일을 지정할 수 있으나(형사소송법 제318조의4 제1항), 이때에도 변론종결일부터 14일 이내로 지정되어야 한다(같은 조 제3항). 변론을 종결한 기일에 판결을 선고하는 경우에는 선고 후 5일 내에 판결서를 작성

---

15) 공동피고인이나 그 변호인이 다른 공동피고인을 신문할 수 있는지에 관하여는 이를 부인하는 견해도 있으나, 이를 긍정함이 실무의 관행이다.
16) "이 사건 공소사실은 증거가 있으니 공소장 기재 적용법조를 적용하여 피고인을 징역 ○년에 처하여 주십시오." 또는 "징역 ○년에 처하여 주십시오."라고 한다.

하여야 한다(형사소송규칙 제146조). 다만 이러한 제한은 훈시규정에 불과하다.

5. 판결의 선고

선고기일에도 **피고인이 출석하여야** 한다. 다만, 검사와 변호인은 출석하지 않아도 된다(필요적 변호사건에서도 마찬가지이다). 판결은 **공판정에서 재판서에 의하여 선고한다**. 판결선고는 재판장이 사건마다 피고인에게 이유의 요지를 먼저 설명한 후 주문을 낭독하는 방식에 의한다. 판결을 선고함에 있어 재판장은 피고인에게 적절한 훈계를 할 수도 있다(형사소송규칙 제147조). **유죄의 형을 선고할 경우에는** 재판장은 **상소할 기간과 상소할 법원을 고지하여야 한다**. 무죄나 공소기각·면소 등을 선고할 때에는 이러한 고지가 불필요하다. 다만 무죄 또는 면소의 판결을 선고할 때에는 판결공시의 취지를 선고할 수 있다(형법 제58조 제2항).

판결은 선고함으로써 효력이 발생하고 민사사건과 달리 판결등본의 송달과 관계없이 **선고시부터 상소기간이 진행한다**. 검사에 대하여는 판결선고일로부터 3일 이내에, 피고인에게는 14일 이내에 판결등본을 송달한다. 다만, 불구속 피고인과 구속영장의 효력이 상실된 구속 피고인 등에 대하여는 송달을 신청하는 경우에 한하여 송달한다(형사소송규칙 제148조).

6. 공판진행상의 특수절차

가. 공소장변경

검사는 **공소사실의 동일성을 해하지 않는 한도**에서 **법원의 허가**를 얻어 공소장에 기재한 **공소사실 또는 적용법조의 추가·철회 또는 변경**을 할 수 있다(형사소송법 제298조 제1항). 불고불리의 원칙상 법원의 심판대상은 공소장에 기재된 공소사실로 한정되고 비록 공소사실과 동일성이 인정되더라도 공소장에 기재되지 않은 사실은 잠재적 심판의 대상으로서 공소장변경에 의하여 비로소 현실적 심판의 대상이 된다.

나. 간이공판절차

간이공판절차란 피고인이 공판정에서 공소사실에 대하여 **자백하는 경우 증거조사를 간이화하고 증거능력 제한을 완화**하여 심리를 신속하게 진행할 수 있도록 하는 공판절차를 말한다(형사소송법 제286조의2).

다. 공판절차의 갱신

공판절차의 갱신이란 공판정에서 이미 진행된 절차를 일단 무시하고 다시 그 절차를 행하는 것으로 ① **공판개정 후에 판사의 경질이 있는 때**(형사소송법 제301조), ② **간이공판절차결정이 취소된 때**(제301조의2), ③ **공판개정 후 피고인의 심신상실로 공판절차가 정지되었다가 다시 속행**하는 경우(형사소송규칙 제143조)에 한다.

갱신절차는 ① 진술거부권 고지 후 새로운 인정신문, ② 새로운 공소사실 등 낭독, ③ 새로운 진술기회 부여, ④ 새로운 증거조사(검사, 피고인 및 변호인의 동의가 있는 때에는 상당한 방법으로 할 수 있다)로 이루어지는바(형사소송규칙 제144조), 간이공판절차결정 취소로 인한 갱신의 경우에는 위 ①, ② 절차는 불필요하다.

증거조사는 갱신 전의 공판조서 중 피고인·증인·감정인 등의 각 진술이나 법원의 검증결과를 기재한 부분에 관하여 서증으로서 직권 증거조사를 하는 것과 갱신 전의 공판기일에서 증거조사된 서류(공판기일 외의 각종 조서를 포함) 및 물건에 관하여 직권으로 다시 증거조사를 하는 것으로 나뉜다. 특히 전자는 갱신사유만 없었더라면 공판정에서 행해진 각 진술이나 검증결과 자체가 증거가 되었을 것인데, 갱신에 의하여 그 성질이 모두 서증으로 바뀌는 점에서 큰 의미가 있다. 공판기일 외의 증인신문·검증 등은 당초부터 서증으로 조사되었으므로 갱신에 의하여 성질이 변하지 아니한다.

라. 변론의 재개

변론종결 후 사실관계 등에 불분명한 사항이 새로 밝혀지거나, 새로운 증거가 발견된 때 또는 새로운 주장을 할 필요가 있을 때17) 등 사실관계나 법률관계에서 새로이 심리하여야 할 사정이 있을 때에는 법원은 직권 또는 검사, 피고인, 변호인의 신청에 의하여 변론을 재개할 수 있다. 당사자의 변론재개신청이 있더라도 법원은 불필요하다고 생각할 경우 이를 받아들이지 않을 수 있다. 이때에는 별도의 기각 결정을 요하지 않는다. 이에 대하여는 독립하여 불복할 수 없다. 변론재개는 결정의 형식으로 한다.

변론재개결정이 있으면 변론종결 이전의 상태로 돌아가 피고인신문이나 증거조사 등 필요한 심리를 할 수 있고, 다시 변론을 종결할 때는 검사의 의견진술과 변호인 및 피고인의 최종진술이 다시 행하여진다.

---

17) 공소장변경등의 필요를 포함한다.

CHAPTER 02 | 기록형 시험을 위한 증거법 정리

I. 서론

1. 증거의 의의

증거란 형벌법규 적용의 전제가 될 사실관계를 확정하는 데에 사용되는 자료를 말한다. 증거에 의하여 사실관계가 확인되는 과정을 증명이라 하고, 증명의 대상이 되는 사실을 요증사실이라 하며, 증거와 증명하고자 하는 사실과의 관계를 입증취지라 한다.

2. 증거의 종류

요증사실을 직접 증명하는 증거를 직접증거, 간접적으로 추인케 하는 사실을 증명하는 증거를 간접증거(정황증거)라 한다. 이들 사이에는 증명력의 우열이 없고, 다만 간접증거에 의해 요증사실을 인정하는 경우에는 그 추론과정이 합리칙과 경험칙에 부합해야 한다.

법원의 면전에서 행한 사람의 진술내용이 증거로 되는 것을 인증이라 하고, 물건의 존재 및 상태가 증거로 되는 것을 물증 또는 증거물이라 하며, 서류의 기재내용이 증거로 되는 것을 증거서류라 한다. 위조죄에 있어 위조문서 등과 같이 증거물과 증거서류 양자의 성질을 함께 가지고 있어 그 기재내용뿐만 아니라 그 존재와 상태도 증거로 되는 경우 증거물인 서면이라고 한다. 인증은 신문, 물증은 제시, 증거서류는 낭독 또는 내용의 고지, 증거물인 서면은 제시 및 낭독의 방법에 의하여 증거조사를 한다.

거증책임을 지는 당사자가 그 책임을 다하기 위하여 제출하는 증거를 본증이라 하고, 본증에 의하여 증명하려는 사실의 존재를 부인하기 위하여 제출하는 증거를 반증이라 한다. 반증은 증명력을 다투기 위한 증거인 탄핵증거와는 구별된다.

II. 증거재판주의

1. 증거재판주의의 의의

사실의 인정은 증거에 의하여야 한다(형사소송법 제307조 제1항). 형사절차에 있어서의 증거재판주의는 피고사건을 구성하는 사실이 법률이 자격을 인정한 증거[18]에 의하여 법률이 규정한 증거조사방법에 따라 증명되는 경우에 한하여 피고인을 처벌할 수 있다는 특수한 규범적·실정법적 의미를 가지게 된다(엄격한 증명의 법리).

2. 엄격한 증명과 자유로운 증명

법률상 증거능력이 있고 적법한 증거조사를 거친 증거에 의한 증명을 엄격한 증명이라 하고, 그 외의 증명을 자유로운 증명이라 한다. 자유로운 증명에 있어서도 적법한 증거조사 자체는 필요하다(97도1770).

---

18) 증거능력 있는 증거를 의미한다.

① 공소범죄사실·형벌권의 범위에 관한 사실·간접사실·경험법칙·법규 등이 엄격한 증명의 대상이고, ② 정상관계사실·소송법적 사실·보조사실 등은 자유로운 증명의 대상이다. 경험법칙과 법규는 원래 증명의 대상이 아니나, 경험법칙이 공지의 것이 아니고 특수한 전문적 지식을 요구하는 과학적 경험법칙인 경우와 법규의 존재 및 내용이 일반적으로 명백하지 않은 경우에는 엄격한 증명의 대상이 된다.

Ⅲ. 증거능력

1. 증거능력과 증명력

증거능력이란 증거가 엄격한 증명의 자료로 사용될 수 있는 법률상의 자격을 말하고, 증명력이란 어떠한 사실을 증명할 수 있는 증거의 실질적 가치를 말한다. 증거능력의 유무는 미리 법률에 규정되어 있음에 반하여, 증명력 판단은 법관의 자유심증주의에 맡겨져 있다. 증거능력 없는 증거는 엄격한 증명을 요하는 범죄사실의 인정에 관하여 심증형성의 자료로 채용할 수 없을 뿐만 아니라, 공판정에 증거로 제출하여 증거조사를 하는 것도 허용되지 아니한다.

현행 형사소송법상 증거능력 제한에 대한 것으로는 위법수집증거의 배제법칙(형사소송법 제308조의2), 자백배제법칙(제309조)과 전문법칙(제310조의2 내지 제316조) 등이 있다. 이 밖에 증거로 함에 대한 당사자의 동의가 증거능력과 관련하여 문제된다.

2. 위법수집증거의 증거능력

가. 위법수집증거배제법칙 및 그 예외

적법한 절차에 따르지 아니하고 수집한 증거는 증거로 할 수 없다(형사소송법 제308조의2). 다만 판례는 수사기관의 증거수집 과정에서 이루어진 절차 위반행위와 관련된 모든 사정을 전체적·종합적으로 살펴볼 때, 수사기관의 절차 위반행위가 적법절차의 실질적인 내용을 침해하는 경우에 해당하지 아니하고, 오히려 그 증거의 증거능력을 배제하는 것이 헌법과 형사소송법이 형사소송에 관한 절차 조항을 마련하여 적법절차의 원칙과 실체적 진실 규명의 조화를 도모하고 이를 통하여 형사사법 정의를 실현하려 한 취지에 반하는 결과를 초래하는 것으로 평가되는 예외적인 경우라면 법원은 그 증거를 유죄 인정의 증거로 사용할 수 있다는 입장이다(2007도3061). 다만 위와 같은 예외적인 사정의 존재에 대한 입증책임은 검사에게 있다(2008도763).

나. 위법수집증거의 유형

일반적으로 증거수집절차의 하자가 경미하거나 단순한 훈시규정의 위반만으로는 족하지 않고, 본질적 증거절차규정을 위반한 때에 한하여 증거능력이 배제된다.

1) 영장주의 위반　영장 없이 압수·수색·검증한 경우는 물론, 영장 자체에 중대한 하자가 있는 경우, 영장 기재의 압수물건에 포함되지 않은 다른 증거물의 압수·수색의 경우, 영장이 발부되었으나 압수 대상물이 특정되지 아니한 경우 등에 의하여 수집한 증거 등의 증거

능력은 부정되어야 한다.

판례는 ① 요건을 갖추지 못한 긴급체포는 위법한 체포에 해당하는 것이고, 이러한 위법은 영장주의에 위배되는 중대한 것이므로 그 체포에 의한 유치 중에 작성된 피의자신문조서는 위법하게 수집된 증거로서 특별한 사정이 없는 한 이를 유죄의 증거로 할 수 없다고 하였고(2000도5701), ② 긴급을 요하여 영장 없이 시행한 검증에 대하여 사후영장을 발부받지 아니한 경우 그 검증조서의 증거능력을 부정하였다(90도1263). ③ 또한 음란물 유포의 범죄혐의를 이유로 압수수색영장을 발부받은 사법경찰관이 피고인의 주거지를 수색하는 과정에서 대마를 발견하자, 피고인을 마약류관리에관한법률위반죄의 현행범인으로 체포하면서 대마를 압수하였으나 그 다음 날 피고인을 석방하고도 사후 압수수색영장을 발부받지 않은 경우 그 압수물과 압수조서는 영장주의를 위반하여 수집한 증거로 그 절차위반의 정도가 적법절차의 실질적인 내용을 침해하는 것이어서 증거능력이 부정된다고 보았고(2008도10914),[19] ④ 피고인을 체포영장에 의해 체포한 후 그 체포장소에서 2km 떨어진 피고인의 주거지를 수색하다가 그 곳에 있는 마약과 도검을 압수한 경우, 피고인의 주거지를 "체포장소"라고 보기 어려워 위 압수를 형사소송법 제216조 제1항 제2호의 압수로 볼 수 없을 뿐만 아니라 피고인의 주거지를 마약 또는 도검의 소지에 관하여 "범행 중 또는 범행 직후"라는 범죄장소로 볼 수 없어 제216조 제3항에 따른 적법한 압수·수색이라고도 볼 수 없으므로, 그 마약 및 도검은 위법수집증거로서 증거능력이 부정된다고 보았다(2015도364). ⑤ 또한 일단 영장주의에 위반한 압수물과 압수조서 등에 대하여는 헌법과 형사소송법이 선언한 영장주의의 중요성에 비추어 볼 때 그 압수물에 대하여 증거동의를 한 경우에도 증거능력이 없다고 한다(2009도11401).

2) 적정절차의 위반　야간 압수·수색금지규정에 위반한 압수·수색, 당사자의 참여권을 보장하지 않은 검증과 감정, 의사나 성년의 여자를 참여시키지 않은 여자의 신체검사의 결과 당사자의 참여권과 신문권을 침해한 증인신문의 결과 등은 그 증거능력이 없다고 하여야 할 것이다.

판례는 ① 증인신문이 비공개로 이루어진 경우에 그 공개금지결정이 위법하다면, 이는 피고인의 공개재판을 받을 권리를 침해한 것이므로 그 절차에서 이루어진 증인의 증언은 증거능력이 없다고 판시하였고(2005도5854), ② 피고인 퇴정 후 증인신문을 한 다음 피고인에게 실질적 반대신문권을 보장하지 않은 경우 그 증인의 법정진술은 위법한 증거로 증거능력이 없다고 하였으며(2009도9344), ③ 적법한 절차에 의하지 아니한 음주측정결과를 기재한 음주운전자적발보고서는 증거능력이 없다고 판시하였고(2009도8376), ④ 제척사유가 있는 통역

---

[19] 다만 판례는 수사기관이 영장 발부 사유로 된 범죄 혐의사실과 무관한 별개의 증거를 압수한 경우에는 그 증거를 유죄 인정의 증거로 사용할 수 없다고 보면서도, 수사기관이 별개의 증거를 피압수자 등에게 환부하고 후에 임의제출 받아 다시 압수하였다면 증거를 압수한 최초의 절차 위반행위와 최종적인 증거수집 사이의 인과관계가 단절되었다고 평가할 수 있다고 보아 증거능력을 인정하였다. 이러한 경우 제출에 임의성이 있다는 점에 관하여는 검사가 합리적 의심을 배제할 수 있을 정도로 증명하여야 한다고 아울러 판시하였다(2013도11233).

인이 통역한 증인의 증인신문조서는 유죄인정의 증거로 사용할 수 없다고 판시하였다(2010 도13583). ⑤ 또한 위법한 함정수사의 결과로 수집한 증거 역시 증거능력이 없다고 보았고 (2009도7114), ⑥ 검사가 공소제기 후 수소법원 이외의 지방법원 판사에게 청구하여 발부 받은 영장에 의하여 압수·수색을 하였다면 그와 같이 수집된 증거는 유죄의 증거로 삼을 수 없다고 하였다(2009도10412).

3) **피의자신문의 위법** 진술거부권의 불고지에 의한 자백, 위법한 신체구속 중의 자백, 접견교통권의 침해에 의한 자백 등의 증거능력은 부정된다.

판례는 ① 검사 작성의 피고인에 대한 진술조서가 공소제기 후에 작성된 것이라는 이유만으로는 곧 그 증거능력이 없다고 할 수 없다고 판시하였으나(82도754), ② 다만 그 내용이 피의자신문조서와 실질적으로 같은 경우 검사가 미리 진술거부권을 고지하지 않은 때에는 위법하게 수집된 증거로서 진술의 임의성이 인정되는 경우라도 증거능력이 없다고 보았다(2008도8213). ③ 또한 피의자의 진술을 녹취 내지 기재한 서류 또는 문서가 수사기관에서의 조사과정에서 작성된 것이라면, 그것이 진술조서·진술서·자술서라는 형식을 취하였다 하더라도 피의자신문조서와 달리 볼 수 없다고 하였다(2010도1755). ④ 다만 진술거부권의 고지대상이 되는 피의자의 지위는 수사기관이 조사대상자에 대한 범죄혐의를 인정하여 수사를 개시하는 행위를 한 때 인정되는 것이므로, 피의자의 지위에 있지 아니한 자에 대하여는 진술거부권이 고지되지 아니하였더라도 진술의 증거능력을 부정할 것은 아니라는 입장이다(2011도8125).[20]

4) **위법수집증거를 기초로 획득한 증거** 위법수집증거를 기초로 획득된 2차적 증거(이른바 독수의 과실) 역시 유죄의 증거로 삼을 수 없다(2007도30610). 따라서 2차적 증거의 증거능력 유무를 판단할 때는 먼저 1차적 증거의 증거능력 유무를 판단한 다음 다시 2차적 증거를 수집하는 과정에서 추가로 발생한 사정들까지 주로 인과관계 희석 또는 단절 여부를 중심으로 모두 고려하여 판단하여야 한다(2008도11437).

판례는 ① 위법한 압수 직후 피고인으로부터 작성 받은 그 압수물에 대한 임의제출동의서 및 압수조서·목록, 압수품 사진 역시 증거능력이 없다고 판시하였고(2009도14376), ② 영장이나 피의자의 동의 없이 채취한 피의자의 혈액에 대한 혈중알콜농도 감정의 결과 역시 유죄의 증거로 사용할 수 없다고 하였다(2011도15258). ③ 반면 사건 현장에 있던 피해자 소유의 맥주컵·맥주병에서 피해자의 의사에 반하지 않도록 적법하게 지문을 채취하였다면, 그 이후에 맥주컵·물컵·맥주병을 피해자로부터 압수하는 과정에서 적법한 절차를 밟지 않은 잘못이 발생하였다고 하더라도, 먼저 채취한 피고인의 지문은 위법하게 압수한 지문채취 대상

---

20) 피고인들이 중국에 있는 갑과 공모한 후 중국에서 입국하는 을을 통하여 필로폰이 들어 있는 곡물포대를 배달받는 방법으로 필로폰을 수입하였다는 사실로 기소되었고, 검사가 을에게서 곡물포대를 건네받아 피고인들에게 전달하는 역할을 한 참고인 병에 대한 검사 작성 진술조서를 증거로 신청한 사안에서, 병이 위 범행의 공범으로서 피의자 지위에 있다고 단정한 후 진술거부권 불고지로 인하여 병에 대한 진술조서의 증거능력이 없다고 본 원심판결에는 법리오해의 위법이 있다고 한 사례이다.

물을 기초로 하여 획득한 2차적 증거에 해당하지 않으므로 위법수집증거에 해당하지 않는다고 판시하였다(2008도7471).

5) 사인이 위법하게 수집한 증거 제3자가 공갈 목적을 숨기고 피고인의 동의 하에 찍은 나체사진이 피고인에 대한 간통죄에 있어 위법수집증거로서 증거능력이 배제되는지 여부가 문제된 사안에서, 판례는 법원으로서는 효과적인 형사소추 및 형사소송에서의 진실발견이라는 공익과 개인의 사생활의 보호이익을 비교형량하여 그 허용여부를 결정하여야 한다고 판시하였다(97도1230).

판례는 ① 피고인이 범행 후 피해자에게 전화를 걸어오자 피해자가 증거를 수집하려고 그 전화내용을 녹음한 경우 그 녹음테이프가 피고인 모르게 녹음된 것이라 하여 이를 위법하게 수집된 증거라고 할 수 없다고 판시하였고(97도240), ② 소송사기의 피해자가 제3자로부터 대가를 지급하고 취득한 절취한 업무일지를 사기죄에 대한 유죄의 증거로 사용할 수 있다고 판시하였으며(2008도1584), ③ 간통 피고인의 남편인 고소인이 피고인이 실제상 거주를 종료한 주거에 침입하여 획득한 휴지 및 침대시트 등을 목적물로 하여 이루어진 감정의 뢰회보의 증거능력을 인정하였다(2008도3990).

3. 임의성 없는 자백의 증거능력 - 자백배제법칙

가. 자백의 개념

자백은 범죄사실의 전부 또는 일부를 인정하는 일체의 진술을 말하는 것으로서, 그 진술을 하는 자의 법률상 지위나 진술의 형식 및 상대방을 묻지 아니한다. 따라서 피고인의 지위에서 행한 것뿐만 아니라 기소 전에 피의자 지위에서 행한 것과 증인 또는 참고인의 지위에서 행한 것도 모두 자백에 해당하고, 범죄 혐의를 받기 전에 행한 것이든 범행 후에 행한 것이든 모두 자백에 해당한다. 또한 자백은 구술의 형식으로 이루어질 수도 있고 서면에 기재하는 방식으로 이루어질 수도 있으며, 법원·법관이나 수사기관에 대하여 진술한 것뿐만 아니라 사인에 대하여 진술한 것도 포함되며, 일기 등에 기재하는 경우와 같이 상대방 없이 행하여진 경우도 마찬가지이다.

자백은 범죄사실을 직접 인정할 수 있는 직접증거이며 진술증거이다. 일단 자백하였다가 이를 번복 내지 취소한다 하더라도 그 효력이 없어지는 것은 아니고 여전히 이종의 증거로서의 성질을 가지며(4285형상104), 그 증거능력과 증명력의 판단문제만 남는다.

판례는 ① 상업장부나 항해일지·진료일지 또는 이와 유사한 금전출납부 등과 같이 범죄사실의 인정 여부와는 관계없이 자기에게 맡겨진 사무를 처리한 사무내역을 그때그때 계속적·기계적으로 기재한 문서 등의 경우는 사무처리내역을 증명하기 위하여 존재하는 문서로서 그 존재 자체 및 기재가 그러한 내용의 사무가 처리되었음의 여부를 판단할 수 있는 별개의 독립된 증거자료라고 할 것이고, 설사 그 문서가 우연히 피고인에 의하여 작성되었고, 그 문서의 내용 중 피고인의 범죄사실의 존재를 추론해 낼 수 있는, 즉 공소사실에 일부 부합되는 사실의 기재가 있다고 하더라도 이를 일컬어 피고인이 범죄사실을 자백하는 문서라고 볼 수는 없다고 판시한바 있고(94도2865), ② 검사가 공소장 기재를 낭독하다시피 공소사실 그대로의 사실 유무를 물은 데 대하여 피고인이 "예, 그랬습니다"라고 대답하였으나, 계속되는 검사와 변호인 및 재판장의 물음에 대하여 다시 범행을 부인하는 취지의 대답을 한 경우 피고인은 공소사실의 경과 일부를 자백한 것이지 공소사실 전부에 대하여 자백한 것이라고 볼 수 없다고 판시한바 있으며(82도214), ③ 피고인이 공판기일에서 진술한 항소이유서 "돈이 급해 지어서는 안 될 죄를 지었습니다", "진심으로 뉘우치고 있습니다"라고 기재되어 있으나, 곧 이어서 있는 검사와 재판장 및 변호인의 각 신문에 대하여 범죄사실을 부인하였고 수사단계에서도 일관되게 부인하여 온 경우, 위와 같은 추상적인 항소이유서의 기재만으로 범죄사실을 자백한 것으로 볼 수 없다고 판시하였다(99도3341).

나. 자백배제법칙

1) **의의** 피고인의 자백이 고문, 폭행, 협박, 신체구속의 부당한 장기화 또는 기망 기타의 방법으로 임의로 진술한 것이 아니라고 의심할 만한 이유가 있는 때에는 이를 유죄의 증거로 하지 못한다(형사소송법 제309조, 헌법 제12조 제7항). 최근 판례는 자백배제법칙의 근거에 대해 위법배제설 내지 절충설의 입장을 취하고 있고(82도3248, 2004도7900 등), 제309조에 규정된 위법사유를 예시에 불과한 것으로 보고 있다(82도2413).

2) **입증 및 판단** 진술의 임의성은 추정되나(97도1720), 그 임의성을 의심할 만한 사유가 있어 다툼이 있는 경우에는 검사가 거증책임을 부담하고(97도3234), 그 증명방법은 자유로운 증명으로 족하다.

판례는 피고인이 진술의 임의성을 다투는 경우에는 법원은 구체적인 사건에 따라 당해 조서의 형식과 내용·피고인의 학력·경력·직업·사회적 지위·지능 정도 등 제반 사정을 참작하여 자유로운 심증으로 임의성 여부를 판단하면 된다는 입장에서(97도1720), 피고인이 자신에 대한 검사 작성 피의자신문조서의 임의성을 인정하였다가 그 뒤 임의성을 부인하는 진술을 하거나 서면을 제출한 경우에는 법원이 그 조서의 기재내용·조서를 작성하게 된 경위, 피고인의 법정에서의 범행에 관련된 진술 등 제반 사정에 비추어 임의성에 관하여 심증을 얻은 때에는 그 조서의 증거능력을 인정할 수 없다고 하였다(99도3273).

3) **임의성 없는 자백의 증거능력** 임의성 없는 자백의 증거능력은 부정되고, 이러한 사백은 탄핵증거로도 사용될 수 없다. 또한 임의성 없는 자백은 피고인이 증거로 함에 동의하더라도 증거능력을 가지지 아니한다(2004도7900). 다만 임의성 없는 자백이라 하더라도 피고인에게 유리한 반증으로 사용하는 것은 허용된다(82도2413).

법원이 임의성 없는 자백에 근거하여 유죄판결을 하였다면, 이는 자백배제법칙 및 증거재판주의에 위반한 것으로 상대적 상고이유(형사소송법 제361조의5 제1호, 제383조 제1호)에 해당한다. 임의성 없는 자백에 의하여 수집된 증거의 증거능력 역시 부정된다(77도210).

다. 자백배제법칙의 사유

1) **고문·폭행·협박에 의한 자백** 고문 등은 자백진술이 행해지는 시점을 전후하여 행해지는 것이 보통이지만 양자는 시간적으로 반드시 일치할 필요는 없다. 경찰에서의 자백은 피고인이 그 내용을 부인하기만 하면 증거능력이 없으므로, 실제로 문제되는 것은 주로 검찰자백이다.

특히 문제되는 것은 <u>경찰 조사과정에서 고문에 의한 자백을 한 후 검사 앞에서 조사받을 당시에는 고문 등 자백강요를 당한바 없이 자백한 경우 검찰자백의 증거능력이 있는지 여부</u>이다. 판례는 피고인이 검사 이전의 수사기관의 조사과정에서 고문 등으로 임의성 없는 진술을 하고, 그 후 검사 조사단계에서도 <u>임의성 없는 심리상태가 계속되어 동일한 내용의 진술</u>을 하였다면 비록 검사 앞에서 조사받을 당시는 고문 등 자백강요를 당한 바가 없었다고 하여도 검사 앞에서의 자백은 결국 임의성 없는 진술이 될 수밖에 없다고 판시한 바 있다(81도2160, 81도3324).[21] 위 판례들은 덧붙여 피고인이 검사 이전의 수사기관에서 고문으로 임의성 없는 자백을 하였음을 주장하면서 검사 앞에서의 동일한 내용의 자백을 부인하고 있다면, 이는 결국 검사 작성의 피의자신문조서의 임의성을 부인하는 취지라고 보아야 한다고 하였다.

2) **신체구속의 부당한 장기화로 인한 자백** 불법구속 중의 자백과 달리 구속 자체는 적법하나 구속 상태가 부당하게 장기화된 경우를 말한다.

3) **기망에 의한 자백** 기망에 의한 자백임을 이유로 증거능력을 부정하기 위해서는 <u>국가기관에 대하여 신문방법이 정당하지 않음을 비난할 수 있는 적극적인 사정</u>이 있어야 한다. 따라서 단순한 착오나 논리모순을 이용하는 것은 통상의 신문방법으로 허용된다. 위계가 사용된 경우 일률적으로 임의성을 부정할 것은 아니고, 그 위계의 내용이나 태양으로 보아 허위자백 유발의 가능성과 신문방법으로서의 <u>부당성·위법성이 어느 정도인지 여부</u>에 따라 판단함이 상당하다.

판례는 검사의 피의자신문에 참여한 검찰주사가 모든 피의사실을 자백하면 불문에 붙이거나 가볍게 처리할 것이며 보호감호의 청구를 하지 않겠다는 각서를 작성하여 주면서 자백을 유도한 경우 위 자백은 기망에 의하여 임의로 진술한 것이 아니라고 의심할 만한 이유가 있는 때에 해당한다고 판시한바 있다(85도2182).

4) **기타의 방법에 의한 자백**

가) **불법구속 중의 자백** 판례는 불법구금 중 피의자신문에서의 자백(82도716), 요건을 갖추지 못한 긴급체포 후 피의자신문 중의 자백(2000도5701)의 자백의 임의성을 부정하였다.

나) **약속에 의한 자백** 판례는 특정범죄가중처벌등에관한법률위반이 아닌 단순수뢰의

---

[21] 임의성 없는 심리상태가 계속되었다고 본 사례로는 82도850, 91도1, 83도1953, 84도472, 92도2409, 2009도1603 등이 있다. 반면 임의성 없는 심리상태가 계속되었다고 볼 수 없다고 본 사례로는 82도2943, 72도1469, 83도2436, 83도1718, 91도2337 등이 있다.

가벼운 형으로 처벌되도록 하겠다고 약속하여 조서를 허위작성한 사안(83도2782), 자백하면 공소장변경을 통해 벌금형이 선고되도록 하여 주겠다고 약속한 사안(87도317)에서 자백의 임의성을 부정하였다.

다) 진술거부권 불고지 또는 변호인과의 접견교통권 침해에 의한 자백 판례는 접견신청일로부터 9일이 경과하도록 접견이 허용되지 않은 사안에서 자백의 임의성을 부정하였다(89모37).

라) 정신적·심리적 압박에 의한 자백 판례는 약 30시간 동안 잠을 재우지 아니한 채 교대로 신문하면서 자백을 받은 사안(95도1964), 별건으로 수감 중인 자를 약 1년 3개월 동안 270회 검찰청으로 소환하여 야간까지 조사를 한 사안(2004도517)에서 자백의 임의성을 부정하였다.

4. 진술의 임의성(제317조)

피고인 또는 피고인 아닌 자의 진술이 임의로 된 것이 아닌 것은 증거로 할 수 없다. 자백의 임의성이 인정되지 아니하는 경우 제309조에 의하여, 자백 이외의 진술의 임의성이 인정되지 않으면 제317조에 의하여 증거능력이 부정된다.

5. 전문증거의 증거능력 - 전문법칙

가. 의의

전문증거라 함은 사실인정의 기초로 되는 경험적 사실을 경험자 자신이 직접 법원에 진술하지 아니하고 다른 형태로 간접적으로 보고하는 경우에 그 간접적인 보고를 말한다. 전문증거에는 ① 경험사실을 들은 타인이 전문한 사실을 법원에 진술하는 경우(전문진술), ② 경험자 자신이 경험사실을 서면에 기재하는 경우(진술서 또는 자술서), ③ 경험사실을 들은 타인이 서면에 기재하는 경우(진술녹취서)가 포함된다. 진술서와 진술녹취서를 합하여 전문서류 또는 진술대용서면이라고도 한다.

전문법칙이라 함은 전문증거의 증거능력을 원칙적으로 부정하는 증거법상 원칙을 말한다. 형사소송법 제310조의2는 '제311조 내지 제316조에 규정한 것 이외에는 공판준비 또는 공판기일에서의 진술에 대신하여 진술을 기재한 서류나 공판준비 또는 공판기일 외에서의 타인의 진술을 내용으로 하는 진술은 이를 증거로 할 수 없다'고 규정하고 위 법칙을 도입하고 있다.

나. 적용범위

진술증거만 전문증거가 될 수 있고, 증거물과 같은 비진술증거에 대하여는 전문법칙이 적용되지 않는다. 또한 전문증거는 원진술의 내용이 된 사실 자체의 존부가 요증사실을 이루고 있어야 한다.

따라서 ① 진술내용 자체가 요증사실의 구성요소를 이루는 경우, ② 진술이 어떠한 행위나 언동의 의미가 애매한 경우에 오로지 그 의미를 설명할 목적으로 제출되는 경우, ③ 진술을 원진술자의 심리적·정신적 상태를 증명하기 위한 정황증거로 사용하는 경우, ④ 증인의 증언의 신용성을 탄핵하기 위해서 공판정 외에서의 자기모순의 진술을 증거로 제출하는 경우 등은 전문법칙이 적용되지 않는다.

다. 전문법칙의 예외이론

전문법칙을 지나치게 엄격히 적용하면 실체진실을 발견하는 데 차질을 초래하고 절차의 신속성과 소송경제의 요청에 반하는 결과를 초래할 수 있어 일정한 제한 아래 전문법칙의 예외가 인정된다. 일반적으로 전문법칙의 예외사유는 '신용성의 정황적 보장'과 '필요성'을 두 요건으로 한다.

라. 법원 또는 법관의 면전진술 - 형사소송법 제311조

1) **의의** 공판준비 또는 공판기일에 피고인이나 피고인 아닌 자의 진술을 기재한 조서와 법원 또는 법관의 검증의 결과를 기재한 조서는 증거로 할 수 있다. 증거보전절차(형사소송법 제184조) 및 증인신문의 청구(제221조의2)에 의하여 작성한 조서도 마찬가지이다.

2) **공판준비 또는 공판기일에 피고인의 진술을 기재한 조서** 형사소송법 제273조에 의하여 공판기일 전에 피고인을 신문한 조서와 공판조서가 이에 해당한다. 공판기일에서의 피고인의 진술은 그 자체가 바로 증거가 되므로, 피고인의 진술을 기재한 공판조서가 본 조에 의하여 증거능력이 인정되는 것은 결국 판사의 경질로 인하여 공판절차가 갱신된 경우 그 갱신 전의 공판조서를 말한다. 본 조에 의하여 증거능력이 인정되는 것은 당해 사건에 관하여 작성된 조서에 한하고 다른 사건의 공판조서나 검증조서 등은 제315조 제3호에 의하여 증거능력이 인정된다.

한편 피고인의 공판조서열람권을 침해하여 열람 또는 등사나 낭독 청구에 응하지 아니한 때에는 그 공판조서를 유죄의 증거로 할 수 없는바(형사소송법 제55조 제3항), 피고인의 공판조서에 대한 열람 또는 등사청구에 법원이 불응하여 피고인의 열람 또는 등사청구권이 침해된 경우에는 그 공판조서를 유죄의 증거로 할 수 없을 뿐만 아니라, 공판조서에 기재된 당해 피고인이나 증인의 진술도 증거로 할 수 없다(2003도3282).

3) **공판준비 또는 공판기일에 피고인 아닌 자의 진술을 기재한 조서** '피고인 아닌 자'라 함은 당해 피고인을 제외한 제3자를 지칭하는 것으로서, 증인·감정인·통역인·번역인 등을 가리킨다. 공판기일에서의 증인의 진술은 그 자체가 바로 증거가 되므로, 증인의 진술을 기재한 공판조서가 본조에 의하여 증거능력이 인정되는 것은 결국 공판절차가 갱신된 경우 그 갱신 전의 공판조서를 말하는 것이다. 피고인 아닌 자에는 공범인 공동피고인도 포함된다.[22]

---

[22] 공범이 아닌 공동피고인은 피고인에 대한 관계에서는 증인에 불과하므로 선서 없이 한 공동피고인의 공판정에서의 진술을 피고인에 대한 공소사실을 인정하는 증거로 사용할 수 없기 때문이다(82도1000 참조). 따라서 공판정에서 공범인 공동피고인의 진술을 기재한 조서는 피고인의 동의가 없더라도 증거능력이 인정되

4) **법원 또는 법관의 검증의 결과를 기재한 조서** 검증의 결과를 기재한 조서는 수소법원이 공판기일 외에서 행한 검증 또는 수소법원 이외의 법원 또는 법관이 행한 검증의 결과를 기재한 조서를 말하고, 수소법원이 공판기일에 법정에서 검증을 행한 때에는 그 검증결과가 바로 증거가 되며 검증조서의 증거능력 문제는 생기지 않는다. 여기서 검증조서 역시 당해 사건의 조서에 한한다. 검증조서에는 검증목적물의 현상을 명확하게 하기 위해서 도화나 사진을 첨부할 수 있는데(형사소송법 제49조 제2항), 이는 검증결과의 이해를 돕기 위해 사용된 표시방법에 지나지 않는 것으로서 검증조서와 일체를 이루는 것이므로 본조에 의하여 증거능력이 인정된다.

판례는 사인이 피고인 아닌 자의 진술을 녹음한 녹음테이프에 대하여 법원이 실시한 검증의 내용이 녹음테이프에 녹음된 대화 내용과 검증조서에 첨부된 녹취서에 기재된 내용이 같다는 것에 불과한 경우 증거자료가 되는 것은 여전히 녹음테이프에 녹음된 대화의 내용이라 할 것인바, 그 중 위와 같은 대화의 내용은 실질적으로 제311조·제312조 규정 이외의 피고인 아닌 자의 진술을 기재한 서류와 다를 바 없으므로, 녹음테이프의 녹음내용 중 위와 같은 내용의 진술 및 이에 관한 검증조서의 기재 중 위와 같은 진술내용을 공소사실을 인정하기 위한 증거자료로 사용하기 위하여서는 제313조 제1항에 따라 공판준비 또는 공판기일에서 원진술자의 진술에 의하여 녹음테이프에 녹음된 진술내용이 자신이 진술한 대로 녹음된 것이라는 점이 인정되어야 한다고 판시하였다(86도2417).

5) **제184조 및 제221조의2 규정에 의하여 작성한 조서** 증거보전절차(형사소송법 제184조)에 의하여 작성된 조서 및 검사의 청구에 의한 제1회 공판기일 전 증인신문절차(제221조의2)에서 작성된 증인신문조서가 이에 해당한다.

공범인 공동피고인이 수사단계에서 다른 공동피고인에 대한 증거보전을 위해서 증인으로서 증언한 증인신문조서는 그 다른 공동피고인에 대하여 증거능력이 있으나(86도1646), 증거보전방법으로 피의자신문을 청구할 수는 없으므로 증거보전절차에서 공범인 공동피고인을 증인으로 신문한 증인신문조서 중 당시 피의자였던 다른 공동피고인이 당사자로 참여하여 자신의 범행사실을 시인하는 전제 하에 증인에게 반대신문을 하는 과정에서 한 진술 부분은, 공판준비 또는 공판기일에 피고인 등의 진술을 기재한 조서도 아니고 제184조에 의한 증인신문조서도 아니므로 제311조에 의하여 증거능력을 인정할 수 없다(84도508).

또한 제184조에 의한 증거보전절차에서 증인신문을 하면서 위 증인신문의 일시와 장소를 피의자 및 변호인에게 미리 통지하지 아니하여 증인신문에 참여할 수 있는 기회를 주지 아니하였고, 또 변호인이 제1심 공판기일에 위 증인신문조서의 증거조사에 관하여 이의신청을 하였다면 위 증인신문조서는 증거능력이 없다 할 것이고, 그 증인이 후에 법정에서 그 조서의 진정성립을 인정한다 하여 다시 그 증거능력을 취득한다고 볼 수도 없다(91도2337, 형사소송법 제221조의2 제5항 참조).

나, 피고인신문 형식으로 얻어 낸 공범이 아닌 공동피고인의 법정진술을 기재한 공판조서는 피고인의 범죄사실에 대한 증거로 사용할 수 없다.

마. 검사 작성 피의자신문조서 - 형사소송법 제312조 제1항

검사가 작성한 피의자신문조서는 적법한 절차와 방식에 따라 작성된 것으로서 공판준비, 공판기일에 그 피의자였던 피고인 또는 변호인이 그 내용을 인정할 때에 한정하여 증거로 할 수 있다(형사소송법 제312조 제1항).

개정 전 형사소송법에서는 검사가 피고인이 된 피의자의 진술을 기재한 조서는 적법한 절차와 방식에 따라 작성된 것으로서 피고인이 진술한 내용과 동일하게 기재되어 있음이 공판준비 또는 공판기일에서의 피고인의 진술에 의하여 인정되고, 그 조서에 기재된 진술이 특히 신빙할 수 있는 상태 하에서 행하여졌음이 증명된 때에 한하여 증거로 할 수 있다(구 형사소송법 제312조 제1항)고 규정하였다. 또한 피고인이 조서의 성립의 진정을 부인하는 경우라도 조서에 기재된 진술이 피고인이 진술한 내용과 동일하게 기재되어 있음이 영상녹화물이나 그 밖의 객관적인 방법에 의하여 증명되고 그 조서에 기재된 진술이 특히 신빙할 수 있는 상태 하에서 행하여졌음이 증명된 때에 위 조서의 증거능력을 인정하였다(구 형사소송법 제312조 제2항). 그러나 2020. 2. 4. 개정된 형사소송법에서는 위 제312조 제2항을 삭제하였고, 제1항을 기존 제3항과 같이 변경하였다. 개정법 제312조 제2항은 2021. 1. 1.부터 시행되고, 제312조 제1항은 2022. 1. 1.부터 시행된다(법률 제16908호 검찰청법 일부개정법률 및 법률 제16924호 형사소송법 일부개정법률의 시행일에 관한 규정). 또한 개정된 제312조 제1항은 개정규정 시행 후 공소제기된 사건부터 적용하고, 개정규정 시행 전에 공소제기된 사건에 관하여는 종전의 규정에 따른다(형사소송법 부칙 제1조의2).

1) **적법한 절차와 방식에 따라 작성될 것** 형식적 진정성립을 의미하며, 형사소송법상 조서 작성의 절차와 방식에 따라 작성된 것을 의미한다. 피의자신문조서에는 피의자로 하여금 간인하게 한 후 기명날인 또는 서명하게 하여야 하므로(형사소송법 제244조 제3항), 피고인의 기명날인 및 간인이 없거나 피고인의 기명만이 있고 그 날인이나 무인이 없는 검사 작성의 피의자신문조서는 증거능력이 없다(81도1370). 검사의 기명날인 또는 서명이 없는 경우에도 증거능력을 인정할 수 없다(제57조 제1항).

검찰에 송치되기 전에 구속피의자로부터 받은 검사 작성의 피의자신문조서는 극히 이례에 속하는 것으로서 특별한 사정이 없는 한 송치 후에 작성된 피의자신문조서와 마찬가지로 취급하기는 어렵다는 것이 판례이고(94도1228), 검사가 범죄의 혐의가 있다고 보아 수사를 개시하는 행위를 한 때에는 특별한 사정이 없는 한 검찰사건사무규칙에 따른 인지절차가 이루어지기 전에 수사를 하였다는 이유만으로 그 수사가 위법하다고 할 수는 없고, 따라서 그 수사과정에서 작성된 피의자신문조서나 진술조서 등의 증거능력도 부인할 수 없다(2000도2968, 실질설).

2) **내용의 인정** 내용의 인정이란 조서의 기재내용이 객관적 진실에 부합한다는 의미이다. 내용인정은 피고인이나 변호인의 진술에 의하여야 한다. 사법경찰관이 작성한 공범인 공동피고인에 대한 피의자신문조서는 원진술자가 아닌 피고인이 내용을 인정하여야 한다.

바. 검사 이외의 수사기관 작성 피의자신문조서 - 형사소송법 제312조 제3항

<u>검사 이외의 수사기관이 작성한 피의자신문조서는 적법한 절차와 방식에 따라 작성된 것으로 공판준비 또는 공판기일에 그 피의자였던 피고인 또는 변호인이 그 내용을 인정한 때에 한하여 증거로 할 수 있다</u>(형사소송법 제312조 제3항).

1) 적법한 절차와 방식에 의하여 작성된 것 검사 작성 피의자신문조서와 동일하다. 본 조항은 검사 이외의 수사기관이 작성한 당해 피고인에 대한 피의자신문조서를 유죄의 증거로 하는 경우뿐만 아니라 <u>검사 이외의 수사기관이 작성한 당해 피고인과 공범관계가 있는 다른 피고인 또는 피의자에 대한 피의자신문조서를 피고인에 대한 유죄의 증거로 하는 경우에도 적용된다</u>(2009도14409). 또한 본 조항은 당해 사건에서 피의자였던 피고인에 대한 검사 이외의 수사기관 작성 피의자신문조서뿐만 아니라 <u>별개의 사건에서 피의자였던 당해 피고인에 대한 검사 이외의 수사기관 작성의 피의자신문조서에 대하여도 적용된다.</u>

2) 내용의 인정 내용의 인정이란 <u>조서의 기재내용이 객관적 진실에 부합한다는 의미이다.</u> 내용인정은 피고인이나 변호인의 진술에 의하여야 한다. <u>사법경찰관이 작성한 공범인 공동피고인에 대한 피의자신문조서는 원진술자가 아닌 피고인이 내용을 인정하여야 한다.</u>

사. 검사 또는 사법경찰관이 피고인 아닌 자의 진술을 기재한 조서 - 형사소송법 제312조 제4항 [23]

<u>검사 또는 사법경찰관이 피고인이 아닌 자의 진술을 기재한 조서는 적법한 절차와 방식에 따라 작성된 것으로서 그 조서가 검사 또는 사법경찰관 앞에서 진술한 내용과 동일하게 기재되어 있음이 원진술자의 공판준비 또는 공판기일에서의 진술이나 영상녹화물 또는 그 밖의 객관적인 방법에 의하여 증명되고, 피고인 또는 변호인이 공판준비 또는 공판기일에 그 기재내용에 관하여 원진술자를 신문할 수 있었던 때에는 증거로 할 수 있다. 다만, 그 조서에 기재된 진술이 특히 신빙할 수 있는 상태 하에서 행하여졌음이 증명된 때에 한한다</u>(제312조 제4항).

1) 적법한 절차와 방식 진술조서를 작성함에 있어 형사소송법이 정한 절차를 준수하고 조서의 작성방식 역시 적법하여야 한다. 따라서 형사소송법 제244조의4 제3항, 제1항에 따라 조사과정을 기록하지 않은 진술서는 증거능력을 인정할 수 없다(2013도3790). <u>피고인이 된 피의자의 진술을 기재하였다면, 비록 진술조서라는 명칭을 가지고 있다고 하더라도 이는 참고인 진술조서가 아닌 피의자신문조서로 취급하여야 한다</u>(2010도1755).

공소제기 후 참고인조사가 허용되는지 여부에 관하여, 판례는 어떠한 증거가 공소제기 후 수사관에 의해 수집되었다는 이유만으로 위법한 절차에 의하여 수집된 증거라고 보지는 아니한다(83도1632). 다만 피고인에게 유리한 증언을 한 증인을 법정 외에서 추궁하여 법정에서의 증언을 번복하게 하는 내용의 진술조서의 경우에는 피고인이 증거로 할 수 있음에 동의하

---

[23] 제312조 제4항은 피고인 아닌 자의 진술을 기재한 조서의 증거능력에 대해 작성주체인 검사와 사법경찰관을 구별하지 않고 동일한 조항에서 규정하고 있다.

지 아니하는 한 그 증거능력이 없다는 것이 판례의 태도이다(99도1108). 이러한 법리는 검사가 진술조서를 작성하는 대신 그로 하여금 본인의 증언내용을 번복하는 내용의 진술서를 작성하도록 하여 법원에 제출한 경우에도 마찬가지로 적용된다(2012도534).

또한 판례는 제1심에서 피고인에 대하여 무죄판결이 선고되어 검사가 항소한 후, 수사기관이 항소심 공판기일에 증인으로 신청하여 신문할 수 있는 사람을 특별한 사정 없이 미리 수사기관에 소환하여 작성한 진술조서는 피고인이 증거로 할 수 있음에 동의하지 않는 한 증거능력이 없다고 판시하였고(2013도6825), 검사가 공판기일에 증인으로 신청하여 신문할 사람을 특별한 사정 없이 미리 수사기관에 소환하여 면담하는 절차를 거친 후 증인이 법정에서 피고인에게 불리한 내용의 진술을 한 경우, 검사가 증인신문 전 면담 과정에서 증인에 대한 회유나 압박, 답변 유도나 암시 등으로 증인의 법정진술에 영향을 미치지 않았다는 점이 담보되어야 증인의 법정진술을 신빙할 수 있다고 판시하였다(2020도15891).

2) **실질적 진정성립의 인정**   진술조서가 수사기관 앞에서 진술한 내용과 동일하게 기재되어 있음이 인정되어야 한다. 이는 공판준비 또는 공판기일에서의 원진술자의 진술이나 영상녹화물 또는 그 밖의 객관적인 방법에 의하여 증명되어야 한다.24)

판례는 원진술자가 법정에서 검사 신문에 대하여 단지 검찰, 경찰에서 사실대로 진술하고 그 진술조서에 서명무인한 사실이 있다는 진술을 한 것만 가지고는 그 진술조서의 진정성립이 증명되었다고 보기 어렵고 진술조서에 기재된 진술내용이 사실과 틀림없다는 것까지 진술되어야 할 것이고(82도1865), 증인이 법정에서 자신이 검찰, 경찰에서 진술한 내용이 틀림없다는 증언을 하고 있을 뿐인 경우에는 진정성립을 인정하기에 부족하며(76도3962), 원진술자가 공판기일에서 그 진술조서의 내용과 다른 진술을 하였다 하여 증거능력을 부정할 사유가 되지는 못한다(2000도2943)고 판시하였다.

3) **반대신문권의 보장**   피고인 또는 변호인이 공판준비 또는 공판기일에서 그 기재내용에 관하여 원진술자를 신문할 수 있었어야 한다. 반대신문의 기회가 보장되면 족하고, 반드시 반대신문이 실제로 이루어져야 하는 것은 아니다.

판례는 형사소송법 제297조에 따라 변호인이 없는 피고인을 일시 퇴정하게 하고 증인신문을 한 다음 피고인에게 실질적인 반대신문의 기회를 부여하지 아니한 채 이루어진 증인의 법정진술은 위법한 증거로서 증거능력이 없다고 볼 여지가 있으나, 그 다음 공판기일에서 재판장이 증인신문 결과 등을 공판조서(증인신문조서)에 의하여 고지하였는데 피고인이 '변경할 점과 이의할 점이 없다'고 진술하여 책문권 포기 의사를 명시한 경우, 실질적인 반대신문의 기회를 부여받지 못한 하자가 치유되었다고 판시한 바 있다(2009도9344, 책문권의 포기).

---

24) 기존에는 성폭력범죄의 처벌 등에 관한 특례법 제30조 제6항에 의해, 일정한 성폭력범죄의 경우 피해자의 진술이 담긴 영상녹화물이 증거로 제출된 경우에는 원진술자인 피해자뿐만 아니라 조사과정에 동석하였던 신뢰관계 있는 자의 진술에 의하여 그 진정성립을 인정할 수 있었다. 그러나 헌법재판소의 단순위헌 결정(2018헌바524)에 의해 위 규정은 효력을 상실하였다.

4) **특신상황의 인정** 조서에 기재된 진술이 특히 신빙할 수 있는 상태에서 행하여졌음이 증명되어야 한다(신용성의 정황적 보장).

아. 수사과정에서 작성한 진술서 - 형사소송법 제312조 제5항

피고인 또는 피고인 아닌 자가 수사과정에서 작성한 진술서 중, 작성자가 피의자 신분에서 작성한 진술서는 형사소송법 제312조 제1항 내지 제3항에 의해, 참고인 신분에서 작성한 진술서는 제4항에 의해 증거능력이 인정된다. 이와 달리 수사과정 외에서 작성한 진술서에 대해서는 제313조 제1항이 적용된다.

판례는 피고인이 아닌 자가 수사과정에서 진술서를 작성하였지만 수사기관이 그에 대한 조사과정을 기록하지 아니한 경우에는 특별한 사정이 없는 한 '적법한 절차와 방식'에 따라 작성되었다고 볼 수 없다고 하여 증거능력을 부정하였다(2013도3790).

자. 검사 또는 사법경찰관이 검증의 결과를 기재한 조서 - 형사소송법 제312조 제6항

검증조서의 증거능력을 인정하기 위해서는 ① 적법한 절차와 방식에 의하여 작성되었어야 하고, ② 공판준비 또는 공판기일에서 작성자의 진술에 따라 그 성립의 진정이 인정되어야 한다. 이때 성립의 진정이라 함은 실질적 진정성립을 의미하고, 피의자신문조서와 달리 영상녹화물이나 기타 객관적 방법에 의해 인정하는 것은 불가능하다.

작성자는 검증의 주체가 되는 검사나 사법경찰관을 말하며, 검증에 참여한 데 불과한 자는 해당하지 않는다(76도500). 본조의 적용을 받는 검증조서는 당해 사건에 관하여 작성된 것임을 요하지 아니하고 다른 사건에 관한 것도 포함된다.

한편, 검사가 작성한 실황조서나 사법경찰관이 작성한 실황조사서 등도 검증조서에 준하여 증거능력을 판단하나, 단지 수사의 경위 및 결과를 내부적으로 보고하기 위하여 작성된 서류(수사보고서)에 불과하다면 그 안에 검증의 결과에 해당하는 기재가 있다고 하여 이를 검증조서라고 할 수 없다(2000도2933). 한편 검증조서에 첨부된 현장상황에 관한 사진 등은 검증조서와 일체를 이루는 것이다. 그러나 범행재연사진 등과 같이 진술증거로부터 독립성을 갖는 경우에는 별도의 진술증거로서 요건을 갖추어야 증거능력이 인정된다.

판례는 ① 사법경찰관 작성 실황조사서에 피의자이던 피고인이 사법경찰관 면전에서 자백한 범행내용을 현장에 따라 진술·재연하고 사법경찰관이 그 진술·재현의 상황을 기재하거나 이를 사진으로 촬영한 것에 대하여 피고인이 공판정에서 그 진술내용 및 범행재연의 상황을 모두 부인하고 있는 이상 그 실황조사서는 증거능력이 없다고 하고 있고(89도1557), ② 사법경찰관 작성의 검증조서에 대하여 피고인이 증거로 함에 동의만 하였을 뿐 공판정에서 검증조서에 기재된 진술내용 및 범행을 재연한 부분에 대하여 그 성립의 진정 및 내용을 인정한 흔적을 찾아볼 수 없고 오히려 이를 부인하고 있는 경우에는 그 증거능력을 인정할 수 없다고 하여 검증조서에 대하여도 제312조 제3항에 따를 것이라는 취지로 판단하고 있다(2003도6548). ③ 또한 판례는 압수조서가 압수물의 존재상황을 입증하기 위하여 사용되는 경우에는 제312조 제6항의 적용을 긍정하고 있다(94도1476).

차. 진술서와 진술녹취서 - 형사소송법 제313조 제1항, 제2항

형사소송법 제313조 제1항은 제311조 및 제312조의 규정에 의하여 증거능력이 인정되는 서류를 그 적용대상에서 제외하고 있으므로 수사과정에서 작성한 진술서는 제312조 제5항에 의하여 작성의 주체 및 작성이 이루어진 수사단계에 따라 그 증거능력이 결정될 것이고, 따라서 제313조 제1항의 적용대상은 피고인 또는 피고인 아닌 자가 수사과정 이외에서 작성한 진술서나 진술을 기재한 서류가 된다.

진술서·자술서·시말서 등 그 명칭 여하를 묻지 않고, 사건과 관계없이 작성된 메모나 일기 등도 여기에 포함된다. 사인인 의사가 작성한 진단서는 당연히 증거능력 있는 서류가 되지 아니하고(69도179), 본 조항에 의하여 그 작성자인 의사의 공판기일 등에서의 진술에 의하여 성립의 진정함이 증명되어야 증거능력을 가진다.

1) **피고인의 진술서와 피고의 진술을 기재한 서류** 형사소송법 제311조 및 제312조의 규정 외에 피고인이 작성한 진술서나 그 진술을 기재한 서류로서 그 작성자 또는 진술자의 자필이거나 그 서명 또는 날인이 있는 것은(피고인 또는 피고인 아닌 자가 작성하였거나 진술한 내용이 포함된 문자·사진·영상 등의 정보로서 컴퓨터용디스크, 그 밖에 이와 비슷한 정보저장매체에 저장된 것을 포함한다. 이하 이 조에서 같다) 공판준비나 공판기일에서의 그 작성자 또는 진술자의 진술에 의하여 그 성립의 진정함이 증명된 때에는 증거로 할 수 있다(제313조 제1항 본문). 단, 피고인의 진술을 기재한 서류는 공판준비 또는 공판기일에서의 그 작성자의 진술에 의하여 그 성립의 진정함이 증명되고 그 진술이 특히 신빙할 수 있는 상태 하에서 행하여진 때에 한하여 피고인의 공판준비 또는 공판기일에서의 진술에 불구하고 증거로 할 수 있다(같은 항 단서).

제313조 제1항 본문에도 불구하고 진술서의 작성자가 공판준비나 공판기일에서 그 성립의 진정을 부인하는 경우에는 과학적 분석결과에 기초한 디지털포렌식 자료, 감정 등 객관적 방법으로 성립의 진정함이 증명되는 때에는 증거로 할 수 있다(제313조 제2항 본문).

본 조항에 의하여 증거능력이 인정되려면 우선 원진술자의 자필이거나 그의 서명 또는 날인이 있어야 한다. 여기에서 성립의 진정은 형식적 진정성립과 실질적 진정성립을 포함한다. 판례는 피고인의 진술내용이 녹음된 녹음테이프의 증거능력이 문제된 사안에서 제313조 제1항 단서 적용을 긍정하고 있다(2001도3106).

한편 피고인의 진술을 기재한 서류는 본 조항 단서에 의하여 그 진술이 특히 신빙할 수 있는 상태 하에서 행해지고 작성자의 공판진술에 의하여 성립의 진정함이 증명된 때에 한해서 진술자인 피고인의 공판준비 또는 공판기일에서의 진술 여하에 불구하고 증거능력이 인정되는데 여기에서의 '작성자'는 원진술자인 피고인을 의미한다고 보는 견해와 서류의 작성자를 의미한다는 견해로 나뉘어져 있고, 판례는 작성자설의 입장이다(2001도3106).

2) 피고인 아닌 자의 진술서 및 피고인 아닌 자의 진술을 기재한 서류 피고인 아닌 자가 법원이나 수사기관 외에서 작성한 진술서나 그 진술을 기재한 서류는 원진술자의 자필이거나 그 서명 또는 날인이 있고, 공판준비 또는 공판기일에서 원진술자의 진술에 의하여 성립의 진정이 인정되면 증거능력이 인정되고(제313조 제1항 본문), 별도로 특신상황에 대한 증명은 요구되지 않는다.

제313조 제1항 본문에도 불구하고 진술서의 작성자가 공판준비나 공판기일에서 그 성립의 진정을 부인하는 경우에는 과학적 분석결과에 기초한 디지털포렌식 자료, 감정 등 객관적 방법으로 성립의 진정함이 증명되는 때에는 증거로 할 수 있다(제313조 제2항 본문). 다만, 피고인 아닌 자가 작성한 진술서는 피고인 또는 변호인이 공판준비 또는 공판기일에 그 기재 내용에 관하여 작성자를 신문할 수 있었을 것을 요한다(같은 조 제2항 단서).

3) 감정의 결과를 기재한 서류 감정서도 피고인 아닌 자가 작성한 진술서와 마찬가지로 감정인의 자필이거나 그 서명 또는 날인이 있고, 공판준비나 공판기일에서 감정인의 진술에 의하여 그 성립의 진정함이 증명된 때에 증거능력이 부여된다(형사소송법 제313조 제3항).

카. 형사소송법 제314조에 의한 예외

형사소송법 제312조 및 제313조에 규정된 각종 조서나 서류에 대해 공판준비 또는 공판기일에 진술을 요하는 자가 ① 사망·질병·외국거주·소재불명 그 밖에 이에 준하는 사유로 인하여 진술할 수 없고, ② 그 진술 또는 작성이 특히 신빙할 수 있는 상태 하에서 행하여졌음이 증명된 때에는 그 조서 및 그 밖의 서류를 증거로 할 수 있다.

형사소송법 제312조 및 제313조의 규율대상이 되는 조서나 서류 가운데 원진술자의 진술에 의하여 진정성립이 인정되지 않는 진술조서, 검증조서, 감정서 등이 이에 포함된다. 또한 공범이지만 공동피고인이 아닌 자에 대한 검사 작성의 피의자신문조서(83도2945)나 공범관계에 있지 아니한 자에 대한 피의자신문조서에 대하여는 본조가 적용된다. 그러나 당해 피고인과 공범관계가 있는 다른 피의자에 대한 검사 이외의 수사기관 작성의 피의자신문조서는 그 피의자의 법정진술에 의하여 그 성립의 진정이 인정되더라도 당해 피고인이 공판기일에서 그 조서의 내용을 부인하면 증거능력이 부정되므로, 그 당연한 결과로 그 피의자신문조서에 대하여는 원진술자가 사망 등의 사유로 인하여 법정에서 진술할 수 없는 때에도 본조에 의하여 증거능력이 인정될 수 없다(2003도7185).

1) 원진술자의 진술불능

가) 질병 진술을 요할 자가 공판이 계속되는 동안 임상신문이나 출장신문도 불가능할 정도의 중병을 요한다고 할 것이고(2004도3619), 출산을 앞두고 있다는 이유로 출석하지 아니한 것은 특별한 사정이 없는 한 본조에서 정하는 진술할 수 없는 때에 해당하지 아니한다(99도915).

나) 외국거주   진술을 요할 자가 외국에 있다는 것만으로는 부족하고, **가능하고 상당한 수단을 다하더라도 그 진술을 요할 자를 법정에 출석하게 할 수 없는 사정이 있어야** 예외적으로 그 적용이 있다(2007도10004).25) 판례는 ① 미국인이 진술 후 미국으로 돌아갔으나 강제절차에 의하여 출석시킬 수 있는 방법이 없는 것으로 인정되는 경우(86도2322), ② 일본에 거주하는 사람을 증인으로 채택하여 신문하려고 하였으나 외무부로부터 현재 일본 측에서 형사사건에 대하여는 양국 형법체계상의 상이함을 이유로 송달에 응하지 않고 있어 그 송달이 불가능하다는 취지의 회신을 받고 위 증인을 취소한 경우(87도1446) 위와 같은 사유는 본조에서 정하는 진술할 수 없는 때에 해당한다고 보았다.

다) 소재불명   수회에 걸쳐 원진술자를 소환하였으나 증인소환장이 송달되지 아니하여 법원이 그 <u>소재탐지촉탁</u>까지 하였으나 주거가 없이 떠돌아다니거나 주거를 이탈하는 등 그 소재를 알지 못하게 된 경우를 말한다. 소재불명이 되어 소재를 탐지할 수 없거나 일정한 주거를 가지고 있더라도 구인영장을 발부하였으나 소재불명으로 집행되지 않은 때가 여기에 해당한다.

판례는 ① 단지 소환장이 주소불명 등으로 송달불능되었다거나 소재탐지촉탁을 하였으나 그 회보가 오지 않은 상태인 것만으로는 이에 해당한다고 보기에 부족하고(96도575), ② 소환장이 송달불능되자 검사가 소재탐지도 한 바 없이 소환신청을 철회하거나 소환장을 수령하였으면서 출석하지 아니하였음에도 불구하고 검사가 구인신청도 하지 아니하고 도리어 소환신청을 철회한 경우(69도364), ③ 증인의 주소지가 아닌 곳으로 소환장을 보내 송달불능이 되자 그 곳을 중심한 소재탐지 끝에 소재불능회보를 받은 경우(79도1002)에는 본조에서 정하는 원진술자가 공판정에서 진술할 수 없는 때라고 할 수 없다고 판시하였다.

라) 그 밖에 이에 준하는 사유   사망 또는 질병에 준하여 증인으로 소환될 당시부터 기억력이나 분별력의 상실상태에 있다거나, 증인소환장을 송달받고 출석하지 아니하여 구인을 명하였으나 끝내 구인의 집행이 되지 아니하는 등으로 <u>진술을 요할 자가 공판준비 또는 공판기일에 진술할 수 없는 예외적인 사유가 있어야</u> 한다(2004도3619). ① 원진술자가 제1심에서 증인으로 소환당할 당시부터 노인성 치매로 인한 기억력 장애·분별력 상실 등으로 인하여 진술할 수 없는 상태 하에 있었던 경우(91도2281)는 본조에서 정하는 진술할 수 없는 때에 해당한다. 또한 ② 수회에 걸쳐 원진술자에 대한 증인소환장이 송달되지 아니하여 법원이 그 소재탐지촉탁까지 하였으나 그 소재를 알지 못하게 된 경우(2005도2654)나 ③ 원진술자가 일정한 주거를 가지고 있더라도 피고인의 보복 등을 이유로 법원의 소환에 계속 불응하고 구인하여도 구인장이 집행되지 아니하는 등 법정에서의 신문

---

25) 통상적으로 그 요건의 충족 여부는 소재의 확인, 소환장의 발송과 같은 절차를 거쳐 확정되는 것이기는 하지만 항상 그와 같은 절차를 거쳐야만 위 요건이 충족될 수 있는 것은 아니고, 경우에 따라서는 비록 그와 같은 절차를 거치지 않더라도 법원이 그 진술을 요할 자를 법정에서 신문할 것을 기재하기 어려운 사정이 있다고 인정할 수 있다면 이로써 그 요건은 충족된다고 보아야 한다(2001도5666).

이 불가능한 상태의 경우(95도523)도 본조에서 정하는 진술할 수 없는 때에 해당한다.[26] 다만 ④ 증인에 대한 구인장 집행불능이 '그 밖의 사유'에 해당한다고 인정하기 위해서는 증인에 대한 구인장의 강제력에 기하여 증인의 법정 출석을 위하여 가능하고도 충분한 노력을 다하였음에도 부득이 증인의 법정 출석이 불가능하게 되었다는 사정을 검사가 입증하여야 한다(2006도7228).

또한 판례는 법정에 출석한 증인이 정당하게 증언거부권을 행사하여 증언을 거부한 경우에는 본조에서 정하는 때에 해당하지 아니한다고 판시하였고(2009도6788), 진술거부권자가 진술을 거부한 경우에도 마찬가지로 제314조 사유에 해당하지 않는다고 보았다(2012도16001). 다만 최근 판례는 피고인이 증인의 증언거부 상황을 초래하였다는 등의 특별한 사정이 있는 경우에는 형사소송법 제314조를 적용할 수 있다고 판시하였다(2018도13945 전원합의체).

한편 판례는 ① 원진술자가 공판기일에서 그 조서의 내용과 다른 진술을 하거나 변호인 또는 피고인의 반대신문에 대하여 아무런 답변을 하지 아니하였다 하여 곧 증거능력 자체를 부정할 사유가 되지는 아니한다고 판시하였고(2001도155), ② 유아인 원진술자가 증인신문 당시 일정한 사항에 관하여 기억이 나지 않는다는 취지로 진술하여 그 진술의 일부가 재현 불가능하게 된 경우도 본조에서 정하는 때에 해당한다고 보았다(99도3786 등). 그러나 ③ 만 5세 무렵에 당한 성추행으로 인하여 외상 후 스트레스 증후군을 앓고 있다는 등의 이유로 공판정에 출석하지 아니한 약 10세 남짓 된 성추행 피해자에 대한 진술조서의 경우에는 제314조에 정한 필요성의 요건을 갖추지 못한 경우에 해당한다고 판시하였다(2004도3619).

2) **특히 신빙할 수 있는 상태** 이는 그 진술내용이나 조서 또는 서류의 작성에 허위개입의 여지가 거의 없고 그 진술내용의 신빙성이나 임의성을 담보할 구체적이고 외부적인 정황이 있는 경우를 가리킨다(2004도3987).

판례는 형사소송법 제314조에 따른 증거능력과 관련하여 '녹음테이프는 성질상 작성자나 진술자의 서명이나 날인이 없을 뿐만 아니라 녹음자의 의도나 특정한 기술에 의하여 내용이 편집·조작될 위험이 있으므로, 그 대화내용을 녹음한 원본이거나 혹은 원본으로부터 복사한 사본일 경우에는 복사과정에서 편집되는 등의 인위적 개작 없이 원본의 내용 그대로 복사된 사본임이 증명되어야만 하고, 그러한 증명이 없는 경우에는 쉽게 증거능력을 인정할 수 없으며, 녹음테이프에 수록된 대화내용이 이를 풀어쓴 녹취록의 기재와 일치한다거나 녹음테이프의 대화내용이 중단되었다고 볼 만한 사정이 없다는 점만으로는 위와 같은 증명이 있다고 할 수 없다'고 판시하였다(2011도6035).

---

[26] 즉 소재탐지가 불능이 되었다는 요건이 필수적인 것은 아니고 다른 사유로 이를 못하였거나 그 결과가 도착하지 않았다고 하더라도 그 소재를 알 수 없음을 소명할 수 있는 자료가 있는 경우에는 소재불명으로 볼 수 있다.

타. 당연히 증거능력 있는 서류 - 형사소송법 제315조

형사소송법 제315조 각 호가 규정하는 아래 서류는 당연히 증거능력이 인정된다.

1) 직무상 증명할 수 있는 사실에 관한 공무원작성문서(제1호) 가족관계 기록사항에 관한 증명서, 공정증서등본 기타 공무원 또는 외국공무원의 직무상 증명할 수 있는 사항에 관하여 작성한 문서는 당연히 증거능력이 있다.27)

2) 업무의 통상과정에서 작성된 문서(제2호) 출납부·전표·통계표 등이 여기에 속한다. 적법한 업무에 한정하지 아니하고, 전자기록도 포함된다. 의사의 진단서는 당연히 증거능력 있는 문서에 해당하지 않지만 진료부는 여기에 포함된다. 판례는 상업장부나 진료일지 등과 같이 범죄사실의 인정여부와는 관계없이 자기에서 맡겨진 사무를 처리한 내역을 그때그때 계속적, 기계적으로 기재한 문서는 사무처리 내역을 증명하기 위하여 존재하는 문서로서 형사소송법 제2호에 의하여 당연히 증거능력이 인정된다고 판시하고 있다(2017도12671).

3) 기타 특히 신용할 만한 정황 아래 작성된 문서(제3호) 공공기록·보고서·역서·정기간행물의 시장가격표·스포츠기록·공무소 작성의 각종 통계와 연감 등이 여기에 속한다. 판례는 다른 피고사건의 공판조서는 여기에 해당하지만(66도617), 주민들의 진정서 사본은 증거능력이 인정되지 않는다고 판시하고 있다(83도2613). 구속적부심사절차에서 피의자를 심문하고 그 진술 등을 기재한 구속적부심문조서는 이에 해당한다(2003도5693).

파. 전문진술 - 형사소송법 제316조

1) 피고인의 진술을 내용으로 하는 제3자의 진술 피고인 아닌 자(공소제기 전에 피고인을 피의자로 조사하였거나 그 조사에 참여하였던 자를 포함한다)의 공판준비 또는 공판기일에서의 진술이 피고인의 진술을 그 내용으로 하는 때에는 그 진술이 특히 신빙할 수 있는 상태 하에서 행하여진 때에 한하여 이를 증거로 할 수 있다(형사소송법 제316조 제1항).

피고인의 진술이란 피고인의 지위에서 행하여진 것임을 요하지 않고, 수사절차나 그 밖의 단계에서 행하여진 것도 포함한다. 또한 피고인 아닌 자에는 공소제기 전에 피고인을 피의자로 조사하였거나 그 조사에 참여하였던 자가 포함된다(조사자 증언).

특신상태와 관련하여 ① 피고인이 경찰조사시 파출소 2층에서 친구에게 범행사실을 순순히 자복하였다는 내용의 그 친구의 증언 및 그에 대한 검사 작성 진술조서에 대하여, 피고인이 사건 당일부터 5일간 경찰관에 의해 연행, 호텔에 연금되어 잠을 자지 못하고 조사를 받은 사실 등에 비추어 보면 피고인의 그 같은 진술이 특히 신빙할 수 있는 상태

---

27) 등기부등·초본, 인감증명, 전과조회회보, 신원증명서 등은 물론 보건복지부장관의 시가조사보고서(67도544)나 세관공무원의 시가감정서도 여기에 해당한다(85도225). 외국공무원이 직무상 작성한 문서도 포함된다(83도3145). 법원의 판결사본 역시 해당하지만(81도2591), 수사기관이 작성한 문서는 제외된다. 따라서 공소장(78도575) 또는 외국수사기관의 수사결과(79도1852)는 당연히 증거능력이 인정되는 서류라 할 수 없다.

하에서 이루어졌다고 보기 어려워 증거능력이 없다고 한 판례(83도3032)와 ② 피고인과의 전화통화 중에 자백하는 것을 들은 경우 특신상태를 인정할 수 있다고 한 판례(99도4814)가 있다.

2) **피고인 아닌 타인의 진술을 내용으로 하는 제3자의 진술** 피고인 아닌 자의 공판준비 또는 공판기일에서의 진술이 피고인 아닌 타인의 진술을 그 내용으로 하는 것인 때에는 **원진술자가 사망, 질병, 외국거주, 소재불명 그 밖에 이에 준하는 사유로 인하여 진술할 수 없고, 그 진술이 특히 신빙할 수 있는 상태 하에서 행하여졌음이 증명된 때에 한하여 이를 증거로 할 수 있다**(형사소송법 제316조 제2항).

따라서 **원진술자가 법정에 출석하여 수사기관에서 한 진술을 부인하는 취지로 증언한 이상 원진술자의 진술을 내용으로 하는 조사자의 증언은 증거능력이 없다**(2008도6985). 피고인 아닌 타인에는 공범과 공동피고인도 포함된다(99도5679). 원진술자의 진술불능과 특신상황의 내용은 제314조의 그것과 같다. 즉, 여기서 특신상황이라 함은 원진술자가 그 진술을 하였다는 것에 허위 개입의 여지가 거의 없고, 그 진술내용의 신빙성이나 임의성을 담보할 구체적이고 외부적인 정황이 있는 경우를 가리킨다(2000도159).

하. 재전문진술 또는 재전문진술이 기재된 조서

판례는 ① 전문진술이 기재된 조서는 형사소송법 제312조 내지 제314조의 규정과 제316조 제1항 또는 제2항의 요건을 충족하면 증거능력이 인정되지만, ② 재전문진술이나 재전문진술을 기재한 조서는 증거능력을 인정할 수 없다고 판시하고 있다(2000도159). 다만 이러한 경우에도 피고인측의 증거동의는 가능하고, 증거동의가 없더라도 **탄핵증거로 사용은 가능**하다.

IV. 증거능력 관련문제

1. 녹음테이프의 증거능력

가. 진술녹음의 증거능력

녹음테이프에 사람의 진술이 녹음되어 있고 그 진술내용의 진실성이 증명의 대상이 된 때에는 녹음테이프가 진술증거로 사용되는 것이며 이에 전문법칙이 적용된다.

따라서 녹음테이프에 녹음된 진술내용이 **피고인의 진술일 경우**에는 형사소송법 제313조 제1항 단서에 따라 그 작성자의 진술에 의하여 녹음테이프에 녹음된 피고인의 진술내용이 피고인이 진술한 대로 녹음된 것임이 증명되고 나아가 그 진술이 특히 신빙할 수 있는 상태 하에서 행하여진 것임이 인정되어야 하며, **피고인이 아닌 자의 진술인 경우 제313조 제1항** 본문에 따라 원진술자의 진술에 의하여 진술내용이 자신이 진술한 대로 녹음된 것이라는 점이 인정되어야 한다.

한편 녹음테이프를 증거로 하기 위해서 피의자신문조서나 진술조서처럼 진술자의 서명·날인을 필요로 하는지 여부에 대하여, 판례는 서명·날인은 별도로 요구하고 있지 않는 것으로 보인다.

추가로 녹음테이프가 사본으로 제출된 경우에는 위와 같은 요건을 갖추어야 할 뿐만 아니라 **최량증거의 법칙**에 의해 ① **원본의 존재**, ② **정확성**, ③ **필요성**의 세 가지 요건을 추가로 갖추어야 증거능력이 인정된다.

나. 비밀녹음의 증거능력

통신비밀보호법 등에 위반하여 <u>타인 간의 전화통화나 공개되지 아니한 타인 간의 대화를 동의 없이 녹음한 녹음테이프나 그 녹취서는 증거능력이 없다</u>(99도2317, 통신비밀보호법 제4조, 제14조 제2항). 전화통화 당사자 일방이 상대방 모르게 통화내용을 녹음하는 것은 감청에 해당하지 아니하나(2002도123), 제3자가 통화 당사자 일방이 동의만을 받고 그 통화내용을 녹음하였다면 통신비밀보호법 제3조 제1항 위반이 된다.

다. 비디오테이프 등의 증거능력

비디오테이프나 영화필름의 증거능력에 관하여는 영상부분은 사진에 관한, 진술 내지 음성부분은 녹음테이프에 관한 각 이론에 따라 증거능력을 따지면 된다.

2. 사진의 증거능력

가. 사본으로서의 사진

사진이 본래 증거로 제출되어야 할 자료의 대용물로 제출되는 경우를 의미한다. 이 경우 판례는 사건과의 관련성 등을 전제로 최량증거의 법칙에 의해 ① **원본이 존재하거나 존재하였을 것**, ② **원본 제출이 불능 또는 곤란한 사정이 있을 것**, ③ **원본을 정확하게 전사하였을 것** 등 3가지 요건을 전제로 사본을 원본과 동일하게 취급할 수 있다고 판시하였다(2000도5461).

나. 진술의 일부인 사진

검검증조서나 감정서에 사진이 첨부되는 경우, ① <u>진술증거의 일부를 이루는데 불과한 사진은</u> 진술증거의 보조수단에 불과하므로 <u>그 증거능력은 진술증거인 검증조서나 감정서와 일체적으로 판단된다</u>. 그러나 ② <u>범행 재연 사진 등과 같이 진술증거로부터 독립성을 갖는 경우에는 별도의 진술증거로서 요건을 갖추어야 증거능력이 인정된다</u>. 판례 역시 사법경찰관이 작성한 검증조서 중 피고인의 범행재연의 영상부분은 피고인에 의하여 재연의 진정함이 인정될 뿐만 아니라 내용의 인정이 될 때에만 증거능력이 인정된다고 판시하고 있다(98도159).

다. 현장사진

현장사진이란 범인의 행동에 중점을 두어 <u>범행상황과 그 전후 상황을 촬영한 사진으로서 독립 증거로 이용되는 경우</u>를 의미한다. 이러한 <u>현장사진의 증거능력에 대해서는</u> 견해가 대립하고, 이에 대한 명시적인 판례는 없으나, 판례는 공갈목적으로 간통현장 나체사진을 찍은 사건에서 그 사진의 증거제출을 허용한 바 있다(97도1230).

라. 비밀촬영사진

사진이 비밀로 촬영된 경우 위법수집증거 여부가 문제된다. 판례는 수사기관이 범죄를 수사함에 있어 현재 범행이 행하여지고 있거나 행하여진 직후이고 증거보전의 필요성 및 긴급성이 있으며 일반적으로 허용되는 상당한 방법에 의하여 촬영을 한 경우라면 위 촬영이 영장 없이 이루어졌다고 하여 위법한 것으로 단정할 수 없다고 판시하였고(99도2317), 같은 입장에서 무인장비에 의한 제한속도 위반차량의 적법성 또한 긍정한바 있다(98도3329).

3. 컴퓨터디스켓, 자기디스크 등 정보저장매체, 출력물의 증거능력

컴퓨터디스켓, 자기디스크 등 정보저장매체 내지 그 출력물을 증거로 사용하기 위해서는 ① 정보저장매체 등 수집절차에 위법이 없고, ② 무결성·원본자료와 출력물의 동일성이 인정되어야 하며, ③ 전문법칙과의 관계에서 증거능력 인정요건을 충족하여야 한다.

가. 정보저장매체 등 수집절차의 적법성

법원은 압수의 목적물이 컴퓨터용디스크, 그 밖에 이와 비슷한 정보저장매체인 경우에는 기억된 정보의 범위를 정하여 출력하거나 복제하여 제출받아야 한다. 다만, 범위를 정하여 출력 또는 복제하는 방법이 불가능하거나 압수의 목적을 달성하기에 현저히 곤란하다고 인정되는 때에는 정보저장매체 등을 압수할 수 있다(제106조 제3항). 법원은 정보를 제공받은 경우 정보주체에게 해당 사실을 지체 없이 알려야 한다(같은 조 제4항).

판례는 전자정보에 대한 압수·수색영장 집행방식에 대하여 전자정보에 대한 압수·수색영장을 집행할 때에는 원칙적으로 영장 발부의 사유인 혐의사실과 관련된 부분만을 문서 출력물로 수집하거나 수사기관이 휴대한 저장매체에 해당 파일을 복사하는 방식으로 이루어져야 하고, 다만 집행현장 사정상 위와 같은 방식에 의한 집행이 불가능하거나 현저히 곤란한 부득이한 사정이 존재하더라도 저장매체 자체를 직접 혹은 하드카피나 이미징 등 형태로 수사기관 사무실 등 외부로 반출하여 해당 파일을 압수·수색할 수 있도록 영장에 기재되어 있고 실제 그와 같은 사정이 발생한 때에 한하여 위 방법이 예외적으로 허용될 수 있을 뿐이라고 판시하였다(2007도7257). 추가로 이처럼 저장매체 자체를 수사기관 사무실 등으로 옮긴 후 영장에 기재된 범죄혐의 관련 전자정보를 탐색하여 해당 전자정보를 문서로 출력하거나 파일을 복사하는 경우, 이러한 과정 역시 전체적으로 압수·수색영장 집행의 일환에 포함된다는 전제에서, 그러한 경우 문서출력 또는 파일복사 대상 역시 혐의사실과 관련된 부분으로 한정되어야 하고, 수사기관 사무실 등으로 옮긴 저장매체에서 범죄혐의 관련성에 대한 구분 없이 저장된 전자정보 중 임의로 문서출력 혹은 파일복사를 하는 행위는 특별한 사정이 없는 한 영장주의 원칙에 반하는 위법한 집행이라고 판시하였다(2009모1190).

또한 판례는 ① 제106조 제3항 단서에서 규정하는 예외적인 사정이 인정되어 전자정보가 담긴 저장매체 또는 하드카피나 이미징 등 형태를 수사기관 사무실 등으로 옮겨 복제·탐색·출력하는 경우에도, 그와 같은 일련의 과정에서 피압수자나 변호인에게 참여의 기회를 보장하고 혐의사실과 무관한 전자정보의 임의적인 복제 등을 막기 위한 적절한 조치를 취하는 등 영장주의 원칙과 적법절차를 준수하여야 하고, 만약 그러한 조치가 취해지지 않았다면 특별한 사정이 없는 이상 압수·수색이 적법하다고 평가할 수 없고, 비록 수사기관이 저장매체 또는 복제본에서 혐의사실과 관련된 전자정보만을 복제·출력하였다고 하더라도 달리 볼 것은 아니라고 판시하였다(2011모1839). ② 다만 수사기관이 정보저장매체에 기억된 정보 중에서 범죄 혐의사실과 관련 있는 정보를 선별한 다음 이미지 파일을 제출받아 압수한 경우, 이로써 압수·수색 절차는 종료되는 것이므로, 수사기관이 수사기관 사무실에서 위와 같이 압수된 이미지 파일을 탐색·복제·출력하는 과정에서도 피의자 등에게 참여의 기회를 보장하여야 하는 것은 아니라고 판시하였다(2017도13263).

나. 무결성, 원본 자료와 출력물의 동일성이 인정될 것

정보저장매체는 원본이거나 또는 복사본, '하드카피', '이미징'한 것일 경우 원본과의 동일성이 인정되어야 하며, 출력물의 경우 출력 문건과 정보저장매체에 저장된 자료가 동일하여야 한다(2012도16001).

판례는 압수물인 컴퓨터용 디스크 그 밖에 이와 비슷한 정보저장매체에 입력하여 기억된 문자정보 또는 그 출력물을 증거로 사용하기 위해서는 정보저장매체 원본에 저장된 내용과 출력 문건의 동일성이 인정되어야 하고, 이를 위해서는 정보저장매체 원본이 압수 시부터 문건 출력 시까지 변경되지 않았다는 사정, 즉 무결성이 담보되어야 하며, 특히 정보저장매체 원본을 대신하여 저장매체에 저장된 자료를 '하드카피' 또는 '이미징'한 매체로부터 출력한 문건의 경우에는 정보저장매체 원본과 '하드카피' 또는 '이미징'한 매체 사이에 자료의 동일성도 인정되어야 할 뿐만 아니라, 이를 확인하는 과정에서 이용한 컴퓨터의 기계적 정확성, 프로그램의 신뢰성, 입력·처리·출력의 각 단계에서 조작자의 전문적인 기술능력과 정확성이 담보되어야 한다고 판시하였다(2007도7257). 이 경우 출력 문건과 정보저장매체에 저장된 자료가 동일하고 정보저장매체 원본이 문건 출력 시까지 변경되지 않았다는 점은, 피압수·수색 당사자가 정보저장매체 원본과 '하드카피' 또는 '이미징'한 매체의 해쉬(Hash) 값이 동일하다는 취지로 서명한 확인서면을 교부받아 법원에 제출하는 방법에 의하여 증명하는 것이 원칙이나, 그와 같은 방법에 의한 증명이 불가능하거나 현저히 곤란한 경우에는, 정보저장매체 원본에 대한 압수, 봉인, 봉인해제, '하드카피' 또는 '이미징' 등 일련의 절차에 참여한 수사관이나 전문가 등의 증언에 의해 정보저장매체 원본과 '하드카피' 또는 '이미징'한 매체 사이의 해쉬 값이 동일하다거나 정보저장매체 원본이 최초 압수 시부터 밀봉되어 증거 제출 시까지 전혀 변경되지 않았다는 등의 사정을 증명하는 방법 또는 법원이 그 원본에 저장된 자료와 증거로 제출된 출력 문건을 대조하는 방법 등으로도 그와 같은 무결성·동일성을 인정할 수 있다고 할 것이며, 반드시 압수·수색 과정을 촬영한 영상녹화물 재생 등의 방법으로만 증명하여야 한다고 볼 것은 아니라고 판시하였다(2013도2511).

다. 전문법칙과의 관계에서 증거능력 인정요건을 충족할 것

저장매체의 문자정보 또는 저장매체로부터 출력한 문건이 증거물로 사용되는 경우라면 전문법칙의 적용이 없으나 이를 진술증거로 사용하는 경우 그 기재 내용의 진실성에 관하여는 전문법칙이 적용된다. 따라서 피고인의 증거동의가 없는 이상 제313조 제1항, 제315조 제2호, 제3호 또는 제314조의 요건을 갖추지 못하면 전문법칙에 의하여 증거능력이 없다(제310조의2). 전자기록은 수사기관 아닌 <u>사인인 피고인 등이 작성한 진술서</u>로 취급될 수 있는바, <u>제313조 제1항</u>의 요건과 관련하여 ① 전자기록은 녹음테이프 등과 마찬가지로 서명날인이 적합하지 않을 뿐 아니라 수집과정에서의 봉인이나 과학적 증명방법에 의하여 조작이나 편집을 확인할 수 있는바, 서명이나 날인의 요건을 갖추지 못하였더라도 제313조 제1항의 요건을 충족시킬 수 있다. 또한 ② 제313조 제1항 본문이 적용되어 원진술자인 피고인 등의 진정성립 인정이 요구되고, ③ 제313조 제1항 본문이 적용되는 경우 진정성립의 인정만 있으면 증거능력이 인정되고 특신상태는 요건으로 하지 아니한다는 것이 판례의 태도이다(2011모1839).

4. 기타

가. 피해신고서, 고소장 등

이는 피고인 아닌 자가 작성한 진술서로 보아 형사소송법 <u>제313조 제1항</u>에 의하여 그 증거능력을 인정할 수 있다. 다만 고소장 등을 소송조건의 입증을 위해 사용하는 경우에는 소송조건은 자유로운 증명으로 족하므로 증거능력 제한이 문제되지 않는다.

나. 수사보고서

수사보고서 역시 형사소송법 <u>제313조 제1항</u>에 의하여 증거능력을 판단함이 원칙이다. 다만 그 내용이 작성자의 의견 또는 추측에 불과한 때에는 의사표시적 문서로 보아야 하고, 작성자가 타인으로부터 들은 내용을 기재한 때에는 재전문의 문제가 생긴다. 또한 판례는 수사보고서에 검증의 결과에 해당하는 기재가 있는 경우, 그 수사보고서를 제312조 제6항의 검증조서라 할 수 없을 뿐만 아니라, 이를 제313조 제1항의 서류라고 할 수도 없고, 제311조, 제315조, 제316조의 적용대상이 되지 아니함이 분명하므로 그 기재부분은 증거로 할 수 없다고 판시하였다(2000도2933).

다. 압수조서

수사기관이 압수·수색을 하는 경우에는 압수·수색조서를 작성하여야 한다.28) 이러한 압수조서는 압수절차의 적법성을 증명하기 위하여 사용되는 경우와 압수 당시 압수물의 존재상황을 입증하기 위하여 사용되는 경우가 있다.

---

28) 압수·수색조서에는 처분의 연월일시와 장소를 기재하고, 그 압수·수색을 행한 자와 참여한 사법경찰관리가 기명날인 또는 서명하여야 하며(형사소송법 제50조 본문), 품종·외형상의 특징과 수량을 기재하여야 한다(제49조 제1항).

압수절차가 적법한지 여부는 소송법적 사실이므로 자유로운 증명으로 족하며 전문법칙이 적용되지 아니한다. 반면 압수 당시 압수물의 존재 상황을 입증하기 위하여 압수조서가 사용되는 경우에는 압수조서의 증거능력이 문제된다.

현행 형사소송법에는 압수·수색조서의 증거능력에 관한 규정이 없는바, 판례는 사법경찰리가 작성한 '피고인이 임의로 제출하는 별지 기재의 물건을 압수하였다'는 내용의 압수조서는 원진술자의 공판기일에서의 증언에 의하여 그 성립의 진정함이 인정된 바 없다면 증거로 쓸 수 없다고 하여(94도1476) 압수조서의 작성자 진술에 의하여 성립의 진정함이 인정되면 증거능력을 가지는 것으로 봄으로써 제312조 제6항이 적용된다는 취지로 해석하고 있다.

라. 검시조서

변사자 등을 검시(제222조)하고 작성한 검시조서는 실황조사서에 준하여 그 증거능력을 판단하면 된다.

마. 음주측정서 및 속도측정서

사법경찰관리가 작성한 음주측정서와 속도측정서는 검증조서에 준하여 그 증거능력을 판단한다.

바. 범죄경력조회, 조회회보서 등

형사소송법 제313조 제1호에 해당하는 서류로서 당연히 증거능력이 있다.

사. 판결서

형사소송법 제315조 제3호 서류로서 당연히 증거능력이 있다.

5. 당사자의 동의와 증거능력

가. 동의의 의의

검사와 피고인이 증거로 할 수 있음을 동의한 서류 또는 물건은 진정한 것으로 인정한 때에는 증거로 할 수 있다(형사소송법 제318조 제1항).

나. 동의의 방법

법원에서 직권으로 수집한 증거에 대하여는 검사와 피고인 쌍방의 동의가 필요하나, 당사자 일방이 제출한 증거에 대하여는 상대방의 동의가 있으면 족하다. 동의는 소송행위이므로 동의의 의사표시는 법원에 대하여 행하여야 한다. 동의의 대상은 서류에 한정되고 물건이 증거로 제출된 경우에는 동의 여부의 진술을 듣지 아니하는 것이 실무이다. 반대증거의 경우에는 그것이 유죄사실을 인정하는 증거가 되는 것이 아닌 이상 반드시 그 진정성립이 증명되지 아니하거나 이를 증거로 함에 상대방의 동의가 없다고 하더라도 증거판단의 자료로 할 수 있다는 것이 판례의 태도이다(80도1547).

동의는 원칙적으로 증거조사 전 증거결정의 단계에서 행해져야 한다. 실무에서는 증거결정의 단계에서 증거능력 유무에 관한 의견진술(형사소송규칙 제134조 제2항)의 일환으로서 동의의 대상이 되는 증거에 관하여 먼저 상대방의 동의여부를 물어 상대방의 동의가 있으면 바로 증거조사하고, 상대방이 부동의를 하면 비로소 형사소송법 제311조 이하의 각 규정이 정하는 요건을 구비하는지 여부를 확인하는 절차를 거쳐 그 요건이 구비되면 증거조사를 한다.

동의는 원칙적으로 명시적일 것을 요하나, 반대신문권을 포기하는 의사 또는 증거능력을 부여하려는 의사가 충분히 나타난 것이라면 묵시적인 동의도 허용된다고 본다(72도922). 동의는 서면이나 구두로 할 수 있으며 그 내용이 가분인 경우에는 하나의 서류 중 일부에 대한 동의도 가능하다.

다. 동의의 의제

1) **피고인의 불출석** 피고인의 출정 없이 증거조사를 할 수 있는 경우에 피고인이 출정하지 아니한 때에는 동의가 있는 것으로 간주한다. 단 대리인 또는 변호인이 출정한 때에는 예외로 한다(형사소송법 제318조 제2항). ① 경미사건 등의 경우(제277조 제1호 내지 제3호), ② 구속된 피고인이 정당한 사유 없이 출석을 거부하고 교도관에 의한 인치가 불가능하거나 현저히 곤란하다고 인정되는 경우(제277조의2), ③ 피고인이 재판장의 허가 없이 퇴정하거나 재판장의 질서유지를 위한 퇴정명령을 받은 경우(제281조, 제330조), ④ 약식명령에 불복하여 정식재판을 청구한 피고인이 2회 불출정하여 피고인의 출정 없이 증거조사를 하는 경우(제458조 제2항), ⑤ 피고인이 공시송달의 방법에 의한 공판기일의 소환을 2회 이상 받고도 출석하지 아니하여 법원이 피고인의 출정 없이 증거조사를 하는 경우(소송촉진 등에 관한 특례법 제23조)가 이에 해당한다. 또한 ⑥ 판례는 피고인이 재판장의 허가 없이 임의로 퇴정한 사안에서 동의의제를 인정하였다(91도865).

2) **간이공판절차에서의 특칙** 간이공판절차에서는 당사자 또는 변호인의 이의가 없는 한 동의를 의제한다(형사소송법 제318조의3).

라. 동의의 효과

1) **증거능력의 인정** 당사자가 동의한 서류 또는 물건은 형사소송법 제311조 내지 제316조의 요건을 갖추지 아니하더라도 진정성이 인정되면 증거능력이 부여된다. 판례는 참고인의 진술에 임의성이 인정되지 아니하여 그 진술조서가 증거능력이 없는 경우에는 피고인이 증거로 함에 동의하더라도 이를 증거로 삼을 수 없다고 한다(2004도7900). 위법수집증거는 증거동의의 대상이 되지 아니한다(97도1230). 다만 판례는 증거보전절차로 증인신문을 하면서 피의자 등의 참여권을 보장하지 아니한 경우, 피고인과 변호인이 그 증인신문조서를 증거로 할 수 있음에 동의하여 별다른 이의 없이 적법하게 증거조사를 거친 경우에는 그 증인신문조서는 증인신문절차가 위법하였는지 여부에 관계없이 증거능력이 부여된다고 판시한바 있다(86도1646).

2) **동의의 효력이 미치는 범위** 일부 동의가 가능한 경우 그 동의의 효력은 동의한 부분

에 대해서만 발생한다. 증거동의는 동의한 피고인에 대해서만 그 효력이 미친다. 증거동의의 효력은 공판절차의 갱신이 있거나 심급을 달리하는 경우에도 계속된다(93도955).

마. 동의의 철회·취소

증거동의는 증거조사가 완료되기 전까지는 철회할 수 있다(2004도4428).

6. 공범의 자백의 증거능력

가. 서설

공범의 진술은 형사증거법상 여러 문제점을 안고 있다. 먼저 증거능력에 관하여 보면 공범의 진술이 어느 단계에서 이루어졌는가, 다시 말하면 공범의 법정에서의 진술, 검찰에서의 진술, 경찰에서의 진술 등이 각각의 상황에 따라 문제로 되고, 또 공범이 병합기소되었는지 분리기소되었는지에 따라 문제상황을 달리한다.

나. 공범의 범위

판례는 여기에서 말하는 공범에 공동정범, 합동범, 필요적 공범이 포함되는 것으로 보고 있고, 실무는 그 밖에 교사범 및 종범과 정범도 공범에 포함시키고 있다. 그러나 본범과 장물범의 경우, 서로 싸움을 한 경우 등은 공범에 포함되지 않는 것으로 보고 있다.[29]

다. 공범의 진술의 증거능력

1) 공동피고인의 법정진술의 증거능력   판례는 ① 공범인 공동피고인의 법정진술은 당해 피고인에 대한 반대신문권이 보장되어 있음을 이유로 그대로 증거능력을 인정하고(92도917),[30] 반면 ② 공범 아닌 공동피고인의 법정진술에 대하여는 증거능력을 부정한다(63도185). 즉 공범 아닌 공동피고인에 대해 피고인신문의 형식으로 얻어 낸 법정진술은 그 자체로 증거능력이 없고, 그에 대한 변론을 분리하고 동 피고인을 증인으로 신문하여야 당해 피고인에 대하여 그 진술에 증거능력이 부여된다.

2) 공동피고인의 법정외 진술의 증거능력

   가) 당해 사건에서 법원 또는 법관의 면전에서의 공동피고인의 진술을 기재한 공판조서 또는 증인신문조서의 증거능력(형사소송법 제311조)   판례는 제311조의 해석에 있어 공범이나 공동피고인은 '피고인 아닌 자'에 해당하는 것으로 보고 있고, 제311조의 조서는 당해 사건의 조서에 한한다고 보면서(86도1646), 당해 사건에 있어서 ① 공범인 공동피고인의 법정진술을 기재한 공판조서는 항상 증거능력이 있고, ② 공범 아닌 공동피고인의 증인이 아닌 피고인으로서의 법정진술을 기재한 공판조서는 그 자체로는 증거능력이 없다고 보고 있다(66도316).

---

29) 공동피고인인 절도범과 장물범은 서로 다른 공동피고인의 범죄사실에 관하여는 증인의 지위에 있으므로, 피고인이 증거로 함에 동의하지 아니한 검사 작성의 공동피고인에 대한 피의자신문조서가 증거능력을 갖기 위해서는 공동피고인의 증언에 의하여 그 성립의 진정이 인정되어야 한다(2005도7601).
30) 반대신문이 실제로 충분히 행하여졌는지는 따지지 아니한다.

나) 공동피고인의 검찰진술의 증거능력   ① 공범인 공동피고인의 검찰진술은 그에 대한 증거결정에 관한 의견진술과정에서 진정성립 및 임의성이 인정되고, 당해 피고인 측에서 공동피고인에 대한 반대신문의 기회를 부여받은 경우(형사소송법 제312조 제4항)에는 증거능력이 있다고 할 것이며, ② 공범 아닌 공동피고인의 검찰진술은 당해 피고인이 증거로 함에 동의하지 않는 한 그 공동피고인을 증인으로 신문하여 진정성립이 인정되어야 증거능력이 생긴다(제312조 제4항).

① 공범인 공동피고인의 검찰진술은 그에 대한 증거결정에 관한 의견진술 과정에서 진정성립 및 임의성이 인정되고, 당해 피고인 측에서 공동피고인에 대한 반대신문의 기회를 부여받은 경우(형사소송법 제312조 제4항)에는 증거능력이 인정되었다. 그러나 2020. 2. 4. 개정된 형사소송법 제312조 제1항에 의하면 이러한 결론은 유지하기 어렵고, 결국 이에 대하여는 기존 경찰진술과 마찬가지로 당해 피고인이 그 내용을 인정하여야 증거능력이 있을 것이다(형사소송법 제312조 제3항).31) ② 공범 아닌 공동피고인의 검찰진술은 당해 피고인이 증거로 함에 동의하지 않는 한 그 공동피고인을 증인으로 신문하여 진정성립이 인정되어야 증거능력이 생긴다(제312조 제4항).

다) 공동피고인의 경찰진술의 증거능력   ① 공범인 공동피고인의 경찰진술은 당해 피고인이 그 내용을 인정하여야 증거능력이 있고(형사소송법 제312조 제3항), 공범인 공동피고인이 피고인신문과정에서든 증인신문과정에서는 그 진정성립 및 내용을 인정하더라도 당해 피고인의 내용인정이 없는 한 증거능력이 없다. ② 공범 아닌 공동피고인의 경찰진술은 제3자의 진술과 다를 바 없으므로 공동피고인이 피고인의 지위에서 진정성립 또는 내용을 인정하더라도 당해 피고인이 증거로 함에 동의하지 않는 한 공동피고인을 증인으로 신문하여 진정성립이 증명된 경우에 한하여 증거능력이 있다(제312조 제4항). 다만 이러한 경우 실무에서는 당해 피고인 또는 그 변호인이 동의나 부동의로 증거의견을 진술하는 것이 일반적이다.

3) 다른 사건에서 공범 또는 공범 아닌 제3자의 진술을 기재한 공판조서의 증거능력   판례는 공범의 법정진술을 기재한 다른 피고사건의 공판조서와 공범 아닌 제3자에 대한 다른 피고사건에서의 증인신문조서는 각 증거능력이 있다고 판시하고 있다(64도135).32)

4) 다른 사건에서의 공범 또는 공범 아닌 제3자의 검찰 또는 경찰에서의 진술의 증거능력

가) 다른 사건에서의 공범 또는 제3자의 검찰진술의 증거능력   공범 또는 제3자가 그의 사건에서 임의성 및 진정성립을 인정하였다 하더라도 현재의 피고인에게는 반대신문의 기회가 없었으므로 공범 또는 제3자가 현재 피고사건의 증인으로 나와 진정성립을 인정하여야만 증거능력이 있다(형사소송법 제312조 제4항).

---

31) 이에 대하여는 아직 명시적인 대법원 판례는 존재하지 아니하나, 실무상 위와 같이 처리하고 있는 것으로 평가된다.
32) 공범이 아닌 제3자가 다른 피고사건에서 증인이 아닌 피고인으로서 한 진술을 기재한 공판조서의 증거능력에 대하여는 이의 인정 여부에 관한 명확한 대법원 판례가 없는 것으로 보인다.

나) 다른 사건에서의 공범 또는 제3자의 경찰진술의 증거능력 ① **공범의 경찰진술**은 당해 피고인의 내용인정이 없는 한 증거능력이 없다(형사소송법 제312조 제3항). ② **공범 아닌 제3자의 경찰진술**은 당해 피고인이 증거로 함에 동의하지 않는 한 제3자를 증인으로 신문하여 진정성립이 증명된 경우에 한하여 증거능력이 있다(제312조 제4항).

V. 증거조사

협의의 증거조사란 통상 수소법원이 공판기일 및 공판기일 외에서 피고사건에 관한 사실을 인정함에 있어서 필요한 심증을 얻기 위해 각종 증거방법을 조사하여 그 내용(증거자료)을 감지하는 소송행위를 말한다. 이에 대하여 광의의 증거조사란 협의의 증거조사뿐만 아니라 증거조사의 시행과 관련되는 증거신청, 증거결정, 이의신청 등 유관절차 전체를 가리킨다. 형사소송법 제290조의 증거조사는 광의의 것으로 이해된다.

적법한 증거조사는 증거재판주의에 의하여 요청되나, 증거조사 자체는 엄격한 증명의 자료로 되는 증거에 대해서만 아니라 자유로운 증명의 자료로 되는 증거에 대해서도 행해져야 한다. 다만 자유로운 증명의 경우에는 엄격한 증명과 달리 법원이 상당하다고 인정하는 방법으로 하면 된다는 점에서 차이가 있을 뿐이다.

<증거방법별 증거능력 부여요건>

증거방법		법원	검찰	경찰	증거능력 부여방법 등	
공판조서 (증인신문 조서)33)	당해	제311조			당연취득	
	별건	제315조 제3호				
피의자신문조서 (수사과정 피의자진술서)			제312조 제1항 (제312조 제5항)	제312조 3항 (제312조 제5항)	검찰	적법+내용인정 (진정성립 전제)
					경찰	*자백허위주장=내용부인 *타사건 피신/공범 피신 포함
진술조서 (수사과정 진술서)			제312조 제4항 (제312조 제5항)		적법+진정성립(원진술자의 법정진술 or 영상물)+반대신문권+특신 *증언번복 진술조서=증×	
검증조서, 압수조서 (압수경과)	당해	제311조	제312조 제6항 (실황조사서 동일)34)		법원	당연취득
	별건	제315조 제3호			검/경	적법+작성자 성립인정 *타사건 포함
진술서, 진술기재서면 (수사 이외)35)	피고인		제313조 제1항 본문36)		자필이거나 서명 또는 날인 +원진술자 성립인정37)	
			제313조 제1항 단서 (진술기재서면 중 피고인 부인시)		자필이거나 서명 또는 날인 +작성자38) 성립인정+특신	
	제3자		제313조 제1항 본문		자필이거나 서명 또는 날인 +원진술자 성립인정	
감정서			제313조 제3항, 제1항 본문		자필이거나 서명 또는 날인 +작성자 성립인정	
조회회보서, 수사자료카드 등			제315조 제1호		당연취득	
기타(일기장, 진단서 등)			제313조 제1항 본문		자필이거나 서명 또는 날인 +작성자 성립인정	

---

33) 증거보전절차에 의한 조서와 제1회 공판기일 전 증인신문절차에 의한 증인신문조서는 제311조가 적용된다.
34) 피고인 범행재연 내용(사경)은 제312조 제3항이 적용된다(내용부인시 증거능력 ×).
35) 피고인 또는 피고인 아닌 자가 작성하였거나 진술한 내용이 포함된 문자·사진·영상 등의 정보로서 컴퓨터용디스크, 그 밖에 이와 비슷한 정보저장매체에 저장된 것을 포함한다. 이 경우 자필 또는 서명, 날인을 요건으로 하지 아니한다.
36) 진술서의 작성자가 그 성립의 진정을 부인하는 경우 객관적 방법으로 성립의 진정함이 증명되는 때에는 증거로 할 수 있다. 다만, 피고인 아닌 자가 작성한 진술서는 반대신문권 보장을 전제로 한다(제2항).
37) 형식적 진정성립과 실질적 진정성립을 포함하는 의미이다(이하 동일).
38) 위 작성자가 원진술자와 작성자(녹취자) 중 누구를 의미하는지 견해가 대립하나, 판례는 녹음테이프의 경우 녹음테이프 작성자를 의미하는 것으로 보고 있다.

제312조, 제313조 규율대상 조서, 서류 중 진정성립 인정 안 된 것		제314조 (진술불능+특신) *공범 사경피신 및 수사과정 자술서 제외
전문진술 (기재 조서)	피고인의 진술내용	제316조 제1항 (특신) (+제312조~제314조 요건) *조사자 증언 포함
	제3자의 진술내용 *공범과 공동피고인 포함	제316조 제2항 (진술불능+특신) (+제312조~제314조 요건)

<당해 피고인(甲)에 대한 관계에서 공범·공동피고인 등(乙) 진술의 증거능력>[39]

乙 진술	공범			공범 아닌 자		
	병합기소 (공동피고인)	분리기소 (별건피고인)	불기소	병합기소 (공동피고인)	분리기소 (별건피고인)	불기소
법정 진술	○	-	-	피고인진술 : × 증언 : ○ (변론을 분리하여 증인으로 신문)	-	-
공판 조서	○ (제311조)	○ (제315조 제3호)	-	피고인진술부분 : × 증언부분 : ○ (제311조)	피고인진술부분 : 판례 無 증언부분:○ (제315조 제3호)	-
검찰 조서 (진술서)	甲이 내용부인하면 증거능력 없음[40] (제312조 제3항 적용, 乙이 당해 사건 또는 분리기소 사건에서 내용인정했더라도 마찬가지)			제312조 제4항 요건 구비 → ○		
				진정성립을 인정하는 乙의 진술은 증인신문(변론분리)에 의하여야 함	진정성립을 인정하는 乙의 진술은 증인신문에 의하여야 함	
경찰 조서 (진술서)	甲이 내용부인하면 증거능력 없음 (제312조 제3항 적용, 乙이 당해 사건 또는 분리기소 사건에서 내용인정했더라도 마찬가지)			제312조 제4항 요건 구비 → ○		
				진정성립을 인정하는 乙의 진술은 증인신문(변론분리)에 의하여야 함	진정성립을 인정하는 乙의 진술은 증인신문에 의하여야 함	

---

39) 甲이 乙의 진술이 기재된 증거서류를 증거로 함에 '부동의'하는 것을 전제로 한다.
40) 2020. 2. 4. 형사소송법 개정 전 제312조 제1항에 대한 판례태도는 제312조 제4항 적용이나, 개정된 제312조 제1항에 대하여는 명시적인 판례가 존재하지 아니하다. 다만, 실무상 경찰조서와 마찬가지로 제312조 제3항 및 당해피고인 내용인정설에 따라 판단하고 있는 것으로 평가된다.

CHAPTER 03 | 기록형 시험을 위한 사실인정론

I. 증명력

1. 증명력

어떠한 사실을 증명할 수 있는 증거의 실질적 가치를 증명력이라고 한다. 형사소송법 제308조는 증거의 증명력은 법관의 자유판단에 의한다고 하여 자유심증주의를 선언하고 있다. 이러한 자유심증주의에 대한 예외로서 자백의 증명력을 제한하는 규정(제310조)과 공판조서의 증명력에 관한 규정(제56조)이 있다.

2. 자유심증주의

증거의 증명력은 법관의 자유판단에 의한다(형사소송법 제308조). 증거의 증명력을 판단하는 주체는 개개의 법관이고, 그 대상은 증거의 증명력이다. 증명력은 증거 그 자체가 진실일 가능성을 뜻하는 신용력과, 신용력을 전제로 하여 요증사실의 존재를 인정하게 하는 힘을 뜻하는 협의의 증명력을 포함하는 개념이다. 엄격한 증명과 자유로운 증명은 그 증거능력과 증거조사절차에 있어서는 차이가 있지만, 어느 경우에나 자유심증주의가 적용된다는 점에서는 동일하다.

자유심증주의에서의 증거의 가치판단은 법관의 자유재량에 맡겨져 있기는 하나 자의적인 재량이 허용되는 것은 아니며 합리성과 객관성을 결여한 증거가치의 판단은 위법하고(84도554), 논리칙과 경험칙에 위배되지 않는 범위 내에서만 허용되는 것으로서(85도2109), 이에 위반하는 증거취사나 사실인정까지 허용될 수 있는 것은 아니다(91도1956). 형사재판에 있어서 변론전체의 취지를 직접 사실인정의 기초로 삼을 수는 없지만, 실제로 증거의 증명력을 판단함에 있어서는 변론전체의 취지도 고려된다.

3. 자유심증주의에 대한 구체적 검토

가. 피고인의 진술

검찰에서의 자백 등이 법정진술과 다르다거나 제1심 법정에서의 자백이 항소심에서의 법정진술과 다르다는 사유만으로는 그 자백의 신빙성이 의심스럽다고 할 사유로 삼아야 한다고 볼 수는 없고(95도1957), 피고인의 자백에 형사소송법 제309조 소정의 사유가 없고 자백을 하게 된 동기와 과정 가운데 합리적인 의심을 갖게 할 상황이 없다면 그것은 보강증거를 수반하여 유력한 증거자료가 되는 것이다(92도873).

자백의 신빙성 유무를 판단함에 있어서는 ① 자백의 진술내용 자체가 객관적인 합리성을 띠고 있는가, ② 자백의 동기나 이유 및 자백에 이르게 된 경위가 어떠한가, ③ 자백 외의 정황증거 중 자백과 저촉되거나 모순되는 것이 없는가 등을 고려하여 판단하여야 한다(2009도1151).[41]

---

41) 위 판례는 피고인들이 제1심 공판 이후 일관되게 범행을 부인하고 있고, 수사과정에서 다른 피고인들이 이미 범행을 자백한 것으로 오인하거나, 검사가 선처 받을 수도 있다고 말하여 자백한 것으로 보이는 점 등 여

피고인의 검찰 자백의 신빙성을 판단함에 있어서는 피고인이 그 내용을 부인함으로써 증거능력이 없는 경찰 자백을 이용할 수도 있다(82도2413). 피고인의 범행 부인 진술내용에 일관되지 아니하고 상호 모순되거나 저촉되는 점이 있다 하더라도 이것만으로는 유죄 인정의 증거가 될 수 없다(84도417).

나. 증인 또는 참고인의 진술

증언의 신빙성은 증인의 입장, 이해관계 및 그 내용은 물론 다른 증거와도 구체적으로 비교·검토하여 합리적으로 판단하여야 한다(77도2381). 판례는 ① 13세 증인의 증언을 증거로 하여 사실인정한 것이 위법이 아니라고 하고(71도1592), ② 사고 당시 만 3년 3월 남짓 되고 증언 당시 만 3년 6월 남짓 된 강간치상죄의 피해자인 여아가 피해상황에 관하여 비록 구체적이지는 못하지만 개괄적으로 물어 본 검사의 질문에 이를 이해하고 고개를 끄덕이는 형식으로 답변한 것을 믿은바 있다(91도579). 반면 ③ 사건 당시 4세가 안 된 피해자의 일관되지 않고 표현도 분명하지 않은 진술만으로 범죄사실(강간치상)을 인정하는 데 합리적 의심을 배제할 정도의 증명에 이르렀다고 보기 어렵고(92도874), ④ 모의 편향되고 유도적인 반복 질문에 따라 녹취한 만 3세 1개월 남짓한 피해자의 유일한 진술만으로 공소사실(미성년자의제강제추행)을 인정하기에 합리적인 의심을 배제할 정도의 증명에 이르렀다고 볼 수 없다고 판시한바 있다(2000도159).

① 피고인의 처의 증언이라 하여 항상 신빙성이 없다고 단정할 수는 없으나(83도823), ② 이미 형이 확정되어 복역 중인 공범자들이 당초의 진술을 번복하여 피고인이 범행에 가담하지 않았다고 하는 증언은 믿기 어렵다(83도823). ③ 피해자의 경찰·검찰 및 법원에서의 각 진술에 사소한 차이가 있으나 전체적으로 일관성이 있고 모순이 없다면 유죄 인정의 자료가 될 수 있으며(86도555), ④ 직접증거를 뒷받침할 수 있는 간접 또는 정황증거가 있는 경우에 그 직접증거를 배척하려면 이를 배척할 수 있는 상당한 합리적 이유가 있어야 하며(85도1572), ⑤ 이에 반하여 유일한 직접 증거인 피해자의 진술이 경찰과 검찰에서 서로 모순되고 검찰에서의 진술도 공소제기 후에 이루어진 것으로서 피해자가 증인소환에 불응하여 피고인 측에서 반대신문을 할 기회가 없었던 경우에는 그 신빙성을 인정하기 어렵고(92도1880), ⑥ 일관성이 없고 서로 모순되어 신빙성이 희박하거나 단순한 추측에 불과하여 믿기 어려운 증거들을 채용하여 공소사실을 유죄로 인정한 것은 채증법칙을 위배한 것이 된다(93도93).

한편, 판례는 수사기관이 원진술자의 진술을 기재한 조서는 원본 증거인 원진술자의 진술에 비하여 본질적으로 낮은 정도의 증명력을 가질 수밖에 없다는 한계를 지니는 것이고, 특히 원진술자의 법정 출석 및 반대신문이 이루어지지 못한 경우에는 그 진술이 기재된 조서는 법관의 올바른 심증형성의 기초가 될 만한 진정한 증거가치를 가진 것으로 인정받을 수 없는 것이 원칙이라고 하면서, 피고인이 공소사실 및 이를 뒷받침하는 원진술자의 진술을 기재한 수사기관의 조서내

러 정황에 비추어 피고인들의 검찰에서의 각 자백진술은 그 신빙성이 의심스럽다고 하면서 피고인들에 대한 상해치사의 공소사실에 대하여 무죄를 선고한 원심판단을 수긍하였다.

용을 부인하였음에도 불구하고, 원진술자의 법정 출석과 피고인에 의한 반대신문이 이루어지지 못하였다면, 그 조서에 기재된 진술이 직접 경험한 사실을 구체적인 경위와 정황의 세세한 부분까지 정확하고 상세하게 묘사하고 있어 구태여 반대신문을 거치지 않더라도 진술의 정확한 취지를 명확히 인식할 수 있고 그 내용이 경험칙에 부합하는 등 신빙성에 의문이 없어 조서의 형식과 내용이 비추어 강한 증명력을 인정할 만한 특별한 사정이 있거나, 그 조서에 기재된 진술의 신빙성과 증명력을 뒷받침할만한 다른 유력한 증거가 따로 존재하는 등의 예외적인 경우가 아닌 이상, 그 조서는 진정한 증거가치를 가진 것으로 인정받을 수 없는 것이어서 이를 주된 증거로 하여 공소사실을 인정하는 것은 원칙적으로 허용될 수 없고, 이는 원진술자의 사망이나 질병 등으로 인하여 원진술자의 법정 출석 및 반대신문이 이루어지지 못한 경우는 물론 수사기관의 조서를 증거로 함에 피고인이 동의한 경우에도 마찬가지라고 한다(2005도9730).

다. 감정서

판례는 전문감정인의 감정결과는 중요한 참고자료가 되기는 하나 이에 기속받는 것은 아니라는 입장에서 심신상실상태라는 감정인의 의견을 배척하고 심신미약만을 인정하거나(94도581), 심신장애 유무 판단에 있어 법원이 전문감정인의 정신감정결과에 기속받지 않는다(94도3163)고 판결한바 있다.

① 범행 당시 피고인의 심신장애의 정도를 판단함에 있어서 감정인의 감정서만에 의거한 판단을 하지 아니하였다 하여 심신상실에 관한 법리오해의 위법이 있다 할 수 없고(83도1262), ② 심신장애 여부를 목격자의 증언·범행의 경위·수단·범행 전후의 피고인의 행동 등을 종합해서 판단하였다 하여 위법이 아니며(87도1240), ③ 범행 당시 피고인의 음주의 정도 등은 전문가로 하여금 감정을 하게 하지 않고서도 다른 거시증거에 의하여 이를 판정할 수 있다(93도2431).

그러나 ① 향정신성의약품관리법위반 사건의 피고인 모발에서 메스암페타민 성분이 검출되었다는 국립과학수사연구소장의 사실조회회보가 있는 경우, 다른 특별한 사정이 없는 한, 논리와 경험의 법칙상 피고인은 감정의 대상이 된 모발을 채취하기 이전 언젠가에 메스암페타민을 투약한 사실이 있다고 인정하여야 할 것이고(94도1680), ② 필적감정결과는 고도의 개연성이 있는 것으로, 의문점에 대하여 원래의 감정인에게 물어보거나 다른 감정인으로 하여금 다시 감정하게 하는 등의 조치를 취하지 아니한 채 육안으로 보아 일부 자획에 상이한 점이 보인다고 하여 전문가의 감정결과에 대하여 의심을 품고 이를 배척하는 것은 합리적이라 할 수 없으며(94도1335), ③ 유전자검사결과나 혈액형검사결과 등 과학적 증거방법은 그 전제로 하는 사실이 모두 진실임이 입증되고 그 추론의 방법이 과학적으로 정당하여 오류의 가능성이 전무하거나 무시할 정도로 극소한 것으로 인정되는 경우에는 법관이 사실인정을 함에 있어 상당한 정도로 구속력을 가지므로, 비록 사실인정이 사실심의 전권이라 하더라도 아무런 합리적 근거 없이 함부로 이를 배척하는 것은 자유심증주의의 한계를 벗어나는 것으로서 허용될 수 없다(2007도1950).

라. 진단서

상처를 진단한 의사의 진술이나 진단서의 기재는 폭행·상대 등의 사실 자체에 대한 직접 증거가 되는 것은 아니고 다른 증거에 의하여 폭행·상해의 가해행위가 인정되는 경우에 그에 대한 상해의 부위나 정도의 점에 대한 증거가 되며(82도2081), **진단서의 기재만으로는 상해가 피고인의 행위에 기인한 것이라는 점에 대한 증거가 될 수 없다**(84도421). 다만 상해에 대한 진단일자 및 상해진단서 작성일자가 상해 발생시점과 시간상으로 근접하고 상해진단서 발급 경위에 특별히 신빙성을 의심할 만한 사정이 없으며 거기에 기재된 상해 부위와 정도가 피해자가 주장하는 상해의 원인 내지 경위와 일치하는 경우에는, 그 무렵 피해자가 제3자로부터 폭행을 당하는 등으로 달리 상해를 입을 만한 정황이 발견되거나 의사가 허위로 진단서를 작성한 사실이 밝혀지는 등의 특별한 사정이 없는 한, 그 상해진단서는 피해자의 진술과 더불어 피고인의 상해 사실에 대한 유력한 증거가 되고, 합리적인 근거 없이 그 증명력을 함부로 배척할 수 없다(2010도12728).

마. 처분문서

처분문서의 진정성립이 인정되는 이상, 법원은 반증이 없는 한 그 문서의 기재내용에 따른 의사표시의 존재 및 내용을 인정하여야 하고, 합리적인 이유 설시도 없이 이를 배척하여서는 아니 된다. 다만 **처분문서라 할지라도 그 기재내용과 다른 명시적·묵시적 약정이 있는 사실이 인정될 경우에는 그 기재내용과 다른 사실을 인정할 수 있고**, 작성자의 법률행위를 해석함에 있어서도 경험법칙과 논리법칙에 어긋나지 않는 범위 내에서 자유로운 심증으로 판단할 수 있다(2007도11029).

바. 관련사건의 판결

형사재판에서 관련된 민사사건의 판결에서 인정된 사실은 유력한 인정자료가 된다고 할지라도 반드시 그 판결의 확정사실에 구속받는 것은 아니어서 **형사법원은 증거에 의하여 민사판결에서 확정된 사실과 다른 사실을 인정할 수 있다**(95도192). 변론 분리로 인하여 **다른 공동피고인들에 대하여 유죄판결이 확정된 후 하급심이 동일한 증거관계 하에서 피고인에 대하여 공소사실을 인정할 수 없다 하여 무죄를 선고한 조치는 채증법칙을 위반한 것이다**(90도1215).

사. 증거의 종합

진술조서의 기재 중 일부분을 믿고 다른 부분을 믿지 아니하여도 부당하다고 할 수 없고(80도145), 공동피고인 중 1인이 다른 공동피고인들과 공동하여 범행을 하였다고 자백한 경우, 반드시 그 자백을 전부 믿어 공동피고인들 전부에 대하여 유죄를 인정하거나 그 전부를 배척하여야 하는 것은 아니고, 자유심증주의의 원칙상 법원으로서는 자백한 피고인 자신의 범행에 관한 부분만을 믿고, 다른 공동피고인들이 범행에 관여하였다는 부분을 배척할 수 있으며(95도2043), 동일한 사항(범죄사실에 관한 피고인의 진술)에 관하여 두 개의 서로 다른 내용이 기재된 공판조서가 병존하는 경우 양자는 동일한 증명력을 가지는 것으로서 그 증명력에 우열이 있을 수 없다고 보아야 할 것이므로 그 중 어느 쪽이 진실한 것으로 볼 것인지는 공판조서의 증명력을 판단하는 문제로서 법관의 자유로운 심증에 따를 수밖에 없다(86도1646).

같은 사람의 검찰에서의 진술과 법정에서의 증언이 다를 경우 반드시 후자의 것을 믿어야 된다는 법칙은 없고 **법정에서의 증언과 다른 검찰에서의 진술을 믿고 사실을 인정한 것은 자유심증에 속하고**(88도740), 상반된 감정 중에 어느 것을 사실인정의 자료로 인용할 것인가는 사실심 법원의 자유심증에 속한다(86도1547).

증거를 종합하여 피고인의 범죄사실을 인정한 이상 피고인이 제출한 증거를 배척한 이유를 설시하지 않았다 하여 위법이라 할 수 없다(84도682). 그리고 공소사실에 부합하는 증거를 배척하는 합리적인 이유를 설시하지 아니하였다 하더라도 위법은 아니지만(68도449), 실무에서는 그 합리적인 이유를 적절하게 설시하고 있다.

아. 기타

증거보전된 증거가 항상 진실이라고 단정할 수는 없는 것이므로 믿지 않을 만한 사유가 있어 믿지 않는 것에 자유심증주의의 남용이 있다고 볼 수 없고(79도2125), 경찰 및 검사가 작성한 실황조사서의 기재가 사고현장을 설명하면서 경찰이나 검사의 의견을 기재한 것에 불과하다면 이것만으로는 피고인이 이 사건 사고를 일으켰다고 인정할 자료가 없으며(83도948), 압수물(피해품)은 피고인에 대한 범죄의 증명이 없게 된 경우에는 **압수물의 존재만으로 유죄의 증거가 될 수 없다**(83도948).

4. 심증의 정도

범죄사실의 인정은 **합리적인 의심이 없는 정도의 증명**에 이르러야 한다(형사소송법 제307조 제2항). 법원이 범죄사실의 존부에 대한 심리를 다하였음에도 합리적 의심의 여지가 없을 정도의 심증형성에 이르지 못하였을 때에는 '**의심스러운 때에는 피고인의 이익으로**'의 원칙에 의하여 무죄를 선고하여야 한다.

여기서 합리적인 의심이라 함은 모든 의문·불신을 포함하는 것이 아니라 **논리와 경험칙에 기하여 요증사실과 양립할 수 없는 사실의 개연성에 대한 합리성 있는 의문을 의미하는 것으로서** (2008도2621), 구체적인 증거에 의하여 발생한 의문이 아니더라도 공소사실에 대한 증거가 불충분하여 반대되는 사실의 개연성을 배제할 수 없는 경우, 즉 심증이 부족한 경우도 합리적인 의심이 있는 경우에 해당한다.

합리적인 의심의 여지가 없을 정도의 증명을 필요로 하는 사실은 **검사가 주장하는 피고인에게 불리한 사실만에 한정**된다.

Ⅱ. 자백의 증명력 제한 – 자백의 보강법칙

1. 의의 및 자백의 의미

피고인의 자백이 그 피고인에게 불이익한 유일의 증거인 때에는 이를 유죄의 증거로 하지 못한다(형사소송법 제310조). 피고인의 자백은 반드시 피고인의 지위에서 한 것에 한하지 아니한다. 다만 피고인의 자백에는 증거능력이 있어야 할 뿐만 아니라 자백의 증명력도 긍정되어야 한다.

2. 적용범위

즉결심판이나 소년보호사건의 경우에는 자백의 보강법칙이 적용되지 아니하나,[42] 간이공판절차나 약식명령절차에 있어서는 자백의 보강법칙이 적용된다. 보강증거를 요하는 것은 피고인의 자백이고, 증인의 증언이나 참고인의 진술에는 보강증거를 필요로 하지 않는다. 공판정에서의 피고인의 자백에도 자백의 보강법칙이 적용된다(66도634).

판례는 보강법칙이 적용되는 피고인의 자백에는 공범인 공동피고인의 진술은 포함되지 않는다고 보아 공범인 공동피고인의 진술이 피고인의 자백에 대한 보강증거가 될 수 있다는 입장이다(92도917). 공동피고인 중의 한 사람이 자백을 하였고 피고인 역시 자백을 하였다면 다른 공동피고인 중의 한 사람이 부인을 한다고 하더라도 위 공동피고인 중의 한 사람의 자백은 피고인의 자백에 대한 보강증거가 된다(68도43). 여기의 공범의 자백에는 공범의 수사기관에서의 자백도, 그것이 증거능력이 있는 한 물론 포함된다.

3. 보강증거의 자격

보강증거는 증거능력 있는 증거일 것을 요한다. 따라서 전문증거는 전문법칙의 예외에 해당하는 경우를 제외하고는 보강증거가 될 수 없다.

보강증거는 자백과는 독립된 증거이어야 한다. 자백의 내용이 서면화되었거나 소송서류화된 경우는 물론, 피고인의 자백을 내용으로 하는 피고인이 아닌 자의 진술도 보강증거가 될 수 없다. 피고인이 수사받기 전에 자백 내용을 기재한 일기장이나 메모 등도 보강증거가 될 수 없음이 원칙이나, 상업장부나 항해일지와 같이 '범죄사실의 인정 여부와는 관계없이 자기에게 맡겨진 사무를 처리한 사무내역을 그때그때 기계적으로 기재한 문서 등의 경우는 보강증거가 될 수 있다'(94도2865).

자백 이외의 증거능력 있는 독립증거인 이상, 인증·서증·물증 등 그 형태를 묻지 아니하고, 또한 직접증거뿐만 아니라 간접증거나 정황증거도 보강증거가 될 수 있다. 판례 역시 피고인이 위조신분증을 제시·행사하였다고 자백하는 경우 그 신분증의 현존이 자백을 보강하는 간접증거가 된다고 판시하였다(82도3107).

---

[42] 즉결심판에 관해서는 즉결심판에 관한 절차법 제10조가 명문으로 규정하고 있고, 소년보호사건에 대해서는 판례가 보강법칙 적용을 부정하고 있다(82모36). 그러나 실무상 소년보호사건에서도 보강증거를 요구하고 있다.

4. 보강증거의 범위

판례는 자백에 대한 보강증거는 범죄사실의 전부 또는 중요부분을 인정할 수 있는 정도가 되지 아니하더라도, **피고인의 자백이 가공적인 것이 아닌 진실한 것임을 인정할 수 있는 정도**만 되면 족하다고 판시하고 있다(실질설, 2005도8704).

가. 구성요건사실 이외의 사실

객관적 처벌조건인 사실, 전과에 관한 사실, 확정판결의 존부 등은 엄격한 의미에서의 범죄사실과는 구별되는 것이므로 **보강증거 없이 피고인의 자백만으로 이를 인정할 수 있고**, 범행동기나 경위, 정상에 관한 사실 및 몰수·추징의 사유도 마찬가지이다.

나. 범죄의 주관적 요소

판례는 고의, 과실, 지정, 공동가공의 의사, 목적범의 목적과 같은 주관적 요소에 대하여까지 보강증거를 요구하는 것은 현실적으로 무리이므로 **보강증거를 필요로 하지 않는다**고 본다.

다. 범인과 피고인의 동일성

실무는 이에 대해 **보강증거를 요하지 않는다**는 견해를 따르고 있는 것으로 보인다.

라. 범죄의 객관적 요소

상습성, 업무성에 관하여도 보강증거가 요구되는지에 대해서는 아직 판례가 존재하지 아니한다.

마. 죄수와 보강증거

1) 경합범 경합범은 수죄이므로 개개 범죄에 대하여 **각각 보강증거가 필요**하다.

2) 상상적 경합법 상상적 경합범에 대해서는 **실체법상 수죄인 이상 각 범죄에 대하여 보강증거가 필요**하다고 봄이 타당하다. 다만 상상적 경합범의 경우 한 죄에 대한 보강증거가 다른 죄에 대한 보강증거로 되는 경우가 대부분이므로 실질적 차이는 거의 없다.

3) 포괄일죄 포괄일죄에 대하여는 영업범과 같이 개별적 행위가 독립된 의미를 가지지 아니하는 경우에는 개별행위별로 보강증거를 요하지 않지만, **상습범과 같이 개개의 행위가 구성요건적으로 독립된 의미를 가질 수 있는 경우에는 그 행위별로 보강증거 유무를 검토**하는 것이 타당하다. 판례 역시 습벽을 범죄구성요건으로 하며 포괄일죄인 상습범에 있어서도 이를 구성하는 각 행위에 관하여 개별적으로 보강증거를 요구한다고 판시하였다(2001도6712).

바. 보강증거의 증명력

비록 보강증거 자체만으로써 범증을 확정할 수 없다 하더라도 **자백과 서로 관련하여 전체로서 범죄사실을 인정할 수 있으면 보강증거로서 족하다**(99도1858). 또한 보강증거는 그 증거만으로써 객관적 구성요건에 해당하는 사실을 인정할 수 있는 정도의 것임을 요하지 않는다(82도3107).

5. 구체적인 판례 사례

가. 인정한 사례

① 피고인이 위조신분증을 제시·행사한 사실을 자백하고 있고, 제시·행사한 신분증이 현존한다면, 그 신분증은 피고인의 위 자백사실의 진실성을 인정할 간접증거(보강증거)가 된다고 보아야 한다(82도3107).

② 공소사실 기재의 간통범행 일시경에 피고인의 가출과 외박이 잦아 의심을 하게 되었다는 취지의 피고인의 남편에 대한 진술조서 기재는 피고인의 간통사실 자백에 대한 보강증거가 될 수 있다(83도686).

③ 압수된 피해품의 현존사실도 자백의 보강증거가 될 수 있다(85도848).

④ 검사의 피고인에 대한 피의자신문조서 기재에 피고인이 성명불상자로부터 반지 1개를 편취한 후 이 반지를 공소외 甲에게 매도하였다는 취지로 진술하고 있고, 검사의 甲에 대한 진술조서의 기재에 위 일시경 피고인으로부터 금반지 1개를 매입하였다고 진술하고 있다면, 위 甲의 진술은 피고인이 자백하고 있는 편취물품의 소재 내지 행방에 부합하는 진술로서 형식적으로 피고인의 자백의 진실성을 보강하는 증거가 될 수 있다(85도1838).

⑤ 국가보안법상 회합죄를 피고인이 자백하는 경우 회합 당시 상대방으로부터 받았다는 명함의 현존은 보강증거로 될 수 있다(90도741).

⑥ 오토바이를 절취당한 피해자로부터 오토바이가 세워져 있다는 신고를 받고 그곳에 출동한 경찰관이 잠복근무하다가 피고인이 오토바이의 시동을 걸려는 것을 보고 그를 즉시 체포하면서 그로부터 오토바이를 압수하였다는 사법경찰리 작성의 압수조서의 기재는 피고인이 운전면허 없이 운전하였다는 전체 범죄사실의 보강증거로 충분하고(94도1146), 자동차등록증에 차량의 소유자가 피고인으로 등록·기재된 것이 피고인이 그 차량을 운전하였다는 사실의 자백 부분에 대한 보강증거가 될 수 있고, 결과적으로 피고인의 무면허 운전이라는 전체 범죄사실의 보강증거로 충분하다(2000도2365).

⑦ 뇌물공여의 상대방인 공무원이 뇌물을 수수한 사실을 부인하면서도 그 일시경에 뇌물공여자를 만났던 사실 및 공무에 관한 청탁을 받기도 한 사실 자체는 시인하였다면, 이는 뇌물을 공여하였다는 뇌물공여자의 자백에 대한 보강증거가 될 수 있고(94도993), 뇌물수수자가 무자격자인 뇌물공여자로 하여금 건축공사를 하도급 받도록 알선하고 그 하도급 계약을 승인받을 수 있도록 하였으며 공사대금도 하도급업자인 뇌물공여자 측에 직접 지불하는 등 각종 편의를 보아주었다면, 이러한 사실들은 뇌물공여자의 자백에 대한 보강증거가 될 수 있다(98도2890).

⑧ 소지한 히로뽕 6g 중 0.15g을 투약·0.85g을 매매한 죄로 기소된 사안에서, 매매한 바로 다음 날 체포된 피고인으로부터 10만 원권 자기앞수표 44매 1회용 주사기·고무줄 등을 압수하였다는 점은 위 투약에 소비된 양과 압수된 양(4.8g)을 넘는 부분의 히로뽕 소지

및 위 0.85g을 매매한 사실에 관하여도 자백의 보강증거가 될 수 있고(97도470), 피고인이 검문 당시 매우 짧은 시간 전에 메스암페타민 투약에 사용되었음이 분명한 주사기들을 소지하고 있었던 사실은 메스암페타민 투약사실에 대한 보강증거로서 충분하다(99도338).

⑨ 피고인이 제1심 법정에서 공문서변조 및 동행사의 공소범죄사실을 모두 자백하고, 이에 관하여 제출된 증거자료 중 형사민원사무처리부에 피고인이 변조하였다는 내용이 기재되어 있고 피고인은 제1심에서 위 증거자료를 증거로 함에 동의하였다면, 위 형사민원사무처리부는 피고인의 자백에 대한 보강증거로 삼기에 족하다(2001도4091).

⑩ 2010. 2. 18. 01:35경 자동차를 타고 온 피고인으로부터 필로폰을 건네받은 후 피고인이 위 차량을 운전해 갔다고 한 갑의 진술과 2010. 2. 20. 피고인으로부터 채취한 소변에서 나온 필로폰 양성 반응은, 피고인이 2010. 2. 18. 02:00경의 필로폰 투약으로 정상적으로 운전하지 못할 우려가 있는 상태에 있었다는 공소사실 부분에 대한 자백을 보강하는 증거가 되기에 충분하다(2010도11272).

⑪ 피고인이 마약류취급자가 아님에도 향정신성의약품인 러미라를 갑에게 제공하고, 스스로 투약하였다고 하여 마약류 관리에 관한 법률 위반(향정)으로 기소된 사안에서, 피고인이 을로부터 수수한 러미라를 투약하고 갑에게 제공하였다는 자백의 임의성이 인정되고, 을에 대한 검찰 진술조서 등은 자백의 진실성을 담보하기에 충분하다(2017도20247).

나. 부정한 사례

① 자기 집 앞에 세워둔 봉고화물차 1대를 도난당하였다는 공소외인의 진술은, 피고인이 위 차를 타고 그 무렵 충주까지 가서 소매치기 범행을 하였다고 자백하고 있는 사건에서 그 자백이 그 차량을 범행의 수단·방법으로 사용하였다는 취지가 아니고 피고인이 범행장소인 충주까지 가기 위한 교통수단으로 이용하였다는 취지에 불과한 경우, 위 소매치기 범행과는 직접적으로나 간접적으로 아무런 관계가 없어 소매치기 범행에 대한 보강증거가 될 수 없다(85도2656).

② 검사가 보강증거로서 제출한 증거의 내용이 피고인과 공소외 甲이 현대자동차 춘천영업소를 점거했다가 甲이 처벌받았다는 것이고, 피고인의 자백내용은 현대자동차 점거로 甲이 처벌받은 것은 학교 측의 제보 때문이라 하여 피고인이 그 보복목적으로 학교 총장실을 침입·점거했다는 것이라면, 위 증거는 공소사실의 객관적 부분인 주거침입, 점거 사실과는 관련이 없는 범행의 침입동기에 관한 정황증거에 지나지 않으므로 위 증거와 피고인의 자백을 합쳐보아도 자백사실이 가공적인 것이 아니고 진실한 것이라 인정하기에 족하다고 볼 수 없으므로 검사 제출의 위 증거는 자백에 대한 보강증거가 될 수 없다(90도2010).

③ 소변검사결과는 1995. 1. 17.자 투약행위로 인한 것일 뿐 그 이전의 4회에 걸친 투약행위와는 무관하고, 압수된 약물도 이전의 투약행위에 사용되고 남은 것이 아닌 경우, 위 소

변검사 결과와 압수된 약물은 결국 피고인이 투약습성이 있다는 점에 관한 정황증거에 불과하고, 이와 같은 투약습성에 관한 정황증거만으로 향정신성의약품관리법위반죄의 객관적 구성요건인 (1999. 1. 17. 이전 4회의) 각 투약행위가 있었다는 점에 관한 보강증거로 삼을 수 없다(95도1794). 다만 판례는 2000. 10. 19. 21:50경 피고인으로부터 채취한 소변을 검사한 결과 메스암페타민 성분이 검출되었다는 취지의 검사결과를 기재한 시험성적서가 2000. 10. 17.과 같은 달 13.의 각 투약사실에 대한 보강증거가 된다고 하였다(2001도1897).

6. 보강법칙 적용 및 위반의 효과

보강증거가 없는 이상 해당 공소사실에 대하여는 형사소송법 제325조 후단의 무죄가 선고되어야 한다. 보강법칙을 위반한 경우 항소이유 및 상고이유가 된다는 점에는 의문이 없다. 유죄판결이 확정된 후에는 비상상고이유가 된다는 견해가 있다.

Ⅲ. 공판조서의 증명력

공판기일의 소송절차로서 공판조서에 기재된 것은 그 조서만으로써 증명한다(형사소송법 제56조). 여기서 '조서만으로써 증명한다'의 의미는 그 기재가 명백한 오기인 경우를 제외하고는 공판기일의 소송절차로서 기재된 것은 조서만으로써 증명하여야 하고, 공판조서 이외의 자료에 의한 반증이 허용되지 않는 절대적인 것이라는 의미이다(2003도3282).

공판조서에 의하여 배타적으로 증명할 수 있는 것은 공판기일의 절차에 한정된다. 이에 반하여 피고인의 진술이나 증인의 증언과 같이 피고사건의 실체면에 관련된 사항에 대하여는 배타적 증명력이 인정되지 아니한다. 여기서 공판조서는 당해 사건의 공판조서만을 의미하고, 다른 사건의 공판조서에는 배타적 증명력이 인정되지 않는다(2001도12571).

공판조서의 배타적 증명력은 유효한 공판조서의 존재를 전제로 하므로, 공판조서가 처음부터 작성되지 아니하였거나 도중에 멸실된 경우 또는 공판조서가 무효인 경우에는 공판조서의 배타적 증명력이 없다.

Ⅳ. 탄핵증거

진술의 증명력을 다투기 위한 증거를 탄핵증거라 한다. 전문법칙에 의하여 증거능력이 없는 전문증거라 하더라도 탄핵증거로는 사용할 수 있다(형사소송법 제318조의2 제1항). 그러나 제309조나 제317조에서 정하는 임의성 없는 자백이나 진술은 피고인의 부인 진술의 증명력을 감쇄시키기 위한 탄핵증거로는 허용되지 아니하고(2005도2617), 제308조의2에서의 적법한 절차에 따르지 아니하고 수집한 증거 역시 마찬가지이다.

피고인 또는 피고인 아닌 자의 진술, 자기측 증인의 증언, 진술의 일부에 대한 탄핵은 모두 가능하다. 탄핵증거는 진술증거의 증명력을 감쇄하기 위하여 사용되어야 하고, 처음부터 증거의 증명력을 지지·증강하기 위해 사용하는 것은 허용되지 아니한다.

탄핵증거는 공판정에서의 조사 자체는 필요하나 법정의 엄격한 증거조사의 절차와 방식에 의할 필요는 없다(97도1770). 영상녹화물은 기억환기용 이외에 독립된 본증은 물론 탄핵증거로도 사용할 수 없다.

V. 사실인정 각론

1. 증명력 판단의 기준

가. 근거의 유무

증명력이 문제되는 증거가 어느 누가 보더라도 그 자체로 믿을 만한 것인지, 즉 뚜렷한 근거를 가지거나,[43] 이를 신빙할 만한 합리적인 이유가 있는지,[44] 아니면 단순한 추측진술이거나 다른 사람으로부터 전해들은 것에 불과한지 여부가 첫 번째 기준이다.

범행현장을 직접 목격한 사람의 증언을 합리적인 근거 없이 배척할 수는 없으나(85도1572 판결 참조), 범행을 직접 목격한 증인의 증언이라도 합리적인 근거가 있으면 이를 배척할 수 있다. 판례는 피고인이 다른 공범과 합동하여 03:10경 절에 침입하여 피해자들에게 강도상해의 범행을 하였는지 여부가 쟁점인 사건에서, 피해자들의 진술이 믿기 어렵다고 하면서 그 근거로 ① 피해자들이 당초에는 공범이 있었다고 진술하였다가 피고인의 단독범행이라고 진술을 번복한 점, ② 피해자들은 당초 개인별 주민등록표상에 있는 피고인의 사진(그 후에 촬영한 최근 사진과 거의 차이가 없음)을 살펴본 후에는 범인이 아니라고 하였다가 그 후에 피고인을 직접 보고서는 범인이 틀림없다고 진술한 점, ③ 피해자들이 설명하는 범인의 인상착의(키가 170cm 정도, 얼굴에 광대뼈가 조금 나왔으며 얼굴이 검다)와 피고인의 실제 모습(키가 164cm 정도, 광대뼈가 거의 나오지 않았으며 얼굴이 흰 편이다)이 다른 점, ④ 피고인을 범인으로 지목하게 된 경위가 석연치 않은 점 등을 들고 있다(2000도4946).

나. 진술의 일관성

진술이 번복되었는지 여부, 나아가 진술이 번복된 경우 그 번복에 납득할 만한 이유가 있는지 여부가 기준이 된다. 시간이 경과할수록 진술내용이 더욱 명료해지면서 공소사실에 부합하는 내용으로 바뀌고 있는 점을 신빙성 배척의 근거로 삼은 경우도 있다.

1) 진술의 번복   판례는 피고인이 피해자의 팔꿈치를 발로 차는 폭행을 하였는지 여부가 쟁점인 사건에서, 목격자 및 피해자의 진술과 증언을 일관성이 없다고 배척한 원심판결을 지지하였다. 원심은, 목격자의 경우 ① 경찰에서는 피고인이 발로 피해자의 팔을 밟았다고 진술하였으나, ② 1심 법정에서는 당시 범행장소는 외등이 없어 어두웠으며 범행 현장에 여러 사람이 모여서 밀고 당기며 밟고 하였으나 피고인이 폭행에 가담하였는지 만류하였는지는 알 수가 없고 다만 피고인이 파출소에 따라오지 않고 달아난 것으로

---

[43] 직접 범행 장면을 목격한 자의 진술, 처분문서 등 확실한 자료에 기한 진술이 그 예이다.
[44] 상업장부 또는 통상적인 업무일지 등이 그 예이다.

보아 폭행에 가담한 것으로 추측한다고 번복진술한 점을 신빙성 배척의 근거로 들었고, 피해자의 경우 ① 경찰 및 1심 법정에서는 피고인이 피해자의 양 팔을 구두 발로 밟았다고 진술하였으나, ② 원심 법정에서는 피고인이 구두 발로 밟았는지 여부는 모르지만 피해자의 팔을 비튼 것은 틀림없다고 번복진술한 점을 배척의 근거로 제시하였다.

2) **시간이 갈수록 명료해지는 증언** 판례는 사람이 목격하거나 경험한 사실에 대한 기억은 시일의 경과에 따라 흐려질 수는 있을지언정 오히려 처음보다 명료해진다는 것은 이례에 속하는 일이므로 피해자의 진술이 범행 다음 날의 조사 시에는 칼을 들이댄 범인이 피고인인지의 여부를 알 수 없다고 하였다가 그 후 검찰과 법정에서는 피고인임이 틀림없다고 하고, 다른 피고인에 대하여도 검찰조사 시까지는 범행가담 여부를 정확히 기억하지 못하다가 법정에 이르러서 다른 피고인들의 범행가담이 틀림없다는 내용이라면 그와 같은 피해자의 진술은 그 신빙성이 없다고 판시하였다(82도3217).

다. 진술 간의 불일치

여러 관련 증거들을 비교검토하여 그 진술내용들이 일치하는지, 그리고 그 진술내용이 객관적으로 인정된 사실에 배치되는지 여부가 기준이 된다.

피고인과 피해자의 진술이 서로 불일치하는 경우에 관하여 판례는, 피고인이 같은 부대로 진입해 온 피해자의 건방진 태도에 화가 나서 피해자를 살해하기로 마음먹고 과도 1개를 전투복 하의에 휴대하고 식당 지하 보일러실로 내려가 그곳에 숨어 있는 피해자에게 보일러실의 불을 켜게 한 후 과도를 꺼내어 마구 휘둘러 피해자 우측 머리, 손에 상처를 입게 하고 보일러실 안쪽으로 도망가는 피해자를 쫓아가서 배 부분을 12회 찔러 살인미수를 저질렀다는 내용에 대하여, 이에 부합하는 피해자의 진술내용을 배척하면서 피해자의 진술내용이 다음의 점에 있어서 법정에서 공소사실을 부인하는 피고인이 수사기관에서 일시 자백하였던 내용과 불일치하는 점 등을 지적하고 있다. 즉 ① 피고인이 보일러실로 내려가는 피해자를 곧바로 쫓아왔는지, 아니면 피해자가 보일러실에 내려간 후에 조금 있다가 피해자를 찾으러 보일러실로 갔는지, 그리고 ② 피고인이 보일러실에 들어갈 때에 피해자가 보일러실에 불을 켜고 있었는지, 아니면 불을 끄고 숨어 있었는지 등의 점에 있어서 일치하지 않는다는 것이다(97도852).

라. 합리적인 관점 내지 사회통념

문제된 증거가 합리성을 갖추었는지, 그 진술내용이 자연스러운지, 문제된 진술증거의 진술내용과 양립할 수 없는 사실이 있을 수 있는지, 진술내용이 사회통념에 비추어 수긍할 수 있는지, 혹은 논리와 경험칙에 부합하는지 등을 통상인의 상식에 비추어 판단하는 것도 신빙성 판정의 주요한 방법이다(2003도3463 등). 이 방법은 특히 간접증거에 의한 사실인정과 밀접하게 관련되어 있다.

1) **양립할 수 없는 사실의 발생가능성** 폭행사건에 있어서 폭행현장을 목격한 자가 없는 경우 공소사실과 양립할 수 없는 사실이 일어났을 가능성은 없는지, 즉 피고인 외의 제3자에 의한 범행이 가능한지 여부가 중요한 쟁점이 될 수 있다(2003도3463 판결 참조).

2) **신체조건 등 사고 당시의 상황** 판례는 피고인은 46세의 왜소한 부인이고 피해자는 키 171cm, 몸무게 85kg의 55세의 건강한 거구를 지닌 남자이고, 서로 얽혀있는 상태에서 피고인이 피해자의 뺨을 2회 구타하였다 하여 곧바로 치아가 탈구된다는 것은 그 힘의 차이로 보아 쉽사리 수긍되지 아니하므로 원래 병약한 상태의 치아였다는 등 특별한 사정이 없는 한 피해자의 상해가 피고인의 구타로 인한 것이라고 단정하기 어렵다고 판시하였다(82도2081).

또한 교통사고를 일으킨 운전자가 피고인인지 혹은 A인지(즉 피고인은 조수석에 동승한 자에 불과한지)가 쟁점인 사건에서 피고인을 운전자라고 보아야 할 근거 중의 하나로서 가해 자동차의 운전자석과 조수석의 구조 및 피고인과 A의 상해부위 및 정도를 들고 있다(2003도242).

3) **다른 사람이 그 범행을 자신이 저지른 것이라고 시인하는 경우** 판례는 일반적으로 타인의 범죄를 자기의 범죄라고 거짓 진술하고 처벌을 감수하려 할 때에는 그럴만한 특별한 사정이 있어야 함을 사회통념으로 하고 있으므로 피고인이 범행을 부인하고 있는 사건에서 피고인과 면식이 없는 공소외인이 그 공소범죄 사실이 자기의 소행이라고 증언하고 있다면 비록 피고인과 위 공소외인이 경찰서 유치장에서 함께 수감된 일이 있다 하더라도 그것만으로 공소외인이 피고인의 범행을 둘러 쓸 무슨 사정이 있었다고 보기 어려워 그가 거짓 증언한 특별한 사정의 유무에 관하여 심리함이 없이 그 증언을 배척한 것은 채증법칙 위반 내지 심리미진이라고 판시하였다(84도2974).

마. 진술자의 지위

문제의 진술을 한 자가 중립적·객관적 위치에 있는지, 아니면 피고인이나 고소인 중의 어느 한 쪽에 밀착된 자인지 여부도 신빙성 판정에 있어 중요한 요소로 작용한다.

1) **피고인과 대립되는 이해관계를 가진 자** 뇌물수수사건에서 뇌물의 수수 여부에 대하여 피고인과 증인이 전혀 상반되는 진술을 하는 경우가 적지 않은데 이 때에 그 증인이 뇌물을 공여하였다는 증언을 하게 된 경위를 잘 따져보아야 한다.

판례는 피고인이 수뢰사실을 시종일관 부인하고 있고 이를 뒷받침할 금융자료 등 물증이 없는 경우에 증뢰자의 진술이 신빙성이 있는지 여부를 판단함에 있어서는 그 진술내용 자체의 합리성·객관적 상당성·전후의 일관성 등뿐만 아니라, 그의 사람됨·그 진술로 얻게 되는 이해관계 유무 특히 그에게 어떠한 범죄혐의가 있고 그 혐의에 대하여 수사가 개시될 가능성이 있거나 수사가 진행 중인 경우에는 이를 이용한 협박이나 회유 등의 의심이 있어 그로 인한 궁박한 처지에서 벗어나려는 노력이 진술에 영향을 미칠 수 있는지 여부 등도 아울러 살펴보아야 한다고 판시하였다(2003도4776).

2) **허위사실을 증언할 이유가 없는 경우**   판례는 그 사건의 범행을 직접 목격한 증인의 증언의 신빙성을 따짐에 있어 그 증인이 의심받을 처지에 있지 아니하여 범행을 목격하였다고 허위증언할 필요가 없었음을 신빙성이 있다는 근거의 하나로 들고 있다(85도1572).

바. 범행의 동기 내지 사건화된 경위

피고인의 경우 범행의 동기가 있는지, 그 동기가 납득할 만한지를, 그 반대편 당사자라 할 수 있는 피해자 측의 경우 사건화된 경위(고소의 배경, 인지경위 등)에 의혹이 없는지 등을 따져 보는 것도 중요하다.

판례는 경제적인 어려움 등을 근거로 살인의 동기가 있음을 인정한 바 있고(2001도4392), 피고인에 대하여 수사 경위에 있어서의 문제점으로서 경찰이 잘못된 단서에 따라 피고인을 용의자로 지목하여 피해자들에게 확인을 의뢰하자 피해자들이 생면부지의 피고인을 보고 범인임에 틀림없다고 진술한 점을 지적하여 사건화된 경위가 석연치 않다고 한 바 있다(2000도4946).

2. 간접사실에 의한 사실인정

범죄사실을 직접 증명하는 증거를 직접증거라 하고, 범죄사실의 존부를 경험칙상 추인케 하는 사실을 간접사실이라 하고 이러한 간접사실의 존부를 증명하는 증거를 간접증거라 한다. 간접사실은 개개의 사실로서 비교하면 직접증거에 비하여 그 증명도가 낮은 것이 사실이나 수개의 간접사실을 종합하는 경우 각 개의 간접사실의 증명도와 그 상호관계 및 거기에 적용될 경험칙의 내용 등에 의하여 직접증거와 동등한 정도의 증명력을 인정할 수 있다.

간접증거에 의한 사실인정은 범죄의 주관적 요소인 고의·공모 등이 있었는지를 판정하는데 유용하게 사용될 수 있다.

직접증거에 의하여 주요사실을 인정하는 경우에는 그 직접증거의 증명력을 법관의 자유로운 심증에 의하여 판단하는 1단계 과정에 의하지만, 간접증거에 의하여 주요사실을 인정하는 경우에는 간접증거로부터 법관의 자유로운 심증에 의하여 간접사실을 인정하는 단계와 간접사실 또는 간접사실군으로부터 논리와 경험칙에 따라 주요사실을 추리하는 2단계의 사고과정을 거쳐야 한다.

가. 주관적 요소

1) **범의**   범죄의 주관적 요소로 되는 사실(고의·동기 등의 내심적 사실)은 피고인이 범의를 부인하고 있는 경우에는 사물의 성질상 고의와 상당한 관련성이 있는 간접사실을 증명하는 방법에 의하여 입증할 수밖에 없고, 무엇이 상당한 관련성이 있는 간접사실에 해당할 것인가는 정상적인 경험칙에 바탕을 두고 치밀한 관찰력이나 분석력에 의하여 사실의 연결상태를 합리적으로 판단하는 방법에 의하여야 한다(2004도74).

가) 사기죄　사기죄의 주관적 구성요건인 편취의 범의도 이와 마찬가지로 피고인이 자백하지 않는 이상 범행 전후의 피고인의 재력·환경·범행의 내용·거래의 이행과정 등과 같은 객관적인 사정 등을 종합하여 판단할 수밖에 없다.

판례는 이미 다른 사람에게 담보제공 혹은 분양된 재산에 대하여 그러한 사실을 숨기고 이중으로 분양계약 혹은 전세계약을 체결하고 그 분양대금 혹은 전세금을 편취하였다는 공소사실을 유죄라고 판단하면서 편취의 범의가 있었음을 뒷받침하는 사정으로서 ① 건축을 시작할 당초부터 피고인의 재정상태가 열악했고 그 상황이 공사진행에 따라 더욱 악화되어 이 사건 목적물이 제3자에게 담보로 제공된 점, ② 그럼에도 불구하고 피고인이 이러한 사정을 숨기고 피해자들과 이 사건 분양계약을 다시 체결하거나 임대차계약을 체결한 점, ③ 그 후 피해자들은 가등기에 기한 본등기를 마친 채권자나 권리를 주장하는 수분양자들로부터 가옥명도청구 등을 당하여 법적 불안상태에 빠져 있었음에도 피고인으로서는 이를 수습할 길이 없었던 점 등을 들고 있다(90도1218).

나) 장물죄　장물죄에 있어서 장물이라는 점에 대한 인식은 그 재물이 장물일지도 모른다는 의심을 가지는 정도의 미필적 인식으로 충분하다. 이는 소지자의 신분, 재물의 성질, 거래의 대가 기타 상황을 참작하여 인정할 수밖에 없다(94도1968).

판례는 섬유업체를 경영하는 피고인이 A로부터 그가 절취한 원단을 장물인 정을 알면서 취득하였다는 공소사실을 유죄로 인정하면서 그 근거로 ① 피고인은 섬유업체를 경영하는 자이고, A는 피고인의 거래처에서 기술자로 근무하는 자에 지나지 않아 피고인으로서는 원단 구입 당시 A에게 원단을 처분할 권한이 없다는 것을 알고 있었다고 할 수 있는 점(피고인과 A와의 관계), ② 오후 9시에 피고인의 집에서 원단을 취득하는 등 원단 취득의 일시 및 장소가 석연치 않은 점, ③ 그리고 시중 시세보다 현저하게 낮은 가액으로 다량 매수한 점 등을 들었다(94도1968).

다) 살인죄　피고인이 살인의 범의를 부정하면서 상해 또는 폭행의 범의만이 있었을 뿐이라고 다투는 경우에는 피고인이 범행에 이르게 된 경위, 범행의 동기, 준비된 흉기의 유무·종류·용법, 공격의 부위와 반복성, 사망의 결과발생가능성 정도, 범행 후에 있어서의 결과회피 행동의 유무 등 범행 전후의 객관적인 사정을 종합하여 판단하여야 한다(2002도5853).

살인죄의 범의는 자기의 행위로 인하여 타인의 사망의 결과를 발생시킬 만한 가능 또는 위험이 있음을 인식 또는 예견하면 족한 것이고 사망의 결과발생을 희망할 것은 필요치 않으며, 그 인식 또는 예견은 불확정적인 것이라도 미필적 고의가 있다고 보아야 한다(88도692).

판례는 길이 17cm의 예리한 칼로 신체의 중요한 부위인 피해자의 복부(간 근처)를 찌른 경우 그와 같은 행위로 인하여 피해자에게 사망의 결과를 발생할 가능성이나 위험이 있음을 인식 또는 예견했다고 할 수 있으므로 피고인에 대한 살인의 미필적 고의를 인정한 바 있다(81도73).

라) 배임죄　판례는 자금사정이 극도로 나빠진 A회사에 대하여 불량대출이 이루어지게 함으로써 금융기관인 B회사에 손해를 가하였다는 업무상배임의 공소사실이 유죄라고 판단하면서 그 근거로서, 피고인에게 배임의 범의 있음을 뒷받침하는 다음과 같은 정황, 즉 ① B회사에 근무하는 피고인은 차주인 위 A회사가 기존의 대출금이나 이자조차도 제대로 내지 못할 정도로 자금사정이 더욱 나빠져 있었고 그 이후에도 모든 자금을 피고인이 근무하던 B회사로부터 대출의 형식으로 조달하고 있다는 사실을 잘 알고 있었던 점, ② 그럼에도 A회사에 대한 대출에 있어서 소정의 확인절차를 거의 형식적으로 한 점, ③ 피고인이 그 재임기간 중 공소외 C(A회사의 자금담당 상무이사)와 거의 가족처럼 지내면서 정도가 지나친 향응을 장기간 계속하여 받아왔고, 수시로 상당한 금전을 교부받아 온 점 등을 지적하였다(99도1864).

2) 그 이외의 주관적 요소

가) 공모　판례는 피고인이 일본에서 금괴를 밀수입하는 범행(공해상에서 금괴를 선박으로 인수받아 국내로 운반하고 그 양륙장소에서 그 금괴를 인수하는 방법에 의함)에 가담하였는지 여부가 쟁점인 사건에서 피고인을 유죄라고 판단하면서 그 근거로, ① 피고인이 등산을 왔다고 변소하면서도 등산로가 아닌 다른 피고인들이 밀수선과 접선하기 위하여 들어와 있는 선착장으로 들어가려고 하였고 잠복 중이던 경찰관으로부터 검문을 당하자 등산가는 길에 한번 가보려고 하여 들어가는 것이라고 하면 될 것을 굳이 조선소에 일하러 간다고 거짓말을 한 사실, ② 수사기관에서 진술할 때에 피고인이 이 사건 밀수입 범행을 한 사람들 중 A와 B는 알지만 C는 전혀 모른다고 하였지만, 압수된 피고인의 전화번호 수첩에는 C의 전화번호가 적혀 있는 사실, ③ 다른 피고인들이 각 가스총을 소지한 것처럼 피고인도 검문 당시 가스총을 소지하고 있었고 또 위 금괴를 운반한 다른 피고인에게 지급할 운반비와 동액인 금 3백만 원 가량을 소지하고 있었던 사실 등을 들고 있다(92도3327).

나) 교사　판례는 피고인이 A 등을 교사하여 피해자로부터 금원을 갈취하도록 하게 하여, A 등이 조직폭력배를 동원하여 피해자로부터 금원을 갈취(피해자의 회사에 들어가 피해자와 분쟁관계에 있는 B를 보호하기 위하여 그곳에 왔다고 하면서 만일 자신들의 요구를 들어주지 않으면 신체에 위해를 가할 태도를 보여 협박하여 금원을 갈취)하게 하였다는 공소사실을 유죄로 인정하면서 ① A 등이 피고인에 의한 협박교사사실은 부인하면서도 피고인으로부터 B를 보호하여 달라는 부탁을 받은 사실은 인정하고 있는 점, ② A 등이 피고인의 부탁을 받고 B를 보호한다는 명목으로 2대의 승용차에 6명의 조직폭력배를 태워 피해자가 경영하는 회사에 난입한 점, ③ 그 후 이들은 피해자를 만나 피고인으로부터 5억 원의 제의를 받고 왔다고 하면서 피해자의 신체에 위해를 가할 뜻을 분명히 한 점, ④ 피고인은 이 사건이 문제화된 후 계속 도피하다가 구속되었고 처음부터 A가 조직폭력배인 것을 알고 있었던 점을 그 근거로 하였다(99도1252).

다) 목적범에 있어서 목적   판례는 공직선거및선거부정방지법위반 사건(피고인이 컴퓨터 통신 천리안을 통하여 국회의원 선거 출마예정자인 그 사건 피해자가 당선되지 못하게 할 목적으로 공연히 사실을 적시하여 피해자를 비방하였다는 내용)에서 그러한 목적이 있다고 보기 어렵다고 판시하면서 ① 피고인의 직업·취미 등 개인적 요소, ② 피고인이 이 사건 통신문을 게재하게 된 동기 및 경위, ③ 그 후의 태도와 당시의 사회상황 등 여러 사정을 종합하여 보면, 피고인이 문제의 글을 게재한 것은 자신이 반대하는 정당의 대변인 지위에 있는 사람의 품위 없는 발언을 비난하고 정당별 의석수 등 전체 선거결과에 대한 관심을 표시한 것일 뿐, 국회의원선거에 있어 그 피해자를 당선되지 못하게 할 목적으로 한 것이라고 하였다(96도29010).

나. 그 외의 경우

1) **남녀 사이의 성관계**   판례는 위계 또는 위력에 의한 간음여부가 쟁점인 사건에서, 남녀 간의 정사를 내용으로 하는 범죄에 있어서는 성관계가 행위의 성질상 당사자 사이에서 극비리에 또는 외부에서 알기 어려운 상태 하에서 감행되는 것이 보통이고 그 피해자 외에는 이에 대한 물적 증거나 직접적 목격증인 등의 증언을 기대하기가 어려운 사정이 있으므로 이러한 범죄에 있어서는 <u>피해자의 피해 전말에 관한 증언을 토대로 하여 범행의 전후 사정에 관한 제반 증거를 종합하여 경험법칙에 비추어서 범행이 있었다고 인정될 수 있는 경우에는 이를 유죄로 인정할 수 있다</u>고 하면서, 그 사건에 있어서의 피해자의 연령·경력·직업 환경 및 피고인의 연령·환경과 두 사람 사이의 신분관계와 더불어 피고인과 피해자가 문제의 여관에 이르게 된 경위 등에 미루어서 볼 때 그 성교관계가 피해자의 승낙 하에 이루어진 것이라고 보기는 경험칙상 어렵다고 판시하였다(74도1519).

2) **살인**   판례는 사체가 발견되지 않은 상태에서 살인죄의 공소사실을 유죄로 인정하면서 ① 피고인의 전력, ② 사건 당일 피고인과 피해자 등이 만나게 된 경위, ③ 그 후 피해자가 피고인에게 붙잡히기까지의 과정, ④ 감정결과에 의해 밝혀진 피해자가 흘린 혈액의 양 등을 토대로 하여 피고인이, 피해자가 자신과 A와의 만남을 방해하였다는 이유로 피해자를 살해하기로 마음먹고 종류불상의 흉기로 피해자의 신체 중 불상의 급소부위를 심하게 가격하고, 치사량을 훨씬 초과하는 혈액이 빠져나가게 하는 등으로 그 무렵 그 곳 또는 부근에서 피해자로 하여금 심폐기능정지 또는 과다실혈 기타 불상의 원인으로 사망에 이르게 하여 피해자를 살해했다는 공소사실을 충분히 인정할 수 있다고 판시하였다(99도3273).

3) **절도**   피고인이 피해품을 소지하고 있었고 이를 소지하게 된 경위가 의심스럽다는 사정은 유죄의 증거가 될 수 있다. 판례는 피고인이 주택복권을 절취하였는지 여부가 쟁점인 사건에서 이를 유죄라고 하면서 그 근거로 ① 피고인이 이 사건 도난사고가 발생한 뒤 68시간이 지난 시점에서 도난당한 주택복권을 소지하고 그 범행장소인 이 사건 편의점에 다시 들러 다른 종류의 복권으로 바꿀 수 있는지 문의하다가 체포된 점, ② 피고인

이 주택복권을 소지하게 된 경위에 관한 변명이 거짓으로 보이는 점 및 피고인이 절도 이외의 사유로 주택복권을 소지하게 된 것이라면 그 소지 경위에 대하여 허위의 변명을 할 별다른 이유가 없는 점, ③ 일용직 인부이던 피고인이 거주하던 숙소가 이 사건 편의점과 같은 골목 안에 약 100m 정도밖에 떨어져 있지 아니하고 피고인이 일을 마치고는 술을 마시고 밤늦게 숙소로 돌아오는 경우가 많았던 점, ④ 피고인은 소지하고 있던 주택복권이 도난당한 것과 같은 것이라는 사실이 밝혀질 상황에 처하자 도주하였고, 피해자에게 체포된 뒤 절도 범행을 시인하는 듯한 말을 한 점, ⑤ 피고인이 여러 차례의 절도 범행으로 보호감호시설에 수용된 전력이 있는 등 절도의 습벽이 있는 것으로 보이고 체포 당시에도 여성의 내의 등 다른 곳에서 절취한 것으로 의심되는 물품들을 소지하고 있었던 점 등을 들었다(2002도7289).

4) **특정범죄가중처벌등에관한법률위반(도주치상)** 판례는 가해차량을 운전하다가 피해자 운전차량을 충격하여 상해를 입히고 도주하였다는 공소사실에 대하여, 피고인은 사고일로부터 약 2개월 전에 차를 도난당하여 사고 당시 가해차량을 운전한 적이 없다고 다투고 있지만 그 차량 안에서 발견된 물품들과 피고인과의 관련성 등에 의하여 이를 유죄로 인정하면서 그 근거로, ① 피고인이 가해차량을 도난당하였다고 하면서 도난신고는 하지 않은 사실, ② 이 사건 사고 발생 직후 가해차량에서 피고인 소유의 지갑이 발견되었고 그 안에 피고인 명의로 발부된 범칙금납부통고서가 들어 있었는데 피고인의 전화번호가 그 통고서에 기재되어 있는 사실, ③ 지갑과 함께 가해차량 내에서 발견된 휴대폰은 그 가입자가 피고인과 평소 아는 A로 되어 있는데, 그 휴대폰의 최근 발신번호에 의하면 사고 무렵까지 피고인과 관련된 통화내역이 조회되는 사실, ④ 피고인은 A 명의의 휴대폰은 자신이 사용하던 것이 아니라고 변소하면서, 자신이 사용하던 휴대폰 번호를 전혀 기억하지 못한다고 진술한 사실 등을 종합하여, 가해차량에서 발견된 A 명의의 휴대폰의 실제 가입자 및 사용자는 피고인이라고 봄이 상당하다고 판단하고 나서, 이상과 같은 여러 정황을 살펴볼 때 가해차량을 도난당하였다는 피고인의 변소는 그 신빙성이 극히 의심스럽고, 피고인이 가해차량을 운전하다가 이 사건 사고를 일으켰다고 보아야 한다고 판시하였다(2004도2221).

5) **문서위조** 판례는 피고인과 A 두 사람의 공동명의로 건축허가가 되어 있는 건물의 건축허가명의를 피고인 단독명의로 하기 위하여 피고인이 A 명의의 건축주명의변경동의서를 위조·행사하였다는 공소사실에 대하여, 피고인이 건축주명의변경을 할 때에 위 명의변경동의서와 함께 그 첨부서류로서 A의 인감증명서를 제출하였는데, 이 인감증명서는 A 본인이 직접 발급받은 것이고 그 용도가 명의이전용으로 되어 있으며, 위 인감증명서에 기재된 용도에 맞게 그 인감도장에 의하여 A 명의의 건축주명의변경동의서가 작성된 이상 특별한 사정이 없는 한 이 동의서는 A 본인 혹은 그로부터 정당한 권한을 위임받은 자에 의하여 그 권한의 범위 안에서 적법하게 작성된 것으로 보아야 하고 뚜렷한 증거가 없는 한 쉽사리 이를 위조된 문서라고

인정할 것은 아니라고 하면서 원심이 이를 유죄로 인정한 것은 채증법칙위반이라고 판시하였다(94도1286).

6) 무고   판례는 무고사건에서 피고인들의 고소내용(피고소인 A와 B가 피고인들의 고물상 영업을 위력으로써 방해하였다)이 허위인지 여부는 피고인들이 고물상 영업을 하고 있었는지를 밝혀야 판명되는데 피고인들은 고물상 영업을 C(피고소인 A와 B의 자식)와 동업으로 하고 있었다고 주장하고 있으므로 결국 이 사건의 쟁점은 피고인들과 C 사이에 고물상 운영에 관한 동업계약이 체결되었는지 여부인데, 이 점에 관한 피고인들의 주장을 배척하기 어렵다고 하면서 그 근거로, ① 피고인 1이 C의 통장으로 190만 원을 송금한 사실, ② 피고인 2가 C에게 교부한 100만 원권 자기앞수표 3장이 C에 의하여 고물상 부지 임대보증금 등으로 지급된 사실, ③ 고물상 시설공사를 함에 있어서 피고인들이 자재를 구입하고, 인부를 고용하는 등 적극적으로 관여하였고, 그 비용지출에 관한 증빙자료인 영수증들을 소지하고 있는 사실, ④ A가 피고인들 앞에서 피해자가 고물상 시설자금 및 운영자금으로 지출한 내역을 적은 내역서를 작성하였고, 이를 피고인 1이 소지하고 있는 사실, ⑤ 피고인 1 또한 고물상 시설자금 지출내역에 관한 내역서를 작성한 적이 있고 이를 C 측에서 소지하고 있는 사실, 그리고 ⑥ C가 피고인들에게 고물상 열쇠를 교부한 사실, ⑦ 피고인 1의 창씨개명이 고물상의 상호와 유사한 사실, ⑧ 고물상에 걸린 간판에 피고인 1의 휴대폰 전화번호만이 기재되어 있는 사실 등을 들면서 그럼에도 불구하고 원심이 이를 유죄로 판단한 것은 채증법칙 위반이라고 판시하였다.

PART 2
기록형 시험을 위한 실전지식

CHAPTER 01 | 기록형 시험을 위한 무면공 정리 – 답안작성법

I. 무죄

> **형사소송법 제325조(무죄의 판결)** 피고사건이 범죄로 되지 아니하거나 범죄사실의 증명이 없는 때에는 판결로써 무죄를 선고하여야 한다.

1. 서설

무죄사유가 있는 경우 변호인은 피고인을 위해 해당 공소사실이 무죄에 해당함을 주장하고 그 이유를 설시하여야 한다. 무죄사유가 수개 있는 경우, 판결문에서는 주문에서 무죄가 선고될 부분을 먼저 기재하고 다음에 이유에서만 무죄로 판단할 부분을 기재하되, 그 부분이 여러 개 있을 경우 공소장에 기재된 공소사실 순서대로 기재한다.

무죄는 다시 전단무죄와 후단무죄로 구별된다. 그 구분은 개별적으로 검토함이 원칙이나, 실무상으로는 위 전단에 해당하는 것이 명백한 때 이외의 경우에는 모두 위 후단에 해당하는 것으로 보는 것이 통례이다.

공소사실이 변경된 경우에는 변경된 공소사실에 대해서만 다투면 되고, 예비적 또는 택일적으로 공소장이 변경된 경우에는 예비적 또는 택일적 공소사실 모두에 대해 무죄변론을 하여야 한다.

답안을 작성함에 있어 수개의 공소사실 중 일부가 무죄인 경우는 해당 공소사실을 특정하여 기재하여야 한다. 공소사실을 특정하는 경우 먼저 죄명으로 특정하고, 죄명만의 표시로 특정하기에 부족한 경우에는 범행일시-피해자-피해품 또는 행위유형 등으로 특정한다.

2. 형사소송법 제325조 전단 무죄

'피고사건이 범죄로 되지 아니하는 때'란 공소사실이 범죄를 구성하지 아니하는 경우 또는 형사소송법 제323조 제2항의 법률상 범죄의 성립을 조각하는 이유가 있다고 인정되는 경우를 말한다. 공소사실이 범죄를 구성하지 아니하는 경우란 공소사실이 모두 증명되더라도 법령해석상 구성요건에 해당하지 아니하거나[1] 형벌조항이 헌법 기타 상위법규에 위배되어 무효인 경우 등을 말하고, 법률상 범죄의 성립을 조각하는 이유란 위법성이나 책임 조각사유가 있는 경우를 말한다. 불가벌적 사후행위에 해당하는 행위가 별죄로 기소된 경우 역시 전단 무죄의 선고를 하는 것이 실무례이다.

참고로 불가벌적 사후 행위 외에 일죄로 기소되었으나 법원은 수죄라고 판단하는 경우 또는 그 반대의 경우 그 일부는 유죄이나 나머지는 무죄·면소·공소기각일 때에 그 나머지 부분의 판단을 주문에 나타낼 것인가에 관하여, 공소장 기재에 따라 결정되어야 한다는 기소기준설과 법원의 판단에 따라 결정되어야 한다는 법원기준설이 대립한다.

---

[1] 그것이 공판절차를 거치지 않아도 죄가 되지 않음이 명백하면 제328조 제1항 제4호의 공소기각 결정 사유가 된다.

가. 구성요건해당성이 없는 경우

> **답안구성**
>
> Ⅰ. 공소사실의 요지
> Ⅱ. 판례 등 법리검토
> Ⅲ. 공소사실에 대한 법리적용(사안의 검토)
> Ⅳ. 소결론

공소장에 기재된 해당 공소사실이 모두 인정된다 하더라도, 그 인정사실에 대하여 범죄의 구성요건해당성이 배제되는 경우이다. 문제에 따라서는 사실인정 쟁점과 연결되어 출제되는 경우가 다수 존재한다.

실제 변호사시험에서는 공소사실의 요지는 평가제외사항으로 답안기재 대상에서 제외하여 출제함이 일반적이다.

[판결 기재례] 습득(절취)한 자기앞수표 교부와 사기죄

이 사건 공소사실 중 사기의 점의 요지는, "피고인이 … 구입하면서 그 대금으로 이미 습득(절취)하여 가지고 있던 … 자기앞수표 1장을 자기의 소유인 것처럼 교부하여, 이에 속은 피해자로부터 …을 교부받았다"는 것이다. [공소사실의 요지]

살피건대, 금융기관이 발행한 자기앞수표는 그 액면금을 즉시 지급받을 수 있어 현금을 대신하는 기능을 가지므로 습득(절취)한 자기앞수표를 현금 대신에 교부하는 행위는 점유이탈물횡령죄(절도죄)에 수반하는 당연한 경과로서 횡령(절도)행위의 가벌적 평가에 포함되고 별도의 사기죄를 구성하지 아니한다. [판례 등 법리]

따라서 위 공소사실과 같이 피고인이 습득(절취)하여 가지고 있던 자기앞수표를 자신의 것인 것처럼 교부하여 재물을 취득하였더라도 사기죄를 구성한다고 할 수 없다. [사안의 검토]

그렇다면 위 공소사실은 범죄로 되지 아니하는 때에 해당하므로 형사소송법 제325조 전단에 의하여 무죄를 선고한다. [소결론]

[답안 기재례] 불법원인급여와 횡령죄

불법의 원인으로 인하여 재산을 급여하거나 노무를 제공한 때에는 그 이익의 반환을 청구하지 못하는바(민법 제746조), 불법원인급여에 해당하는 재산을 보관하는 자가 이를 임의로 소비하였다고 하더라도 횡령죄는 성립하지 아니한다는 것이 판례의 태도입니다. [판례 등 법리]

김토건이 H건설 계약담당이사인 최현대에게 전달하라는 목적으로 피고인 이달수에게 교부한 4,000만 원은 형법 제357조의 배임증죄에 제공하려는 금원으로 불법원인급여에 해당합니다. 따라서 피고인 이달수가 위 금원을 임의로 소비하였다 하더라도 횡령죄는 성립하지 아니합니다. [사안의 검토]

결국 이 부분 공소사실은 범죄로 되지 아니하는 경우에 해당하므로 형사소송법 제325조 전단에 의하여 무죄가 선고되어야 합니다. [소결론]

나. 위법성 또는 책임의 조각

> **답안구성**
> Ⅰ. 공소사실의 요지
> Ⅱ. 위법성 또는 책임 조각사유 검토(사실인정)
> Ⅲ. 위법성 또는 책임의 조각(사안의 검토)
> Ⅳ. 소결론

위법성 또는 책임 조각사유를 검토함에 있어 정당방위상황 및 방위의사 등이 존재한다는 사실을 구체적으로 인정하여야 하고, 이러한 <u>사실을 인정함에 있어서는 항상 기록에 등장하는 증거를 거시하여야 한다</u>. 사안의 검토 단계에서 형법 제21조 제1항이나 제20조 등 <u>규정 적시를 누락하지 않도록</u> 주의를 요한다.

피고인의 자백 등에 의해 인정되는 사실이 공소장 기재 범죄의 <u>구성요건에는 해당한다는 점부터 간단히 언급하고 위법성 등을 논의</u>할 수도 있다.

> **판결 기재례** — **정당행위**
>
> 이 사건 공소사실 중 피고인이 … 피해자 A를 넘어지게 하여 피해자에게 약 2주 간의 치료가 필요한 뇌진탕 등의 상해를 입게 하였다는 점에 관하여 본다. [공소사실의 요지]
>
> …(증거)에 의하면 피고인이 공소사실과 같이 피해자에게 상해를 입힌 사실은 인정된다. [인정사실의 구성요건해당성] 그러나 한편 …(증거)에 의하면 피해자를 비롯한 부녀자 10여 명이 피고인을 둘러싸고 피고인의 다리와 옷자락을 잡아 못 나가게 하므로 피고인이 이로부터 빠져나오기 위하여 위 부녀자들과 서로 엉켜 밀고 당기고 하던 중에 피해자가 넘어진 사실을 인정할 수 있다. [위법성 조각사유 검토]
>
> 위와 같은 사정을 종합하면, 피고인의 행위는 그 경위와 목적, 수단, 의사 등 제반 사정에 비추어 사회통념상 허용될 만한 정도의 상당성이 있는 것으로서 위법성이 결여된 행위라고 보아야 한다. [위법성 조각]
>
> 따라서 피고인의 위 행위는 형법 제20조의 정당행위에 해당하여 범죄로 되지 아니하므로 형사소송법 제325조 전단에 따라 무죄를 선고한다. [소결론]

> **답안 기재례** — **정당방위**
>
> 피고인 김갑동이 이 부분 공소사실과 같이 피해자에게 상해를 가한 사실은 인정되나, [인정사실의 구성요건해당성] … (증거) 등을 고려하면 범행 당시 피고인은 자신에게 위해를 가하려는 피해자에 대해 방어의사를 가지고 소극적으로 방어하는 과정에서 위 상해를 가하였다는 사실 또한 인정됩니다. [위법성 조각사유 검토]
>
> 따라서 피고인의 행위는 형법 제21조 제1항에서 정하는 자기 또는 타인의 법익에 대한 현재의 부당한 침해를 방위하기 위한 행위로서 상당한 이유가 있는 때에 해당합니다. [위법성 조각]
>
> 결국 이 부분 공소사실은 정당방위로 위법성이 조각되어 범죄로 되지 아니하므로 형사소송법 제325조 전단에 의하여 무죄가 선고되어야 합니다. [소결론]

다. 헌법재판소 위헌결정

답안구성

Ⅰ. 공소사실의 요지
Ⅱ. 해당 규정에 대한 헌법재판소의 위헌결정
Ⅲ. 소결론

해당 공소사실에 적용될 형벌 규정에 대하여 헌법재판소의 위헌결정(헌법불합치결정을 포함한다)이 있었음을 적시한 후, 형사소송법 제325조 전단에 의한 무죄판결이 선고되어야 함을 기재한다. 형벌규정에 대한 헌법불합치결정 후 해당 법령이 반성적 고려에 따라 폐지되었더라도 형사소송법 제326조 제4호에 의한 면소판결이 아니라 제325조 전단에 의한 무죄판결이 선고되어야 한다는 것이 판례의 태도이다(2012도14253).

답안 기재례 혼인빙자간음죄에 대한 위헌결정

피고인 김갑동이 이 부분 공소사실과 같이 혼인을 빙자하여 피해자와 간음한 사실은 인정됩니다. 그러나 구 형법 제304조 중 '혼인을 빙자하여 음행의 상습 없는 부녀를 기망하여 간음한 자' 부분에 대해서는 남성의 성적자기결정권 및 사생활의 비밀과 자유를 침해하여 헌법 제37조 제2항의 과잉금지원칙 등을 위반하였다는 헌법재판소의 위헌결정이 있었고(헌법재판소 2009. 11. 26. 자 2008헌바58 결정), 이에 따라 위 규정은 2012. 12. 18. 개정·삭제되었습니다.[2] [헌법재판소의 위헌결정]

따라서 이 부분 공소사실은 범죄로 되지 아니하므로 형사소송법 제325조 전단에 의하여 무죄가 선고되어야 합니다. [소결론]

3. 형사소송법 제325조 후단 무죄

'범죄사실의 증명이 없는 때'란 통상 증거가 충족되지 않은 경우를 뜻하나 그 진정한 의미는 합리적인 의심의 여지가 없을 정도로 심증을 형성하지 못한 경우를 말한다. 여기에는 객관적인 증거(예컨대 보강증거)가 부족한 경우와 객관적 증거는 있어도 증거능력이 있는 증거가 부족한 경우 및 위 모두가 갖추어져 있어도 증거가치(예컨대 신빙성)가 없는 경우 등으로 크게 구별할 수 있다.

가. 피고인의 자백 이외에 보강증거가 없는 경우

답안구성

Ⅰ. 공소사실의 요지
Ⅱ. 검사 제출 증거
Ⅲ. 증거능력 없는 증거
Ⅳ. 보강증거 요건 검토
Ⅴ. 자백보강법칙
Ⅵ. 소결론

---

[2] 이와 달리 구 형법 제304조 중 "기타 위계로써 음행의 상습 없는 부녀를 기망하여 간음한 자" 부분에 대해서는 헌법재판소의 위헌결정이 없었고, 다만 반성적 고려에 의해 법령이 폐지된 경우에 불과하다. 따라서 이 부분에 대해 공소가 제기된 경우에는 형사소송법 제325조 전단 무죄가 아닌 제326조 제4호에 따라 면소판결이 선고되어야 한다(2012도14253 판결 참조).

실제 시험에서는 검사가 피고인의 자백만을 증거로 제출하는 경우로 출제되지 아니하고, 검사가 제출한 증거들 중 **자백 외의 증거들에 대한 증거능력이나 보강증거성이 부정되는 형식으로 출제**된다. 따라서 먼저 해당 공소사실에 대한 검사 제출 증거를 개관한 후, 그 증거들의 증거능력과 보강증거성을 차례로 검토하여야 한다.

증거능력 검토에 있어서는 **위법수집증거배제법칙**(형사소송법 제308조의2)과 **전문법칙**(제310조의2)이 적용됨이 대부분이고, 보강증거성 검토에 있어서는 **그 증거가 자백과는 독립된 별개의 증거인지 여부**가 주로 문제될 것이다. 특히 후자와 관련하여 수사받기 전 피고인이 자백한 내용을 기재한 일기장이나 수첩은 보강증거가 될 수 없으나, 상업장부·항해일지·진료일지·금전출납부 등 사무처리내역을 계속적·기계적으로 기재한 문서는 보강증거가 될 수 있다(2015도2625)는 점에 주의하여야 한다.

보강증거의 존재가 인정되는 대표적인 예로는 ① 도로교통법위반(무면허운전)의 점에 대하여 절취한 오토바이 시동을 걸려는 피고인을 체포하면서 오토바이를 압수하였다는 사법경찰관 작성 압수조서, ② 도로교통법위반(무면허운전)의 점에 대하여 차량소유자가 피고인으로 등록되어 있는 자동차등록증, ③ 뇌물공여자와 뇌물수수자의 각 자백(필요적 공범 서로에 대한 관계에서) 등이 있다.

> **판결 기재례** 절도의 점에 대한 보강증거 부존재

1. 이 사건 공소사실 중 절도의 점

가. 공소사실의 요지

피고인은 … 절취하였다. [공소사실의 요지]

나. 판단

피고인은 경찰, 검찰 및 이 법정에서 위 공소사실을 자백하고 있으나 위 자백을 보강할 만한 증거가 없어 위 자백은 피고인에게 불리한 유일의 증거에 해당하므로 이를 유죄의 증거로 삼을 수 없다. [보강증거 요건 검토] 및 [자백보강법칙]

결국 위 공소사실은 범죄의 증명이 없는 때에 해당하므로 형사소송법 제325조 후단에 따라 무죄를 선고한다. [소결론]

> **답안 기재례** 절도의 점에 대한 보강증거 부존재 〈변시 3회〉

이 부분 공소사실에 대해 검사가 제출한 증거로는 피고인의 법정진술, 피고인에 대한 검사·사법경찰관 작성 각 피의자신문조서의 진술기재, 압수된 금목걸이의 현존 및 이에 대한 압수조서의 기재가 있습니다. [검사 제출 증거]

이 사건 금목걸이 압수는 사법경찰관이 절도와는 무관한 피고인을 강도와 점유이탈물횡령의 피의사실로 체포하면서 이루어진 것이고(제216조 제1항 제2호), 이에 대한 사후영장 또한 발부받은 사실도 없습니다(제217조 제2항). 따라서 금목걸이는 위법한 절차에 의하여 수

집한 증거이므로 증거능력이 없고(제308조의2), 이를 기초로 한 압수조서 및 피고인의 경찰단계·검찰단계 및 이 사건 법정에서의 각 자백 역시 모두 증거능력이 없습니다(독수독과). [증거능력 없는 증거]

설령 피고인의 이 사건 법정에서의 자백에 대해서는 인과관계의 희석·단절에 의해 증거능력을 인정한다 하더라도, 피고인의 자백 이외에 다른 보강증거가 없는 이상 위 법정진술을 유죄의 증거로 할 수 없습니다(제310조). [자백보강법칙]

결국 이 부분 공소사실은 범죄의 증명이 없는 때에 해당하므로 형사소송법 제325조 후단에 의하여 무죄가 선고되어야 합니다. [소결론]

나. 그 밖의 범죄사실의 증명이 없는 경우

답안구성

Ⅰ. 공소사실의 요지
Ⅱ. 피고인 변소의 요지
Ⅲ. 검사 제출 증거
Ⅳ. 증거능력 없는 증거
Ⅴ. 증명력 검토(신빙성 탄핵)
Ⅵ. 부족증거 등 설시
Ⅶ. 소결론

기록형 시험에서 가장 높은 배점으로 출제되는 쟁점이다. 제1회 공판기일에서 피고인이 공소사실에 대해 부인하거나 일부 부인하는 경우가 주로 이 경우에 해당한다.3)

1) 피고인 변소의 요지

사례형 답안에서 쟁점의 정리에 해당하는 내용이다. 기록형 답안에서는 **제1회 공판조서에 기재되어 있는 피고인의 공소사실 부인 취지 등을 참고하여 간단히 기재**하면 충분하고, 경우에 따라 생략도 가능하다. 문제에 따라 피고인 변소의 요지 기재 전 **일부 인정되는 사실**에 대한 설시를 간략하게 할 수도 있다.4)

2) 검사 제출 증거

해당 공소사실의 증명을 위해 검사가 제출한 증거를 모두 기재한다. 증거는 법원 → 검찰 → 경찰, 인증 → 서증 → 증거물, 피고인 → 참고인, 조서 → 진술서 → 검증조서 → 압수조서·실황조사서 → 진단서·견적서 등의 순서대로 기재한다.

이 부분 기재는 생략할 수도 있다. 그러나 **생략하는 경우** 아래 부족증거 등을 설시함에 있어 "나머지 증거들"로 기재하여서는 아니되고, **부족증거를 개별설시하여야 함**에 주의를 요한다.

3) 증거능력 없는 증거

해당 공소사실의 증명을 위해 검사가 제출한 증거들 중 증거능력 없는 증거들을 검토한다. 증거능력 없는 증거를 배척하는 경우의 대표적인 예로는 **위법수집증거배제법칙**(형사소

---

3) 공소사실의 요지는 대부분 평가대상에서 제외됨은 앞서 언급한 바와 같다.
4) 피고인이 공소사실에 대해 일부 부인하는 경우가 대표적인 예이다.

송법 제308조의2)과 **전문법칙**(제310조의2)이 있다. 특히 제216조, 제217조에서 규정하고 있는 **영장주의 예외**는 매우 중요하므로 정확한 정리가 필요하다.

증거능력 검토 부분 답안을 작성함에 있어서는 문제되는 **증거이름으로 소목차**를 잡은 후 그 증거능력에 대한 **검토 및 결론**(근거규정) **위주로 최대한 간결하게 기재**하여야 한다. 실제 시험에서 자주 출제되는 증거능력 검토에 대한 기재례는 아래와 같다.

> **답안 기재례** 증거능력 검토 기재례
>
> - 사법경찰관 작성 이달수에 대한 피의자신문조서는 피고인이 그 내용을 부인하는 취지로 증거부동의하고 있으므로 증거능력이 없습니다(형사소송법 제312조 제3항).
> - 사법경찰관 작성 김갑동에 대한 피의자신문조서는 피고인이 그 내용을 부인하고 있으므로 증거능력이 없습니다(형사소송법 제312조 제3항).
> - 증인 정고소의 법정진술 중 "김갑동이 매매대금 중 5,000만 원은 이을남에게 나누어 주었다고 하였다"는 부분과 사법경찰관 작성 정고소에 대한 진술조서 진술기재 중 "김갑동이 이을남과 매매대금을 나누어 사용하였다고 하였다"는 부분은 김갑동이 이 사건 법정에 출석하고 있는 이상 증거능력이 없습니다(형사소송법 제316조 제2항, 제312조 제4항).
> - 압수된 보이스펜(증 제1호)에 녹음된 대화는 대화자 중 일방인 김직원이 피고인과의 대화를 녹음한 것으로서 위법한 감청에는 해당하지 아니합니다.5) 그러나 위 보이스펜은 피고인 아닌 자가 작성한 피고인의 진술을 기재한 서류(진술녹취서)에 해당하고, 이에 대해 그 성립의 진정이 작성자인 김직원의 진술에 의해 공판준비 또는 공판기일에서 증명되지 아니하였고(형사소송법 제313조 제1항, 송달불능으로 인한 증인신문 미실시), 단순히 김직원에 대해 송달이 불능되었다는 사정만으로는 원진술자의 진술불능 사유를 인정할 수 없어(제314조), 결국 위 보이스펜의 증거능력은 부정됩니다.
>
> 라. 압수된 수첩 및 이에 대한 압수조서
>
> 위 수첩은 수사기관이 이을남을 긴급체포한 후 영장 없이 압수한 것입니다. 그러나 수사기관에 임의로 출석하여 조사를 받는 중이었던 이을남에 대해서는 긴급체포의 요건 자체가 인정되지 아니할 뿐만 아니라(형사소송법 제200조의3), 위 압수는 긴급체포시인 2014. 7. 30. 14:00로부터 24시간이 경과한 후인 2014. 8. 1. 13:00에 이루어져 그 자체로도 위법한 압수입니다(제217조 제1항). 또한 수사기관은 위 압수 후 사후영장을 발부받지도 아니하였습니다(제217조 제2항, 제3항).
>
> 따라서 위법한 긴급체포절차에서 영장주의를 위반하여 압수한 위 수첩은 증거능력이 없고(형사소송법 제308조의2), 이를 기초로 획득한 2차 증거인 압수조서 역시 증거능력이 없습니다(독수독과).

---

5) 답안 양식이 변론요지서가 아닌 검토의견서로 출제되어 위법한 감청이 아니라는 쟁점에 대해서도 간단히 언급할 필요가 있다.

마. 검사 작성 피고인에 대한 피의자신문조서 중 일부

위 피의자신문조서 중 검사가 압수된 수첩을 제시하면서 그 내용의 의미를 묻자 피고인이 "김갑동에게 100만 원을 주었다는 내용을 쓴 것입니다"고 진술한 부분은 앞서 살펴본 바와 같이 위법하게 수집된 증거인 수첩을 기초로 수집한 2차 증거이므로 역시 증거능력이 없습니다(독수독과).

4) 증명력 검토(신빙성 탄핵)

검사가 해당 공소사실의 증명을 위해 제출한 증거들 중 증거능력이 인정되는 증거들의 신빙성을 탄핵하여야 한다. 즉, 앞서 증거능력을 부정시킨 증거들은 신빙성 탄핵의 대상에서 제외하여야 한다.

이 단계에서는 증거능력이 인정되는 모든 증거들에 대해 각각 개별적으로 신빙성을 탄핵하기보다는, 그 증거들이 담고 있는 내용 중 피고인에게 가장 불리한 진술을 특정하여 그 신빙성을 탄핵하여야 한다. 따라서 답안을 작성함에 있어 탄핵의 대상이 되는 진술부터 특정한 후 그에 대한 검토를 하도록 한다.

신빙성을 탄핵함에 있어서는 기록에 나타난 사실관계들을 '…점, …점'과 같이 구체적으로 하나하나 언급한 후 "…점 등을 고려하면 위 진술은 믿을 만하지 못합니다(신빙성이 없습니다)"라는 식으로 마무리함이 일반적이다.

신빙성 탄핵의 근거는 ① 진술의 일관성 부족, ② 객관적 증거와 진술의 불일치, ③ 피고인 변소에 부합하는 객관적 증거의 존재, ④ 진술이 경험칙·상식·합리성에 반한다는 사실[6] 등이 중심이 된다. 다만 피고인의 변소내용만으로 제3자의 진술을 탄핵하여서는 아니됨에 주의를 요한다.

특히 답안을 작성함에 있어서 증명력 검토는 아래와 같이 세 가지로 분류하여 검토할 수 있다.[7]

가) 진술 자체의 신빙성 탄핵의 대상인 진술 그 자체가 일관성이 중요한 부분에서 일관성 없이 번복되고 있다면 이는 그 신빙성을 의심케하는 사유에 해당한다. 이러한 내용이 기록에 등장하는 경우 번복 전후의 내용을 구체적으로 비교하여 답안에 적시하여야 한다.

예컨대 준강간 피해자의 심신상실 상태와 관련하여 범행 당시 피해자의 음주량이 문제된 사안에서, 피해자가 경찰단계에서는 음주량을 소주 2병으로, 검찰단계에서는 1병으로, 법정에서는 다시 소주 2병으로 진술하여 그 음주량에 대한 진술의 일관성이 결여되

---

[6] 공범자가 자신의 형사책임을 면하기 위해 다른 공범자에게 책임을 전가하는 허위진술을 할 가능성이 높다는 것이 여기에 포함된다.
[7] 아래 분류는 답안에서는 증명력 검토의 소목차로 활용하게 된다. 다만 특정범죄가중처벌등에관한법률위반(도주차량)죄로 기소된 피고인이 도주사실을 부인하는 문제에서는 ① 즉시 정차, ② 구호조치의무이행, ③ 신원확인조치의무이행의 목차대로 답안을 구성함이 일반적이다.

었다는 사정은 피해자 진술의 신빙성을 탄핵할 사정에 해당한다.

나) 진술과 다른 증거들과의 비교 탄핵의 대상인 진술이 다른 객관적인 증거와 일치하지 아니한다는 사정이나, 객관적인 지위에 있는 제3자의 증언 등과 배치한다는 사정 역시 그 탄핵대상 진술의 신빙성을 의심케 하는 사유에 해당한다.

예컨대 특수강도의 피해자가 "피고인이 칼을 꺼내어 목에 들이대는 순간 접힌 칼날이 '척' 소리를 내며 펼쳐졌다"고 진술하고 있으나, 그 특수강도 범행에 사용된 것으로서 압수된 흉기가 칼날길이 15cm의 '주방용 식칼'인 경우라면, 피해자의 진술은 객관적인 증거와 모순되어 신빙성이 낮다 할 것이다.

다) 진술의 경위·동기, 상식·경험칙 등 기타 사정 앞서 살펴본 두 가지 분류에 해당하지 아니하는 진술의 경위나 동기가 불순하다는 사정 또는 그 진술이 상식이나 경험칙에 반한다는 사정 또한 그 탄핵대상 진술의 신빙성을 의심케 하는 사유에 해당한다.

예컨대 준강간 범행 피해자가 범행 후 6개월이 경과한 후에서야 피고인에게 먼저 연락하여 과도한 합의금을 요구하였고, 피고인이 이를 거절하자 뒤늦게 피고인을 고소하였다는 사정은 그 고소의 동기 등에 의심이 있으므로 피해자의 진술의 신빙성을 탄핵할 사정에 해당한다. 또한 강도교사죄로 기소된 피고인 상당한 재력을 갖추고 있고, 강취한 금원이 소액에 불과하다는 사정은 피고인이 강도를 교사하였다는 정범의 진술의 신빙성을 탄핵할 수 있는 사정에 해당한다.

5) 부족증거 등 설시

부족증거 등을 설시함에 있어서는 앞에서 검사 제출 증거를 기재한 이상 구체적인 증거들을 나열할 필요 없이 "나머지 증거들만으로는 이 부분 공소사실을 인정하기에 부족하고 달리 이를 인정할 만한 증거가 없습니다"라고만 기재하면 충분하다.8)

6) 소결론

소결론은 "결국 이 부분 공소사실에 대하여는 범죄의 증명이 없으므로 형사소송법 제325조 후단에 의하여 무죄가 선고되어야 합니다"라고 기재하도록 한다.

> **판결 기재례** 절도의 점에 대한 공모사실 부존재
>
> 1. 이 사건 공소사실 중 피고인 갑에 대한 절도의 점의 요지
>   피고인은 을과 …하기로 공모하여 … 절취하였다. [공소사실의 요지]
> 2. 판단
>   을이 이미 절취하여 소지하고 있던 … 신용카드로 현금자동지급기에서 현금 500만 원을 인출하여 간 사실은 판시 제2의 가항에서 인정한 바와 같다. [일부 인정되는 사실]

---

8) 경우에 따라 부족증거 등 설시 기재를 신빙성 탄핵의 첫머리에 기재할 수도 있다.

그런데 피고인은 검찰 이래 이 사건 법정에 이르기까지 을과 위 절도 범행을 공모한 사실이 없다고 주장하고 있으므로 이에 관하여 살펴본다. [피고인 변소의 요지]

먼저 사법경찰리가 작성한 피고인 갑에 대한 피의자신문조서는 피고인이 이 법정에서 그 내용을 부인하므로, 사법경찰리가 작성한 을에 대한 제1회 피의자신문조서는 피고인이 이 법정에서 그 내용을 부인하는 취지로 증거로 함에 부동의하므로 각 증거능력이 없다. 또한 증인 A가 이 법정에서 한 진술, 사법경찰리가 작성한 A에 대한 진술조서는 그 내용이 모두 을로부터 그가 피고인과 공모하여 위 범행을 하였다는 취지로 이야기하는 것을 들었다는 것으로서, 피고인 아닌 자가 피고인 아닌 타인의 진술을 내용으로 하여 진술한 전문진술 또는 그 전문진술이 기재된 조서이다. 그런데 피고인이 이를 증거로 함에 동의한 바 없을 뿐만 아니라 을이 이 법정에서 피고인과 공모하여 위 범행을 한 사실을 부인하고 있으므로 원진술자가 형사소송법 제316조 제2항에 정한 공판기일에 출석할 수 없는 때에 해당하지도 아니함이 분명하여 역시 각 증거능력이 없다. 그 밖에 피고인이 을과 공모하여 위 돈을 절취하였다고 인정할 만한 증거가 없다.9) [증거능력 없는 증거] 및 [부족증거 등 설시]

따라서 위 공소사실은 범죄의 증명이 없는 때에 해당하므로 형사소송법 제325조 후단에 의하여 무죄를 선고한다. [소결론]

답안 기재례 **뇌물수수 사실의 부존재** 〈변시 4회〉

1. 피고인 이을남의 변소의 요지

   피고인은 이을남으로부터 돈을 받은 사실이 없습니다.

2. 검사 제출 증거

   이 부분 공소사실에 대해 검사가 제출한 증거로는 피고인·이을남의 각 법정진술, 검사 작성 피고인·이을남에 대한 각 피의자신문조서의 진술기재, 사법경찰관 작성 피고인·이을남에 대한 각 피의자신문조서의 진술기재, 조은숙 작성 진술서의 진술기재, 수첩·압수조서·수사보고(금융거래내역)·소재수사보고의 각 현존 또는 기재가 있습니다.

3. 증거능력 없는 증거

   사법경찰관 작성 피고인에 대한 피의자신문조서는 피고인이 내용을 부인하여 증거능력이 없고(제312조 제3항), 사법경찰관 작성 이을남에 대한 각 피의자신문조서 역시 피고인이 내용부인의 취지로 증거 부동의하여 증거능력이 없습니다(제312조 제3항). 또한 조은숙의 진술서는 위 조은숙이 공판기일에 출석하지 아니하였고(제312조 제5항, 제4항), 조은숙이 일시적으로 미국으로 출국하였다는 사실만으로는 법정에 출석하여 진술할 수 없는 경우라고 할 수 없으므로(제314조), 결국 위 진술서는 증거능력이 없습니다.

---

9) 본 기재례는 검사 제출 증거들 전부가 증거능력이 부정되는 사안에 대한 것이다. 따라서 증명력 검토와 부족증거 설시가 생략되었다.

4. 증명력 검토 – 이을남의 진술에 대하여

이을남이 피고인에게 3,000만 원을 교부하였다는 취지의 이 사건 법정에서의 진술 및 검사 작성 피의자신문조서의 일부 진술기재 내용은 아래에서 보는 바와 같이 신빙성이 없습니다.10)

가. 100만 원 교부 부분

이을남이 '란' 커피숍에서 피고인에게 100만 원을 전달하였다는 내용의 진술은 ① '란'이라는 이름의 음식점이나 술집이 주변에 많으므로 이을남이 '란' 커피숍에서 위 100만 원을 전달하였는지 여부 자체가 불분명한 점, ② 이을남은 자신에게 건축허가를 내어 주지 않은 피고인에 대해 악감정을 가지고 허위의 진술을 할 가능성이 높다는 점, ③ 이을남의 진술 이외에는 이을남이 김갑동에게 100만 원을 교부하였다는 사실을 인정할 만한 객관적인 증거가 존재하지 않는 점 등을 고려하면 믿기 어렵습니다.

나. 2,900만 원 교부 부분

이에 대한 이을남의 진술은 ① 이을남이 경찰단계에서는 100만 원 만을 김갑동에게 교부하였다고 진술하다가 검찰단계에 이르러서야 그보다 훨씬 고액인 2,900만 원의 교부 사실을 진술하고 있어 그 진술이 일관되지 아니한 점, ② 이을남이 100만 원보다 훨씬 고액인 2,900만 원에 대해서 수첩 등에 전혀 기재하지 아니한 점, ③ 금원을 교부함에 있어 현금 3,000만 원을 인출한 당일 바로 3,000만 원 전부를 전달하지 않고 굳이 2,900만 원만 다음 날 전달할 합리적인 이유가 없다는 점, ④ 은밀하게 교부하여야 할 뇌물을 김갑동의 출근길에 교부한다는 것 자체가 경험칙에 반하고, 이를 받은 피고인이 거액의 뇌물을 쇼핑백에 담아 그대로 구청으로 출근하였다는 사실 역시 경험칙에 반한다는 점, ⑤ 이을남은 2014. 9. 5. 부산지방법원에서 도박죄로 벌금 100만 원을 선고받는 등 2014. 5.경 부산에서 도박을 하였는바, 거래내역서에 기재된 2014. 5. 7. 출금은 김갑동에게 교부하기 위한 금원이 아니라, 이을남의 도박자금을 위한 것일 가능성이 큰 점, ⑥ 이을남은 자신에게 건축허가를 내어 주지 않은 피고인에 대해 악감정을 가지고 허위의 진술을 할 가능성이 높다는 점 등을 고려하면 역시 믿기 어렵습니다.

5. 부족증거 등 설시

앞서 살펴본 증거들을 제외한 나머지 증거들만으로는 이 부분 공소사실을 인정하기에 부족하고 달리 이를 인정할 만한 증거가 없습니다.

6. 소결

결국 이 부분 공소사실은 범죄의 증명이 없는 경우에 해당하므로 형사소송법 제325조 후단에 의하여 무죄가 선고되어야 합니다.

---

10) 답안 구성에 따라 "이을남이 피고인에게 3,000만 원을 교부하였다는 취지의 이 사건 법정에서의 진술 및 검사 작성 피의자신문조서의 일부 진술기재 내용은 아래에서 보는 바와 같이 신빙성이 없고, 나머지 증거들만으로는 이 부분 공소사실을 인정하기에 부족하고 달리 이를 인정할 만한 증거가 없습니다."와 같이 부족증거 등 설시를 신빙성 탄핵 첫머리에 함께 기재할 수도 있다.

답안 기재례   사기의 점에 대한 공모사실 부존재 〈변시 6회〉

1. 특정경제범죄가중처벌등에관한법률위반(사기)의 점

가. 피고인 변소의 요지

　피고인은 김갑동이 사기범행을 저지르는 줄 몰랐고 그에 가담한바 전혀 없습니다.

나. 검사 제출 증거

　이 부분 공소사실에 대해 검사가 제출한 증거로는 피고인·김갑동·피해자 정고소·나부인의 각 법정진술, 검사 작성 피고인·이을남에 대한 피의자신문조서(대질)의 각 진술기재, 사법경찰관 작성 피고인에 대한 피의자신문조서·김갑동에 대한 피의자신문조서(제1회)·정고소에 대한 진술조서의 각 진술기재, 정고소 작성 고소장·동업계약서·보이스펜·차량용 블랙박스·압수된 보이스펜과 차량용 블랙박스에 대한 각 압수조서 및 압수목록(보이스펜)·차용증·국민은행 계좌내역의 각 기재가 있습니다.

다. 증거능력 없는 증거

　1) 사법경찰리 작성 김갑동에 대한 피의자신문조서(제1회)는 당해 피고인인 피고인 이을남이 내용부인 취지로 증거 부동의하므로 증거능력 없습니다(형사소송법 제312조 제3항).

　2) 증인 나부인의 법정진술 중 나부인이 김갑동에게 듣기로 피고인의 도움을 받아 정고소로부터 돈을 차용할 수 있었고 피고인이 그 대가로 수고비를 요구했다고 한 것을 들었다는 부분은 피고인 아닌 자의 공판기일에서의 진술이 피고인 아닌 타인의 진술을 그 내용으로 하는 때이고, 원진술자인 김갑동이 이 사건 법정에 출석하고 있는 이상 증거능력이 없습니다(형사소송법 제316조 제2항).

　3) 압수된 차량 블랙박스(증 제2호)에 대해서는 사후영장을 발부받지 아니하였으므로 위 블랙박스는 위법한 절차에 의해 수집한 증거에 해당하여 증거능력이 없습니다(제216조 제3항, 제308조의2). 또한 위 블랙박스에 기초하여 수집한 2차 증거인 압수조서 및 압수목록(블랙박스) 역시 증거능력이 없습니다(독수의 과실이론).

　4) 압수된 보이스펜(증 제1호)에 녹음된 대화는 대화자 중 일방인 김직원이 피고인과 대화한 것을 녹음한 것으로서 위법한 감청에는 해당하지 아니합니다. 그러나 위 보이스펜은 피고인 아닌 자가 작성한 피고인의 진술을 기재한 서류(진술녹취서)에 해당하고, 이에 대해 그 성립의 진정함이 작성자인 김직원의 진술에 의해 공판준비 또는 공판기일에서 증명되지 아니하였고(형사소송법 제313조 제1항, 송달불능으로 인한 증인신문 미실시), 위 김직원에 대한 송달불능 사유가 기록에서 구체적으로 확인되지 아니하여 제314조에 의한 예외 역시 인정되지 아니합니다.

　결국 위 보이스펜의 증거능력은 부정됩니다(제310조의2).

라. 증명력 검토 – 피고인의 사기 범의 존재 여부[11]

피해자는 피고인이 김갑동과 공모하여 자신을 기망한 것이라고 진술하고 있습니다. 그러나 피고인에게는 피해자에 대한 사기의 범의가 존재하지 아니하였는바, 이에 대해 재판장의 석명사항을 중심으로 살펴보도록 하겠습니다.

1) 동업계약조건에 대한 피고인의 인식 여부

김갑동은 박병서와 '한류공연장'을 함께 운영함에 있어 김갑동이 위 공연장의 운영비 7억 원을 먼저 조달함을 조건으로 박병서가 공연장 시설 일체를 제공하는 내용의 동업계약을 체결하였습니다(기록 제27쪽 동업계약서 참조). 그러나 ① 김갑동이 피해자에게 돈을 빌려달라며 동업계약서를 보여줄 때 피고인은 그 계약서를 보지 못하였고, 피해자가 이을남이 아닌 박병서에게 직접 전화를 걸어 계약내용을 확인하였다는 점(기록 제19쪽, 제45쪽 피의자신문조서 참조), ② 김갑동이 이을남에게는 동업계약서를 보여주지도 않았고, 동업계약 내용에 대해 설명을 한 적도 없다는 점(기록 제47쪽 피의자신문조서), ③ 피고인은 김갑동과의 사이에 김갑동의 공연장 시설완비를 선행조건으로 하여 5억 원의 투자계약을 체결하였고(기록 제21쪽 투자약정서 등 참조), 위 계약은 피고인의 투자금 외에는 공연장 운영비를 조달할 능력이 없는 김갑동이 박병서와 체결한 동업계약 조건과 사실상 양립할 수 없는 것인 점 등을 고려하면, 피고인은 범행 당시 김갑동과 박병서 사이의 동업계약 조건에 대해 인식하지 못하였다 할 것입니다. 즉 피고인이 공연장 사업에 투자하지 아니한 것은 김갑동이 피해자를 속여 돈을 빌리는 것을 도와주기 위해 투자를 가장했기 때문이 아니라, 김갑동이 약정에 따른 사업 준비를 완료하지 아니하였기 때문입니다.

2) 피고인의 김갑동에 대한 수고비 요구 여부

김갑동은 피고인이 먼저 수고비를 얘기하며 강원랜드에 가자고 하여 거기서 수고비 명목으로 도박자금 1천만 원을 피고인에게 교부한 것이라고 진술하고 있으나(기록 제48쪽 피의자신문조서 참조), 이에 대해서는 김갑동 스스로 이 사건 법정에서 위 진술과 달리 강원랜드는 자신이 먼저 가자고 한 것이고 피고인은 그저 따라갔을 뿐이라고 번복하고 있어 그 진술의 일관성이 없습니다(기록 제18쪽 참조). 또한 김갑동이 피해자로부터 교부받은 금원은 4억 원으로 상당한 고액임에도 불구하고, 자신이 공동정범이라 주장하는 피고인에게 수고비 명목으로 1천만 원에 불과한 소액만을 교부한다는 것은 경험칙에 반한다 할 것입니다. 결국 피고인은 김갑동에 대해 수고비를 요구한 적이 없다 할 것입니다.

3) 범행수익 배분 여부

김갑동은 피해자로부터 교부받은 4억 원 중 3억 5천만 원은 개인적으로 사용했고, 4천만 원은 자신의 도박자금으로 사용하였으며, 1천만 원은 피고인에게 교부했다고 진술하

---

[11] 제6회 변호사시험에서는 피고인 이을남에 대한 재판장의 석명사항이 구체적으로 등장하고 있다. 이는 답안 작성에 있어 가장 까다로운 증명력 검토부분에 대해 출제자가 힌트를 제시한 것이고, 구체적으로는 증명력 검토 부분의 소목차를 정해준 것이어서 이에 맞춰 답안을 구성하였다.

> 고 있을 뿐이고(기록 제48쪽 피의자신문조서), 위 1천만 원 외에 김갑동이 피고인에게 편취금을 배분하였다는 사정은 존재하지 아니합니다. 또한 위 1천만 원은 김갑동이 먼저 가자고 한 강원랜드를 따라간 피고인에게 도박자금 명목으로 교부한 것에 불과하여, 이는 김갑동의 사기범행과 관련된 수익의 분배가 아니라, 그와 무관하게 김갑동이 피고인에게 '크게 한 턱 쏜 것'에 불과하다 할 것입니다. 결국 피고인은 김갑동으로부터 범행수익의 배분을 받지 아니하였습니다.
>
> 마. 부족증거 등 설시
> 나머지 증거들만으로는 이 부분 공소사실을 인정하기에 부족하고 달리 이를 인정할 만한 증거가 없습니다.
>
> 바. 소결
> 이 부분 공소사실에 대해서는 무죄가 선고되어야 합니다(형사소송법 제325조 후단).

II. 면소판결

> **형사소송법 제326조(면소의 판결)** 다음 경우에는 판결로써 면소의 선고를 하여야 한다.
> 1. 확정판결이 있은 때
> 2. 사면이 있은 때
> 3. 공소의 시효가 완성되었을 때
> 4. 범죄 후의 법령개폐로 형이 폐지되었을 때

1. 총설

면소란 일단 발생한 형벌권이 사후의 일정한 사유로 소멸한 경우에 선고하는 판결이다. 면소의 사유는 제326조 제1호 내지 제4호에 규정되어 있다. 면소사유가 있는 경우에는 면소판결을 선고하여야 하고, 실체심리를 하여 무죄를 선고할 수는 없다(64도134).

하나의 죄에 대하여는 하나의 주문만 있을 수 있으므로 <u>포괄일죄에서 일부는 면소사유에 해당하고 나머지가 유죄로 인정되면 주문에서는 그 유죄부분에 대한 형을 선고하면 충분하고 따로 면소의 선고를 하지 아니한다</u>(81도3277). <u>포괄일죄의 일부가 무죄·나머지가 면소에 해당하는 경우에는 주문에서 무죄만 선고하고, 일부가 면소·나머지가 공소기각에 해당하는 경우에는 주문에서 면소만을 선고한다.</u>

2. 확정판결이 있은 때

가. 개요

확정판결은 <u>유·무죄의 확정판결</u>을 포함한다. 협의의 판결뿐만 아니라 <u>약식명령, 즉결심판</u>, 도로교통법이나 관세법·경범죄처벌법 또는 조세범처벌절차법상의 <u>통고처분에 따른 범칙금납부</u>도 이에 해당한다. <u>면소의 확정판결</u>도 이에 해당하나 공소기각 판결, 관할위반의 판결, 소년법이나 가정폭력범죄의 처벌 등에 관한 **특례법상의 보호처분**, 행정벌에 지나지 않는 **과태료의 부과처분**은 위 확정판결의 범주에 속하지 않는다.

형사판결의 기판력이 미치는 기준시점은 **사실심판결선고시**이다. 따라서 제1심 판결에 대하여 항소가 제기된 경우에는 항소심 판결선고시(항소이유서 미제출로 항소기각결정된 경우에는 항소기각결정시), 약식명령인 경우에는 송달시가 아닌 **발령시**가 그 기준이 된다. 형사판결의 기판력이 미치는 공소사실의 범위는 **공소사실의 기초가 되는 사회적 사실관계가 기본적인 점에서 동일하면 충분하다**(96도88).

포괄일죄나 상상적 경합범의 경우에는 수개의 범죄사실 중 확정판결이 있는 범죄사실과 그 **확정판결의 사실심 선고 전에 행해진 모든 범죄사실에 대해 기판력이 미친다**. 예컨대 형법 제40조의 상상적 경합관계에 있는 사기죄와 업무상배임죄에 대하여, 업무상배임죄에 대한 판결이 선고·확정된 후 사기죄로 공소가 제기된 경우에는 형사소송법 제326조 제1호에 의하여 면소판결이 선고되어야 한다.

포괄일죄의 관계에 있는 범행 일부에 관하여 약식명령이 확정된 경우, 기판력의 기준 시는 약식명령의 발령시이므로 그 전의 범행에 대하여는 확정판결이 있는 때에 해당하여 형사소송법 제326조 제1호에 의하여 면소의 판결을 하여야 하고, 그 이후의 범행에 대하여만 일개의 범죄로 처벌하여야 한다.

판례는 상습범으로 포괄일죄 관계에 있는 여러 개의 범죄사실 중 일부에 대하여 유죄판결이 확정된 경우에, 그 확정판결의 사실심판결 선고 전에 저질러진 나머지 범죄에 대하여 새로이 공소가 제기되었다면 이에 대하여는 **판결로써 면소의 선고를 하여야 하는 것이지만**, 다만 이러한 법리가 적용되기 위해서는 **전의 확정판결에서 당해 피고인이 상습범으로 기소되어 처단되었을 것을 필요로 하는 것**이고, 상습범 아닌 기본 구성요건의 범죄로 처단되는 데 그친 경우에는 앞의 확정판결을 상습범의 일부에 대한 확정판결이라고 보아 그 기판력이 그 사실심판결 선고 전의 나머지 범죄에 미친다고 보아서는 아니 된다고 판시하였다(2001도3206).

나. 답안의 구성

답안구성

Ⅰ. 공소사실의 요지	Ⅳ. 기판력의 시적범위 판단
Ⅱ. 확정판결의 존재	Ⅴ. 소결론
Ⅲ. 범죄사실과 공소사실의 동일성 판단	

확정판결의 존재를 기재함에 있어서는 **피고인-선고일-법원-죄명-형량-선고사실-확정일-확정사실-증거설시**의 순서대로 문장을 구성한다. 선고사실과 확정사실을 구별하여 설시하여야 하며, 판결등본 등 증거거시를 누락하지 않도록 주의하여야 한다.

기판력 검토에 있어서는 확정된 판결의 범죄사실과 해당 공소사실의 **물적 동일성 판단**뿐만 아니라, 사실심 판결 선고시[12]를 기준으로 **시적범위 판단**까지 기재하여야 한다. 특히 물적 동일성 판단을 함에 있어서는 확정된 판결의 범죄사실과 해당 공소사실을 주체, 일시, 장소, 대상, 행위수단 및 결과 등을 **구체적으로 비교하여 검토**하여야 한다.

다만, 포괄일죄의 경우에는 동일한 상습성의 발현에 의한 포괄일죄 관계에 있음을 검토함으로써 동일성 검토를 갈음하고, 상상적 경합 역시 동일성이 문제되는 범죄사실과 공소사실 범죄가 상상적 경합관계에 있다는 판례 적시 후 검토로 동일성 검토를 갈음한다. 포괄일죄의 경우 시적범위 판단이 중요하나, 상상적 경합의 경우 상상적 경합 검토에 시적범위 판단이 포함되어 있으므로(행위의 동일성) 별도의 시적범위 판단을 생략해도 무방하다.

> **판결 기재례** 포괄일죄의 관계에 있는 경우
>
> 1. 이 사건 공소사실 중 특수절도의 점의 요지
>   피고인은 … 절취하였다. [공소사실의 요지]
> 2. 판단
>   피고인이 2015. 10. 10. 이 법원에서 상습특수절도죄로 …을 선고받아 그 판결이 확정된 사실은 위에서 인정하였고, 서울중앙지방법원 2015고합1234 사건의 판결 등본의 기재에 의하면 위 확정판결의 범죄사실은 …인 사실을 인정할 수 있다. [확정판결의 존재] 위 인정 사실에 의하면, 판결이 확정된 위 범죄사실과 그 판결선고 전에 범한 이 사건 야간주거침입절도의 공소사실은 그 범행수단과 방법, 범행기간 및 피고인의 전과 등에 비추어 모두 피고인의 절도 습벽이 발현된 것이므로, 판결이 확정된 위 상습특수절도죄의 범죄사실과 그 판결선고 전에 범한 이 사건 야간주거침입절도의 공소사실은 실체법상 일죄인 상습특수절도죄의 포괄일죄의 관계에 있다. [기판력 물적·시적범위 판단]
>   따라서 위 확정판결의 효력은 그와 포괄일죄의 관계에 있는 이 사건 특수절도의 공소사실에 미치므로 결국 이 부분 공소사실은 확정판결이 있은 때에 해당하여, 형사소송법 제326조 제1호에 따라 위 공소사실에 대하여 면소를 선고한다. [소결론]

> **답안 기재례** 포괄일죄의 관계에 있는 경우 〈변시 1회〉
>
> 피고인 이달수는 2011년 11월 20일 춘천지방법원 강릉지원에서 상습사기죄로 벌금 3백만 원의 약식명령을 발령받아 그 약식명령이 2011년 12월 17일 확정되었습니다(기록 제19쪽 약식명령등본 참조). [확정판결의 존재]
> 위 약식명령의 범죄사실과 이 부분 공소사실의 범행시점이 근접하고 범행수단 역시 유사하다는 점, 위 범죄사실 외에도 피고인에게 수회의 동종전과가 있다는 점(기록 제49쪽 조회회보서 참조) 등을 고려하면 위 약식명령의 범죄사실과 이 부분 공소사실은 모두 피고인의

---

[12] 약식명령의 경우에는 발령시이다.

동일한 사기 습벽의 발현에 의하여 범해진 것으로서 포괄일죄의 관계에 있습니다. [기판력 물적범위 판단]

또한 2011. 11. 20. 발령된 위 약식명령의 기판력은 2011. 10. 10. 행해진 이 부분 공소사실에 대해서 당연히 미칩니다. [기판력 시적범위 판단]

결국 이 부분 공소사실에 대해서는 확정판결이 있은 때에 해당하므로 형사소송법 제326조 제1호에 의하여 면소가 선고되어야 합니다. [소결론]

답안 기재례 상상적 경합범 관계에 있는 경우 〈변시 10회〉

피고인에 대하여는 2020. 12. 7. 서울지방법원에서 도로교통법위반죄로 벌금 500만 원의 약식명령이 발령되었고, 그 약식명령은 같은 달 28. 확정되었습니다(기록 18쪽 약식명령 등본 참조). [확정판결의 존재]

판례는 음주 또는 약물의 영향으로 정상적인 운전이 곤란한 상태에서 자동차를 운전하여 사람을 상해에 이르게 함과 동시에 다른 사람의 재물을 손괴한 때에는 특가법위반(위험운전치사상)죄 외에 업무상과실 재물손괴로 인한 도로교통법 위반죄가 성립하고, 위 두 죄는 1개의 운전행위로 인한 것으로서 상상적 경합관계에 있다고 판시하였습니다. [상상적 경합 관계 판례 적시]

위 확정된 약식명령의 범죄사실과 이 부분 공소사실은 모두 2020. 9. 20. 21:00경 피고인 김을남이 혈중알콜농도 0.201%의 술에 취한 상태로 20노1234호 무쏘 차량을 운전하는 과정에서 과실로 피해자 조준구가 운전하는 30노1225호 포터 화물차량 뒷부분을 들이받은 행위로 인한 것으로서 상상적 경합관계에 있습니다. [상상적 경합 관계 검토] 13)

따라서 위 확정된 약식명령의 기판력은 이 부분 공소사실에도 미치므로, 이 부분 공소사실에 대하여는 면소판결이 선고되어야 합니다(형소법 제326조 제1호).

3. 사면이 있은 때

답안구성

Ⅰ. 공소사실의 요지
Ⅱ. 일반사면의 존재
Ⅲ. 소결론

면소의 사유가 되는 사면은 특별사면이 아닌 **일반사면**을 의미한다. 소결론 기재시 형사소송법 제326조 제2호 규정기재를 누락하지 않도록 주의를 요한다.

---

13) 상상적 경합 관계 사례의 경우 확정판결의 범죄사실과 공소사실이 서로 상상적 경합관계에 있음을 검토한 이상, 따로 시적범위 판단은 하지 않아도 무방하다(행위의 동일성을 인정하는 이상, 기판력의 시적범위 요건 역시 당연 충족).

> **판결 기재례** 일반사면의 존재
>
> 1. 이 사건 공소사실의 요지
>   피고인은 …하였다. [공소사실의 요지]
> 2. 판단
>   위 죄는 2015. 10. 10. 대통령령 제37호 일반사면령에 의하여 사면되었으므로 형사소송법 제326조 제2호에 의하여 피고인에 대하여 면소를 선고한다. [일반사면의 존재] 및 [소결론]

4. 공소시효가 완성되었을 때

가. 개요

공소시효의 기간은 형사소송법 제249조의 규정에 의한다. 공소장변경이 있는 경우 그 공소시효기간은 변경된 공소사실의 법정형을 기준으로 산정하되, 공소시효의 완성 여부는 공소장변경시가 아닌 당초의 공소제기시를 기준으로 판단하여야 한다(2002도2939).

범죄 후 법률의 개정에 의하여 법정형이 가벼워진 경우에는 당해 범죄사실에 적용될 가벼운 법정형(신법의 법정형)이 공소시효기간의 기준으로 되고, 공소제기 후 법률의 개정으로 공소시효기간이 변경되었다고 하더라도 공소시효기간은 공소제기 당시의 법률에 따라야 한다(87도84).[14]

공소시효의 기산점이 되는 형사소송법 제252조 제1항의 '범죄행위'에는 당해 범죄의 결과 발생까지 포함된다. 따라서 업무상과실치사상죄의 공소시효는 피해자들이 사상에 이른 결과가 발생함으로써 그 범죄행위가 종료한 때부터 진행하고(97도1740), 포괄일죄의 공소시효는 최종의 범죄행위가 종료한 때부터 진행한다(2002도2939). 부정수표 단속법 제2조 제2항 위반의 범죄는 예금부족으로 인하여 제시일에 지급되지 아니할 것이라는 결과 발생을 예견하면서 발행인이 수표를 발행한 때부터 진행한다(2003도3394).

공소시효는 공소의 제기로 정지되고 공소기각 또는 관할위반의 재판이 확정된 때로부터 다시 진행한다(형사소송법 제253조 제1항). 공범에 대한 공소제기로 인한 시효정지는 다른 공범자에 대하여도 효력이 미치고, 그 사건의 재판이 확정된 때로부터 공소시효가 다시 진행한다(제253조 제2항).

위 제253조 제2항의 공범에는 뇌물수수죄와 뇌물공여죄와 같은 대향범은 포함되지 않는다(2012도4842). 공범의 1인으로 기소된 자가 범죄의 증명이 없다는 이유로 무죄의 확정판결을 받은 경우에는 책임조각을 이유로 무죄가 되는 경우와는 달리 그를 공범이라고 볼 수 없으므로 그에 대한 공소제기로써는 진범에 대한 공소시효정지의 효력이 없다(98도4621).

---

14) 2007년 형사소송법 개정으로 공소시효 기간이 장기화되었으나, 부칙 제3조에 의해 개정 전 범한 범죄의 공소시효기간은 종전 형사소송법 규정에 의한다.

나. 답안의 구성

> **답안구성**
> Ⅰ. 공소사실의 요지
> Ⅱ. 공소시효기간
> Ⅲ. 공소시효의 완성
> Ⅳ. 소결론

공소시효기간은 해당 공소사실에 대한 **적용법조·법정형**과 **형사소송법 제249조** 규정을 적절히 활용하여 기재한다. 공소시효 완성 쟁점은 주로 공소시효의 정지와 함께 출제됨이 일반적이다.

답안작성시 공소시효의 도과사실은 공소제기일을 적시하여 간단히 기재하고, 소결론에서는 형사소송법 제326조 제3호 기재를 누락하지 않도록 한다. 공소제기일 기재시 별도의 증거기재 없이 "**기록상 명백합니다**"라는 표현을 사용하면 충분하다.

> **판결 기재례** 공소시효의 완성
>
> 1. 이 사건 공소사실의 요지
>
>   피고인은 2007. 12. 2. 13:00경 제시기일에 지급되지 아니할 것을 예상하면서 발행일자를 백지로 하여 액면 3,000,000원인 당좌수표 1장을 발행하여 A에게 교부하였는데 그가 2012. 10. 30. 발행일자를 그날로 보충기재하여 2012. 11. 1. B은행 서초지점에 제시하였으나 무거래로 지급되지 아니하게 하였다. [공소사실의 요지]
>
> 2. 판단
>
>   위 죄는 부정수표 단속법 제2조 제2항, 제1항에 의하여 법정형이 5년 이하의 징역 또는 수표금액의 10배 이하의 벌금으로 되어 있어, 형사소송법 제250조, 형법 제50조, 형사소송법 부칙(2007. 12. 21.) 제3조, 구 형사소송법(2007. 12. 21. 법률 제8730호로 개정되기 전의 것) 제249조 제1항 제4호에 의하여 공소시효가 5년이다. [공소시효기간] 한편, 발행일을 백지로 하여 수표를 발행하는 경우 위 죄를 수표를 발행한 때에 성립하는데, 이 사건 공소는 위 당좌수표의 발행일부터 5년이 경과한 후인 2015. 2. 13.에 제기되었음이 기록상 명백하다. [공소시효 완성사실]
>
>   그렇다면 이 사건 공소사실은 공소시효가 완성되었을 때에 해당하므로 형사소송법 제326조 제3호에 의하여 피고인에 대하여 면소를 선고한다. [소결론]

> **답안 기재례** 공소시효의 완성 〈변시 3회〉
>
> 점유이탈물횡령죄는 형법 제360조에 의하여 그 법정형이 5년 이하의 징역 또는 1천만 원 이하의 벌금에 해당하는 범죄로서, 형사소송법 제249조 제1항 제5호에 의하여 그 공소시효가 5년입니다. [공소시효기간] 그런데 이 부분 공소는 범죄일인 2008. 9. 말로부터 5년이 경과한 후인 2013. 10. 18. 제기되었음이 기록상 명백합니다. [공소시효 완성사실]
>
> 결국 이 부분 공소사실은 공소시효가 완성되었을 때에 해당하므로, 이 부분 공소사실에 대해서는 형사소송법 제326조 제3호에 의해 면소판결이 선고되어야 합니다. [소결론]

5. 범죄 후의 법령개폐로 형이 폐지되었을 때

> **답안구성**
> Ⅰ. 공소사실의 요지
> Ⅱ. 범죄 후 형의 폐지사실
> Ⅲ. 소결론

형의 폐지는 벌칙을 폐지하는 경우는 물론 법령의 유효기간의 경과, 구법과 신법의 저촉 등으로 실질상 벌칙의 효력이 없게 된 경우도 포함한다. '범죄 후' 형이 폐지되었음을 요하고, '범죄 전'에 형이 폐지되었으면 무죄(형사소송법 제325조 전단) 사유가 된다. 다만 형의 폐지는 법령의 제정이유인 법률이념의 변경에 따라 종래의 처벌 자체가 부당하였거나 과형이 과중하였다는 반성적 고려에서 법령을 개폐한 경우를 말한다(2012도14253).

헌법재판소의 위헌결정으로 형벌조항이 소급하여 효력을 상실한 경우에는 면소가 아니라 무죄를 선고하여야 하고(2008도7562), 재심이 개시된 사건에서 형벌에 관한 법령이 재심판결 당시 폐지되었다 하더라도 그 폐지가 당초부터 헌법에 위배되어 효력이 없는 법령에 대한 것이었다면 제325조 전단이 규정하는 무죄사유에 해당하는 것이지, 면소사유에 해당하는 것은 아니다(2010도5986). 위임입법에 의한 형벌조항이 죄형법정주의나 위임입법의 한계를 벗어나 무효인 경우에도 마찬가지로 무죄를 선고한다(97도2231).

> **판결 기재례** 범죄 후 형의 폐지
>
> 이 사건 공소사실의 요지는, 피고인이 …함으로써 ○○법을 위반하였다는 것이다. [공소사실의 요지] 살피건대, 위 법령은 2015. 12. 31. 폐지되었음이 명백하므로 [범죄 후 형의 폐지사실] 형사소송법 제326조 제4호에 따라 피고인에 대하여 면소를 선고한다. [소결론]

Ⅲ. 공소기각판결

> **제327조(공소기각의 판결)** 다음 경우에는 판결로써 공소기각의 선고를 하여야 한다.
> 1. 피고인에 대하여 재판권이 없는 때
> 2. 공소제기의 절차가 법률의 규정에 위반하여 무효인 때
> 3. 공소가 제기된 사건에 대하여 다시 공소가 제기되었을 때
> 4. 제329조의 규정에 위반하여 공소가 제기되었을 때
> 5. 고소가 있어야 죄를 논할 사건에 대하여 고소의 취소가 있은 때
> 6. 피해자의 명시한 의사에 반하여 죄를 논할 수 없는 사건에 대하여 처벌을 희망하지 아니하는 의사표시가 있거나 처벌을 희망하는 의사표시가 철회되었을 때

1. 총설

공소기각의 재판은 소송조건 흠결이라는 절차상의 하자를 이유로 공소가 부적법하다고 하여 선고하는 형식적 종국재판으로, 판결(형사소송법 제327조)로 하는 경우와 결정(제328조 제1

항)으로 하는 경우로 나뉜다.

소송조건은 실체판결을 하기 위한 공소의 유효조건이므로 **공소제기시부터 판결시까지 계속 구비되어 있어야 한다.** 소송조건의 존부는 법원의 **직권조사사항이다.** 소송조건의 추완은 허용되지 아니하나(82도1504), 고소가 취소되거나 처벌불원의사가 있었음에도 친고죄나 반의사불벌죄로 기소된 경우, 기소 후에 친고죄나 반의사불벌죄가 아닌 범죄로 공소장변경이 되면 공소제기의 흠은 치유된다(96도2151).

공소기각판결의 사유가 있는 때에는 공소기각의 판결을 하여야 하고 실체에 관하여 판단할 수 없다. **상상적 경합범 중 일부가 유죄이고 일부가 공소기각인 경우에는 주문에서는 유죄부분만 표시하고** 따로 공소기각을 선고하지 않으나 이유에서는 공소기각 부분을 설시하여야 한다(68도105). 포괄일죄의 경우에도 마찬가지이다.

2. 답안의 구성방법

> **답안구성**
> I. 공소사실의 요지
> II. 공소기각 사유 및 관련법리
> III. 공소기각 사유에의 해당사실(사안의 검토)
> IV. 소결론

공소기각 사유를 기재함에 있어서는 형사소송법 제327조 각 호의 사유를 기재하는 것이 아니라, 친고죄의 경우 해당 **형법 규정을 적시**하거나 고소의 추완에 대한 **판례태도 등 관련 법리를 기재**한다. 사안에 따라 이 부분 기재는 생략될 수도 있다.

공소기각 사유에의 해당사실을 기재함에 있어서는 위 규정이나 법리에 따른 **사안의 검토**를 구체적으로 기재한다. 사안을 검토함에 있어 사실을 인정할 경우 그 근거가 되는 **증거 거시를 누락하지 않도록** 주의한다.

소결론에서는 **형사소송법 제327조 각 호** 중 어느 사유에 해당하는지를 정확히 기재한다.

> **답안 기재례** 기소 후 친고죄에 대한 고소가 있는 경우 〈변시 4회〉
>
> 피고인이 피해자에게 욕설을 한 사실은 인정되고, 이에 대해서는 형법 제311조의 모욕죄가 성립가능합니다. 모욕죄는 제312조 제1항에 따라 피해자의 고소가 있어야 공소를 제기할 수 있는 범죄입니다. [공소기각 사유]
>
> 이 부분 공소사실에 대한 피해자의 고소는 2014. 12. 18.에 있었고(기록 제49쪽 고소장), 이는 공소제기일인 2014. 10. 17. 이후에 이루어진 것임이 기록상 명백합니다. 또한 공소제기 후의 고소의 추완은 허용되지 않는다는 것이 판례의 태도입니다.[15] [공소기각 사유 해당사실 검토]
>
> 결국 이 부분 공소는 피해자의 고소 없이 제기된 것으로서 공소제기의 절차가 법률의 규정에 위반하여 무효인 때에 해당하므로 형사소송법 제327조 제2호에 의해 공소기각의 판결이 선고되어야 합니다. [소결론]

---

[15] 기록답안에서는 고소의 추완 인정여부에 대한 견해대립 등을 논할 필요 없이 위와 같이 판례 태도를 간단히 적시하는 것만으로도 충분하다.

3. 공소기각판결의 사유

가. 피고인에 대하여 재판권이 없는 때

형사재판권 대상에서 제외되는 외국원수, 외교사절, 외국인의 국외범, 대통령 등을 들 수 있다.16) 다만 판례는 **국회의원의 면책특권**에 해당하는 행위에 대하여 공소가 제기된 경우 형사소송법 제327조 제2호에 따라 **공소기각판결**을 선고하였다(91도3317).

나. 공소제기의 절차가 법률의 규정에 위반하여 무효인 때

실무상 자주 문제되는 것으로는 ① **공소사실 불특정** 등 공소장의 기재방식 위배,17) ② **친고죄 또는 반의사불벌죄**에서 고소 또는 처벌의사 등의 결여, ③ 소년법상 또는 가정폭력범죄의 처벌 등에 관한 특례법상의 **보호처분을 받은 사건**과 동일한 사건에 대하여 다시 공소가 제기된 경우, ④ 조세범 처벌법 또는 관세법에 규정된 범칙행위에 대해 국세청장 등의 **고발 없이** 공소가 제기된 경우, ⑤ **국회의원의 면책특권**에 속하는 행위에 대해 공소가 제기된 경우, ⑥ **성명모용소송**의 경우, ⑦ 위법한 함정수사에 기한 공소제기와 같은 **공소권남용**의 경우 등이 있다.

> **소년법 제53조(보호처분의 효력)** 제32조의 보호처분을 받은 소년에 대하여는 그 심리가 결정된 사건은 다시 공소를 제기하거나 소년부에 송치할 수 없다.

일반적으로 문제되는 친고죄와 반의사불벌죄 규정은 다음과 같다. 성폭력 관련 범죄에 대한 친고죄 규정은 2013. 6. 19. 개정법에서 삭제되었음에 주의를 요한다.

분류	법률규정
절대적친고죄	사자명예훼손(형법 제308조, 제312조 제1항)
	모욕(형법 제311조, 제312조 제1항)
	비밀침해(형법 제316조, 제318조)
	업무상비밀누설(형법 제317조, 제318조)
상대적친고죄 (친족상도례)	형법상 재산범죄(형법 제328조 제2항)
	가중처벌되는 특정재산범죄 (특정경제범죄 가중처벌 등에 관한 법률 제3조 제1항, 형법 제328조 제2항)
반의사불벌죄	폭행죄 및 존속폭행(형법 제260조 제1항, 제2항, 제3항)
	과실치상(형법 제266조 제1항, 제2항)
	협박 및 존속협박(형법 제283조 제1항, 제2항, 제3항)

---

16) 군인에 대하여는 군사법원에 재판권이 있다. 다만 법원은 공소가 제기된 사건에 대하여 군사법원이 재판권을 가지게 되었거나 재판권을 가졌음이 판명된 때에는 관할 군사법원으로 이송한다(제16조의2).
17) 폭행죄에서 '성명불상 수인을 폭행하였다', 사문서위조죄에서 '채권자 4인 명의의 사문서를 위조하였다'라고 공소장에 기재된 경우가 공소사실 불특정의 예이다.

명예훼손(형법 제307조, 제312조 제2항)
출판물에 의한 명예훼손(형법 제309조, 제312조 제2항)
교통사고처리특례법위반(교통사고처리특례법 제3조 제2항 본문, 제4조 제2항 본문)
부정수표단속법위반(부정수표발행)(부정수표단속법 제2조 제2항, 제4항)
정보통신망이용촉진및정보보호등에관한법률위반(명예훼손)(정보통신망 이용촉진 및 정보보호 등에 관한 법률 제70조 제1항, 제2항, 제3항)

판결 기재례 기소 전 친고죄에 대한 고소취소가 있는 경우

1. 이 사건 공소사실의 요지

   피고인은 … 모욕하였다. [공소사실의 요지]

2. 판단

   이는 형법 제311조에 해당하는 죄로서 형법 제312조 제1항에 의하여 피해자의 고소가 있어야 공소를 제기할 수 있는 사건이다. [공소기각 사유] 그런데 …에 의하면 피해자 A는 이 사건 공소제기 전인 2016. 2. 24. 이미 피고인에 대한 고소를 취소한 사실을 인정할 수 있다. [공소기각 사유 해당사실 검토]

   그렇다면 이 사건은 공소제기의 절차가 법률의 규정을 위반하여 무효인 때에 해당하여 형사소송법 제327조 제2호에 의하여 공소를 기각한다. [소결론]

판결 기재례 기소 후 친고죄에 대한 고소가 있는 경우

1. 이 사건 공소사실의 요지

   피고인은 … 모욕하였다. [공소사실의 요지]

2. 판단

   모욕죄는 형법 제311조에 해당하는 죄로서 형법 제312조 제1항에 의하여 피해자의 고소가 있어야 공소를 제기할 수 있고 공소제기 이후에 고소의 추완은 허용되지 않는다. [공소기각 사유] 그런데 위 사실에 관하여 당초에 명예훼손죄로 공소가 제기되었다가 2016. 3. 9. 모욕죄로 교환적으로 변경되었는데, A가 작성한 고소장의 기재에 의하면 공소제기 이후인 2016. 3. 16. 에야 비로소 피해자로부터 고소가 제기된 사실을 알 수 있다. [공소기각 사유 해당사실 검토]

   그렇다면 위 변경된 공소사실에 대한 공소는 피해자의 고소 없이 제기된 것으로서 공소제기의 절차가 법률의 규정을 위반하여 무효인 때에 해당하므로 형사소송법 제327조 제2호에 의하여 이 부분에 대한 공소를 기각한다. [소결론]

판결 기재례 고소기간 경과 후 고소가 있는 경우

1. 이 사건 공소사실의 요지

    피고인은 … 횡령하였다. [공소사실의 요지]

2. 판단

    횡령죄는 형법 제355조에 해당하는 죄로서 형법 제361조에 의하여 준용되는 형법 제328조 제2항에 의하면 피해자와 범인 간에 위 조항에 정해진 친족관계가 있는 경우에는 피해자의 고소가 있어야 공소를 제기할 수 있고, 형사소송법 제230조는 범인을 알게 된 날로부터 6개월이 경과되면 고소하지 못한다고 규정하고 있다. [공소기각 사유]

    … 에 의하면 피고인과 피해자 ○○○는 동거하지 않는 6촌 형제 간인 사실을 인정할 수 있으므로 위 조항에 정해진 친족관계가 있다.18)

    그런데 …에 의하면 … 사실을 인정할 수 있다. 따라서 피해자는 적어도 2015. 6. 9.경에는 범인을 알게 되었다고 보아야 하므로, 그 때부터 6월이 경과하였음이 역수상 명백한 2016. 3. 11.에 제기된 위 고소는 고소기간이 경과된 뒤에 제기된 것으로 부적법하다. [공소기각 사유 해당사실 검토]

    그렇다면 이 사건 공소 역시 이와 같은 부적법한 고소에 따라 제기된 것이어서 공소제기의 절차가 법률의 규정을 위반하여 무효인 때에 해당하므로, 형사소송법 제327조 제2호에 따라 이 사건 공소를 기각한다. [소결론]

판결 기재례 소년법상 보호처분을 받은 사건

1. 이 사건 공소사실의 요지

    피고인은 … 절취하였다. [공소사실의 요지]

2. 판단

    소년법 제53조는 "제32조의 보호처분을 받는 소년에 대하여는 그 심리가 결정된 사건은 다시 공소를 제기할 수 없다."고 규정하고 있다. [공소기각 사유]

    …에 의하면, 피고인은 상습으로 …절취한 사실에 대하여 … 부산가정법원에서 소년원 송치의 보호처분 결정을 받아 그 무렵 위 결정이 확정된 사실을 인정할 수 있다. 위 보호처분 결정 전에 범한 이 사건 공소사실과 위 보호처분 결정을 받은 사건은 그 범행 수단과 방법, 범행기간, 피고인의 전과 등에 비추어 모두 피고인의 절도 습벽의 발현에 따른 것이라고 인정되므로 실체법상 일죄인 포괄일죄의 관계에 있다. [공소기각 사유 해당사실 검토]

    그렇다면 이 사건 공소는 공소제기의 절차가 법률의 규정을 위반하여 무효인 때에 해당하므로 형사소송법 제327조 제2호에 따라 공소를 기각한다. [소결론]

---

18) 형법 제328조 제2항의 친족상도례 적용을 위해서는 단순히 친족관계의 존재뿐만 아니라 피고인과 피해자가 동거하지 않고 있다는 사실까지 검토하여야 한다.

판결 기재례 특정경제범죄가중처벌등에관한법률위반(횡령)의 점과 친족상도례

1. 이 사건 공소사실의 요지

   피고인은 … 7억 원을 횡령하였다. [공소사실의 요지]

2. 판단

   이는 특정경제범죄 가중처벌 등에 관한 법률 제3조 제1항, 형법 제355조 제1항에 해당하는 죄이다. 한편 형법 제354조에 의해 준용되는 제328조 제1항에 의하면 횡령죄는 피해자와 범인 간에 위 조항에 정해진 친족관계가 있는 경우에는 피해자의 고소가 있어야 공소를 제기할 수 있는데, 형법상 횡령죄의 성질은 특정경제범죄 가중처벌 등에 관한 법률 제3조 제1항에 의해 가중처벌 되는 경우에도 그대로 유지되고 같은 법률에 친족상도례의 적용을 배제한다는 명시적인 규정이 없으므로, 형법 제354조는 특정경제범죄 가중처벌 등에 관한 법률 제3조 제1항 위반죄에도 그대로 적용된다(2009도12627 등 참조). [공소기각 사유]

   …(증거)에 의하면 피고인과 피해자 ○○○는 이종사촌으로서 동거하지 않는 친족관계에 있는 사실을 인정할 수 있다. 그런데 위 피해자가 고소한 사실이 있음을 인정할 아무런 자료가 없다. [공소기각 사유 해당사실 검토]

   그렇다면 이 사건 공소는 공소제기의 절차가 법률의 규정을 위반하여 무효인 때에 해당하므로 형사소송법 제327조 제2호에 의하여 공소를 기각한다. [소결론]

답안 기재례 기소 전 처벌불원의 의사표시가 있는 경우

이 부분 공소사실은 형법 제283조 제1항에 해당하는 죄로서 같은 법 제3항에 의하여 피해자의 명시한 의사에 반하여 공소를 제기할 수 없는 범죄입니다. [공소기각 사유] 그런데 피해자는 이 사건 공소제기 전인 2015. 3. 3. 이미 피고인의 처벌을 바라지 않는다는 의사를 명시적으로 표시하고 있습니다(기록 제36쪽, 진술서 참조). [공소기각 사유 해당사실 검토]

결국 이 부분 공소는 공소제기의 절차가 법률의 규정에 위반하여 무효인 때에 해당하므로 형사소송법 제327조 제2호에 의해 공소기각판결이 선고되어야 합니다. [소결론]

답안 기재례 친고죄에서 고소가 존재하지 않는 경우 〈변시 7회〉

직계혈족, 배우자, 동거친족, 동거가족 또는 그 배우자 간 이외의 친족 간에 야간주거침입절도죄를 범한 때에는 고소가 있어야 공소를 제기할 수 있습니다(형법 제344조, 제328조 제2항, 제1항). [공소기각 사유]

피고인과 이 부분 공소사실 피해자 이동수는 동거하지 않는 사촌지간이므로(가족관계증명서, 주민등록등본 참조), 이 부분 공소사실은 위 규정에서 정하는 상대적 친고죄에 해당합니다. 그러나 피해자 이동수가 피고인을 고소하였다는 사정은 기록상 존재하지 아니합니다. [공소기각 사유 해당사실 검토]

결국 이 부분 공소사실은 공소제기의 절차가 법률의 규정에 위반하여 무효인 때에 해당하므로 공소기각 판결이 선고되어야 합니다(형사소송법 제327조 제2호). [소결론]

답안 기재례 친고죄에서 고소기간을 도과한 고소만이 존재하는 경우 〈변시 10회〉

2. 특정경제범죄가중처벌등에관한법률위반(사기), 사기의 점

가. 특경법위반(사기)의 점에 대하여

직계혈족·배우자·동거친족·동거가족 또는 그 배우자간의 형법 제347조의 죄는 그 형을 면제하고, 그 이외의 친족간에 위 죄를 범한 때에는 고소가 있어야 공소를 제기할 수 있으며(형법 제354조, 제328조), 이러한 친족상도례는 특경법 제3조 제1항 위반죄에도 그대로 적용된다는 것이 판례의 입장입니다. [공소기각 사유]

친고죄의 공범 중 그 1인 또는 수인에 대한 고소 또는 그 취소는 다른 공범자에 대하여도 효력이 있습니다(형사소송법 제233조). 피고인 김갑동과 피해자 김손해는 동거하지 않는 사촌 관계입니다(각 가족관계증명서 기재, 피해자 김손해의 법정진술 등 참조). 이 부분 공소사실에 대하여 피해자 김손해 피고인 김갑동을 고소하였다는 사정은 기록상 존재하지 아니하고, 피고인 김갑동과 공범 관계에 있는 김을남에 대한 피해자의 고소는 고소기간을 도과하여 유효하지 아니합니다(변론요지서 II. 1. 가.항 참조). [공소기각 사유 해당사실 검토 1]

또한 한 개의 범죄사실의 일부분에 대한 고소는 그 범죄사실 전부에 대하여 효력이 발생합니다. 이러한 고소의 객관적 불가분 원칙은 상상적 경합에 있어서는 각 부분이 모두 친고죄이고, 피해자가 같을 때에만 적용됩니다. 피고인 김갑동의 피해자 김손해에 대한 특경법위반(사기)의 점과 피해자 김피해에 대한 사기의 점은 하나의 기망행위에 의한 것으로 상상적 경합(형법 제40조) 관계에 있으나[19] 그 피해자가 동일하지 아니하므로 위 객관적 불가분 원칙이 적용되지 아니하여, 김피해의 사기의 점에 대한 고소의 효력은 이 부분 공소사실에는 미치지 아니합니다. [공소기각 사유 해당사실 검토 2]

따라서 이 부분 공소사실은 친고죄임에도 불구하고 피해자의 고소 없이 제기되었으므로 공소제기의 절차가 법률의 규정에 위반하여 무효인 때에 해당하여, 공소기각 판결이 선고될 것으로 예상됩니다(형사소송법 제327조 제2호). [소결론]

나. 사기의 점에 대하여

앞서 살펴본 바와 같이 이 부분 공소사실 범행 역시 친고죄에 해당합니다(형법 제354조, 제328조). 피해자 김피해는 2020. 10. 3. 김을남에 대하여 적법·유효하게 고소를 하였고(기록 제27쪽 고소장 기재 참조), 피고인 김갑동과 공범 관계에 있는 김을남에 대한 고소는 피고인에게도 효력이 있습니다(고소의 주관적 불가분 원칙).

따라서 이 부분 공소사실에 대하여는 유죄판결이 선고될 것으로 예상됩니다.

---

19) 다만 공소장의 적용법조 기재를 보면 형법 제40조가 적용규정에 포함되어 있지 아니하므로, 검사는 이 부분

답안 기재례 적법한 고소 없이 기소 후 고소가 있는 경우 〈변시 12회〉

> 모욕죄(형법 제311조)는 피해자의 고소가 있어야 공소를 제기할 수 있는 친고죄이고(제312조 제1항), 친고죄의 고소권자는 피해자·피해자의 법정대리인 등이며(형소법 제223조, 제225조 제1항), 고소의 추완은 허용되지 아니한다는 것이 판례의 태도입니다. [공소기각 사유]
>
> 이 부분 공소사실에 대하여 향우회 모임의 회장에 불과한 장동향은 적법한 고소권자가 아니므로, 위 장동향의 고소는 적법·유효한 고소로 볼 수 없습니다. 또한 이 사건 공소제기 후인 2022. 12. 28.에 비로소 피해자 김갑동이 고소장을 제출한 사정만으로는 기존에 고소 없이 제기된 이 사건 공소제기를 적법·유효한 것으로 볼 수 없습니다. [공소기각 사유 해당사실 검토]
>
> 결국 이 부분 공소사실에 대하여는 공소기각판결이 선고되어야 합니다(형소법 제327조 제2호). [소결론]

다. 공소가 제기된 사건에 대하여 다시 공소가 제기되었을 때

공소사실의 기본적 사실관계가 동일한 사건에 대하여 같은 법원에 다시 공소가 제기된 경우, 나중에 제기된 공소는 공소기각판결의 대상이 된다.

같은 법원이란 토지관할과 사물관할이 모두 동일한 경우를 의미하고, 반드시 전후 기소의 죄명이 같을 필요는 없다.

답안 작성시 공소사실의 동일성에 대한 구체적 검토를 누락하지 않아야 한다. 이 때의 동일성 검토는 기판력의 동일성 판단과 마찬가지로 기본적 사실동일설을 기본으로 한다.

판결 기재례 공소제기된 사건에 대한 재기소

> 1. 이 사건 공소사실의 요지
>   피고인은 … 절취하였다. [공소사실의 요지]
> 2. 판단
>   …에 의하면, 피고인은 부산지방검찰청 검사에 의하여 2015. 12. 22. 상습특수절도죄로 공소가 제기되어 그 사건이 이 법원 2015고단3762호로 계속 중에 있는 사실을 인정할 수 있다. 그런데 2016. 1. 12. 공소가 제기된 이 사건 공소사실은 …을 종합하여 볼 때 이미 공소가 제기되어 계속 중인 위 상습특수절도죄의 공소사실과 동일하다. [공소기각 사유 해당사실 검토]
>
>   그렇다면 이 사건 공소는 공소가 제기된 사건에 대하여 다시 공소가 제기되었을 때에 해당하므로 형사소송법 제327조 제3호에 의하여 공소를 기각한다. [소결론]

공소사실을 상상적 경합이 아닌 실체적 경합으로 기소하였음을 알 수 있다.

답안 기재례 | 공소제기된 사건에 대한 재기소

> 피고인은 서울서부지방검찰청 검사에 의하여 2016. 12. 30. 특정범죄가중처벌등에관한법률위반(도주차량)죄로 공소가 제기되어 그 사건이 이 법원 2016고단6975호로 계속 중에 있습니다(기록 제17쪽 수사보고서 참조). 한편 2015. 1. 3. 공소가 제기된 이 부분 공소사실은 …을 종합하여 볼 때 이미 공소가 제기되어 계속 중인 위 특정범죄가중처벌등에관한법률위반(도주차량)죄의 공소사실과 동일한 것임이 명백합니다. [공소기각 사유 해당사실 검토]
> 결국 이 부분 공소는 공소가 제기된 사건에 대하여 다시 공소가 제기되었을 때에 해당하므로 형사소송법 제327조 제3호에 의해 공소기각의 판결이 선고되어야 합니다. [소결론]

라. 형사소송법 제329조의 규정에 위반하여 공소가 제기되었을 때

공소취소에 의한 공소기각의 결정이 확정된 때에는 공소취소 후 그 범죄사실에 대한 <u>다른 중요한 증거를 발견한 경우에 한하여 다시 공소를 제기할 수 있다</u>(형사소송법 제329조). 이에 위반하여 다른 중요한 증거를 발견한 경우가 아님에도 다시 공소를 제기한 경우에는 공소기각 판결을 선고하여야 한다.

위 제329조에 의한 재기소는 다른 중요한 증거를 발견한 때에 한하고, 이는 공소취소 전의 증거만으로는 증거불충분으로 무죄가 선고될 가능성이 있으나 새로 발견된 증거를 추가하면 유죄의 확신을 가지게 될 정도의 증거가 있는 경우를 말한다(77도1308). <u>포괄일죄로 기소된 공소사실 중 일부에 대하여 공소장변경의 방식에 의하여 이루어진 공소사실의 일부 철회는 공소취소에 해당하지 아니하므로 제329조의 제한이 적용되지 아니한다</u>(2004도3203).

답안 기재시 공소취소 후 다른 중요한 증거가 발견되지 아니하였고 <u>처음 공소제기 당시의 증거만이 존재한다는 사정을 검토하여야 한다.</u>

판결 기재례 | 형사소송법 제329조를 위반한 공소제기

> 1. 이 사건 공소사실의 요지
>   피고인은 …하였다. [공소사실의 요지]
> 2. 판단
>   형사소송법 제329조는 "공소취소에 의한 공소기각의 결정이 확정된 때에는 공소취소 후 그 범죄사실에 대한 다른 중요한 증거를 발견한 경우에 한하여 다시 공소를 제기할 수 있다."고 규정하고 있다. [공소기각 사유]
>   … 에 의하면, 이 사건 공소가 제기되기 전인 2015. 7. 1. 이 사건과 동일한 사실에 관하여 서울서부지방법원 2015고단877 사건으로 공소가 제기되었으나 2015. 8. 1. 공소가 취소되어 2015. 8. 7. 공소기각결정이 있었고 그 때쯤 위 결정이 확정된 사실이 인정된다. 그리고 이 사건 공소사실에 대한 증거로서는 처음 공소가 제기될 당시의 그것과 동일한 …만이 있음이 명백하다. [공소기각 사유 해당사실 검토]

> 그렇다면 이 사건은 형사소송법 제329조의 규정을 위반하여 공소가 제기되었을 때에 해당하므로 형사소송법 제327조 제4호에 의하여 공소를 기각한다. [소결론]

답안 기재례 형사소송법 제329조를 위반한 공소제기

> 형사소송법 제329조는 "공소취소에 의한 공소기각의 결정이 확정된 때에는 공소취소 후 그 범죄사실에 대한 다른 중요한 증거를 발견한 경우에 한하여 다시 공소를 제기할 수 있다."고 규정하고 있습니다. [공소기각 사유]
>
> 이 부분 공소가 제기되기 전인 2014. 12. 30. 이 사건과 동일한 사실에 관하여 서울서부지 방법원 2014고단6975 사건으로 공소가 제기되었으나 다음 해 1. 3. 공소가 취소되어 같은 달 7. 공소기각결정이 있었고 그 때쯤 위 결정이 확정되었으며, 이 부분 공소사실에 대한 증거는 처음 공소가 제기될 당시의 그것과 동일한 … 만이 있음이 기록상 명백합니다. [공소기각 사유 해당사실 검토]
>
> 결국 이 부분 공소는 제329조의 규정을 위반하였으므로 형사소송법 제327조 제4호에 의해 공소기각 판결이 선고되어야 합니다. [소결론]

마. 고소가 있어야 죄를 논할 사건에 대하여 고소의 취소가 있은 때

친고죄에서 공소제기 후 고소가 취소된 경우이다. 고소의 취소는 제1심 판결선고 전까지만 유효하고(형사소송법 제232조 제1항), 공소제기 전의 고소취소는 제327조 제2호의 사유에 해당하므로, 본호는 공소제기 이후 제1심 판결선고 전까지 사이에 고소취소가 있은 경우를 의미한다. 즉 공소제기 이전에 고소의 취소가 있었으면 제327조 제2호에 의하여, 공소제기 이후에 고소의 취소가 있으면 제5호에 의하여 각 공소기각의 판결을 선고하여야 한다.

항소심에서 공소장변경 등으로 인하여 친고죄가 아닌 범죄를 친고죄로 인정하였다 하더라도, 항소심을 제1심이라고 할 수는 없으므로 항소심에 이르러 고소를 취소하였다면 친고죄에 대한 고소취소로서의 효력은 없다(96도1922).

명시적인 고소취소에 한하지 않고 합의서 및 탄원서가 제출된 경우에도 특별한 사정이 없는 한 고소취소가 있는 것으로 보아야 하고(81도1171), 친고죄의 공범 중 그 1인 또는 수인에 대한 고소 또는 그 취소는 다른 공범자[20]에 대하여도 효력이 있다(형사소송법 제233조).

상대적 친고죄의 경우 피해자의 고소취소는 친족관계가 없는 공범자에게는 그 효력이 미치지 아니한다. 또한 친고죄의 공범 중 일부에 대해 제1심 판결이 선고된 후에는 아직 제1심 판결이 선고되지 아니한 다른 공범에 대하여 고소를 취소하지 못한다(85도1940). 다만 반의사불벌죄에 대하여는 불가분의 원칙이 적용되지 아니한다(93도1689).

---

20) 필요적 공범과 임의적 공범을 구별하지 않고 모두 포함한다.

| 판결 기재례 | 기소 후 친고죄에 대한 고소취소가 있는 경우

1. 피고인 갑에 대한 이 사건 공소사실 중 모욕의 점의 요지

   피고인 갑은 을과 공모하여 … 공연히 피해자 A를 모욕하였다. [공소사실의 요지]

2. 판단

   이는 형법 제311조에 해당하는 죄로서 형법 제312조 제1항에 의하여 피해자의 고소가 있어야 공소를 제기할 수 있다. [공소기각 사유] 공판기록에 편철된[21] A가 작성한 합의서의 기재에 의하면 고소인 A는 이 사건 공소제기 후인 2016. 2. 18.[22] 공범 을에 대한 고소를 취소한 사실을 인정할 수 있다. 그리고 형사소송법 제233조에 의하면 공범 중 1인에 대한 고소의 취소는 다른 공범자에 대하여도 효력이 있다. [공소기각 사유 해당사실 검토] 그렇다면 위 공소사실은 고소가 있어야 공소를 제기할 수 있는 사건에 대하여 고소의 취소가 있은 때에 해당하므로 형사소송법 제327조 제5호에 의하여 공소를 기각한다.

| 답안 기재례 | 기소 후 공범에 대한 고소취소가 있는 경우

이 부분 공소사실은 형법 제311조에 해당하는 범죄로서 제312조 제1항에 의하여 피해자의 고소가 있어야 공소를 제기할 수 있는 사건입니다. [공소기각 사유] 그러나 고소인 박고소는 이 사건 공소제기 후인 2015. 1. 3. 이을남에 대한 고소를 취소하였고(기록 제36쪽, 합의서 참조), 공범 중 1인에 대한 고소취소는 다른 공범자에 대하여도 효력이 있습니다(형사소송법 제233조). [공소기각 사유 해당사실 검토]

결국 이 부분 공소사실은 친고죄에 대하여 고소의 취소가 있는 때에 해당하므로 형사소송법 제327조 제5호에 의해 공소기각의 판결이 선고되어야 합니다. [소결론]

| 답안 기재례 | 친고죄에서 공소제기 후 고소가 취소된 경우 〈변시 9회〉

사자명예훼손죄는 고소가 있어야 공소를 제기할 수 있는 친고죄이고(형법 제312조 제1항), 사자명예훼손죄에 대한 고소권자는 그 친족 또는 자손입니다(형사소송법 제227조). [공소기각 사유] 피해자 망 채무왕의 법률상 배우자인 나부녀(나부녀 가족관계증명서 참조)는 이 사건 공소제기 후인 2019. 26. 이 부분 공소사실에 대한 고소를 취소하였습니다(기록 제22쪽 합의서 참조). [공소기각 사유 해당사실 검토]

결국 이 부분 공소사실에 대하여는 공소기각 판결이 선고되어야 합니다(형사소송법 제327조 제5호). [소결론]

---

21) 결심 후 선고 전 합의서가 제출된 경우와 같이 증거로 제출되어 공판절차에서 증거조사를 거친 경우가 아닌 때에 쓰는 표현이다.
22) 실제 합의한 날이 아닌 합의서 등 서면을 관할법원에 제출한 날을 기재하여야 한다.

바. 피해자의 명시한 의사에 반하여 죄를 논할 수 없는 사건에 대하여 처벌을 희망하지 아니하는 의사표시가 있거나 처벌을 희망하는 의사표시가 철회되었을 때

반의사불벌죄에서 공소제기 후 처벌불원의 의사표시가 있는 경우이다. 고소취소와 마찬가지로 위 처벌불원의 의사표시는 공소제기 후 제1심 판결선고 전까지 사이에 이루어져야 한다(형사소송법 제232조 제3항, 제1항). 피해자가 처벌불원의 의사를 명시적으로 표시한 이후에는 이를 번복하여 다시 처벌을 희망하는 의사를 표시할 수 없다(93도3221).

부정수표단속법 제2조 제4항은 수표를 발행하거나 작성한 자가 그 수표를 회수한 경우 수표소지인이 처벌을 희망하지 아니하는 의사표시를 한 것과 마찬가지로 보아 같은 조 제2항 및 제3항의 죄를 반의사불벌죄로 규정한 취지라고 해석함이 타당하므로, 부도수표가 제1심 판결선고 후 회수되었다면 그 회수는 효력이 없다(94도475).

한편 수표가 공범에 의하여 회수된 경우 그 효력은 회수 당시 소지인의 의사와 관계없이 다른 공범에게도 당연히 미친다(99도900). 그러나 수표 액면 상당의 돈을 수표소지인 앞으로 변제공탁하여 수표소지인이 이를 수령하였다 하여도, 그것만으로는 수표를 회수한 경우나 수표소지인의 명시한 의사에 반하는 경우 중의 어느 것에 해당한다고 볼 수 없다(94도789).

> **판결 기재례** 기소 후 처벌불원의 의사표시가 있는 경우
>
> 1. 이 사건 공소사실 중 명예훼손의 점의 요지
>
>   피고인은 … 허위사실이 기재된 현수막을 설치하고 허위사실을 기재한 유인물을 불특정 다수인에게 배포함으로써 공연히 허위사실을 적시하여 피해자의 명예를 훼손하였다. [공소사실의 요지]
>
> 2. 판단
>
>   이는 형법 제307조 제2항에 해당하는 죄로서 형법 제312조 제2항에 의하여 피해자의 명시한 의사에 반하여 공소를 제기할 수 없다. [공소기각 사유] 그런데 …에 의하면 피해자 A는 이 사건 공소제기 후인 2016. 3. 12. 피고인에 대한 처벌을 희망하지 아니하는 의사표시를 한 사실을 인정할 수 있다. [공소기각 사유 해당사실 검토]
>
>   그렇다면 형사소송법 제327조 제6호에 의하여 위 공소를 기각하여야 하나, 이와 상상적 경합범의 관계에 있는 업무방해죄를 유죄로 인정한 이상 따로 주문에서 공소기각을 선고하지 아니한다. [소결론]

> **답안 기재례** 기소 후 처벌희망 의사표시의 철회가 있는 경우
>
> 이 부분 공소사실은 형법 제260조 제1항에 해당하는 범죄이고, 제260조 제3항에 의하여 피해자의 명시한 의사에 반하여 공소를 제기할 수 없습니다. [공소기각 사유]
>
> 피해자는 이 부분 공소가 제기된 후인 2015. 1. 3. 피고인에 대한 처벌을 희망하는 의사표시를 철회하였습니다(기록 제26쪽 합의서 참조). [공소기각 사유 해당사실 검토]

결국 이 부분 공소는 피해자의 명시한 의사에 반하여 죄를 논할 수 없는 사건에 대하여 처벌을 희망하는 의사표시가 철회되었을 때에 해당하므로 형사소송법 제327조 제6호에 의해 공소기각판결이 선고되어야 합니다. [소결론]

> **답안 기재례** 반의사불벌죄에서 공소제기 후 처벌불원의 의사표시가 있는 경우 〈변시 8회〉
>
> 협박죄는 피해자의 명시한 의사에 반하여 공소를 제기할 수 없는 범죄입니다(형법 제283조 제3항). [공소기각 사유]
>
> 이 부분 공소사실에 대해 피해자는 이 사건 공소제기 후인 2018. 12. 27. 피고인에 대한 처벌불원의 의사를 표시하였습니다(기록 제21쪽 참조). [공소기각 사유 해당사실 검토]
>
> 결국 이 부분 공소사실에 대하여는 공소기각판결이 선고될 것입니다(형사소송법 제327조 제6호). [소결론]

Ⅳ. 공소기각결정

> **형사소송법 제328조(공소기각의 결정)** ① 다음 경우에는 결정으로 공소를 기각하여야 한다.
> 1. 공소가 취소 되었을 때
> 2. 피고인이 사망하거나 피고인인 법인이 존속하지 아니하게 되었을 때
> 3. 제12조 또는 제13조의 규정에 의하여 재판할 수 없는 때
> 4. 공소장에 기재된 사실이 진실하다 하더라도 범죄가 될 만한 사실이 포함되지 아니하는 때

답안의 구성방법은 공소기각판결의 경우와 같다.

> **답안 기재례** 형사소송법 제328조 제1항 제4호 공소기각결정
>
> 위 수표가 그 제시일인 10일 이내에 제시되지 아니한 사실이 공소사실 자체에 의하여 명백하므로[23] 이는 공소장에 기재된 사실이 진실하다 하더라도 죄가 될 만한 사실이 포함되지 아니한 때에 해당합니다. [공소기각 사유 해당사실 검토]
>
> 따라서 이 부분 공소에 대해서는 형사소송법 제328조 제1항 제4호에 따라 공소가 기각되어야 합니다. [소결론]

---

23) 지급제시기간은 수표에 기재된 발행일 다음 날부터 기산하고, 마지막 날이 공휴일인 경우에는 다음 날에 만료된다.

V. 관련 기재례 및 판례 등 정리

1. 형사소송법 제325조 전단 무죄 관련 기재례

가. 개인적 법익에 대한 죄

답안 기재례 폭행의 점에 대하여

> 거리상 멀리 떨어져 있는 사람에게 전화하면서 고성을 내거나 그 전화 대화를 녹음 후 듣게 하는 경우에는 신체에 대한 유형력의 행사를 한 것으로 보기 어렵고, 특수한 방법으로 수화자의 청각기관을 자극하여 그 수화자로 하여금 고통스럽게 느끼게 할 정도의 음향을 이용하였다는 등의 특별한 사정 또한 존재하지도 아니합니다(2000도5761 참조).

답안 기재례 특수폭행의 점에 대하여

> 피해자가 먼저 식칼을 들고 나와 피고인을 찌르려다가 피고인이 이를 저지하기 위하여 그 칼을 뺏은 다음 피해자를 훈계하면서 위 칼의 칼자루 부분으로 피해자의 머리를 가볍게 쳤을 뿐이라면 피해자가 사회사회통념에 비추어 그 물건의 사용으로 인하여 위험성을 느꼈으리라고는 할 수 없습니다(89도1570 참조).

답안 기재례 중유기의 점에 대하여

> 강간치상의 범행을 저지른 자가 그 범행으로 인하여 실신상태에 있는 피해자를 구호하지 아니하고 방치하였다고 하더라도 그 행위는 포괄적으로 단일의 강간치상죄만을 구성하고 별도의 유기죄를 구성하지 아니합니다(80도726 참조).

답안 기재례 협박의 점에 대하여

> - 형법규정의 체계상 협박죄는 자연인만을 그 대상으로 예정하고 있을 뿐 법인은 협박죄의 객체가 될 수 없습니다(2010도1017 참조).
> - 피해자 본인이나 그 친족뿐만 아니라 그 밖의 '제3자'에 대한 법익 침해를 내용으로 하는 해악을 고지하는 경우에는 피해자 본인과 제3자가 밀접한 관계에 있어 그 해악의 내용이 피해자 본인에게 공포심을 일으킬 만한 정도의 것이라야 협박죄가 성립할 수 있습니다(2010도1017 참조).
> - 감금을 하기 위한 수단으로서 행사된 단순한 협박행위는 감금죄에 흡수되어 따로 협박죄를 구성하지 아니합니다(82도705 참조).

| 답안 기재례 | 강요의 점에 대하여

> 폭행 또는 협박으로 법률상 의무 있는 일을 하게 한 경우에는 폭행 또는 협박죄만 성립할 뿐 강요죄는 성립하지 아니합니다(2008도1097 참조).

| 답안 기재례 | 국외이송약취·피약취자국외이송의 점에 대하여

> 미성년의 자녀를 부모가 함께 동거하면서 보호·양육하여 오던 중 부모의 일방이 상대방 부모나 그 자녀에게 어떠한 폭행, 협박이나 불법적인 사실상의 힘을 행사함이 없이 그 자녀를 데리고 종전의 거소를 벗어나 다른 곳으로 옮겨 자녀에 대한 보호·양육을 계속하였다면, 설령 이에 관하여 법원의 결정이나 상대방 부모의 동의를 얻지 아니하였다고 하더라도 그러한 행위에 대하여 곧바로 형법상 미성년자에 대한 약취죄의 성립을 인정할 수는 없고, 기록상 그 행위가 보호·양육권의 남용에 해당한다는 등 특별한 사정 또한 존재하지 아니합니다(2010도14328 전원합의체 참조).

| 답안 기재례 | 강간의 점에 대하여

> 피고인이 강간할 목적으로 피해자의 집에 침입하였다 하더라도 안방에 들어가 누워 자고 있는 피해자의 가슴과 엉덩이를 만지면서 간음을 기도하였다는 사실만으로는 강간의 수단으로 피해자에게 폭행이나 협박을 개시하였다고 하기는 어렵습니다(90도607 참조).

| 답안 기재례 | 명예훼손의 점에 대하여

> - 명예훼손죄에서 '공연성'은 불특정 또는 다수인이 인식할 수 있는 상태를 의미하므로 비록 개별적으로 한 사람에 대하여 사실을 유포하더라도 이로부터 불특정 또는 다수인에게 전파될 가능성이 있다면 공연성의 요건을 충족하지만, 이와 달리 전파될 가능성이 없다면 특정한 한 사람에 대한 사실의 유포는 공연성이 없습니다(2010도7497 참조).
> - 기자가 취재를 한 상태에서 아직 기사화하여 보도하지 아니한 경우에는 전파가능성이 없다고 할 것이어서 공연성이 없다고 할 것입니다(99도5622 참조).
> - 어떤 사람이 범죄를 고발하였다는 사실이 주위에 알려졌다고 하여 그 고발사실 자체만으로 고발인의 사회적 가치나 평가가 침해될 가능성이 있다고 볼 수는 없고, 기록상 그 고발의 동기나 경위가 불순하다거나 온당하지 못하다는 등의 사정이 함께 알려졌다는 사정 또한 존재하지 아니합니다(2009도6687 참조).
> - 공적 관심사안에 관하여 진실하거나 진실이라고 봄에 상당한 사실을 공표한 경우에는 그것이 악의적이거나 현저히 상당성을 잃은 공격에 해당하지 않는 한 원칙적으로 형법 제310조에서 말하는 공공의 이익에 관한 것이라는 증명이 있는 것으로 보아야 합니다(2004도1632 참조).
> - 명예훼손사실을 발설한 것이 사실이냐는 질문에 대답하는 과정에서 타인의 명예를 훼

손하는 사실을 발설하게 된 것이라면, 그 발설내용과 동기에 비추어 명예훼손의 범의를 인정할 수 없고, 질문에 대한 단순한 확인대답이 명예훼손에서 말하는 사실적시라고도 할 수 없습니다(2008도6515 참조).

답안 기재례 신용훼손의 점에 대하여

퀵서비스의 주된 계약내용이 신속하고 친절한 배달이라 하더라도, 그와 같은 사정만으로 위 행위가 피해자의 경제적 신용, 즉 지급능력이나 지급의사에 대한 사회적 신뢰를 저해하는 행위에 해당한다고 보기는 어렵습니다(2009도5549 참조).

답안 기재례 업무방해의 점에 대하여

- 초등학생들이 학교에 등교하여 교실에서 수업을 듣는 것은 학생들 본인의 권리를 행사하는 것이거나 국가 내지 부모들의 의무를 이행하는 것에 불과할 뿐 그것이 형법상 업무방해죄의 보호대상이 되는 '업무'에 해당한다고 할 수 없습니다(2013도3829 참조).
- 주주로서 주주총회에서 의결권 등을 행사하는 것은 주식의 보유자로서 그 자격에서 권리를 행사하는 것에 불과할 뿐 그것이 형법상 업무방해죄의 보호대상이 되는 '업무'에 해당한다고 할 수 없습니다(2004도1256 참조).
- 형법 제314조의 '업무'란 사람이 사회생활상의 지위에 기하여 계속·반복의 의사로 종사하는 사무를 의미합니다(피고인들이 방해하였다는 피해자의 조경공사업무는 …점 등을 고려하면 계속적이 아닌 1회적인 사무에 불과하여 업무방해죄의 보호대상이 되는 '업무'에 해당한다고 할 수 없습니다)(92도2929 참조).
- 업무방해죄와 별도로 공무집행방해죄를 규정하고 있는 우리 형법 규정체계상 위력으로 공무원이 직무 수행을 방해한 경우에는 공무집행방해죄는 물론 업무방해죄 역시 성립하지 아니합니다(2009도11104 참조).
- 행위자가 제3자의 의사결정에 관여할 수 있는 권한을 가지고 있거나 그에 대하여 업무상 지시를 할 수 있는 지위에 있는 경우에는, 제3자로 하여금 상대방에게 어떤 조치를 취하게 하는 등으로 상대방의 업무에 곤란을 야기하거나 그러한 위험이 초래되게 하였다 하더라도 업무방해죄를 구성하지 아니합니다(2011도16718 참조).

답안 기재례 위계업무방해의 점에 대하여

인터넷 자유게시판 등에 실제의 객관적인 사실을 게시하는 행위는, 설령 그로 인하여 피해자의 업무가 방해된다고 하더라도 형법 제314조 제1항에서 정하는 위계에 의한 업무방해죄에 있어서의 '위계'에 해당하지 아니합니다(2006도3839 참조).

> **답안 기재례** 컴퓨터등장애업무방해의 점에 대하여

단순히 메인 컴퓨터의 비밀번호를 알려주지 아니한 것만으로는 정보처리장치의 작동에 직접 영향을 주어 그 사용목적에 부합하는 기능을 하지 못하게 하거나 사용목적과 다른 기능을 하게 하였다고 볼 수 없어 형법 제314조 제2항에 의한 컴퓨터등장애업무방해죄에 해당하지 아니합니다(2002도631 참조).

> **답안 기재례** 주거침입의 점에 대하여

- 건조물의 이용에 기여하는 인접의 부속 토지라고 하더라도 인적 또는 물적 설비 등에 의한 구획 내지 통제가 없어 통상의 보행으로 그 경계를 쉽사리 넘을 수 있는 정도라고 한다면 일반적으로 외부인의 출입이 제한된다는 사정이 객관적으로 명확하게 드러났다고 보기 어려우므로, 이는 다른 특별한 사정이 없는 한 주거침입죄의 객체에 속하지 아니합니다(2009도14643 참조).
- 다방, 당구장, 독서실 등의 영업소가 들어서 있는 건물 중 공용으로 사용되는 계단과 복도는 주야간을 막론하고 관리자의 명시적 승낙이 없어도 누구나 자유롭게 통행할 수 있는 곳이라 할 것이고, 관리자인 ○○○가 그 출입문을 특별히 시정하였다거나, 피고인이 범죄의 목적으로 위 건물에 출입하였다는 등의 사정 또한 존재하지 아니하므로, 위 건물의 출입에 관하여 관리자나 소유자의 묵시적인 승낙이 있다고 봄이 상당하여 그 출입행위는 주거침입죄를 구성하지 아니합니다(84도2917 참조).
- 피고인이 그 침입 대상인 아파트에 사람이 있는지를 확인하기 위해 그 집의 초인종을 누른 행위만으로는 침입의 현실적 위험성을 포함하는 행위를 시작하였다거나, 주거의 사실상의 평온을 침해할 객관적인 위험성을 포함하는 행위를 한 것으로 볼 수 없습니다(2008도1464 참조).
- 형법 제334조 제1항 특수강도죄는 '주거침입'이라는 요건을 포함하고 있으므로 형법 제334조 제1항 특수강도죄가 성립할 경우 '주거침입죄'는 별도로 처벌할 수 없고, 형법 제334조 제1항 특수강도에 의한 강도상해가 성립할 경우에도 별도로 '주거침입죄'를 처벌할 수 없다고 보아야 할 것입니다(2012도12777 참조).
- 피고인이 이 사건 다세대주택 2층의 불이 꺼져 있는 것을 보고 물건을 절취하기 위하여 가스배관을 타고 올라가다가, 발은 1층 방범창을 딛고 두 손은 1층과 2층 사이에 있는 가스배관을 잡고 있던 상태에서 순찰 중이던 경찰관에게 발각되자 그대로 뛰어내린 것만으로는 침입을 위한 구체적 행위를 시작하였다고 볼 수 없으므로 주거침입죄를 구성하지 아니합니다(2008도917 참조).
- 외부인이 공동거주자의 일부가 부재중에 주거 내에 현재하는 거주자의 현실적인 승낙을 받아 통상적인 출입방법에 따라 공동주거에 들어간 경우라면 부재중인 다른 거주자의 추정적 의사에 반하는 경우에도 주거침입죄는 성립하지 아니합니다(2020도12630 참조).

- 일반인의 출입이 허용된 음식점에 영업주의 승낙을 받아 통상적인 출입방법으로 들어갔다면 설령 행위자가 범죄 등을 목적으로 음식점에 출입하였거나 영업주가 행위자의 실제 출입 목적을 알았더라면 출입을 승낙하지 않았을 것이라는 사정이 인정되더라도 그러한 사정만으로는 사실상의 평온상태를 해치는 방법으로 음식점에 들어갔다고 평가할 수 없으므로 침입행위에 해당하지 않습니다(2017도18272 참조).

> 답안 기재례 | **특수주거침입의 점에 대하여**

수인이 흉기를 휴대하여 타인의 건조물에 침입하기로 공모한 후 그 중 일부는 밖에서 망을 보고 나머지 일부만이 건조물 안으로 들어갔을 경우에 있어서 (흉기휴대)특수주거침입죄의 구성요건이 충족되었다고 볼 수 있는지의 여부는 직접 건조물에 들어간 범인을 기준으로 하여 그 범인이 흉기를 휴대하였다고 볼 수 있느냐의 여부에 따라 결정되어야 합니다(94도1991 참조).

> 답안 기재례 | **절도의 점에 대하여**

- 양도담보권자인 채권자가 제3자에게 담보목적물인 동산을 매각하여 그 목적물의 소유권을 취득하게 한 다음 그 제3자로 하여금 그 목적물을 취거하게 한 경우, 그 제3자로서는 자기의 소유물을 취거한 것에 불과하므로, 채권자의 위와 같은 행위는 절도죄를 구성하지 아니합니다(2006도4263 참조).
- 컴퓨터에 저장되어 있는 정보 그 자체는 유체물이라고 볼 수 없고, 동력도 아니므로 재물이 될 수 없을 뿐만 아니라, 이를 복사하거나 출력하는 행위는 그 정보 자체나 피해자의 점유 및 이용가능성을 감소시키지 아니하므로 절도죄를 구성하지 아니합니다(2002도745 참조).
- 절취한 타인의 신용카드를 이용하여 현금지급기에서 계좌이체를 한 행위는 절취행위라 볼 수 없고, 위 계좌이체 후 현금지급기에서 현금을 인출한 행위 역시 이러한 현금인출이 현금지급기 관리자의 의사에 반한다고 볼 수 없어 절취행위에 해당하지 아니합니다(2008도2440 참조).
- 피고인이 피해자 소유의 오토바이를 타고 가다가 마음이 변하여 이를 반환하지 아니한 채 그대로 타고 가버렸더라도, 피해자가 피고인에게 자신의 오토바이를 타고 심부름을 다녀오라고 한 것이라면, 횡령죄를 구성함은 별론으로 하고 적어도 절도죄를 구성하지는 아니합니다(86도1093 참조).
- 종전 점유자의 점유가 그의 사망으로 인한 상속에 의하여 당연히 그 상속인에게 이전된다는 민법 제193조는 절도죄의 요건으로서의 '타인의 점유'와 관련하여서는 적용의 여지가 없고, 재물을 점유하는 소유자로부터 이를 상속받아 그 소유권을 취득하였다고 하더라도 상속인이 그 재물에 관하여 위에서 본 의미에서의 사실상의 지배를 가지게 되어

야만 이를 점유하는 것으로서 그때부터 비로소 상속인에 대한 절도죄가 성립할 수 있습니다(…점 등을 고려하면, 피고인이 가방을 들고 나온 시점에 사망한 ○○○의 상속인인 △△△이 아파트에 있던 가방을 사실상 지배하여 점유하고 있었다고 볼 수 없어 피고인의 행위가 △△△의 가방에 대한 점유를 침해하여 절도죄를 구성한다고 할 수 없습니다)(2010도6334 참조).

답안 기재례 절도미수의 점에 대하여

절도의 목적으로 피해자의 집 현관을 통하여 그 집 마루 위에 올라서서 창고문 쪽으로 향하다가 피해자에게 발각, 체포되었다면 아직 절도행위의 실행에 착수하였다고 볼 수 없습니다(86도1753 참조).

답안 기재례 특수절도의 점에 대하여

입목인 영산홍을 절취하기 위하여 이를 캐낸 때 이미 절도죄는 기수에 이르렀다고 할 것이고, 그 이후에 피고인이 위 영산홍을 ○○○와 함께 승용차까지 운반하였더라도 이를 피고인이 ○○○와 합동하여 영산홍 절취행위를 하였다고 볼 수는 없습니다(2008도6080 참조).

답안 기재례 특수절도미수의 점에 대하여

- 형법 제331조 제2항의 특수절도에 있어 주거침입은 그 구성요건이 아니므로, 2인 이상이 합동하여 야간이 아닌 주간에 절도의 목적으로 타인의 주거에 침입하였다 하여도 아직 절취할 물건의 물색행위를 시작하기 전이라면 특수절도죄의 실행에는 착수한 것으로 볼 수는 없습니다(2009도9667 참조).
- 피고인이 창문을 통하여 건축 중인 아파트의 지하실 안쪽을 살폈을 뿐, 위 지하실에 침입하였다거나 훔칠 물건을 물색하던 중 동파이프를 발견하고 그에 접근하였다는 등의 사실을 인정할 수 없으므로, 피고인에게는 특수절도의 실행의 착수가 인정되지 아니합니다(2009도14554 참조).

답안 기재례 강도의 점에 대하여

피고인이 타인에 대하여 반항을 억압함에 충분한 정도의 폭행 또는 협박을 가한 사실이 있다 해도 그 타인이 재물 취거의 사실을 알지 못하는 사이에 그 틈을 이용하여 피고인이 우발적으로 타인의 재물을 취거한 경우에는 위 폭행이나 협박과 재물의 탈취 사이에 인과관계가 존재하지 아니하므로 강도죄가 성립하지 아니합니다(2008도10308 참조).

답안 기재례 | **강도강간의 점에 대하여**

> 피고인이 타인의 주거에 침입하여 집안의 동정을 살피는 것만으로는 강도의 실행에 착수한 것이라고 할 수 없습니다. 따라서 강도의 실행의 착수하기 전 피해자를 발견하여 강간을 한 경우라면, 피고인에 대해 강도강간죄는 성립하지 아니합니다(91도2296 참조).

답안 기재례 | **준강도의 점에 대하여**

> - 준강도죄의 주체는 절도범인이고, 절도죄의 객체는 재물입니다. 따라서 피고인이 피해자로부터 술값의 지급을 요구받자 피해자를 폭행하고 도주함으로써 술값의 지급을 면하여 재산상 이익을 취득하였더라도, 이러한 재산상 이익을 취득하였다는 것만으로는 준강도죄에서 요구하는 절도의 실행에 착수하였다고 볼 수 없습니다(2014도2521 참조).
> - 피고인이 체포를 면하려고 충동적으로 저항을 시도하여 잡은 손을 뿌리친 정도에 불과하다면 이러한 폭행은 상대방의 반항을 억압할 정도의 것이라 할 수 없으므로, 피고인의 이와 같은 행위에 대해서는 준강도죄가 성립하지 아니합니다(85도619 참조).
> - 피고인의 피해자에 대한 폭행은 피고인이 피해자의 집에서 절도범행을 마친 지 10분 가량 지나 피해자의 집에서 200m 가량 떨어진 버스정류장이 있는 곳에서 이루어진 점, 또한 이는 피고인을 절도범인이라고 의심하고 뒤쫓아 온 피해자에 붙잡혀 피고인이 피해자의 집으로 돌아왔을 때 비로소 이루어졌다는 점 등을 고려하면 피고인의 폭행은 사회통념상 절도범행이 이미 완료된 이후에 행하여진 것이라 할 것이므로, 피고인에 대해서는 준강도죄가 성립하지 아니합니다(98도3321 참조).
> - 피해자에 대한 상해는 피고인이 날치기 수법으로 절도를 함에 있어 그 점유탈취과정에서 우연히 가해진 것에 불과하고, 그 정도 역시 피해자의 반항을 억압하기에 부족합니다. 따라서 피고인에 대해서는 준강도죄가 성립하지 아니합니다(2003도2316 참조).

답안 기재례 | **강도상해의 점에 대하여**

> 피해자가 입은 상처가 굳이 치료를 받지 않더라도 일상생활을 하는데 아무런 지장이 없고 시일이 경과함에 따라 자연적으로 치유가 될 수 있는 정도로서 이로 인해 신체의 완전성이 손상되고 생활기능에 장애가 왔다거나 건강상태가 불량하게 변경되었다고 보기 어려운 경우에는 상해에 해당하지 아니합니다(피해자가 특별한 치료를 받지 않고도 위와 같은 통증이 자연적으로 치유되었고 위와 같은 통증으로 인해 일상생활에 별다른 지장을 받지 않았다면 강도상해죄에 있어서의 상해에 해당한다고 할 수 없습니다)(2001도4389 참조).

답안 기재례 | **강도살인의 점에 대하여**

- …점 등을 고려하면 채무의 존재가 명백할 뿐만 아니라 채권자의 상속인이 존재하고 그 상속인에게 채권의 존재를 확인할 방법이 확보되어 있습니다. 따라서 비록 피고인이 채무를 면탈할 의사로 채권자인 ○○○를 살해하였더라도 이는 일시적으로 채권자 측의 추급을 면한 것에 불과하여 재산상 이익의 지배가 채권자 측으로부터 피고인 앞으로 이전되었다고 보기는 어려우므로, 결국 피고인에 대해서는 강도살인죄가 성립하지 아니합니다(2004도1098 참조).
- …점 등을 고려하면 피고인이 피해자 소유의 돈과 신용카드에 대해 불법영득의사를 가지게 된 시점은 피고인이 피해자를 살해한 후 상당한 시간이 경과하여 살인의 범죄행위가 이미 완료된 후라 할 것입니다. 따라서 살해 후 상당한 시간이 지난 후 별도의 범의에 터잡아 이루어진 재물취거행위는 절도죄를 구성할 수 있을 뿐, 그보다 앞선 살인행위와 합쳐 강도살인죄가 성립한다고 할 수 없습니다(2004도1098 참조).

답안 기재례 | **강도강간의 점에 대하여**

강간범이 강간의 범행 후에 강도의 범의를 일으켜 그 부녀의 재물을 강취한 경우에는 강간죄와 강도죄의 경합범이 성립할 수 있을 뿐, 강도강간죄는 성립하지 아니합니다(2001도6425 참조).

답안 기재례 | **강도예비의 점에 대하여**

예비·음모 행위자에게 미필적으로라도 '강도'를 할 목적이 있음이 인정되지 아니하고, 단순히 '준강도'할 목적이 있음에 그치는 경우에는 강도예비·음모죄로 처벌할 수 없습니다(2004도6432 참조).

답안 기재례 | **사기의 점에 대하여**

- 가압류는 강제집행의 보전방법에 불과한 것이어서 허위의 채권을 피보전권리로 삼아 가압류를 하였다고 하더라도 그 채권에 관하여 현실적으로 청구의 의사표시를 한 것이라고는 볼 수 없으므로, 본안소송을 제기하지 아니한 채 가압류를 한 것만으로는 사기죄의 실행에 착수하였다고 할 수 없습니다(88도55 참조).
- 금융기관 발행의 자기앞수표는 그 액면금을 즉시 지급받을 수 있는 점에서 현금에 대신하는 기능을 가지고 있어서 장물인 자기앞수표를 취득한 후 이를 현금 대신 교부한 행위는 장물취득에 대한 가벌적 평가에 당연히 포함되는 불가벌적 사후행위로서 별도의 범죄를 구성하지 아니합니다(93도213 참조).
- 보험가입사실증명원은 재물이나 재산상의 이익의 처분에 관한 사항을 포함하고 있지 아니하여, 이러한 문서를 불법으로 취득하더라도 사기죄에서 말하는 재물이나 재산상

이익이 침해된 것으로 볼 수 없습니다(96도2625 참조).
- 자기의 채권자에 대한 채무이행으로 채권을 양도하였다 하더라도 위 채권이 존재하지 않는다면 채무면탈의 효과가 발생할 수 없어, 위 채권의 양도로써 재산상의 이익을 취득하였다고 볼 수 없습니다(85도74 참조).
- 위조된 약속어음을 진정한 약속어음인 것처럼 속여 기왕의 물품대금채무의 변제를 위하여 채권자에게 교부하였다고 하여도 어음이 결제되지 않는 한 물품대금채무가 소멸되지 아니하므로 사기죄는 성립되지 않습니다(82도2938 참조).
- 송금의뢰인이 수취인의 예금계좌에 계좌이체 등을 한 이후, 수취인이 은행에 대하여 예금반환을 청구함에 따라 은행이 수취인에게 그 예금을 지급하는 행위는 계좌이체금액 상당의 예금계약의 성립 및 그 예금채권 취득에 따른 것으로서 은행이 착오에 빠져 처분행위를 한 것이라고 볼 수 없으므로, 결국 이러한 행위는 은행을 피해자로 한 형법 제347조의 사기죄에 해당하지 아니합니다(2010도3498 참조).
- 중고 자동차매매에 있어서 매도인의 자동차 할부금채무가 매수인에게 당연히 승계되는 것은 아니므로, 그 할부금채무의 존재를 매수인에게 고지하지 아니한 것은 부작위에 의한 기망에 해당하지 아니합니다(98도231 참조).
- 부동산의 이중매매에 있어서 매도인이 제2의 매수인에게 그와 같은 이중매매라는 사정을 고지하지 아니하였다 하여 제2매수인을 기망한 것이라고 평가할 수는 없고, 이는 부동산의 이중양도담보에 있어서도 마찬가지라 할 것입니다(2011도15179 참조).
- 자동차의 매도인이 이미 제3자와의 사이에 자동차매매계약이 체결된 사실을 고지하지 아니한 채 매수인과 매매계약을 체결하였다고 하더라도 제3자와의 위 자동차매매계약이 그 제3자에 대한 차용금채무를 담보하기 위하여 대물변제의 예약을 한 것이라면, 이 대물변제의 예약 때문에 당연히 매수인이 그 자동차를 인도받아 소유권을 취득하는데 장애가 되는 것은 아니므로 매도인이 매수인을 기망하여 그 매매대금을 편취한 것이라고 볼 수 없습니다(89도1397 참조).
- 매수인이 매도인에게 매매잔금을 지급함에 있어 착오에 빠져 지급해야 할 금액을 초과하는 돈을 교부하는 경우, 매도인이 매매잔금을 건네주고 받는 행위를 끝마친 후에야 비로소 알게 되었을 경우에는 교부하는 돈을 그대로 받은 그 행위는 점유이탈물횡령죄가 될 수 있음은 별론으로 하고 사기죄를 구성할 수는 없습니다(2003도4531 참조).
- 부동산의 명의수탁자가 부동산을 제3자에게 매도하고 매매를 원인으로 한 소유권이전등기까지 마쳐 준 경우, 명의신탁의 법리상 대외적으로 수탁자에게 그 부동산의 처분권한이 있는 것이므로, 제3자로서는 자기 명의의 소유권이전등기가 마쳐진 이상 실질적인 재산상 손해가 인정되지 아니하므로 그 제3자에 대한 사기죄는 성립되지 아니하고, 이는 자동차의 명의수탁자가 처분한 경우에도 마찬가지라 할 것입니다(2006도4498 참조).
- 피고인이 피해자 명의의 등기서류를 위조하여 등기공무원에게 제출함으로써 피고인 명의로 위 피해자 소유의 부동산에 대한 소유권이전등기를 마쳤다고 하여도 위 피해자의

- 처분행위가 없을 뿐 아니라 등기공무원에게는 위 부동산의 처분권한이 있다고 볼 수 없어 결국 사기죄가 성립하지 않습니다(81도529 참조).
- 피고인이 타인과 공모하여 그 공모자를 상대로 제소하여 의제자백의 판결을 받아 이에 기하여 부동산의 소유권이전등기를 하였다고 하더라도 이는 소송 상대방의 의사에 부합하는 것으로서 착오에 의한 재산적 처분행위가 있다고 할 수 없어 동인으로부터 부동산을 편취한 것이라고 볼 수 없고, 그 부동산의 진정한 소유자가 따로 있다고 하더라도 피고인이 의제자백판결에 기하여 그 진정한 소유자로부터 소유권을 이전받은 것이 아니므로 그 소유자로부터 부동산을 편취한 것이라고 볼 여지도 없습니다(97도2430 참조).
- 부동산 경매절차에서 허위 공사대금채권을 근거로 유치권 신고를 하였더라도 이를 소송사기의 실행의 착수로 볼 수는 없습니다(2009도5900 참조).
- 소송비용을 편취할 의사로 소송비용의 지급을 구하는 손해배상청구의 소를 제기한 경우, 객관적으로 일반인의 판단으로 보아 결과 발생의 가능성이 존재하지 아니한다 할 것입니다(사기죄의 불능범)(2005도8105 참조).
- 사기죄의 성립 여부는 그 행위 당시를 기준으로 판단하여야 하고, 그 행위 이후의 경제사정의 변화 등으로 인하여 피고인이 채무불이행 상태에 이르게 된다고 하여 이를 사기죄로 처벌할 수는 없습니다(2008도5618 참조).
- 자기가 점유하는 타인의 재물에 대하여는 이를 영득함에 기망행위를 한다 하여도 횡령죄 성부는 별론으로 하고 사기죄는 성립하지 아니합니다(87도2168 참조).

> **답안 기재례** | **사기의 점에 대하여 (죄수)**
>
> 피고인 등이 피해자들을 유인하여 사기도박으로 도금을 편취한 행위는 사회관념상 1개의 행위로 평가하는 것이 타당하므로, 피해자들에 대한 각 사기죄는 상상적 경합의 관계에 있다고 보아야 합니다(2010도9330 참조).

> **답안 기재례** | **컴퓨터등사용사기의 점에 대하여**
>
> 형법 제347조의2는 컴퓨터등사용사기죄의 객체는 재물이 아닌 재산상 이익에 한정됩니다. 절취한 타인의 신용카드로 현금자동지급기에서 현금을 인출하는 행위는 재물에 관한 범죄임이 분명하므로 위 컴퓨터등사용사기죄로 처벌할 수 없습니다(2003도1178 참조).

> **답안 기재례** | **공갈의 점에 대하여**
>
> - 공갈죄의 대상은 타인의 재물이므로, 사람을 공갈하여 자기의 재물을 교부받는 경우에는 공갈죄가 성립하지 아니합니다. 또한 금전을 도난당한 경우 그 절취 금원이 객관적으로 다른 금전 등과 구분됨이 명백한 경우라면 절도 피해자가 절도범인으로부터 그 절취 금원을 갈취하였다 하더라도 공갈죄는 성립하지 아니합니다(2012도6157 참조).

- 부녀와의 정교 자체는 경제적으로 평가할 수 없는 것이므로, 부녀를 공갈하여 정교를 맺었다고 하여 이로써 재산상 이익을 갈취한 것이라 볼 수는 없습니다. 또한 그 부녀가 주점접대부라 할지라도 피고인과 매음을 전제로 정교를 맺은 것이 아닌 이상 피고인이 매음대가의 지급을 면하였다고 볼 여지도 없습니다(82도2714 참조).

답안 기재례 | 횡령의 점에 대하여

- 부동산의 경우 형법 제355조의 보관자 지위는 그 부동산을 제3자에게 유효하게 처분할 수 있는 권능의 유무를 기준으로 결정하여야 합니다(이을남 명의로 등기되어 있는 부동산을 피고인이 점유·관리하고 있는 사실만으로는 피고인이 위 부동산을 처분할 수 있는 보관자의 지위에 있다고 할 수 없습니다)(2007도1082 참조).
- 공무원의 직무에 관하여 뇌물공여의 목적으로 전달하여 달라고 교부받은 금원은 불법원인급여물이고, 이는 민법 제746조에 의하여 급여한 금원의 소유권은 급여를 받은 상대방에게 귀속됩니다(99도275 참조).
- 부동산의 공유자 중 1인이 다른 공유자의 지분을 임의로 처분하거나 임대하여도 그에게는 그 처분권능이 없어 횡령죄가 성립하지 아니합니다(2003도6988 참조).
- 타인을 공갈하여 재물을 교부케 한 경우에는 공갈죄를 구성함은 별론으로 하고 그것을 소비하고 타에 처분하였다고 하더라도 횡령죄를 구성하지는 않습니다(85도2513 참조).
- 부동산 입찰절차에서 입찰목적부동산의 소유권은 그 매수대금을 누가 부담했는지와 관계없이 명의인이 취득합니다. 따라서 그 명의인이 자신의 명의로 되어 있는 부동산을 임의로 처분하였다고 하더라도 그 부동산은 횡령죄의 객체인 타인의 재물이라고 볼 수 없어, 결국 횡령죄가 성립하지 아니합니다(2000도258 참조).
- 채권자가 그 채권의 지급을 담보하기 위하여 채무자로부터 수표를 발행·교부받아 이를 소지한 경우에는, 수표상의 권리가 채권자에게 유효하게 귀속됩니다. 따라서 채무자로부터 지급담보를 목적으로 수표를 발행·교부받은 채권자는 횡령죄의 주체인 타인의 재물을 보관하는 자의 지위에 있지 아니합니다(99도4979 참조).
- 중간생략등기형 명의신탁에서 명의수탁자가 매도인으로부터 바로 중간생략의 소유권이전등기를 마친 경우라고 하더라도 그 이전등기는 무효이고, 신탁부동산의 소유권은 매도인이 그대로 보유하게 됩니다. 따라서 수탁자는 신탁자에 대한 관계에서 횡령죄에서 말하는 '타인의 재물을 보관하는 자'의 지위에 있다고 볼 수 없습니다(2014도6992 전원합의체 참조).
- 횡령행위의 완료 후 행해진 횡령물의 처분행위는 불가분적 사후행위에 해당하여 별개의 횡령죄를 구성하지 아니합니다(2226도4034 참조).
- 장물임을 알면서 장물을 인도받아 보관하고 있던 자가 그 장물을 임의로 처분하였다고 하더라도 그 횡령행위는 불가별적 사후행위에 불과하여 장물보관죄와 별도로 횡령죄는 성립하지 아니합니다(76도3067 참조).

> 답안 기재례 **횡령 또는 배임의 점에 대하여**

- 매도인이 선의인 계약명의신탁에 있어 수탁자가 자신의 명의로 매도인과의 매매계약에 기하여 당해 부동산의 소유권이전등기를 경료한 경우에는, 명의수탁자는 신탁자에 대한 관계에서 횡령죄에서 '타인의 재물을 보관하는 자'의 지위에 있다고 볼 수 없고, 배임죄에서 '타인의 사무를 처리하는 자'의 지위에 있다고 보기도 어렵습니다(2011도7361 참조).
- 매도인이 선의인 계약명의신탁에 있어 수탁자가 자신의 명의로 매도인과의 매매계약에 기하여 당해 부동산의 소유권이전등기를 경료한 경우에는, 명의수탁자가 매도인에 대한 관계에서 횡령죄에서 '타인의 재물을 보관하는 자' 또는 배임죄에서 '타인의 사무를 처리하는 자'의 지위에 있다고 볼 수 없습니다(2011도7361 참조).
- 부동산 실명법에 위반한 양자간 명의신탁의 경우 명의수탁자가 신탁받은 부동산을 임의로 처분하여도 명의신탁자에 대한 관계에서 횡령죄가 성립하지 아니합니다(2016도18761 참조).

> 답안 기재례 **횡령 또는 사기의 점에 대하여**

피고인이 피해자에게 돈을 빌리면서 담보 명목으로 제3자에 대한 채권을 양도하였는데도 제3자에게 채권양도 통지를 하기 전에 이를 추심하여 임의로 소비한 경우, 차용금 편취의 점과 담보로 양도한 채권을 추심하여 임의 소비한 횡령의 점은 비양립적인 관계라 할 것입니다(따라서 이 부분 공소사실에 대해 횡령죄(또는 사기죄)가 성립하는 이상 이와 비양립적인 관계에 있는 사기죄(또는 횡령죄)는 성립하지 아니합니다)(2011도1442 참조).

> 답안 기재례 **배임의 점에 대하여**

- 양도담보권자가 변제기 경과 후 담보권 실행에 따라 부담하는 정산의무는 자기의 사무처리에 속하므로 이를 이행하지 아니하더라도 배임죄는 성립하지 아니합니다(85도1493 전원합의체 참조).
- 담보권자가 변제기 경과 후에 담보권 실행을 위해 담보목적물을 처분하는 행위는 타인인 채무자의 사무처리가 아닌 자기의 사무처리에 속하는 것이고, 또한 담보권자가 담보권을 실행하기 위하여 담보목적물을 처분함에 있어 시가에 따른 적절한 처분을 하여야 할 의무는 담보계약상의 민사채무일 뿐입니다(97도2430 참조).
- 채무자가 채권자에게 동산을 양도담보로 제공하고 점유개정의 방법으로 점유하고 있다가 다시 이를 제3자에게 양도담보로 제공하고 역시 점유개정의 방법으로 점유를 계속한 경우, 뒤의 양도담보권자는 처음의 담보권자에 대해 배타적으로 자기의 담보권을 주장할 수 없습니다. 따라서 위와 같이 이중으로 양도담보제공이 된 것만으로는 손해의 발생을 인정할 수 없어 배임죄가 성립하지 아니합니다(89도1931 참조).

- 채무자가 피해자에 대한 채무변제로서 제3자에 대한 보증금채권을 양도하고 대항요건까지 구비하였다면, 그 후 채무자가 제3자와 위 보증금을 감액하기로 약정하고 그 잔액 보증금마저 수령하였더라도 위 채권양도는 여전히 유효하고 피해자의 채권이 그에 따라 소멸하지 아니합니다. 결국 채무자는 피해자의 사무를 처리하는 자의 지위에 있지 않습니다(84도698 참조).
- 채무자가 대물변제예약에 따라 부동산에 관한 소유권이전등기절차를 이행할 의무는 배임죄에서 말하는 신임관계에 기초하여 채권자의 재산을 보호 또는 관리하여야 하는 '타인의 사무'에 해당하지 아니합니다. 따라서 채무자가 대물로 제공하기로 한 부동산을 제3자에게 임의로 처분하였다고 하더라도 배임죄는 성립하지 아니합니다(2014도3363 전원합의체 참조).
- 법인의 대표자가 법인 명의로 한 채무부담행위가 법률상 효력이 없는 경우에는 특별한 사정이 없는 한 그로 인하여 법인에 어떠한 손해가 발생하거나 발생할 위험이 있다고 할 수 없으므로 그 대표자의 행위는 배임죄를 구성하지 아니합니다(대표이사가 대표권을 남용하여 자신의 개인채무에 대하여 회사 명의 차용증을 작성하여 주었고, 그 상대방도 이와 같은 진의를 알았거나 알 수 있었다면, 무효인 차용증을 작성하여 준 것만으로는 회사에 재산상 손해가 발생하였다거나 재산상 실해 발생의 위험이 초래되었다고 볼 수 없어 업무상배임죄가 성립하지 않습니다)(2010도1490 참조).
- 타인의 사무를 처리하는 자가 배임행위로 인하여 본인에게 손해를 가하였다고 할지라도 행위자 또는 제3자가 재산상 이익을 취득한 사실이 없다면 배임죄가 성립할 수 없고, 위와 같은 재산상 이익의 취득 여부는 경제적 관점에서 실질적으로 판단하여야 합니다(피고인이 피해 회사가 정한 할인율 제한을 위반하였다 하더라도 시장에서 거래되는 가격에 따라 제품을 판매하였다면 지정 할인율에 의한 제품가격과 실제 판매시 적용된 할인율에 의한 제품가격의 차액 상당을 거래처가 얻은 재산상의 이익이라고 볼 수는 없습니다)(2007도2484 참조).
- 채무자가 채권양도담보계약에 따라 부담하는 '담보 목적 채권의 담보가치를 유지·보전할 의무'를 이행하는 것은 채무자 자신의 사무에 해당할 뿐이고, 채무자가 통상의 계약에서의 이익대립관계를 넘어서 채권자와의 신임관계에 기초하여 채권자의 사무를 맡아 처리한다고 볼 수 없으므로, 이 경우 채무자는 채권자에 대한 관계에서 '타인의 사무를 처리하는 자'에 해당한다고 할 수 없습니다(2015도5184 참조).
- 채권양도인이 채무자에게 채권양도 통지를 하는 등으로 채권양도의 대항요건을 갖추어 주지 않은 채 채무자로부터 채권을 추심하여 금전을 수령한 경우, 채권양도인이 위와 같이 양도한 채권을 추심하여 수령한 금전에 관하여 채권양수인을 위해 보관하는 자의 지위에 있다고 볼 수 없으므로 채권양도인이 위 금전을 임의로 처분하더라도 횡령죄는 성립하지 않습니다(2017도3829 참조).

답안 기재례 | 장물취득의 점에 대하여

- 컴퓨터등사용사기죄의 범행으로 예금채권을 취득한 다음 자기의 현금카드를 사용하여 현금자동지급기에서 현금을 인출한 경우, 현금카드 사용권한 있는 자의 정당한 사용에 의한 것으로서 현금자동지급기 관리자의 의사에 반하거나 기망행위 및 그에 따른 처분행위도 없었으므로, 별도로 절도죄나 사기죄의 구성요건에 해당하지 않는다 할 것이고, 그 결과 그 인출된 현금은 재산범죄에 의하여 취득한 재물이 아니므로 장물이 될 수 없습니다(2004도353 참조).
- 채무자가 채권자에게 양도담보로 제공한 물건을 임의로 타인에게 양도하는 행위는 배임죄에 해당하나 동 물건은 배임행위에 제공한 물건이지 배임행위로 인하여 영득한 물건 자체는 아니므로 장물이라고 볼 수 없습니다(81도618 참조).
- 피해자가 본범의 기망행위에 속아 현금을 피고인 명의의 은행 예금계좌로 송금하였다면, 이는 재물에 해당하는 현금을 교부하는 방법이 예금계좌로 송금하는 형식으로 이루어진 것에 불과하여 피해자의 은행에 대한 예금채권은 당초 발생하지 아니합니다. 따라서 그 후 피고인이 자신의 예금계좌에서 위 돈을 인출하였다 하더라도 이는 예금명의자로서 은행에 예금반환을 청구한 결과일 뿐이므로, 이와 같은 인출행위에 대해 장물취득죄는 성립하지 아니합니다(2010도6256 참조).
- 장물취득죄는 취득 당시 장물인 정을 알면서 재물을 취득하여야 성립하는 것이므로 피고인이 재물을 인도받은 후에 비로소 장물이 아닌가 하는 의구심을 가졌다고 하여 그 재물수수행위가 장물취득죄를 구성한다고 할 수 없습니다. 또한 장물인 정을 모르고 장물을 보관하였다가 그 후에 장물인 정을 알게 된 경우 그 정을 알고서도 이를 계속하여 보관하는 행위는 장물죄를 구성하는 것이나 이 경우에도 점유할 권한이 있는 때에는 이를 계속하여 보관하더라도 장물보관죄가 성립한다고 할 수 없습니다(2004도6084 참조).

답안 기재례 | 재물손괴의 점에 대하여

건조물의 벽면에 낙서를 하거나 게시물을 부착하는 행위 또는 오물을 투척하는 행위 등이 그 건조물의 효용을 해하는 것에 해당하는지 여부는, 당해 건조물의 용도와 기능, 그 행위가 건조물의 채광·통풍·조망 등에 미치는 영향과 건조물의 미관을 해치는 정도, 건조물 이용자들이 느끼는 불쾌감이나 저항감, 원상회복의 난이도와 거기에 드는 비용, 그 행위의 목적과 시간적 계속성, 행위 당시의 상황 등 제반 사정을 종합하여 사회통념에 따라 판단하여야 합니다(해고노동자인 피고인이 복직을 요구하는 집회를 개최하던 중 래커 스프레이를 이용하여 회사 건물 외벽과 1층 벽면 등에 낙서한 행위는 건물의 효용을 해한 것으로 볼 수 있으나, 이와 별도로 계란 30여 개를 건물에 투척한 행위는 건물의 효용을 해하는 정도의 것에 해당하지 않습니다)(2007도2590 참조).

| 답안 기재례 | 권리행사방해의 점에 대하여

형법 제323조의 권리행사방해죄는 타인의 점유 또는 권리의 목적이 된 자기의 물건을 취거, 은닉 또는 손괴하여 타인의 권리행사를 방해함으로써 성립하는 것이므로, 그 취거, 은닉 또는 손괴한 물건이 자기의 물건이 아니라면 권리행사방해죄가 성립할 여지가 없습니다(피고인이 피해자에게 담보로 제공한 차량이 그 자동차등록원부에 타인 명의로 등록되어 있는 이상 그 차량은 피고인의 소유는 아니므로, 피고인이 피해자의 승낙 없이 미리 소지하고 있던 위 차량의 보조키를 이용하여 이를 운전하여 간 행위는 권리행사방해죄를 구성하지 아니합니다)(2005도6604 참조).

| 답안 기재례 | 권리행사방해의 점에 대하여

- 본권을 갖지 아니한 절도범인의 점유는 권리행사방해죄에 있어서의 타인의 점유에 해당하지 아니합니다(94도343 참조).
- 점유자의 의사나 그의 하자 있는 의사에 기하여 점유가 이전된 경우에는 권리행사방해죄에 있어서의 취거에 해당하지 아니합니다(87도1952 참조).

| 답안 기재례 | 강제집행면탈의 점에 대하여

- 강제집행면탈죄의 객체는 채무자의 재산 중 채권자가 민사집행법상 강제집행 또는 보전처분의 대상으로 삼을 수 있는 것이어야 합니다. 계약명의신탁에서 매도인이 선의인 경우 매매계약에 따라 수탁자 명의의 소유권이전등기가 이루어졌다면 그 명의수탁자는 당해 부동산의 완전한 소유권을 취득하고, 매도인이 악의인 경우 당해 부동산은 매도인이 그대로 보유하게 됩니다. 어느 경우든지 명의신탁자는 당해 부동산의 소유권을 취득하지 못하므로 결국 그 부동산은 명의신탁자에 대한 강제집행이나 보전처분의 대상이 될 수 없습니다(2007도2168 참조).
- 진의에 의하여 재산을 양도하였다면 설령 그것이 강제집행을 면탈할 목적으로 이루어진 것으로서 채권자의 불이익을 초래하는 결과가 되었다고 하더라도 강제집행면탈죄의 허위양도 또는 은닉에는 해당하지 아니합니다(2006도7329 참조).
- 채권자의 채권이 토지 소유자로서 그 지상 건물의 소유자에 대하여 가지는 건물철거 및 토지인도청구권인 경우라면, 채무자인 건물 소유자가 제3자에게 허위의 금전채무를 부담하면서 이를 피담보채무로 하여 건물에 관하여 근저당권설정등기를 경료하였다는 것만으로는 직접적으로 토지 소유자의 건물철거 및 토지인도청구권에 기한 강제집행을 불능케 하는 사유에 해당한다고 할 수 없으므로 건물 소유자에게 강제집행면탈죄가 성립하지 아니합니다. 이는 건물 소유자가 토지 임차인으로서 임대인인 토지 소유자에 대하여 민법 제643조의 건물매수청구권을 행사함으로써 건물 소유자와 토지 소유자 사이에 건물에 관한 매매관계가 성립하여 토지 소유자가 건물 소유자에 대하여 건물에 관한 소유권이전등기 및 명도청구권을 가지게 된 후에 건물 소유자가 제3자에게 허위의 금전채무를 부담하면서 이를 피담보채무로 하여 건물에 관하여 근저당권설정등기를 경료

- 한 경우에도 마찬가지입니다(2008도2279 참조).
- 피고인이 타인에게 채무를 부담하고 있는 양 가장하는 방편으로 피고인 소유의 부동산들에 관하여 소유권이전청구권보전을 위한 가등기를 경료하여 주었다 하더라도 그와 같은 가등기는 원래 순위보전의 효력밖에 없는 것이므로 그와 같이 각 가등기를 경료한 사실만으로는 피고인이 강제집행을 면탈할 목적으로 허위채무를 부담하여 채권자를 해한 것이라고 할 수 없습니다(87도1260 참조).
- 가압류 후에 목적물의 소유권을 취득한 제3취득자가 다른 사람에 대한 허위의 채무에 기하여 근저당권설정등기 등을 경료하더라도 이로써 가압류채권자의 법률상 지위에 어떤 영향을 미치지 않으므로, 강제집행면탈죄에 해당하지 아니합니다(2008도2476 참조).
- 강제집행면탈죄가 적용되는 강제집행은 민사집행법의 적용대상인 강제집행 또는 가압류·가처분 등의 집행을 가리키는 것이므로, 국세징수법에 의한 체납처분을 면탈할 목적으로 재산을 은닉하는 등의 행위는 위 죄의 규율대상에 포함되지 않습니다(보조금관리법 제33조에 의한 보조금의 반환은 국세체납처분의 예에 따라 강제 징수할 수 있을 뿐입니다)(2010도5693 참조).
- 강제집행면탈죄가 적용되는 강제집행은 민사집행법 제2편의 적용대상인 '강제집행' 또는 가압류·가처분 등의 집행을 가리키는 것이고, 민사집행법 제3편의 적용대상인 '담보권 실행 등을 위한 경매'를 면탈할 목적으로 재산을 은닉하는 등의 행위는 위 죄의 규율대상에 포함되지 않습니다(2014도14909 참조).

나. 사회적 법익에 대한 죄

> **답안 기재례** 일반교통방해의 점에 대하여
>
> 형법 제185조의 일반교통방해죄는 일반공중의 교통의 안전을 보호법익으로 하는 범죄로서 여기에서 육로라 함은 일반공중의 왕래에 공용된 장소, 즉 특정인에 한하지 않고 불특정다수인 또는 차마가 자유롭게 통행할 수 있는 공공성을 지닌 장소를 말합니다(목장 소유자가 목장운영을 위해 목장용지 내에 임도를 개설하고 차량 출입을 통제하면서 인근 주민들의 일부 통행을 부수적으로 묵인한 경우, 위 임도는 공공성을 지닌 장소가 아니어서 일반교통방해죄의 '육로'에 해당하지 아니합니다)(2005도7573 참조).

> **답안 기재례** 사문서위조의 점에 대하여
>
> 타인의 대표자 또는 대리자가 그 대표명의 또는 대리명의를 써서 또는 직접 본인의 명의를 사용하여 문서를 작성할 권한을 가지는 경우에 그 지위를 남용하여 단순히 자기 또는 제3자의 이익을 도모할 목적으로 마음대로 문서를 작성한 때라고 할지라도 문서위조죄는 성립하지 아니합니다(83도332 참조).

답안 기재례 **자격모용사문서작성의 점에 대하여**

타인의 대표자 또는 대리자가 그 대표 또는 대리명의로 문서를 작성할 권한을 가지는 경우에 그 지위를 남용하여 단순히 자기 또는 제3자의 이익을 도모할 목적으로 문서를 작성하였다 하더라도 자격모용사문서작성죄는 성립하지 아니합니다(2007도5838 참조).

답안 기재례 **공문서위조의 점에 대하여**

- 컴퓨터 모니터 화면에 나타나는 이미지는 계속적으로 화면에 고정된 것으로 볼 수 없으므로, 형법상 문서에 관한 죄에 있어서의 '문서'에 해당되지 아니합니다(2008도1013 참조).
- 종량제 쓰레기봉투에 인쇄할 시장 명의의 문안이 새겨진 필름을 제조하는 행위에 그친 경우에는 아직 위 시장 명의의 공문서인 종량제 쓰레기봉투를 위조하는 범행의 실행의 착수에 이르지 아니한 것으로서 그 준비단계에 불과한 것이므로 공문서위조죄가 성립하지 아니합니다(2005도7430 참조).
- 공문서인 기안문서의 작성권한자가 직접 이에 서명하지 않고 피고인에게 지시하여 자기의 서명을 흉내내어 기안문서의 결재란에 대신 서명케 한 경우라면 피고인의 기안문서 작성행위는 작성권자의 지시 또는 승낙에 의한 것으로서 공문서위조죄가 성립하지 아니합니다(82도1426 참조).

답안 기재례 **공문서변조의 점에 대하여**

인감증명서의 사용용도란의 기재는 증명청인 동장이 작성한 증명문구에 의하여 증명되는 부분과는 아무런 관계가 없다고 할 것이므로, 권한 없는 자가 임의로 인감증명서의 사용용도란의 기재를 고쳐 썼다고 하더라도 공무원 또는 공무소의 문서 내용에 대하여 변경을 가하여 새로운 증명력을 작출한 경우라고 볼 수 없으므로 공문서변조죄나 이를 전제로 하는 변조공문서행사죄가 성립되지는 않습니다(2004도2767 참조).

답안 기재례 **공문서위조의 점에 대하여 (간접정범)**

문서의 작성권한을 갖는 공무원이 그 문서의 기재사항을 인식하고 그 문서를 작성할 의사로써 이에 서명날인하였다면 그 문서의 성립은 진정하며 여기에 하등 작성명의를 모용한 사실이 있다고 할 수는 없습니다. 따라서 공무원 아닌 자가 관공서에 허위 내용의 증명원을 제출하여 그 내용이 허위인 정을 모르는 담당공무원으로부터 그 증명원 내용과 같은 증명서를 발급받은 경우라도 이에 대해 공문서위조죄의 간접정범은 성립하지 아니합니다(2000도938 참조).

> 답안 기재례 | 허위공문서작성의 점에 대하여

허위공문서작성죄는 그 공문서를 작성할 권한이 있는 자가 허위의 공문서를 작성한 경우에 성립하고, 그 문서를 보충기재할 권한만 위임받은 자는 그러한 지위에 있지 아니합니다(84도368 참조).

> 답안 기재례 | 공정증서원본부실기재의 점에 대하여

- 자동차운전면허대장은 사실증명에 관한 것에 불과하므로 형법 제228조 제1항에서 말하는 공정증서원본이라고 볼 수 없습니다(2010도1125 참조).
- 협의상 이혼의 의사표시가 기망에 의하여 이루어진 것일지라도 그것이 취소되기까지는 유효하게 존재하는 것이므로, 협의상 이혼의사의 합치에 따라 이혼신고를 하여 호적에 그 협의상 이혼사실이 기재되었다면, 이는 공정증서원본불실기재죄에 정한 부실의 사실에 해당하지 않습니다(95도448 참조).
- 1인주주회사에 있어서는 그 1인주주의 의사가 바로 주주총회 및 이사회의 결의로서 1인주주는 타인을 이사 등으로 선임하였다 하더라도 언제든지 해임할 수 있으므로, 1인주주인 피고인이 특정인과의 합의가 없이 주주총회의 소집 등 상법 소정의 형식적인 절차도 거치지 않고 특정인을 이사의 지위에서 해임하였다는 내용을 법인등기부에 기재하게 하였다고 하더라도 공정증서원본에 부실의 사항을 기재케 한 것이라고 할 수는 없습니다(95도2817 참조).
- 공정증서원본부실기재죄의 '부실의 사실'이란 권리의무관계에 중요한 의미를 갖는 사항이 객관적인 진실에 반하는 것을 말합니다. 부동산등기부에 기재되는 거래가액은 당해 부동산의 권리의무관계에 중요한 의미를 갖는 사항에 해당한다고 볼 수 없으므로, 부동산 거래당사자가 거래가액을 거짓으로 신고하여 부동산등기부에 사실과 다른 거래가액을 등재되도록 하였더라도 이에 대해 공전자기록등부실기재죄는 성립하지 아니합니다(2012도12363 참조).

> 답안 기재례 | 등록증부실기재의 점에 대하여

사업자등록증은 단순한 사업사실의 등록을 증명하는 증서에 불과하고 그에 의하여 사업을 할 수 있는 자격이나 요건을 갖추었음을 인정하는 것은 아니라고 할 것이어서 형법 제228조 제1항에 정한 '등록증'에 해당하지 않습니다(2003도6934 참조).

> 답안 기재례 | 위조공문서행사의 점에 대하여

그 문서가 위조(변조, 허위작성)되었다는 정을 아는 공범 등에서 위조(변조, 허위작성)된 문서를 제시, 교부하였더라도 위조공문서행사죄(변조공문서행사죄, 허위작성공문서행사죄)는 성립하지 아니합니다(85도2798 참조).

> 답안 기재례 | **공문서부정행사의 점에 대하여**

- 주민등록표등본은 그 사용권한자가 특정되어 있다고 할 수 없고, 반드시 본인이나 세대원만이 사용할 수 있는 것이 아니므로, 타인의 주민등록표등본을 그와 아무런 관련 없는 사람이 마치 자신의 것인 것처럼 행사하였다고 하더라도 공문서부정행사죄가 성립되지 아니합니다(99도206 참조).
- 인감증명서나 등기필증과 같이 사용권한자가 특정되어 있는 것도 아니고 그 용도도 다양한 공문서는 설사 그 문서와 아무 관련 없는 사람이 문서상의 명의인인 양 가장하여 이를 행사하였다 하더라도 공문서부정행사죄가 성립되지 아니합니다(81도1130 참조).

> 답안 기재례 | **통화위조의 점에 대하여**

통화위조죄와 위조통화행사죄의 객체인 위조통화는 유통과정에서 일반인이 진정한 통화로 오인할 정도의 외관을 갖추어야 합니다(2011도7704 참조).

> 답안 기재례 | **위조통화행사의 점에 대하여**

형법 제207조에서 정한 '행사할 목적'이란 유가증권위조의 경우와 달리 위조·변조한 통화를 진정한 통화로서 유통에 놓겠다는 목적을 말하므로, 자신의 신용력을 증명하기 위하여 타인에게 보일 목적으로 통화를 위조한 경우에는 행사할 목적이 있다고 할 수 없습니다(2011도7704 참조).

> 답안 기재례 | **유가증권위조죄의 점에 대하여**

- 형법 제214조 제1항의 유가증권위조죄가 성립하기 위해서는 '행사할 목적'이 있어야 합니다(위 어음은 대학교수인 피고인이 견본으로 작성하여 강의 부교재로 사용하였던 것인데, 학생인 피고인이 강의 시에 견본으로 받아두었다가 이를 행사한 것이므로, 피고인이 위 약속어음을 행사할 목적이었다고 할 수 없습니다).
- 타인의 대리 또는 대표자격으로 문서를 작성하는 경우 그 문서는 본인의 문서이고 본인에 대하여서만 효력이 생기는 것입니다. 따라서 회사의 대표이사직에 있는 자가 은행과의 당좌거래 약정이 되어 있는 종전 당좌거래명의를 변경함이 없이 그대로 전 대표이사 명의를 사용하여 회사의 수표를 발행하였다 하여도 유가증권위조죄가 성립되지 아니합니다(74도1684 참조).

답안 기재례 | **허위유가증권작성의 점에 대하여**

- 자기앞수표의 발행인이 수표의뢰인으로부터 수표자금을 입금받지 아니한 채 자기앞수표를 발행하더라도 그 수표의 효력에는 아무런 영향이 없으므로 허위유가증권작성죄가 성립하지 아니한다(2005도4528 참조).
- 배서인의 주소기재는 배서의 요건이 아니므로 약속어음 배서인의 주소를 허위로 기재하였다고 하더라도 그것이 배서인의 인적 동일성을 해하여 배서인이 누구인지를 알 수 없는 경우가 아닌 한 형법 제216조의 허위유가증권작성죄는 성립하지 아니합니다(84도547 참조).

답안 기재례 | **위조유가증권행사의 점에 대하여**

- 문서와 달리 유가증권의 경우에는 위조된 유가증권의 원본이 아닌 사본을 행사한 경우에는 위조유가증권행사죄가 성립하지 아니합니다(2008도10678 참조).
- 위조유가증권의 교부자와 피교부자가 서로 유가증권위조를 공모하였거나 공범의 관계에 있다면, 그들 사이의 위조유가증권 교부행위는 위조유가증권행사죄를 구성하지 아니합니다(2010도12553 참조).

답안 기재례 | **도박의 점에 대하여**

- 사기도박과 같이 도박당사자의 일방이 사기의 수단으로써 승패의 수를 지배하는 경우에는 도박에서의 우연성이 결여되어 사기죄만 성립하고 도박죄는 성립하지 아니합니다(2010도9330 참조).
- 피고인 등이 사기도박에 필요한 준비를 갖추고 그러한 의도로 피해자들에게 도박에 참가하도록 권유한 때 또는 늦어도 그 정을 알지 못하는 피해자들이 도박에 참가한 때에는 이미 사기죄의 실행에 착수하였다고 할 것이므로, 피고인 등이 그 후에 사기도박을 숨기기 위하여 얼마간 정상적인 도박을 하였더라도 이는 사기죄의 실행행위에 포함되는 것이어서 피고인에 대하여는 피해자들에 대한 사기죄만이 성립하고 도박죄는 따로 성립하지 아니합니다(2010도9330 참조).

다. 국가의 기능에 대한 죄

답안 기재례 | **직무유기의 점에 대하여**

- 공무원의 직무집행의 내용이 위법한 것으로 평가된다거나, 공무원이 직무를 성실히 수행하지 아니하는 등으로 적절한 직무수행에 이르지 못하였더라도, 공무원이 일단 직무집행의 의사로 자신의 직무를 수행한 경우에는 직무유기죄가 성립하지 아니합니다(2012도15257 참조).

- 공무원이 직무상 의무에 따른 적절한 조치를 취하지 아니하고 위법사실을 적극적으로 은폐할 목적으로 허위공문서를 작성·행사한 경우에는 작위범인 허위공문서작성 및 그 행사죄만 성립하고 부작위범인 직무유기죄는 따로 성립하지 아니합니다(2002도5004 참조).
- 피고인이 검사로부터 범인을 검거하라는 지시를 받고서도 그 직무상의 의무에 따른 적절한 조치를 취하지 아니하고 오히려 범인에게 전화로 도피하라고 권유하여 그를 도피케 하였다는 범죄사실만으로는 직무위배의 위법상태가 범인도피행위 속에 포함되어 있는 것으로 보아야 할 것이므로, 이와 같은 경우에는 작위범인 범인도피죄만이 성립하고 부작위범인 직무유기죄는 따로 성립하지 아니합니다(96도51 참조).

답안 기재례 뇌물수수의 점에 대하여

- 뇌물수수죄의 주체는 현재 공무원 또는 중재인의 직에 있는 자에 한정되므로, 공무원이 직무와 관련하여 뇌물수수를 약속하고 퇴직 후 이를 수수하는 경우에는 뇌물수수죄는 성립하지 아니합니다(2007도5190 참조).
- 뇌물의 수수 등을 할 당시 이미 공무원의 지위를 떠난 경우에는 형법 제129조 제1항의 수뢰죄로는 처벌할 수 없고 제131조 제3항의 사후수뢰죄 요건에 해당할 경우에 한하여 그 죄로 처벌할 수 있을 뿐입니다(공무원이 그 고유의 직무와 관련 없는 일에 관하여 별도의 위촉절차 등을 거쳐 다른 직무를 수행하게 된 경우, 그 위촉이 종료하게 되면 그 위촉으로 인하여 새롭게 보유하였던 공무원의 지위는 소멸됩니다. 따라서 위촉이 종료 된 후 종전에 위촉받아 수행한 직무에 관하여 금품을 수수하더라도 사후수뢰죄는 별론으로 하고 뇌물수수죄는 성립하지 아니합니다)(2013도10011 참조).

답안 기재례 알선수뢰의 점에 대하여

형법 제132조에 규정한 알선수뢰죄가 성립하기 위해서는 공무원이 당해 직무를 처리하는 공무원과 직무상 직·간접의 연관관계를 가지고 법률상 또는 사실상 영향력을 미칠 수 있는 지위에 있어야 합니다(82도403 참조).

답안 기재례 뇌물공여의 점에 대하여

- 공무원이 직무집행의 의사 없이 또는 직무처리와 대가적 관계없이 타인을 공갈하여 재물을 교부하게 한 경우에는 공갈죄만이 성립하고, 이러한 경우 재물의 교부자는 공갈죄의 피해자가 될 뿐 뇌물공여죄는 성립할 수 없습니다(94도2528 참조).
- 증뢰자가 뇌물에 공할 목적으로 금품을 제3자에게 교부하거나 또는 그 정을 알면서 교부받는 경우 (제3자가 증뢰자로부터 교부받은 금품을 수뢰할 사람에게 전달하였는지 여부에 관계없이) 형법 제133조 제2항의 증뢰물전달죄가 성립하는 것이고, 나아가 제3자가 그 교부받은 금품을 수뢰할 사람에게 전달하였다고 하여 위 증뢰물전달죄 외에 별도로 뇌물공여죄가 성립하는 것은 아닙니다(97도1572 참조).

답안 기재례 | **증뢰물전달의 점에 대하여**

공무원이 취급하는 사건 또는 사무에 관한 청탁을 받고 청탁 상대방인 공무원에게 제공할 금품을 받아 그 공무원에게 단순히 전달한 경우와는 달리, 자기 자신의 이득을 취하기 위하여 공무원이 취급하는 사건 또는 사무에 관하여 청탁한다는 등의 명목으로 금품 등을 교부받으면 변호사법위반죄 성부는 별론으로 하고 형법 제133조 제2항의 증뢰물전달죄는 성립하지 아니합니다(2005도5567 참조).

답안 기재례 | **공무집행방해의 점에 대하여**

형법 제136조가 규정하는 공무집행방해죄는 공무원의 직무집행이 적법한 경우에 한하여 성립하고, 적법한 공무집행이란 그 행위가 공무원의 추상적 권한에 속할 뿐 아니라 구체적 직무집행에 관한 법률상 요건과 방식을 갖춘 경우를 의미합니다(검사나 사법경찰관이 수사기관에 자진출석한 사람을 긴급체포의 요건을 갖추지 못하였음에도 실력으로 체포하려고 하였다면 적법한 공무집행이라고 할 수 없고, 자진출석한 사람이 검사나 사법경찰관에 대하여 이를 거부하는 방법으로써 폭행을 하였다고 하여 공무집행방해죄가 성립하는 것은 아닙니다)(2011도17125 참조).

답안 기재례 | **위계공무집행방해의 점에 대하여**

가처분신청 시 당사자가 허위의 주장을 하거나 허위의 증거를 제출하였다 하더라도 그것만으로 법원의 구체적이고 현실적인 어떤 직무집행이 방해되었다고 볼 수 없으므로 이로써 바로 위계에 의한 공무집행방해죄가 성립한다고 볼 수 없습니다.

답안 기재례 | **공무상표시무효의 점에 대하여**

- 집행관이 법원으로부터 피신청인에 대하여 부작위를 명하는 가처분이 발령되었음을 고시하는 데 그치고 나아가 봉인 또는 물건을 자기의 점유로 옮기는 등의 구체적인 집행행위를 하지 아니하였다면, 단순히 피신청인이 위 가처분의 부작위명령을 위반하였다는 것만으로는 형법 제140조 제1항의 공무상표시무효죄가 성립하지 아니합니다(2010도3364 참조).

- 집행관이 그 점유를 옮기고 압류표시를 한 다음 채무자에게 보관을 명한 유체동산에 관하여 채무자가 이를 다른 장소로 이동시켜야 할 특별한 사정이 있고, 그 이동에 앞서 채권자에게 이동사실 및 이동장소를 고지하여 승낙을 얻은 때에는 비록 집행관의 승인을 얻지 못한 채 압류물을 이동시켰다 하더라도 형법 제140조 제1항에서 정하는 '기타의 방법으로 그 효용을 해한' 경우에 해당한다고 할 수 없습니다(2004도3029 참조).

답안 기재례 | **공용서류무효의 점에 대하여**

형사사건을 조사하던 경찰관이 스스로의 판단에 따라 자신이 보관하던 진술서를 임의로 피고인에게 넘겨준 것이라면, 위 진술서는 공용서류로서의 성질을 상실하였다고 보아야 합니다(98도4350 참조).

답안 기재례 | **위증의 점에 대하여**

- 가처분사건이 변론절차에 의하여 진행될 때에는 제3자를 증인으로 선서하게 하고 증언을 하게 할 수 있으나 심문절차에 의할 경우에는 법률상 명문의 규정도 없고, 또 구 민사소송법의 증인신문에 관한 규정이 준용되지도 아니하므로 선서를 하게 하고 증언을 시킬 수 없다고 할 것이고, 따라서 제3자가 심문절차로 진행되는 가처분 신청사건에서 증인으로 출석하여 선서를 하고 진술함에 있어서 허위의 공술을 하였다고 하더라도 그 선서는 법률상 근거가 없어 무효라고 할 것이므로 위증죄는 성립하지 아니합니다(2003도180 참조).
- 공범인 공동피고인은 당해 소송절차에서는 피고인의 지위에 있으므로 소송절차가 분리되어 피고인의 지위에서 벗어나는 등의 특별한 사정이 없는 한 다른 공동피고인에 대한 공소사실에 관하여 증인이 될 수 없습니다(2008도3300 참조).
- 재판장이 신문 전에 증인에게 증언거부권을 고지하지 않은 경우, 증인이 증언거부권을 고지받지 못함으로 인하여 그 증언거부권을 행사하는 데 사실상 장애가 초래되었다고 볼 수 있는 경우에는 위증죄가 성립하지 아니합니다(2013도3284 참조).

답안 기재례 | **증거인멸의 점에 대하여**

증거인멸죄는 타인의 형사사건 또는 징계사건에 관한 증거를 인멸하는 경우에 성립하는 것으로서, 피고인 자신이 직접 형사처분이나 징계처분을 받게 될 것을 두려워한 나머지 자기의 이익을 위하여 그 증거가 될 자료를 인멸하였다면, 그 행위가 동시에 다른 공범자의 형사사건이나 징계사건에 관한 증거를 인멸한 결과가 된다고 하더라도 증거인멸죄는 성립하지 아니합니다(2011도5329 참조).

답안 기재례 | **증거위조의 점에 대하여**

참고인이 타인의 형사사건 등에서 직접 진술 또는 증언하는 것을 대신하거나 그 진술 등에 앞서서 허위의 사실확인서나 진술서를 작성하여 수사기관 등에 제출하거나 또는 제3자에게 교부하여 제3자가 이를 제출한 것은, 새로운 증거를 창조한 것이 아닐뿐더러, 참고인이 수사기관에서 허위의 진술을 하는 것과 차이가 없으므로 증거위조죄를 구성하지 아니합니다(2010도2244 참조).

> 답안 기재례   증인도피의 점에 대하여

피고인 자신이 직접 형사처분이나 징계처분을 받게 될 것을 두려워한 나머지 자기의 이익을 위하여 증인이 될 사람을 도피하게 하였다면, 그 행위가 동시에 다른 공범자의 형사사건이나 징계사건에 관한 증인을 도피하게 한 결과가 된다고 하더라도 형법 제155조 제2항의 증인도피죄는 성립하지 아니합니다(2002도6134 참조).

> 답안 기재례   무고의 점에 대하여

- 사립학교 교원에 대한 학교법인 등의 징계처분은 형법 제156조의 '징계처분'에 포함되지 아니합니다(2014도6377 참조).
- 수사기관에 대한 신고내용에 일부 객관적 진실에 반하는 내용이 포함되었다 하더라도 그것이 독립하여 형사처분 등의 대상이 되지 아니하고 단지 신고사실의 정황을 과장하는 데 불과하거나 허위인 일부 사실의 존부가 전체적으로 보아 범죄사실의 성립 여부에 직접 영향을 줄 정도에 이르지 아니하는 내용에 관계되는 것이라면 무고죄가 성립하지 아니합니다(피고인 자신이 상대방의 범행에 공범으로 가담하였음에도 자신의 가담사실을 숨기고 상대방만을 고소한 경우, 피고인의 고소내용이 상대방의 범행 부분에 관한 한 진실에 부합하므로 이를 허위의 사실로 볼 수 없고, 상대방의 범행에 피고인이 공범으로 가담한 사실을 숨겼다고 하여도 그것이 상대방에 대한 관계에서 독립하여 형사처분 등의 대상이 되지 아니할뿐더러 전체적으로 보아 상대방의 범죄사실의 성립 여부에 직접 영향을 줄 정도에 이르지 아니하는 내용에 관계되는 것이므로 무고죄가 성립하지 아니합니다)(2008도3754 참조).
- 금원을 대여한 고소인이 차용금을 갚지 않는 차용인을 사기죄로 고소함에 있어서, 단순히 차용인이 변제의사와 능력의 유무에 관하여 기망하였다는 내용으로 고소한 경우에는 그 차용금의 실제 용도에 관하여 사실과 달리 신고하였다 하더라도 그것만으로는 범죄사실의 성부에 영향을 줄 정도의 중요한 부분을 허위로 신고하였다고 할 수 없는 것이고, 이는 고소인이 차용사기로 고소함에 있어서 묵비하거나 사실과 달리 신고한 차용금의 실제 용도가 도박자금이었다고 하더라도 마찬가지라 할 것입니다(2004도2212 참조).
- 강간을 당하여 상해를 입었다는 고소내용은 하나의 강간행위에 대한 고소사실이므로, 피고인이 ○○○으로부터 강간을 당한 것이 사실인 이상 이를 고소함에 있어 강간으로 입은 것이 아닌 상해사실을 포함시켰다 하더라도 이는 고소내용의 정황을 과장한 것에 지나지 아니하여 따로 무고죄를 구성하지 아니합니다(82도2170 참조).
- 수사기관에 허위의 사실을 신고하였다 하더라도 그 사실 자체가 형사범죄로 구성되지 아니한다면 무고죄는 성립하지 아니합니다(2013도6862 참조).
- 타인으로 하여금 형사처분을 받게 할 목적으로 공무소에 대하여 허위의 사실을 신고하였다고 하더라도, 그 사실이 친고죄로서 그에 대한 고소기간이 경과하여 공소를 제기할 수 없음이 그 신고내용 자체에 의하여 분명한 때에는 당해 국가기관의 직무를 그르치게 할 위험이 없으므로 이러한 경우에는 무고죄는 성립하지 아니합니다(98도150 참조).
- 피고인이 수사기관에 한 진정 및 그와 관련된 부분을 수사하기 위한 검사의 추문에 대

한 대답으로서 진정내용 이외의 사실에 관하여 한 진술은 피고인의 자발적 진정내용에 해당되지 아니하므로 무고죄를 구성하지 아니합니다(90도595 참조).

라. 기타 특별형법

답안 기재례 도로교통법위반의 점에 대하여

도로교통법 제151조의 '그 밖의 재물'에는 범행의 수단 또는 도구로 제공된 차량 자체를 포함되지 아니합니다(따라서 피고인이 피해자 소유의 차량을 운전하다가 업무상 과실로 그 차량 자체를 손괴한 것은 위 법조의 구성요건에 해당하지 않습니다)(2007도291 참조).

답안 기재례 특정범죄가중처벌등에관한법률위반의 점에 대하여

특정범죄 가중처벌 등에 관한 법률 제5조의4 제6항에서 정한 '실형을 선고받은 경우'에 형의 집행유예를 선고받은 후 집행유예가 실효되거나 취소된 경우는 포함되지 아니합니다(2011도2749 참조).

답안 기재례 특정경제범죄가중처벌등에관한법률위반(사기)의 점에 대하여

부동산 등 재물편취 사기죄에서 그 구체적 이득액은 해당 부동산 등의 시가 상당액에서 근저당권의 채권최고액 범위 내에서의 피담보채권액, 압류에 걸린 집행채권액, 가압류에 걸린 청구금액 범위 내에서 피보전채권액 등을 뺀 실제의 교환가치를 산정한 다음 위 이득액에 대한 증명이 있는지를 살펴서 그 범죄의 성립 여부를 따져야 합니다(2010도12928 참조).

답안 기재례 성폭력범죄의처벌및피해자보호등에관한법률위반(특수강도강간등)의 점에 대하여

- 성폭력범죄의 처벌 등에 관한 특례법 제3조 제2항에서 정하는 특수강도강간 등의 죄는 특수강도 또는 그 미수죄를 범한 자가 다시 강간의 범의를 일으켜 간음행위를 하여야 하는 것이고, 특수강도의 실행의 착수시기는 강도의 실행행위 즉, 강도의 범의를 가지고 사람의 반항을 억압할 수 있는 폭행·협박에 나아갈 때입니다. 따라서 강도의 범의를 가지고 흉기를 휴대한 채 타인의 주거에 들어가 동정을 살피다가 피해자를 발견하고 갑자기 강간의 범의를 일으켜 칼로 협박하여 강간하였다면 특수강도의 실행에 착수한 것이라고 볼 수 없으므로, 특수강도에 착수하기도 전에 저질러진 강간행위가 위 특수강도강간죄에 해당한다고 할 수도 없습니다(선고 91도2296 참조).
- 성폭력범죄의 처벌 등에 관한 특례법 제3조 제2항에서 정하는 특수강도강제추행죄의 주체는 형법 제334조의 특수강도범인 및 특수강도미수범의 신분을 가진 자에 한정되는 것으로 보아야 하고, 형법 제335조, 제342조에서 규정하고 있는 준강도범 내지 준강도미수범은 위 제5조 제2항의 행위주체가 될 수 없습니다(2006도2621 참조).

| 답안 기재례 | **성폭력범죄의처벌등에관한특례법위반(카메라등이용촬영)의 점에 대하여**

성폭력범죄의 처벌 등에 관한 특례법 제14조 제1항에서 정하는 '다른 사람의 신체'에 다른 사람의 신체 이미지가 담긴 영상도 포함된다고 해석하는 것은 죄형법정주의 원칙상 허용되지 아니합니다(○○○은 스스로 자신의 신체 부위를 화상카메라에 비추었고 카메라 렌즈를 통과한 상의 정보가 디지털화되어 피고인의 컴퓨터에 전송되었으며, 피고인은 수신된 정보가 영상으로 변환된 것을 휴대전화 내장 카메라를 통해 동영상 파일로 저장하였으므로 피고인이 촬영한 대상은 갑의 신체 이미지가 담긴 영상일 뿐 갑의 신체 그 자체는 아니라고 할 것입니다)(2013도4279 참조).

| 답안 기재례 | **부정수표단속법위반의 점에 대하여**

- 발행일의 기재가 없는 수표는 수표법이 정한 지급제시기간 내에 제시되었는지 여부를 확정할 길이 없으므로 부정수표 단속법 제2조 제2항에서 정하는 구성요건을 충족하지 못합니다(83도340 전원합의체 참조).
- 은행원이 수표발행인의 요구에 따라 그 발행일자를 정정하였으나 발행인이 그 정정인의 확인을 거부함으로써 정정인을 받지 못한 채 위 정정전의 지급제시기간 경과후에 위 수표들이 지급제시되었다면 이는 그 발행일자가 그 수표의 발행인에 의하여 적법하게 정정된 것이 아닐 뿐만 아니라 정정된 수표로 소의 요건이 결여된 것이므로 부정수표 단속법 제2조 제2항에서 정하는 부정수표라고 할 수 없습니다(84도1405 참조).
- 이미 적법하게 발행된 수표의 발행일자 등을 수표 소지인의 양해 아래 정정하는 수표 문언의 사후 정정행위는 부정수표 단속법 제2조 제2항에서 정하는 '수표의 발행'이라 할 수 없습니다(2007도727 참조).
- 수표상에 기재된 발행일자가 그 지급제시기간 내에 적법하게 정정된 경우에는 정정된 발행일자로부터 지급제시기간이 기산되어 그 기간 내에 지급제시가 이루어지면 그 발행자에 대하여 부정수표 단속법 제2조 제2항 위반죄에 의한 처벌이 가능하지만, 법인의 대표자가 수표를 발행한 후 그 대표자가 아닌 타인이 대표자 본인의 위임이나 동의 없이 정정한 경우에는 그 타인이 정정하기 전의 발행일자로부터 기산된 지급제시기간 내에 지급제시가 이루어지지 않는 한, 그 수표를 발행한 대표자 본인을 위 법조항 위반죄로 처벌할 수는 없습니다(2007도727 참조).
- 발행인이 아닌 자는 부정수표 단속법 제4조가 정한 허위신고죄의 주체가 될 수 없고, 발행인이 아닌 자는 허위신고의 고의 없는 발행인을 이용하여 간접정범의 형태로 허위신고죄를 범할 수도 없습니다(2006도7318 참조).

| 답안 기재례 | **여신전문금융업법위반의 점에 대하여**

- 여신전문금융업법 제70조 제1항 소정의 부정사용이라 함은 위조·변조 또는 도난·분실된 신용카드나 직불카드를 진정한 카드로서 신용카드나 직불카드의 본래의 용법에 따라 사용하는 경우를 말하는 것이므로, 절취한 직불카드를 온라인 현금자동지급기에 넣

고 비밀번호 등을 입력하여 피해자의 예금을 인출한 행위는 위 부정사용의 개념에 포함될 수 없습니다(2003도3977 참조).

- 여신전문금융업법 제70조 제1항 제4호에서 규정하고 있는 '강취·횡령하거나 사람을 기망·공갈하여 취득한 신용카드'는 소유자 또는 점유자의 의사에 기하지 않고, 그의 점유를 이탈하거나 그의 의사에 반하여 점유가 배제된 신용카드를 의미합니다(유흥주점 업주가 과다한 술값 청구에 항의하는 피해자들을 폭행 또는 협박하여 피해자들로부터 일정 금액을 지급받기로 합의한 다음, 피해자들이 결제하라고 건네준 신용카드로 합의에 따라 현금서비스를 받거나 물품을 구입한 경우, 신용카드에 대한 피해자들의 점유가 피해자들의 의사에 기하지 않고 이탈하였거나 배제되었다고 보기 어려워 여신전문금융업법상의 신용카드 부정사용에 해당하지 아니합니다)(2006도654 참조).

- 여신전문금융업법 제70조 제1항의 부정사용죄의 구성요건적 행위인 신용카드의 사용이라 함은 신용카드의 소지인이 신용카드 본래 용도인 대금결제를 위하여 가맹점에 신용카드를 제시하고 매출전표에 서명하여 이를 교부하는 일련의 행위를 의미합니다. 따라서 신용카드를 단순히 제시하는 행위만으로는 신용카드부정사용죄의 실행에 착수한 것일 뿐 그 사용행위를 완성한 것으로 볼 수 없고, 이는 신용카드를 제시한 거래에 대하여 카드회사의 승인을 받았다고 하더라도 마찬가지입니다(2007도8767 참조).

> **답안 기재례** 마약류관리에관한법률위반(향정)죄의 점에 대하여

필로폰을 매수하려는 자에게서 필로폰을 구해 달라는 부탁과 함께 돈을 지급받았다고 하더라도, 당시 필로폰을 소지 또는 입수한 상태에 있었거나 그것이 가능하였다는 등 매매행위에 근접·밀착한 상태에서 대금을 지급받은 것이 아니라 단순히 필로폰을 구해 달라는 부탁과 함께 대금 명목으로 돈을 지급받은 것에 불과한 경우에는 필로폰 매매행위의 실행의 착수에 이른 것이라고 볼 수 없습니다(2014도16920 참조).

2. 면소사유 중 '확정판결이 있는 때' 관련 사례

- 호객행위를 하는 피해자를 발로 차고 넘어뜨리는 등 폭행하여 결국 사망에 이르게 하였다는 **폭행치사** 사안에서, 피고인이 당시 호객행위를 이유로 피해자와 붙들고 싸웠다는 내용으로 **경범죄처벌법상 불안감 조성행위**로 이미 **즉결심판**을 받은 경우(78도3062)

- 피해자의 멱살을 잡아 옷을 전부 벗게 하고 **강간**하였다는 사안에서, 피고인이 당시 피해자를 따라가면서 손목을 잡고 욕설을 하며 진로를 방해하는 등 공포심과 혐오감을 주었다는 내용으로 **경범죄처벌법상 불안감 조성행위**로 이미 **즉결심판**을 받은 경우(83도1790)

- 피고인들이 합동하여 시내버스 정류소에서 승객의 손가방을 열고 현금 등을 **절취**하였다는 **소매치기** 사안에서, 피고인들이 당시 소매치기 용의자로 연행되어 심문을 받다가 그 무렵 그 부근 노상에서 일부는 승객 앞길을 가로막고 나머지는 옆과 뒤에서 승객을 미는 등 정류소 질서를 어지럽히고 다수에게 불안감을 조성하였다는 이유로 **경범죄처벌법상 불안감 조성행위**로 **즉결심판**을 받은 경우(86도2454)

- 주점에서 손님인 피해자를 주먹과 발로 때리고 차서 그 다음 날 외상성 장간막 파열로 인한 출혈로 사망케 한 것이라는 **상해치사** 사안에서, 피고인이 그 주점에서 술에 취해 손님들에게 시비를 걸고 드라이버로 술탁상을 마구 치는 등 6시간 동안 영업을 방해하였다는 내용으로 **경범죄처벌법상 음주소란, 업무방해** 등의 행위로 이미 **즉결심판**을 받은 경우 (89도1046)

- 피해자와 말다툼하다가 도끼를 가지고 피해자의 뒷머리를 스치게 하여 두부타박상을 가하였다는 **폭력행위등처벌에관한법률위반** 사안에서, 피고인이 당시 위 범행과 같은 장소에서 피해자와 시비하며 **음주 소란**을 피웠다는 내용으로 이미 **즉결심판**을 받은 경우(95도1270)

- [비교판례] 유죄로 확정된 **장물취득죄**와 범행일시가 근접하고 위 장물취득죄의 장물이 나중에 공소제기된 **강도상해죄**의 목적물 중의 일부인 경우에 있어, 그 범행의 일시·장소가 서로 다르고, 강도상해죄는 피해자를 폭행하여 상해를 입히고 재물을 강취하였다는 것인데 반하여, 장물취득죄는 위와 같은 강도상해의 범행이 완료된 이후에 강도상해죄의 범인이 아닌 피고인이 다른 장소에서 그 장물을 교부받았음을 내용으로 하는 것으로 그 수단, 방법, 상대방 등 범죄사실이 내용이나 행위가 별개이고, 행위의 태양이나 피해법익도 다르고 죄질에도 현저한 차이가 있어, 위 장물취득죄와 강도상해죄 사이에는 사회적 사실관계가 동일하지 않다고 한다(93도2080).

- [비교판례] 전의 확정판결에서 당해 피고인이 상습범으로 기소되어 처단되었을 경우에만 기판력이 미치고, 상습범 아닌 기본 구성요건의 범죄로 처단되는 데 그친 경우에는 가사 뒤에 기소된 사건에서 비로소 드러났거나 새로 저질러진 범죄사실과 전의 판결에서 이미 유죄로 확정된 범죄사실 등을 종합하여 비로소 그 모두가 상습범으로서의 포괄적 일죄에 해당하는 것으로 판단된다 하더라도 뒤늦게 앞서의 확정판결을 상습범의 일부에 대한 확정판결이라고 보아 그 기판력이 그 사실심판결 선고 전의 나머지 범죄에 미친다고 보아서는 안 된다 (2001도3206).

- [비교판례] 피고인이 경범죄처벌법상 '음주소란' 범칙행위로 범칙금 통고처분을 받아 이를 납부하였는데, 이와 근접한 일시·장소에서 위험한 물건인 과도를 들고 피해자를 쫓아가며 "죽여버린다."고 소리쳐 협박하였다는 내용의 폭력행위 등 처벌에 관한 법률 위반으로 기소된 사안에서, 범칙행위인 '음주소란'과 공소사실인 '흉기휴대협박행위'는 기본적 사실관계가 동일하다고 볼 수 없다는 이유로, 범칙금 납부의 효력이 공소사실에 미치지 않는다고 한 사례(2012도6612)

3. 기타 면소사유 관련 판례

- 공소시효의 기산점이 되는 범죄행위에는 당해 범죄의 결과까지 포함되므로, 업무상과실치사상죄의 공소시효는 피해자들이 사상에 이른 결과가 발생함으로써 그 범죄행위가 종료한 때로부터 진행하며(97도1740), 영업범과 같은 포괄일죄의 공소시효는 최종의 범죄행위가 종료한 때로부터 진행한다(2002도2939).

- 부정수표 단속법 제2조 제2항 위반의 범죄는 예금부족으로 인하여 제시일에 지급되지 아니할 것이라는 결과 발생을 예견하고 발행인이 수표를 발행한 때부터 진행하고, 수표의 제시일

에 수표금의 지급이 거절된 때부터 진행하는 것이 아니다(2003도2294).
- 음주상태로 자동차를 운전하다가 제1차 사고를 내고 그대로 진행하여 제2차 사고를 낸 후 음주측정을 받아 도로교통법위반(음주운전)죄로 약식명령을 받아 확정되었는데, 그 후 제1차 사고 당시의 음주운전으로 기소된 사안에서 위 공소사실이 약식명령이 확정된 도로교통법위반(음주운전)죄와 **포괄일죄 관계**에 있다(2007도4404).
- 회사 명의의 합의서를 임의로 작성·교부한 행위에 대하여 약식명령이 확정된 **사문서위조 및 그 행사죄**의 범죄사실과 그로 인하여 회사에 재산상 손해를 가하였다는 **업무상배임**의 공소사실은 그 객관적 사실관계가 하나의 행위이므로 1개의 행위가 수개의 죄에 해당하는 경우로서 형법 제40조에 정해진 **상상적 경합관계**에 있다(2008도5634).
- **강제집행면탈**의 점의 공소시효는 범죄행위가 종료한 때부터 3년으로서, 위 죄는 늦어도 피고인들이 허위의 채무를 부담하는 내용의 채무변제계약 공정증서를 작성한 후 이에 기하여 채권압류 및 추심명령을 받은 2005. 8. 18. 에는 성립하였다 할 것이고, 강제집행면탈죄의 보호법익과 구성요건, 위 범행내용 등에 비추어 이 사건에서는 **허위의 채무부담에 의한 강제집행면탈죄의 성립과 동시에 위 범죄행위가 종료되어 공소시효가 진행한다고 봄이** 상당하므로, 이 사건 공소는 위 강제집행면탈죄가 성립하여 종료한 때인 2005. 8. 18. 부터 그 공소시효기간이 경과한 이후인 2008. 8. 22. 제기되었음이 기록상 분명하여 모두 공소시효가 완성되었을 때에 해당한다(2009도875).
- 법원을 기망하여 유리한 판결을 얻어내고 이에 터잡아 상대방으로부터 재물이나 재산상 이익을 취득하려고 소송을 제기하였다가 법원으로부터 패소의 종국판결을 선고받고 그 판결이 확정되는 등으로 법원으로부터 유리한 판결을 받지 못하고 소송이 종료됨으로써 미수에 그친 경우에, 그러한 **소송사기미수죄에 있어서 범죄행위의 종료시기는 위와 같이 소송이 종료된 때**라고 할 것이므로, 원심이 같은 취지에서 이 사건 공소시효는 1996. 9. 10. 대법원에서 피고인의 상고를 기각하는 내용의 판결이 선고된 때로부터 진행하는 것이라고 판단한 조치는 정당하다고 할 것이고, 이와 달리 1988. 9. 1. 이 사건 소장을 법원에 제출한 때를 공소시효의 기산점으로 삼아야 한다는 상고이유의 주장은 받아들일 수 없다(99도4459).

4. 공소기각 사유 관련 판례

- '범인을 알게 된 날'이란 범죄행위가 종료된 후에 범인을 알게 된 날을 가리키므로 **범죄행위가 계속되는 도중에 범인을 안 경우의 친고죄 고소기간은 그 범죄행위가 종료된 때부터 계산한다**(2004도5014).
- 친고죄인 강간죄에 대하여 피해자의 고소가 없어 공소를 제기할 수 없음에도 강간의 수단으로 강간죄에 흡수되는 폭행·협박만을 별도로 기소한 경우 강간죄와 마찬가지로 공소제기의 절차가 법률에 위반되어 무효인 경우로서 형사소송법 제327조 제2호에 따라 공소기각의 판결을 하여야 한다(2002도51).
- 항소심에서 공소장변경에 의하여 또는 공소장변경절차를 거치지 아니하고 법원의 직권에 의하여 친고죄가 아닌 범죄를 친고죄로 인정하였다 하더라도 항소심을 제1심이라고

- 할 수는 없으므로, 항소심에 이르러 고소를 취소하였다면 친고죄에 대한 고소취소로서의 효력은 없다(96도1922).
- 고소불가분원칙에 의하여 친고죄의 공범 중 일부에 대해 제1심 판결이 선고된 후에는 아직 제1심 판결이 선고되지 아니한 다른 공범[24])에 대하여 고소를 취소하지 못하고, 고소를 취소하였다고 하더라도 그 효력이 발생하지 아니한다(85도1940).
- 반의사불벌죄에 대하여는 불가분의 원칙이 적용되지 않고(93도1689), 조세범처벌법에 의한 고발의 경우도 불가분의 원칙이 적용되지 않는다(2004도4066).
- 상대적 친고죄의 경우 피해자의 고소취소는 친족관계 없는 공범자에게는 그 효력이 미치지 않는다(64도481).
- 처벌불원의사를 명시적으로 표시한 이후에는 이를 번복하여 다시 처벌을 희망하는 의사를 표시할 수 없다(93도3221).
- 친족상도례에 관한 규정은 범인과 피해물건의 소유자 및 점유자 모두 사이에 친족관계가 있는 경우에만 적용되는 것이고 절도범인이 피해물건의 소유자나 점유자의 어느 일방과 사이에서만 친족관계가 있는 경우에는 그 적용이 없다(80도131).
- 피고인이 피해자로부터 작성·교부받은 교통사고 합의서를 수사기관에 제출한 경우, 피해자의 처벌불원의사가 적법하게 표시되었고, 피고인이 피해자에게 약속한 합의금 전액을 지급하지 않은 경우에도 처벌불원의사를 철회할 수 없다(93도3221).
- 인지의 소급효는 친족상도례에 관한 규정의 적용에도 미친다고 보아야 할 것이므로, 인지가 범행 후에 이루어지더라도 그 소급효에 따라 형성되는 친족관계를 기초로 하여 친족상도례의 규정이 적용된다(96도1731).[25])
- 특정경제범죄 가중처벌 등에 관한 법률 제3조 제1항에 의해 횡령죄가 가중처벌되는 경우에도 형법 제361조, 제328조의 친족상도례는 그대로 적용된다(2013도7754).

---

24) 필요적 공범인지 임의적 공범인지를 구별하지 않는다.
25) 친족상도례가 적용될 수 있는 친족의 범위는 민법에 따라 정해지고, 친족관계는 범행시에 존재하여야 하고 범행시에 친족관계가 있는 이상 후에 그 친족관계가 없어진 때에도 친족상도례는 적용된다.

CHAPTER 02 | 기록형 시험을 위한 메모법 정리

Ⅰ. 서론

1. 메모의 목적과 필요성

기록형 시험에서 메모는 **쟁점의 누락을 방지**하고 답안을 작성함에 있어 **시간을 절약**하기 위한 것이다. 특히 변호사시험의 난이도가 올라가면서 출제되는 공소사실과 쟁점의 개수가 늘어나고 있어 메모 작성의 필요성 역시 갈수록 커지고 있다.

기록형 시험을 위한 메모라 함은 단순히 기록을 읽는 과정에서 참고용으로 끄적이는 것이 아니다. 메모는 기록을 읽어가면서 쟁점과 결론뿐만 아니라 구체적인 증거관계 등을 정리하는 것을 말하며, **제대로 된 메모를 한 경우라면 답안작성 단계에서 완성된 메모만을 보고 답안의 70~80% 이상을 작성할 수 있어야 한다.**

실제 시험장에서 제대로 된 메모를 작성하기 위해서는 처음부터 제대로 된 메모법을 익히고 이에 맞춰 기록을 읽고 문제를 해결하는 방법을 훈련하여야 한다. 따라서 수험생들은 실제 시험에서 어떠한 방식으로 메모를 할 것인지 여부를 결정한 후, 이에 맞춰 기록형 시험을 위한 공부를 하여야 한다.

2. 메모의 유형

메모는 시험장에서 배부되는 **메모 용지에 표를 그려 메모하는 방식**과, 기록의 **공소장 여백에 메모하는 방식**으로 크게 구별할 수 있다.

전자는 후자에 비해 훨씬 깔끔하고 한 눈에 들어오게 메모를 할 수 있다는 장점이 있고, 후자는 전자에 비해 표를 그리는 등에 소요되는 시간을 절약할 수 있다는 장점이 있다. 메모를 작성함에 있어 어느 방식에 의할 것인지는 수험생의 선택이나, **실질적으로 메모하여야 할 내용은 양자가 동일하다.** 다만 공소장 여백에 메모를 할 경우 기록을 읽으면서 계속해서 공소장을 펼쳐보아야 하고, 메모를 완성하였더라도 한 눈에 기록내용을 파악하기 어렵다는 점에서 별도의 용지에 메모하는 방식을 추천한다.

메모용지에 별도로 메모를 작성하는 경우, 2시간의 기록형 시험 시간 중 <u>약 1시간은 기록분석과 메모에, 나머지 약 1시간은 답안작성에 배분</u>하게 된다. 메모를 꼼꼼하게 할수록 답안작성이 용이하게 되나, 답안작성에 소요되는 절대적인 시간을 고려하여 메모 작성 시간을 적절히 분배하여야 한다.

이하에서는 메모용지에 별도로 메모를 작성하는 방식을 중심으로 메모법을 설명한다. 앞서 언급한 바와 같이 공소장 여백에 메모를 하는 경우에도 실질적인 내용은 메모용지에 메모하는 방식과 같다. 특히 **증거관계 메모는 답안작성을 위해서는 꼭 필요한** 부분으로 어느 방식에 의하더라도 꼼꼼하게 메모할 것을 요한다.[26]

---

[26] 아래에서 제시하는 메모방법은 기존의 형사재판실무와 검찰실무, 형사변호사실무 메모법을 변호사시험에 맞춰 수정·정리한 것이다.

Ⅱ. 기록형 시험을 위한 메모법

1. 구체적인 메모방법

가. 표 그리기와 목차 잡기

기록 문제를 받기 전 A3용지를 배부받으면 일단 아래와 같이 표를 나누고 목차를 기재한다. 표는 자를 이용하여 깔끔하게 그리면 좋지만 시간절약을 위해 펜으로만 그리거나 종이를 접어서 구획하는 방식으로 할 것을 추천한다.

목차를 기재한 후에는 기록을 편철 순서대로 읽으면서 아래 내용대로 메모를 시작한다.

공소제기일 -   .   .   .

피고인	죄명	공소사실					인정 및 부인취지	쟁점	증거		결론	비고
		일시	장소	피해자	피해품	고소 기타			+	-		

나. 목차별 세부 메모내용

1) 공소제기일 - 공소제기일 기재

기록표지에서 가장 먼저 공소제기일을 확인하고 메모한다. 공소제기일은 고소의 유효성 및 공소시효완성 여부, 확정판결의 기판력의 시적범위 판단 등과 관련하여 중요하다.

2) 피고인 - 피고인 이름, 체포 또는 구속관계 및 공범관계 기재

가장 먼저 공소장과 답안양식을 기준으로 피고인의 이름을 기재한다.

피고인이 체포 또는 구속된 경우에는 피고인 이름 밑 칸에 '<체포>' 등으로 그 내용을 특정하여 기재한다. 이 경우 영장주의 예외와 관련하여 별건 압수 쟁점 등이 문제될 수 있으므로, 기록에 등장하는 체포영장에 기재된 체포사유를 확인하여 그 사유가 된 죄명과 위 '<체포>' 표시 사이를 선을 그어 연결시켜 놓아야 한다.

3) 죄명 - 답안양식에 따른 공소사실 죄명 기재

답안양식에 제시된 목차와 기록표지, 공소장 등을 참고하여 죄명을 답안에 작성할 순서대로 기재한다. 공소장의 공소사실 모두를 메모할 필요는 없고, 답안양식 목차를 중심으로 답안에 기재할 공소사실에 대한 죄명만을 기재한다.

사문서위조죄와 동행사죄와 같이 사실관계가 공통되는 공소사실들은 함께 묶어 기재한다. 반면 상습절도 등과 같은 포괄일죄의 경우에는 상습절도를 구성하는 개개의 절도사실을 따로 기재하여야 하고, 부정수표단속법위반(부정수표발행)과 같이 수개의 수표에 대한 공소사실이 출제된 경우에는 각 수표별로 따로 기재하여야 한다.

공소장변경 등이 있는 경우에는 변경된 공소사실을 기본으로 죄명을 기재한다. 메모장에 일단

죄명을 메모한 후에는 그 죄명을 추가하거나 수정하기 매우 번거로우므로 공판기록목록에서 공소장변경허가신청서가 있는지 등을 메모 전 꼭 확인하여야 한다.

4) 공소사실

공소사실은 공소장의 공소사실을 읽으면서 세부목차에 맞춰 기재한다. 구성요건적 사실을 중심으로 기재하되, 그 중에서도 답안작성에 필요한 내용을 중심으로 메모한다.

가) 일시 - 범행일시 기재

공소사실 범행의 일시를 기재한다. 공소제기일과 마찬가지로 고소의 유효성 또는 확정판결의 기판력 등 쟁점과 관련된 중요한 내용이다. 계속범 등과 같이 **실행의 착수시기와 범행의 종료시기가 다른 경우에는 관련 일시 모두를 기재**하는 것이 좋다.

나) 장소 - 범행장소 기재

공소사실 범행의 장소를 기재한다. 장소의 경우 쟁점과 관련하게 크게 문제되는 경우는 많지 않으므로 경우에 따라 **생략가능**하다.

다) 피해자 - 범행의 피해자 또는 상대방, 문서의 명의자 등 기재

공소사실 범행의 피해자 등을 기재한다. 개인적 법익에 대한 죄의 경우에는 그 이름 앞에 **'v.'로 표시하여 붙여 피해자임을 특정**하고, 사회적 법익 등에 대한 죄의 경우에는 범행의 대상이 피해자가 아니므로 위 표시를 하지 않고 이름만을 기재한다. 문서관련 범죄에서 명의자 수표의 발행인 등도 여기에 표시한다.

답안작성시 개인적 법익에 대한 범죄의 경우에는 '피해자 ○○○'과 같이 피해자임을 특정하여 기재하여야 하나, 사회적 법익이나 국가적 법익에 대한 범죄의 경우에는 '○○○'과 같이 이름만을 기재하여야 하므로 이를 메모단계에서부터 명확히 구별하여야 한다.

또한 기록에서는 항상 여러 공소사실에 대해 피해자뿐만 아니라 참고인 등 관련 인물이 여러 명 등장하는 것이 일반적이고, 따라서 기록을 읽는 과정에서 등장인물을 혼동하기 쉽다. 이 때 매번 기록에서 공소장 등을 다시 펼쳐 등장인물을 확인하기 보다는 메모의 공소사실 중 피해자란을 확인하여 **그 등장인물이 어느 공소사실에 대한 참고인 등인지 여부를 판단하여야 한다.**

라) 피해품 - 범행의 피해품 또는 범행의 대상물건 등 기재

공소사실 범행의 피해품 등을 기재한다. 재산범죄로 취득한 물건의 경우 장물성이 문제될 수도 있으므로 **죄명과 연계하여 정확히 피해품임을 특정하여 메모**하여야 하고, 사기범행 등에 있어서는 특별법 적용여부가 쟁점이 될 수 있으므로 등기사항전부증명서 내용 등을 확인하여 **실제 편취금액 등을 정확히 메모**하여야 한다.

마) 고소 기타 - 고소관련 내용 및 기타 내용 기재

친고죄와 비친고죄 등을 구별하지 않고, 기록에서 등장하는 고소장이나 합의서 등 피해자의 처벌의사 관련내용을 기재한다.

특히 고소 또는 고발이 있는 경우, 해당 고소인이나 고발인의 이름뿐만 아니라, 그 고소 또는 고발일자, 고소장이나 고발장의 기록 페이지까지 메모하여야 한다. 다만 고소장 페이지 기재 등은 아래에서 살펴볼 증거관계의 +란에 기재할 수도 있다.

5) 인정 및 부인 취지 - 피고인의 공소사실에 대한 인부 및 부인 취지 기재

제1회 공판조서에서 피고인과 변호인의 공소사실에 대한 인부 내용을 확인하여, 인정하는 경우 ○·부인하는 경우 ×·일부 인정하는 경우 △로 표시한다. 부인 또는 일부 부인하는 경우 그 부인의 취지까지 함께 기재한다.

공소사실을 부인하는 경우 그 공소사실에 대해서는 사실인정 쟁점이 주로 문제되고, 공소사실을 인정하는 경우에는 법률판단 쟁점이 주로 문제된다. 즉, 제1회 기일에서의 공소사실 인부는 기록에서 쟁점을 분류하는 가장 중요한 기준이 된다.

6) 쟁점 - 해당 공소사실에 대한 쟁점 키워드 기재

해당 공소사실에 대해 파악한 쟁점을 키워드 중심으로 기재한다. 사실인정이 문제되는 경우 '[사실인정]-공모여부' 등으로 인정여부가 문제되는 사실에 대해서도 간단히 메모하고, 법률판단 쟁점의 경우에는 '불법원인급여 횡령' 등과 같이 쟁점 키워드를 함께 메모한다.

이 단계까지 메모를 완료한 경우 법률판단 쟁점이 문제되는 공소사실에 대해서는 잠정적인 결론을 내릴 수 있다. 이러한 공소사실에 대해서는 수사기록을 읽는 단계에서 기록을 꼼꼼하게 읽기보다는 자신이 찾은 쟁점과 결론이 맞는지 여부와 혹시 추가되는 쟁점이 있는지 여부 등을 중심으로 관련 기록을 빠르게 읽고 넘어갈 수 있어야 한다. 법률판단 쟁점에 대한 공소사실에 대해서는 아래에서 살펴보는 증거관계 메모는 쟁점과 관련된 내용을 제외하고는 생략하게 된다.

사실인정이 쟁점이 되는 공소사실에 대해서는 어떤 사실관계를 중심으로 기록을 읽어야 하는지 파악할 수 있다. 이러한 공소사실에 대해서는 아래에서 살펴보는 증거관계 메모를 꼼꼼하게 하여야 한다. 또한 수사기록 역시 인정여부가 문제되는 사실관계를 중심으로 꼼꼼하게 읽어야 한다.

7) 증거 - 답안작성에 필요한 증거관계 기재

증거란 중 +란은 피고인에게 유리한 증거들을, -란은 피고인에게 불리한 증거(검사제출증거)들을 기재한다. 증거를 기재할 경우 증거 이름과 함께 기록 페이지를 함께 기재하도록 한다. 답안작성 시 '기록 제00쪽 가족관계증명서'와 같이 페이지와 함께 증거를 기재하게 되는 경우가 많을 뿐만 아니라, 사실인정 등에 있어 그 증거의 세부내용을 인용하여야 할 경우 해당 증거를 빨리 찾을 수 있어야 하기 때문이다.

가) 증거 중 +란 - 피고인에게 유리한 증거 기재

친고죄에서 가족관계증명서, 면소판결을 위한 약식명령 등 피고인에게 유리한 증거를 메모한다. 구체적인 가족관계나 약식명령의 범죄사실의 세부내용을 메모하기는 어려우므로, 메모장에는 증거명과 페이지만을 기재하고, **세부내용은 해당 기록에 밑줄 등을 통해 표시해 놓도록 한다.**

법률판단 쟁점과 관련된 증거뿐만 아니라, 사실인정 쟁점과 관련된 공소사실에 대한 증명력 검토에서 활용할 수 있는 증거들은 키워드와 함께 위와 같은 방식으로 기재한다.

나) 증거 중 -란 - 피고인에게 불리한 증거 기재

검사가 제출한 증거들 중 해당 공소사실에 대한 증거들만을 분류하여 기재한다. 앞서 언급한 바와 같이 법률판단쟁점과 관련된 공소사실에 대한 이 부분 기재는 생략하고, **사실인정 쟁점에 대한 공소사실 증거만을 꼼꼼하게 기재한다.**

피고인이나 참고인 한 사람의 진술의 내용으로 하는 다른 형식의 증거가 여러 개 있는 경우 **사람별로 묶어서 메모한다.** 예컨대 피고인 김갑동의 진술이 법정진술·검사 작성 피의자신문조서·사경 작성 신문조서가 있고, 고소인 박고소의 진술을 내용으로 하는 증거가 고소장·진술조서가 있는 경우 김갑동에 대해서는 '김갑동 법정진술(p13), 사경피신(p23), 검사피신(p41)', 박고소에 대해서는 줄을 바꿔 '박고소 고소장(p18), 사경진술조서(p19)'와 같이 기재한다.

피의자신문조서나 진술조서의 경우 답안작성시 작성 주체를 구별하여 기재함이 원칙이므로, 사법경찰관이 작성한 경우와 사법경찰리가 작성한 경우를 구별하여 기재한다. 다만 작성의 편의를 위해 답안에서 사법경찰관리를 '사경'으로 축약 기재하는 경우에는 양자를 구별할 필요가 없다.

진술조서 등에 **전문진술이 등장하는 경우에는 해당 증거 옆에 '전문'이라고 메모하고, 기록에는 해당 부분을 밑줄을 그어 표시하도록 한다.** 전문법칙의 예외 검토가 필요한 증거에 대해서는 해당 증거 옆에 **관련규정까지 메모하는 것이 좋다.**

증거 중 -란의 증거들을 모두 메모한 후에는 **증거능력을 부정시킬 증거들에 대해서는 × 표시하고**, 증거능력은 인정되나 증명력 검토를 통해 **신빙성을 탄핵하여야 할 증거들에 대해서는 ○ 표시하여 구별한다.**[27] 증명력 검토대상이 아닌 부족증거들에 대해서는 따로 표시를 하지 않거나 밑줄만 긋도록 한다.

자백의 보강법칙과 관련하여 증거능력과 부정과 함께 **보강증거 요건 검토를 누락하지 않도록 주의하여야 한다.** 독립성 등 보강증거 요건이 문제되는 증거에 대해서는 해당 증거 옆에 '독립성?' 등으로 표시한다.

---

[27] 이러한 표시는 다른 색깔 펜을 사용할 것을 추천한다.

8) 결론 - 무죄, 면소, 공소기각 등 결론 기재

해당 공소사실에 대한 결론을 기재한다. 무죄의 경우 **전단 무죄와 후단 무죄를 구별**하여 기재하고, 면소와 공소기각의 경우 **제326조 또는 제327조 규정과 함께 각호까지 구체적으로 기재**한다. 예컨대 확정판결이 존재하는 경우 '면소(제1호)', 친고죄에서 공소제기 전 고소가 취소된 경우 '공소기각(제2호)'과 같이 기재한다.

해당 죄명에 대해 무죄 등 결론과 함께 **축소사실이 다시 문제되는 경우, 결론 란의 칸을 나누어 축소사실에 대한 죄명을 따로 기재**한다. 예컨대 특가법위반(도주차량)의 점에 대해 도주가 부정되고, 축소사실인 교통사고처리특례법위반죄에 대해 합의가 존재하는 경우에는 칸을 나누어 '특가(도주)-후단 무죄', '교특-공소기각(2호)'으로 기재한다.

9) 비고 - 기타 참고사항 기재

기타 필요한 내용을 메모한다. 기록을 읽으면서 애매한 부분 등 기존 목차내용에 포함시키기 애매한 내용을 자유롭게 메모한다. 굳이 필요 없다고 판단되는 경우에는 생략하거나 별도로 칸을 구획하지 않고 여백에 기재하여도 무방하다.

2. 메모 완성 후 답안작성 방법

메모를 완성한 후에는 답안지를 정면에, 메모를 답안지 위에, 기록 중 답안양식을 답안지 왼쪽에 펼쳐 놓는다. 제대로 메모를 하였을 경우, 증거관계 검토를 통해 사실인정을 하여야 할 몇 가지 공소사실을 제외하고는 메모만으로도 답안을 충분히 작성할 수 있다.

메모 죄명 순서대로 쟁점과 증거 +, 결론 란을 참고하여 비교적 간단히 작성할 수 있는 **법률판단 쟁점 관련내용부터 작성**하도록 한다.

증거관계 검토를 통한 사실인정이 필요한 쟁점의 경우 ① 피고인 변소의 요지 → ② 검사 제출 증거[28] → ③ 증거능력이 부정되는 증거 → ④ 증명력 검토(신빙성 탄핵) → ⑤ 부족증거등 설시 → ⑥ 소결론 순서대로 답안을 작성한다. ② 검사 제출 증거는 - 란에 메모한 증거들을 인증 → 서증 → 물증 순서대로 배열하여 작성하고, ③ 증거능력이 부정되는 증거는 사안검토와 규정을 중심으로 간단히 작성하며, ④ 증명력 검토는 + 란에 메모한 내용과 해당 기록서면에 밑줄 등으로 표시한 내용을 종합하여 작성한다.

위와 같은 과정을 거쳐 전체 답안을 작성한 후에는 10분 정도 검토 시간을 가지고 답안을 검토하고 수정하도록 한다.

---

[28] 검사 제출 증거 목차는 생략 가능하다. 이 경우 부족증거의 개별설시를 요한다.

Ⅲ. 기타 답안작성시 유의사항[29]

1. 무죄, 면소, 공소기각에 해당하는 공소사실은 죄명으로 특정하지만, '죄'라는 표현을 붙이지 아니한다. 즉 '주거침입의 점은 무죄'라고 써야 하고, '주거침입죄는 무죄'라고 쓰지 않는다.

2. 동일한 죄명이 수개인 경우에는 일시 → 피해자 → 피해품 → 행위유형 순서대로 특정한다. 예컨대 수개의 절도사실이 등장하는 경우 '2016. 12. 1. 절도의 점', '2017. 1. 3. 절도의 점'으로 특정하고, 그 범행일자도 동일한 경우에는 '피해자 ○○○에 대한 절도의 점', '피해자 △△△에 대한 절도의 점'으로 특정한다. 부정수표단속법위반죄의 경우에는 수표번호로 특정함이 일반적이다.

3. 하나의 죄에 유죄, 무죄, 면소, 공소기각 사유가 경합하는 경우에는 유죄 → 공소기각 → 면소 → 무죄 순서대로 판단한다(형식재판 우선). 다만 포괄일죄나 상상적경합 관계에 있는 각 범죄사실 사이에 위와 같이 사유가 경합하는 경우에는 유죄 → 무죄 → 면소 → 공소기각 순서대로 판단한다. 다만, 변호인이 작성하는 서면에서는 순서에 상관없이 모든 쟁점을 검토한다.

4. 지시대명사는 '위 제2의 나항에서와 같이', '같은 날', '위와 같이', '위 피해자의', '위 조서'와 같이 적극적으로 활용한다.

5. '소재'라는 표현 대신 '…에 있는', '소정'이라는 표현 대신 '…에서 정하는'이라고 기재한다.

6. 맞춤법이 틀리거나 주어와 술어가 불일치하는 비문 등을 기재하는 경우 감점대상이다.

7. 사법경찰관리 작성 피의자신문조서에 대해 증거목록에는 피고인이 내용을 인정하는 것으로 기재되어 있더라도 피고인이 법정에서 그 내용을 부인하는 경우에는 내용부인으로 처리하여야 한다.

8. 검사제출 증거 등에 있어 수개의 증거를 기재할 경우에는 법원 → 검찰 → 경찰, 인증 → 서증 → 증거물, 피고인 → 참고인, 조서 → 진술서 → 검증조서 → 압수조서·실황조사서 → 진단서·견적서, 피고인진술 → 범죄경력조회 → 수사보고서 → 판결문등본[30]의 순서대로 기재한다.

9. 같은 종류의 증거가 2개 이상인 경우에는 횟수 → 작성일자 → 수사기록쪽수 순서대로 특정하고, 두 개 모두 기재하는 경우에는 '각'으로 묶어서 표시한다.

10. 여러 피고인들 중 일부 피고인에게만 증거로 인정되는 경우에는 '피고인 김갑동에 한하여'라는 표현으로 해당 피고인을 특정하여야 한다.

---

[29] 이 부분 내용은 형사판결서 작성실무에서 등장하는 판결서 작성시 유의사항 중, 변호사시험 형사법 기록형 답안 작성에 있어서도 통용되는 내용을 간단히 정리한 것이다.
[30] 이는 전과 관련증거를 기재한 순서이다.

11. 하나의 증거에서 일부만이 공소사실에 부합하는 경우에는 '피고인 갑이 이 법정에서 한 범행 당시 피해자의 뺨을 한 번 때린 적이 있다는 취지의 진술'과 같이 부합하는 내용을 특정하여 설시하여야 한다.

12. 공판절차가 갱신되는 경우 갱신 전의 법정진술은 공판조서로 거시한다. 공판조서는 서증이지만 증인의 법정진술보다 앞서 거시한다.

13. 사법경찰관이 작성한 서증과 사법경찰리가 작성한 서증은 구별하여 기재한다.

14. 공무원이 직무상 작성한 서류는 이름 없이 직위만 기재한다. 즉 '검찰주사 작성 수사보고서의 기재'라 기재하여야 하고 '검찰주사 ○○○ 작성 수사보고서의 기재'라 기재하지 아니한다.

15. 가족관계증명서, 등기사항전부증명서, 증인신문조서등본, 판결등본, 사본 등은 역시 작성자를 표시하지 않는다.

CHAPTER 03 | 기록형 시험을 위한 서면양식 정리

I. 변호인 제출 서면의 종류

형사절차에서 변호인은 ① 수사단계에서는 **구속적부심사청구서**, ② 공소제기 후 공판 전 단계에서는 **보석허가청구서**, ③ 공판 중 증거조사단계에서는 **증거인부서 및 증인에 대한 반대신문사항, 증거신청서** 또는 피고인에게 유리한 자료, ④ 피고인신문단계에서는 변호인의 **반대신문사항**, ⑤ 변론종결단계에서는 **변론요지서**, ⑥ 변론종결 후 선고 전 단계에서는 **변론재개신청서**, ⑦ 상소단계에서는 **항소장 및 항소이유서, 상고장 및 상고이유서**를 작성하여 제출하게 된다. ⑧ 또한 위와 같은 각 절차에서 변호인이 자신이 소속된 법무법인의 대표변호사 등에게 내부적으로 보고할 **검토의견서**를 작성할 수도 있다.

이 중에서 기록형 시험에서 가장 많이 출제되는 것은 변론요지서와 검토의견서이다. 제6회까지의 시험에서는 위 두 유형의 서면만이 출제되었고, 이후 8회 시험에서 보석가청구서가 추가로 출제되고 있다.

그러나 **항소이유서, 구속적부심사청구서, 보석허가청구서**는 그 주된 내용이 변론요지서 등과 동일하고, 해당 서면에서 요구하는 형식적인 내용을 추가로 물을 수 있으므로 향후 변호사시험에서 얼마든지 출제될 수 있어 그 양식을 정리하여야 한다. 또한 기타서면으로서 증거에 대한 의견서, 각종 신청서 등도 출제될 가능성을 완전히 배제할 수는 없으므로 서면의 양식 정도는 정리할 필요가 있다.

아래에서는 변호사시험에서 출제가능한 서면의 양식과 서면 작성시 유의사항 등을 살펴보도록 한다. 다만 검토의견서의 경우 실질적인 내용이 변론요지서와 큰 차이가 없고(답안의 결론에 있어 변론요지서와 달리 유죄 결론이 나올 가능성이 높다는 점과 피고인에게 불리한 내용도 검토하여야 한다는 점에 차이가 있을 뿐이다), 별도의 정형적인 양식이 존재하지 아니하며, 실제 시험에서는 답안양식에서 세부목차를 제시하여 준다는 점을 고려하여 이하에서는 생략하였다.

II. 서면별 양식 및 작성내용

1. 구속적부심사청구서

> **형사소송법 제214조의2(체포와 구속의 적부심사)** ① 체포되거나 구속된 피의자 또는 그 변호인, 법정대리인, 배우자, 직계친족, 형제자매나 가족, 동거인 또는 고용주는 관할법원에 체포 또는 구속의 적부심사를 청구할 수 있다.
>
> **제201조(구속)** ① 피의자가 죄를 범하였다고 의심할 만한 상당한 이유가 있고 제70조 제1항 각 호의 1에 해당하는 사유가 있을 때에는 검사는 관할지방법원판사에게 청구하여 구속영장을 받아 피의자를 구속할 수 있고 사법경찰관은 검사에게 신청하여 검사의 청구로 관할지방법원판사의 구속영장을 받아 피

> 의자를 구속할 수 있다. 다만, 다액 50만원이하의 벌금, 구류 또는 과료에 해당하는 범죄에 관하여는 피의자가 일정한 주거가 없는 경우에 한한다.
>
> **제70조(구속의 사유)** ① 법원은 피고인이 죄를 범하였다고 의심할 만한 상당한 이유가 있고 다음 각 호의 1에 해당하는 사유가 있는 경우에는 피고인을 구속할 수 있다.
> 1. 피고인이 일정한 주거가 없는 때
> 2. 피고인이 증거를 인멸할 염려가 있는 때
> 3. 피고인이 도망하거나 도망할 염려가 있는 때
> ② 법원은 제1항의 구속사유를 심사함에 있어서 범죄의 중대성, 재범의 위험성, 피해자 및 중요 참고인 등에 대한 위해우려 등을 고려하여야 한다.
> ③ 다액 50만원 이하의 벌금, 구류 또는 과료에 해당하는 사건에 관하여는 제1항 제1호의 경우를 제한 외에는 구속할 수 없다.

가. 서설

체포·구속의 적부심사라 함은 검사 또는 사법경찰관에 의하여 피의자가 체포 또는 구속되었을 경우에 그 체포·구속이 적법한가의 여부를 법원에 심사하여 줄 것을 청구하고 당해 체포·구속이 부적법하거나 부당한 경우에 법원의 명령에 의하여 피의자를 석방하는 인권보장절차이다.

나. 심사의 청구

구술로 할 수 없다는 제한이 있는 것은 아니지만(형사소송규칙 제176조 참조), 서면에 의하여 청구하는 것이 일반적이다. 청구서에는 체포 또는 구속된 피의자의 인적사항(성명, 주민등록번호 등, 주거), 체포 또는 구속된 일자,[31] 청구의 취지 및 청구의 이유, 청구인의 성명 및 체포 또는 구속된 피의자와의 관계를 기재하여야 한다(제102조). 또한 청구서에는 기본적으로 변호인선임신고서, 피의자와 변호인선임자의 주민등록표등본, 주민등록증사본, 가족관계등록부등초본 등, 체포영장 또는 구속영장의 사본을 첨부하는 것이 보통이다.[32]

적부심사의 청구는 관할법원에 청구하여야 한다(형사소송법 제214조의2 제1항). 여기서 관할법원이라 함은 구속된 피의자를 수사하고 있는 검사 소속의 지방검찰청 또는 지청에 대응하는 지방법원 또는 지원을 말한다.[33]

---

[31] 실제 체포·구속영장이 집행된 날짜를 의미하고, 영장 없이 불법으로 체포·구금된 경우에는 실제로 체포·구금된 날짜를 의미한다.
[32] 다만 실무상 영장 등 사본의 경우 첨부하지 아니하더라도 법원 담당 직원이 법원에 보관된 영장청구서 등의 사본을 작성하여 첨부하도록 하고 있다(보석·구속집행정지 및 적부심 등 사건의 처리에 관한 예규 제20조 제2항 참조).
[33] 체포 또는 구속영장을 발부한 법원이 아님에 주의를 요한다.

다. 청구서 작성방법

1) 청구서 제출과 관할법원

구속적부심사청구는 수사절차 또는 공판절차와는 독립된 별개의 절차이므로 **독립된 청구서를 작성하여 법원에 제출**한다. 이때 법원에서는 형사신청사건으로 취급하여 독립된 사건번호가 별도로 부여된다.

2) 청구서 구성

청구서에는 ① 체포 또는 구속된 피의자의 성명, 주민등록번호, 주거, ② 체포 또는 구속된 일자, ③ 청구의 취지 및 청구의 이유, ④ 청구인의 성명 및 체포 또는 구속된 피의자와의 관계 등을 기재하여야 한다.

3) 청구취지

청구취지는 청구인이 원하는 주문, 즉 "**피의자의 석방을 명한다**"라는 내용을 기재한다. 간혹 실무에서 예비적 청구로 '보증금납입조건부 석방명령'을 구하는 예가 있으나, 위 **보증금납입조건부 석방명령**은 구속적부심사와는 전혀 별개의 성격으로 법원의 재량에 속하는 것인 만큼 주문에 기재할 사항은 아니고, 다만 청구이유에 기재하면 족하다.

4) 청구이유

청구의 이유는 피의자의 체포 또는 구속이 부적법하거나 부당하다는 것이다. 따라서 체포적부심사청구의 경우에는 피의자의 체포가 형사소송법의 규정에 맞는지 여부를 검토하여야 하고, 구속적부심사청구의 경우에는 피의자가 적법한 구속영장에 의하여 적법하게 구속되었는지를 살펴 이를 청구서의 이유에서 변론하여야 한다.

가) 체포적부심사청구

체포적부심사청구는 실제 활용되는 예가 거의 없으나, 체포의 요건을 갖추지 않은 체포, 영장에 의하지 않은 긴급체포나 현행범체포의 경우 활용할 수 있다. 청구서에는 피의자를 체포한 경위와 근거가 형사소송법상의 각 체포의 요건에 부합하는지 여부를 체포의 요건사실별로 검토하여 그 위법성을 지적하여야 한다.

나) 구속적부심사청구

구속적부심사청구의 경우 구속의 요건을 규정한 형사소송법 제70조의 요건사실을 검토하여야 한다. 즉 피의자의 범죄혐의유무, 주거부정, 도주 및 증거인멸의 염려여부의 각 요건사실별로 검토하여 피의자의 경우가 이에 부합하는지를 소명자료를 제시하면서 일일이 지적하는 방법에 따른다.

5) 소명자료 거시

청구서는 요건사실별로 나누어 정리하되, 위 요건에 해당하지 않는다는 주장과 함께 그 주장을 뒷받침하는 소명자료를 함께 거시하는 방법으로 작성한다.

구속적부심사청구[34]

사　　건　　특정범죄가중처벌등에관한법률위반(도주치상)[35] 등
피 의 자　　김갑동
　　　　　　(주소 등 생략)
　　　　　　현재 서울서초경찰서 유치장 수감중
청 구 인　　피의자의 변호인 변호사 김힘찬
　　　　　　(주소 생략)

　위 피의자는 특정범죄가중처벌등에관한법률위반(도주차량) 등 피의사건으로 2016. 12. 27. 귀원이 발부한 구속영장에 의하여 현재 위 유치장에 수감중인바, 피의자의 변호인은 아래와 같이 구속적부심사를 청구하오니 청구취지와 같이 결정하여 주시기 바랍니다.

청 구 취 지[36]

피의자의 석방을 명한다.
라는 결정[37]을 구합니다.

청 구 이 유

1. 범죄사실의 요지[38]

　　(생략, 영장의 범죄사실 요지 기재)

2. 구속사유 불비[39]

　피의자에게는 아래에서 보는 바와 같이 형사소송법 제70조 제1항에서 정하는 구속의 사유가 없습니다.

---

34) 피의자의 구속이 적절치 않음을 전제로 구속된 피의자를 위하여 청구한다. 구속적부심사시를 기준으로 구속사유가 없음을 적극적으로 주장하여야 한다.
35) 사건번호는 청구당시 알 수 없으므로 기재하지 않는다.
36) 모든 서면에서 청구취지는 그대로 암기하여야 한다.
37) 판결이 아닌 결정임에 주의를 요한다.
38) 실제 문제에서는 이 부분 기재는 생략될 가능성이 크다. 작성하는 경우에는 구속영장에 기재된 범죄사실을 축약하여 간단히 기재한다.
39) 제70조 제1항에서 정하는 ① 일정한 주거가 없는 때, ② 증거인멸할 염려가 있는 때, ③ 도망 또는 도망할 염려가 있는 때에 해당하지 않음을 구체적 근거를 들어 설명한다. 피의자가 주소지에서 배우자 및 자식들과 함께 거주하고 있다는 사실이나 일정한 직장에서 일정 직위로 근무하고 있어 직업이 확실하다는 사실은 일정한 주거와 도망 또는 도망할 염려가 없다는 사정으로, 경찰에서 이미 증거를 확보하였거나 충분한 수사가 모두 이루어졌다는 사실은 증거인멸의 염려가 없다는 사정에 대한 자료로 활용할 수 있다.

가. 주거가 일정하고 도망할 염려가 없음[40]

피의자는 주소지에서 자신의 처 및 아들과 함께 살고 있고, 현재 서초구청에서 민원담당관으로 일하고 있어 직업이 확실하므로 주거가 일정할 뿐만 아니라 도망할 염려가 없습니다.

나. 죄증을 인멸할 우려가 없음[41]

피의자에 대한 위 범죄사실에 대하여 피의자는 전부를 자백하고 있고, 위험한 물건인 식칼 역시 경찰에 압수되었으며, 기타 위 범죄사실에 대해 충분히 조사가 이루어졌으므로 피의자가 죄증을 인멸할 우려가 전혀 없습니다.

다. 기타 고려사항[42]

피의사실은 피해자가 약 3주 간의 치료를 필요로 하는 전완부 좌상 등을 입은 것에 불과하여 사안이 경미하고, 아래서 살펴보는 바와 같이 피의자에게는 재범의 위험성이 존재하지 아니하며, 이미 합의가 이루어져 피의자가 피해자 등에게 위해를 가할 염려도 없습니다.

3. 이 사건의 경위[43]

(생략)

4. 법률적 문제[44]

(생략)

5. 이 사건 피의사실의 문제점[45]

(생략)

---

[40] 제70조 제1항 제1호 및 제3호 사유 불비 검토
[41] 제70조 제1항 제2호 사유 불비 검토
[42] 형사소송법 제70조 제2항에서 정하는 구속사유 검토시 고려사유에 대한 것이다. 이는 독립된 구속사유는 아니지만 별도로 검토함이 일반적이다.
[43] 피의자 입장에서 사건의 경위를 설명한다. 이 사건에 대한 피의자의 변명 내용을 먼저 설시하고 범죄사실에 대한 인부를 하여 쟁점을 드러내는 것도 좋다. 경우에 따라 제5항과 묶어서 기재하여도 무방하다.
[44] 공소시효 또는 기판력·친고죄·상습성 부존재·정당방위·증거의 불비 등 범죄사실에 영향을 미칠 수 있는 법률적 문제를 기재하거나, 체포 또는 구속이 그 요건을 갖추지 못하여 위법함을 기재한다. 특히 절차적 요건과 관련하여 체포와 피의사실 등의 고지(제200조의5)가, 실체적 요건과 관련하여 긴급체포 사유 불비가 주로 문제된다.
[45] 변호인의 입장에서 사건의 경위 및 당시 상황과 피의자의 처지, 다른 범인의 존재 가능성 등을 서술한다. 공무집행방해죄에서 적법한 공무집행이 아니라는 사실 등이 이에 해당한다.

6. 정상관계[46]

　가. 전과관계
　나. 범죄의 동기와 경위
　다. 피해자와의 합의여부
　라. 피의자의 연령, 학력, 생활환경 등 피의자의 개인적 정상
　마. 가족관계
　바. 피의자의 직업, 지위, 수입, 자산 등
　사. 반성의 유무
　아. 기타 유리한 정상

7. 기소전 보석[47]

　나아가 전술한 바와 같이 피의자에게 증거인멸의 우려가 없고, 사안이 경미하고 피해자와 합의하였으며, 피의자가 범행을 깊이 반성하고 있는 이상 피의자가 피해자, 참고인 또는 그 친족의 생명, 신체, 재산에 해를 끼칠 염려는 전혀 없다 할 것입니다.

　따라서 설령 피의자에게 구속의 사유가 있어 구속적부심사에 따른 석방을 할 수 없더라고, 위와 같은 사정을 감안하시어 보증금의 납입을 조건으로 피의자의 석방을 명하여 주시되, 위 보증금은 피의자의 처 이을순(주민등록번호, 주소 기재)이 제출하는 보석보증보험증권을 첨부한 보증서로 갈음하도록 하는 결정을 내려주시기 바랍니다.

8. 결론

　이상에서 본 바와 같이 피의자가 주소 및 직업이 일정하여 도망의 우려가 없고, 증거인멸의 우려가 전혀 없는 이상 이번에 한하여 피의자가 불구속 상태에서 수사와 재판을 받을 수 있도록 피의자를 석방하여 주시기 바랍니다.

첨 부 서 류

1. 변호인선임신고서　　1부
1. 재직증명서　　　　　1부
1. 주민등록등본　　　　1부
1. 급여명세서　　　　　1부

---

[46] 범죄사실에 관련된 정상사유와 일반적 정상사유를 나누어 기재한다. 변호사시험에서는 정상관계는 대부분 생략된다.
[47] 제214조의2 제4항의 보증금납입조건부 석방 내용을 기재한다. 법원의 직권발동을 촉구하는 의미에서 기재하여야 한다.

1. 탄원서   1부
1. 재산관계진술서   1부

                              2017. 1. 3.

                                        위 피의자의 변호인
                                        변호사 김 힘 찬 (인)

서울중앙지방법원 귀중

2. 보석허가청구서

> **형사소송법 제94조(보석의 청구)** 피고인, 피고인의 변호인·법정대리인·배우자·직계친족·형제자매·가족·동거인 또는 고용주는 법원에 구속된 피고인의 보석을 청구할 수 있다.
>
> **제95조(필요적 보석)** 보석의 청구가 있는 때에는 다음 이외의 경우에는 보석을 허가하여야 한다.
>   1. 피고인이 사형, 무기 또는 장기 10년이 넘는 징역이나 금고에 해당하는 죄를 범한 때
>   2. 피고인이 누범에 해당하거나 상습범인 죄를 범한 때
>   3. 피고인이 죄증을 인멸하거나 인멸할 염려가 있다고 믿을 만한 충분한 이유가 있는 때
>   4. 피고인이 도망하거나 도망할 염려가 있다고 믿을 만한 충분한 이유가 있는 때
>   5. 피고인의 주거가 분명하지 아니한 때
>   6. 피고인이 피해자, 당해 사건의 재판에 필요한 사실을 알고 있다고 인정되는 자 또는 그 친족의 생명·신체나 재산에 해를 가하거나 가할 염려가 있다고 믿을만한 충분한 이유가 있는 때
>
> **제96조(임의적 보석)** 법원은 제95조의 규정에 불구하고 상당한 이유가 있는 때에는 직권 또는 제94조에 규정한 자의 청구에 의하여 결정으로 보석을 허가할 수 있다.

가. 서설

공소제기 후 공판개시 전의 변호활동은 공판준비활동과 구속 피고인에 대한 보석청구로 나누어 볼 수 있다. 보석이라 함은 일정한 보증을 조건으로 <u>구속의 집행을 해제하고 구속된 피고인을 석방하는 제도</u>를 말한다.

보석은 구속영장의 효력을 그대로 존속시키고 구속의 집행만을 정지하는 것이라는 점에서 구속영장의 효력을 상실시키고 피고인을 석방하는 구속의 취소(형사소송법 제93조)와 다르고, 보증금의 납부 등 일정한 보증이 석방의 조건이 되는 것이라는 점에서 구속의 집행정지(제101조)와 구별되며, 고소제기 후에만 인정된다는 점에서 공소제기 전 구속적부심사청구의 일환으로 인정되는 기소전 보석과도 다르다.

나. 보석의 청구

보석의 청구는 서면으로 하여야 하고, 그 청구서에는 부본을 첨부하여야 한다(형사소송규칙 제53조 제2항). 보석의 청구인은 적합한 보석조건에 관한 의견을 밝히고 이에 관한 소명자료를 낼 수 있다(제53조의2 제1항). 또한 보석의 청구인은 보석조건 이행가능 여부를 판단하기 위하여 필요한 범위 내에서 피고인(피고인이 미성년자인 경우에는 그 법정대리인 등)의 자력 또는 자산 정도에 관한 서면(재산관계진술서)을 제출하여야 한다(제2항).

다. 보석사유

1) 필요적 보석

형사소송법 제95조 각 호의 사유가 없는 한 원칙적으로 보석이 허용된다. 따라서 보석을 청구함에 있어 우선적으로 해당 사건이 형사소송법 제95조 각 호에 해당하는지 여부를 검토하여 위 각 호에 해당하는 사유가 없음을 주장·소명하여야 한다.

가) 피고인이 사형·무기 또는 장기 10년이 넘는 징역이나 금고에 해당하는 죄를 범한 때(제1호)

이는 기소된 죄명과 적용법조의 법정형을 기준으로 판단한다. 따라서 피고인에 대해 무죄를 주장하더라도 무죄 유무는 이 항목의 판단대상이 아니다.

나) 피고인이 누범에 해당하거나 상습범인 죄를 범한 때(제2호)

역시 기소된 죄명, 적용법조, 공소사실을 기준으로 누범, 상습범의 해당여부를 판단한다. 상습범의 여부가 쟁점이 될 수 있는 사건이더라도 상습범으로 기소되지 않으면 이에 해당하지 않는다.

다) 피고인이 죄증을 인멸하거나 인멸할 염려가 있다고 믿을 만한 충분한 이유가 있는 때(제3호)

보석을 청구하는 시점에서, 석방될 경우 죄증인멸의 가능성이 있는지를 검토한다. 소명의 정도는 죄증인멸의 염려가 있다고 믿을 만한 충분한 이유가 없다는 것으로서, 구속영장 발부 요건인 "죄증인멸의 염려가 있는 때"보다 낮다. 즉 보석을 기각하고 계속 구속하기 위해서는 구속영장 발부시보다 "죄증인멸의 염려"에 대한 검사의 소명 정도가 높아야 한다.

라) 피고인이 도망하거나 도망할 염려가 있다고 믿을 만한 충분한 이유가 있는 때(제4호)

전항과 같이 석방될 경우 도망할 염려가 있는지가 기준이고, 역시 구속영장 발부시보다 그 기준을 높이 잡아야 한다.

마) 피고인의 주거가 분명하지 아니한 때(제5호)

바) 피고인이 피해자, 당해 사건의 재판에 필요한 사실을 알고 있다고 인정되는 자 또는 그 친족의 생명·신체나 재산에 해를 가하거나 가할 염려가 있다고 믿을 만한 충분한 이유가 있는 때(제6호)

이는 도주 및 증거인멸의 염려와는 무관한 조항이나, 석방된 피고인이 피해자나 중요 증인에게 위해를 가할 염려가 있을 때에는 피해자 보호 또는 사회방위의 차원에서 피고인을 격리시킬 필요성이 있어 둔 것이다. 따라서 변호인은 피고인에게 반사회성이 없다는 것, 평소의 성행, 반성의 정도, 피해자 등과의 관계 또는 합의, 피고인의 가족들의 보호조치 등의 사정을 소명하여 위와 같은 염려가 없음을 변론하여야 한다.

2) 임의적 보석

형사소송법 제95조에서 정하는 제외사유에 해당하더라도 사안에 따라 보석을 허용하여야 할 경우가 있다. 특히 제95조 제1호에 해당하여 <u>필요적 보석사건에서 제외되는 경우 제96조를 활용</u>할 수 있다. 이때에는 대상사건이 중죄에 해당하기 때문에 증거인멸의 염려, 도망할 염려 등에 대한 판단기준이 높아지게 되므로 변호인으로서는 그러한 염려가 없음을 보다 구체적으로 지적하고, 소명자료를 갖추어 주장하여야 한다.

라. 보석의 조건

보석은 구속영장의 효력은 유지한 채 일정한 제약조건을 붙여 석방하는 제도이므로 석방을 허가하는 대신 반드시 일정한 조건이 붙는다. 이러한 보석조건은 법원이 사건의 성질, 피고인의 사정 등에 따라 재량으로 결정할 수 있다. <u>변호인은 피고인과 의논하여 원하는 보석조건을 정한 다음, 보석허가청구서의 청구이유 중에 이를 기재하고, 형사소송법 제99조 제1항에 정한 사항을 고려하여 피고인의 사정을 설명하고, 이를 뒷받침할 자료를 거시하여야 한다</u>(형사소송규칙 제53조의2 제1항).

보석허가청구서

사　　건　　2017고단1234 강도 등
피 고 인　　김갑동(주민등록번호 생략), 회사원
　　　　　　주거　(생략)
　　　　　　등록기준지　(생략)
청 구 인　　변호인 변호사 김힘찬
　　　　　　(주소 생략)

위 사건에 관하여 피고인은 현재 서울구치소(수용번호 생략)에 수감중인바, 피고인의 변호인은 아래와 같이 피고인에 대한 보석을 청구합니다.

청 구 취 지

피고인의 보석을 허가한다.

보증금은 피고인의 모 김을순(주민등록번호, 주소 생략)이 제출하는 보석보증보험증권을 첨부한 보증서로 갈음할 수 있다.[48]

라는 결정을 구합니다.

<h2 style="text-align:center">청 구 이 유</h2>

1. 공소사실의 요지

　(생략)

2. 보석사유의 존재[49]

　피고인에게는 형사소송법 제95조에서 정하는 필요적 보석사유가 있습니다.[50]

　가. 피고인은 사형·무기 또는 장기 10년이 넘는 징역이나 금고에 해당하는 죄를 범하지 아니하였습니다.

　(생략)[51]

　나. 피고인은 누범에 해당하는 죄나 상습범인 죄를 범하지 아니하였습니다.[52][53]

피고인은 2013. 8. 10. 서울서부지방법원에서 절도죄로 징역 2년을 선고받고 그 형의 집행 중 2014. 9. 10. 가석방되어 2016. 3. 3. 그 가석방기간이 경과하였습니다.

그러나 이 부분 공소사실은 위 가석방기간이 경과하여 형의 집행이 종료되기 전인 2016. 2. 1. 범한 것이므로, 결국 피고인은 누범에 해당하는 죄를 범하지 아니하였습니다.

　다. 피고인은 죄증을 인멸하지 아니하였고 또한 피고인에게 죄증을 인멸할 염려가 있다고 믿을 만한 충분한 이유도 없습니다.

피고인은 이 사건 범행을 모두 자백하고 있고, 이미 이루어진 수사과정에서 모든 증거가 확보된 상태에 있으므로 피고인으로서는 죄증을 인멸할 여지가 전혀 없습니다.

---

[48] 보증서 갈음 부분 취지 기재는 생략 가능하다.
[49] 필요적 보석의 경우 제95조 각 호의 사유가 없음을 구체적 근거를 들어 설명하고, 임의적 보석의 경우 보석을 허가할 상당한 이유가 있음을 설명한다.
[50] 임의적 보석의 경우에는 "피고인에게는 보석이 허가될 상당한 이유가 있습니다."라고 기재한다.
[51] 피고인 죄명과 그에 해당하는 법정형을 들어 위 사유에 해당하지 아니함을 기재한다.
[52] 금고 이상의 형을 받아 그 집행을 종료하거나 면제를 받은 후 3년 내에 금고 이상에 해당하는 죄를 범한 자는 누범으로 처벌한다(형법 제35조 제1항).
[53] 누범기간 계산의 기준이 되는 집행종료일이란 구체적으로 피고인이 유죄의 확정판결에 따라 수형된 후 만기출소한 날, 형 집행 중 가석방되어 가석방 기간이 경과한 날을 의미한다. 집행유예기간 중이거나 가석방기간 중에 범죄를 저지른 경우에는 누범에 해당하지 아니한다.

라. **피고인은 도망하지 아니하였고 또한 피고인이 도망할 염려가 있다고 믿을 만한 충분한 이유도 없습니다.**

피고인은 회사원으로서 약 10년 동안 같은 회사에서 성실하게 근무하였고, 처와 아들을 두고 있어 석방되더라도 도망할 염려가 전혀 없습니다(탄원서, 가족관계증명서 참조).[54]

마. **피고인의 주거가 분명합니다.**

피고인은 이 부분 공소사실로 구속되기 직전까지 (주소기재)에서 피고인의 처, 아들과 함께 거주하고 있었으므로, 그 주거가 분명합니다(가족관계증명서 참조).

바. **피고인은 피해자, 이 사건의 재판에 필요한 사실을 알고 있다고 인정되는 자 또는 그 친족의 생명·신체나 재산에 해를 가하지 아니하였고 또한 이를 가할 염려가 있다고 믿을 만한 충분한 이유도 없습니다.**

피고인은 앞서 살펴본 바와 같이 평범한 회사원이고, 피해자와는 이미 합의하였습니다. 따라서 피고인은 피해자 등의 생명·신체나 재산 등에 해를 가하거나 가할 염려가 전혀 없습니다.

3. 이 사건의 경위[55]

　가. 피고인 주장의 요지
　나. 검찰 제출 증거의 탄핵
　다. 증거에 대한 피고인 측의 설명
　라. 소결

4. 법률적 문제[56]

　(생략)

5. 정상관계

　(생략)

6. 결론

이상의 여러 사정을 살피시어 피고인으로 하여금 불구속 상태에서 재판을 받을 수 있도록 청구취지와 같은 결정을 하여주시기 바랍니다.

---

54) 실제 답안에서는 기록 쪽수까지 기재하도록 한다.
55) 변론요지서와 유사하게 각 공소사실별로 검찰 측 증거를 개관하여 각 증거의 증거능력과 증명력을 검토한다.
56) 공소사실이 성립하지 않거나 그보다 가벼운 범죄만이 성립가능하다는 점을 기재하거나, 구속의 실체적 요건이나 절차적 요건을 구비하지 못하였음을 기재한다.

첨 부 서 류

1. 청구서 부본   1부
1. 변호인선임신고서   1부
1. 주민등록 등본   1부
1. 재산관계진술서   1부

2017. 1. 6.

위 피고인의 변호인
변호사 김 힘 찬 (인)

서울중앙지방법원 형사1단독 귀중

답안 기재례 | 임의적 보석을 청구하는 경우 〈변시 8회〉

Ⅰ. 보석사유의 존재 (15점)

피고인에게는 보석이 허가될 상당한 이유가 있습니다.[57]

1. 피고인은 누범에 해당하는 죄나 상습범인 죄를 범하지 아니하였습니다.

피고인은 초범이므로 누범에 해당하지 않고, 이 사건 공소사실은 상습범에 해당하지 아니합니다.

2. 피고인은 죄증을 인멸하지 아니하였고, 피고인에게 죄증을 인멸할 염려도 존재하지 아니합니다.

이 사건 공소사실에 대해서는 이미 이루어진 수사과정에서 모든 증거가 확보된 상태이고, 특히 명예훼손의 점에 대하여는 법리적인 점을 다투는 외에 모두 자백하고 있습니다.

따라서 피고인이 죄증을 인멸하거나 인멸할 염려가 없습니다.

3. 피고인은 도망하지 아니하였고, 피고인에게 도망할 염려도 존재하지 아니하며, 주거 또한 분명합니다.

피고인은 회사원으로서 2015. 3. 2. 부터 현재에 이르기까지 같은 회사에서 성실하게 근무하고 있고(재직증명서 참조), 주소지에서 부모님(이수완, 유장숙)과 함께 거주하고 있습니다.

따라서 피고인은 도망하거나 도망할 염려가 없고, 주거 또한 분명합니다.

---

[57] 제8회 시험의 경우 보석을 청구하는 피고인에게는 형사소송법 제95조 제1호의 필요적 보석 제외사유가 존재하였다. 따라서 필요적 보석이 아닌 임의적 보석청구로 답안을 구성하였다.

4. 피고인은 피해자, 이 사건의 재판에 필요한 사실을 알고 있다고 인정되는 자 또는 그 친족의 생명·신체나 재산에 해를 가하지 아니하였고 또한 이를 가할 염려가 있다고 믿을 만한 충분한 이유도 없습니다.

피고인은 앞서 살펴본 바와 같이 평범한 회사원이고, 피해자를 위하여 상당한 금액을 공탁하였고(공탁서 참조), 무죄를 다투는 범죄 외에 자신이 범한 범죄에 대해 자백하면서 깊이 반성하고 있습니다.

따라서 피고인에게 피해자 등의 생명·신체나 재산에 해를 가하거나 가할 염려가 존재하지 아니합니다.

Ⅱ. 공소사실에 대한 변론 (45점)

1. 성폭법위반(특수준강간)의 점에 대하여

(이하 답안기재 생략)

3. 변론요지서

가. 서설

변호인은 공판절차의 최종단계에서 의견을 진술할 기회를 부여받는다(형사소송법 제303조). 이 단계에서 변호인이 하는 의견 진술을 좁은 의미에서 변론이라고 부른다. 이러한 변론은 피고인의 권리를 옹호하기 위한 최후의 기회라 할 수 있다.

변론은 법정에서 구두로 함이 원칙이다. 다만 법정에서의 변론 내용을 명확히 하고 또 이를 보충하는 의미에서 변론의 요지를 서면으로 작성하여 제출하는 경우가 많은데, 이를 보통 변론요지서라 한다. 이러한 변론요지서는 특히 사실관계가 복잡한 사건 및 사실인정이나 법률적용에 쟁점이 많은 사건에서 변호인의 주장을 빠짐없이 정확하게 전달하기 위한 것이다.

변론에서 진술할 사항이나 내용은 변론의 방향과 밀접한 관계가 있다. 즉 공소사실을 자백하는 경우라면 사실상의 주장이나 법률상의 주장보다는 정상론이나 양형에 관한 부분이 중심이 되어야 하고, 무죄를 주장하거나 법률적용 문제를 다투는 경우라면 그 주장하고자 하는 대상에 변론의 내용이 집중되어야 한다. 변론에서 일반적으로 진술할 사항은 아래와 같이 크게 구별할 수 있다.

1) 사실에 관한 주장

일반적으로 사실에 관한 주장을 함에는 검사가 제출한 증거를 탄핵하여 공소사실을 입증할 증명이 없다는 점에 초점을 맞출 필요가 있다. 이를 위해 법정에 제출된 증거를 요약하고 이에 기한 판단을 제시하여야 한다. 즉 피고인에게 유리한 증거의 신빙성을 명백하게 하고 이에 기한 사실의 구성을 밝힘과 함께, 불이익한 증거의 신빙성을 탄핵하고 그 내용에 대하여 합리적인 의심을 갖도록 설시하는 등 증거에 기해 사실관계를 명확히 밝혀야 한다. 그리고 사실에 관한 주장은 반드시 적법한 증거조사를 거친 증거를 기초로 하는 것이어야 한다. 따라서 신빙성 탄핵 전 검사 제출 증거에 대한 증거능력 판단이 선행되어야 한다.

2) 법률상의 주장

무죄, 정당행위, 정당방위, 긴급피난, 고의, 과실, 심신장애, 미수, 자수, 종범 등에 관한 법률론, 전문법칙이나 자백의 임의성 등 증거법상의 제문제 등이 여기에 포함된다. 이러한 법률상의 주장은 피고인의 행위의 정당성 내지 불가벌성 등을 법해석적인 측면에서 논증하는 것이기 때문에, 증거에 의하여 인정되는 구체적인 사실을 토대로 엄격한 법적 논리에 따라 전개하여야 한다.

변호인의 법률론은 학문상의 논의가 아니라 현실의 사건에서 통용될 것을 전제로 하는 것이므로, 실무에 적용될 수 있는 논리를 탐구하여야 한다. 특히 유사한 사안에 대한 판례가 있는 경우 단순히 이를 나열하는데 그칠 것이 아니라, 그 사안과 당해 사건의 내용을 대비하여 그 판례가 당해 사건에서 갖는 의미를 명확하게 밝히는 방식의 논리를 전개하여야 한다.

3) 정상에 관한 주장

정상 변론에 있어서 중요한 것은 변호인과 피고인의 입장에서 사건의 배경과 원인을 명확히 하여 법관으로 하여금 사건에 대한 시각을 전환토록 하는 것이다.

정상을 구성하는 내용으로는 ① 범죄의 동기, 범행의 수단·방법과 태양, 결과 발생의 유무·정도와 태양, 공범관계, 피해자 측의 행동이나 사정, 사건의 사회적 배경과 사회에 미친 영향, 범죄 후의 피고인의 행동 등과 같은 범죄사실에 관한 것(이른바 범죄정상)과 ② 피고인의 나이, 학력이나 경력, 건강상태, 직업의 유무와 직위, 수입과 재산, 전과, 가정환경과 성장환경, 생활상황, 가족관계와 보호자의 유무, 개전의 정의 유무와 정도, 피해 변상여부와 그 노력 정도, 합의여부와 피해자의 의사, 재범가능성의 유무 등과 같은 일반적인 정상(이른바 일반정상)에 관한 것으로 구분할 수 있다.

이러한 정상에 관한 사항의 주장도 비록 사실에 관한 주장과 같은 정도의 엄격한 증거는 아니더라도, 어느 정도 객관적 근거를 갖춘 것이어야 한다.

유죄를 전제로 변론을 하는 경우 정상론에서 최대한의 관대한 판결을 구하는 것으로 그치는 것이 보통이나, ① 검사의 구형이 지나치게 부당하여 이를 구체적으로 반박할 필요가 있는 경우나 ② 피고인이 일정한 형 이상의 처벌을 받게 되면 자격을 상실하는 등 일정한 형이 당해 피고인에게 중대한 의미를 갖기 때문에 특별히 양형에 관한 희망을 밝히기 위한 경우에는 양형에 관한 의견까지 밝힐 필요가 있다.

나. 변론요지서 작성방식

변론요지서를 작성하는 방식에는 정형이 있지는 아니하다. 다만 기본적으로는 법원이 읽어보아 변호인의 주장 내용을 쉽게 이해할 수 있고, 설득력이 있도록 작성하는 것이 중요하다.

1) 기본적인 형식으로 문서의 표제, 사건번호와 사건명, 피고인의 성명, 제출하는 법원명,

작성자인 변호인의 기명과 날인이 갖추어져야 한다.

2) 변론요지서의 본문은 그 본론에서 전개하고자 하는 내용과의 관련하에서 공소사실의 요지를 적시하는 것으로 시작함이 일반적이다. 공소사실의 전부 또는 일부에 대하여 결론적으로 무죄를 주장하는 경우 서두에서 결론을 함께 먼저 밝히고 그 이유되는 주장을 펴 나가는 방식이 좋은 경우도 있다.

3) 공소사실이 수개인 경우에는 공소사실별로 구분하여 서술할 것인지, 아니면 포괄하여 서술할 것인지를 먼저 결정하여야 한다. <u>일반적으로는 공소사실별로 피고인의 주장이 상이한 경우에는 구분하여 서술하여야 한다.</u> 그렇지 아니한 경우에는 전체적인 서술의 편의에 따라 방법을 선택하여도 무방하다.

4) 공소사실을 다투는 경우, <u>본론에 들어가기 전에 다투고 있는 핵심사항에 관하여 쟁점의 정리를 하여야 한다.</u> 특히 일부 자백, 일부 부인사건의 경우 이와 같이 정리를 해 두면 본론에서 쟁점별로 변론을 전개해 나갈 때 논리전개에 도움이 되고, 다투는 부분을 명확히 함으로써 변론의 목적을 달성하는데도 도움이 된다.

5) 본론은 <u>사실론과 법률론으로 구분할 수 있는 경우에는 가급적 양자를 별항으로 나누어 설명함이 좋다.</u> 다만 <u>위법성조각사유나 책임조각사유의 존재를 주장하는 경우</u> 등과 같이 각 항목에서 사실론과 법률론을 함께 전개하는 것이 효과적인 경우도 있다.

6) 본론의 서술은 논점별로 항목을 구분하여 서술하고, 각 항목의 서두에는 <u>가급적 그 서술내용을 집약한 표제를 기술해 두는 것이 좋다.</u>

7) 본론을 기술함에 있어서 법원은 많은 사건을 취급하고 있어 개개 사건의 기록을 모두 세밀하게 기억하고 있는 것은 아니라는 점을 염두에 둘 필요가 있다. 즉 법원이 기록의 해당 부분을 일일이 찾아가며 확인대조하지 아니하더라도 변론요지서만을 보면 변호인이 무엇을 말하고 있는 것인지 이해할 수 있도록 근거를 제시하면서 구체적으로 기술할 필요가 있다.

8) 사실관계에 관한 주장을 명확하게 하기 위하여 증거를 인용할 필요가 있는 경우, 그 인용부분을 명확하게 적시하여야 한다. <u>진술이나 조서를 인용하는 경우에는 해당기록의 면수까지 적시하여야 한다.</u> 나아가 수개의 진술내용을 비교·검토하거나 특별히 강조하여야 할 경우에는 그 각 진술내용의 요지를 쓰거나, 경우에 따라서는 진술 그 자체를 그대로 인용하는 것이 필요한 경우도 있다.

9) 경우에 따라 <u>예비적 주장</u>을 할 경우도 있다. 예비적 주장이라 함은 제1의 주장을 하되, 이것이 인정되지 않을 것에 대비하여 제2의 주장을 하는 것을 말한다.

10) 검사의 의견진술에 대하여는 구체적으로 충분히 반론할 필요가 있다. 그러나 이는 사실론과 법률론에서 관련 부분을 분설하여 반론하는 것으로 족하고, 반드시 별도의 항목을 설정하여야 하는 것은 아니다. 가령 피고인이 불이익한 자백을 한 일이 있었다면 그에 대

하여는 검사의 의견 진술 유무와 관계없이, 반드시 당시의 상황과 의미 등에 대하여 구체적이고 상세한 변론을 할 필요가 있다.

11) **내용의 말미에는 변론의 결론을 제시**하는 것이 일반적이다. 변론의 결론은 변호인이 변론에서 주장하는 요지가 무엇인지 명확히 밝히는 것이다. 양형에 관한 의견이나 예비적 주장이 있을 경우 결론과 관련하여 여기에서 언급하는 것이 적절하다.

12) 변론요지서는 판결문이나 민사준비서면과는 다른 성격의 문서이므로 이를 작성함에 있어서는 그것들과 구별되는 **변론요지서 고유의 문투를 사용하여야 한다**. 예컨대 "…라고 주장하므로 살피건대", "… 는 증거로 채택할 수 없다", "위 인정 사실에 의하면", "…라는 주장은 받아들일 수 없다." 등은 판결문 고유의 문투이므로 변론요지서에서 이런 문투를 사용하는 것은 지양하여야 한다.

변 론 요 지 서

사　　건　　2016고합912 강도 등
피 고 인　　김갑동

위 사건에 관하여 피고인의 변호인은 피고인을 위하여 다음과 같이 변론합니다.

다 음

1. 공소사실의 요지

　　(생략)

2. 이 사건의 경위 및 피고인의 변명[58]

　　(생략)

3. 증거관계 검토

　　가. 검사 제출 증거
　　나. 증거능력 없는 증거
　　다. 증명력 검토[59][60]
　　라. 부족증거
　　마. 소결

---

[58] 무죄를 다투는 경우 간단하게 기재한다.
[59] 피해자의 진술별 또는 쟁점별로 세부목차를 구성한다. 특히 공판조서나 피고인·증인에 대한 변호인의 반대신문사항을 통해 피고인이 다투는 부분을 파악할 수 있다.
[60] 증명력 검토시 고려할 수 있는 사항으로는 ① 증인 자체의 신빙성 부존재, ② 진술자의 이해관계상 중립성

4. 피고인의 알리바이주장과 공소사실에 배치되는 증거들

    가. 피고인의 알리바이주장

    나. 피고인의 변명을 뒷받침하는 증거

5. 법률적 주장[61]

    (생략)

6. 정상관계

    (생략)

7. 결론[62]

위와 같은 사정을 살펴본 때 피고인이 이 사건 공소사실 범행을 하였다고 볼 만한 아무런 증거가 없으므로 형사소송법 제325조 후단에 의하여 피고인에게 무죄를 선고하여 주시기 바랍니다. 설령 피고인이 유죄라고 인정되더라도 위와 같은 정상을 참작하시어 법이 허용하는 최대한의 선처를 하여 주시기 바랍니다.

첨 부 서 류

(생략)

2017. 1. 6.

피고인의 변호인
변호사 김 힘 찬 (인)

서울중앙지방법원 제1형사부 귀중

부존재, ③ 진술 전후의 비일관성, ④ 타진술자의 진술 및 물적 증거와의 모순, ⑤ 진술을 입증할 만한 근거의 전무, ⑥ 경험칙 또는 상식에 반하는 주장, ⑦ 피해자의 오인가능성, ⑧ 오랜 시간 경과 후에도 범인의 인상착의를 정확히 기억하는 점, 시간이 경과할수록 진술이 구체화되는 점, ⑨ 수사초반에 언급하지 않은 부분을 새롭게 진술하는 증인, ⑩ 범인의 지목과정에서 합리성 결여, ⑪ 목격자 또는 피해자가 설명하는 인상착의와 피고인의 실제 인상착의가 다르다는 점, ⑫ 피고인 아닌 진범이 있을 수 있는 가능성 등이 있다.

61) 제325조 전단 무죄 사유나 면소, 공소기각 사유가 존재함을 기재한다.
62) 해당사유와 근거조문을 기재한다.

4. 항소이유서

> **형사소송법 제361조의5(항소이유)** 다음 사유가 있을 경우에는 원심판결에 대한 항소이유로 할 수 있다.
> 1. 판결에 영향을 미친 헌법·법률·명령 또는 규칙의 위반이 있는 때
> 2. 판결 후 형의 폐지나 변경 또는 사면이 있는 때
> 3. 관할 또는 관할위반의 인정이 법률에 위반한 때
> 4. 판결법원의 구성이 법률에 위반한 때
> 5. 삭제
> 6. 삭제
> 7. 법률상 그 재판에 관여하지 못할 판사가 그 사건의 심판에 관여한 때
> 8. 사건의 심리에 관여하지 아니한 판사가 그 사건의 판결에 관여한 때
> 9. 공판의 공개에 관한 규정에 위반한 때
> 10. 삭제
> 11. 판결에 이유를 붙이지 아니하거나 이유에 모순이 있는 때
> 12. 삭제
> 13. 재심청구의 사유가 있는 때
> 14. 사실의 오인이 있어 판결에 영향을 미칠 때
> 15. 형의 양정이 부당하다고 인정할 사유가 있는 때
>
> **제361조의3(항소이유서와 답변서)** ① 항소인 또는 변호인은 전조의 통지를 받은 날로부터 20일 이내에 항소이유서를 항소법원에 제출하여야 한다. 이 경우 제344조를 준용한다.
> ② 항소이유서의 제출을 받은 항소법원은 지체없이 부본 또는 등본을 상대방에게 송달하여야 한다.
> ③ 상대방은 전항의 송달을 받은 날로부터 10일 이내에 답변서를 항소법원에 제출하여야 한다.
> ④ 답변서의 제출을 받은 항소법원은 지체없이 그 부본 또는 등본을 항소인 또는 변호인에게 송달하여야 한다.

가. 서설

상소는 미확정 재판에 대하여 상급법원에 구제를 구하는 제도로서 판결에 대해서는 항소와 상고가, 결정에 대해서는 항고와 재항고가 있다. 특히 제1심 판결에 대한 상소를 항소라 한다.

상소의 제기기간은 재판을 선고 또는 고지한 날로부터 진행하는바(형사소송법 제343조 제2항), 그 제기기간은 항소·상고의 경우 각 **7일**이고(제358조, 제374조),[63] 즉시항고의 경우 7일이다(제405조).[64] 보통항고는 기간의 제한 없이 언제든지 할 수 있으나, 다만 원심결정을 취소하여도 실익이 없게 된 때에는 할 수 없다(제404조).

---

63) 그 기산일은 재판 선고·고지일의 '익일'이다.
64) 개정 전 형사소송법은 즉시항고 제기기간을 3일로 규정하고 있었으나, 이에 대해 2018. 12. 27. 헌법재판소는 즉시항고 제기기간이 지나치게 짧아 실질적으로 즉시항고제기를 어렵게 하고 제도를 단지 형식적이고 이론적인 권리로서만 기능하게 하므로 재판청구권을 침해한다고 하여 헌법불합치 결정을 하였다. 이에 따라 2019. 12. 개정·시행된 형사소송법은 즉시항고의 제기기간을 7일로 규정하였다.

상소의 제기는 반드시 서면으로 하여야 한다(형사소송법 제343조 제1항). 이 서면을 상소장이라 통칭하고, 제출할 때에는 상소의 종류에 따라 표제를 항소장, 상고장, 항고장, 즉시항고장 등으로 기재한다. 상소장에는 상소를 한다는 취지와 상소의 대상인 재판을 명시하는 것으로 족하고, 상소이유의 기재를 요하지 않는다. 그러나 상소이유의 기재가 허용되지 않는 것은 아니다(형사소송법 제361조의4 제1항 단서 및 제380조 단서 참조).

나. 항소의 제기

항소장은 원칙적으로 상소제기기간 내에 원심법원에 제출하여야 한다(형사소송법 제359조, 제375조, 제406조). 원심법원은 항소장을 심사하여 항소의 제기가 법률상의 방식에 위반하거나 항소권소멸 후인 것이 명백한 때에는 결정으로 항소를 기각하고(제360조 제1항), 그 외에는 항소장을 받은 날로부터 14일 이내에 소송기록과 증거물을 항소법원에 송부한다(제361조). 항소법원은 기록송부를 받는 즉시 항소인과 상대방에게 그 사유를 통지하여야 하고, 그 통지 전에 변호인 선임이 있는 때에는 변호인에게도 통지하여야 한다(제361조의2 제1항, 제2항).

다. 항소이유서의 제출

항소인 또는 변호인은 항소법원으로부터 소송기록접수의 통지를 받은 날로부터 20일 이내에 항소이유서를 항소법원에 제출하여야 한다(형사소송법 제361조의3 제1항). 항소이유서를 제출기간 내에 제출하지 아니하면 항소기각의 사유가 된다(제361조의4 본문).65)

라. 항소이유서의 방식

항소이유서에는 항소이유를 구체적으로 간결하게 명시하여야 한다(형사소송규칙 제155조). 그 밖에 항소이유서 방식에 관한 특별한 규정은 없고, 따라서 일반적으로는 변론요지서의 작성방법을 참조할 수 있다. 그 외 항소이유서 작성에 있어 유의할 사항은 아래와 같다.

1) 항소이유의 주장은 기본적으로 소송기록 및 원심에서 조사된 증거에 의하여 나타난 사실에 기초하여야 하므로 무엇보다 기록과 증거를 면밀하게 검토하여 항소사유를 추출하여야 한다.

2) 우리 항소심의 구조에서는 새로운 증거의 제출도 가능하므로 항소심의 변호인은 소송기록·증거의 검토 외에 피고인을 비롯한 관계자들로부터 사정을 다시 들어, 항소심에서 더 주장할 사실은 없는가, 또 이를 뒷받침할 증거가 없는가에 관하여 충분히 검토해야 한다.

3) 항소심의 심판범위는 원칙적으로 항소이유서에 기재된 항소이유에 한정된다. 따라서 변호인으로서는 항소이유가 해당하는 사항을 구체적으로 지적해야 한다. 즉 불리한 증거를 충분히 검토하여 그 신빙성이나 모순점을 공격함으로써 변호인의 주장에 합리성이 있음을 느끼도록 해야 한다.

---

65) 항소사건의 수임 변호사로서는 항소제기기간 내의 항소장 제출과 함께 가장 신경써야 하는 부분이다. 특히 피고인에 대한 소송기록접수통지 전 선임된 변호인의 항소이유서제출기간은, 피고인의 제출기간과는 별도로 변호인이 통지를 받은 때를 기준으로 산정하지만, 피고인에 대한 소송기록접수통지 후 선임된 변호인의 경우, 그 변호인에 대하여 별도의 통지를 하지 아니하고 피고인이 통지를 받은 날을 기준으로 제출기간을 산정하므로 유의를 요한다.

항소이유서

사　　　　건　　2016노2000 사기 등
피고인(항소인)　　김갑동

위 사건에 관하여 피고인(항소인, 이하 "피고인"이라 합니다)의 변호인은 아래와 같이 항소이유를 개진합니다.

1. 원심판결의 요지와 항소이유의 요지

가. 원심판결의 요지

원심법원은 피고인이 … 하였다는 이 사건 공소사실을 모두 유죄로 판단하고 피고인에 대하여 징역 1년의 형을 선고하였습니다.

나. 항소이유의 요지[66]

그러나 아래에서 밝히는 바와 같이

① 원심판시 범죄사실 중 …은 사실을 오인하여 판결에 영향을 미친 위법이 있고,
② …은 법리를 오해하여 판결에 영향을 미친 위법이 있으며,
③ 피고인에 대한 여러 정상을 감안하면 원심법원이 선고한 위 형은 지나치게 무거워 그 형의 양정이 부당합니다.

2. 사실오인의 점[67]

가. 증거의 개관

원심판결의 이유에 의하면, 원심법원이 이 사건 공소사실을 유죄로 인정함에 있어 거시한 증거는 ① 피고인의 일부 법정진술, ② 증인 홍길동, 나부인의 각 법정진술, ③ 검사 작성 피고인에 대한 피의자신문조서의 진술기재, ④ 홍길동, 나부인에 대한 각 사법경찰관 작성 진술조서의 진술기재 등입니다.

그러나 위 증거들 중 ④의 증거는 … 에 관한 것일 뿐 위 … 의 범죄사실(이하 '계쟁 범죄사실'이라 하겠습니다)과 무관한 것 분명하고, 피고인은 경찰 이래 원심 법정에 이르기까지 일관하여 계정 범죄사실 범행 당시 … 하였을 뿐 그 범행 현장에 없었다고 진술하였으므로, 위 ①과 ②의 증거 역시 계쟁 범죄사실에 관한 증거가 될 수 없습니다.

---

[66] 항소이유서는 ① 사실오인, ② 법리오해, ③ 양형부당으로 나누어 기재한다.
[67] ① 증거개관, ② 각 증거의 신빙성 탄핵, ③ 피고인 측 제출증거의 설명 등의 목차로 구성한다.

결국 계쟁 범죄사실에 관한 증거는 ②의 증인 홍길동, 나부인의 각 법정진술밖에 없습니다.

　　나. 증인 홍길동 진술의 신빙성 검토
　　다. 증인 나부인 진술의 신빙성 검토
　　라. 피고인의 현장부재
　　마. 소결

3. 법리오해의 점[68]

(생략)

4. 양형부당의 점

계쟁 범죄사실에 대한 위와 같은 사실오인과 법리오해는 당연히 이 사건 형의 양정에 영향을 미쳤을 것입니다. 따라서 원심의 양형은 부당하여 더 이상 유지될 수 없습니다.

또한 아래와 같은 피고인의 정상을 참작하면 피고인에 대한 원심의 양형은 지나치게 무거워 부당하다 할 것입니다.

(정상 내용 생략)[69]

5. 결어

이상과 같은 여러 사정들을 참작하시어 원심판결을 파기하고 형의 집행을 유예하는 관대한 판결을 선고하여 주시기 바랍니다.

6. **추가기소사건의 병합심리 요망**[70]

피고인은 별첨 공소장 기재와 같이 … 하여 2015. 10. 12. 서울남부지방법원에 사기죄로 추가기소되었습니다. 위 사건은 피고인이 범행을 모두 자백하고 있으며 별첨 합의서 기재와 같이 피해자들이 피고인의 처벌을 원하지 않고 있습니다.

이에 피고인의 변호인은 그 사건을 이 사건과 병합심리 받고자 그 사건의 수소법원에 같은 사건의 조속한 심리 및 판결선고를 원한다는 의사를 밝힌 바 있으므로 조만간 그 판결이 선고될 것으로 예상됩니다.

---

68) 불가벌적 사후행위 등과 같이 판시 범죄사실이 성립하지 않음을 기재한다.
69) ① 피고인의 반성, ② 우발적 범행, ③ 처벌불원 등, ④ 전과관계 등, ⑤ 결혼준비 중, ⑥ 부친의 지병악화 등이 정상의 대표적인 예이다.
70) 기록에 따라 출제가능한 부분이다.

따라서 피고인이 위 2개의 사건을 병합심리받아 하나의 형을 선고받을 수 있도록 위 추가기소사건이 항소될 때까지 이 사건의 심리 및 판결선고를 기다려 주시기를 바랍니다.

첨 부 서 류

1. 공소장   1부
1. 합의서   2부

2017. 1. 6.

피고인의 변호인
변호사 김 힘 찬 (인)

서울남부지방법원 형사항소부 귀중[71]

5. 기타서면

가. 증거의견서

당사자의 증거신청이 있으면 법원은 채택여부의 결정을 하여야 하는바(형사소송법 제295조), 그 증거결정에 앞서 이를 위한 검사와 피고인의 의견진술이 행하여진다. 이러한 의견진술에는 일반적 의견진술과 전문증거 관련 의견진술의 2가지가 있다.

1) 일반적 의견진술

법원은 증거결정을 함에 있어서 필요하다고 인정할 때에는 그 증거에 대하여 검사, 피고인 또는 변호인의 의견을 들을 수 있다(형사소송규칙 제134조 제1항). 직권에 의한 증거조사의 경우에도 마찬가지이다.

의견의 구체적인 내용은 그 증거조사신청의 적법성, 신청한 증거의 증거능력의 유무, 조사 필요성이나 상당성, 조사의 순서나 방법 등이 될 것이다. 그 의견은 간명하고 구체적일 것을 요한다. 보통 "이의 없다"라든가 "이의 있다"라고 표현하지만, "이의 있다"고 할 경우에는 예컨대 "관련성이 없다"라든지, "중복되거나 불필요한 증거이다"라든지 혹은 "위법하게 수집된 증거이다"라는 등으로 그 이유를 간결하게 밝혀야 할 것이다. 그리고 특히 중요한 의미를 갖는 증거신청에 대하여 이의가 있는 경우라면 그 이유를 서면으로 자세히 밝힐 필요도 있다.

---

71) 지방법원 단독이 1심이면 지방법원 항소부에, 지방법원 합의부가 1심이면 관할 고등법원이 제출법원이다.

2) 전문증거 관련 의견진술

법원은 서류 또는 물건이 증거로 제출된 경우에 이에 관한 증거결정을 함에 있어서는 제출한 자로 하여금 그 서류 또는 물건을 상대방에게 제시하게 하여 상대방으로 하여금 그 서류 또는 물건의 증거능력 유무에 관하여 의견을 진술하게 하여야 한다(형사소송규칙 제134조 제2항 본문). 그러나 간이공판절차에 의하여 심판하는 사건에 있어 동의가 있는 것으로 간주되는 증거(형사소송법 제318조의3)에 대하여는 이 절차를 필요로 하지 아니한다(형사소송규칙 제134조 제2항 단서).

다만 실무상 증거능력에 관한 의견진술의 대상은 검사가 공소사실의 입증을 위하여 제출하는 수사서류가 주된 것이 된다. 검사가 증거를 제출함에는 수사기록과 아울러 법원 소정의 양식에 따른 증거목록을 제출하는 것이 일반화되어 있다.

피고인이나 변호인이 수사서류의 증거능력 유무에 관하여 진술할 의견으로는 ① 적법한 절차와 방식에 따라 작성되었는지 여부(형사소송법 제312조 제1항, 제3항, 제4항, 제5항, 제6항), ② 실질적 진정성립의 인정 여부(제312조 제4항, 제5항, 제6항, 제313조). ③ 내용의 인정 여부(제312조 제1항, 제3항), ④ 임의성 인정 여부(제309조, 제317조), ⑤ 동의 여부(제318조) 등이 있다. 그 밖에 위 의견과 별도로 또는 그에 부가하여 관련성이 없다거나, 위법수집증거로서 증거능력이 없다거나(제308조의2), 증거로 함에 동의한 서류 또는 물건이 진정한 것이 아니라거나(제318조 제1항)하는 것이 있다.

실무에서는 변호인이 수사서류에 대한 의견을 진술함에 있어 아래와 같은 내용에 따른다.

가) 의견진술을 요하는 수사서류에 대한 인부의 기본은, ① 검사 또는 검사 이외의 수사기관이 작성하거나 그 수사과정에서 피고인이 작성한 서류에 대하여는 적법한 절차와 방식으로 작성되었는지 여부 및 임의성에 관한 의견뿐만 아니라 내용인정 여부에 관하여 의견을 진술하여야 하며, ② 그 외에는 동의 또는 부동의 중의 하나로 의견을 진술한다.[72]

대법원 재판예규 제1806호는 다음과 같은 방식으로 증거목록을 작성하도록 규정하고 있다. ① "증거의견 내용"란에는 당해 증거서류의 적법성·실질성립·임의성·내용을 모두 인정하거나 증거로 할 수 있음을 동의하는 경우에는 "○", ② 적법성·실질성립·임의성·내용을 모두 부인하거나 증거로 할 수 있음을 동의하지 않는 경우에는 "×"로 표시한다. ③ 적법성·실질성립·임의성·내용 중 일부를 부인하는 경우에는 아래 예시와 같이 적법성, 실질성립, 임의성, 내용의 순으로 연속하여 "○" 또는 "×"로 표시한다. ④ 증거서류에 기재된 진술이 특히 신빙할 수 있는 상태하에서 행하여졌음을 부인하는 경우에

---

[72] 다만 검사 이외의 수사기관이 공범관계에 있는 자에 대한 진술을 기재한 서류나 그 수사과정에서 작성한 서류의 경우는, 피고인이 내용을 부인하면 증거능력이 없으므로 예외적으로 내용인정 여부에 대한 인부를 함이 필요하다. 그러나 이 경우도 증거로 함에 부동의하였다면 내용을 부인하는 취지로 볼 것이므로 반드시 예외로 보아야 하는 것은 아니고, 실무에서는 여전히 동의 또는 부동의 중 하나로 인부함이 보통이다.

는 "비고"란에 "특신성 부인"이라고 기재한다.

증거서류	증거의견	표시방법
검사·경찰 피의자신문조서 (피고인이 수사과정에서 작성한 진술서 등 포함)	적법성 인정, 실질성립 인정, 임의성 인정, 내용 인정	○
	적법성 인정, 실질성립 인정, 임의성 인정, 내용 부인	○○○×
	적법성 인정, 실질성립 인정, 임의성 부인, 내용 부인	○○×,×
	적법성 부인, 실질성립 부인, 임의성 부인, 내용 부인	×

나) 외형상 1개의 문서 내에 성격을 달리하는 증거들이 함께 들어 있는 경우에는 각 증거마다 반드시 구분하여 인부하여야 한다.

다) 당연히 증거능력 있는 서류(형사소송법 제315조)와 피고인이나 변호인의 의견 여하에 불구하고 증거능력이 없는 서류는 원칙적으로는 의견진술의 대상이 아니다. 다만 실무에서는 절차지연 등을 피하기 위해 의견진술을 하는 것이 보통이다.

라) 의견진술은 제1회 공판기일에 하게 되는 경우가 보통이므로 그 준비를 미리 갖추어야 한다. 다만 경우에 따라 가능한 일부 서류에 대해 인부하고, 나머지는 보류하여 차회에 인부하겠다고 할 수도 있다.

마) 피고인이 범행사실을 자백하여 간이공판절차에 의하여 심판하는 경우에는 의견진술을 할 필요가 없음이 원칙이므로(형사소송법 제318조의3), 인부를 하여야 하는 것은 피고인이 공소사실의 전부 또는 일부를 부인하는 경우이다.

바) 의견진술의 주체에 관하여 실무에서는 변호인 있는 피고인 측의 인부는 피고인을 대리하여 변호인 단독으로 하는 것이 관례이다. 그러나 이는 피고인의 명시한 의사에 반하여 할 수 없고, 피고인은 변호인의 진술의견을 취소할 수 있다.

사) 간혹 진술조서 중 진술내용이 피고인에게 반드시 불리한 것은 아니지만, 그 취지를 명확히 확인할 필요가 있거나, 추가로 피고인에게 유리한 사실을 진술할 것이 있어 보이는 경우에는, 그 서류의 증거능력을 문제삼기 위한 차원이 아니라, 그 진술인을 증인으로 환문하기 위한 방편으로 부동의하는 경우가 있다.

<증거인부방식 예시>

순번	작성기관	서류명	원진술자	인부 의견
1	검사	피의자신문조서	피고인	적법성 인정, 실질성립 인정, 임의성 인정, 내용 인정
2	〃	진술조서	참고인	동의
3	〃	진술서	참고인	부동의
4	〃	자술서	피고인	적법성 인정, 실질성립 인정, 임의성 부인, 내용 인정
5	〃	진술조서 (대질신문)	고소인(甲)	동의
			참고인(乙)	부동의
			피고인	적법성 인정, 실질성립 인정, 임의성 인정, 내용 인정
6	〃	피의자신문조서 (2회)	피고인	적법성 인정, 실질성립 인정, 임의성 인정, 내용 인정
7	〃	피의자신문조서	상피고인(A)	동의
8	경찰	피의자신문조서	피고인	적법성 인정, 실질성립 인정, 임의성 인정, 내용 인정
9	〃	자술서	피고인	적법성 인정, 실질성립 인정, 임의성 부인, 내용 부인
10	〃	피의자신문조서	상피고인(A)	동의
11	〃	피의자신문조서	상피고인(B)	부동의
12	〃	피의자신문조서 (2회) (대질신문)	피고인	적법성 인정, 실질성립 인정, 임의성 인정, 내용 인정
			참고인(甲)	동의
			참고인(乙)	부동의
			상피고인(A)	부동의
13	〃	진술조서	참고인(乙)	동의
14	〃	검증조서		동의
15	〃	감정보고서	감정인	부동의
16	〃	진단서	의사	동의
17	〃	실황조사서		부동의
18	〃	전과조회회보서		부동의(관련성 없음)
19	〃	메모지	참고인(甲)	부동의
20	〃	압수조서		동의

증거에 대한 의견서

사 건   2015고합612 상해치사
피 고 인   김갑동

위 사건에 대하여 피고인의 변호인은 다음과 같이 검사가 제출한 증거에 관하여 의견을 진술합니다.

다 음

증거명	작성자	원진술자	의견	근거
피의자 신문조서	검사	김갑동	적법성 및 성립, 임의성 인정73)	피고인이 부인하는 내용이 기재되는 등 자유로이 적법한 절차를 거쳐 자유롭게 진술한 것으로 보임
피의자신문조서(제1회)	경찰	김갑동	적법성 및 성립, 임의성, 내용인정	피고인의 부인 내용이 기재되는 등 적법한 절차에서 자유롭게 진술한 것으로 보임
(중략)				
진술조서	경찰	나부인	부동의	공소사실을 입증하는 결정적 증거이나 법정에서 그 진술의 신빙성을 탄핵할 필요가 있음
수사보고	경찰	박수사	부동의	조사경찰관의 일방적인 의견에 불과함
범죄경력조회	경찰		동의	공무원이 직무상 작성한 문서임

2017. 1. 6.

피고인의 변호인
변호사 김 힘 찬 (인)

서울남부지방법원 제1형사부 귀중

---

73) 2022. 1. 1. 이전 공소제기 된 사건이므로 개정 전 제312조 제1항이 적용된다.

나. 검증신청서

법원은 사실을 발견함에 필요한 때에는 검증을 할 수 있다(형사소송법 제139조). 그 대상·범위·방법을 한정하지 아니하므로, 검증의 목적물에는 아무런 제한이 없고, 물건의 존재·형태·성상이 증거자료로 되는 경우라면 모두 검증의 객체가 된다.

검증의 신청에는 **검증의 목적, 즉 사람이나 물건 또는 장소 등을 명시**하고 그에 의하여 입증할 사항, 즉 **검증사항**(예컨대 현장의 상황, 설비의 구조와 기능 등)을 **명시**하여야 한다.

검증신청서

사　　건　　2016고합612 상해치사
피 고 인　　김갑동

위 사건에 관하여 피고인의 변호인은 다음과 같이 검증을 신청합니다.

다　음

1. 검증의 장소

　(생략)

2. 검증의 목적

　(생략)

3. 검증할 사항

2017. 1. 6.

피고인의 변호인
변호사　김 힘 찬　(인)

서울남부지방법원 제1형사부 귀중

다. 증인신청서

검사, 피고인 또는 변호인은 증인의 신문을 신청할 수 있다(형사소송법 제294조). 그 순서는 검사가 먼저하고, 그 다음에 피고인 또는 변호인이 하는 것이 원칙이다(형사소송규칙 제133조).

증인신청은 서면 또는 구술 어느 방법으로도 할 수 있지만, 실무에서는 먼저 법정에서 구술로 입증취지를 명시하여 증인신청을 하여 채택이 되면 증인신문신청서 또는 증인신문사항을 제출하는 것이 보통이다.

증인신문신청서에는 대체로 ① 사건의 표시(사건번호, 사건명, 피고인의 성명), ② 법원의 표시, ③ 증인의 인적사항(성명, 생년월일, 직업, 주거 등), ④ 증명할 사실, ⑤ 변호인의 성명 등을 기재하고, 필요한 경우에는 ⑥ 신문사항도 첨부한다.

증인신청서

사　　　건　　2015고단 교통사고처리특례법위반
피　고　인　　김갑동

위 사건에 관하여 피고인의 변호인은 다음과 같이 증인을 신청합니다.

다 음

1. 증인의 표시[74]

　　(생략)

2. 입증취지

　　(생략)

3. 신문사항

　　별첨 증인신문사항과 같습니다.

　　　　　　　　　　　　　　　2017. 1. 6.

　　　　　　　　　　　　　　　　피고인의 변호인
　　　　　　　　　　　　　　　　변호사　김 힘 찬 (인)

서울중앙지방법원 형사12단독 귀중

---

[74] 성명, 주소, 주민등록번호, 주소 등을 기재한다.

라. 변론재개신청서

법원은 필요하다고 인정한 때에는 직권 또는 검사, 피고인이나 변호인의 신청에 의하여 결정으로 종결한 변론을 재개할 수 있다(형사소송법 제305조). 변론재개의 사유에는 제한이 없다. 그러나 변론종결 후 심리미진함이 드러난 경우, **판결결과에 영향을 미칠 새로운 증거가 발견된 경우**, 공소장변경의 필요가 있는 경우, 판결의 내부적 성립 이전에 판사의 경질이 있는 경우, 다른 사건과 병합심리할 필요가 있는 경우에는 변론을 재개할 필요가 있다.

변론재개의 신청은 그 소송행위의 성질상 **서면**으로 하여야 하고, 그 서면에는 **신청의 이유를 기재하여야 한다**. 변론재개신청이 있는 경우에도 재개 여부는 법원의 재량에 속한다. **변호인이 피고인에게 유리한 증거의 제출을 위하여 변론재개를 신청할 경우에는, 그 사유를 소상히 밝히고 관련증거도 함께 제출하여 피고인을 위한 변론의 기회를 잃지 않도록 세심한 신경을 써야 한다**.

변론이 재개되면 소송은 변론종결 전, 즉 검사의 의견 진술이 있기 전의 상태로 돌아가게 된다. 따라서 새로운 증거조사가 허용되고 검사의 공소장변경도 가능하다. 또 재개 전의 소송절차가 무효로 되는 것은 아니므로 공판절차의 갱신을 요하지 아니한다.

변론재개신청서

사　　　건　　2016고단1000 교통사고처리특례법위반
피　고　인　　김갑동

1. 위 사건에 관하여 판결선고기일이 2017. 1. 13. 10:00로 지정되어 있습니다.

2. 그러나 이 사건 사고의 목격자로서 사고 직후 사고현장에서 피해자가 피고인이 운전하는 오토바이가 아닌 제3의 차량에 의하여 충격당한 것이라는 취지로 목격사실을 진술하였다가 행방을 감추었던 공소외 나목격이 피고인이 궁지에 몰려 있음을 알고 피고인의 가족을 찾아와 첨부하는 인증진술서의 기재와 같이 위 목격사실을 증언할 의사를 밝히고 있습니다.

3. 위 진술내용의 진위는 이 사건 재판의 결론에 결정적인 영향이 있는 것이라 할 것입니다. 따라서 나목격의 증언을 위하여 종결된 이 사건의 변론의 재개를 신청합니다.

첨 부 서 류

1. 인증진술서   1부

2017. 1. 6.

피고인의 변호인
변호사 김 힘 찬 (인)

서울중앙지방법원 형사12단독 귀중

CHAPTER 04 | 기록형 시험을 위한 특별법 정리

I. 부정수표 단속법

제2조(부정수표 발행인의 형사책임) ① 다음 각 호의 어느 하나에 해당하는 부정수표를 발행하거나 작성한 자는 5년 이하의 징역 또는 수표금액의 10배 이하의 벌금에 처한다.

1. 가공인물의 명의로 발행한 수표
2. 금융기관(우체국을 포함한다. 이하 같다)과의 수표계약 없이 발행하거나 금융기관으로 부터 거래정지처분을 받은 후에 발행한 수표
3. 금융기관에 등록된 것과 다른 서명 또는 기명날인으로 발행한 수표

② 수표를 발행하거나 작성한 자가 수표를 발행한 후에 예금부족, 거래정지처분이나 수표계약의 해제 또는 해지로 인하여 제시기일에 지급되지 아니하게 한 경우에도 제1항과 같다.

③ 과실로 제1항과 제2항의 죄를 범한 자는 3년 이하의 금고 또는 수표금액의 5배 이하의 벌금에 처한다.

④ 제2항과 제3항의 죄는 수표를 발행하거나 작성한 자가 그 수표를 회수한 경우 또는 회수하지 못하였더라도 수표 소지인의 명시적 의사에 반하는 경우 공소를 제기할 수 없다.

제3조(법인·단체 등의 형사책임) ① 제2조의 경우에 발행인이 법인이나 그 밖의 단체일 때에는 그 수표에 적혀 있는 대표자 또는 작성자를 처벌하며, 그 법인 또는 그 밖의 단체에도 해당 조문의 벌금형을 과한다. 다만, 법인 또는 그 밖의 단체가 그 위반행위를 방지하기 위하여 해당 업무에 관하여 상당한 주의와 감독을 게을리하지 아니한 경우에는 그러하지 아니하다.

② 대리인이 수표를 발행한 경우에는 본인을 처벌하는 외에 그 대리인도 처벌한다.

제4조(거짓 신고자의 형사책임) 수표금액의 지급 또는 거래정지처분을 면할 목적으로 금융기관에 거짓 신고를 한 자는 10년 이하의 징역 또는 20만원 이하의 벌금에 처한다.

제5조(위조·변조자의 형사책임) 수표를 위조하거나 변조한 자는 1년 이상의 유기징역과 수표금액의 10배 이하의 벌금에 처한다.

제6조(「형사소송법」의 특례) 이 법에 따라 벌금을 선고하는 경우 「형사소송법」 제334조 제1항에 따른 가납판결을 하여야 하며, 구속된 피고인에 대하여는 같은 법 제331조에도 불구하고 벌금을 가납할 때까지 계속 구속한다.

제7조(금융기관의 고발의무) ① 금융기관에 종사하는 사람이 직무상 제2조 제1항(발행인이 법인이나 그 밖의 단체인 경우를 포함한다) 또는 제5조에 규정된 수표를 발견한 때에는 48시간 이내에 수사기관에 고발하여야 하며, 제2조 제2항(발행인이 법인이나 그 밖의 단체인 경우를 포함한다)에 규정된 수표를 발견한 때에는 30일 이내에 수사기관에 고발하여야 한다.

1. 부정수표 단속법 제2조 제2항 위반죄

가. 주체 - 수표의 발행 또는 작성자

문제되는 수표의 발행자와 수표요건 작성자 중, 그 수표의 지급인과의 사이에 실질적으로 자금관계가 있는 자이다(87도2555). 수표의 발행 명의인이나 직접 발행자가 아니더라도 **공동정범의 성립은 가능하다**(93도1341).

나. 객체

백지수표, 발행지 미기재 수표(국내수표의 경우), 발행한도 초과 수표, 선일자수표에 대해서는 부정수표 단속법 제2조 제2항이 적용된다.

- 백지수표의 금액란이 부정보충된 경우라도 적어도 보충권의 범위 내에서는 백지수표의 발행인이 그 금액을 보충한 것과 다를 바 없으므로 백지수표의 발행인은 부정수표 단속법 제2조 제2조의 부정수표단속법위반의 죄책을 진다(2007도6035).
- 부정수표 단속법 제2조 제2항은 발행일 기재 흠결수표에 대하여는 적용되지 아니하나, **발행지 기재 흠결수표(국내수표의 경우)에 대하여는 적용된다**(83도340).
- 1장당 발행 한도액을 초과하여 발행한 가계수표도 수표로서의 효력에 아무런 영향이 없고, 부정수표 단속법 제2조 제2항의 적용대상이 된다(95도1663).
- 당좌수표가 채무의 담보로서 발행되었고, 당사자 사이에 지급은행에 지급제시하지 아니하기로 특약하였음에도 소지인이 그 특약을 어기고 제3자에게 교부하였기 때문에 지급거절됨에 이른 사정만으로 부정수표 발행의 죄책을 면하거나 그 고의가 없다고 할 수 없다(81도1181).
- 피고인이 수표를 발행하였으나 예금부족 또는 거래정지처분으로 지급되지 아니하게 하였다는 부정수표단속법위반의 공소사실을 증명하기 위하여 제출되는 수표는 그 서류의 존재 또는 상태 자체가 증거가 되는 것이어서 증거물인 서면에 해당하고 어떠한 사실을 직접 경험한 사람의 진술에 갈음하는 대체물이 아니므로, 증거능력은 증거물의 예에 의하여 판단하여야 하고, 이에 대하여는 형사소송법 제310조의2에서 정한 전문법칙이 적용될 여지가 없다. 이 때 수표 원본이 아니라 전자복사기를 사용하여 복사한 사본이 증거로 제출되었고 피고인이 이를 증거로 하는 데 부동의한 경우 위 수표 사본을 증거로 사용하기 위해서는 수표 원본을 법정에 제출할 수 없거나 제출이 곤란한 사정이 있고 수표 원본이 존재하거나 존재하였으며 증거로 제출된 수표 사본이 이를 정확하게 전사한 것이라는 사실이 증명되어야 한다(2015도2275).

그러나 **자기앞수표, 발행일 미기재 수표**에 대해서는 부정수표 단속법 제2조 제2항이 **적용되지 아니한다.**

- 수표의 발행일란의 발행연월일 중 월의 기재가 없는 수표는 발행일의 기재가 없는 수표로 볼 수밖에 없고 이러한 수표는 수표법 소정의 지급제시기간 내에 제시되었는지의 여부를 확정할 길이 없으므로 부정수표 단속법 제2조 제2항 소정의 구성요건을 충족하지 못한다(83도340).

- [1] 수표의 발행이 강행법규에 위반하여 법률상 무효인 경우에는 처음부터 유통증권으로서의 기능이 없어 **부정수표단속법 제2조 제2항**에 의하여 처벌되는 수표의 발행이 있다고 할 수 없다. [2] 피고인이 이사회 결의와 관할청의 허가 없이 발행한 공소사실 기재의 수표들은 법률상 효력이 없어 부정수표단속법 제2조 제2항의 적용대상이 될 수 없으므로, 이 사건 공소사실 중 피고인에 대한 부정수표단속법위반의 점은 범죄의 증명이 없거나 죄가 되지 아니하는 경우에 해당한다고 할 것임에도 이 부분 공소사실을 부정수표단속법 제2조 제2항 위반죄로 인정한 원심의 조치에는 부정수표단속법 제2조 제2항의 적용대상에 관한 법리를 오해한 위법이 있고, 이를 지적하는 취지의 상고이유는 이유 있다(2009도14585).

다. 행위의 내용 - 발행 및 제시기간 내 적법한 지급제시

1) 발행

발행이란 수표용지에 <u>수표의 기본요건을 작성하여 상대방에게 교부하는 행위</u>를 의미한다. <u>보충권의 행사나 발행일자를 사후에 정정하는 행위는 발행에 해당하지 아니한다.</u>

- 수표의 발행이라 함은 수표용지에 수표의 기본요건을 작성하여 상대방에 교부하는 행위를 일컫는다 할 것이고, 이미 적법하게 발행된 백지수표의 금액이나 발행일을 기입 완성하는 행위는 보충권의 행사로서 이 보충행위를 가리켜 동법에서 규정하는 **수표의 발행으로 볼 수는 없다**(2002도4464).
- 피고인이 금원을 대여하고 그 담보로 교부받은 타인 발행 백지수표의 금액과 발행연월일을 기입·완성하는 행위는 보충권의 행사로 볼 것이며, 이 **보충행위를 지목하여 수표의 발행이나 작성이라고 볼 수는 없는** 것이므로, 피고인이 위 보충된 수표를 타에 양도하고 동 수표가 지급거절되었다고 하더라도 피고인을 부정수표단속법위반죄로 처벌할 수는 없다(81도1495).
- 발행일 백지인 수표의 백지보충권의 소멸시효기간은 보충권을 행사할 수 있는 때로부터 6개월로 봄이 상당하고, 그 기간이 완성된 후 백지부분이 보충되어 지급제시 되었다면 예금부족 등으로 지급거절되었다고 하더라도, 부정수표단속법위반죄의 죄책을 물을 수 없다(2007도2250).
- 부정수표 단속법이 규정하는 수표의 발행이라 함은 수표용지에 수표의 기본요건을 작성하여 상대방에게 교부하는 행위를 일컫는다 할 것이고, 이미 <u>적법하게 발행된 수표의 발행일자 등을 수표소지인의 양해 아래 정정하는 수표문언의 사후 정정행위는 수표의 발행행위와는 서로 구별되는 것으로서 수표 발행일의 사후 정정행위는 부정수표 단속법에서 규정하는 수표의 발행이라고 할 수 없다</u>(2000도2840).
- 거래은행으로부터 거래정지 처분을 받은 후 수표를 발행한 이상 이는 부정수표 단속법 제2조 제1항 제2호에 해당하는 범죄를 구성하고, 비록 수표가 수표법상 유효하다 할 수 없더라도 수표가 갖는 유통증권으로서의 실제적 기능에는 아무런 영향이 없으므로 **수표를 피해자와의 채권채무를 확인하기 위한 증표로 발행하였더라도** 그것만으로는 그 죄책을 면할 수 없다(93도1835).
- 수표상에 기재된 발행일자가 그 지급제시기간 내에 적법하게 정정된 경우에는 정정된

발행일자로부터 지급제시기간이 기산되어 그 기간 내에 지급제시가 이루어지면 발행자에 대하여 부정수표단속법위반죄에 의한 처벌이 가능하지만, **법인의 대표자가 수표를 발행한 후 그 대표자가 아닌 타인이 대표자 본인의 위임이나 동의 없이 정정한 경우에는** 그 타인이 정정하기 전의 발행일자로부터 기산된 지급제시기간 내에 지급제시가 이루어지지 아니한 이상 **그 수표를 발행한 대표자 본인을 위법조항 위반죄로 처벌할 수 없다**(2007도727).

- 수표가 부도가 난 이상 **설사 그 수표가 타인의 기망에 의하여 발행된 것이라 하더라도** 수표발행인으로서는 **수표부도의 책임이 있다**(87도2127).

2) 적법한 지급제시

지급제시기간 내에 지급제시되어야 한다. 국내에서 발행하고 지급할 수표는 10일 내에 지급을 받기 위한 제시를 하여야 한다(수표법 제29조 제1항). 지급제시기간은 수표에 적힌 발행일부터 기산한다(같은 조 제4항).

- 부정수표 단속법 제2조 제2항의 범죄가 성립하기 위하여는 그 수표가 적법한 제시기간 내에 제시되어야만 할 것이고, 발행일이 백지인 수표가 보충 없이 지급제시되었을 때에는 그 제시기간 내에 제시되었는지를 따져 볼 수도 없을 뿐 아니라 그 수표요건이 흠결된 채 제시된 것은 적법한 지급제시라고 할 수도 없어 그 수표의 발행행위를 **부정수표 단속법 제2조 제2항에 해당하는 범죄라고 할 수는 없다**(82도1531).

- 부정수표 단속법은 국민의 경제생활의 안정과 유통증권인 수표의 기능을 보장하기 위하여 제정된 것이므로 수표가 유통증권으로서의 기능을 하는 이상 부정수표 단속법의 적용대상이 된다. 따라서 **수표상에 기재된 액면금액과 발행일자 등을 지급제시기간 내에 적법하게 정정한 경우는 물론 그 기간이 경과한 후라 하더라도 발행인이 소지인의 양해 아래 적법하게 발행일자를 정정한 경우에는, 정정된 발행일자로부터 기산하여 지급제시기간 내에 지급제시가 되었다면** 예금부족이나 무거래 등을 이유로 한 지급거절에 대하여 **발행인은 부정수표단속법 제2조 제2항의 책임을 져야 한다**(2011도17120).

- [1] 발행일을 백지로 하여 발행된 수표의 백지보충권의 소멸시효는 다른 특별한 사정이 없는 한 그 수표발행의 원인관계에 비추어 발행 당사자 사이에 수표상의 권리행사가 법률적으로 가능하게 된 때부터 진행한다고 보아야 할 것인바, (중략) 발행일을 백지로 하여 발행된 수표의 백지보충권의 소멸시효기간은 백지보충권을 행사할 수 있는 때로부터 6개월로 봄이 상당하다. [2] 백지보충권의 소멸시효가 완성된 다음 수표상의 백지부분을 보충하였다고 하더라도 이는 적법한 보충이라고 할 수 없으므로, **소멸시효기간이 완성된 후 백지수표의 백지부분이 보충되어 지급제시되었다면**, 그 수표가 예금부족 또는 거래정지처분 등의 사유로 지급거절되었다고 하더라도, 이에 대하여는 **부정수표단속법위반죄의 죄책을 물을 수 없다**(2001도206).

지급제시기간 산정시 초일(발행일자 당일)**은 산입하지 아니한다.**

수표의 지급제시기간은 원칙적으로 수표에 기재된 발행일을 기준으로 하여 그 다음 날부터 기산하여야 한다. 구 수표법 제29조 제4항의 규정은 수표가 실제로 발행된 날과 수표에 발행일로 기재된 날이 서로 다른 경우에 그 수표 제시기간을 기산함에 있어서 수표에 기재된 발행일을 기준으로 한다는 원칙을 밝힌 것으로 기간의 계산은 수표법 제61조의 일반 원칙적 규정에 따라 수표에 발행일로 기재된 날은 초일로 산입하지 아니하고 그 다음 날부터 기산한다고 풀이함이 상당하다(81다1000).

라. 고의 - 지급거절에 대한 인식과 의사

수표를 발행한 후에 예금부족, 거래정지처분이나 수표계약의 해제 또는 해지로 인하여 제기기일에 지급되지 아니될 것을 예견하여야 한다. 미필적 고의를 포함한다.

- 구 부정수표 단속법 제2조 제2항 위반의 죄는 예금부족 등으로 인하여 제시일에 지급되지 아니할 것이라는 결과발생을 예견하고 발행인이 수표를 발행할 때에 성립하고, 그 예견은 미필적이라 하더라도 영향이 없으며, 기타 지급제시를 하지 않는다는 특약이나 수표를 발행하게 된 경위 또는 지급하지 못하게 된 경위 등에 대내적 사유가 있다는 사정만으로 부정수표 발행의 죄책을 면할 수 없으나, 발행인이 그와 같은 결과발생을 예견하지 아니하였거나 특별한 사정이 있어 수표가 지급제시 되지 않으리라고 믿고 있었고 그와 같은 믿음이 정당한 것으로 수긍되는 것이라면, 부정수표 발행의 죄책을 인정할 수 없다(2010도6490).

- 부정수표 단속법 제2조 제2항의 위반죄는 예금부족으로 인하여 제시일에 지급되지 아니할 것이라는 결과발생을 예견하고 발행인이 수표를 발행한 때에 성립하는 것이므로 수표금액에 상당한 예금이나 수표금 지급을 위한 명확한 당좌예금 확보책도 없이 수표를 발행한 경우에 부정수표 발행의 죄책을 인정할 수 있다(85도1518).

- 당좌수표가 그 발행인의 허위의 사전신고서 제출 및 지급정지 의뢰로 지급되지 않은 경우, 그 사고신고서의 내용이 허위였다고 하더라도 부정수표 단속법 제4조의 허위신고죄로 처벌하는 것은 별론으로 하고, 그러한 사정만으로 위 당좌수표가 부정수표 단속법 제2조 제2항의 '예금부족으로 인하여' 지급되지 않았다고 볼 수는 없다(2006도5147).

- 피고인 개인의 채무를 담보하기 위하여 백지수표를 발행한 후 그 채무를 모두 변제하였으나 수표를 반환받지 못한 상태에서 수표소지인이 피고인이 연대보증한 회사의 채무를 변제받기 위하여 수표를 지급제시한 경우, 피고인에 대하여 부정수표 단속법 제2조 제2항 위반의 책임을 물을 수 없다(2000도2190).

- 회사정리법상의 보전처분이 있을 경우에는 수표의 지급을 위탁받은 은행은 예금이 있는지의 여부에 관계없이 보전처분을 이유로 당연히 지급거절을 하여야 하는 것이므로 수표가 발행회사에 대한 회사정리법상의 보전처분이 있은 후에 지급제시가 되었다면 비록 은행이 지급거절사유를 '예금부족'으로 하였다 하더라도 그 지급거절이 회사정리법에 의하여 가해진 지급제한에 따른 것인 이상 위 수표의 발행행위는 부정수표 단속법 제2조 제2항 위반의 범죄를 구성하지 않는다 할 것이다(90도1317).

마. 기수시기 및 공소시효 기산점

부정수표 단속법 제2조 제2항 위반의 범죄는 발행인이 결과발생을 예견하고 그 수표를 발행한 때 성립한다.

> 부정수표 단속법 제2조 제2항 위반의 범죄는 예금부족 등으로 인하여 제시기일에 지급되지 아니할 것이라는 결과 발생을 예견하고 발행인이 위 수표를 발행한 때에 바로 성립되고, 수표소지인이 그 제시기일에 지급을 위한 제시를 하여 수표금의 지급이 되지 아니한 때에 성립하는 것은 아니다(95도2114).

공소시효는 수표의 실제 발행일부터 진행한다.

> 발행일자를 백지로 한 백지수표의 수표소지인이 발행일자를 보충기재하여 제시하고 그 제시일에 수표금의 지급이 거절된 경우에도 발행일자를 보충기재한 날이나 그 제시일로부터 공소시효가 진행되는 것이 아니라 수표의 실제 발행일로부터 공소시효가 진행한다(2003도3394).

바. 부도수표의 회수 또는 소지인의 처벌불원의 의사표시

수표를 발행하거나 작성한 자가 그 수표를 회수한 경우에 법원은 공소기각의 판결을 한다. 다만 그 회수는 제1심 판결선고 전에 이루어져야 한다.

> 부정수표 단속법 제2조 제4항은 수표를 발행하거나 작성한 자가 그 수표를 회수한 경우 수표소지인이 처벌을 희망하지 아니하는 의사표시를 한 것과 마찬가지로 보아 같은 조 제2항 및 제3항의 죄를 이른바 반의사불벌죄로 규정한 취지라고 해석함이 상당하므로 부도수표가 제1심 판결선고 후 회수된 경우 그 회수는 효력이 없다(94도475).

이러한 수표 회수의 효력은 발행인이 아닌 공범이 한 경우에도 동일하다. 고소 및 고소취소 불가분의 원칙이 적용되지 아니하는 통상의 반의사불벌죄와는 성질을 달리함에 주의를 요한다.

> 부정수표가 공범에 의하여 회수된 경우에 그 소추조건으로서의 효력은 회수 당시 소지인의 의사와 관계없이 다른 공범자에게도 당연히 미치는 것으로 보아야 할 것이고, 부정수표를 실제로 회수한 공범이 다른 공범자의 처벌을 원한다고 하여 달리 볼 것은 아니다(99도900).

수표의 액면금액 상당액을 변제공탁한 것만으로는 수표를 회수한 것으로 볼 수 없다.

> 피고인이 발행하여 그 소지인이 제시기일 내에 지급을 위한 제시를 하였으나 무거래로 지급되지 아니한 당좌수표의 액면금액 상당의 돈을 수표소지인 앞으로 변제공탁하여 수표소지인이 이를 수령하였다는 것은 부정수표 단속법 제2조 제4항에서 공소제기를 할 수 없는 사유로 규정하고 있는 수표를 발행한 자가 수표를 회수한 경우, 수표소지인의 명시한 의사에 반하는 경우 중 어느 것에도 해당된다고 볼 수 없다(94도789).

처벌불원의사 표시하는 소지인이란 그러한 의사표시 당시의 소지인을 의미하고, 지급거절 당시의 소지인으로부터 지급거절 이후에 수표를 적법하게 양수받아 실제로 이를 소지하고 있는 자도 이에 해당한다(98도3013).

> (전략) 그러한 의사를 표시할 당시의 소지인을 말하는 것으로서 통상 지급제시를 한 자가 이에 해당한다고 할 것이나 **지급거절 이후 당해 수표가 전자에게 환수되었다면 환수받아 실제로 이를 소지하고 있는 자가 이에 해당하고, 이 경우 만약 환수받은 수표를 분실하였다면 그 분실 당시의 소지인이 이러한 처벌불원의 의사를 표시할 수 있다**(2000도123).

수표가 제권판결로 무효가 된 사정만으로는 역시 수표를 회수한 것으로 볼 수 없다.

> 수표가 지급을 위한 제시가 되었으나 지급거절된 후 그 수표가 제권판결에 의하여 무효로 되어 수표소지인이 발행인 등에게 수표금의 지급을 구할 수 없게 되었다는 것만으로는 수표소지인이 부정수표 발행자 또는 작성자에 대한 처벌을 희망하지 아니하는 것으로 보기 어렵다고 할 것이고, 따라서 수표가 부도된 후 그 수표에 대한 제권판결이 있었다는 사유는 부정수표 단속법 제2조 제4항에 공소를 제기할 수 없는 사유로 규정하고 있는 '수표가 회수된 경우'나 '수표소지인이 처벌을 희망하지 아니하는 의사를 명시한 경우'에 준하여 취급할 수 없다(2006도1711).

사. 죄수 문제

- 사기의 수단으로 발행한 수표가 지급거절된 경우 **부정수표단속법위반죄와 사기죄는** 그 행위의 태양과 보호법익을 달리하므로 **실체적 경합범**의 관계에 있다(2004도1751).
- 당좌수표를 조합 이사장 명의로 발행하여 그 소지인이 지급제시기간 내에 지급제시하였으나 거래정지처분의 사유로 지급되지 아니하게 한 사실(부정수표단속법위반죄)과 동일한 수표를 발행하여 조합에 대하여 재산상 손해를 가한 사실(업무상배임죄)은 사회적 사실관계가 기본적인 점에서 동일하다고 할 것이어서 1개의 행위가 수개의 죄에 해당하는 경우로서 **상상적 경합관계**에 있다(2004도1299).
- 피고인에 대한 사기의 공소사실이 단순히 피고인이 피해자에게 가계수표를 발행·교부하여 그 할인금 명목으로 금원을 차용하였다는 것만이 아니라, 피고인이 마치 타인에 대하여 전세보증금채권을 가지고 있어 변제자력이 있는 것처럼 피해자를 기망하여 금원을 편취하였다는 것이므로 피고인이 피해자로부터 위 금원을 교부받음에 있어 피해자에게 가계수표를 발행·교부하였고 그 가계수표의 부도로 인하여 피고인에 대한 부정수표단속법위반죄의 확정판결이 있었다 하더라도 양 범죄사실은 사회적 사실관계가 그 기본적인 점에서 동일하다고 볼 수 없어 **부정수표단속법위반죄의 확정판결의 기판력이 사기죄에 미치지 아니한다**(91도2828).

2. 부정수표 단속법 제5조 위반죄 - 수표의 위조·변조

부정수표 단속법상의 위조 및 변조의 의미는 형법상 유가증권 위조 및 변조의 그것과 동일하다. 다만 **행사할 목적을 요구하지 아니한다**.

위조된 가계수표에 **발행인의 날인이 없다면** 이는 일반인이 진정한 것으로 오신할 정도의 형식과 외관을 갖춘 수표라 할 수 없어 부정수표 단속법 제5조에서 정하는 **수표위조의 책임을 물을 수 없다**(85도1501).

- 타인이 위조한 액면과 지급기일이 백지로 된 약속어음을 구입하여 행사의 목적으로 백지인 액면란에 금액을 기입하여 그 위조어음을 완성하는 행위는 백지어음 형태의 위조행위와는 별개의 유가증권위조죄를 구성한다(82도677).
- 금액란이 백지인 수표의 소지인이 보충권을 남용하여 그 금액을 부당보충하는 행위가 백지보충권의 범위를 초월하여 발행인의 서명날인이 있는 기존의 수표용지를 이용한 새로운 수표를 발행하는 것에 해당하여 유가증권위조죄를 구성하는 경우에도 백지수표의 발행인은 보충권의 범위 내에서는 부정수표단속법위반죄의 죄책을 진다고 할 것이다(99도1201).
- 부정수표 단속법 제5조의 문언상 본조는 수표의 강한 유통성과 거래수단으로서의 중요성을 감안하여 유가증권 중 수표의 위·변조행위에 관하여는 범죄성립요건을 완화하여 초과주관적 구성요건인 '행사할 목적'을 요구하지 아니하는 한편, 형법 제214조 제1항 위반에 해당하는 다른 유가증권위조·변조행위보다 그 형을 가중하여 처벌하려는 취지의 규정이라고 해석하여야 한다(2007도10100).
- 부정수표 단속법 제5조는 "수표를 위조 또는 변조한 자는 1년 이상의 유기징역과 수표금액의 10배 이하의 벌금에 처한다"고 규정하고 있는바, 수표금액란이 백지인 채로 수표가 위조된 후 그 수표금액이 아직 보충되지 아니한 경우에는 벌금액수의 상한을 정하는 기준이 되는 수표금액이 정하여져 있지 아니하여 병과할 벌금형의 상한을 정할 수 없으므로 결국 벌금형을 병과할 수 없고, 설령 수표금액이 백지인 수표를 위조한 사람이 그 위조수표를 교부하면서 보충권을 수여한 경우라 할지라도 그 수표의 금액이 실제로 보충되기 전까지는 수표금액이 얼마로 정하여질지 알 수 없으므로 그 보충권의 상한액을 수표금액으로 보아 이를 기준으로 벌금형을 병과할 수도 없다(2005도3947).
- 구 부정수표 단속법 제5조는 유가증권에 관한 형법 제214조 제1항 위반 행위를 가중처벌하려는 규정이므로, 그 처벌범위가 지나치게 넓어지지 않도록 제한적으로 해석할 필요가 있다. 따라서 구 부정수표 단속법 제5조에서 처벌하는 행위는 수표의 발행에 관한 위조·변조를 말하고, 수표의 배서를 위조·변조한 경우에는 수표의 권리의무에 관한 기재를 위조한 것으로서, 형법 제214조 제2항에 해당하는지 여부는 별론으로 하고 구 부정수표 단속법 제5조에는 해당하지 않는다(2019도12022).

3. 부정수표 단속법 제4조 위반죄 - 거짓신고

본죄는 수표금액의 지급 또는 거래정지처분을 면할 목적을 필요로 하는 목적범이고, 그 주체는 발행인에 국한된다. 무고죄와 마찬가지로, 신고한 사실은 객관적 진실에 반하여야 하고, 금융기관에 허위신고를 한 때에 기수가 된다.

- 부정수표단속법의 목적이 부정수표 등의 발행을 단속처벌함에 있고(제1조), 허위신고죄를 규정한 위 법 제4조가 "수표금액의 지급 또는 거래정지처분을 면하게 할 목적"이 아니라 "수표금액의 지급 또는 거래정지처분을 면할 목적"을 요건으로 하고 있는데 수표금액의 지급책임을 부담하는 자 또는 거래정지처분을 당하는 자는 오로지 발행인에 국한되는 점에 비추어 볼 때 발행인 아닌 자는 위 법조가 정한 허위신고죄의 주체가 될 수 없고, 허위신고의 고의 없는 발행인을 이용하여 간접정범의 형태로 허위신고죄를 범할 수도 없다

(92도1342).

- 부정수표단속법 제4조가 '수표금액의 지급 또는 거래정지처분을 면할 목적'을 요건으로 하고, 수표금액의 지급책임을 부담하는 자 또는 거래정지처분을 당하는 자는 발행인에 국한되는 점에 비추어 볼 때 그와 같은 발행인이 아닌 자는 부정수표단속법 제4조가 정한 **허위신고죄의 주체가 될 수 없고**, 발행인이 아닌 자는 허위신고의 고의 없는 발행인을 이용하여 **간접정범의 형태로 허위신고죄를 범할 수도 없다** 할 것인바, 타인으로부터 명의를 차용하여 수표를 발행하는 경우에 있어서도 수표가 제시됨으로써 당좌예금계좌에서 수표금액이 지출되거나 거래정지처분을 당하게 되는 자는 결국 수표의 지급인인 은행과 당좌예금계약을 체결한 자인 수표의 발행명의인이 되고, 수표가 제시된다고 하더라도 수표금액이 지출되거나 거래정지처분을 당하게 되는 자에 해당된다고 볼 수 없는 명의차용인은 부정수표단속법 제4조가 정한 허위신고죄의 주체가 될 수 없다(2002도5939).

- [1] 부정수표단속법 제4조는 수표의 유통기능을 보장하기 위하여 수표금액의 지급 또는 거래정지처분을 면탈할 목적으로 금융기관에 허위신고를 한 자를 처벌하는 규정으로서, 금융기관에 허위신고를 한 때에 기수가 된다. [2] 부정수표단속법 제4조 규정의 취지나 내용에 비추어 보면 같은 법 제4조 위반죄의 성립에 있어, 반드시 수표가 적법하게 지급제시되어 허위신고를 한 발행인이 수표금의 지급의무를 실제로 부담하게 되는 것을 전제로 하는 것은 아니다. [3] 수표 발행인이 허위신고를 할 당시 지급제시된 수표의 발행일이 보충되지 아니하였더라도 부정수표단속법 제4조 위반죄가 성립한다고 한 사례(2004도1168).

- 무고죄는 타인으로 하여금 형사처분이나 징계처분을 받게 할 목적으로 신고한 사실이 객관적 진실에 반하는 허위사실인 경우에 성립되는 범죄이므로 신고한 사실이 객관적 진실에 반하는 허위사실이라는 점에 관하여는 적극적인 증명이 있어야 하며, 신고사실의 진실성을 인정할 수 없다는 점만으로 곧 그 신고사실이 객관적 진실에 반하는 허위사실이라고 단정하여 무고죄의 성립을 인정할 수는 없고, 이는 수표금액의 지급 또는 거래정지처분을 면할 목적으로 금융기관에 거짓 신고를 하는 경우에 성립하는 부정수표 단속법 제4조 위반죄에서도 마찬가지이다(2011도15767).

II. 교통사고 관련범죄

1. 기본개념(도로, 차, 운전)

> **도로교통법 제2조(정의)** 이 법에서 사용하는 용어의 뜻은 다음과 같다.
> 1. "도로"란 다음 각 목에 해당하는 곳을 말한다.
>   가. 「도로법」에 따른 도로
>   나. 「유료도로법」에 따른 유료도로
>   다. 「농어촌도로 정비법」에 따른 농어촌도로
>   라. <u>그 밖에 현실적으로 불특정 다수의 사람 또는 차마가 통행할 수 있도록 공개된 장소로서 안전하고 원활한 교통을 확보할 필요가 있는 장소</u>
> 2. "자동차전용도로"란 자동차만 다닐 수 있도록 설치된 도로를 말한다.

3. "고속도로"란 자동차의 고속 운행에만 사용하기 위하여 지정된 도로를 말한다.
4. "차도"란 연석선(차도와 보도를 구분하는 돌 등으로 이어진 선을 말한다. 이하 같다), 안전표지 또는 그와 비슷한 인공구조물을 이용하여 경계(境界)를 표시하여 모든 차가 통행할 수 있도록 설치된 도로의 부분을 말한다.
5. "중앙선"이란 차마의 통행 방향을 명확하게 구분하기 위하여 도로에 황색 실선이나 황색 점선 등의 안전표지로 표시한 선 또는 중앙분리대나 울타리 등으로 설치한 시설물을 말한다. 다만, 제14조제1항 후단에 따라 가변차로가 설치된 경우에는 신호기가 지시하는 진행방향의 가장 왼쪽에 있는 황색 점선을 말한다.
6. "차로"란 차마가 한 줄로 도로의 정하여진 부분을 통행하도록 차선(車線)으로 구분한 차도의 부분을 말한다.
7. "차선"이란 차로와 차로를 구분하기 위하여 그 경계지점을 안전표지로 표시한 선을 말한다.
7의2. "노면전차 전용로"란 도로에서 궤도를 설치하고, 안전표지 또는 인공구조물로 경계를 표시하여 설치한 「도시철도법」 제18조의2제1항 각 호에 따른 도로 또는 차로를 말한다.
8. "자전거도로"란 안전표지, 위험방지용 울타리나 그와 비슷한 인공구조물로 경계를 표시하여 자전거 및 개인형 이동장치가 통행할 수 있도록 설치된 「자전거 이용 활성화에 관한 법률」 제3조 각 호의 도로를 말한다.
9. "자전거횡단도"란 자전거 및 개인형 이동장치가 일반도로를 횡단할 수 있도록 안전표지로 표시한 도로의 부분을 말한다.
10. "보도"란 연석선, 안전표지나 그와 비슷한 인공구조물로 경계를 표시하여 보행자(유모차, 보행보조용 의자차, 노약자용 보행기 등 행정안전부령으로 정하는 기구·장치를 이용하여 통행하는 사람 및 제21호의3에 따른 실외이동로봇을 포함한다. 이하 같다)가 통행할 수 있도록 한 도로의 부분을 말한다.
11. "길가장자리구역"이란 보도와 차도가 구분되지 아니한 도로에서 보행자의 안전을 확보하기 위하여 안전표지 등으로 경계를 표시한 도로의 가장자리 부분을 말한다.
12. "횡단보도"란 보행자가 도로를 횡단할 수 있도록 안전표지로 표시한 도로의 부분을 말한다.
13. "교차로"란 '십'자로, 'T'자로나 그 밖에 둘 이상의 도로(보도와 차도가 구분되어 있는 도로에서는 차도를 말한다)가 교차하는 부분을 말한다.
14. "안전지대"란 도로를 횡단하는 보행자나 통행하는 차마의 안전을 위하여 안전표지나 이와 비슷한 인공구조물로 표시한 도로의 부분을 말한다.
15. "신호기"란 도로교통에서 문자·기호 또는 등화를 사용하여 진행·정지·방향전환·주의 등의 신호를 표시하기 위하여 사람이나 전기의 힘으로 조작하는 장치를 말한다.
16. "안전표지"란 교통안전에 필요한 주의·규제·지시 등을 표시하는 표지판이나 도로의 바닥에 표시하는 기호·문자 또는 선 등을 말한다.
17. "차마"란 다음 각 목의 차와 우마를 말한다.
    가. "차"란 다음의 어느 하나에 해당하는 것을 말한다.
    1) 자동차
    2) 건설기계
    3) 원동기장치자전거
    4) 자전거
    5) 사람 또는 가축의 힘이나 그 밖의 동력으로 도로에서 운전되는 것. 다만, 철길이나 가설된 선을 이용하여 운전되는 것, 유모차, 보행보조용 의자차, 노약자용 보행기, 제21호의3에 따른 실외이동로봇 등 행정안전부령으로 정하는 기구·장치는 제외한다.

나. "우마"란 교통이나 운수에 사용되는 가축을 말한다.

17의2. "노면전차"란「도시철도법」제2조제2호에 따른 노면전차로서 도로에서 궤도를 이용하여 운행되는 차를 말한다.

18. "자동차"란 철길이나 가설된 선을 이용하지 아니하고 원동기를 사용하여 운전되는 차(견인되는 자동차도 자동차의 일부로 본다)로서 다음 각 목의 차를 말한다.

　가.「자동차관리법」제3조에 따른 다음의 자동차. 다만, 원동기장치자전거는 제외한다.
　　1) 승용자동차
　　2) 승합자동차
　　3) 화물자동차
　　4) 특수자동차
　　5) <u>이륜자동차</u>
　나.「건설기계관리법」제26조제1항 단서에 따른 건설기계

19. "원동기장치자전거"란 다음 각 목의 어느 하나에 해당하는 차를 말한다.

　가. <u>「자동차관리법」제3조에 따른 이륜자동차 가운데 배기량 125시시 이하(전기를 동력으로 하는 경우에는 최고정격출력 11킬로와트 이하)의 이륜자동차</u>
　나. 그 밖에 배기량 125시시 이하(전기를 동력으로 하는 경우에는 최고정격출력 11킬로와트 이하)의 원동기를 단 차(「자전거 이용 활성화에 관한 법률」제2조제1호의2에 따른 전기자전거 및 제21호의3에 따른 실외이동로봇은 제외한다)

19의2. "개인형 이동장치"란 제19호나목의 원동기장치자전거 중 시속 25킬로미터 이상으로 운행할 경우 전동기가 작동하지 아니하고 차체 중량이 30킬로그램 미만인 것으로서 행정안전부령으로 정하는 것을 말한다.

20. "자전거"란「자전거 이용 활성화에 관한 법률」제2조제1호 및 제1호의2에 따른 자전거 및 전기자전거를 말한다.

21. <u>"자동차등"이란 자동차와 원동기장치자전거를 말한다.</u>

21의2. "자전거등"이란 자전거와 개인형 이동장치를 말한다.

21의3. "실외이동로봇"이란「지능형 로봇 개발 및 보급 촉진법」제2조제1호에 따른 지능형 로봇 중 행정안전부령으로 정하는 것을 말한다.

22. "긴급자동차"란 다음 각 목의 자동차로서 그 본래의 긴급한 용도로 사용되고 있는 자동차를 말한다.
　가. 소방차
　나. 구급차
　다. 혈액 공급차량
　라. 그 밖에 대통령령으로 정하는 자동차

23. "어린이통학버스"란 다음 각 목의 시설 가운데 어린이(13세 미만인 사람을 말한다. 이하 같다)를 교육 대상으로 하는 시설에서 어린이의 통학 등에 이용되는 자동차와「여객자동차 운수사업법」제4조제3항에 따른 여객자동차운송사업의 한정면허를 받아 어린이를 객객대상으로 하여 운행되는 운송사업용 자동차를 말한다.
　가.「유아교육법」에 따른 유치원 및 유아교육진흥원,「초·중등교육법」에 따른 초등학교, 특수학교, 대안학교 및 외국인학교
　나.「영유아보육법」에 따른 어린이집
　다.「학원의 설립·운영 및 과외교습에 관한 법률」에 따라 설립된 학원 및 교습소

라. 「체육시설의 설치·이용에 관한 법률」에 따라 설립된 체육시설
마. 「아동복지법」에 따른 아동복지시설(아동보호전문기관은 제외한다)
바. 「청소년활동 진흥법」에 따른 청소년수련시설
사. 「장애인복지법」에 따른 장애인복지시설(장애인 직업재활시설은 제외한다)
아. 「도서관법」에 따른 공공도서관
자. 「평생교육법」에 따른 시·도평생교육진흥원 및 시·군·구평생학습관
차. 「사회복지사업법」에 따른 사회복지시설 및 사회복지관

24. "주차"란 운전자가 승객을 기다리거나 화물을 싣거나 차가 고장 나거나 그 밖의 사유로 차를 계속 정지 상태에 두는 것 또는 운전자가 차에서 떠나서 즉시 그 차를 운전할 수 없는 상태에 두는 것을 말한다.
25. "정차"란 운전자가 5분을 초과하지 아니하고 차를 정지시키는 것으로서 주차 외의 정지 상태를 말한다.
26. "운전"이란 도로(제44조·제45조·제54조제1항·제148조·제148조의2 및 제156조제10호의 경우에는 도로 외의 곳을 포함한다)에서 차마 또는 노면전차를 그 본래의 사용방법에 따라 사용하는 것(조종을 포함한다)을 말한다.
27. "초보운전자"란 처음 운전면허를 받은 날(처음 운전면허를 받은 날부터 2년이 지나기 전에 운전면허의 취소처분을 받은 경우에는 그 후 다시 운전면허를 받은 날을 말한다)부터 2년이 지나지 아니한 사람을 말한다. 이 경우 원동기장치자전거면허만 받은 사람이 원동기장치자전거면허 외의 운전면허를 받은 경우에는 처음 운전면허를 받은 것으로 본다.
28. "서행"(徐行)이란 운전자가 차 또는 노면전차를 즉시 정지시킬 수 있는 정도의 느린 속도로 진행하는 것을 말한다.
29. "앞지르기"란 차의 운전자가 앞서가는 다른 차의 옆을 지나서 그 차의 앞으로 나가는 것을 말한다.
30. "일시정지"란 차 또는 노면전차의 운전자가 그 차 또는 노면전차의 바퀴를 일시적으로 완전히 정지시키는 것을 말한다.
31. "보행자전용도로"란 보행자만 다닐 수 있도록 안전표지나 그와 비슷한 인공구조물로 표시한 도로를 말한다.
32. "자동차운전학원"이란 자동차등의 운전에 관한 지식·기능을 교육하는 시설로서 다음 각 목의 시설 외의 시설을 말한다.
    가. 교육 관계 법령에 따른 학교에서 소속 학생 및 교직원의 연수를 위하여 설치한 시설
    나. 사업장 등의 시설로서 소속 직원의 연수를 위한 시설
    다. 전산장치에 의한 모의운전 연습시설
    라. 지방자치단체 등이 신체장애인의 운전교육을 위하여 설치하는 시설 가운데 시·도경찰청장이 인정하는 시설
    마. 대가(代價)를 받지 아니하고 운전교육을 하는 시설
    바. 운전면허를 받은 사람을 대상으로 다양한 운전경험을 체험할 수 있도록 하기 위하여 도로가 아닌 장소에서 운전교육을 하는 시설
33. "모범운전자"란 제146조에 따라 무사고운전자 또는 유공운전자의 표시장을 받거나 2년 이상 사업용 자동차 운전에 종사하면서 교통사고를 일으킨 전력이 없는 사람으로서 경찰청장이 정하는 바에 따라 선발되어 교통안전 봉사활동에 종사하는 사람을 말한다.

가. 도로의 개념

1) 일반교통에 사용되는 모든 곳

도로라 함은 일반교통에 사용되는 모든 곳을 말하고, '일반교통에 사용되는 모든 곳'이라 함은 ① 현실적으로 불특정 다수의 사람 또는 차량의 통행을 위하여 공개된 장소로서, ② 교통질서유지 등을 목적으로 하는 일반 교통경찰권이 미치는 공공성이 있는 곳을 의미하며, 특정인들 또는 그들과 관련된 특정한 용건이 있는 자들만이 사용할 수 있고 자주적으로 관리되는 장소는 이에 포함되지 않는다(200두6909).

2) 아파트 단지 내 통행로와 주차구역

- 아파트단지가 상당히 넓은 구역이고, 여러 곳에 경비실이 설치되어 있어 경비들이 아파트 주민 이외의 차량에 스티커를 발부해 왔으나 외부차량 출입통제용이 아닌 주민들의 주차공간 확보 차원에서 이루어진 것일 뿐이고, 그것만으로 위 아파트단지 내의 통행로가 특정인들 또는 그들과 관련된 특별한 용건이 있는 자들만이 사용할 수 있는 장소로서 자주적으로 관리되는 장소라고 볼 수 없으므로 도로에 해당한다(2003도4807).

- 아파트단지 주차구획선 내의 주차구역은 도로교통법 소정의 도로라고 할 수는 없지만, 차량의 일부라도 주차구획선을 벗어나 도로에 진입하였을 경우에는 도로에서 운전한 것으로 보아야 할 것이다(98도3302).

- 아파트단지 내 건물과 건물사이의 "ㄷ"자 공간 안에 주차구획선을 그어 차량이 주차할 수 있는 주차구역의 통로부분은 그 곳에 차량을 주차하기 위한 통로에 불과할 뿐 현실적으로 불특정 다수의 사람이나 차량의 통행로로 사용되는 것이라고 볼 수 없어 이를 도로교통법 제2조 제1호에 정한 일반교통에 사용되는 도로라고 할 수 없다(2004도6779).

- [1] 도로교통법 제2조 제26호가 '술이 취한 상태에서의 운전' 등 일정한 경우에 한하여 예외적으로 도로 외의 곳에서 운전한 경우를 운전에 포함한다고 명시하고 있는 반면, 무면허운전에 관해서는 이러한 예외를 정하고 있지 않다. 따라서 도로교통법 제152조, 제43조를 위반한 무면허운전이 성립하기 위해서는 운전면허를 받지 않고 자동차 등을 운전한 곳이 도로교통법 제2조 제1호에서 정한 도로, 즉 '도로법에 따른 도로', '유료도로법에 따른 유료도로', '농어촌도로 정비법에 따른 농어촌도로', '그 밖에 현실적으로 불특정 다수의 사람 또는 차마가 통행할 수 있도록 공개된 장소로서 안전하고 원활한 교통을 확보할 필요가 있는 장소' 중 하나에 해당해야 한다. 위에서 본 도로가 아닌 곳에서 운전면허 없이 운전한 경우에는 무면허운전에 해당하지 않는다. 도로에서 운전하지 않았는데도 무면허운전으로 처벌하는 것은 유추해석이나 확장해석에 해당하여 죄형법정주의에 비추어 허용되지 않는다. 따라서 운전면허 없이 자동차 등을 운전한 곳이 위와 같이 일반교통경찰권이 미치는 공공성이 있는 장소가 아니라 특정인이나 그와 관련된 용건이 있는 사람만 사용할 수 있고 자체적으로 관리되는 곳이라면 도로교통법에서 정한 '도로에서 운전'한 것이 아니므로 무면허운전으로 처벌할 수 없다. [2] 아파트 단지 내 지하주차장은 아파트 단지와 주차장의 규모와 형태, 아파트 단지나 주차장에 차단 시설이 설치되어 있는지 여부, 경비원 등에 의한 출입 통제 여부, 아파트 단지 주민이 아닌 외부인이 주차장을 이용할 수 있는지 여부 등에 따라서 도로

교통법 제2조 제1호에서 정한 도로에 해당하는지가 달라질 수 있다. [3] 피고인이 자동차운전면허를 받지 않고 아파트 단지 안에 있는 지하주차장 약 50m 구간에서 승용차를 운전하여 도로교통법 위반(무면허운전)으로 기소된 사안에서, 위 주차장이 아파트 주민이나 그와 관련된 용건이 있는 사람만 이용할 수 있고 경비원 등이 자체적으로 관리하는 곳이라면 도로에 해당하지 않을 수 있는데, 도로교통법 제2조 제1호에서 정한 도로에 해당하는지가 불분명하여 피고인의 자동차 운전행위가 도로교통법에서 금지하는 무면허운전에 해당하지 않는다고 볼 여지가 있는데도, 아파트 단지와 주차장의 규모와 형태, 아파트 단지와 주차장의 진·출입에 관한 구체적인 관리·이용 상황 등에 관하여 심리하지 아니한 채 피고인의 자동차 운전행위가 무면허운전에 해당한다고 보아 유죄를 인정한 원심판결에 심리미진 및 도로교통법에서 정한 도로와 무면허운전에 관한 법리오해의 잘못이 있다고 한 사례(2017도17762).

3) 대학교 구내 도로

- 성균관대학교 구내에 있는 도로의 경우 동 대학교는 담으로 둘러 싸여 있어 정·후문의 출입구 이외에는 외부로부터의 출입이 용이하지 아니하며, 정·후문에서 수위 및 주차관리 근로학생의 엄격한 통제 하에서 교직원 외 일반인과 핵상들의 차량출입을 통제하는 등 자주적으로 관리되는 곳이므로 일반 교통경찰권이 미치는 공공성이 있는 곳으로 볼 수 없다(96도1848).
- 정수기능대학의 경우 심야시간에만 정문을 닫고 그 외에는 항상 개방하기 때문에 별다른 통제 없이 누구나 차량으로 통행하고 있으므로 피고인이 운전한 위 대학 통행로는 불특정 다수의 사람이나 차량의 통행을 위하여 공개된 장소로서 일반교통에 사용되는 곳으로 볼 여지가 있다(2005도6986).
- 아주대학교 구내에 있는 아주대학병원 내 영안실 앞 통로는 그 병원과 영안실에 출입하는 불특정 다수의 사람이나 차량의 통행을 위하여 사용되고 있는 공개된 장소이므로 도로에 해당한다(97도953).

4) 건물주차장

- 빌딩 주차장은 도로법이나 유료도로법상의 도로가 아닐 뿐 아니라 일반교통에 사용되는 곳도 아니어서 도로라고 볼 수 없다(92누18047).
- 대형건물 부설주차장은 불특정 다수의 사람이나 차량 등의 통행을 위하여 공개된 장소라고 인정되지 않는다면 도로라고 볼 수 없다(92도1662).

5) 건물 옆 공터

- 주차장으로 사용되는 여관 옆 공터가 일반공중이나 차량들이 자유로이 통행할 수 있는 통행장소가 아니라면 도로라고 볼 수 없다(92도3046).
- 주차장으로 사용되는 주점 옆 공터가 일반공중이나 차량들이 자유로이 통행할 수 있는 통행장소가 아니라면 도로라고 볼 수 없다(92도1330).

6) 주차장

- 춘천시청 내 광장주차장은 시청관리자의 용인 아래 불특정 다수의 사람과 차량이 통행하는 곳이므로 도로에 해당한다(92도1777).
- 특정상가 건물의 업무 및 고객을 위한 것이 아니라 지역 일대의 주차난 해소 등 공익적 목적을 가지고 구청에서 설치한 공영주차장은 불특정 다수의 사람 또는 차량의 통행을 위하여 공개된 장소로서 도로교통법에서 말하는 도로에 해당한다(2005도3881).

7) 기타

- 민박집을 경영하는 개인이 사비를 들여 개설한 민박집 앞의 교통로가 불특정 다수의 사람 또는 차량의 통행을 위하여 공개된 장소로서 일반 교통경찰권이 미치는 공공성이 있는 곳이라면 도로에 해당한다(97누20755).
- 주택가 막다른 골목길이라도 도로에 해당하고 그곳에 주차시켜 놓았던 차량을 다시 일렬주차하기 위하여 약 1미터 정도 전·후진한 행위는 도로교통법상 운전에 해당한다(93도828).
- 가스충전소 내 가스주입구역 등은 도로교통법에서 정한 일반교통에 사용되는 도로라고 할 수 없다(2005도7293).

나. 자동차 등의 개념

도로교통법상 자동차 등이란 도로교통법 제2조 제18호에서 말하는 자동차와 제19호에서 말하는 원동기장치자전거를 의미한다(제2조 제21호). 그러나 음주운전, 음주측정거부, 과로운전 등의 경우에는 건설기계관리법 제26조 제1항 단서에 따른 건설기계 외의 건설기계를 포함한다(제44조 제1항).

- 속칭 딸딸이는 농업기계인 경운기를 밭갈이, 양수, 탈곡, 운반에 더 효율적이 있도록 개조한 것으로 그 기능상 불가피하게 도로상을 이동하는 경우가 있다 할지라도 위 용구의 본질적인 기능과 구조로 볼 때에는 농업기계화촉진법 제2조에서 말하는 농업기계로 보아야 하고 도로운송차량법과 도로교통법상의 자동차로 볼 수 없다(85도1979).
- ATV차량(all-terrain vehicle, 전지형 만능차, 주로 레저용으로 사용됨)의 일종인 LT-160(일명 사발이)에 적재함을 단 것으로서 배기량 158cc, 최대적재중량 90㎏이고 농업기계화촉진법상의 농업기계 검사를 받지는 않은 차량은 그 구조, 장치, 사양 및 용도 등에 비추어 구 도로교통법 제2조 제14호, 자동차관리법 제3조 제1항, 구 자동차관리법 시행규칙 제2조 제1항 제5호에서 정한 '1인 또는 2인의 사람을 운송하기에 적합하게 제작된 2륜의 자동차(2륜인 자동차에 측차를 붙인 자동차와 이륜자동차에서 파생된 3륜 이상의 자동차를 포함한다)'에 해당하는 '이륜자동차'라 할 것이고, 비록 농업용에 주로 사용된다고 하더라도 위 차량이 농림축산물의 생산 및 생산 후 처리작업과 생산시설의 환경제어 등에 사용되는 기계라고는 볼 수 없으므로, 자동차관리법 제2조 제1호 단서, 자동차관리법 시행령 제2조 제2호, 농업기계화촉진법 제2조 제1호에서 정한 농업기계에는 해당하지 않는다(2006도5702).
- 구 도로교통법 제152조 제1호, 제43조의 무면허운전 처벌규정의 적용대상인 구 도로교

통법 제2조 제18호에서 정한 자동차는 구 자동차관리법 제2조 제1호에서 정한 자동차로서 같은 법 제3조에서 정한 각종 자동차에 해당하는 것에 한정된다고 보아야 한다. 농업용 동력운반차는 농업기계화 촉진법 제2조 제1호에서 정한 농업기계로서 구 자동차관리법 제2조 제1호에서 정한 자동차나 이를 전제로 하는 구 자동차관리법 제3조에서 정한 각종 자동차에 해당하지 않으므로 무면허운전 처벌규정의 적용대상인 구 도로교통법 제2조 제18호에 정한 자동차에도 해당하지 않는다(2006도5702).

- 구 도로교통법(2020. 6. 9. 법률 제17371호로 개정되기 전의 것, 이하 같다) 제152조 제1호, 제43조는 운전면허를 받지 않고 자동차 등을 운전한 사람을 처벌하고 있고, 구 도로교통법 제2조 제18호는 '자동차'에 대해 '철길이나 가설된 선을 이용하지 아니하고 원동기를 사용하여 운전되는 차로서, 자동차관리법 제3조에 따른 자동차(원동기장치자전거를 제외한다)인 승용자동차·승합자동차·화물자동차·특수자동차·이륜자동차와 건설기계관리법 제26조 제1항 단서에 따른 건설기계'로 정의하고 있다. 구 자동차관리법(2019. 8. 27. 법률 제16564호로 개정되기 전의 것, 이하 같다) 제3조 제1항은 '자동차는 다음 각호와 같이 구분한다.'고 하면서 제1호부터 제5호까지 승용자동차, 승합자동차, 화물자동차, 특수자동차, 이륜자동차로 구분하고 있고, 같은 조 제3항은 국토교통부령으로 자동차의 종류를 세분할 수 있다고 정하고 있다. 한편 구 자동차관리법 제2조 제1호는 '자동차란 원동기에 의하여 육상에서 이동할 목적으로 제작한 용구 또는 이에 견인되어 육상을 이동할 목적으로 제작한 용구를 말한다. 다만 대통령령으로 정하는 것은 제외한다.'고 정하고 있고, 자동차관리법 시행령 제2조 제2호는 구 자동차관리법 제2조 제1호 단서의 위임에 따라 자동차에서 제외되는 것 중 하나로 '농업기계화 촉진법에 따른 농업기계'를 정하고 있다. 위에서 본 규정을 체계적·종합적으로 살펴보면, 구 도로교통법 제152조 제1호, 제43조의 무면허운전 처벌규정의 적용대상인 구 도로교통법 제2조 제18호에서 정한 자동차는 구 자동차관리법 제2조 제1호에서 정한 자동차로서 같은 법 제3조에서 정한 각종 자동차에 해당하는 것에 한정된다고 보아야 한다. 농업용 동력운반차는 농업기계화 촉진법 제2조 제1호에서 정한 농업기계로서 구 자동차관리법 제2조 제1호에서 정한 자동차나 이를 전제로 하는 구 자동차관리법 제3조에서 정한 각종 자동차에 해당하지 않으므로 무면허운전 처벌규정의 적용대상인 구 도로교통법 제2조 제18호에 정한 자동차에도 해당하지 않는다(2017도13182).

다. 운전의 개념

- [1] 도로교통법 제2조 제19호는 '운전'이라 함은 도로에서 차를 그 본래의 사용 방법에 따라 사용하는 것을 말한다고 규정하고 있는바, 여기에서 말하는 운전의 개념은 그 규정의 내용에 비추어 목적적 요소를 포함하는 것이므로 고의의 운전행위만을 의미하고 자동차 안에 있는 사람의 의지나 관여 없이 자동차가 움직인 경우에는 운전에 해당하지 않는다. [2] 어떤 사람이 자동차를 움직이게 할 의도 없이 다른 목적을 위하여 자동차의 원동기(모터)의 시동을 걸었는데, 실수로 기어 등 자동차의 발진에 필요한 장치를 건드려 원동기의 추진력에 의하여 자동차가 움직이거나 또는 불안전한 주차상태나 도로여건 등으로 인하여 자동차가 움직이게 된 경우는 자동차의 운전에 해당하지 아니한다(2004도1109).
- 자동차를 절취할 생각으로 자동차의 조수석문을 열고 들어가 시동을 걸려고 시도하는

등 차 안의 기기를 이것저것 만지다가 핸드브레이크를 풀게 되었는데 그 장소가 내리막길인 관계로 시동이 걸리지 않은 상태에서 약 10미터 전진하다가 가로수를 들이받는 바람에 멈추게 되었다면 절도의 기수에 해당한다고 볼 수 없을 뿐 아니라 도로교통법 제2조 제19호 소정의 자동차의 운전에 해당하지 아니한다(94도1522).

- 구 도로교통법(2017. 3. 21. 법률 제14617호로 개정되기 전의 것) 제2조 제26호에 따르면, '운전'이란 도로에서 차를 '그 본래의 사용방법'에 따라 사용하는 것을 말한다. 이때 자동차를 '그 본래의 사용방법'에 따라 사용하였다고 하기 위하여는 단지 엔진을 시동시켰다는 것만으로는 부족하고 이른바 발진조작의 완료를 요한다. 통상 자동차 엔진을 시동시키고 기어를 조작하며 제동장치를 해제하는 등 일련의 조치를 취하면 위와 같은 발진조작을 완료하였다고 할 것이지만, 애초부터 자동차가 고장이나 결함 등의 원인으로 객관적으로 발진할 수 없었던 상태에 있었던 경우라면 그와 같이 볼 수는 없다(2017도10815).

- 피고인이 STOP&GO 기능이 있는 차량에서 내림으로써 그 기능이 해제되어 시동이 완전히 꺼졌으나 이후 이를 인식하지 못한 상태에서 시동을 걸지 못하고 제동장치를 조작하다 차량이 후진하면서 추돌 사고를 야기하여 특정범죄 가중처벌 등에 관한 법률 위반(위험운전치상)으로 기소된 사안에서, 피고인이 차량을 운전하려는 의도로 제동장치를 조작하여 차량이 뒤로 진행하게 되었다고 해도, 시동이 켜지지 않은 상태였던 이상 자동차를 본래의 사용방법에 따라 사용했다고 보기 어려우므로 무죄를 선고한 원심판단을 정당하다고 한 사례(2020도9994)

2. 도로교통법위반(사고후미조치)죄

> **도로교통법 제54조(사고발생 시의 조치)** ① 차 또는 노면전차의 운전 등 교통으로 인하여 사람을 사상하거나 물건을 손괴(이하 "교통사고"라 한다)한 경우에는 그 차 또는 노면전차의 운전자나 그 밖의 승무원(이하 "운전자등"이라 한다)은 즉시 정차하여 다음 각 호의 조치를 하여야 한다.
>
> 1. 사상자를 구호하는 등 필요한 조치
> 2. 피해자에게 인적 사항(성명·전화번호·주소 등을 말한다. 이하 제148조 및 제156조제10호에서 같다) 제공
>
> ② 제1항의 경우 그 차 또는 노면전차의 운전자등은 경찰공무원이 현장에 있을 때에는 그 경찰공무원에게, 경찰공무원이 현장에 없을 때에는 가장 가까운 국가경찰관서(지구대, 파출소 및 출장소를 포함한다. 이하 같다)에 다음 각 호의 사항을 지체 없이 신고하여야 한다. 다만, 차 또는 노면전차만 손괴된 것이 분명하고 도로에서의 위험방지와 원활한 소통을 위하여 필요한 조치를 한 경우에는 그러하지 아니하다.
>
> 1. 사고가 일어난 곳
> 2. 사상자 수 및 부상 정도
> 3. 손괴한 물건 및 손괴 정도
> 4. 그 밖의 조치사항 등
>
> ③ 제2항에 따라 신고를 받은 국가경찰관서의 경찰공무원은 부상자의 구호와 그 밖의 교통위험 방지를 위하여 필요하다고 인정하면 경찰공무원(자치경찰공무원은 제외한다)이 현장에 도착할 때까지 신고한 운전자등에게 현장에서 대기할 것을 명할 수 있다.

④ 경찰공무원은 교통사고를 낸 차 또는 노면전차의 운전자등에 대하여 그 현장에서 부상자의 구호와 교통안전을 위하여 필요한 지시를 명할 수 있다.

⑤ 긴급자동차, 부상자를 운반 중인 차, 우편물자동차 및 노면전차 등의 운전자는 긴급한 경우에는 동승자 등으로 하여금 제1항에 따른 조치나 제2항에 따른 신고를 하게 하고 운전을 계속할 수 있다.

⑥ 경찰공무원(자치경찰공무원은 제외한다)은 교통사고가 발생한 경우에는 대통령령으로 정하는 바에 따라 필요한 조사를 하여야 한다.

제148조(벌칙) 제54조제1항에 따른 교통사고 발생 시의 조치를 하지 아니한 사람(주·정차된 차만 손괴한 것이 분명한 경우에 제54조제1항제2호에 따라 피해자에게 인적 사항을 제공하지 아니한 사람은 제외한다)은 5년 이하의 징역이나 1천500만원 이하의 벌금에 처한다.

제156조(벌칙) 다음 각 호의 어느 하나에 해당하는 사람은 20만원 이하의 벌금이나 구류 또는 과료에 처한다.

　10. 주·정차된 차만 손괴한 것이 분명한 경우에 제54조제1항제2호에 따라 피해자에게 인적 사항을 제공하지 아니한 사람

가. 도로교통법 제54조 제1항이 규정하는 조치의무

1) 정차

즉시 정차함으로써 교통의 위험이 초래되는 등의 사정이 없는 한 즉시 정차하여야 한다.

2) 사상자 구호

구호라 함은 일반적으로 구조 및 보호라는 의미로 해석되는데, 직접 피해자를 구출하고 응급조치를 하거나 병원으로 후송하는 것 외에도 상황에 따라서는 경찰, 병원 등이나 주변의 도움을 요청하는 것도 포함된다.

3) 그 밖에 필요한 조치

사고장소에서의 안전확보와 교통질서의 회복을 위한 조치가 포함됨에는 이론이 없으나, 피해자측 등 교통사고 관계인에게 사고운전자의 신원을 확인시키는 조치가 포함되는지에 대해서는 견해의 대립이 있었으나, 도로교통법 개정(제54조 제1항 제2호 추가)에 따라 당연히 포함된다.

나. 조치의무에 대한 판례의 기본적 입장

판례는 본조에서 규정하는 필요한 조치에 관하여 특정범죄가중처벌등에관한법률위반(도주치사상)죄와 도로교통법위반(사고후미조치)죄별로 다음과 같은 차이를 두고 있다.

특정범죄가중처벌등에관한법률위반(도주치사상)죄에 관하여 판례는 구호조치와 신원확인조치를 두 축으로 하여 그 중 어느 하나의 조치라도 취하지 않으면 도주운전죄가 성립하는 것으로 보되, 사고의 경위와 내용, 피해자의 상해의 부위와 정도, 사고 후의 정황 등을 종합적으로 고려하여 사고운전자가 실제로 피해자를 구호할 필요성이 없다고 인정되는 경우에는 도주운전죄의 성립을 부정하고 있다.

이에 반하여 도로교통법위반(사고후미조치)죄에 있어 판례[75]는 주로 교통상의 위험과 장해를 방지·제거하여 원활한 교통을 확보하기 위한 조치(이하 '안전확보조치'라 한다)를 취할 필요가 있었느냐의 여부를 판단기준으로 삼고 있다.

다. 도로교통법위반(사고후미조치)죄에 대한 판례 분석

1) 기본판례

> 도로교통법 제54조 제1항의 취지는 도로에서 일어나는 교통상의 위험과 장해를 방지·제거하여 안전하고 원활한 교통을 확보하기 위한 것으로서 피해자의 피해를 회복시켜 주기 위한 것이 아니고, 이 경우 운전자가 취하여야 할 조치는 사고의 내용과 피해의 정도 등 구체적 상황에 따라 적절히 강구되어야 하고 그 정도는 건전한 양식에 비추어 통상 요구되는 정도의 조치를 말한다(2002도4452).

2) 판례에서 언급하는 대체적인 기준

안전확보조치를 취하였는지의 여부에 대한 판례의 판단은 일률적이지 아니하고, 대체로 ① 손괴의 정도, ② 파편물이 도로상에 비산되었는지 여부, ③ 사고장소 및 시간(차량의 통행이 빈번하였는지 여부), ④ 피해차량이 정차 중이었는지 혹은 주행 중이었는지 여부, ⑤ 피해자가 차량에 탑승하고 있었는지 여부, ⑥ 사고운전자의 도주나 피해자, 목격자 등의 추격으로 또 다른 교통상의 위험과 장애를 야기할 위험성이 있었는지 여부, ⑦ 사고관련자 또는 경찰 등에 의하여 필요한 조치가 이루어졌는지 여부를 기준으로 삼고 있다.

3) 구체적 검토

주행 중인 차량이나 사람이 탑승한 차량을 충돌한 교통사고인 경우에는 최소한 운전자가 즉시 정차하여 피해 유무를 확인할 의무는 이행하였음을 전제로 하여, ① 사고운전자가 피해자와의 보상협의, 책임의 소재 등을 둘러싸고 시비나 다툼을 벌이다가 상당한 시간이 경과한 후 현장을 이탈하거나(2003도4959, 사회통념상 교통사고 자체로 인한 추격가능성은 소멸된 유형이라 할 수 있다), ② 피해자로부터 별다른 항의를 받지 않은 채 현장을 이탈하였거나(2003도3616, 원래부터 추격가능성이 없어 새로운 교통상의 위험과 장해를 초래할 위험이 없는 유형이다), ③ 사고관련자 또는 경찰 등에 의하여 교통상의 위험 등을 방지·제거하는 데 필요한 조치가 이루어진 경우(2004도8065, 더 이상 안전확보조치를 취할 필요가 없는 유형이다)에는 신원확인조치를 취하지 않았더라도 범죄성립을 부정하고 있다.

이에 반하여 사고운전자의 도주나 피해자, 목격자 등의 추격으로 또 다른 교통사고의 위험과 장애를 야기할 위험성이 있었던 경우에는 범죄 성립을 인정하고 있다(93도2346).

예외적으로 즉시 정차하여 피해 유무를 확인하지 않았음에도 무죄로 판시한 사례도 있으나, 그 사안의 내용이 불과 20m 가량 그대로 직진하다 정차한 뒤 다시 사고현장으로 돌아와 피해 유무를 확인한 사정이 있거나(2004도8675), 피해자가 시동을 끄고 정차한 뒤 운전석을 뒤로 제쳐 놓고 누워 있어서 '주차된 차량이나 피해자가 탑승하고 있지 않은

---

[75] 주로 대물사고에 관한 것이다.

차량(이러한 경우 대부분 무죄로 판시된다)'의 경우와 유사한 특별한 사정(2005도9397)이 있는 경우에 해당한다.

4) 특정범죄가중처벌등에관한법률위반(도주치사상)죄와 도로교통법위반(사고후미조치)죄가 함께 기소된 경우

두 죄가 함께 기소된 경우, 대부분 두 죄 모두에 대하여 유죄판결이 내려지거나 무죄판결이 내려지는 등 결론을 같이하고 있다.

그러나 대인사고와 대물사고의 경우에 필요한 조치의 내용이 서로 달라질 수 있으므로, 도주치사상에 대하여는 무죄, 사고후 미조치죄에 대해서는 유죄의 결론이 내려질 수 있고,76) 도주치사상죄에 대하여는 유죄가 선고됨에도 앞서 살펴본 기준을 충족함으로써 사고후 미조치죄에 대하여는 무죄의 결론이 내려진 사례가 있다(2004도250).

한편, 교통사고로 인한 피해차량의 물적 피해가 경미하고 파편이 도로상에 비산되지도 않았다고 하더라도, 가해차량이 즉시 정차하는 등 필요한 조치를 취하지 아니한 채 그대로 도주한 경우에는 도로교통법 제54조 제1항 위반죄가 성립한다고 한 사례(2009도787)가 있으나 피고인이 피해자의 요구에도 불구하고 정차하여 피해상황을 확인하지도 않은 채 도주하여 정차의무조차 이행하지 않은 사안이므로 앞서 본 기준에 반하는 것은 아닌 것으로 보인다.

5) 조치의무 불이행 부정 판례

- 사고 당시 피해자의 차량은 좌회전을 위하여 편도 3차로 중 1차로의 맨 앞에 정차하고 있었고, 피고인의 차량은 피해자 차량의 뒤 약 2m 거리에 정차하였는데, 피고인이 안전벨트를 고쳐 매다가 브레이크에서 발이 떨어지게 되어 차량이 앞으로 진행하면서 피해자의 차량을 추돌하였고 피해자의 차량은 뒷 범퍼가 안으로 약간 밀려들어간 사실, 사고 직후 피고인이 먼저 차에서 내려 피해자에게 사과하였고, 피해자는 허리를 잡으며 차에서 내려 허리가 아프다고 말하기는 하였으나 "크게 아프지는 않고 범퍼만 고쳐 달라"라는 취지의 말을 하면서 피고인의 차량번호를 적었으며, 피고인은 아프거나 이상이 있으면 전화하라면서 평소 알고 지내던 공소외인의 전화번호를 적어준 사실, 그 후 좌회전 신호가 들어와 뒤의 차량들이 경적을 울리자 피고인과 피해자 모두 각자의 차를 운전하여 현장을 떠났는데, 피해자는 목적지인 백화점에서 정상적으로 쇼핑을 마치고 귀가한 사실, 그 후 피해자는 허리와 목에 통증을 느껴 병원에서 요치 2주의 경추부 등 염좌 진단을 받고 4일 정도 통원치료를 받았으며 뒷 범퍼를 교환한 사실, 한편 피해자는 사고 이전에 목을 다쳐 수술을 받은 바 있고 허리의 상태도 좋지 않았던 사실 등을 인정한 후, 비록 피고인이 피해자에게 자신의 전화번호가 아닌 타인의 전화번호를 적어주면서 별다른 설명을 하지 않았고, 차량 명의가 자기 앞으로 되어 있지 않다는 사정도 말해주지 않음으로써 추후 피고인의 신원확인을 어렵게 만든 사정이 있다고 하더라도, 위와 같은 피해자의 상해 부위 및 정도, 피해차량의 손괴 정도, 사고장소의 상황, 사고의 경위 및 사고 후 정황 등에 비추어 보면, 이 사건 사고로 피고인이 피해자를 구호하거나 교통상의 위험과

---

76) 대부분 '상해'의 점이 인정되지 않은 결과이다.

장해를 방지·제거하여 안전하고 원활한 교통을 확보하기 위한 조치를 취하여야 할 필요가 있었다고 보기 어렵다(2005도4383).

- 교통사고로 피해차량의 **파편이나 유류물**이 생긴 바 없고 피고인은 경찰관들이 도착하여 사고차량을 이동시킬 때까지 현장에 남아 있었으며 위 차량 이동으로 인해 더 이상 **사고장소 주변에 교통상의 장해**가 남지 않은 점 등에 비추어 비록 피고인이 사고 후 피해자와 변상문제를 협의하지 않은 채 현장을 벗어났다고 하여도 피고인을 도로교통법 제148조로 처벌할 수 없다(2004도8065).

- 피고인의 승용차가 피해자의 승용차 좌측 앞범퍼 부분을 스치듯 들이받아 <u>수리비가 156,000원에 불과할 정도로 경미</u>하고 충돌로 인한 <u>비산물</u>이 발생한 바 없으며 피고인이 사고 후 하차하여 피해자와 30분 동안 변상 문제를 논의한 점에 비추어, 비록 피고인이 피해자의 제지에도 불구하고 도주하였고 그 과정에서 피해자가 피고인의 승용차를 약 2km 정도 추격하여 정지하게 하였다는 사정만으로는, 피고인이 위와 같이 사고 현장을 떠날 당시 교통상의 위험과 장해를 방지, 제거하여 원활한 교통을 확보하기 위한 조치를 취하여야 할 필요가 있었다고 보기는 어렵다(2003도4959).

- 피고인은, 혈중알콜농도 0.181%의 술에 취한 상태에서 위 쏘나타 승용차를 운전하고 집으로 돌아가다가 골목길에서 차량 정체로 길이 막혀 후진하던 중 뒤에서 진행하여 오던 B 운전의 엘란트라 승용차를 충돌하자 차에서 내려 피해자들과 함께 차량 충돌 부위를 확인한 뒤 다시 위 쏘나타 승용차를 운전하여 사고장소에서 약 200m 떨어진 자신의 집 앞까지 시속 약 20㎞의 속도로 진행하여 왔고, 피고인의 집 앞에 차량을 주차시킨 다음 뒤따라온 피해자들에게 차량 수리비는 모두 책임지겠다고 하는 등 사고처리절차를 협의하던 중, C가 피고인의 음주운전사실을 경찰에 신고하는 것을 보고 집 안으로 들어가 있다가 경찰관이 그 곳에 출동하자 밖으로 나와 음주측정요구에 응하였다. 피해자들은 위 사고로 외상을 입지 아니하였고 사고 뒤 아프다는 말도 하지 아니하였는데, 경찰에서 조사받게 되자 사고장소에서 상당히 떨어져 있는 대구 달서구 D 소재 E정형외과의원에서 B는 경추염좌 및 요부염좌로, C는 경추염좌로 각 2주간의 가료가 필요할 것으로 추정된다는 진단서를 발급받아 제출하였다. 그런데 원심의 E정형외과의원장에 대한 사실조회 결과에 따르면, 피해자들에 대한 진단결과 경부동통, 경부압통, 운동제한이 확인되었을 뿐이다. 이와 같이 피고인이 사고 직후 차량의 충돌 부위를 피해자들과 함께 살펴보고 차량 정체로 길이 막혀 있던 사고장소에서 가까운 자신의 집까지 서행하여 차량을 이동시킨 뒤 피해자들과 피해 변상 방법 등을 협의한 점 등 이 사건 사고의 경위와 그 뒤의 정황 등에 비추어 볼 때 피고인에게 도주의 의사가 있었다고 단정하기 어렵고, 또 피해자들의 상해의 부위와 정도, 피해 차량의 손괴 정도, 사고장소의 상황, 사고 뒤 피해자들의 태도 등에 비추어 보더라도 위 사고로 피고인이 <u>피해자들을 구호하거나 교통상의 위험과 장해를 방지·제거하여 안전하고 원활한 교통을 확보하기 위한 조치를 취하여야 할 필요</u>가 있었다고 보기도 어려우므로, 피고인이 사고 장소에서 도로교통법 제50조 제1항의 규정에 따른 조치를 취하지 아니하고 그 곳을 벗어났다고 하여 피고인을 특정범죄가중처벌등에관한법률 제5조의3 제1항 제2호 위반죄와 도로교통법 제106조 위반죄로 처벌할 수 없다(2002도4452).

6) 조치의무 불이행 긍정례

- [1] 도로교통법 제50조 제1항의 취지는 도로에서 일어나는 교통상의 위험과 장해를 방지, 제거하여 안전하고 원활한 교통을 확보함을 그 목적으로 하는 것이지 피해자의 물적 피해를 회복시켜 주기 위한 규정이 아니나, 이 경우 운전자가 위 규정 소정의 필요한 조치를 다하였는지의 여부는 사고의 내용, 피해의 태양과 정도 등 사고현장의 상황에 비추어 우리의 건전한 양식상 통상 요구되는 정도의 조치를 다하였는지의 여부에 따라 결정되어야 한다. [2] 피해 정도가 경미하고 교통사고 후 피해 상태를 확인한 후 피해변제조로 금원을 지급하려고 하였으나 피해자가 이를 거절하면서 사고신고하자고 하였는데도 <u>인적 사항이나 연락처를 알려 주지 아니한 채 도주하였다면</u> 위의 조치를 다하였다고 볼 수 없다 한 사례(93도2346)

- 농로에서 중앙분리대가 설치된 왕복 4차로의 도로로 진입하던 차량의 운전자가 속도를 줄이거나 일시 정지하여 진행 차량의 유무를 확인하지 않은 채 그대로 진입하다가 도로를 진행하던 차량을 들이받아 파손한 사안에서, 비록 사고로 인한 피해차량의 물적 피해가 경미하고, 파편이 도로상에 비산되지도 않았다고 하더라도, <u>차량에서 내리지 않은 채 미안하다는 손짓만 하고 도로를 역주행하여 피해차량의 진행방향과 반대편으로 도주한 것은</u> 교통사고 발생시의 필요한 조치를 다하였다고 볼 수 없다고 한 사례(2009도787)

라. 운전자의 고의·과실, 유책·위법 요부

- 도로교통법 제50조 제1항, 제2항이 규정한 교통사고발생시의 구호조치의무 및 신고의무는 차의 교통으로 인하여 사람을 사상하거나 물건을 손괴한 때에 운전자 등으로 하여금 교통사고로 인한 사상자를 구호하는 등 필요한 조치를 신속히 취하게 하고, 또 속히 경찰관에게 교통사고의 발생을 알려서 피해자의 구호, 교통질서의 회복 등에 관하여 적절한 조치를 취하게 하기 위한 방법으로 부과된 것이므로 교통사고의 결과가 피해자의 구호 및 교통질서의 회복을 위한 조치가 필요한 상황인 이상 그 의무는 <u>교통사고를 발생시킨 당해 차량의 운전자에게 그 사고발생에 있어서 고의·과실 혹은 유책·위법의 유무에 관계없이 부과된 의무라고 해석함이 상당할 것이므로, 당해 사고에 있어 귀책사유가 없는 경우에도 위 의무가 없다 할 수 없고, 또 위 의무는 신고의무에만 한정되는 것이 아니므로 타인에게 신고를 부탁하고 현장을 이탈하였다고 하여 위 의무를 다한 것이라고 말할 수는 없다</u>(2000도1731).

- 차량의 절도범이 그 차량을 이용하여 교통사고를 일으킨 후 그를 추적해온 절도 피해자로부터 체포를 면하기 위하여는 도주할 수밖에 없었다는 사정을 두고 <u>교통사고 발생 후의 필요한 조치를 취할 것을 기대할 수 없는 사정에 해당한다고 할 수 없으므로</u> 피고인이 절취한 승용차로 교통사고를 일으켜 재물을 손괴한 뒤 도주한 경우 도로교통법 제148조의 죄가 성립한다(2004도8656).

마. 죄수관계

- 특정범죄가중처벌등에관한법률위반(도주차량)죄와 도로교통법 제106조(현행법 제148조)위반죄는 상상적 경합관계에 있고, 위의 2개의 죄와 도로교통법 제113조 제1호(현행법 제156조 제1호)에서 정하는 안전운전위반죄는 별개의 범죄이므로 실체적 경합관계에 있다(93도49).
- 교통사고처리특례법 제3조 제2항의 취지는 차의 교통으로 인한 업무상과실치상죄 또는 중과실치상죄와 도로교통법 제108조의 죄를 반의사불벌죄로 규정하면서 다만 그 중에서 차의 운전자가 범한 업무상과실치상죄와 중과실치상죄 중 위 특례법 동조 동항 제1호 내지 제8호에 규정된 사유에 해당하는 경우에는 이를 반의사불벌죄에서 제외하여 처벌하려는 데에 있고, 도주차량의 경우에도 반의사불벌죄에서 제외된다고 규정하고 있는 것은 이 경우에는 특정범죄 가중처벌 등에 관한 법률에 의하여 처벌되기 때문에 당연한 것을 확인하는 의미에 불과하며, 도로교통법 제106조의 죄를 반의사불벌죄로 보아야 할 필요성은 전혀 없으므로 업무상과실로 다른 사람의 재물을 손괴한 자가 같은 법 제50조 제1항에 의한 교통사고 발생시의 조치를 하지 아니함으로써 성립되는 같은 법 제106조(현행법 제148조)의 죄는 반의사불벌죄로 볼 수 없다(91도253).

바. 공소장변경 요부

특정범죄가중처벌등에관한법률위반(도주차량)으로 공소제기된 사안에서 공소장변경 없이 도로교통법 제106조, 제50조 제1항(현행법 제148조, 제54조 제1항)을 적용하여 처벌할 수 없다(93도656).

사. 도로교통법 제156조 제10호 위반

2016. 12. 2. 법률 제14356호로 개정된 도로교통법 제54조(사고발생 시의 조치) 제1항, 제148조(벌칙), 제156조(벌칙) 제10호의 문언 내용과 입법 취지, 도로교통법 제148조와 도로교통법 제156조 제10호의 관계 등을 종합하면, 주·정차된 차만 손괴한 것이 분명한 경우에 도로교통법 제54조 제1항 제2호에 따라 피해자에게 인적 사항을 제공하지 않은 사람은 도로교통법 제148조의 적용 범위에서 제외되고 도로교통법 제156조 제10호만 적용되지만, 그 밖에 도로교통법 제54조 제1항에 따른 교통사고 발생 시의 조치를 하지 않은 사람은 여전히 도로교통법 제148조가 적용된다고 보아야 한다(2019도1503).

3. 도로교통법위반(음주운전)죄 등

> **도로교통법 제44조(술에 취한 상태에서의 운전 금지)** ① 누구든지 술에 취한 상태에서 자동차등(「건설기계관리법」 제26조제1항 단서에 따른 건설기계 외의 건설기계를 포함한다. 이하 이 조, 제45조, 제47조, 제93조제1항제1호부터 제4호까지 및 제148조의2에서 같다), 노면전차 또는 자전거를 운전하여서는 아니 된다.
>
> ② 경찰공무원은 교통의 안전과 위험방지를 위하여 필요하다고 인정하거나 제1항을 위반하여 술에 취한 상태에서 자동차등, 노면전차 또는 자전거를 운전하였다고 인정할 만한 상당한 이유가 있는 경우에는 운전자가 술에 취하였는지를 호흡조사로 측정할 수 있다. 이 경우 운전자는 경찰공무원의 측정에 응하여야 한다.

③ 제2항에 따른 측정 결과에 불복하는 운전자에 대하여는 그 운전자의 동의를 받아 혈액 채취 등의 방법으로 다시 측정할 수 있다.

④ 제1항에 따라 운전이 금지되는 술에 취한 상태의 기준은 운전자의 혈중알코올농도가 0.03퍼센트 이상인 경우로 한다.

⑤ 제2항 및 제3항에 따른 측정의 방법, 절차 등 필요한 사항은 행정안전부령으로 정한다.

제45조(과로한 때 등의 운전 금지) 자동차등(개인형 이동장치는 제외한다) 또는 노면전차의 운전자는 제44조에 따른 술에 취한 상태 외에 과로, 질병 또는 약물(마약, 대마 및 향정신성의약품과 그 밖에 행정안전부령으로 정하는 것을 말한다. 이하 같다)의 영향과 그 밖의 사유로 정상적으로 운전하지 못할 우려가 있는 상태에서 자동차등을 운전하여서는 아니 된다.

제148조의2(벌칙) ① 제44조제1항 또는 제2항을 위반(자동차등 또는 노면전차를 운전한 경우로 한정한다. 다만, 개인형 이동장치를 운전한 경우는 제외한다. 이하 이 조에서 같다)하여 벌금 이상의 형을 선고받고 그 형이 확정된 날부터 10년 내에 다시 같은 조 제1항 또는 제2항을 위반한 사람(형이 실효된 사람도 포함한다)은 다음 각 호의 구분에 따라 처벌한다. <개정 2023. 1. 3.>

1. 제44조제2항을 위반한 사람은 1년 이상 6년 이하의 징역이나 500만원 이상 3천만원 이하의 벌금에 처한다.
2. 제44조제1항을 위반한 사람 중 혈중알코올농도가 0.2퍼센트 이상인 사람은 2년 이상 6년 이하의 징역이나 1천만원 이상 3천만원 이하의 벌금에 처한다.
3. 제44조제1항을 위반한 사람 중 혈중알코올농도가 0.03퍼센트 이상 0.2퍼센트 미만인 사람은 1년 이상 5년 이하의 징역이나 500만원 이상 2천만원 이하의 벌금에 처한다.

② 술에 취한 상태에 있다고 인정할 만한 상당한 이유가 있는 사람으로서 제44조제2항에 따른 경찰공무원의 측정에 응하지 아니하는 사람(자동차등 또는 노면전차를 운전한 경우로 한정한다)은 1년 이상 5년 이하의 징역이나 500만원 이상 2천만원 이하의 벌금에 처한다. <개정 2023. 1. 3.>

③ 제44조제1항을 위반하여 술에 취한 상태에서 자동차등 또는 노면전차를 운전한 사람은 다음 각 호의 구분에 따라 처벌한다.

1. 혈중알코올농도가 0.2퍼센트 이상인 사람은 2년 이상 5년 이하의 징역이나 1천만원 이상 2천만원 이하의 벌금
2. 혈중알코올농도가 0.08퍼센트 이상 0.2퍼센트 미만인 사람은 1년 이상 2년 이하의 징역이나 500만원 이상 1천만원 이하의 벌금
3. 혈중알코올농도가 0.03퍼센트 이상 0.08퍼센트 미만인 사람은 1년 이하의 징역이나 500만원 이하의 벌금

④ 제45조를 위반하여 약물로 인하여 정상적으로 운전하지 못할 우려가 있는 상태에서 자동차등 또는 노면전차를 운전한 사람은 3년 이하의 징역이나 1천만원 이하의 벌금에 처한다.

[2023.1.3. 법률 제19158호에 의하여 2022.5.26. 헌법재판소에서 위헌 결정된 이 조 제1항을 개정함.]
[2023.1.3. 법률 제19158호에 의하여 2022.8.31. 헌법재판소에서 위헌 결정된 이 조 제1항을 개정함.]
[2023.1.3. 법률 제19158호에 의하여 2021.11.25. 헌법재판소에서 위헌 결정된 이 조 제1항을 개정함.]

구 제148조의2(벌칙) ① 제44조제1항 또는 제2항을 2회 이상 위반한 사람(자동차등 또는 노면전차를 운전한 사람으로 한정한다. 다만, 개인형 이동장치를 운전하는 경우는 제외한다. 이하 이 조에서 같다)은 2년 이상 5년 이하의 징역이나 1천만원 이상 2천만원 이하의 벌금에 처한다.

> ② 술에 취한 상태에 있다고 인정할 만한 상당한 이유가 있는 사람으로서 제44조제2항에 따른 경찰공무원의 측정에 응하지 아니하는 사람(자동차등 또는 노면전차를 운전하는 사람으로 한정한다)은 1년 이상 5년 이하의 징역이나 500만원 이상 2천만원 이하의 벌금에 처한다.
> ③ 제44조제1항을 위반하여 술에 취한 상태에서 자동차등 또는 노면전차를 운전한 사람은 다음 각 호의 구분에 따라 처벌한다.
>   1. 혈중알코올농도가 0.2퍼센트 이상인 사람은 2년 이상 5년 이하의 징역이나 1천만원 이상 2천만원 이하의 벌금
>   2. 혈중알코올농도가 0.08퍼센트 이상 0.2퍼센트 미만인 사람은 1년 이상 2년 이하의 징역이나 500만원 이상 1천만원 이하의 벌금
>   3. 혈중알코올농도가 0.03퍼센트 이상 0.08퍼센트 미만인 사람은 1년 이하의 징역이나 500만원 이하의 벌금
> ④ 제45조를 위반하여 약물로 인하여 정상적으로 운전하지 못할 우려가 있는 상태에서 자동차등 또는 노면전차를 운전한 사람은 3년 이하의 징역이나 1천만원 이하의 벌금에 처한다.
> [단순위헌, 2019헌바446, 2021.11.25, 구 도로교통법(2018. 12. 24. 법률 제16037호로 개정되고, 2020. 6. 9. 법률 제17371호로 개정되기 전의 것) 제148조의2 제1항 중 '제44조 제1항을 2회 이상 위반한 사람'에 관한 부분은 헌법에 위반된다.]
>
> **제156조(벌칙)** 다음 각 호의 어느 하나에 해당하는 사람은 20만원 이하의 벌금이나 구류 또는 과료에 처한다.
>   11. 제44조제1항을 위반하여 술에 취한 상태에서 **자전거등을 운전한 사람**
>   12. 술에 취한 상태에 있다고 인정할 만한 상당한 이유가 있는 사람으로서 제44조제2항에 따른 경찰공무원의 측정에 응하지 아니한 사람(자전거등을 운전한 사람으로 한정한다)
>
> **부 칙 〈법률 제19158호, 2023. 1. 3.〉**
> **제1조(시행일)** 이 법은 공포 후 6개월이 경과한 날부터 시행한다. 다만, 제148조의2 제1항 및 제2항의 개정규정은 공포 후 3개월이 경과한 날부터 시행한다.
> **제2조(벌칙에 관한 적용례)** 제148조의2 제1항의 개정규정은 제44조제1항 또는 제2항을 위반하여 벌금 이상의 형을 선고받아 이 법 시행 전에 그 형이 확정된 사람으로서 이 법 시행 이후 다시 같은 조 제1항 또는 제2항을 위반한 사람에 대해서도 적용한다.

가. '운전'의 의미

'운전'이란 도로에서 차마를 그 본래의 사용방법에 따라 사용하는 것(조종을 포함한다)을 말한다. 다만 제44조·제45조·제54조 제1항·제148조 및 제148조의2의 경우에는 도로 외의 곳을 포함한다(도로교통법 제2조 제26호).

즉 현형법상 음주운전, 음주측정거부, 약물운전, 손괴 후 미조치에 관하여는 도로 외의 장소에서 운전한 경우에도 처벌할 수 있으나, 무면허운전에 대하여는 예외규정이 없으므로 도로 외에서 무면허로 자동차를 그 본래의 사용방법에 따라 사용하였더라도 여전히 이를 무면허운전으로 처벌할 수 없다.

나. 음주운전의 가중처벌 – 도로교통법 제148조의2 제1항

도로교통법 제148조의2 제1항은 도로교통법위반(음주운전) 또는 도로교통법위반(음주측정거부) 죄를 2회 이상 범한 사람을 일반 음주운전에 비해 가중처벌하고 있다. 종전 도로교통법은 3회 이상 음주운전을 한 경우 가중처벌하였으나, 2018. 12. 24. 법률 제16037호 개정(시행 2019. 6. 25.) 을 통해 2회 이상 음주운전을 한 경우 가중처벌하는 것으로 처벌 범위를 확대하였다.

> **구 도로교통법 제148조의2(벌칙)** ① 다음 각 호의 어느 하나에 해당하는 사람은 1년 이상 3년 이하의 징역이나 500만원 이상 1천만원 이하의 벌금에 처한다.
> 1. 제44조제1항을 2회 이상 위반한 사람(자동차등 또는 노면전차를 운전한 사람으로 한정한다)으로서 다시 같은 조 제1항을 위반하여 술에 취한 상태에서 자동차등 또는 노면전차를 운전한 사람

- [1] 도로교통법 제148조의2 제1항 제1호는 도로교통법 제44조 제1항을 2회 이상 위반한 사람으로서 다시 같은 조 제1항을 위반하여 술에 취한 상태에서 자동차 등을 운전한 사람에 대해 1년 이상 3년 이하의 징역이나 500만 원 이상 1,000만 원 이하의 벌금에 처하도록 규정하고 있는데, 도로교통법 제148조의2 제1항 제1호에서 정하고 있는 '도로교통법 제44조 제1항을 2회 이상 위반한' 것에 개정된 도로교통법이 시행된 2011. 12. 9. 이전에 구 도로교통법 제44조 제1항을 위반한 음주운전 전과까지 포함되는 것으로 해석하는 것이 형벌불소급의 원칙이나 일사부재리의 원칙 또는 비례의 원칙에 위배된다고 할 수 없다.
[2] 형의 실효 등에 관한 법률 제7조 제1항 각 호에 따라 형이 실효되었거나 사면법 제5조 제1항 제1호에 따라 형 선고의 효력이 상실된 구 도로교통법 제44조 제1항 위반 음주운전 전과도 도로교통법 제148조의2 제1항 제1호의 '도로교통법 제44조 제1항을 2회 이상 위반한' 것에 해당된다고 보아야 한다(2012도10269).

- 도로교통법 제44조는 '술에 취한 상태에서 운전 금지'에 관하여 정하고 있는데, 제1항에서 누구든지 술에 취한 상태에서 자동차 등, 노면전차 또는 자전거를 운전해서는 안 된다고 정하고, 도로교통법(2018. 12. 24. 법률 제16037호로 개정되어 2019. 6. 25. 시행된 것, 이하 '개정 도로교통법'이라 한다) 제148조의2 제1항은 '도로교통법 제44조 제1항 또는 제2항을 2회 이상 위반한 사람(자동차 등 또는 노면전차를 운전한 사람으로 한정한다)'을 2년 이상 5년 이하의 징역이나 1,000만 원 이상 2,000만 원 이하의 벌금에 처하도록 정하고 있다. 위 규정의 문언과 입법 취지에 비추어 '도로교통법 제44조 제1항 또는 제2항을 2회 이상 위반한 사람'에 위와 같이 개정된 도로교통법이 시행된 2019. 6. 25. 이전에 구 도로교통법 제44조 제1항 또는 제2항을 위반한 전과가 포함된다고 보아야 한다. 이와 같이 해석하더라도 형벌불소급의 원칙이나 일사부재리의 원칙에 위배되지 않는다. 개정 도로교통법 부칙 제2조는 도로교통법 제82조 제2항과 제93조 제1항 제2호의 경우 위반행위의 횟수를 산정할 때에는 2001. 6. 30. 이후의 위반행위부터 산정하도록 한 반면, 제148조의2 제1항에 관한 위반행위의 횟수 산정에 대해서는 특별히 정하지 않고 있다. 이처럼 제148조의2 제1항에 관한 위반행위의 횟수를 산정하는 기산점을 두지 않았다고 하더라도 그 위반행위에 개정 도로교통법 시행 이후의 음주운전 또는 음주측정 불응 전과만이 포함되는 것이라고 해석할 수 없다(2020도7154).

- [1] 도로교통법 제148조의2 제1항 제1호의 문언 내용과 입법 취지 등을 종합하면, 위 조항 중 '제44조 제1항을 2회 이상 위반한 사람'은 문언 그대로 2회 이상 음주운전 금지규정을 위반하여 음주운전을 하였던 사실이 인정되는 사람으로 해석해야 하고, 그에 대한 형의 선고나 유죄의 확정판결 등이 있어야만 하는 것은 아니다. [2] 제148조의2 제1항 제1호를 적용할 때 위와 같은 음주운전 금지규정 위반자의 위반전력 유무와 그 횟수는 법원이 관련 증거를 토대로 자유심증에 따라 심리·판단해야 한다. 다만 이는 공소가 제기된 범죄의 구성요건을 이루는 사실이므로, 그 증명책임은 검사에게 있다(2018도11378).

- (전략) 피고인은 2006. 9. 28. 의정부지방검찰청에서 도로교통법 위반(음주운전)으로 소년보호사건 송치처분을 받아 의정부지방법원으로부터 보호처분인 보호관찰 결정을 받은 사실을 알 수 있다. 위와 같은 사실관계를 앞에서 본 법리에 비추어 보면, 피고인의 위 보호처분을 받은 전력도 음주운전을 한 사실 자체가 인정되는 경우에는 음주운전 금지규정을 위반한 전력에 포함되므로, 특별한 사정이 없는 한 피고인이 이 부분 공소사실 기재 음주운전 행위 당시 이미 음주운전 금지규정을 2회 위반하였다고 볼 수 있어, 이 부분 공소사실 기재 음주운전 행위에 대하여는 이 사건 조항을 적용하여야 한다(2018도6870).

- 검사가 피고인을 도로교통법 위반(음주운전)으로 기소하면서 공소사실을 '술에 취한 상태에서의 운전금지의무를 2회 이상 위반한 사람으로서 다시 혈중알코올농도 0.132%의 술에 취한 상태로 자동차를 운전하였다'고 기재하고, 적용법조를 '도로교통법 제148조의2 제2항 제2호, 제44조 제1항'으로 기재한 사안에서, 법원이 공소장변경 없이 직권으로 그보다 형이 무거운 '도로교통법 제148조의2 제1항 제1호, 제44조 제1항'을 적용하여 처벌하는 것은 불고불리 원칙에 반하여 피고인의 방어권 행사에 실질적인 불이익을 초래한다(2019도4608).

그러나 헌법재판소는 2021. 11. 25. 선고 2019헌바446 등 전원재판부 결정에서 구 도로교통법 제148조의2 제1항 중 '제44조 제1항을 2회 이상 위반한 사람'에 관한 부분은 책임과 형벌 간의 비례원칙에 위배되어 헌법에 위반된다는 위헌결정을 선고하였고, 위 법률조항 부분은 헌법재판소법 제47조 제3항 본문에 따라 소급하여 그 효력을 상실하였다.

- [1] 심판대상조항의 문언, 입법목적과 연혁, 관련 규정과의 관계 및 법원의 해석 등을 종합하여 볼 때, 심판대상조항에서 '제44조 제1항을 2회 이상 위반한 사람'이란 '2006. 6. 1. 이후 도로교통법 제44조 제1항을 위반하여 술에 취한 상태에서 운전을 하였던 사실이 인정되는 사람으로서, 다시 같은 조 제1항을 위반하여 술에 취한 상태에서 운전한 사람'을 의미함을 충분히 알 수 있으므로, 심판대상조항은 죄형법정주의 명확성원칙에 위반되지 아니한다. [2] 심판대상조항은 음주운전 금지규정을 반복하여 위반하는 사람에 대한 처벌을 강화하기 위한 규정인데, 가중요건이 되는 과거 위반행위와 처벌대상이 되는 재범 음주운전행위 사이에 아무런 시간적 제한을 두지 않고 있다. 그런데 과거 위반행위가 예컨대 10년 이상 전에 발생한 것이라면 처벌대상이 되는 재범 음주운전이 준법정신이 현저히 부족한 상태에서 이루어진 행위라거나 교통안전 등을 '반복적으로' 위협하는 행위라고 평가하기 어려워 이를 일반적 음주운전 금지규정 위반행위와 구별하여 가중처벌할 필요가 있다고 보기 어렵다. 범죄 전력이 있음에도 다시 범행한 경우 가중된 행위책임을 인정할

수 있다고 하더라도, 전범을 이유로 아무런 시간적 제한 없이 무제한 후범을 가중처벌하는 예는 찾기 어렵고, 공소시효나 형의 실효를 인정하는 취지에도 부합하지 않는다. 또한 심판대상조항은 과거 위반 전력, 혈중알코올농도 수준 등에 비추어, 보호법익에 미치는 위험 정도가 비교적 낮은 유형의 재범 음주운전행위도 일률적으로 그 법정형의 하한인 2년 이상의 징역 또는 1천만 원 이상의 벌금을 기준으로 처벌하도록 하고 있어 책임과 형벌 사이의 비례성을 인정하기 어렵다. 따라서 심판대상조항은 책임과 형벌 간의 비례원칙에 위반된다(2019헌바446).

- 헌법재판소는 2021. 11. 25. 구 도로교통법 제148조의2 제1항 중 '제44조 제1항을 2회 이상 위반한 사람'에 관한 부분은 책임과 형벌 간의 비례원칙에 위배되어 헌법에 위반된다는 위헌결정을 선고하였으므로, 위 법률조항 부분은 헌법재판소법 제47조 제3항 본문에 따라 소급하여 그 효력을 상실하였다. 위헌결정으로 인하여 형벌에 관한 법률 또는 법률조항이 소급하여 그 효력을 상실한 경우, 해당 법률조항을 적용하여 기소한 피고사건은 범죄로 되지 아니하는 때에 해당하므로, 이 사건 공소사실 중 도로교통법위반(음주운전) 부분에 대하여 구 도로교통법 제148조의2 제1항, 제44조 제1항을 적용하여 유죄로 인정한 원심판결은 그대로 유지될 수 없게 되었다. 따라서 원심판결 중 도로교통법위반(음주운전) 부분은 파기되어야 하는데 이 부분은 유죄로 인정된 나머지 부분과 형법 제37조 전단의 경합범 관계에 있어 하나의 형이 선고되었으므로, 결국 원심판결 전부가 파기의 대상이 된다. 그러므로 나머지 상고이유에 대한 판단을 생략한 채 원심판결을 파기하고, 사건을 다시 심리·판단하도록 원심법원에 환송하기로 하여, 관여 대법관의 일치된 의견으로 주문과 같이 판결한다(2021도12041).

- 도로교통법 위반(음주운전)죄로 1회 이상 형사처벌을 받은 전력이 있는 피고인이 술에 취한 상태로 자동차를 운전하였다고 인정할 만한 상당한 이유가 있어 음주측정을 요구받고도 이에 응하지 않았다는 도로교통법 위반(음주측정거부)의 공소사실에 대하여, 원심이 도로교통법 제148조의2 제1항, 제44조 제2항을 적용하여 유죄를 선고하였는데, 원심판결 선고 후 헌법재판소가 구 도로교통법(2018. 12. 24. 법률 제16037호로 개정되고, 2020. 6. 9. 법률 제17371호로 개정되기 전의 것) 제148조의2 제1항과 도로교통법(2020. 6. 9. 법률 제17371호로 개정된 것) 제148조의2 제1항 중 각 '제44조 제1항을 1회 이상 위반한 사람으로서 다시 같은 조 제2항을 위반한 사람'에 관한 부분에 대하여 위헌결정을 선고한 사안에서, 위 각 법률조항 부분은 헌법재판소법 제47조 제3항 본문에 따라 소급하여 그 효력을 상실하였으므로, 해당 법조를 적용하여 기소한 피고사건은 죄가 되지 않는 경우에 해당한다고 한 사례(2021도14878)

- 도로교통법 위반(음주측정거부)죄로 형사처벌을 받은 전력이 있는 피고인이 2020. 5. 19. 술에 취한 상태에서 자동차를 운전하였다는 공소사실에 대하여, 원심이 2020. 6. 9. 법률 제17371호로 개정된 도로교통법(이하 '도로교통법'이라 한다) 제148조의2 제1항, 제44조 제1항을 적용하여 유죄를 선고한 제1심판결을 유지하였는데, 원심판결 선고 후 헌법재판소가 도로교통법 제148조의2 제1항 중 '제44조 제1항 또는 제2항을 1회 이상 위반한 사람으로서 다시 같은 조 제1항을 위반한 사람'에 관한 부분에 대하여 위헌결정을 선고한 사안에서, 공소사실은 2018. 12. 24. 법률 제16037호로 개정되고, 2020. 6. 9. 법률 제17371호로 개정되기 전의 도로교통법제148조의2 제1항 중 '제44조 제2항을 위반한 사람으로서 다시 같은 조

제1항을 위반한 사람'에 관한 부분이 적용되는 경우로서, 원심이 피고인에 대하여 적용한 도로교통법 제148조의2 제1항 중 도로교통법 제44조 제1항의 위반만을 구성요건으로 하는 부분은 헌법재판소법 제47조 제3항 본문에 따라 소급하여 그 효력을 상실하였으므로 더 이상 유죄판결의 근거가 될 수 없고, 구 도로교통법 제148조의2 제1항 중 '제44조 제2항을 위반한 사람으로서 다시 같은 조 제1항을 위반한 사람'에 관한 부분은 위헌결정의 심판대상이 되지 않았지만 이와 동일한 내용을 규정하는 도로교통법 조항에 대한 위헌결정 이유와 같은 이유에서 책임과 형벌 사이의 비례원칙에 어긋날 여지가 있으므로, 원심으로서는 공소사실에 적용되어야 하는 법률조항을 명확히 하고, 구 도로교통법 제148조의2 제1항을 적용할 것이라면 그 위헌 여부 또는 그 적용에 따른 위헌적 결과를 피하기 위한 공소장 변경절차 등의 필요 유무 등에 관하여 심리·판단하였어야 하는데, 이와 같은 심리에 이르지 않은 채 제1심판결을 유지한 원심판결에 잘못이 있다고 한 사례(2022도32).

- 음주측정거부 전력이 있는 피고인이 술에 취한 상태로 자동차를 운전하였다고 인정할 만한 상당한 이유가 있어 음주측정을 요구받고도 이에 응하지 않았다는 공소사실에 대하여, 원심이 도로교통법(2020. 6. 9. 법률 제17371호로 개정된 것, 이하 같다) 제148조의2 제1항 중 '제44조 제2항을 위반한 사람으로서 다시 같은 조 제2항을 위반한 사람'에 관한 부분(이하 '해당 법률조항'이라 한다)을 적용하여 유죄를 선고한 제1심판결을 유지하였는데, 헌법재판소가 구 도로교통법(2018. 12. 24. 법률 제16037호로 개정되고, 2020. 6. 9. 법률 제17371호로 개정되기 전의 것) 제148조의2 제1항과 도로교통법 제148조의2 제1항 중 각 '제44조 제1항 또는 제2항을 2회 이상 위반한 사람' 부분과 관련하여 일련의 위헌결정들을 한 사안에서, 원심이 적용한 해당 법률조항은 위헌결정들의 심판대상이 되지는 않았지만, 헌법재판소는 위헌결정들을 통해 음주운전 전력과 음주측정거부 전력, 음주운전행위와 음주측정거부행위를 달리 취급하지 않은 채 동일한 논거로 각 심판대상조항의 위헌 여부를 판단하였고, '음주측정거부'가 가중처벌 요건(전력)이 되는 경우와 가중처벌 대상(범행)이 되는 경우 모두에 대하여 위헌을 선언하였기 때문에, 해당 법률조항도 위헌결정들 이유와 같은 이유에서 책임과 형벌 사이의 비례원칙에 어긋난다고 볼 여지가 있고 위헌이 선언된 법률조항과 실질적으로 동일하며, 피고인에게 음주운전 및 음주측정거부 전력이 있음에도 검사는 그의 음주측정거부 전력만을 음주측정거부행위의 가중요건으로 삼아 공소를 제기하였으므로, 원심으로서는 해당 법률조항의 위헌 여부 또는 그 적용에 따른 위헌적 결과를 피하면서도 피고인 행위의 가벌성과 책임에 합당한 형벌법규를 적용하기 위한 공소장 변경절차 등의 필요 유무 등에 관하여 심리·판단하였어야 한다는 이유로, 이를 살펴보지 않은 채 제1심판결을 유지한 원심판결에 결과적으로 판결에 영향을 미친 잘못이 있다고 한 사례(2022도3929).

2023. 1. 3. 도로교통법 제148조의2 제1항은 제44조제1항 또는 제2항을 위반(자동차등 또는 노면전차를 운전한 경우로 한정하고, 개인형 이동장치를 운전한 경우는 제외함)하여 벌금 이상의 형을 선고받고 그 형이 확정된 날부터 10년 내에 다시 같은 조 제1항 또는 제2항을 위반한 사람(형이 실효된 사람도 포함)을 가중처벌하는 것으로 개정되었다. 이러한 개정법은 2023. 4. 4.부터 시행되고(부칙 제1조 단서), 제44조제1항 또는 제2항을 위반하여 벌금 이상의 형을 선고받아 위 법 시행 전에

그 형이 확정된 사람으로서 위 법 시행 이후 다시 같은 조 제1항 또는 제2항을 위반한 사람에 대해서도 적용된다(제2조).

다. 음주측정거부 - 도로교통법 제148조의2 제2항 등

자전거와 개인형 이동장치를 운전자가 측정을 거부한 경우에는 제156조 제12호에 의해, 그 밖의 자동차 운전자의 경우에는 제148조의2 제2항에 의해 각각 처벌된다.

[1] 범죄 후 법률이 변경되어 그 행위가 범죄를 구성하지 아니하게 되거나 형이 구법보다 가벼워진 경우에는 신법에 따라야 하고(형법 제1조 제2항), 범죄 후의 법령 개폐로 형이 폐지되었을 때는 판결로써 면소의 선고를 하여야 한다(형사소송법 제326조 제4호). 이러한 형법 제1조 제2항과 형사소송법 제326조 제4호의 규정은 입법자가 법령의 변경 이후에도 종전 법령 위반행위에 대한 형사처벌을 유지한다는 내용의 경과규정을 따로 두지 않는 한 그대로 적용되어야 한다. 따라서 범죄의 성립과 처벌에 관하여 규정한 형벌법규 자체 또는 그로부터 수권 내지 위임을 받은 법령의 변경에 따라 범죄를 구성하지 아니하게 되거나 형이 가벼워진 경우에는, 종전 법령이 범죄로 정하여 처벌한 것이 부당하였다거나 과형이 과중하였다는 반성적 고려에 따라 변경된 것인지 여부를 따지지 않고 원칙적으로 형법 제1조 제2항과 형사소송법 제326조 제4호가 적용된다. 형벌법규가 대통령령, 총리령, 부령과 같은 법규명령이 아닌 고시 등 행정규칙·행정명령, 조례 등(이하 '고시 등 규정'이라고 한다)에 구성요건의 일부를 수권 내지 위임한 경우에도 이러한 고시 등 규정이 위임입법의 한계를 벗어나지 않는 한 형벌법규와 결합하여 법령을 보충하는 기능을 하는 것이므로, 그 변경에 따라 범죄를 구성하지 아니하게 되거나 형이 가벼워졌다면 마찬가지로 형법 제1조 제2항과 형사소송법 제326조 제4호가 적용된다. 그러나 해당 형벌법규 자체 또는 그로부터 수권 내지 위임을 받은 법령이 아닌 다른 법령이 변경된 경우 형법 제1조 제2항과 형사소송법 제326조 제4호를 적용하려면, 해당 형벌법규에 따른 범죄의 성립 및 처벌과 직접적으로 관련된 형사법적 관점의 변화를 주된 근거로 하는 법령의 변경에 해당하여야 하므로, 이와 관련이 없는 법령의 변경으로 인하여 해당 형벌법규의 가벌성에 영향을 미치게 되는 경우에는 형법 제1조 제2항과 형사소송법 제326조 제4호가 적용되지 않는다. 한편 법령이 개정 내지 폐지된 경우가 아니라, 스스로 유효기간을 구체적인 일자나 기간으로 특정하여 효력의 상실을 예정하고 있던 법령이 그 유효기간을 경과함으로써 더 이상 효력을 갖지 않게 된 경우도 형법 제1조 제2항과 형사소송법 제326조 제4호에서 말하는 법령의 변경에 해당한다고 볼 수 없다. [2] 피고인이 도로교통법 위반(음주운전)죄로 4회 처벌받은 전력이 있음에도 술에 취한 상태로 전동킥보드를 운전하였다고 하여 구 도로교통법(2020. 6. 9. 법률 제17371호로 개정되어 2020. 12. 10. 시행되기 전의 것, 이하 같다) 위반(음주운전)으로 기소되었는데, 구 도로교통법이 2020. 6. 9. 개정되어 원심판결 선고 후인 2020. 12. 10. 개정 도로교통법이 시행되면서 제2조 제19호의2 및 제21호의2에서 전동킥보드와 같은 '개인형 이동장치'와 이를 포함하는 '자전거 등'에 관한 정의규정을 신설함에 따라 개인형 이동장치 음주운전 행위는 자동차 등 음주운전 행위를 처벌하는 제148조의2의 적용 대상에서 제외되는 한편 자전거 등 음주운전 행위를 처벌하는 제156조 제11호가 적용되어 법정형이 종전보다 가볍도록 법률이 변경되고 별도의 경과규정은 두지 않은 사안에서, 도로교통법 제44조 제1항 위반 전력이 있는 사람이 다시 술에 취한 상태로 전동킥보드를 운전한 행위는, 법률 개정 전에는 구 도로교통법 제148조의2 제1항이 적용되어 2년 이상 5년 이하

의 징역이나 1천만 원 이상 2천만 원 이하의 벌금으로 처벌되었으나, 법률 개정 후에는 도로교통법 제156조 제11호가 적용되어 20만 원 이하의 벌금이나 구류 또는 과료로 처벌되게 되었고, 이러한 법률 개정은 구성요건을 규정한 형벌법규 자체의 개정에 따라 형이 가벼워진 경우에 해당함이 명백하므로, 종전 법령이 반성적 고려에 따라 변경된 것인지를 따지지 않고 형법 제1조 제2항에 따라 신법인 도로교통법 제156조 제11호, 제44조 제1항으로 처벌할 수 있을 뿐이라는 이유로, 행위시법인 구 도로교통법 제148조의2 제1항, 도로교통법 제44조 제1항을 적용하여 공소사실을 유죄로 인정한 원심판결은 더 이상 유지될 수 없다고 한 사례(2020도16420)

1) 술에 취한 상태에서 운전하였다고 인정할 만한 이유

도로교통법 제148조의2 제2항에서 처벌하는 음주측정거부죄가 성립하기 위해서는 '술에 취한 상태'에서 운전하였다고 인정할만한 상당한 이유가 있어야 한다. 이러한 '술에 취한 상태'는 제44조 제4항에 따라 혈중알코올농도가 0.03퍼센트 이상인 경우를 의미한다.

종전 도로교통법은 음주운전의 처벌기준이 되는 혈중알코올농도를 0.05퍼센트 이상이라고 규정하고 있었으나, 2018. 12. 24. 법률 제16037호 개정(시행 2019. 6. 25.)을 통해 그 하한을 0.03퍼센트로 낮추어 처벌되는 음주운전의 성립범위를 확대하였다.

> 구 도로교통법 제44조(술에 취한 상태에서의 운전 금지) ④ 제1항에 따라 운전이 금지되는 술에 취한 상태의 기준은 운전자의 혈중알코올농도가 0.05퍼센트 이상인 경우로 한다.

- [1] 도로교통법 제107조의2 제2호의 음주측정불응죄는 술에 취한 상태에 있다고 인정할 만한 상당한 이유가 있는 사람이 같은 법 제41조 제2항의 규정에 의한 경찰공무원의 측정에 응하지 아니한 경우에 성립하는 것인바, 같은 법 제41조 제2항의 규정에 비추어 보면 음주측정 요구 당시의 객관적 사정을 종합하여 볼 때 운전자가 술에 취한 상태에서 자동차 등을 운전하였다고 인정할 만한 상당한 이유가 있고 운전자의 음주운전 여부를 확인하기 위하여 필요한 경우에는 사후의 음주측정에 의하여 음주운전 여부를 확인할 수 없음이 명백하지 않는 한 경찰공무원은 당해 운전자에 대하여 음주측정을 요구할 수 있고, 당해 운전자가 이에 불응한 경우에는 같은 법 제107조의2 제2호 소정의 음주측정불응죄가 성립한다. [2] 운전자가 술에 취한 상태에서 자동차 등을 운전하였다고 인정할 만한 상당한 이유가 있는지의 여부는 음주측정 요구 당시 개별 운전자마다 그의 외관·태도·운전 행태 등 객관적 사정을 종합하여 판단하여야 할 것이고, 특히 운전자의 운전이 종료한 후에는 운전자의 외관·태도 및 기왕의 운전 행태, 운전자가 마신 술의 종류 및 양, 음주운전의 종료로부터 음주측정의 요구까지의 시간적·장소적 근접성 등 객관적 사정을 종합하여 판단하여야 한다. [3] 피고인의 음주와 음주운전을 목격한 참고인이 있는 상황에서 경찰관이 음주 및 음주운전 종료로부터 약 5시간 후 집에서 자고 있는 피고인을 연행하여 음주측정을 요구한 데에 대하여 피고인이 불응한 경우, 도로교통법상의 음주측정불응죄가 성립한다고 본 사례(2000도6026)
- [1] 도로교통법 제107조의2 제2호의 음주측정불응죄는 술에 취한 상태에 있다고 인정할 만한 상당한 이유가 있는 사람이 같은 법 제41조 제2항의 규정에 의한 경찰공무원의 측정에 응하지 아니한 경우에 성립하는 것인바, 여기서 '술에 취한 상태'라 함은 음주운전죄

로 처벌되는 음주수치인 혈중알코올농도 0.05% 이상의 음주상태를 말한다고 보아야 할 것이므로, 음주측정불응죄가 성립하기 위하여는 음주측정 요구 당시 운전자가 반드시 혈중알코올농도 0.05% 이상의 상태에 있어야 하는 것은 아니지만 적어도 혈중알코올농도 0.05% 이상의 상태에 있다고 인정할 만한 상당한 이유가 있어야 하는 것이고, 나아가 술에 취한 상태에 있다고 인정할 만한 상당한 이유가 있는지 여부는 음주측정 요구 당시 개별 운전자마다 그의 외관·태도·운전 행태 등 객관적 사정을 종합하여 판단하여야 한다. [2] 호흡측정기에 의한 음주측정을 요구하기 전에 사용되는 음주감지기 시험에서 음주반응이 나왔다고 할지라도 현재 사용되는 음주감지기가 혈중알코올농도 0.02%인 상태에서부터 반응하게 되어 있는 점을 감안하면 그것만으로 바로 운전자가 혈중알코올농도 0.05% 이상의 술에 취한 상태에 있다고 인정할 만한 상당한 이유가 있다고 볼 수는 없고, 거기에다가 운전자의 외관·태도·운전행태 등의 객관적 사정을 종합하여 술에 취한 상태에 있다고 인정할 만한 상당한 이유가 있는지 여부를 판단하여야 한다. [3] 피고인이 음주측정을 요구받을 당시 음주운전죄로 처벌되는 음주수치인 혈중알코올농도 0.05% 이상의 음주상태에 있다고 인정할 만한 상당한 이유가 있었다고 보기 어렵다는 이유로 피고인이 음주측정을 요구받고서도 이를 불응한 행위가 도로교통법 제107조의2 제2호, 제41조 제2항 소정의 음주측정불응죄에 해당한다고 볼 수는 없다고 한 사례(2002도6632).

2) 골절 등으로 호흡측정이 곤란한 경우

- [1] 도로교통법 제41조 제2항, 제3항의 해석상, 술에 취한 상태에서 자동차 등을 운전하였다고 인정할 만한 상당한 이유가 있는 경우에 경찰공무원은 운전자가 술에 취하였는지 여부를 호흡측정기에 의하여 측정할 수 있고 운전자는 그 측정에 응할 의무가 있으나, 운전자의 신체 이상 등의 사유로 호흡측정기에 의한 측정이 불가능 내지 심히 곤란한 경우에까지 그와 같은 방식의 측정을 요구할 수는 없으며(이와 같은 상황이라면 경찰공무원으로서는 호흡측정기에 의한 측정의 절차를 생략하고 운전자의 동의를 얻거나 판사로부터 영장을 발부받아 혈액채취에 의한 측정으로 나아가야 할 것이다), 이와 같은 경우 경찰공무원이 운전자의 신체 이상에도 불구하고 호흡측정기에 의한 음주측정을 요구하여 운전자가 음주측정수치가 나타날 정도로 숨을 불어넣지 못한 결과 호흡측정기에 의한 음주측정이 제대로 되지 아니하였다고 하더라도 음주측정에 불응한 것으로 볼 수는 없다. [2] 교통사고로 상해를 입은 피고인의 골절부위와 정도에 비추어 음주측정 당시 통증으로 인하여 깊은 호흡을 하기 어려웠고 그 결과 음주측정이 제대로 되지 아니하였던 것으로 보이므로 피고인이 음주측정에 불응한 것이라고 볼 수는 없다고 한 원심의 판단을 수긍한 사례(2005도7125).

- [1] 도로교통법 제41조 제2항, 제3항의 해석상, 운전자의 신체이상 등의 사유로 호흡측정기에 의한 측정이 불가능 내지 심히 곤란하거나 운전자가 처음부터 호흡측정기에 의한 측정의 방법을 불신하면서 혈액채취에 의한 측정을 요구하는 경우 등에는 호흡측정기에 의한 측정의 절차를 생략하고 바로 혈액채취에 의한 측정으로 나아가야 할 것이고, 이와 같은 경우라면 호흡측정기에 의한 측정에 불응한 행위를 음주측정불응으로 볼 수 없다. [2] 특별한 이유 없이 호흡측정기에 의한 측정에 불응하는 운전자에게 경찰공무원이 혈액채취에 의한 측정방법이 있음을 고지하고 그 선택 여부를 물어야 할 의무가 있다고는 할 수 없다(2002도4220).

3) 측정거부 후 혈액채취 결과 0.05%(현행법상 0.03%) 미만인 경우

음주측정요구를 받을 당시에 술에 취한 상태에 있었다고 인정할 만한 상당한 이유가 있다고 보아 음주측정불응죄가 인정되는 이상, <u>그 후 스스로 경찰공무원에게 혈액채취의 방법에 의한 음주측정을 요구하고 그 결과 음주운전으로 처벌할 수 없는 혈중알콜농도 수치가 나왔다고 하더라도 음주측정불응죄의 성립에 영향이 없다</u>(2004도4789).

4) 위법한 체포 상태에서 음주측정요구가 이루어진 경우

- 교통안전과 위험방지를 위한 필요가 없음에도 주취운전을 하였다고 인정할 만한 상당한 이유가 있다는 이유만으로 이루어지는 음주측정은 이미 행하여진 주취운전이라는 범죄행위에 대한 증거수집을 위한 수사절차로서의 의미를 가지는 것인데, 구 도로교통법상의 규정들이 음주측정을 위한 강제처분의 근거가 될 수 없으므로 위와 같은 음주측정을 위하여 당해 운전자를 강제로 연행하기 위해서는 수사상의 강제처분에 관한 형사소송법상의 절차에 따라야 하고, 이러한 절차를 무시한 채 이루어진 강제연행은 위법한 체포에 해당한다. 이와 같은 <u>위법한 체포 상태에서 음주측정요구가 이루어진 경우</u>, 음주측정요구를 위한 위법한 체포와 그에 이은 음주측정요구는 주취운전이라는 범죄행위에 대한 증거수집을 위하여 연속하여 이루어진 것으로서 개별적으로 그 적법여부를 평가하는 것은 적절하지 않으므로 <u>그 일련의 과정을 전체적으로 보아 위법한 음주측정요구가 있었던 것으로 볼 수밖에 없고</u>, 운전자가 주취운전을 하였다고 인정할 만한 상당한 이유가 있다 하더라도 그 운전자에게 경찰공무원의 이와 같은 위법한 음주측정요구에 대해서까지 그에 응할 의무가 있다고 보아 이를 강제하는 것은 부당하므로 그에 불응하였다고 하여 <u>음주측정거부에 관한 도로교통법위반죄로 처벌할 수 없다</u>(2004도8404).

- 화물차 운전자인 피고인이 경찰의 음주단속에 불응하고 도주하였다가 다른 차량에 막혀 더 이상 진행하지 못하게 되자 운전석에서 내려 다시 도주하려다 경찰관에게 검거되어 지구대로 보호조치된 후 2회에 걸쳐 음주측정요구를 거부하였다고 하여 도로교통법위반(음주측정거부)으로 기소된 사안에서, 당시 피고인이 술에 취한 상태이기는 하였으나 술에 만취하여 정상적인 판단능력이나 의사능력을 상실할 정도에 있었다고 보기 어려운 점, 당시 상황에 비추어 평균적인 경찰관으로서는 피고인이 경찰관직무집행법 제4조 제1항 제1호의 보호조치를 필요로 하는 상태에 있었다고 판단하지 않았을 것으로 보이는 점, 경찰관이 피고인에 대하여 이 사건 조항에 따른 보호조치를 하고자 하였다면, 당시 옆에 있었던 피고인 처에게 피고인을 인계하였어야 하는데도, 피고인 처의 의사에 반하여 지구대로 데려간 점 등 제반 사정을 종합할 때, <u>경찰관이 피고인과 피고인 처의 의사에 반하여 피고인을 지구대로 데려간 행위를 적법한 보호조치라고 할 수 없고</u>, 나아가 달리 적법요건을 갖추었다고 볼 자료가 없는 이상 <u>경찰관이 피고인을 지구대로 데려간 행위는 위법한 체포에 해당하므로</u>, 그와 같이 <u>위법한 체포 상태에서 이루어진 경찰관의 음주측정요구도 위법</u>하다고 볼 수밖에 없어 그에 불응하였다고 하여 피고인을 음주측정거부에 관한 도로교통법위반죄로 처벌할 수는 없다(2012도11162).

5) 음주운전과의 죄수관계

도로교통법 제107조의2 제2호 음주측정불응죄의 규정 취지 및 입법 연혁 등을 종합하여 보면, 주취운전은 이미 이루어진 도로교통안전침해만을 문제삼는 것인 반면 음주측정거부는 기왕의 도로교통안전침해는 물론 향후의 도로교통안전 확보와 위험 예방을 함께 문제삼는 것이고, 나아가 주취운전은 도로교통법 시행령이 정한 기준 이상으로 술에 '취한' 자가 행위의 주체인 반면, 음주측정거부는 술에 취한 상태에서 자동차 등을 운전하였다고 인정할 만한 상당한 이유가 있는 자가 행위의 주체인 것이어서, 결국 양자가 반드시 동일한 법익을 침해하는 것이라거나 주취운전의 불법과 책임내용이 일반적으로 음주측정거부의 그것에 포섭되는 것이라고는 단정할 수 없으므로, 결국 **주취운전과 음주측정거부의 각 도로교통법위반죄는 실체적 경합관계**에 있는 것으로 보아야 한다(2004도5257).

6) 기타

- 최종 음주시각으로부터 20분이 경과한 상태에서 운전자가 물로 입안을 헹굴 기회를 달라고 하며 음주측정을 거부한 사안에서, **입안을 헹굴 물을 주지 아니하였다는 이유로 음주측정을 거부한 것에 정당한 사유가 있다고 보기 어려우므로 음주측정거부죄가 성립한다**(2005도7034).

- 헌법 제12조 제2항은 "모든 국민은 고문을 받지 아니하며, 형사상 자기에게 불리한 진술을 강요당하지 아니한다."고 규정하여 형사책임에 관하여 자신에게 불이익한 진술을 강요당하지 아니할 것을 국민의 기본권으로 보장하고 있고, 헌법이 진술거부권을 기본적 권리로 보장하는 것은 형사 피의자나 피고인의 인권을 형사소송의 목적인 실체적 진실발견이나 구체적 사회정의의 실현이라는 국가이익보다 우선적으로 보호함으로써 인간의 존엄성과 가치를 보장하고, 나아가 비인간적인 자백의 강요와 고문을 근절하려는 데 있고, 여기서 "진술"이라 함은 생각이나 지식, 경험사실을 정신작용의 일환인 언어를 통하여 표출하는 것을 의미하는데 반해, **도로교통법 제44조 제2항에 규정된 음주측정은** 호흡측정기에 입을 대고 호흡을 불어 넣음으로써 신체의 물리적, 사실적 상태를 그대로 드러내는 행위에 불과하므로 이를 두고 **"진술"이라 할 수 없으며**, 따라서 주취운전의 혐의자에게 호흡측정기에 의한 주취 여부의 측정에 응할 것을 요구하고 이에 불응할 경우에는 같은 법 제150조 제2호에 따라 처벌한다고 하여도 이를 형사상 불리한 "진술"을 비인간적으로 강요하는 것에 해당한다고 볼 수는 없으므로, 도로교통법의 위 조항들이 **자기부죄금지의 원칙을 규정한 헌법 제12조 제2항에 위반된다고 할 수 없다**(2009도7924).

- [1] 경찰공무원은 교통의 안전과 위험방지를 위하여 필요하다고 인정하거나 운전자가 술에 취한 상태에서 자동차 등을 운전하였다고 인정할 만한 상당한 이유가 있고 운전자의 음주운전 여부를 확인하기 위하여 필요한 경우에는 사후의 음주측정에 의하여 음주운전 여부를 확인할 수 없음이 명백하지 않는 한 운전자에 대하여 구 도로교통법 제44조 제2항에 의하여 음주측정을 요구할 수 있고, 운전자가 이에 불응한 경우에는 같은 법 제148조의2 제2호의 음주측정불응죄가 성립한다. 이와 같은 법리는 운전자가 경찰관직무집행법 제4조에 따라 보호조치된 사람이라고 하여 달리 볼 것이 아니므로, **경찰공무원이**

보호조치된 운전자에 대하여 음주측정을 요구하였다는 이유만으로 음주측정 요구가 당연히 위법하다거나 보호조치가 당연히 종료된 것으로 볼 수는 없다. [2] 경찰관이 술에 취한 상태에서 자동차를 운전한 것으로 보이는 피고인을 경찰관직무집행법 제4조 제1항에 따른 보호조치 대상자로 보아 경찰서 지구대로 데려온 직후 3회에 걸쳐 음주측정을 요구하였는데 피고인이 불응하여 구 도로교통법상 음주측정불응죄로 기소된 사안에서, 경찰관이 지구대로 보호조치된 피고인에게 음주측정을 요구한 것은 같은 법 제44조 제2항에 따른 것으로서, 위법한 보호조치 상태를 이용하여 음주측정 요구가 이루어졌다는 등의 특별한 사정이 없는 한 이에 불응한 피고인의 행위는 음주측정불응죄에 해당한다고 보아야 하는데도, 이와 달리 보호조치가 경찰관이 음주측정을 요구할 시점에 이미 종결된 것으로 보아야 한다는 전제 아래 음주측정 요구가 위법한 체포상태에서 이루어진 것으로 보아 음주측정불응죄가 성립하지 아니한다고 본 원심판결에 경찰관직무집행법상의 보호조치와 음주측정불응죄에 관한 법리오해 및 보호조치 종료 여부에 관한 심리미진의 위법이 있다고 한 사례(2011도4328)

- 도로교통법 제148조의2 제1항 제2호에서 말하는 '경찰공무원의 측정에 응하지 아니한 경우'란 전체적인 사건의 경과에 비추어 술에 취한 상태에 있다고 인정할 만한 상당한 이유가 있는 운전자가 음주측정에 응할 의사가 없음이 객관적으로 명백하다고 인정되는 때를 의미한다. 경찰공무원이 술에 취한 상태에 있다고 인정할 만한 상당한 이유가 있는 운전자에게 음주 여부를 확인하기 위하여 음주측정기에 의한 측정의 사전 단계로 음주감지기에 의한 시험을 요구하는 경우, 그 시험 결과에 따라 음주측정기에 의한 측정이 예정되어 있고 운전자가 그러한 사정을 인식하였음에도 음주감지기에 의한 시험에 명시적으로 불응함으로써 음주측정을 거부하겠다는 의사를 표명하였다면, 음주감지기에 의한 시험을 거부한 행위도 음주측정기에 의한 측정에 응할 의사가 없음을 객관적으로 명백하게 나타낸 것으로 볼 수 있다(2017도5115).

- 음주운전 신고를 받고 출동한 경찰관이 만취한 상태로 시동이 걸린 차량 운전석에 앉아있는 피고인을 발견하고 음주측정을 위해 하차를 요구함으로써 도로교통법 제44조 제2항이 정한 음주측정에 관한 직무에 착수하였다고 할 것이고, 피고인이 차량을 운전하지 않았다고 다투자 경찰관이 지구대로 가서 차량 블랙박스를 확인하자고 한 것은 음주측정에 관한 직무 중 '운전' 여부 확인을 위한 임의동행 요구에 해당하고, 피고인이 차량에서 내리자마자 도주한 것을 임의동행 요구에 대한 거부로 보더라도, 경찰관이 음주측정에 관한 직무를 계속하기 위하여 피고인을 추격하여 도주를 제지한 것은 앞서 본 바와 같이 도로교통법상 음주측정에 관한 일련의 직무집행 과정에서 이루어진 행위로써 정당한 직무집행에 해당한다(2020도7193).

라. 일반 음주운전 - 도로교통법 제148조의2 제3항 등

자전거와 개인형 이동장치를 음주운전 한 경우에는 제156조 제11호에 의해, 그 밖의 자동차를 음주운전한 경우에는 제148조의2 제3항에 의해 각각 처벌된다.

1) 혈중알콜농도 측정방식과 음주운전

도로교통법 제44조 제3항과의 체계적 해석상, 경찰관의 호흡측정기에 의한 측정에 응한 운전자가 **상당한 시간 내에** 위 호흡측정기에 의한 측정의 결과에 불복하고 혈액채취의 방법에 의한 측정을 요구하는 경우에 경찰공무원은 이에 응하여야 하며, **경찰공무원이 운전자의 정당한 요구에도 불구하고 혈액채취의 방법에 의한 측정을 실시하지 않았다면 위 호흡측정기에 의한 측정의 결과만으로 운전자의 주취운전 사실을 증명할 수는 없다**(2001도7121, 다만 이 사건은 상당한 시간이 경과한 후인 1시간 후에서야 비로소 혈액측정을 요구한 사안으로, 호흡측정결과로 음주운전을 인정하였다).

2) 호흡측정기의 오류가능성과 호흡측정결과의 신빙성

- [1] 호흡측정기에 의한 혈중알코올농도의 측정은 장에서 흡수되어 혈액 중에 용해되어 있는 알코올이 폐를 통과하면서 증발되어 호흡공기로 배출되는 것을 측정하는 것이므로, 최종 음주시로부터 상당한 시간이 경과하지 아니하였거나 또는 트림, 구토, 치아보철, 구강청정제 사용 등으로 인하여 입 안에 남아 있는 알코올, 알코올 성분이 있는 구강 내 타액, 상처부위의 혈액 등이 폐에서 배출된 호흡공기와 함께 측정될 경우에는 실제 혈중알코올의 농도보다 수치가 높게 나타나는 수가 있어, **피측정자가 물로 입 안 헹구기를 하지 아니한 상태에서 한 호흡측정기에 의한 혈중알코올 농도의 측정결과만으로는 혈중알코올 농도가 반드시 그와 같다고 단정할 수 없거나 호흡측정기에 의한 측정수치가 혈중알코올 농도보다 높을 수 있다는 의심을 배제할 수 없다.** [2] 물로 입 안을 헹굴 기회를 달라는 피고인의 요구를 무시한 채 호흡측정기로 측정한 혈중알코올 농도 수치가 0.05%로 나타난 사안에서, 피고인이 당시 혈중알코올 농도 0.05% 이상의 술에 취한 상태에서 운전하였다고 단정할 수 없다고 한 사례(2005도7528)

- [1] 구 도로교통법 제41조 제2항의 규정에 의하여 실시한 음주측정 결과는 그 결과에 따라서는 운전면허를 취소하거나 정지하는 등 당해 운전자에게 불이익한 처분을 내리게 되는 근거가 될 수 있고 향후 수사와 재판에 있어 중요한 증거로 사용될 수 있는 것이므로, 음주측정을 함에 있어서는 음주측정 기계나 운전자의 구강 내에 남아 있는 잔류 알코올로 인하여 잘못된 결과가 나오지 않도록 미리 필요한 조치를 취하는 등 **음주측정은 그 측정결과의 정확성과 객관성이 담보될 수 있는 공정한 방법과 절차에 따라 이루어져야 하고, 만약 당해 음주측정 결과가 이러한 방법과 절차에 의하여 얻어진 것이 아니라면 이를 쉽사리 유죄의 증거로 삼아서는 아니 될 것이다.** [2] 피고인에 대한 음주측정시 구강 내 잔류 알코올 등으로 인한 과다측정을 방지하기 위한 조치를 전혀 취하지 않았고, **1개의 불대만으로 연속적으로 측정한 점** 등의 사정에 비추어, 혈중알코올농도 측정치가 0.058%로 나왔다는 사실만으로는 피고인이 음주운전의 법정 최저 기준치인 혈중알코올농도 0.05% 이상의 상태에서 자동차를 운전하였다고 단정할 수 없다고 한 원심의 판단을 수긍한 사례(2005도7528)

- 도로교통법 제41조 제2항에서 말하는 '측정'이란, 측정결과에 불복하는 운전자에 대하여 그의 동의를 얻어 혈액채취 등의 방법으로 다시 측정할 수 있음을 규정하고 있는 같은 조 제3항과의 체계적 해석상, 호흡을 채취하여 그로부터 주취의 정도를 객관적으로 환산하는 측정방법, 즉 호흡측정기에 의한 측정이라고 이해하여야 할 것이고, **호흡측정기**

에 의한 음주측정치와 혈액검사에 의한 음주측정치가 다른 경우에 어느 음주측정치를 신뢰할 것인지는 법관의 자유심증에 의한 증거취사선택의 문제라고 할 것이나, 호흡측정기에 의한 측정의 경우 그 측정기의 상태, 측정방법, 상대방의 협조정도 등에 의하여 그 측정결과의 정확성과 신뢰성에 문제가 있을 수 있다는 사정을 고려하면, 혈액의 채취 또는 검사과정에서 인위적인 조작이나 관계자의 잘못이 개입되는 등 혈액채취에 의한 검사결과를 믿지 못할 특별한 사정이 없는 한, 혈액검사에 의한 음주측정치가 호흡측정기에 의한 음주측정치보다 측정 당시의 혈중알콜농도에 더 근접한 음주측정치라고 보는 것이 경험칙에 부합한다(2003도6905).

3) 위드마크 공식

- 혈중알코올농도에 영향을 줄 수 있는 다른 요소들에 대하여는 이미 알려진 신빙성 있는 통계자료 중 피고인에게 가장 유리한 것을 대입하여 위드마크 공식에 따라 피고인의 위 운전 당시 혈중알코올농도를 추정할 경우, 즉 성, 비만도, 나이, 신장, 체중 등에 의한 영향을 받는 위드마크 상수를 0.86으로, 섭취한 알코올의 양계산에 있어서는 가장 낮은 수치인 70%만이 체내에 흡수되며, 음주개시시각부터 곧바로 생리작용에 의하여 분해소멸이 시작되는 것으로 보고, 평소의 음주정도, 체질, 음주속도, 음주 후 신체활동의 정도 등에 좌우되는 시간당 알코올분해량을 0.03%로 하여 계산하더라도 그 결과가 0.1177% [= {900㎖× 0.7894g/㎖(알코올의 비중)×0.25(소주의 알코올도수)×0.7(체내흡수율)}/{54kg×0.86×10} - 0.03%×5시간]가 되어 피고인은 위 운전 당시 혈중알코올농도 0.05%를 상당히 초과하는 정도의 술에 취한 상태에 있었음이 인정되므로, 위 공소사실은 충분한 증명에 이르렀다고 볼 여지가 있다고 할 것이다(99도5541).

- [1] 음주운전에 있어서 운전 직후에 운전자의 혈액이나 호흡 등 표본을 검사하여 혈중알코올농도를 측정할 수 있는 경우가 아니라면 소위 위드마크 공식을 사용하여 수학적 방법에 따른 계산결과로 운전 당시의 혈중알코올농도를 추정할 수 있으나, 범죄구성요건 사실의 존부를 알아내기 위해 과학공식 등의 경험칙을 이용하는 경우에는 그 법칙 적용의 전제가 되는 개별적이고 구체적인 사실에 대하여는 엄격한 증명을 요한다. [2] 위드마크 공식에 의한 역추산 방식을 이용하여 특정 운전시점으로부터 일정한 시간이 지난 후에 측정한 혈중알코올농도를 기초로 하고 여기에 시간당 혈중알코올의 분해소멸에 따른 감소치에 따라 계산된 운전시점 이후의 혈중알코올분해량을 가산하여 운전시점의 혈중알코올농도를 추정함에 있어서는, 피검사자의 평소 음주정도, 체질, 음주속도, 음주 후 신체활동의 정도 등의 다양한 요소들이 시간당 혈중알코올의 감소치에 영향을 미칠 수 있는바, 형사재판에 있어서 유죄의 인정은 법관으로 하여금 합리적인 의심을 할 여지가 없을 정도로 공소사실이 진실한 것이라는 확신을 가지게 할 수 있는 증명이 필요하므로, 위 영향요소들을 적용함에 있어 피고인이 평균인이라고 쉽게 단정하여 평균적인 감소치를 적용하여서는 아니되고, 필요하다면 전문적인 학식이나 경험이 있는 자의 도움을 받아 객관적이고 합리적으로 혈중알코올농도에 영향을 줄 수 있는 요소들을 확정하여야 하고, 위드마크 공식에 의하여 산출한 혈중알코올농도가 법이 허용하는 혈중알코올농도를 상당히 초과하는 것이 아니라 근소하게 초과하는 정도에 불과한 경우라면 위 공식에 의하여 산출된 수치에 따라

범죄의 구성요건 사실을 인정함에 있어서 더욱 신중하게 판단하여야 한다(2002도6762).

- 음주운전에 있어서 운전 직후에 운전자의 혈액이나 호흡 등 표본을 검사하여 혈중알코올농도를 측정할 수 있는 경우가 아니라면 소위 위드마크 공식을 사용하여 수학적 방법에 따른 결과로 운전 당시의 혈중알코올농도를 추정할 수 있고, 이때 위드마크 공식에 의한 역추산 방식을 이용하여 특정 운전시점으로부터 일정한 시간이 지난 후에 측정한 혈중알코올농도를 기초로 하고 여기에 시간당 혈중알코올의 분해소멸에 따른 감소치에 따라 계산된 운전시점 이후의 혈중알코올분해량을 가산하여 운전시점의 혈중알코올농도를 추정함에 있어서는, 피검사자의 평소 음주정도, 체질, 음주속도, 음주 후 신체활동의 정도 등 다양한 요소들이 시간당 혈중알코올의 감소치에 영향을 미칠 수 있으나 그 시간당 감소치는 대체로 0.03%에서 0.008% 사이라는 것은 이미 알려진 신빙성 있는 통계자료에 의하여 인정되는바, 위와 같은 역추산 방식에 의하여 운전시점 이후의 혈중알코올분해량을 가산함에 있어서 시간당 0.008%는 피고인에게 가장 유리한 수치이므로 특별한 사정이 없는 한 이 수치를 적용하여 산출된 결과는 운전 당시의 혈중알코올농도를 증명하는 자료로서 증명력이 충분하다(그 이상의 시간당 감소치를 적용하기 위하여는 이를 정당화할 만한 특별한 사정에 대한 입증이 있어야 한다). 일반적으로 확인된 시간당 혈중알코올농도 감소치의 최소한이 검사의 상고이유에서도 나타나 있듯이 0.008%라고 할 때, 이 수치는 곧 피고인에게 가장 유리한 수치가 된다고 할 것인데, 이와 같이 피고인에게 가장 유리한 감소치를 적용하여 위드마크 공식에 따라 사고시점인 02:20경의 혈중알코올농도를 계산하더라도 0.0503%가 되어 도로교통법상 처벌기준인 0.05%를 넘는 결과가 됨은 상고이유의 주장과 같다. 그러나 그 초과 정도가 0.0003%에 불과하고, 혈중알코올농도의 시간당 감소치를 0.008%로 볼 때, 이는 약 2분 30초 간의 감소치에 불과한바, 수사기관에서 사건발생시각을 특정함에 있어서 그 이상의 정확성을 기하기는 어렵다는 점에서 대략 10분 단위로 끊어서 특정하고 있는 점에 비추어 볼 때(이 사건 사고발생시각도 02:20경으로 특정되어 있다), 원심과 같이 호흡측정기 자체의 기계적 오차가능성을 감안하지 않는다 하더라도 사건발생시각을 특정하는 과정에서 발생하는 오차가능성만으로도 피고인의 사고 당시 혈중알코올농도가 처벌기준치를 초과하였으리라고 단정할 수는 없다(2005도3904).

- [1] 운전 시점과 혈중알코올농도의 측정 시점 사이에 시간 간격이 있고 그때가 혈중알코올농도의 상승기로 보이는 경우라 하더라도, 그러한 사정만으로 실제 운전 시점의 혈중알코올농도가 처벌기준치를 초과한다는 점에 대한 입증이 불가능하다고 볼 수는 없다. 이러한 경우 운전 당시에도 처벌기준치 이상이었다고 볼 수 있는지 여부는 운전과 측정 사이의 시간 간격, 측정된 혈중알코올농도의 수치와 처벌기준치의 차이, 음주를 지속한 시간 및 음주량, 단속 및 측정 당시 운전자의 행동 양상, 교통사고가 있었다면 그 사고의 경위 및 정황 등 증거에 의하여 인정되는 여러 사정을 종합적으로 고려하여 논리와 경험칙에 따라 합리적으로 판단하여야 한다. [2] 피고인이 혈중알코올농도 0.158%의 술에 취한 상태로 자동차를 운전하였다고 하여 도로교통법 위반(음주운전)으로 기소된 사안에서, 피고인이 마지막으로 술을 마신 시각이라고 주장하는 때로부터 약 98분이 경과한 시각에 측정한 혈중알코올농도가 처벌기준치인 0.1%를 크게 상회하는 0.158%로 나타난 점, 피고인이 처음으로 음주를 한 시각을 기준으로 하면 1시간 50분 뒤에 운전이 이루어진 것이어서 운전 당시

에 혈중알코올농도의 상승기에 있었다고 단정하기 어려운 점 등 제반 사정에 비추어 볼 때, 피고인이 차량을 운전할 당시 적어도 혈중알코올농도 0.1% 이상의 술에 취한 상태에 있었다고 봄이 타당한데도, 이와 달리 보아 무죄를 인정한 원심판결에 음주운전에서 혈중알코올농도의 입증에 관한 법리오해 등 위법이 있다고 한 사례(2014도3360).

- 혈중알코올농도 측정 없이 위드마크 공식을 사용해 피고인이 마신양을 기초로 피고인의 운전 당시 혈중알코올농도를 추산하는 경우로서 알코올의 분해소멸에 따른 혈중알코올농도의 감소기(위드마크 제2공식, 하강기)에 운전이 이루어진 것으로 인정되는 경우에는 피고인에게 가장 유리한 음주 시작 시점부터 곧바로 생리작용에 의하여 분해소멸이 시작되는 것으로 보아야 한다. 이와 다르게 음주 개시 후 특정 시점부터 알코올의 분해소멸이 시작된다고 인정하려면 알코올의 분해소멸이 시작되는 시점이 다르다는 점에 관한 과학적 증명 또는 객관적인 반대 증거가 있거나, 음주 시작 시점부터 알코올의 분해소멸이 시작된다고 보는 것이 그렇지 않은 경우보다 피고인에게 불이익하게 작용되는 특별한 사정이 있어야 한다(2021도14074).

4) 죄수

- 음주운전으로 인한 도로교통법위반죄의 보호법익과 처벌방법을 고려할 때, **혈중알콜농도 0.05% 이상의 음주상태로 동일한 차량을 일정기간 계속하여 운전하다가 1회 음주측정을 받았다면 이러한 음주운전행위는 동일 죄명에 해당하는 연속된 행위로서 단일하고 계속된 범의 하에 일정기간 계속하여 행하고 그 피해법익도 동일한 경우이므로 포괄일죄에 해당한다**(2007도4404).
- 음주운전으로 사고를 내어 인명을 사상하면 **교통사고처리특례법위반죄와 도로교통법위반(음주운전)죄의 실체적 경합범**이고, 도주까지 하였다면 **특정범죄가중처벌등에관한법률위반(도주차량)죄와 도로교통법위반(음주운전)죄의 실체적 경합범**이다(99도3140).

5) 기타

- 피고인이 운전 중 교통사고를 내고 의식을 잃은 채 병원 응급실로 호송되자, 출동한 경찰관이 법원으로부터 압수·수색 또는 검증 영장을 발부받지 아니한 채 피고인의 동서로부터 **채혈동의를 받고 의사로 하여금 채혈을 하도록 한 사안**에서, 원심이 적법한 절차에 따르지 아니하고 수집된 피고인의 혈액을 이용한 혈중알콜농도에 관한 국립과학수사연구소 감정서 및 이에 기초한 주취운전자적발보고서의 **증거능력을 부정한 것은 정당하고**, 음주운전자에 대한 채혈에 관하여 영장주의를 요구할 경우 증거가치가 없게 될 위험성이 있다거나 음주운전 중 교통사고를 야기하고 의식불명 상태에 빠져 병원에 후송된 자에 대해 수사기관이 수사의 목적으로 의료진에게 요청하여 혈액을 채취한 사정이 있다고 하더라도 이러한 증거의 증거능력을 배제하는 것이 형사사법 정의를 실현하려고 한 취지에 반하는 결과를 초래하는 예외적인 경우에 해당한다고 볼 수 없다는 이유로, 피고인에 대한 구 도로교통법위반(음주운전)의 공소사실을 무죄로 판단한 원심판결을 수긍한 사례(2009도2109)
- 음주운전 중 교통사고를 야기한 후 피의자가 의식불명 상태에 빠져 있는 등으로 도로교

통법이 음주운전의 제1차적 수사방법으로 규정한 호흡조사에 의한 음주측정이 불가능하고 혈액 채취에 대한 동의를 받을 수도 없을 뿐만 아니라 법원으로부터 혈액 채취에 대한 감정처분허가장이나 사전 압수영장을 발부받을 시간적 여유도 없는 긴급한 상황이 생길 수 있다. 이러한 경우 피의자의 신체 내지 의복류에 주취로 인한 냄새가 강하게 나는 등 형사소송법 제211조 제2항 제3호가 정하는 범죄의 증적이 현저한 준현행범인의 요건이 갖추어져 있고 교통사고 발생 시각으로부터 사회통념상 범행 직후라고 볼 수 있는 시간 내라면, 피의자의 생명·신체를 구조하기 위하여 사고현장으로부터 곧바로 후송된 병원 응급실 등의 장소는 **형사소송법 제216조 제3항의 범죄 장소에 준한다 할 것이므로**, 검사 또는 사법경찰관은 피의자의 혈중알코올농도 등 증거의 수집을 위하여 의료법상 의료인의 자격이 있는 자로 하여금 의료용 기구로 의학적인 방법에 따라 필요최소한의 한도 내에서 피의자의 혈액을 채취하게 한 후 그 **혈액을 영장 없이 압수할 수 있다**. 다만 이 경우에도 형사소송법 제216조 제3항 단서, 형사소송규칙 제58조, 제107조 제1항 제3호에 따라 사후에 지체 없이 강제채혈에 의한 압수의 사유 등을 기재한 영장청구서에 의하여 법원으로부터 압수영장을 받아야 한다(2011도15258).

- 형사소송법상 소송능력이란 소송당사자가 유효하게 소송행위를 할 수 있는 능력, 즉 피고인 또는 피의자가 자기의 소송상의 지위와 이해관계를 이해하고 이에 따라 방어행위를 할 수 있는 의사능력을 의미하는데, 피의자에게 의사능력이 있으면 직접 소송행위를 하는 것이 원칙이고, 피의자에게 의사능력이 없는 경우에는 형법 제9조 내지 제11조의 규정의 적용을 받지 아니하는 범죄사건에 한하여 예외적으로 법정대리인이 소송행위를 대리할 수 있다(형사소송법 제26조). 따라서 **음주운전과 관련한 도로교통법 위반죄의 범죄수사를 위하여 미성년자인 피의자의 혈액채취가 필요한 경우에도 피의자에게 의사능력이 있다면 피의자 본인만이 혈액채취에 관한 유효한 동의를 할 수 있고, 피의자에게 의사능력이 없는 경우에도 명문의 규정이 없는 이상 법정대리인이 피의자를 대리하여 동의할 수는 없다**(2013도1228).

- [1] 구 도로교통법(2014. 12. 30. 법률 제12917호로 개정되기 전의 것, 이하 같다) 제44조 제2항, 제3항, 제148조의2 제1항 제2호의 입법연혁과 내용 등에 비추어 보면, 구 도로교통법 제44조 제2항, 제3항은 음주운전 혐의가 있는 운전자에게 수사를 위한 호흡측정에도 응할 것을 간접적으로 강제하는 한편 혈액 채취 등의 방법에 의한 재측정을 통하여 호흡측정의 오류로 인한 불이익을 구제받을 수 있는 기회를 보장하는 데 취지가 있으므로, 이 규정들이 **음주운전에 대한 수사방법으로서의 혈액 채취에 의한 측정의 방법을 운전자가 호흡측정 결과에 불복하는 경우에만 한정하여 허용하려는 취지의 규정이라고 해석할 수는 없다.**
[2] 음주운전에 대한 수사 과정에서 음주운전 혐의가 있는 운전자에 대하여 구 도로교통법(2014. 12. 30. 법률 제12917호로 개정되기 전의 것) 제44조 제2항에 따른 **호흡측정이 이루어진 경우**에는 그에 따라 과학적이고 중립적인 호흡측정 수치가 도출된 이상 다시 음주측정을 할 필요성은 사라졌으므로 **운전자의 불복이 없는 한 다시 음주측정을 하는 것은 원칙적으로 허용되지 아니한다**. 그러나 운전자의 태도와 외관, 운전 행태 등에서 드러나는 주취 정도, 운전자가 마신 술의 종류와 양, 운전자가 사고를 야기하였다면 경위와 피해 정도, 목격자들의 진술 등 호흡측정 당시의 구체적 상황에 비추어 호흡측정기의 오작동 등으로 인하여 **호흡측정 결과에 오류가 있다고 인정할 만한 객관적이고 합리적인 사정이 있는 경우**

라면 그러한 호흡측정 수치를 얻은 것만으로는 수사의 목적을 달성하였다고 할 수 없어 **추가로 음주측정을 할 필요성이 있으므로, 경찰관이 음주운전 혐의를 제대로 밝히기 위하여 운전자의 자발적인 동의를 얻어 혈액 채취에 의한 측정의 방법으로 다시 음주측정을 하는 것을 위법하다고 볼 수는 없다.** 이 경우 운전자가 일단 호흡측정에 응한 이상 재차 음주측정에 응할 의무까지 당연히 있다고 할 수는 없으므로, 운전자의 혈액 채취에 대한 동의의 임의성을 담보하기 위하여는 경찰관이 미리 운전자에게 혈액 채취를 거부할 수 있음을 알려 주었거나 운전자가 언제든지 자유로이 혈액 채취에 응하지 아니할 수 있었음이 인정되는 등 **운전자의 자발적인 의사에 의하여 혈액 채취가 이루어졌다는 것이 객관적인 사정에 의하여 명백한 경우에 한하여 혈액 채취에 의한 측정의 적법성이 인정된다**(2014도16051).

4. 과실에 의한 재물손괴 – 도로교통법 제151조

> **도로교통법 제151조(벌칙)** 차 또는 노면전차의 운전자가 업무상 필요한 주의를 게을리하거나 중대한 과실로 다른 사람의 건조물이나 그 밖의 재물을 손괴한 경우에는 2년 이하의 금고나 500만원 이하의 벌금에 처한다.

형법상 손괴는 고의범만을 처벌하고 과실범은 불가벌이다. 그러나 도로교통법 제151조에서는 업무상 과실에 의한 손괴를 처벌하고 있다.

- 도로교통법 제108조 소정의 다른 사람의 건조물이나 그 밖의 재물을 손괴한 때라 함은 차의 운전자가 자기소유이든 타인소유이든 불문하고 어떤 차량을 운전함에 있어 업무상 필요한 주의를 게을리하거나 중대한 과실로 범행의 수단 또는 도구로써 제공된 차량을 제외한 다른 사람의 건조물이나 그 밖의 재물을 손괴한 경우만을 말하는 것이어서 절취한 승용차를 운전하고 가다가 운전미숙 등으로 동 차량을 손괴한 경우는 이에 해당하지 않는다(86도1387).
- [1] 도로교통법 제106조, 제50조 제1항(현행법 제148조, 제54조 제1항) 위반죄와 도로교통법 제108조(현행법 제151조) 또는 교통사고처리특례법위반죄는 별개의 범죄이므로 **실체적 경합관계에 있다**(91도253). [2] 업무상과실로 다른 사람의 재물을 손괴한 자가 같은 법 제50조 제1항에 의한 교통사고 발생시의 조치를 하지 아니함으로써 성립되는 같은 법 제106조의 죄는 반의사불벌죄로 볼 수 없다(91도253).
- 음주 또는 약물의 영향으로 정상적인 운전이 곤란한 상태에서 자동차를 운전하여 사람을 상해에 이르게 함과 동시에 다른 사람의 재물을 손괴한 때에는 **특정범죄가중처벌등에관한법률위반(위험운전치사상)죄 외에 업무상과실 재물손괴로 인한 도로교통법위반죄가 성립**하고, 위 두 죄는 1개의 운전행위로 인한 것으로서 **상상적 경합관계에 있다**(2009도10845).

5. 무면허운전 – 도로교통법 제152조 제1호, 제154조 제2호, 제156조 제13호

> **도로교통법 제43조(무면허운전 등의 금지)** 누구든지 제80조에 따라 시·도경찰청장으로부터 운전면허를 받지 아니하거나 운전면허의 효력이 정지된 경우에는 자동차등을 운전하여서는 아니 된다.

제152조(벌칙) 다음 각 호의 어느 하나에 해당하는 사람은 1년 이하의 징역이나 300만원 이하의 벌금에 처한다.
  1. 제43조를 위반하여 제80조에 따른 운전면허(원동기장치자전거면허는 제외한다. 이하 이 조에서 같다)를 받지 아니하거나(운전면허의 효력이 정지된 경우를 포함한다) 또는 제96조에 따른 국제운전면허증 또는 상호인정외국면허증을 받지 아니하고(운전이 금지된 경우와 유효기간이 지난 경우를 포함한다) 자동차를 운전한 사람
  2. 제56조제2항을 위반하여 운전면허를 받지 아니한 사람(운전면허의 효력이 정지된 사람을 포함한다)에게 자동차를 운전하도록 시킨 고용주등

제154조(벌칙) 다음 각 호의 어느 하나에 해당하는 사람은 30만원 이하의 벌금이나 구류에 처한다.
  2. 제43조를 위반하여 제80조에 따른 원동기장치자전거를 운전할 수 있는 운전면허를 받지 아니하거나(원동기장치자전거를 운전할 수 있는 운전면허의 효력이 정지된 경우를 포함한다) 국제운전면허증 또는 상호인정외국면허증 중 원동기장치자전거를 운전할 수 있는 것으로 기재된 국제운전면허증 또는 상호인정외국면허증을 발급받지 아니하고(운전이 금지된 경우와 유효기간이 지난 경우를 포함한다) 원동기장치자전거를 운전한 사람(다만, 개인형 이동장치를 운전하는 경우는 제외한다)

제156조(벌칙) 다음 각 호의 어느 하나에 해당하는 사람은 20만원 이하의 벌금이나 구류 또는 과료에 처한다.
  13. 제43조를 위반하여 제80조에 따른 원동기장치자전거를 운전할 수 있는 운전면허를 받지 아니하거나(원동기장치자전거를 운전할 수 있는 운전면허의 효력이 정지된 경우를 포함한다) 국제운전면허증 또는 상호인정외국면허증 중 원동기장치자전거를 운전할 수 있는 것으로 기재된 국제운전면허증 또는 상호인정외국면허증을 발급받지 아니하고(운전이 금지된 경우와 유효기간이 지난 경우를 포함한다) 개인형 이동장치를 운전한 사람

가. 무면허운전의 의미

개인형 이동장치를 제외한 원동기장치자전거를 무면허로 운전한 경우에는 제154조 제2호에 의해, 개인형 이동장치를 무면허로 운전한 경우에는 제156조 제13호에 의해, 그 밖의 자동차를 면허 없이 운전한 경우에는 제152조 제2호에 의해 각각 처벌된다.

일단 발부받은 면허가 취소된 경우에도 무면허운전에 해당한다. 개정 전 도로교통법상 면허가 정지된 경우에는 원동기장치자전거를 제외한 자동차의 경우에만 무면허운전에 해당하였으나, 개정된 도로교통법에서는 면허가 정지된 경우 원동기장치자전거 역시 무면허운전에 해당한다.

> [1] 도로교통법 제43조는 무면허운전 등을 금지하면서 "누구든지 제80조의 규정에 의하여 지방경찰청장으로부터 운전면허를 받지 아니하거나 운전면허의 효력이 정지된 경우에는 자동차 등을 운전하여서는 아니 된다"고 정하여, 운전자의 금지사항으로 운전면허를 받지 아니한 경우와 운전면허의 효력이 정지된 경우를 구별하여 대등하게 나열하고 있다. 그렇다면 '운전면허를 받지 아니하고'라는 법률문언의 통상적인 의미에 '운전면허를 받았으나 그 후 운전면허의 효력이 정지된 경우'가 당연히 포함된다고는 해석할 수 없다.

[2] 피고인이 '원동기장치자전거면허의 효력이 정지된 상태에서' 원동기장치자전거를 운전하였다고 하며 도로교통법위반(무면허운전)으로 기소된 사안에서, 도로교통법 제43조 해석상 '운전면허를 받지 아니하고'라는 법률문언의 통상적 의미에 '운전면허를 받았으나 그 후 운전면허의 효력이 정지된 경우'가 당연히 포함된다고는 해석할 수 없는데, 자동차의 무면허운전과 관련하여 도로교통법 제152조 제1호 및 제2호가 운전면허의 효력이 정지된 경우도 운전면허를 애초 받지 아니한 경우와 마찬가지로 형사처벌된다는 것을 명문으로 정하고 있는 반면, 원동기장치자전거의 무면허운전죄에 대하여 규정한 제154조 제2호는 처벌의 대상으로 "제43조의 규정을 위반하여 제80조의 규정에 의한 원동기장치자전거면허를 받지 아니하고 원동기장치자전거를 운전한 사람"을 정하고 있을 뿐, 운전면허의 효력이 정지된 상태에서 원동기장치자전거를 운전한 경우에 대하여는 아무런 언급이 없다는 이유로 위 행위가 도로교통법 제154조 제2호, 제43조 위반죄에 해당하지 않는다고 보아 무죄를 인정한 원심판단을 수긍한 사례(2011도7725)

나. 관련 판례

- 연습운전면허를 받은 사람이 도로에서 주행연습을 함에 있어 도로교통법 시행규칙상의 준수사항을 지키지 않았다고 하더라도 그 운전을 무면허운전이라고 할 수는 없다(2000도5540).

- 운전면허의 효력은 면허신청인이 운전면허시험에 합격하기만 하면 발생한다고는 볼 수 없지만 시, 도지사로부터 운전면허증을 현실적으로 교부받아야만 발생하는 것은 아니고, 운전면허증이 작성권자인 시, 도지사에 의하여 작성되어 그 신청인이 이를 교부받을 수 있는 상태가 되었다면 그때 발생한다고 보아야 하고 이 경우 운전면허신청인이 운전면허증을 교부받을 수 있는 상태가 되었는지 여부는 특별한 다른 사정이 없는 한 운전면허증에 기재된 교부일자를 기준으로 결정하는 것이 상당하다(87도2070).

- [1] 자동차운전면허를 받은 사람이 정기적성검사를 받지 아니한 사유로 운전면허가 취소되려면 정기적성검사기간의 경과라는 사실의 발생만으로는 아직 부족하고 도로교통법 제78조 제2호에 의한 면허관청의 운전면허 취소처분이 별도로 필요하고, 또 면허관청이 운전면허를 취소하였다 하더라도 같은 법 시행령 제53조 소정의 적법한 통지 또는 공고가 없으면 그 효력을 발생할 수 없으므로 운전면허 취소처분 이후 위 적법한 통지 또는 공고가 없는 동안의 자동차운전은 무면허운전이라고 할 수 없다. [2] 자동차운전면허관청이 피고인이 정기적성검사 기간만료일까지 정기적성검사를 받지 아니하였다는 사유를 들어 자동차운전면허를 취소하고, 그 통지서를 피고인의 주소로 발송하였다가 반송되어 왔다는 이유로 위 주소지의 관할경찰서 게시판에 10일간 위 취소사실을 공고하였지만 피고인은 위 주소지에 계속 거주하여 왔다면, 피고인의 주소변경이 없었으니 위 공고는 도로교통법 시행령 제53조 제2항 소정의 절차를 거치지 아니한 것이 되어 부적법하므로 면허관청의 위 운전면허 취소처분은 아직 그 효력이 발생하지 아니한 것이다(91도223).

- 주소를 변경하면서 면허증상 주소 기재도 같이 변경하였으나 행정착오로 면허대장상은 그대로 남아 있던 관계로 면허취소통지서를 종전의 주소지로 발송하였다가 반송되자 이를 관할경찰서 게시판에 공고한 조치는 도로교통법 시행령 제53조 소정의 절차를 거치

지 아니한 것이 되어 부적법하고, 그 후 구두로 면허취소 사실을 알렸다고 하더라도 이는 같은법 시행규칙에 의한 적법한 송달이 아니므로 그 운전면허취소처분은 효력이 발생하지 아니다(93누21705).

- 피고인이 행정청으로부터 자동차 운전면허취소처분을 받았으나 나중에 그 행정처분 자체가 행정쟁송절차에 의하여 취소되었다면, 위 운전면허취소처분은 그 처분시에 소급하여 효력을 잃게 되고, 피고인은 위 운전면허취소처분에 복종할 의무가 원래부터 없었음이 후에 확정되었다고 봄이 타당할 것이고, 행정행위에 공정력의 효력이 인정된다고 하여 행정소송에 의하여 적법하게 취소된 운전면허취소처분이 단지 장래에 향하여서만 효력을 잃게 된다고 볼 수는 없다(98도4239).

- 도로교통법 제77조가 자동차 등의 운전자에 대하여 운전면허증의 휴대의무 및 경찰공무원에 대한 제시의무를 지우고 있는 취지에 비추어 볼 때 여기서 말하는 운전면허증이란 적법한 운전면허의 존재를 추단케 할 수 있는 운전면허증 그 자체를 가리키는 것이지 운전자가 면허를 가지고 있음을 입증할 수 있는 증명수단까지를 포함하는 것이라고는 볼 수 없는 것인바, 유효기간이 만료된 운전면허증은 운전면허의 효력과 관계없이 실효된 것으로 보아야 할 것이므로 이미 유효기간이 만료된 운전면허증을 지니고 운행한 행위는 결국 위 법 제77조의 운전면허증의 휴대 및 제시 의무를 위반한 것이 된다고 할 것이다(89도1396).

- [1] 도로교통법 제109조 제1호, 제40조 제1항 위반의 죄는 유효한 운전면허가 없음을 알면서도 자동차를 운전하는 경우에만 성립하는, 이른바 고의범이므로, 기존의 운전면허가 취소된 상태에서 자동차를 운전하였더라도 운전자가 면허취소사실을 인식하지 못한 이상 도로교통법위반(무면허운전)죄에 해당한다고 볼 수 없고, 관할 경찰당국이 운전면허취소처분의 통지에 갈음하는 적법한 공고를 거쳤다 하더라도, 그것만으로 운전자가 면허가 취소된 사실을 알게 되었다고 단정할 수는 없으며, 이 경우 운전자가 그러한 사정을 알았는지는 각각의 사안에서 면허취소의 사유와 취소사유가 된 위법행위의 경중, 같은 사유로 면허취소를 당한 전력의 유무, 면허취소처분 통지를 받지 못한 이유, 면허취소 후 문제된 운전행위까지의 기간의 장단, 운전자가 면허를 보유하는 동안 관련 법령이나 제도가 어떻게 변동하였는지 등을 두루 참작하여 구체적·개별적으로 판단하여야 한다. [2] 운전면허증 앞면에 적성검사기간이 기재되어 있고, 뒷면 하단에 경고 문구가 있다는 점만으로 피고인이 정기적성검사 미필로 면허가 취소된 사실을 미필적으로나마 인식하였다고 추단하기 어렵다고 한 사례(2004도6480)

- [1] 적성검사를 받지 아니하여 운전면허가 취소되고 그 취소 사실의 통지에 갈음하여 적법한 공고가 이루어졌다면 운전면허를 받은 사람이 면허가 취소된 사실을 모르고 자동차를 운전하였다고 하더라도 그 운전행위는 무면허운전에 해당한다. [2] 면허증에 그 유효기간과 적성검사를 받지 아니하면 면허가 취소된다는 사실이 기재되어 있고, 이미 적성검사 미필로 면허가 취소된 전력이 있는데도 면허증에 기재된 유효기간이 5년 이상 지나도록 적성검사를 받지 아니한 채 자동차를 운전하였다면 비록 적성검사 미필로 인한 운전면허 취소사실이 통지되지 아니하고 공고되었다 하더라도 면허취소사실을 알고 있었다고 보아야 하므로 무면허운전죄가 성립한다고 한 사례(2002도4203)

- [1] 도로교통법은 교통상의 위험 방지 및 안전 확보 등을 위하여 운전면허시험 등 도로교통법이 정한 절차에 따라 운전면허를 받은 사람에 한하여 국내 도로에서 자동차 등 운전행위를 적법하게 할 수 있도록 허가하여 주고, 그러한 운전면허를 받지 아니하고 운전하는 경우를 무면허운전으로 처벌하는 것을 원칙으로 하되, 다만 1949년 제네바에서 체결된 '도로교통에 관한 협약'이나 1968년 비엔나에서 체결된 '도로교통에 관한 협약'을 존중하여 그에 따른 국제운전면허증을 발급받은 사람에 대하여는 별도의 허가 없이 입국한 날부터 1년 동안에 한하여 도로교통법이 정한 절차에 따른 운전면허를 받지 아니하고도 운전을 할 수 있도록 허용하는 예외를 두고 있는 것으로 이해된다. 이와 같이 운전면허가 허가라는 행정행위로서의 성격을 가지는 이상, <u>도로교통법 제80조 제1항 본문에 따라 운전면허를 받을 수 있는 사람은 내국인 또는 출입국관리법이 정한 적법한 절차에 따라 대한민국에 입국한 외국인이라고 보아야 한다.</u> 따라서 국제운전면허증에 의하여 동일한 법률적 효과를 부여받기 위해서는 마찬가지 전제가 충족되어야 한다. 그런데도 국제운전면허증에 의한 운전의 경우에는 불법으로 입국한 외국인도 도로교통법 제96조 제1항에 의한 법률적 효과를 받을 수 있다고 본다면, 운전면허를 받아야 하는 경우와는 달리 운전행위 허가를 받을 수 없는 사람에게 국내에서의 운전행위를 허용해 주는 결과가 된다. 그리고 불법으로 입국한 사람도 입국한 날부터 1년 동안 국제운전면허증에 의한 운전을 할 수 있는 것으로 해석한다면, 밀입국의 특성상 입국 시기를 객관적으로 특정하기 어려워 사실상 당사자의 주장에 의존할 수밖에 없는 경우가 많아, 적법하게 입국한 사람보다 불법으로 입국한 사람이 더 유리하게 되는 불합리한 결과를 낳게 될 위험도 있다. 그러므로 <u>도로교통법 제96조 제1항의 '국내에 입국한 날'은 출입국관리법에 따라 적법한 입국심사절차를 거쳐 입국한 날을 의미하고, 그러한 적법한 입국심사절차를 거치지 아니하고 불법으로 입국한 경우에는 국제운전면허증을 소지하고 있는 경우라도 도로교통법 제96조 제1항이 예외적으로 허용하는 국제운전면허증에 의한 운전을 한 경우에 해당한다고 볼 수 없다.</u> [2] 외국인인 피고인이 운전면허 없이 도로에서 자동차를 운전하였다고 하여 도로교통법 위반(무면허운전)으로 기소되었는데, 피고인은 법무부장관이 발급한 사증 없이 입국심사를 받지 않고 국내에 입국한 후 1년 이내에 자동차를 운전하였고, 운전을 하기 전에 필리핀에서 1949년 제네바에서 체결된 '도로교통에 관한 협약'에 따른 국제운전면허증을 발급받은 사안에서, 피고인이 출입국관리법에 따른 정상적인 입국심사절차를 거치지 아니하고 불법으로 입국한 이상, 비록 국제운전면허증을 발급받아 소지하고 있고 국내에 입국한 날부터 1년 이내에 자동차를 운전하였더라도, 도로교통법 제96조 제1항이 예외적으로 허용하는 국제운전면허증에 의한 운전이라고 하기 어려워 <u>도로교통법 제152조 제1호에서 규정하는 무면허운전에 해당함</u>에도, 이와 달리 보아 공소사실을 무죄로 판단한 원심판결에 도로교통법 제96조 제1항에 관한 법리오해의 잘못이 있다고 한 사례(2017도9230)
- <u>운전면허 취소처분을 받은 사람이 운전면허 취소처분이 취소되기 전에 자동차를 운전한 행위는 도로교통법에 규정된 무면허운전의 죄에 해당하지 아니한다.</u> 위와 같은 관련 규정 및 법리, 헌법 제12조가 정한 적법절차의 원리, 형벌의 보충성 원칙을 고려하면, <u>자동차 운전면허 취소처분을 받은 사람이 자동차를 운전하였으나 운전면허 취소처분의 원인이 된 교통사고 또는 법규 위반에 대하여 범죄사실의 증명이 없는 때에 해당한다는 이유로 무죄판결이 확정된 경우에는</u>

- 그 취소처분이 취소되지 않았더라도 도로교통법에 규정된 무면허운전의 죄로 처벌할 수는 없다고 보아야 한다(2017도9230).
- 행정청의 자동차 운전면허 취소처분이 직권으로 또는 행정쟁송절차에 의하여 취소되면, 운전면허 취소처분은 그 처분 시에 소급하여 효력을 잃고 운전면허 취소처분에 복종할 의무가 원래부터 없었음이 확정되므로, 운전면허 취소처분을 받은 사람이 운전면허 취소처분이 취소되기 전에 자동차를 운전한 행위는 도로교통법에 규정된 무면허운전의 죄에 해당하지 아니한다. 위와 같은 관련 규정 및 법리, 헌법 제12조가 정한 적법절차의 원리, 형벌의 보충성 원칙을 고려하면, 자동차 운전면허 취소처분을 받은 사람이 자동차를 운전하였으나 운전면허 취소처분의 원인이 된 교통사고 또는 법규 위반에 대하여 범죄사실의 증명이 없는 때에 해당한다는 이유로 무죄판결이 확정된 경우에는 그 취소처분이 취소되지 않았더라도 도로교통법에 규정된 무면허운전의 죄로 처벌할 수는 없다고 보아야 한다(2019도11826).
- 구 도로교통법 제2조 제24호는 "운전이라 함은 도로에서 차마를 그 본래의 사용방법에 따라 사용하는 것(조종을 포함한다)을 말한다."라고 규정하여 도로교통법상 '운전'에는 도로 외의 곳에서 한 운전은 포함되지 않는 것으로 보았다. 위 규정은 2010. 7. 23. 법률 제10382호로 개정되면서 "운전이라 함은 도로(제44조, 제45조, 제54조 제1항, 제148조 및 제148조의2에 한하여 도로 외의 곳을 포함한다)에서 차마를 그 본래의 사용방법에 따라 사용하는 것(조종을 포함한다)을 말한다."라고 규정하여, 음주운전에 관한 금지규정인 같은 법 제44조 및 음주운전·음주측정거부 등에 관한 형사처벌 규정인 같은 법 제148조의2의 '운전'에는 도로 외의 곳에서 한 운전도 포함되게 되었다. 이후 2011. 6. 8. 법률 제10790호로 개정되어 조문의 위치가 제2조 제26호로 바뀌면서 "운전이란 도로(제44조, 제45조, 제54조 제1항, 제148조 및 제148조의2의 경우에는 도로 외의 곳을 포함한다)에서 차마를 그 본래의 사용방법에 따라 사용하는 것(조종을 포함한다)을 말한다."라고 그 표현이 다듬어졌다. 위 괄호의 예외 규정에는 음주운전·음주측정거부 등에 관한 형사처벌 규정인 도로교통법 제148조의2가 포함되어 있으나, 행정제재처분인 운전면허 취소·정지의 근거 규정인 도로교통법 제93조는 포함되어 있지 않기 때문에 도로 외의 곳에서의 음주운전·음주측정거부 등에 대해서는 형사처벌만 가능하고 운전면허의 취소·정지 처분은 부과할 수 없다(2018두42771).[77]

다. 죄수 문제

- 무면허인데다가 술이 취한 상태에서 오토바이를 운전하였다는 것은 위의 관점에서 분명히 1개의 운전행위라 할 것이고 이 행위에 의하여 도로교통법 제111조 제2호, 제40조와 제109조 제2호, 제41조 제1항의 각 죄에 동시에 해당하는 것이니 두 죄는 형법 제40조의 상상적 경합관계에 있다고 할 것이다(86도2731).
- 무면허운전으로 인한 도로교통법위반죄에 있어서는 어느 날에 운전을 시작하여 다음 날까지 동일한 기회에 일련의 과정에서 계속 운전을 한 경우 등 특별한 경우를 제외하고

---

[77] 원심은, 원고가 정당한 사유 없이 음주측정 요구에 응하지 아니하였다는 이유로 이루어진 이 사건 운전면허 취소 처분은, 원고가 승용차를 운전한 장소가 아파트 단지 내로서 도로교통법상의 도로에 해당하지 않으므로 그 처분사유가 존재하지 않아 위법하다고 판단하였다. 원심판결 이유를 앞서 본 법리에 비추어 살펴보면, 위와 같은 원심판단에 상고이유 주장과 같이 논리와 경험의 법칙을 위반하여 자유심증주의의 한계를 벗어나거나 도로교통법상의 도로 등에 관한 법리오해의 잘못이 없다(위 판결이유 중 발췌).

는 사회통념상 운전한 날을 기준으로 운전한 날마다 1개의 운전행위가 있다고 보는 것이 상당하므로 운전한 날마다 무면허운전으로 인한 도로교통법위반의 1죄가 성립한다고 보아야 할 것이고, 비록 계속적으로 무면허운전을 할 의사를 가지고 여러 날에 걸쳐 무면허운전 행위를 반복하였다 하더라도 이를 포괄하여 일죄로 볼 수는 없다(2001도6281).

- [1] 무면허운전으로 인한 도로교통법 위반죄에 관해서는 어느 날에 운전을 시작하여 다음 날까지 동일한 기회에 일련의 과정에서 계속 운전을 한 경우 등 특별한 경우를 제외하고는 사회통념상 운전한 날을 기준으로 운전한 날마다 1개의 운전행위가 있다고 보는 것이 상당하므로 운전한 날마다 무면허운전으로 인한 도로교통법 위반의 1죄가 성립한다고 보아야 한다. 한편 같은 날 무면허운전 행위를 여러 차례 반복한 경우라도 그 범의의 단일성 내지 계속성이 인정되지 않거나 범행 방법 등이 동일하지 않은 경우 각 무면허운전 범행은 실체적 경합 관계에 있다고 볼 수 있으나, 그와 같은 특별한 사정이 없다면 각 무면허운전 행위는 동일 죄명에 해당하는 수 개의 동종 행위가 동일한 의사에 의하여 반복되거나 접속·연속하여 행하여진 것으로 봄이 상당하고 그로 인한 피해법익도 동일한 이상, 각 무면허운전 행위를 통틀어 포괄일죄로 처단하여야 한다. [2] 포괄일죄에서는 공소장변경을 통한 종전 공소사실의 철회 및 새로운 공소사실의 추가가 가능한 점에 비추어 공소장변경허가를 결정할 때는 포괄일죄를 구성하는 개개 공소사실별로 종전 것과의 동일성을 따지기보다는 변경된 공소사실이 전체적으로 포괄일죄의 범주 내에 있는지, 즉 단일하고 계속된 범의하에 동종의 범행을 반복하여 행하고 피해법익도 동일한 경우에 해당한다고 볼 수 있는지에 초점을 맞추어야 한다(2022도8806).

라. 공범관계

도로교통법 제152조 제2호는 고용주 등이 운전면허는 받지 아니한 사람에게 적극적으로 자동차를 운전하도록 시키는 행위를 처벌 대상으로 규정한 것이고, 고용주 등이 운전면허를 받지 아니한 사람이 자동차 등을 운전하는 것을 알고도 이를 말리지 아니하는 경우까지 처벌 대상으로 규정한 것이 아님이 명백하다(98도3714).

6. 교통사고처리특례법위반죄

교통사고처리특례법 제2조(정의) 이 법에서 사용하는 용어의 뜻은 다음과 같다.
1. "차"란 「도로교통법」 제2조 제17호가목에 따른 차와 「건설기계관리법」 제2조 제1항 제1호에 따른 건설기계를 말한다.
2. "교통사고"란 차의 교통으로 인하여 사람을 사상하거나 물건을 손괴하는 것을 말한다.

제3조(처벌의 특례) ① 차의 운전자가 교통사고로 인하여 「형법」 제268조의 죄를 범한 경우에는 5년 이하의 금고 또는 2천만원 이하의 벌금에 처한다.
② 차의 교통으로 제1항의 죄 중 업무상과실치상죄 또는 중과실치상죄와 「도로교통법」 제151조의 죄를 범한 운전자에 대하여는 피해자의 명시적인 의사에 반하여 공소를 제기할 수 없다. 다만, 차의 운전자가 제1항의 죄 중 업무상과실치상죄 또는 중과실치상죄를 범하고도 피해자를 구호하는 등 「도로교통법」 제54조제1항에 따른 조치를 하지 아니하고 도주하거나 피해자를 사고 장소로부터 옮겨 유기하고 도주한

경우, 같은 죄를 범하고 「도로교통법」 제44조제2항을 위반하여 음주측정 요구에 따르지 아니한 경우(운전자가 채혈 측정을 요청하거나 동의한 경우는 제외한다)와 다음 각 호의 어느 하나에 해당하는 행위로 인하여 같은 죄를 범한 경우에는 그러하지 아니하다.

1. 「도로교통법」 제5조에 따른 신호기가 표시하는 신호 또는 교통정리를 하는 경찰공무원등의 신호를 위반하거나 통행금지 또는 일시정지를 내용으로 하는 안전표지가 표시하는 지시를 위반하여 운전한 경우
2. 「도로교통법」 제13조제3항을 위반하여 중앙선을 침범하거나 같은 법 제62조를 위반하여 횡단, 유턴 또는 후진한 경우
3. 「도로교통법」 제17조제1항 또는 제2항에 따른 제한속도를 시속 20킬로미터 초과하여 운전한 경우
4. 「도로교통법」 제21조제1항, 제22조, 제23조에 따른 앞지르기의 방법·금지시기·금지장소 또는 끼어들기의 금지를 위반하거나 같은 법 제60조제2항에 따른 고속도로에서의 앞지르기 방법을 위반하여 운전한 경우
5. 「도로교통법」 제24조에 따른 철길건널목 통과방법을 위반하여 운전한 경우
6. 「도로교통법」 제27조제1항에 따른 횡단보도에서의 보행자 보호의무를 위반하여 운전한 경우
7. 「도로교통법」 제43조, 「건설기계관리법」 제26조 또는 「도로교통법」 제96조를 위반하여 운전면허 또는 건설기계조종사면허를 받지 아니하거나 국제운전면허증을 소지하지 아니하고 운전한 경우. 이 경우 운전면허 또는 건설기계조종사면허의 효력이 정지 중이거나 운전의 금지 중인 때에는 운전면허 또는 건설기계조종사면허를 받지 아니하거나 국제운전면허증을 소지하지 아니한 것으로 본다.
8. 「도로교통법」 제44조제1항을 위반하여 술에 취한 상태에서 운전을 하거나 같은 법 제45조를 위반하여 약물의 영향으로 정상적으로 운전하지 못할 우려가 있는 상태에서 운전한 경우
9. 「도로교통법」 제13조제1항을 위반하여 보도(步道)가 설치된 도로의 보도를 침범하거나 같은 법 제13조제2항에 따른 보도 횡단방법을 위반하여 운전한 경우
10. 「도로교통법」 제39조제3항에 따른 승객의 추락 방지의무를 위반하여 운전한 경우
11. 「도로교통법」 제12조제3항에 따른 어린이 보호구역에서 같은 조 제1항에 따른 조치를 준수하고 어린이의 안전에 유의하면서 운전하여야 할 의무를 위반하여 어린이의 신체를 상해(傷害)에 이르게 한 경우
12. 「도로교통법」 제39조제4항을 위반하여 자동차의 화물이 떨어지지 아니하도록 필요한 조치를 하지 아니하고 운전한 경우

제4조(보험 등에 가입된 경우의 특례) ① 교통사고를 일으킨 차가 「보험업법」 제4조, 제126조, 제127조 및 제128조, 「여객자동차 운수사업법」 제60조, 제61조 또는 「화물자동차 운수사업법」 제51조에 따른 보험 또는 공제에 가입된 경우에는 제3조제2항 본문에 규정된 죄를 범한 차의 운전자에 대하여 공소를 제기할 수 없다. 다만, 다음 각 호의 어느 하나에 해당하는 경우에는 그러하지 아니하다.

1. 제3조제2항 단서에 해당하는 경우
2. 피해자가 신체의 상해로 인하여 생명에 대한 위험이 발생하거나 불구가 되거나 불치 또는 난치의 질병이 생긴 경우
3. 보험계약 또는 공제계약이 무효로 되거나 해지되거나 계약상의 면책 규정 등으로 인하여 보험회사, 공제조합 또는 공제사업자의 보험금 또는 공제금 지급의무가 없어진 경우

② 제1항에서 "보험 또는 공제"란 교통사고의 경우 「보험업법」에 따른 보험회사나 「여객자동차 운수사업법」 또는 「화물자동차 운수사업법」에 따른 공제조합 또는 공제사업자가 인가된 보험약관 또는 승인된 공제약관에 따라 피보험자와 피해자 간 또는 공제조합원과 피해자 간의 손해배상에 관한 합의

> 여부와 상관없이 피보험자나 공제조합원을 갈음하여 피해자의 치료비에 관하여는 통상비용의 전액을, 그 밖의 손해에 관하여는 보험약관이나 공제약관으로 정한 지급기준금액을 대통령령으로 정하는 바에 따라 우선 지급하되, 종국적으로는 확정판결이나 그 밖에 이에 준하는 집행권원상 피보험자 또는 공제조합원의 교통사고로 인한 손해배상금 전액을 보상하는 보험 또는 공제를 말한다.
> ③ 제1항의 보험 또는 공제에 가입된 사실은 보험회사, 공제조합 또는 공제사업자가 제2항의 취지를 적은 서면에 의하여 증명되어야 한다.

가. 교통사고

1) 주체관련 - 조수석 동승자

전문적 운전교습자와 같이 주도적 지위에서 차량을 운행할 의도가 없었다고다면 운전자의 부탁으로 조수석에 동승하여 운전자의 잘못된 점을 지적하여 교정해 주는 행위만으로 는 운행 중 야기된 사고에 대해 과실범의 공동정범의 책임을 물을 수 없다(82도3136).[78]

2) 차의 교통으로 인한 사고 - 주차·정차시 사고 포함

- 야간에 미등과 차폭등을 켜지 않고 주차 사실이 식별될 수 있는 표지도 하지 아니한 채 주차한 과실로 운행하던 오토바이가 주차된 차에 부딪치는 사고가 일어난 경우 인과관계를 인정할 수 있다(96도2030).

- 손수레가 도로교통법 제2조 제13호에서 규정한 사람의 힘에 의하여 도로에서 운전되는 것으로서 '차'에 해당하고 이를 끌고 가는 행위를 차의 운전행위로 볼 수 있다 하더라도 손수레를 끌고가는 사람이 횡단보도를 통행할 때에는 걸어서 횡단보도를 통행하는 일반인과 마찬가지로 보행자로서의 보호조치를 받아야 할 것이므로 손수레를 끌고 횡단보도를 건너는 사람은 교통사고처리특례법 제3조 제2항 제6호 및 도로교통법 제48조 제3호에서 규정한 '보행자'에 해당한다고 해석함이 상당하다(90도761).

- 운전자가 차를 세워 시동을 끄고 1단 기어가 들어가 있는 상태에서 시동열쇠를 끼워놓은 채 11세 남짓한 어린이를 조수석에 남겨두고 차에서 내려온 동안 동인이 시동열쇠를 돌리며 악셀러레이터 페달을 밟아 차량이 진행하여 사고가 발생한 경우, 비록 동인의 행위가 사고의 직접적인 원인이었다 할지라도 그 경우 운전자로서는 위 어린이를 먼저 하차시키든가 운전기기를 만지지 않도록 주의를 주거나 손브레이크를 채운 뒤 시동열쇠를 빼는 등 사고를 미리 막을 수 있는 제반조치를 취할 업무상 주의의무가 있다 할 것이어서 이를 게을리한 과실은 사고 결과와 법률상의 인과관계가 있다고 봄이 상당하다(86도1048).

- 화물차를 주차하고 적재함에 적재된 토마토 상자를 운반하던 중 적재된 상자 일부가 떨어지면서 지나가던 피해자에게 상해를 입힌 경우, 교통사고처리특례법에 정한 '교통사고'에 해당하지 않아 업무상과실치상죄가 성립한다(2009도2390).

---

[78] 전문적 운전교습자와 같이 주도적 지위가 인정되는 자의 경우에는 공동정범 성립이 가능하다.

3) 교통사고 장소

- 교통사고처리특례법상의 교통사고는 도로교통법에서 정하는 도로에서 발생한 교통사고의 경우에만 적용되는 것이 아니고, 차의 교통으로 인하여 발생한 모든 경우에 적용되는 것이다(96도1848).

- 교통사고처리특례법에서 교통사고라 함은 차의 교통으로 인하여 사람을 사상하거나 물건을 손상하는 모든 경우를 말하는 것이므로 이를 도로교통법이 정하는 도로에서의 교통사고의 경우로 제한하여 새겨야 할 아무런 근거가 없다. 따라서 사고장소가 대구직할시 노원동 3가에 있는 크라운제과 대구직매장 마당인 이 사건에서 피해자가 피고인의 처벌을 원하지 아니한다고 인정하여 교통사고처리특례법 제3조 제2항의 본문을 적용하여 피고인에 대하여 공소기각의 판결을 한 제1심 판결을 유지한 조처는 정당하다(87도1727).

- 교통사고처리특례법 제1조, 제2조 제2호에 비추어 볼 때 동법상의 교통사고를 도로교통법이 정하는 도로에서의 교통사고의 경우로 제한하여 새겨야 할 아무런 근거가 없으므로 연탄제조공장 내의 한 작업장에서 발생한 교통사고행위에 대하여 교통사고처리특례법이 아닌 형법상의 업무상과실치사상죄로 처단할 수는 없다(88도255).79)

- [1] 골프 카트는 안전벨트나 골프 카트 좌우에 문 등이 없고 개방되어 있어 승객이 떨어져 사고를 당할 위험이 커, 골프 카트 운전업무에 종사하는 자로서는 골프 카트 출발 전에는 승객들에게 안전 손잡이를 잡도록 고지하고 승객이 안전 손잡이를 잡은 것을 확인하고 출발하여야 하고, 우회전이나 좌회전을 하는 경우에도 골프 카트의 좌우가 개방되어 있어 승객들이 떨어져서 다칠 우려가 있으므로 충분히 서행하면서 안전하게 좌회전이나 우회전을 하여야 할 업무상 주의의무가 있다. [2] 골프장의 경기보조원인 피고인이 골프 카트에 피해자 등 승객들을 태우고 진행하기 전에 안전 손잡이를 잡도록 고지하지도 않고, 또한 승객들이 안전 손잡이를 잡았는지 확인하지도 않은 상태에서 만연히 출발하였으며, 각도 70°가 넘는 우로 굽은 길을 속도를 충분히 줄이지 않고 급하게 우회전한 업무상과실로, 피해자를 골프 카트에서 떨어지게 하여 두개골골절, 지주막하출혈 등의 상해를 입게 하였다고 본 원심판단을 수긍한 사례(2010도1911).

4) 업무상 과실 유무

가) 고속도로

- [1] 고속도로를 운행하는 자동차의 운전자로서는 일반적인 경우에 고속도로를 횡단하는 보행자가 있을 것까지 예견하여 보행자와의 충돌사고를 예방하기 위하여 급정차 등의 조치를 취할 수 있도록 대비하면서 운전할 주의의무가 없고, 다만 고속도로를 무단횡단하는 보행자를 충격하여 사고를 발생시킨 경우라도 운전자가 상당한 거리에서 보행자의 무단횡단을 미리 예상할 수 있는 사정이 있었고, 그에 따라 즉시 감속하거나 급제동하는 등의 조치를 취하였다면 보행자와의 충돌을 피할 수 있었다는 등의 특별한 사정이 인정되는 경우에만 자동차 운전자의 과실이 인정될 수 있다. [2] 야간에 고속도로를 무단횡단하는 보행자를 충

---

79) 기소된 교통사고처리특례법위반죄에 대하여 항소심이 업무상과실치사죄로 의율하자 대법원에서 파기당한 사례. 또한 무면허운전으로 기소되었으나 도로가 아니라는 이유로 무죄가 선고됨.

격하여 사망에 이르게 한 운전자의 과실과 사고 사이의 상당인과관계를 인정한 원심을 파기한 사례(2000도2671)
- [1] 야간에 고속도로에서 차량을 운전하는 자는 주간에 정상적인 날씨 아래에서 고속도로를 운행하는 것과는 달리 노면상태 및 가시거리상태 등에 따라 고속도로상의 제한최고속도 이하의 속도로 감속·서행할 주의의무가 있다. [2] 야간에 선행사고로 인하여 전방에 정차해 있던 승용차와 그 옆에 서 있던 피해자를 충돌한 사안에서 운전자에게 고속도로상의 제한최고속도 이하의 속도로 감속운전하지 아니한 과실이 있다고 본 사례(98도2605)

나) 자동차전용도로

- 도로교통법상 자동차전용도로는 자동차만이 다닐 수 있도록 설치된 도로로서 보행자 또는 자동차 외의 차마는 통행하거나 횡단하여서는 안 되도록 되어 있으므로 자동차전용도로를 운행하는 자동차의 운전자로서는 특별한 사정이 없는 한 무단횡단하는 보행자가 나타날 경우를 미리 예상하여 감속서행할 주의의무는 없다(88도1689).
- 제한시속 70킬로미터의 사고지점을 80킬로미터의 과속으로 차량을 운전타가 50미터 전방 우측도로변에 앉아 있는 피해자를 발견하였다면 비록 그 지점이 사람의 횡단보행을 금지한 자동차 전용도로였다 하더라도 그 피해자의 옆으로 동 차량을 운전하고 지나가야만 할 운전자로서는 피해자를 발견하는 즉시 그의 동태를 주시하면서 감속 서행하는등 피해자가 도로에 들어올 경우에 대비하는 조치를 취할 업무상의 주의의무가 있다(86도1676).

다) 교차로

- 교차로를 거의 통과할 무렵 직진신호가 주의신호로 바뀐 경우 자동차운전자로서는 계속 진행하여 신속히 교차로를 빠져나가면 되는 것이고 반대편에서 좌회전을 하기 위해 대기하던 차량이 주의신호임에도 미리 좌회전해 올지 모른다는 것을 예상하고 이에 대한 대비조치를 강구하면서까지 운전할 업무상 주의의무는 없다(86도589).
- 녹색등화에 따라 왕복 8차선의 간선도로를 직진하는 차량의 운전자는 특별한 사정이 없는 한 왕복 2차선의 접속도로에서 진행하여 오는 다른 차량들도 교통법규를 준수하여 함부로 금지된 좌회전을 시도하지는 아니할 것으로 믿고 운전하면 족하고, 접속도로에서 진행하여 오던 차량이 아예 허용되지 아니하는 좌회전을 감행하여 직진하는 자기 차량의 앞을 가로질러 진행하여 올 경우까지 예상하여 그에 따른 사고발생을 미리 방지하기 위하여 특별한 조치까지 강구할 주의의무는 없다 할 것이고, 또한 운전자가 제한속도를 지키며 진행하였더라면 피해자가 좌회전하여 진입하는 것을 발견한 후에 충돌을 피할 수 있었다는 등의 사정이 없는 한 운전자가 제한속도를 초과하여 과속으로 진행한 잘못이 있다 하더라도 그러한 잘못과 교통사고의 발생 사이에 상당인과관계가 있다고 볼 수는 없다(98도1854).

라) 횡단보도

- 횡단보도의 보행자 신호가 녹색신호에서 적색신호로 바뀌는 예비신호 점멸 중에도 그 횡단보도를 건너가는 보행자가 흔히 있고 또 횡단 도중에 녹색신호가 적색신호로 바뀐 경우에도 그 교통신호에 따라 정지함이 없이 나머지 횡단보도를 그대로 횡단하는 보행자도 있으므로 보행자 신호가 녹색신호에서 정지신호로 바뀔 무렵 전후에 횡단보도를 통과하는 자동차 운전자는 보행자가 교통신호를 철저히 준수할 것이라는 신뢰만으로 자동차를 운전할 것이 아니라 좌우에서 이미 횡단보도에 진입한 보행자가 있는지 여부를 살펴보고 또한 그의 동태를 두루 살피면서 서행하는 등하여 그와 같은 상황에 있는 보행자의 안전을 위해 어느 때라도 정지할 수 있는 태세를 갖추고 자동차를 운전하여야 할 업무상의 주의의무가 있다(86도549).

- 차량의 운전자로서는 횡단보도의 신호가 적색인 상태에서 반대차선 상에 정지하여 있는 차량의 뒤로 보행자가 건너오지 않을 것이라고 신뢰하는 것이 당연하고 그렇지 아니할 사태까지 예상하여 그에 대한 주의의무를 다하여야 한다고는 할 수 없다(92도2077).

- [1] 횡단보행자용 신호기가 설치되지 않은 횡단보도를 횡단하는 보행자가 있을 경우에, 모든 차 또는 노면전차(이하 구별하지 않고 '차'라고만 한다)의 운전자는, 그대로 진행하더라도 보행자의 횡단을 방해하지 않거나 통행에 위험을 초래하지 않을 경우를 제외하고는, 횡단보도에 차가 먼저 진입하였는지 여부와 관계없이 차를 일시정지하는 등의 조치를 취함으로써 보행자의 통행이 방해되지 않도록 할 의무가 있다. 만일 이를 위반하여 형법 제268조의 죄를 범한 때에는 교통사고처리 특례법 제3조 제2항 단서 제6호의 '횡단보도에서의 보행자 보호의무를 위반하여 운전한 경우'에 해당하여 보험 또는 공제 가입 여부나 처벌에 관한 피해자의 의사를 묻지 않고 같은 법 제3조 제1항에 의한 처벌의 대상이 된다고 보아야 한다. [2] 도로교통법 제27조 제1항은 "모든 차 또는 노면전차(이하 구별하지 않고 '차'라고만 한다)의 운전자는 보행자(제13조의2 제6항에 따라 자전거에서 내려서 자전거를 끌고 통행하는 자전거 운전자를 포함한다)가 횡단보도를 통행하고 있을 때에는 보행자의 횡단을 방해하거나 위험을 주지 아니하도록 그 횡단보도 앞(정지선이 설치되어 있는 곳에서는 그 정지선을 말한다)에서 일시정지하여야 한다."라고 규정하고 있다. 그 입법 취지는 차를 운전하여 횡단보도를 지나는 운전자의 보행자에 대한 주의의무를 강화하여 횡단보도를 통행하는 보행자의 생명·신체의 안전을 두텁게 보호하려는 데에 있다. 교통사고처리 특례법 제3조 제2항 단서 제6호, 제4조 제1항 단서 제1호가 '도로교통법 제27조 제1항에 따른 횡단보도에서의 보행자 보호의무를 위반하여 운전한 경우'에는 교통사고처리 특례법 제3조 제2항 본문, 제4조 제1항 본문의 각 규정에 의한 처벌의 특례가 적용되지 않도록 규정한 취지도 마찬가지로 해석된다. 위 각 규정의 내용과 취지를 종합하면, 자동차의 운전자는 횡단보행자용 신호기의 지시에 따라 횡단보도를 횡단하는 보행자가 있을 때에는 횡단보도에의 진입 선후를 불문하고 일시정지하는 등의 조치를 취함으로써 보행자의 통행이 방해되지 않도록 하여야 하고, 다만 자동차가 횡단보도에 먼저 진입한 경우로서 그대로 진행하더라도 보행자의 횡단을 방해하지 않거나 통행에 위험을 초래하지 않을 상황이라면 그대로 진행할 수 있는 것으로 해석된다. 이러한 법리는 그 보호의 정도를 달리 볼 이유가 없는 횡단보행자용 신호기가 설치되지 않은 횡단보도를 횡단하는 보행자에 대하여도 마찬가지로 적용된다고 보아야 한다. 따라서 모

든 차의 운전자는 보행자보다 먼저 횡단보행자용 신호기가 설치되지 않은 횡단보도에 진입한 경우에도, 보행자의 횡단을 방해하지 않거나 통행에 위험을 초래하지 않을 상황이 아니고서는, 차를 일시정지하는 등으로 보행자의 통행이 방해되지 않도록 할 의무가 있다(2020도8657).

마) 육교 밑

사고일시가 한 가을의 심야이고 그 장소가 도로교통이 빈번한 대도시 육교밑의 편도 4차선의 넓은 길 가운데 2차선 지점인 경우라면 이러한 교통상황 아래에서의 자동차 운전자는 무단횡단자가 없을 것으로 믿고 운전해가면 되는 것이고 도로교통법규에 위반하여 그 자동차의 앞을 횡단하려고 하는 사람이 있을 것까지 예상하여 그 안전까지를 확인해가면서 운전하여야 할 의무는 없다(88도1320).

바) 반대차로 차량에 대한 주의의무

- 반대차선을 운행하는 차가 중앙선을 넘어 오리라고 예상할 만한 사정이 없는 경우에 있어서 중앙선표시가 있는 왕복 4차선 도로에서 차를 운행하는 운전자에게 반대차선을 운행하는 차가 중앙선을 넘어 동인의 차 진행차선 전방으로 갑자기 진입해 들어올 것까지를 예견하여 감속하는 등 미리 충돌을 방지할 태세를 갖추어 차를 운전하여야 할 업무상 주의의무가 있다고는 할 수 없다. 또한 피고인이 제한속도를 위반하여 다소 과속으로 운전한 잘못이 있다 하더라도 그 잘못과 이 사건 교통사고와의 간에 상당인과관계가 있다고도 할 수 없다(87도995).

- [1] 침범금지의 황색중앙선이 설치된 도로에서 자기차선을 따라 운행하는 자동차 운전수는 반대방향에서 오는 차량도 그쪽 차선에 따라 운행하리라고 신뢰하는 것이 보통이고 중앙선을 침범하여 이쪽 차선에 돌입할 경우까지 예견하여 운전할 주의의무는 없으나, 다만 반대방향에서 오는 차량이 이미 중앙선을 침범하여 비정상적인 운행을 하고 있음을 목격한 경우에는 자기의 진행전방에 돌입할 가능성을 예견하여 그 차량의 동태를 주의깊게 살피면서 속도를 줄여 피행하는 등 적절한 조치를 취함으로써 사고발생을 미연에 방지할 업무상 주의의무가 있다. [2] 피해자의 오토바이가 커브를 돌면서 황색중앙선을 넘으며 일직선으로 오다가 피고인 운전차량 좌측전면을 충돌한 사건에서, 사고발생지점에서 피고인 차량의 전방주시 가능거리는 약 200m로서 그 전방은 커브길인데 피고인은 반대방향에서 달려오던 피해자 오토바이를 전방 약 100m 거리에서 발견하고도 속도를 줄여 도로 우측으로 피하는 등의 조치를 취함이 없이 계속 운행한 과실을 인정한 사례(85도2651)

- 교통사고처리특례법 제13조 제2항 소정의 피해자의 명시한 의사에 반하여 공소를 제기할 수 없는 처벌특례의 예외규정인 같은 항 제2호 전단의 중앙선을 침범하였을 때라 함은 입법취지에 비추어 그 교통사고가 중앙선을 침범하여 운전한 행위로 인하여 일어난 경우를 말하고, 교통사고가 중앙선을 넘어선 지점에서 일어난 모든 경우를 포함하는 것은 아니다(88도2010).

- 차량충돌 사고장소가 편도 1차선의 아스팔트 포장도로이고, 피고인 운전차량이 제한속도(시속 60킬로미터)의 범위 안에서 운행하였으며(시속 40 내지 50킬로미터), 비가 내려 노면이 미끄러운 상태였고, 피고인이 우회전을 하다가 전방에 정차하고 있는 버스를 발견

하고 급제동조치를 취하였으나 빗길 때문에 미끄러져 미치지 못하고 중앙선을 침범하기에 이른 것이라면, 피고인이 버스를 피하기 위하여 다른 적절한 조치를 취할 방도가 없는 상황에서 부득이 중앙선을 침범하게 된 것이어서 교통사고처리특례법 제3조 제2항 단서 제2호에 해당되지 않는다(90도606).

사) 후행차량에 대한 주의의무

- 좌회전 신호등을 켠 채 좌회전하는 차량 운전자는 뒤에서 따라오는 차량이 황색실선의 중앙선을 넘어 자신의 차량을 좌측으로 추월하려 할 것까지 예상하여 뒷차의 동태까지 주의를 기울여야 할 업무상 주의의무가 있다고 할 수 없다(96도2624).
- 내리막길이고 우측으로 비스듬히 구부러진 도로상에서 피해자의 오토바이가 도로 2차선상을 진행하는 피고인의 운전트럭과 그 우측인도 사이로 무리하게 빠져 나가려고 선행하여 가던 피고인의 운전트럭을 바짝 붙어 따라가다가 위 트럭과 충돌하여 사고가 난 경우, 피고인으로서는 후방주시까지 하여 뒤에서 오는 피해자의 오토바이를 발견하고 충돌을 방지할 조치를 취하여야 한다든가 나아가 선행차량이 일시 정차하거나 속도를 낮추어 앞지르려는 오토바이를 선행하도록 하여 줄 업무상 주의의무가 있다고 할 수 없다(85도1959).

아) 선행차량에 대한 주의의무

- [1] 앞차를 뒤따라 진행하는 차량의 운전사로서는 앞차에 의하여 전방의 시야가 가리는 관계상 앞차의 어떠한 돌발적인 운전 또는 사고에 의하여서라도 자기 차량에 연쇄적인 사고가 일어나지 않도록 앞차와의 충분한 안전거리를 유지하고 진로 전방좌우를 잘 살펴 진로의 안전을 확인하면서 진행할 주의의무가 있다고 할 것이다. [2] 이 사건 사고 당시는 01:10경으로서 야간인데다가 비까지 내려 시계가 불량하고 내린 비로 인하여 노면이 다소 젖어있는 상태였으며, 이 사건 사고지점은 비탈길의 고개마루를 지나 내리막길이 시작되는 곳으로부터 가까운 지점인 사실, 피고인은 이 사건 사고차량을 운전하고 편도 2차선 도로 중 2차로를 시속 약 60km의 속도로 선행 차량과 약 30m가량의 간격을 유지한 채 진행하다가 선행차량에 역과된 채 진행 도로상에 누워있는 피해자를 뒤늦게 발견하고 급제동을 할 겨를도 없이 이를 그대로 역과한 사실을 인정할 수 있는바, 이러한 경우 피고인이 사전에 사람이 도로에 누워있을 것까지를 예상하여 이에 대비하면서 운전하여야 할 주의의무는 없다고 하더라도, 사고 당시의 도로상황에 맞추어 속도를 줄이고(위 사고지점은 비탈길의 고개마루를 막 지난 지점이므로 피고인으로서는 미리 법정 제한속도보다도 더 감속하여 서행하였어야 할 것이다) 전방시계의 확보를 위하여 선행차량과의 적절한 안전거리를 유지한 채 전방좌우를 잘 살펴 진로의 안전을 확인하면서 운전하는 등 자동차 운전자에게 요구되는 통상의 주의의무를 다하였더라면, 진행 전방 도로에 누워있는 피해자를 상당한 거리에서 미리 발견하고 좌측의 1차로로 피양하는 등 사고를 미연에 방지할 수 있었음에도 불구하고 위와 같은 주의를 게을리한 탓으로 피해자를 미리 발견하지 못하고 역과한 것이라고 할 것이므로, 이 사건 사고에 관하여 피고인에게 업무상 과실이 없다고 할 수는 없을 것이다(2001도5005).

자) 브레이크 파열

> 내리막길에서 버스의 브레이크가 작동되지 아니하여 대형사고를 피하기 위하여 인도 턱에 버스를 부딪쳐 정차시키려고 하였으나 버스가 인도 턱을 넘어 돌진하여 보행자를 사망에 이르게 한 사안에서 피고인에게 과실이 있다고 인정한 원심판결을 심리미진 내지 채증법칙 위반을 이유로 파기한 사례(96도1198)

5) 죄수관계

- 교통사고처리특례법 제3조 제2항 단서 각 호에서 규정한 예외사유에 해당하는 신호위반 등의 범칙행위와 같은 법 제3조 제1항 위반죄는 그 행위의 성격 및 내용이나 죄질, 피해법익 등에 현저한 차이가 있어 동일성이 인정되지 않는 별개의 범죄행위라고 보아야 할 것이므로, 교통사고처리특례법 제3조 제2항 단서 각 호의 예외사유에 해당하는 <u>신호위반 등의 범칙행위로 교통사고를 일으킨 사람이 통고처분을 받아 범칙금을 납부하였다고 하더라도, 업무상과실치상죄 또는 중과실치상죄에 대하여 같은 법 제3조 제1항 위반죄로 처벌하는 것이 도로교통법 제119조 제3항에서 금지하는 이중처벌에 해당한다고 볼 수 없다</u>(2006도4322).
- <u>도로교통법 제43조(현행법 제48조)의 안전운전의무 위반으로 통고처분에 따른 범칙금을 납부하였어도 교통사고처리특례법 제3조 위반죄로 처벌한다 하여 이중처벌이라 할 수 없다</u>(93도49).

나. 반의사불벌죄 원칙과 그 예외

1) 반의사불벌죄

제3조 제1항의 죄 중 업무상과실치사상죄 또는 중과실치사상죄[80]와 도로교통법 제151조의 죄[81]를 범한 운전자에 대하여는 <u>피해자의 명시한 의사에 반하여 공소를 제기할 수 없다</u>. 따라서 공소제기 전에 위 처벌불원의 의사표시가 있었던 경우에는 형사소송법 제327조 제2호에 의한 공소기각판결을, 공소제기 후에 있는 경우[82]에는 제327조 제6호에 따라 공소기각판결을 선고하여야 한다.

- 피해자가 피고인과 사이에 피고인이 교통사고로 인한 피해자의 치료비 전액을 부담하는 조건으로 민·형사상 문제삼지 아니하기로 합의하고 피고인으로부터 합의금 일부를 수령하면서 피고인에게 합의서를 작성·교부하고, 피고인이 그 합의서를 수사기관에 제출한 경우, 피해자는 그 합의서를 작성·교부함으로써 피고인에게 자신을 대리하여 자신의 처벌불원의사를 수사기관에 표시할 수 있는 권한을 수여하였고, 이에 따라 피고인이 그 합의서를 수사기관에 제출한 이상 피해자의 처벌불원의사가 수사기관에 적법하게 표시되었으며, <u>이후 피고인이 피해자에게 약속한 치료비 전액을 지급하지 아니한 경우에도</u> 민사상 치료비에 관한 합의금지급채무가 남는 것은 별론으로 하고 <u>처벌불원의사를 철회할 수 없다</u>(2001도4283).

---

80) 사망의 결과를 발생시킨 경우를 제외한다.
81) 업무상과실 또는 중과실로 인한 재물손괴죄를 말한다.
82) 공소제기 후 제1심 판결선고 전을 의미한다(형사소송법 제232조 제3항 참조).

- "만일 보상을 해주지 않는다면 처벌을 원합니다"라는 진술은 피해자가 사고 운전자의 처벌을 원치 않는 명시한 의사가 있었던 것으로 볼 수 없다(84도473).

2) 반의사불벌죄에 대한 예외

차의 운전자가 제3조 제1항의 죄 중 업무상과실치상죄 또는 중과실치상죄를 범하고도 <u>도주하거나 피해자를 사고 장소로부터 옮겨 유기하고 도주한 경우</u>,83) 같은 죄를 범하고도 도로교통법 제44조 제2항을 위반하여 <u>음주측정 요구에 따르지 아니한 경우</u>(운전자가 채혈 측정을 요청하거나 동의한 경우는 제외)84)와 <u>제3조 제2항 각 호의 어느 하나에 해당하는 행위로 인하여 같은 죄를 범한 경우</u>에는 피해자의 처벌불원의 의사표시가 있더라도 차의 운전자는 처벌된다.

다만 <u>도로교통법 제151조 위반죄의 경우에는 이러한 예외가 적용되지 아니하므로</u> 피해자의 처벌불원의 의사표시가 있으면 공소기각의 판결이 선고되어야 한다.

- 피고인이 신호를 위반하여 차량을 운행함으로써 사람을 상해에 이르게 한 교통사고로서 교통사고처리특례법 제3조 제1항, 제2항 단서 제1호의 사유가 있다고 하여 공소가 제기된 사안에 대하여, 공판절차에서의 심리 결과 피고인이 신호를 위반하여 차량을 운행한 사실이 없다는 점이 밝혀지게 되고, 한편 위 교통사고 당시 피고인이 운행하던 차량은 교통사고처리특례법 제4조 제1항 본문 소정의 자동차종합보험에 가입되어 있었으므로, 결국 교통사고처리특례법 제4조 제1항 본문에 따라 공소를 제기할 수 없음에도 불구하고 이에 위반하여 공소를 제기한 경우에 해당하고, 따라서 위 공소제기는 형사소송법 제327조 제2호 소정의 공소제기 절차가 법률의 규정에 위반하여 무효인 때에 해당하는 바, 이러한 경우 <u>법원으로서는 위 교통사고에 대하여 피고인에게 아무런 업무상 주의의무위반이 없다는 점이 증명되었다 하더라도 바로 무죄를 선고할 것이 아니라, 형사소송법 제327조의 규정에 의하여 소송조건의 흠결을 이유로 공소기각의 판결을 선고하여야 한다</u>(2004도4693).85)

- [1] 교통사고로 업무상과실치상죄 또는 중과실치상죄를 범한 운전자에 대하여 피해자의 명시한 의사에 반하여 공소를 제기할 수 있는 구 교통사고처리 특례법 제3조 제2항 단서 각 호에서 규정한 신호위반 등의 예외사유는 같은 법 제3조 제1항 위반죄의 구성요건요소가 아니라 공소제기의 조건에 관한 사유이므로, <u>단서 각 호의 사유가 경합하더라도 하나의 교통사고처리특례법위반죄가 성립할 뿐 각 호마다 별개의 죄가 성립하는 것은 아니다.</u> [2] 구 교통사고처리특례법위반죄가 유죄로 인정되는 이상 공소사실에 기재된 업무상 과실을 이루는 주의의무위반 유형 중 일부 인정되지 아니하는 유형이 있더라도 이에 대하여 따로 무죄로 판단할 것은 아니고, 범죄사실 성립 여부에 관한 쟁점이나 양형의 전제사실로 판단하면 충분하다. [3] 택시 운전자인 피고인이 교차로 전방 신호등이 적색신호인 상태에서 일시 정지하고 신호에 따라 진행하는 다른 차량들의 교통을 방해하지 않

---

83) 특정범죄가중처벌등에관한법률위반(도주치상)죄가 성립하는 경우이다(특정범죄 가중처벌 등에 관한 법률 제5조의3 참조).
84) 도로교통법위반(음주측정거부)죄가 성립하는 경우이다(도로교통법 제148조의2 제1항 제2호 참조).
85) 형식재판우선주의에 따른 결론이다.

고 안전하게 우회전하여야 할 업무상 주의의무를 위반한 과실로, 교차로를 직진하던 승용차를 충격하여 업무상과실치사상죄를 범하였다고 하여 구 교통사고처리특례법 위반으로 기소되었는데, 원심이 공소사실 중 '전방 및 좌우 주시의무 위반 등'을 이유로 유죄를 인정하면서 '신호위반' 부분에 대하여는 무죄로 판단한 사안에서, 같은 법 제3조 제2항 단서 제1호에서 규정한 신호위반 등 예외사유들은 공소제기 조건에 관한 사유에 불과하여 무죄판단의 대상이 되지 못하고, 전방 및 좌우 주시의무위반 등으로 인하여 같은 법 위반죄가 유죄로 인정되는 이상 이에 대하여 따로 무죄로 판단할 것은 아니므로 원심이 무죄판단의 대상이 아닌 '신호위반' 부분을 무죄로 판단한 것이 부적절하기는 하나, 그러한 사정만으로 판결 결과에 영향을 미친 위법이 있다고 볼 수 없고, 이는 위 무죄판단이 도로교통법 관련규정의 법리를 오해한 것으로 보는 경우에도 마찬가지이며, 결국 위 무죄 부분은 양형의 전제사실에 관한 판단에 불과한 것으로 평가되므로 이에 대하여 검사가 법리오해 등의 위법이 있다는 사유를 들어 상고이유로 주장할 수 없다고 한 사례(2011도3630)

가) 신호위반 - 제3조 제2항 단서 제1호

교통사고처리특례법 제3조 제2항 제1호, 제4조 제1항 제1호의 규정에 의하면, 신호기에 의한 신호에 위반하여 운전한 경우에는 같은 법 제4조 제1항에서 정한 보험 또는 공제에 가입한 경우에도 공소를 제기할 수 있으나, 여기서 '신호기에 의한 신호에 위반하여 운전한 경우'란 신호위반행위가 교통사고 발생의 직접적인 원인이 된 경우를 말한다.

- 택시 운전자인 피고인이 교통신호를 위반하여 4거리 교차로를 진행한 과실로 교차로 내에서 갑이 운전하는 승용차와 충돌하여 갑 등으로 하여금 상해를 입게 하였다고 하여 교통사고처리특례법 위반으로 기소된 사안에서, 피고인의 택시가 차량 신호등이 적색 등화임에도 횡단보도 앞 정지선 직전에 정지하지 않고 상당한 속도로 정지선을 넘어 횡단보도에 진입하였고, 횡단보도에 들어선 이후 차량 신호등이 녹색 등화로 바뀌자 교차로로 계속 직진하여 교차로에 진입하자마자 교차로를 거의 통과하였던 갑의 승용차 오른쪽 뒤 문짝 부분을 피고인 택시 앞 범퍼 부분으로 충돌한 점 등을 종합할 때, 피고인이 적색 등화에 따라 정지선 직전에 정지하였더라면 교통사고는 발생하지 않았을 것임이 분명하여 피고인의 신호위반행위가 교통사고 발생의 직접적인 원인이 되었다고 보아야 하는데도, 이와 달리 보아 공소를 기각한 원심판결에 신호위반과 교통사고의 인과관계에 관한 법리오해의 위법이 있다(2011도17117).
- [1] 도로교통법 시행규칙 제6조 제2항 [별표 2]는 '황색의 등화'의 뜻을 '1. 차마는 정지선이 있거나 횡단보도가 있을 때에는 그 직전이나 교차로의 직전에 정지하여야 하며, 이미 교차로에 차마의 일부라도 진입한 경우에는 신속히 교차로 밖으로 진행하여야 한다'라고 규정하고 있다. 위 규정에 의하면 차량이 교차로에 진입하기 전에 황색의 등화로 바뀐 경우에는 차량은 정지선이나 '교차로의 직전'에 정지하여야 하며, 차량의 운전자가 정지할 것인지 또는 진행할 것인지 여부를 선택할 수 없다. [2] 자동차 운전자인 피고인이 정지선과 횡단보도가 없는 사거리 교차로의 신호등이 황색 등화로 바뀐 상태에서 교차로에 진입하였다가 갑이

운전하던 견인차량을 들이받은 과실로 갑에게 상해를 입게 함과 동시에 갑의 차량을 손괴하였다고 하여 교통사고처리 특례법 위반(치상) 및 도로교통법 위반으로 기소된 사안에서, 피고인이 교차로를 직진 주행하여 교차로에 진입했다가 피고인 진행방향 오른쪽에서 왼쪽으로 주행하던 갑의 견인차량을 들이받은 점, 피고인은 당시 그곳 전방에 있는 교차로 신호가 황색으로 바뀌었음을 인식하였음에도 정지하지 않은 채 교차로 내에 진입한 점, 당시 교차로의 도로 정비 작업이 마무리되지 않아 정지선과 횡단보도가 설치되지 않았던 점 등을 종합하면, <u>교차로 진입 전 정지선과 횡단보도가 설치되어 있지 않았더라도 피고인이 황색 등화를 보고서도 교차로 직전에 정지하지 않았다면 신호를 위반한 것이다</u>라고 한 사례 (2018도14262)

(1) 교차로 신호기 위치

- 차량신호기가 비록 <u>교차로 입구로부터 약 29m 떨어진 횡단보도 위에 설치되어 있다고 하더라도 이는 횡단보도를 지나는 차량들에 대한 지시를 표시하는 신호기일 뿐 아니라, 교차로를 통과하는 모든 차량들에 관한 지시를 표시하는 신호기로 볼 수 있다</u>(95도1928).
- 횡형삼색등신호기가 교차로의 대각선 지점에 있지 아니하고 교차로에 연이어 있는 횡단보도상에 보행자 신호기와 함께 설치되어 있을 경우 이는 횡단보도상을 통행하는 보행자를 보호하기 위하여 차량들에 대한 횡단보도에 진입 또는 정지를 지시하는 신호기로 보아야 하고 교차로 통행방법까지 지시하는 신호기로 볼 수 없다고 한 원심판결에 대하여 위 신호기는 신호체계와 주변상황에 비추어 볼 때 <u>교차로를 통과하는 차마에 대한 진행방법을 지시하는 신호기로 보아야 한다</u>는 이유로 파기한 사례(91도2330)

(2) 3색신호기와 불법 좌회전·유턴

- [1] <u>교차로에 녹색, 황색 및 적색의 삼색 등화만이 나오는 신호기가 설치되어 있고 달리 비보호 좌회전 표시나 유턴을 허용하는 표시가 없다면 차마의 좌회전 또는 유턴은 원칙적으로 허용되지 않는다.</u> 그러므로 위 교차로에서 적색 등화시에 정지선에 정지하여 있지 아니하고 좌회전 또는 유턴하여 진행하였다면 이는 특별한 사정이 없는 한 도로교통법 제5조의 규정에 의한 신호기의 신호에 위반하여 운전한 경우에 해당한다고 보아야 한다.
  [2] 진행하던 방향의 1차선에 도로교통법 시행규칙 [별표 1]의 규정에 따라 좌회전을 시키려고 하는 장소에 설치하여 진행방향을 표시하는 노면표지가 설치되어 있었다고 하더라도, 이는 좌회전신호가 들어오거나 비보호좌회전 표시가 있는 경우에 차마가 그 신호에 따라 진행할 방향을 뜻하는 것에 불과하여 그러한 노면표지가 있었다는 사정만으로 적색 등화시에 좌회전하거나 유턴한 행위가 정당화된다고는 볼 수 없다(95도3093).

(3) 횡단보도 신호기

- [1] 도로교통법 제2조 제11호, 제5조, 같은 법 시행규칙 제4조 내지 제6조, 제9조 별표 3, 4의 각 규정을 종합하면 <u>횡단보도상의 신호기는 횡단보도를 통행하고자 하는 보행자에 대한 횡단보행자용 신호기이지 차량의 운행용 신호기라고는 풀이되지 아니하므로</u> 횡단보행자용 신호기의 신호가 보행자통행신호인 녹색으로 되었을 때 차량운전자가 그 신호를 따라

횡단보도 위를 보행하는 자를 충격하였을 경우에는 교통사고처리특례법 제3조 제2항 단서 제6호의 보행자 보호의무를 위반한 때에 해당함은 별문제로 하고 이를 같은 조항 단서 제1호의 신호기의 신호에 위반하여 운전한 때에 해당한다고는 할 수 없다. [2] 피고인에 대하여 교통사고처리특례법 제3조 제2항 단서 제1호의 위반사유를 들어 공소가 제기되었다면 법원으로서는 그 심판범위를 넘어서 같은 조항 제6호의 위반여부까지 판단할 수 없다(88도632).

- 횡단보도의 양쪽 끝에 서로 마주보고 횡단보도의 통행인을 위한 보행자신호등이 각 설치되어 있고 그 신호등 측면에 차선진행방향을 향하여 종형 이색등신호기가 각각 별도로 설치되어 있다면, 종형 이색등신호기는 교차로를 통과하는 차마에 대한 진행방법을 지시하는 신호기라고 보는 것이 타당하다(94도1199).

- [1] 교차로와 횡단보도가 연접하여 설치되어 있고 차량용 신호기는 교차로에만 설치된 경우에 있어서는, 그 차량용 신호기는 차량에 대하여 교차로의 통행은 물론 교차로 직전의 횡단보도에 대한 통행까지도 아울러 지시하는 것이라고 보아야 할 것이고, 횡단보도의 보행등 측면에 차량보조등이 설치되어 있지 아니하다고 하여 횡단보도에 대한 차량용 신호등이 없는 상태라고는 볼 수 없다. 위와 같은 경우에 그러한 교차로의 차량용 적색등화는 교차로 및 횡단보도 앞에서의 정지의무를 아울러 명하고 있는 것으로 보아야 하므로, 그와 아울러 횡단보도의 보행등이 녹색인 경우에는 모든 차량이 횡단보도 정지선에서 정지하여야 하고, 나아가 우회전하여서는 아니 되며, 다만 횡단보도의 보행등이 적색으로 바뀌어 횡단보도로서의 성격을 상실한 때에는 우회전 차량은 횡단보도를 통과하여 신호에 따라 진행하는 다른 차마의 교통을 방해하지 아니하고 우회전할 수 있다. 따라서 교차로의 차량신호등이 적색이고 교차로에 연접한 횡단보도 보행등이 녹색인 경우에 차량 운전자가 위 횡단보도 앞에서 정지하지 아니하고 횡단보도를 지나 우회전하던 중 업무상과실치상의 결과가 발생하면 교통사고처리특례법 제3조 제1항, 제2항 단서 제1호의 '신호위반'에 해당하고, 이때 위 신호위반 행위가 교통사고 발생의 직접적인 원인이 된 이상 사고장소가 횡단보도를 벗어난 곳이라 하여도 위 신호위반으로 인한 업무상과실치상죄가 성립함에는 지장이 없다. [2] 자동차 운전자인 피고인이, 삼거리 교차로에 연접한 횡단보도에 차량보조등은 설치되지 않았으나 그 보행등이 녹색이고, 교차로의 차량신호등은 적색인데도, 횡단보도를 통과하여 교차로에 진입·우회전을 하다가 당시 신호에 따라 교차로를 지나 같은 방향으로 직진하던 자전거를 들이받아 그 운전자에게 상해를 입힌 사안에서, 위와 같은 경우 피고인은 횡단보도 정지선에서 정지하여야 하고 교차로에 진입하여 우회전하여서는 아니 되는데도 교차로의 차량용 적색등화를 위반하여 우회전하다가 사고가 발생하였고, 또한 신호위반의 우회전행위와 사고발생 사이에는 직접적인 원인관계가 존재한다고 보는 것이 타당하므로, 위 사고는 교통사고처리특례법 제3조 제1항, 제2항 단서 제1호의 신호위반으로 인한 업무상과실치상죄에 해당한다는 이유로, 이와 달리 피고인에게 신호위반의 책임이 없다고 보아 공소를 기각한 원심판결에 도로교통법상 신호 또는 지시에 따를 의무에 관한 법리오해의 위법이 있다고 한 사례(2009도8222)

(4) 횡단보도 정지선

도로교통법상의 안전표지의 종류, 만드는 방식, 표시하는 뜻, 설치기준 및 설치장소를 규정하고 있는 동법 시행규칙 제3조 제2항의 별표 1에 의하면 일련번호 706번의 표지는 종류란에 정지선표시, 표시하는 뜻 란에 운행 중 정지를 해야 할 경우 정지해야 할 지점을 표시하는 것, 설치기준 및 설치장소란에 정지해야 할 필요가 있는 경우 정지하여야 할 지점에 설치라고 규정되어 있어 위 706번의 정지선 표시는 그 자체가 일시 정지의무 있음을 표시하는 것은 아니고 운행 중 정지를 해야 할 경우에 정지하여야 할 지점이라는 것을 표시하는 안전표지라고 새겨져 자동차 운전자가 위 시행규칙 706번의 정지선 표시만 되어 있는 횡단보도에서 일시 정지함이 없이 자동차를 운행하였다 하더라도 교통사고처리특례법 제3조 제2항 단서 제1호에서 말하는 "일시정지를 내용으로 하는 안전표지가 표시하는 지시에 위반하여 운전한 경우"에 해당하지 아니한다(86도1868).[86]

(5) 삼각형 모양의 황색사선

도로의 바닥에 진입금지를 내용으로 하는 삼각형 모양의 황색사선이 그어져 있다면, 교통사고처리특례법 제3조 제2항 단서 제1호 소정의 '안전표지'에 해당하고 노면상의 표시 이외에 따로 표지판이 세워져 있어야 비로소 위 법조항에서 말하는 '안전표지'에 해당하는 것은 아니다(95도2716).

(6) 일방통행 역주행

특별한 사정이 없는 한 일방통행 도로를 역행하여 차를 운전한 것은 "통행의 금지를 내용으로 하는 안전표지가 표시하는 지시에 위반하여 운전한 경우"에 해당한다(93도2562).

(7) 긴급자동차

구 도로교통법 제24조 제2항의 취의는 단순히 긴급자동차는 이 법 또는 이 법에 의한 명령의 규정에 의하여 정지하여야 할 경우에도 불구하고 정지하지 않을 수 있다는 것을 규정할 뿐 도로교통법이 정하는 일절의 의무규정의 적용을 배제하는 것이 아님은 물론 진행방향에 사람 또는 차량이 통행하고 있음에도 불구하고 정지하지 아니하고 계속 전진할 수 있다는 규정이 아니다(85도1992).

(8) 안전표지 설치권한자

- 군부대장이 인명 및 재산을 보호할 책임이 있는 기지 내의 안전관리를 위하여 그 수명자에게 명하는 행정규칙에 근거하여 설치한 보도와 차도를 구분하는 흰색 실선이 도로교통법상 설치권한이 있는 자나 그 위임을 받은 자가 설치한 것이 아니므로 교통사고처리특례법 제3조 제2항 단서 제1호에서 규정하는 도로교통법 제5조의 규정에 의한 안전표지라고 할 수 없고, 위 흰색 실선이 도로교통법 시행규칙에 규정된 시, 도지사가 설치하는 안전표지와 동일한

---

[86] 보행자가 횡단보도표시와 일시정지선 사이를 걷다가 차량이 충격한 경우, 횡단보도 사고로 의율할 수 없고, 신호등 없는 경우 신호위반으로도 의율할 수 없다. 다만, 차량 신호기가 적색 또는 황색의 등화인데도 일시정지선을 초과하여 사고가 발생한 경우에는 신호위반으로 의율 가능하다.

외관을 갖추고 있고, 자동차를 운전 중 이를 침범하여 교통사고를 일으킨 피고인이 소속 군인으로서 이를 준수하여야 할 의무가 있다고 하여 달리 볼 것은 아니다(91도159).

- 건설회사가 고속도로 건설공사와 관련하여 지방도의 확장공사를 위하여 우회도로를 개설하면서 기존의 도로와 우회도로가 연결되는 부분에 설치한 황색 점선이 도로교통법상 설치권한이 있는 자나 그 위임을 받은 자가 설치한 것이 아니라면 이것을 가리켜 교통사고처리특례법 제3조 제2항 단서 제2호에서 규정하는 중앙선이라고 할 수 없을 뿐만 아니라, 건설회사가 임의로 설치한 것에 불과할 뿐 도로교통법 제64조의 규정에 따라 관할경찰서장의 지시에 따라 설치된 것도 아니고 황색 점선의 설치 후 관할경찰서장의 승인을 얻었다고 인정할 자료도 없다면, 결국 위 황색 점선은 교통사고처리특례법 제3조 제2항 단서 제1호 소정의 안전표지라고 할 수 없다(2003도1895).

- 교통사고처리 특례법 제3조 제2항 단서 제1호, 구 도로교통법(2013. 5. 22. 법률 제11780호로 개정되기 전의 것) 제14조 제4항, 제22조 제3항 제1호, 제25조, 도로교통법 시행규칙 제8조 제1항 제5호, 제2항 [별표 6]을 종합하여 볼 때, 교차로 진입 직전에 설치된 백색실선을 교차로에서의 진로변경을 금지하는 내용의 안전표지와 동일하게 볼 수 없으므로, 교차로에서의 진로변경을 금지하는 내용의 안전표지가 개별적으로 설치되어 있지 않다면 자동차 운전자가 교차로에서 진로변경을 시도하다가 교통사고를 야기하였다고 하더라도 이를 교통사고처리 특례법 제3조 제2항 단서 제1호에서 정한 '도로교통법 제5조에 따른 통행금지를 내용으로 하는 안전표지가 표시하는 지시를 위반하여 운전한 경우'에 해당한다고 할 수 없다(2015도3107).

(9) 기타

구 도로교통법 시행규칙 제6조 제2항 [별표 2]의 조문 체계, [별표 2]는 녹색등화에 우회전 또는 비보호좌회전표시가 있는 곳에서 좌회전을 하는 경우에도 다른 교통에 방해가 되지 아니하도록 진행하여야 하나 다만 좌회전을 하는 경우에만 다른 교통에 방해가 된 때에 신호위반책임을 진다고 명시적으로 규정하고 있는 점, 비보호좌회전표시가 있는 곳에서 녹색등화에 좌회전을 하다 다른 교통에 방해가 된 경우 신호위반의 책임을 지우는 대신 안전운전의무위반의 책임만 지우도록 하기 위하여 2010. 8. 24. 행정안전부령 제156호로 구 시행규칙 [별표 2] 중 녹색등화에 관한 규정을 개정하였으나 비보호좌회전표지·표시가 있는 곳에서 녹색등화에 좌회전을 하더라도 여전히 반대방면에서 오는 차량 또는 교통에 방해가 되지 아니하도록 하여야 하는 점에다가 우리나라의 교통신호체계에 관한 기본태도나 그 변화 등에 비추어 보면, 적색등화에 신호에 따라 진행하는 다른 차마의 교통을 방해하지 아니하고 우회전할 수 있다는 구 시행규칙 [별표 2]의 취지는 차마는 적색등화에도 원활한 교통소통을 위하여 우회전을 할 수 있되, 신호에 따라 진행하는 다른 차마의 신뢰 및 안전을 보호하기 위하여 다른 차마의 교통을 잘 살펴 방해하지 아니하여야 할 안전운전의무를 부과한 것이고, 다른 차마의 교통을 방해하게 된 경우에 신호위반의 책임까지 지우려는 것은 아니다(2011도3970).[87]

---

[87] 택시 운전자인 피고인이 교차로에서 적색등화에 우회전하다가 신호에 따라 진행하던 피해자 운전의 승용차를 충격하여 그에게 상해를 입혔다고 하여 구 교통사고처리특례법 위반으로 기소된 사안에서, 위 사고가 같은 법 제3조 제2항 단서 제1호에서 정한 '신호위반'으로 인한 사고에 해당하지 아니한다고 본 원심판단을 수긍한 사례

나) 중앙선 침범 – 제2호

(1) 중앙선 침범의 의미

- 교통사고처리특례법 제3조 제2항 단서 제2호 전단이 규정하는 '도로교통법 제12조 제3항의 규정에 위반하여 차선이 설치된 도로의 중앙선을 침범하였을 때'라 함은 교통사고의 발생지점이 중앙선을 넘어선 모든 경우를 가리키는 것이 아니라 부득이한 사유가 없이 중앙선을 침범하여 교통사고를 발생케 한 경우를 뜻하며, 여기서 '부득이한 사유'라 함은 진행차로에 나타난 장애물을 피하기 위하여 다른 적절한 조치를 취할 겨를이 없었다거나 자기 차로를 지켜 운행하려고 하였으나 운전자가 지배할 수 없는 외부적 여건으로 말미암아 어쩔 수 없이 중앙선을 침범하게 되었다는 등 중앙선 침범 자체에는 운전자를 비난할 수 없는 객관적 사정이 있는 경우를 말하는 것이며, 중앙선 침범행위가 교통사고 발생의 직접적인 원인이 된 이상 사고장소가 중앙선을 넘어선 반대차선이어야 할 필요는 없으나, 중앙선 침범행위가 교통사고 발생의 직접적인 원인이 아니라면 교통사고가 중앙선 침범운행 중에 일어났다고 하여 모두 이에 포함되는 것은 아니다(97도927).

- [1] 교통사고처리특례법 제3조 제2항 제2호 전단의 차선이 설치된 도로의 중앙선을 '침범' 한다는 뜻은 황색실선의 중앙선일 경우 교통사고의 발생지점이 중앙선을 넘어선 모든 경우를 말하는 것이 아니라 중앙선을 침범하여 계속적인 침범운행을 한 행위로 인하여 교통사고를 발생케 하였거나 계속적인 침범운행은 아니었다 하더라도 부득이 한 사유가 없는데도 중앙선을 침범하여 교통사고를 발생케 한 경우를 뜻하는 것이다. [2] 황색점선인 중앙선의 경우에 있어서는 그 차선의 성질상 운행 당시의 객관적인 여건이 장애물을 피해야 하는 등 중앙선을 넘을 필요가 있어 반대방향의 교통에 주의하면서 그 선을 넘어가는 경우는 도로교통법 제13조 제2항의 차선에 따른 운행에 해당한다 할 것이나 그와 같은 월선의 필요성도 없고 반대방향의 교통에 주의를 기울이지도 아니한 채 중앙선을 넘어 운행하는 것은 위 특례법 제3조 제2항 제2호 전단의 도로교통법 제13조 제2항에 위반하여 차선이 설치된 도로의 중앙선을 '침범'한 경우에 해당한다고 해석함이 상당하다(86도2597).

(2) 도로교통법 제13조 제3항의 규정에 위반하여 중앙선을 침범할 것

- 도로에 중앙선이 설치되어 있는 경우, 차마는 도로의 중앙선으로부터 우측 부분을 통행하여야 하고, 다만 도로의 우측 부분의 폭이 6m가 되지 아니하는 도로에서 다른 차를 앞지르고자 하는 때에는, 그 도로의 좌측 부분을 확인할 수 있으며 반대방향의 교통을 방해할 염려가 없고 안전표지 등으로 앞지르기가 금지 또는 제한되지 아니한 경우에 한하여 도로의 중앙이나 좌측 부분을 통행할 수 있도록 되어 있으나, 한편 도로교통법 제3조, 제4조, 도로교통법 시행규칙 제3조, 제10조, [별표 1]에 의하면, 중앙선 표지는 안전표지 중 도로교통법 제13조에 따라 도로의 중앙선을 표시하는 노면표지로서 그 중 황색실선은 자동차가 넘어갈 수 없음을 표시하는 것이라고 규정되어 있으므로, 편도 1차로 도로로서 황색실선의 중앙선 표지가 있는 장소에서는 설사 앞서가던 버스가 정차하여 후행 차량의 진행로를 막고 있었다고 하더라도, 그 버스를 피하여 앞서가기 위하여 황색실선의 중앙선을 넘어 자동차를 운행할 수는 없다(97도927).

- 피고인이 승합차량을 운전하고 황색점선으로 중앙선이 표시되어 있는 편도 1차선 직선도로의 바깥쪽으로부터 3분의1 정도의 지점에서 같은 방향으로 앞서 진행하던 피해자 운전의 자전거를 안전하게 앞지르기 위하여 대향차선에 진행 중인 차량이 없음을 확인한 후 중앙선을 넘어 대향차선에 진입하였는데, 이어서 피해자도 도로를 횡단하기 위하여 중앙선을 넘어 대향차선으로 들어와 충돌하게 되었다면, 피고인이 황색점선의 중앙선을 넘어 반대차선으로 들어간 행위는, 도로교통법에 규정된 통행방법에 따른 것으로서, 교통사고처리특례법 제3조 제2항 단서 제2호 전단 소정의 "도로교통법 제13조 제2항의 규정에 위반하여 차선이 설치된 도로의 중앙선을 침범한 경우"에 해당하지 아니할 뿐만 아니라, 피고인의 위 중앙선을 침범한 행위가 위 교통사고의 직접적인 원인이 되었다고 볼 수도 없으므로, 위 교통사고가 교통사고처리특례법 제3조 제2항 단서 제2호 전단 소정의 중앙선 침범사고에 해당하지 아니한다고 할 것이다(91도821).
- 황색점선인 중앙선의 경우에 있어서는 그 차선의 성질상 운행 당시의 객관적인 여건이 장애물을 피해가야 하는 등 중앙선을 넘을 필요가 있어 반대방향의 교통에 주의하면서 그 선을 넘어가는 경우는 도로교통법 제13조 제2항의 차선에 따른 운행에 해당한다 할 것이나 그와 같은 월선의 필요성도 없고 반대방향의 교통에 주의를 기울이지도 아니한 채 중앙선을 넘어 운행하는 것은 위 특례법 제3조 제2항 제2호 전단의 도로교통법 제13조 제2항에 위반하여 차선이 설치된 도로의 중앙선을 '침범'한 경우에 해당한다고 해석함이 상당하다(86도2597).
- [1] 고의에 의한 경우뿐만 아니라 운전 부주의나 졸음운전 등 과실에 의한 중앙선 침범도 포함한다. [2] 차량진행방향 좌측으로 휘어지는 완만한 커브길(편도 1차선)을 비오는 상태에서 시속 50Km로 화물자동차를 운전하다가 약 20m 앞 횡단보도 우측에 보행자들이 서있는 것을 발견하고 당황한 나머지 감속을 하기 위하여 급제동조치를 취하다가 차가 빗길에 미끄러지면서 중앙선을 침범하여 반대편 도로변에 있던 피해자들을 차량으로 치어 중상을 입힌 것이라면, 운전자가 진행차선에 나타난 장애물을 피하기 위하여 다른 적절한 조치를 취할 겨를이 없었다고는 할 수 없으며, 또 빗길이라 하더라도 과속상태에서 핸들을 급히 꺾지 않는 한 단순한 급제동에 의하여서는 차량이 그 진로를 이탈하여 중앙선 반대편의 도로변을 덮칠 정도로 미끄러질 수는 없는 것이어서 그 중앙선침범이 운전자가 지배할 수 없는 외부적 여건으로 말미암아 어쩔 수 없었던 것이라고도 할 수 없다 할 것이므로 위의 중앙선 침범은 교통사고처리특례법 제3조 제2항 단서 제2호 전단에 해당한다(91도1783).
- 좌회전 또는 유턴을 하기 위하여 중앙선을 넘어 반대차선으로 들어간 경우에도 중앙선침범의 죄책을 진다(2000도2116).
- 피해자 운전의 승용차가 중앙선에 근접하여 운전하여 오는 것을 상당한 거리에서 발견하고도 충돌방지를 위한 적절한 조치를 취하지 않고 진행하다 근접해서야 급제동 조치 및 핸들을 왼쪽으로 조작함으로써 중앙선을 넘어가 사고가 났다면 중앙선침범에 해당한다(96도1049).
- 신호등이 설치되지 않은 횡단보도를 통로로 하여 반대차선으로 넘어 들어가다 충돌사고가 발생한 경우, 그곳이 횡단보도로서 중앙선이 그어져 있지 않아도 반대차선 운전자의 신뢰에 어긋

날 뿐만 아니라 교통사고의 위험성이 큰 운전행위로서 중앙선 침범사고에 해당한다(95도512).
- 충돌사고 지점은 중앙선이 그어져 있지 않은 교차로라면 이 사건 사고는 중앙선을 침범함으로써 야기한 사고라 할 수 없다(84도182).
- 차량이 도로를 가로질러 후진하여 차 뒷부분이 중앙선에 걸치게 된 후 반대 방향 차선 위로 45도 각도로 역주행하여 운행한 경우 중앙선 침범행위에 해당한다(90도296).
- 중앙선의 우측 차로 내에서 후진하는 행위는 같은 호 전단의 '도로교통법 제13조 제3항의 규정을 위반하여 중앙선을 침범한 경우'에 포함되지 않는다고 해석하여야 한다(2010도3436).
- 도로교통법이 도로의 중앙선 내지 중앙의 우측 부분을 통행하도록 하고 중앙선을 침범하여 발생한 교통사고를 처벌 대상으로 한 것은, 각자의 진행방향 차로를 준수하여 서로 반대방향으로 운행하는 차마의 안전한 운행과 원활한 교통을 확보하기 위한 것이므로, 황색 실선이나 황색 점선으로 된 중앙선이 설치된 도로의 어느 구역에서 좌회전이나 유턴이 허용되어 중앙선이 백색 점선으로 표시되어 있는 경우, 그 지점에서 좌회전이나 유턴이 허용되는 신호 상황 등 안전표지에 따라 좌회전이나 유턴을 하기 위하여 중앙선을 넘어 운행하다가 반대편 차로를 운행하는 차량과 충돌하는 교통사고를 내었더라도 이를 교통사고처리 특례법에서 규정한 중앙선 침범 사고라고 할 것은 아니다(2016도18941).

(3) 부득이한 사유가 없을 것

- 교통사고처리특례법 제3조 제2항 단서 제2호 전단 소정의 '도로교통법 제13조 제2항의 규정에 위반하여 차선이 설치된 도로의 중앙선을 침범하였을 때'라 함은 교통사고의 발생지점이 중앙선을 넘어선 모든 경우를 가리키는 것이 아니라 부득이한 사유가 없이 중앙선을 침범하여 교통사고를 발생케 한 경우를 뜻하며, 그 부득이한 사유라 함은 진행차선에 나타난 장애물을 피하기 위하여 다른 적절한 조치를 취할 겨를이 없었다거나 자기 차선을 지켜 운행하려고 하였으나 운전자가 지배할 수 없는 외부적 여건으로 말미암아 어쩔 수 없이 중앙선을 침범하게 되었다는 등 중앙선침범 자체에는 운전자를 비난할 수 없는 객관적 사정이 있는 경우를 말한다(91도1783).
- 교통사고처리특례법 제3조 제2항 본문의 처벌특례에 대한 예외규정인 같은 항 제2호 소정의 도로교통법 제13조 제2항의 규정에 위반하여 차선이 설치된 도로의 중앙선을 침범한 경우라 함은 교통사고의 발생지점이 중앙선을 넘어선 모든 경우를 말하는 것이 아니라 중앙선을 침범하여 계속적인 침범운행을 한 행위로 인하여 교통사고를 발생케 하였거나 계속적인 침범운행은 없었다 하더라도 부득이 한 사유가 없는데도 중앙선을 침범하여 교통사고를 발생케 한 경우를 뜻하는 것이어서 운행당시의 객관적인 여건이 장애물을 피행하여야 되는 등 긴박하여 부득이 중앙선을 침범할 수밖에 없었다면 그로 인하여 중앙선을 넘어선 지점에서 교통사고를 일으켰다 하더라도 위 처벌특례의 예외규정에 해당하지 아니한다(86도1142).

(개) 부득이한 사유를 인정한 사례

- **시속 20km로** 운행 중 **내리막 빙판길에서 미끄러진 경우**(86도76)
- 앞서 가던 택시와의 안전거리를 확보하지 아니한 채 미끄러운 도로를 그대로 운행한 과실이 있다 하더라도, **미끄러운 도로에서 그 택시와의 충돌을 피하기 위하여 중앙선을 넘은 경우**(87도2173)
- 피고인이 고속도로의 주행선을 진행함에 있어서 비가 내려 노면이 미끄러웠고 추월선상에 다른 차가 진행하고 있었으므로 속도를 더 줄이고 추월선상의 차량의 동태를 살피면서 급히 제동할 수 있는 조치를 취하여야 할 주의의무를 게을리 하여 **추월선상의 차량이 피고인의 차선으로 갑자기 들어오는 것을 피하다가 빗길에 미끄러져 중앙분리대를 넘어가 반대편 추월선상의 자동차와 충돌한 경우**(90도1918)
- 차량바퀴에 구멍이 나는 등 **차량고장**으로 인해 중앙선을 침범하여 사고가 발생한 경우 중앙선 침범 사고에 해당하지 아니한다(94도2393).
- **브레이크 파열**로 제동이 되지 않는 상황에서 전방 횡단보도의 **보행인과의 충돌을 피하기 위해 중앙선을 넘어 운행하다가 사고가 일어난 경우** 중앙선 침범 사고에 해당하지 아니한다(85도329).

(나) 부득이한 사유를 부정한 사례

- **전방에 고인 빗물을 피하기 위하여 차선을 변경하다가 빗길에 미끄러져 중앙선을 침범한 경우**(87도171)
- **왼쪽으로 완만하게 휘어지는 커브길**에서 약 20m 전방의 횡단보도 우측에서 서있는 보행자들을 발견하고 급제동조치를 취하다가 빗길에 미끄러지면서 중앙선을 침범하여 교통사고가 발생한 경우(91도1783)
- **평탄한 편도 2차로인 직선로의 빙판길에서 다소 과속**하다가 운전조작을 제대로 하지 못하여 중앙선을 침범한 경우(95도1232)
- **편도 1차로**에서 앞서 가던 버스가 정차하자 그 버스를 피하여 앞서 가기 위하여 황색실선의 중앙선을 침범한 경우(97도927)
- 길이가 긴 **특수자동차(추레라)**를 운전하여 편도 1차로인 도로를 가다가 우측으로 난 소로로 진입하기 위하여 우회전함에 있어 자기 차로만으로는 원활한 우회전이 불가능하자 반대차로를 침범하여 회전반경을 크게 하면서 우측 소로로 진입하다가 반대차로에서 마주 오는 버스와 충돌한 경우(2000도5848)
- 긴급자동차라도 도로교통법 소정의 **긴급하고 부득이한 사유 없이** 중앙선을 넘어 운행하다가 일어난 사고는 중앙선 침범 사고에 해당한다(84도2770).

(4) 중앙선 침범의 사고 - 직접적인 원인

- [1] 중앙선 침범행위가 교통사고 발생의 직접적인 원인이 된 이상 사고장소가 중앙선을 넘어선 반대차로이어야 할 필요는 없다. [2] 트럭운전사가 진행방향에 정차 중인 버스를 추월하기

위하여 황색실선인 중앙선을 침범하여 운행 중 마주오던 카고트럭과의 충돌을 피하기 위하여 급정거 조치를 취하면서 핸들을 오른쪽으로 꺾어 원래의 자기차선으로 들어왔으나 주행탄력으로 계속 진행하면 도로 옆의 인가를 덮칠 염려가 있는데다가 급회전으로 인하여 차체가 불안정해져서 그 균형을 바로잡기 위하여 다시 핸들을 왼쪽으로 꺾는 바람에 자기차선의 앞에서 막 출발하려는 버스를 충격하여 발생한 교통사고는 트럭운전사의 중앙선 침범이란 운행상의 과실을 직접적인 원인으로 하여 발생한 것이라 보아야 하므로 교통사고처리특례법 제3조 제2항 단서 제2호의 "중앙선을 침범한 행위"로 인한 교통사고에 해당한다(90도536).

- 중앙선 침범행위가 교통사고 발생의 **직접적인 원인**이 아니라면 교통사고가 중앙선 침범 운행 중에 일어났다고 하여 모두 이에 포함되는 것은 아니다(91도1319).

(5) 중앙선 침범의 사고 – 직접적인 원인이 되지 않았다고 본 사례

- 급브레이크를 밟은 과실로 자동차가 미끄러져 **중앙선을 넘어 도로 언덕 아래에 굴러 떨어져 전복되게 하여 그 충격으로 치상케 한 경우**(85도384)

- 피고인이 승합차량을 운전하고 **황색점선으로 중앙선이 표시되어 있는 편도 1차선 직선도로**의 바깥쪽으로부터 3분의1 정도의 지점에서 같은 방향으로 앞서 진행하던 피해자 운전의 자전거를 안전하게 앞지르기 위하여 대향차선에 진행 중인 차량이 없음을 확인한 후 중앙선을 넘어 대향차선에 진입하였는데, 이어서 피해자도 도로를 횡단하기 위하여 중앙선을 넘어 대향차선으로 들어와 충돌하게 되었다면, 피고인이 황색점선의 중앙선을 넘어 반대차선으로 들어간 행위는, 도로교통법에 규정된 통행방법에 따른 것으로서, 교통사고처리특례법 제3조 제2항 단서 제2호 전단 소정의 "도로교통법 제13조 제2항의 규정에 위반하여 차선이 설치된 도로의 중앙선을 침범한 경우"에 해당하지 아니할 뿐만 아니라, 피고인의 위 중앙선을 침범한 행위가 위 교통사고의 **직접적인 원인이 되었다고 볼 수도 없으므로**, 위 교통사고가 교통사고처리특례법 제3조 제2항 단서 제2호 전단 소정의 중앙선 침범사고에 해당하지 아니한다고 한 사례(91도821)

- 피고인이 1톤 봉고트럭을 운전하여 편도 1차선 도로를 시속 약 76킬로미터로 진행하던 중 전방 50미터 정도에서 도로 중앙부분으로 자전거를 타고가는 피해자를 발견하고 이를 추월하고자 경적을 울리면서 중앙선을 침범하여 30여미터 진행하다가 위 자전거를 추월할 무렵 피해자가 전방 좌측에 나 있는 길쪽으로 좌회전하여 들어오는 바람에 도로 중앙선을 넘은 지점에서 피해자를 충격하였다면, 피고인의 중앙선 침범행위가 위 사고 발생의 직접적 원인이 되었다고는 할 수 없다고 한 사례(89도2218)

- 택시운전사가 약 30m 앞에서 같은 방향으로 자전거를 타고가는 피해자를 피해가기 위하여 중앙선을 약 30cm 침범하여 진행하는데 피해자가 갑자기 자전거를 좌회전하여 위 택시 앞으로 들어오기 때문에 이를 피하지 못해 충격하였다면 교통사고처리특례법 제3조 제2항 제2호 소정의 중앙선 침범사고에 해당하지 아니한다고 한 사례(90도2000)

- 피고인이 전방 약 100여미터 지점 우측도로변을 같은 방향으로 자전거를 탄 채 진행하는 피해자를 발견하고 경음기를 울리면서 동인을 피하기 위하여 중앙선을 침범하면서

진행하였으나 위 자전거를 추월할 무렵 위 피해자가 자전거를 탄 채 갑자기 도로중앙부위로 꺾어 들어옴으로써 일어난 것이므로 본건 사고장소가 중앙선을 넘어선 지점이기는 하나 피고인이 중앙선을 침범하여 운전한 행위로 인하여 일어난 것이라고는 할 수 없은즉, 위 특례법의 예외규정에 해당한다고도 할 수 없다고 본 사례(84도2923)

- 피고인 운전 차량에 들이받힌 차량이 중앙선을 넘으면서 마주 오던 차량과 충돌하여 사고가 발생한 경우(98도832)
- 버스 운전사가 삼거리에서 좌회전하다가 반대방향에서 중앙선을 침범하여 진행해오던 피해자 운전의 오토바이를 버스로 충격한 경우(91도1319)
- 좌회전 허용지점에서 좌회전하기 위해 중앙선 일부를 침범한 채 서 있다가 반대차선에서 마주오던 차와 부딪친 경우 중앙선 침범이 사고의 직접적 원인이라고 보기 어렵다(94도1200).
- 피고인이 트럭을 도로의 중앙선 위에 왼쪽 바깥 바퀴가 걸친 상태로 운행하던 중 피해자가 승용차를 운전하여 피고인이 진행하던 차선으로 달려오다가 급히 자기 차선으로 들어가면서 피고인이 운전하던 트럭과 교행할 무렵 다시 피고인의 차선으로 들어와 그 차량의 왼쪽 앞 부분으로 트럭의 왼쪽 뒷바퀴 부분을 스치듯이 충돌하고 이어서 트럭을 바짝 뒤따라가던 차량을 들이받았다면, 설사 피고인이 중앙선 위를 달리지 아니하고 정상 차선으로 달렸다 하더라도 사고는 피할 수 없다 할 것이므로 피고인 트럭의 왼쪽 바퀴를 중앙선 위에 올려놓은 상태에서 운전한 것만으로는 위 사고의 직접적인 원인이 되었다고 할 수 없다(90도2856).

다) 제한속도위반 – 제3호

신호에 따라 운행하는 운전자는 제한속도를 지키며 진행하였더라면 피해자가 좌회전하여 진입하는 것을 발견한 후 충돌을 피할 수 있었다는 등의 특별한 사정이 없는 한 제한속도를 초과하여 운전한 과실과 교통사고의 발생 사이에 상당인과관계가 있다고 볼 수는 없다(98도1584).

라) 앞지르기방법 위반 – 제4호

도로교통법 제20조의2는 "모든 차의 운전자는 다음 각 호의 1에 해당하는 곳에서는 다른 차를 앞지르지 못한다"고 규정하여 일정한 장소에서의 앞지르기를 금지하고 있으므로, 같은 조의 각 호에 해당하는 곳에서는 도로교통법 제18조에 의하여 앞차가 진로를 양보하였다 하더라도 앞지르기를 할 수 없다(2004도8062).88)

마) 보행자보호의무위반 – 제6호

(1) 횡단보도 여부

- 시·도지사가 설치한 횡단보도에 횡단보행자용 신호기가 설치되어 있는 경우에는, 횡단보도 표지판이 설치되어 있지 않더라도 횡단보행표시만 설치되어 있으면, 도로교통법

---

88) 피고인이 앞지르기 금지장소인 도로교통법 제20조의2 제3호의 '비탈길의 고갯마루 부근'에서 앞지르기 한 사실을 인정하고서도, 앞차가 피고인에게 진로를 양보하지 않았는데도 피고인이 앞지르기를 하였다는 사실에 대하여 증거가 없다는 이유로 무죄를 선고한 원심을 위법하다고 판시한 사례이다.

시행규칙 제9조 소정의 횡단보도의 설치기준에 적합한 횡단보도가 설치되었다고 보아야 할 것임은 물론, 횡단보행자용 신호기가 고장이 나서 신호등의 등화가 하루쯤 점멸되지 않는 상태에 있더라도, 그 횡단보도는 교통사고처리특례법 제3조 제2항 단서 제6호 소정의 "도로교통법 제48조 제3호의 규정에 의한 횡단보도"라고 인정하여야 할 것이다(89도1696).

- 횡단보도의 표지판이나 신호대가 설치되어 있지는 않으나 도로의 바닥에 페인트로 횡단보도표시를 하여 놓은 곳으로서 피고인이 진행하는 반대차선 쪽은 오래되어 거의 지워진 상태이긴 하나 피고인이 운행하는 차선 쪽은 횡단보도인 점을 식별할 수 있을 만큼 그 표시가 되어 있는 곳에서 교통사고가 난 경우에는 교통사고가 도로교통법상 횡단보도상에서 일어난 것으로 인정된다(90도1116).

(2) 교차로 신호와 인접 횡단보도

횡단보도에 보행자를 위한 보행등이 설치되어 있지 않다고 하더라도 횡단보도표시가 되어 있는 이상 그 횡단보도는 도로교통법에서 말하는 횡단보도에 해당하므로, 이러한 횡단보도를 진행하는 차량의 운전자가 도로교통법 제24조 제1항의 규정에 의한 횡단보도에서의 보행자보호의무를 위반하여 교통사고를 낸 경우에는 교통사고처리특례법 제3조 제2항 단서 제6호 소정의 횡단보도에서의 보행자보호의무 위반의 책임을 지게 되는 것이며, 비록 그 횡단보도가 교차로에 인접하여 설치되어 있고 그 교차로의 차량신호등이 차량진행신호였다고 하더라도 이러한 경우 그 차량신호등은 교차로를 진행할 수 있다는 것에 불과하지, 보행등이 설치되어 있지 아니한 횡단보도를 통행하는 보행자에 대한 보행자보호의무를 다하지 아니하여도 된다는 것을 의미하는 것은 아니므로 달리 볼 것은 아니다(2003도3529).

(3) 보행자

- 도로교통법 제48조 제3호의 보행자가 횡단보도를 통행하고 있는 때라고 함은 사람이 횡단보도에 있는 모든 경우를 의미하는 것이 아니라 도로를 횡단할 의사로 횡단보도를 통행하고 있는 경우에 한한다 할 것이므로 피해자가 사고 당시 횡단보도상에 엎드려 있었다면 횡단보도를 통행하고 있었다고 할 수 없음이 명백하여 그러한 피해자에 대한 관계에 있어서는 횡단보도상의 보행자 보호의무가 있다고 할 수 없다(93도1118).
- 피고인이 자동차를 운전하다 횡단보도를 걷던 보행자 갑을 들이받아 그 충격으로 횡단보도 밖에서 갑과 동행하던 피해자 을이 밀려 넘어져 상해를 입은 사안에서, 위 사고는, 피고인이 횡단보도 보행자 갑에 대하여 구 도로교통법 제27조 제1항에 따른 주의의무를 위반하여 운전한 업무상과실로 야기되었고, 을의 상해는 이를 직접적인 원인으로 하여 발생하였다는 이유로, 피고인의 행위가 구 교통사고처리특례법 제3조 제2항 단서 제6호에서 정한 횡단보도 보행자 보호의무의 위반행위에 해당한다고 한 사례(2009도12671)
- [1] 횡단보행자용 신호기가 설치되지 않은 횡단보도를 횡단하는 보행자가 있을 경우에, 모든 차 또는 노면전차의 운전자는, 그대로 진행하더라도 보행자의 횡단을 방해하지 않거나 통행에 위험을 초래하지 않을 경우를 제외하고는, 횡단보도에 차가 먼저 진입하였는지 여부와 관계없이 차를 일시정지하는 등의 조치를 취함으로써 보행자의 통행이 방해되지 않도록 할 의무가 있다. 만일 이를 위반하여 형법 제268조의 죄를 범한 때에는 교통사고처리 특례법 제3조

제2항 단서 제6호의 '횡단보도에서의 보행자 보호의무를 위반하여 운전한 경우'에 해당하여 보험 또는 공제 가입 여부나 처벌에 관한 피해자의 의사를 묻지 않고 같은 법 제3조 제1항에 의한 처벌의 대상이 된다고 보아야 한다. [2] 도로교통법 제27조 제1항 등 규정의 내용과 취지를 종합하면, 자동차의 운전자는 횡단보행자용 신호기의 지시에 따라 횡단보도를 횡단하는 보행자가 있을 때에는 횡단보도에의 진입 선후를 불문하고 일시정지하는 등의 조치를 취함으로써 보행자의 통행이 방해되지 않도록 하여야 하고, 다만 자동차가 횡단보도에 먼저 진입한 경우로서 그대로 진행하더라도 보행자의 횡단을 방해하지 않거나 통행에 위험을 초래하지 않을 상황이라면 그대로 진행할 수 있는 것으로 해석된다. 이러한 법리는 그 보호의 정도를 달리 볼 이유가 없는 횡단보행자용 신호기가 설치되지 않은 횡단보도를 횡단하는 보행자에 대하여도 마찬가지로 적용된다고 보아야 한다. 따라서 <u>모든 차의 운전자는 보행자보다 먼저 횡단보행자용 신호기가 설치되지 않은 횡단보도에 진입한 경우에도, 보행자의 횡단을 방해하지 않거나 통행에 위험을 초래하지 않을 상황이 아니고서는, 차를 일시정지하는 등으로 보행자의 통행이 방해되지 않도록 할 의무가 있다</u>(2020도8675).

(4) 신호변경

- 횡단보도 신호가 차량진행 신호로 바뀌자 횡단을 중단하고 도로 중앙선 부분에 서 있는 피해자를 보행자로 보기 어렵다(83도2676).

- 교통사고발생 당시의 신호가 차량진행신호였다면 사고지점이 비록 교통신호대가 있는 횡단보도상이라 하더라도 운전자가 그 횡단보도앞에서 감속하거나 일단정지하지 아니하였다 하여 횡단보도에서의 보행자 보호의무를 위반하였다 할 수 없다(85도1228).

- 도로를 통행하는 보행자나 차마는 신호기 또는 안전표지가 표시하는 신호 또는 지시등을 따라야 하는 것이고(도로교통법 제5조), '보행등의 녹색등화의 점멸신호'의 뜻은, 보행자는 횡단을 시작하여서는 아니 되고 횡단하고 있는 보행자는 신속하게 횡단을 완료하거나 그 횡단을 중지하고 보도로 되돌아와야 한다는 것인바(도로교통법 시행규칙 제5조 제2항 [별표 3]), 피해자가 보행신호등의 녹색등화가 점멸되고 있는 상태에서 횡단보도를 횡단하기 시작하여 횡단을 완료하기 전에 보행신호등이 적색등화로 변경된 후 차량신호등의 녹색등화에 따라서 직진하던 피고인 운전차량에 충격된 경우에, 피해자는 신호기가 설치된 횡단보도에서 녹색등화의 점멸신호에 위반하여 횡단보도를 통행하고 있었던 것이어서 <u>횡단보도를 통행 중인 보행자라고 보기는 어렵다고 할 것이므로</u>, 피고인에게 운전자로서 사고발생방지에 관한 업무상 주의의무위반의 과실이 있음은 별론으로 하고 도로교통법 제24조 제1항 소정의 보행자보호의무를 위반한 잘못이 있다고는 할 수 없다(2001도2939).

- <u>보행신호등의 녹색등화의 점멸신호 전에 횡단을 시작하였는지 여부를 가리지 아니하고 보행신호등의 녹색등화가 점멸하고 있는 동안에 횡단보도를 통행하는 모든 보행자는 도로교통법 제27조 제1항에서 정한 횡단보도에서의 보행자보호의무의 대상이 된다</u>(2007도9598).[89]

---

89) 이 판례는 "원심이 원용하는 대법원 2001. 10. 9. 선고 2001도2939 판결은 피해자가 보행신호등의 녹색등화가 점멸되고 있는 상태에서 횡단보도를 횡단하기 시작하였지만 횡단을 완료하기 전에 보행신호등이 적색등화로 변경된 후 차량신호등의 녹색등화에 따라서 직진하던 운전차량에 충격된 사안에 대한 것으로서 이 사건에 원용하기에 적절하지 아니하다"라고도 판시하였다.

바) 무면허운전 - 제7호

> 도로교통법 제109조 제1호의 무면허 운전행위 처벌규정은 도로교통법 소정의 도로에서 면허 없이 운전하는 때에 한하여 적용되므로 연탄공장 내 작업장에서 운전한 행위는 무면허 운전에 해당하지 아니한다(88도255).

사) 보도 침범 - 제9호

> - 제한속도 40킬로미터 지점의 빙판길을 운행하면서 2분의 1로 감속하지 않은 채 30킬로미터의 속도로 운행하다가 운전미숙으로 빙판길에 미끄러져 중앙선을 넘어 반대편 보도상에서 사고를 일으킨 것이라면 부득이한 사유로 보도 침범한 것으로 볼 수 없다(95도1232).
> - 노면에 내린 눈이 얼어붙어 있었다고 하더라도 경사로가 아닌 한 과속, 급차선변경 또는 급제동 등 비정상적인 운전조작을 하지 않는 이상 그 진로를 이탈할 정도로 미끄러질 수는 없다 할 것이어서 단순히 빙판길 사고라 하여 운전자가 지배할 수 없는 외부적 여건으로 말미암은 것이라고 단정할 수는 없다 할 것인데, 기록에 의하면 이 사건 사고지점은 평탄한 편도 2차로의 직선로로서 사고지점의 노면만이 국지적으로 얼어 있었던 것이 아니라 그 지역 일대의 노면이 비교적 광범위하게 얼어 있었던 것으로 인정되고, 사고지점은 제한속도가 시속 40㎞지점으로서 위와 같이 노면이 얼어 있는 상황이므로 평상시 제한속도의 반 이하로 줄여 운행하여야 할 것인데도(도로교통법 제15조 제1항, 제2항, 같은 법 시행규칙 제12조 제2항 제2호 ㈏목 참조), 피고인은 이러한 도로사정에 유의하지 아니한 채 시속 30㎞ 정도로 과속한 잘못과 얼어붙은 노면에서 운전조작을 제대로 하지 못한 과실로 중앙선을 침범한 사실을 엿볼 수 있으므로, 피고인의 중앙선 침범 및 보도 침범이 운전자가 지배할 수 없는 외부적 여건으로 말미암아 어쩔 수 없었던 것이라고 볼 수는 없다 할 것이다(95도1232).[90]

아) 승객추락방지의무 위반 - 제10호

> - 승차 중이거나 하차 중인 승객이 아니고 이미 차에서 내려 도로상에 발을 딛고 선 뒤 승객의 옷이 출입문에 걸려 일어난 사고는 승객의 추락방지의무를 위반하여 운전함으로써 일어난 사고에 해당하지 아니한다(96도3266).
> - 교통사고처리특례법 제3조 제2항 단서 제10호는 "도로교통법 제35조 제2항의 규정에 의한 승객의 추락방지의무를 위반하여 운전한 경우"라고 규정함으로써 그 대상을 "승객"이라고 명시하고 있고, 도로교통법 제35조 제2항 역시 "모든 차의 운전자는 '운전 중' 타고 있는 사람 또는 타고 내리는 사람이 떨어지지 아니하도록 하기 위하여 문을 정확히 여닫는 등 필요한 조치를 취하여야 한다"고 규정하고 있는 점에 비추어 보면, 위 특례법 제3조 제2항 단서 제10호 소정의 의무는 그것이 주된 것이든 부수적인 것이든 사람의 운송에 공하는 차의 운전자가 그 승객에 대하여 부담하는 의무라고 보는 것이 상당하다(99도3716).

---

[90] 이 사건에서 피고인은 사고지점의 도로에 요철이 있어서 뒷바퀴가 틀어져 중앙선을 침범하였다고 변소하였으나, 이러한 변소는 신빙성이 없다고 판시하였다.

- 피해자를 5인승 화물차의 조수석에 태우고 가다가 사고가 발생한 사례에서 제반사정에 비추어 보면 피해자가 피고인이 모르는 상태에서 닫혀 있는 문을 직접 연 이상 피고인이 문을 열렸다는 사실을 인식하지 못한 것에 과실이 있다고 할 수 없고, 따라서 피고인에게 운전 중 피해자가 떨어지지 아니하도록 하기 위하여 문을 정확히 여닫는 등 필요한 조치를 취할 기대가능성은 없다고 할 것이므로 승객추락방지의무 위반을 인정할 수 없다(2005도3541).

다. 종합보험가입특례

교통사고를 일으킨 차가 보험업법 제4조 등에 의한 보험 또는 공제에 가입된 경우[91])에는 제3조 제2항 본문에 규정된 죄를 범한 차의 운전자에 대하여 공소를 제기할 수 없다.

다만 ① 제3조 제2항 단서에 해당하는 경우와 ② 피해자가 신체의 상해로 인하여 생명에 대한 위험이 발생하거나 불구가 되거나 불치 또는 난치의 질병이 생긴 경우 및 ③ 보험계약 등이 무효로 되는 등으로 인하여 보험회사 등의 보험금 등 지급의무가 없어진 경우에는 그러하지 아니하다.

- 보험료지급사실을 증명하는 보험료 영수증(납입증명서)은 보험가입사실 증명서와 그 성질이 다르므로 교통사고처리특례법 제4조 제3항의 보험에 가입된 사실을 증명하는 서면이라고 인정할 수는 없다(84도2012).[92]
- 피고인이 신호를 위반하여 차량을 운행함으로써 사람을 상해에 이르게 한 교통사고로서 교통사고처리특례법 제3조 제1항, 제2항 단서 제1호의 사유가 있다고 하여 공소가 제기된 사안에 대하여, 공판절차에서의 심리 결과 피고인이 신호를 위반하여 차량을 운행한 사실이 없다는 점이 밝혀지게 되고, 한편 위 교통사고 당시 피고인이 운행하던 차량은 교통사고처리특례법 제4조 제1항 본문 소정의 자동차종합보험에 가입되어 있었으므로, 결국 교통사고처리특례법 제4조 제1항 본문에 따라 공소를 제기할 수 없음에도 불구하고 이에 위반하여 공소를 제기한 경우에 해당하고, 따라서 위 공소제기는 형사소송법 제327조 제2호 소정의 공소제기 절차가 법률의 규정에 위반하여 무효인 때에 해당하는 바, 이러한 경우 법원으로서는 위 교통사고에 대하여 피고인에게 아무런 업무상 주의의무위반이 없다는 점이 증명되었다 하더라도 바로 무죄를 선고할 것이 아니라, 형사소송법 제327조의 규정에 의하여 소송조건의 흠결을 이유로 공소기각의 판결을 선고하여야 한다(2004도4693).
- 피고인이 자전거를 운전하고 가다가 전방 주시를 게을리한 과실로 피해자 갑을 들이받아 상해를 입게 하여 교통사고처리특례법 위반으로 기소되었는데, 자전거는 보험에 가입되지 않았으나 피고인이 별도로 '일상생활 중 우연한 사고로 타인의 신체장애 및 재물 손해에 대해 부담하는 법률상 배상책임액을 1억 원 한도 내에서 전액 배상'하는 내용의 종합보험에 가입한 사안에서, 피고인이 가입한 보험은 보상한도금액이 1억 원에 불과하여 1억 원을 초과하는 손해가 발생한 경우 갑은 위 보험에 의하여 보상을 받을 수 없으므로, 이러한 형

---

91) 실제 기록문제에서는 '종합보험'에 가입되어 있다는 사실관계로 출제된다. 반면 '책임보험'에 가입되어 있다는 사실만으로는 위 종합보험가입특례에 해당하지 아니한다.
92) 일반적으로 기록에서 보험가입사실을 증명하는 서면으로는 '보험가입사실증명서'가 제시된다.

태의 보험은 피보험자의 교통사고로 인한 손해배상금의 전액보상을 요건으로 하는 특례법 제4조 제1항, 제2항에서 의미하는 보험 등에 해당한다고 볼 수 없는데도, 피고인과 갑의 합의금 등 손해액을 위 보험에 기하여 지급하였다는 이유만으로 공소를 기각한 원심판결에 특례법 제4조 제1항, 제2항의 '보험' 등에 관한 법리를 오해한 잘못이 있다고 한 사례(2011도6273).

- 교통사고처리특례법 제3조 제1항, 제2항 단서, 형법 제268조를 적용하여 공소가 제기된 사건에서, 심리 결과 교통사고처리특례법 제3조 제2항 단서에서 정한 사유가 없고 같은 법 제3조 제2항 본문이나 제4조 제1항 본문의 사유로 공소를 제기할 수 없는 경우에 해당하면 공소기각의 판결을 하는 것이 원칙이다. 그런데 사건의 실체에 관한 심리가 이미 완료되어 교통사고처리특례법 제3조 제2항 단서에서 정한 사유가 없는 것으로 판명되고 달리 피고인이 같은 법 제3조 제1항의 죄를 범하였다고 인정되지 않는 경우, 설령 같은 법 제3조 제2항 본문이나 제4조 제1항 본문의 사유가 있더라도, 사실심법원이 피고인의 이익을 위하여 교통사고처리특례법 위반의 공소사실에 대하여 무죄의 실체판결을 선고하였다면, 이를 위법이라고 볼 수는 없다고 할 것이다(2013도10958).

7. 도주차량 운전자의 가중처벌 – 특정범죄 가중처벌 등에 관한 법률 제5조의3

특정범죄 가중처벌 등에 관한 법률 제5조의3(도주차량 운전자의 가중처벌) ①「도로교통법」제2조의 자동차, 원동기장치자전거 또는 「건설기계관리법」제26조제1항 단서에 따른 건설기계 외의 건설기계(이하 "자동차등"이라 한다)의 교통으로 인하여 「형법」제268조의 죄를 범한 해당 자동차등의 운전자(이하 "사고운전자"라 한다)가 피해자를 구호하는 등 「도로교통법」제54조제1항에 따른 조치를 하지 아니하고 도주한 경우에는 다음 각 호의 구분에 따라 가중처벌한다.

1. 피해자를 사망에 이르게 하고 도주하거나, 도주 후에 피해자가 사망한 경우에는 무기 또는 5년 이상의 징역에 처한다.
2. 피해자를 상해에 이르게 한 경우에는 1년 이상의 유기징역 또는 500만원 이상 3천만원 이하의 벌금에 처한다.

② 사고운전자가 피해자를 사고 장소로부터 옮겨 유기하고 도주한 경우에는 다음 각 호의 구분에 따라 가중처벌한다.

1. 피해자를 사망에 이르게 하고 도주하거나, 도주 후에 피해자가 사망한 경우에는 사형, 무기 또는 5년 이상의 징역에 처한다.
2. 피해자를 상해에 이르게 한 경우에는 3년 이상의 유기징역에 처한다.

구 특정범죄 가중처벌 등에 관한 법률 제5조의3(도주차량 운전자의 가중처벌) ①「도로교통법」제2조에 규정된 자동차·원동기장치자전거의 교통으로 인하여「형법」제268조의 죄를 범한 해당 차량의 운전자(이하 "사고운전자"라 한다)가 피해자를 구호하는 등 「도로교통법」제54조제1항에 따른 조치를 하지 아니하고 도주한 경우에는 다음 각 호의 구분에 따라 가중처벌한다.

1.2. (생략)
② (생략)

형법 제268조(업무상과실·중과실 치사상) 업무상과실 또는 중대한 과실로 인하여 사람을 사상에 이르게 한 자는 5년 이하의 금고 또는 2천만원 이하의 벌금에 처한다.

> 도로교통법 제54조(사고발생 시의 조치) ① 차 또는 노면전차의 운전 등 교통으로 인하여 사람을 사상하거나 물건을 손괴(이하 "교통사고"라 한다)한 경우에는 그 차 또는 노면전차의 운전자나 그 밖의 승무원(이하 "운전자등"이라 한다)은 즉시 정차하여 다음 각 호의 조치를 하여야 한다.
> 1. 사상자를 구호하는 등 필요한 조치
> 2. 피해자에게 인적 사항(성명·전화번호·주소 등을 말한다. 이하 제148조 및 제156조제10호에서 같다) 제공

가. 보호법익

자신의 과실로 교통사고를 야기한 운전자가 그 사고로 사상을 당한 피해자를 구호하는 등의 조치를 취하지 아니하고 도주하는 행위에는 강한 윤리적 비난가능성이 있음을 감안하여 이를 가중처벌함으로써 <u>교통의 안전이라는 공공의 이익을 보호함</u>(사회적 법익)과 아울러 교통사고로 사상을 당한 <u>피해자의 생명·신체의 안전을 확보</u>(개인적 법익)한다는 점을 그 입법취지 및 보호법익으로 한다(2001도2869).

나. 구성요건

1) 주체

도로교통법 제2조에 규정된 **자동차·원동기장치자전거 또는 건설기계의 교통으로 인하여 형법 제268조의 죄를 범한 운전자**로서, 자전거나 경운기 운전자 및 **사고 자동차의 동승자 등은 제외**된다.

종전에는 자동차 및 원동기장치자전거의 운전자에 한정하고 있어 굴착기와 같은 건설기계의 운전자는 가중처벌 대상에서 빠져있었으나, 2022. 12. 27. 개정·시행된 특정범죄 가중처벌 등에 관한 법률에서는 건설기계의 운전자도 가중처벌의 대상에 포함하도록 하였다.

2) 행위

가) 교통으로 인한 것

교통사고처리특례법상의 교통사고와 마찬가지로, 도로교통법이 정하는 <u>도로에서 발생한 교통사고로 제한되지 않는다</u>(87도1727 등). 반면, 무면허운전은 도로교통법상의 도로에서의 운전에만 적용된다(88도255).

<u>도로변에 자동차를 주차한 후 운전석 문을 열다가 후방에서 진행하여 오던 자전거의 핸들 부분을 충격하여 운전자에게 상해를 입히고도 아무런 구호조치 없이 현장에서 이탈한 경우, 구 특정범죄 가중처벌 등에 관한 법률 제5조의3 제1항의 '도주차량 운전자'에 해당한다</u>(2010도1920).

나) 형법 제268조의 죄를 범할 것

교통사고는 업무상 또는 중대한 과실로 인하여 발생하여야 하므로, <u>운전자에게 과실이 없으면 무죄를 선고하여야 한다</u>. 이 경우 도로교통법 제54조 제1항의 필요한 조치를 하지 아니한 사실이 인정되더라도 범죄사실의 증명이 없는 경우로서 무죄를 선고하여야지, <u>공소장 변경 없이 도로교통법 제148조, 제54조 제1항을 적용하여 처벌할 수 없다</u>(91도711).

- 특정범죄 가중처벌 등에 관한 법률 제5조의3 제1항의 '차의 교통으로 인하여 형법 제268조의 죄를 범한 당해 차량의 운전자'란 과실 없는 사고 운전자까지 포함하는 것은 아니다(91도711).
- 택시 운전자인 피고인이 심야에 밀집된 주택 사이의 좁은 골목길이자 직각으로 구부러져 가파른 비탈길의 내리막에 누워 있던 피해자의 몸통 부위를 택시 바퀴로 역과하여 그 자리에서 사망에 이르게 하고 도주한 사안에서, 위 사고 당시 시각과 사고 당시 도로상황 등에 비추어 자동차 운전업무에 종사하는 피고인으로서는 평소보다 더욱 속도를 줄이고 전방 좌우를 면밀히 주시하여 안전하게 운전함으로써 사고를 미연에 방지할 주의의무가 있었는데도, 이를 게을리한 채 그다지 속도를 줄이지 아니한 상태로 만연히 진행하던 중 전방 도로에 누워 있던 피해자를 발견하지 못하여 위 사고를 일으켰으므로, 사고 당시 피고인에게는 이러한 업무상 주의의무를 위반한 잘못이 있었는데도, 이와 달리 판단하여 피고인에게 무죄를 선고한 원심판결에 업무상과실치사죄의 구성요건에 관한 법리오해의 위법이 있다고 한 사례(2010도17506)[93]
- 도주사실이 인정되지 아니하는 경우에는 특정범죄가중처벌등에관한법률위반죄에는 교통사고처리특례법위반죄가 포함되어 있으므로 그 부분에 대하여 판단하여야 하며, 따라서 피해자가 처벌을 원하지 아니하거나 교통사고를 일으킨 차가 교통사고처리특례법 제4조 제1항에 규정된 보험 등에 가입되어 있다면 공소기각을 선고하여야 한다(94도1818).
- 특정범죄가중처벌등에관한법률위반죄가 성립하려면 생명·신체에 대한 단순한 위험에 그친 것으로는 부족하고 피해자에게 사상의 결과가 발생하여야 하며, 행위자에게 그에 대한 인식이 있어야 하나 이는 미필적 인식으로 족하다(99도3910).
- 도주운전죄가 성립하려면 피해자에게 사상의 결과가 발생하여야 하고, 생명·신체에 대한 단순한 위험에 그치거나 형법 제257조 제1항에 규정된 "상해"로 평가될 수 없을 정도의 극히 하찮은 상처로서 굳이 치료할 필요가 없는 것이어서 그로 인하여 건강상태를 침해하였다고 보기 어려운 경우에는 위 죄가 성립하지 않는다(2008도3078).
- 형법 제257조 제1항의 상해로 평가될 수 없을 정도로 극히 하찮은 상처로서 굳이 치료할 필요 없이 자연적으로 치유될 수 있는 것은 여기에서의 상해에 해당하지 아니한다(99도3910).

다) 도로교통법 제54조 제1항의 조치를 취하지 아니할 것

특정범죄가중처벌등에관한법률위반(도주치사상)죄에 있어서의 필요한 조치의 내용은 도로교통법 제148조와 구성요건이나 입법목적에서 구별되므로 별도로 검토하여야 한다. 학설은 대립하나, 특가법위반죄에서의 도로교통법 제54조 제1항 규정의 조치도 같은 규정위반의 경우와 동일하게 해석하는 견해가 다수이다.

판례는 신원확인조치의무의 포함여부와 관련하여, 교통사고 야기자가 피해자를 병원에 후송하기는 하였으나 조사 경찰관에게 사고사실을 부인하고 자신을 목격자라고 하면서 참고인 조사를 받고 귀가한 경우, 구호조치는 있었으나 신원확인 조치가 없었다는 취지에서 특정범죄 가중처벌 등에 관한 법률 제5조의3 제1항에서 정하는 '도주'에 해당한다고 판시

---

93) 이 사건은 특정범죄가중처벌등에관한법률위반(도주치상)죄로 기소된 사안이다.

하였다(2002도5748). 또한 '도로교통법 제54조 제1항의 규정에 의한 조치'에는 피해자나 경찰관 등 교통사고와 관계 있는 사람에게 사고운전자의 신원을 밝히는 것도 포함된다는 점을 명시적으로 선언하고 있다(99도2869). 즉, 특정범죄 가중처벌 등에 관한 법률 제5조의3 제1항의 '도로교통법 제50조 제1항의 규정에 의한 조치' 의무에는 구호의무만 포함되는 것으로 보고 있지는 아니하다.

도로교통법 제54조 제1항이 규정하는 의무의 구체적인 내용에는 ① 사고 후 즉시 정차할 의무, ② 사상자를 구호할 의무, ③ 신원확인 조치의무가 있다.

(1) 사상자를 구호할 의무 관련

사상자 구호조치는 반드시 피고인 본인이 직접할 필요는 없고, 자신의 지배 하에 있는 자를 통하여 하거나, 현장을 이탈하기 전에 타인이 먼저 구호조치를 하여도 무방하나, 그와 같은 관계에 있지 않은 사람에게 병원으로 이송하여 줄 것을 요청만 하고서 사고현장을 이탈한 경우는 구호조치를 다했다고 볼 수 없다.

⑺ 구호조치를 취했다고 본 사례

- 피고인이 피해자와 사고 여부에 관하여 언쟁하다가 동승했던 아내에게 "네가 알아서 해라"며 현장을 이탈하고 그의 아내가 사후처리를 한 경우 피고인이 피해자를 구호하지 아니하고 사고현장을 이탈하여 사고야기자로서 확정될 수 없는 상태를 초래한 경우에 해당하지 않는다(96도2843).
- 사고운전자인 피고인 자신이 부상을 입고 경찰관의 조치에 따라 병원으로 후송되던 도중 경찰에 신고나 연락을 취하지 아니한 채 집으로 가버렸다고 하더라도, 그 당시에 이미 경찰이나 구급차량 등에 의하여 피해자에 대한 구호조치가 이루어진 후였다면 특정범죄 가중처벌 등에 관한 법률 제5조의3 제1항에 규정된 '피해자를 구호하는 등 필요한 조치를 취하지 아니하고 도주한 때'에 해당하지 않는다(2002도4986).
- 교통사고 당시 그 장소에는 이미 여러 건의 연쇄충돌사고가 발생하여 피고인의 사고신고 없이도 경찰관이 출동하여 조사하고 있었고, 피고인은 사고 발생 후 피고인 스스로는 피해자에 대한 구호조치를 취한 바는 없지만 피해자의 일행이 지나 가던 차량을 세워 피해자를 병원에 보내는 것을 보고 그에게 피고인의 이름과 전화번호를 사실대로 적어 주고 사고현장을 떠났다면 이러한 현장이탈은 '도주'에 해당하지 아니한다(91도1831).
- 피고인이 사고 직후 차량을 정차하여 피해자와 대화를 나누었는데, 당시 피해자가 특별히 고통을 호소하거나 즉시 병원에 가겠다고 하는 등 구호조치를 요청하지 않았고, 보험에 들어 있으니 신고하지 말고 합의하자는 피고인의 제안에 피해자가 회사차량임을 이유로 휴대폰으로 경찰에 신고하자, 피고인은 자신의 승용차에 불을 켜고 시동을 걸어 놓은 상태에서 피해자에게 아무 말도 하지 않고 현장을 이탈하였으나, 인근 피고인의 집에 있던 피고인의 처에게 연락하여 현장에 가보게 하여 피고인이 현장을 이탈한지 약 7~8분 후에 피고인의 처가 현장에 도착하였고, 피고인은 사고 후 20분쯤 후 경찰서에 도착하여 자신의 운전사실을 바로 인정한 경우 도주에 해당하지 않는다(2012도9663).

(나) 구호조치를 취하지 않았다고 본 사례

- 사고 운전자가 그가 일으킨 교통사고로 상해를 입은 피해자에 대한 구호조치의 필요성을 인식하고 부근의 택시 기사에게 피해자를 병원으로 이송하여 줄 것을 요청하였으나 경찰관이 온 후 병원으로 가겠다는 피해자의 거부로 피해자가 병원으로 이송되지 아니한 사이에 피해자의 신고를 받은 경찰관이 사고현장에 도착하였고, **피해자의 병원이송 및 경찰관의 사고현장 도착 이전에 사고 운전자가 사고현장을 이탈하였다면**, 비록 그 후 피해자가 택시를 타고 병원에 이송되어 치료를 받았다고 하더라도 운전자는 피해자에 대한 적절한 구호조치를 취하지 않은 채 사고현장을 이탈하였다고 할 것이어서, 설령 운전자가 사고현장을 이탈하기 전에 피해자의 동승자에게 자신의 신원을 알 수 있는 자료를 제공하였다고 하더라도, 피고인의 이러한 행위는 '피해자를 구호하는 등 조치를 취하지 아니하고 도주한 때'에 해당한다고 한 사례(2004도250).
- 피고인이 피해자가 교통사고로 인하여 차에 왼쪽 다리가 끼어 빠져 나올 수 없어 고함을 지르는 상태에 있었음에도 상처 부위와 정도를 살피는 등의 조치를 취하지 아니함은 물론이고 피해차량 부근에도 가지 아니한 채 집으로 돌아왔고, 그의 처도 현장에 남아 있다가 피해자의 친구에게 병원으로 데려가라고 말한 후 집으로 돌아왔고 피고인이나 그 처가 피해자 등에게 인적사항이나 연락처를 스스로 이야기한 사실도 없다면 피고인이 피해자들의 구호의무를 이행하지 않고 사고현장을 이탈하여 도주하였다고 본 사례(95도1680).

(2) 신원확인조치의무 관련

판례는 운전자가 사상자 **구호조치를 하였다고 하더라도** 그와 별도로 자신의 신원을 확인시켜 주지 않았다면 필요한 조치를 다하지 않았다고 보고 있다.

(가) 신원확인조치를 취했다고 본 사례

- 사고 운전자가 교통사고 후 피해자를 병원으로 후송하여 치료를 받게 하고 병원에서 피해자의 가족들에게 자신의 인적사항을 알려주었다면, 비록 경찰관서에 자신이 사고 운전자임을 신고하지 아니하고 동료 운전기사로 하여금 그가 사고운전자인 것으로 신고하게 하였다 하더라도, 피해자를 구호하는 등 도로교통법 제50조 제1항에 규정된 의무를 이행하기 이전에 사고현장을 이탈하여 사고를 낸 자가 누구인지 확정될 수 없는 상태를 초래하였다고 볼 수는 없으므로, 사고 운전자가 특정범죄 가중처벌 등에 관한 법률 제5조의3 제1항 소정의 피해자를 구호하는 등 도로교통법 제50조 제1항의 규정에 의한 조치를 취하지 아니하고 **도주하였다고 볼 수 없다**(2001도4771).
- 피고인이 사고 후 피해자를 병원으로 후송하여 함께 있던 내연관계의 공동피고인을 통해 피해자의 응급치료 등이 행해질 수 있도록 조치를 하였고 보험회사의 보험처리에 의하여 피해자를 계속 치료하고 있었으며, 공동피고인이 피해자의 가족에게 자신의 연락처를 알려 주어 계속 연락이 되어 왔던 이상, **비록 피고인이 피해자나 그 가족에게 자신이 사고 운전자임을 고지하지 아니하였다 하더라도**, 피고인이 도주하였다고 볼 수 없다(2004도2418).
- 사고 택시의 운전자가 피해자를 구호하여 병원에 후송한 후 피해자에게 직접 자신의 신

원사항을 밝히지 않고 경찰관에게 주민등록번호 중 한 자리의 숫자를 사실과 달리 불러주고 병원을 떠났으나, 그 후 스스로 병원에 연락하여 사고 택시의 자동차등록번호와 택시공제조합에서 치료비를 부담할 것임을 통지한 경우, 피해자를 구호하는 등의 조치를 취하지 아니하고 도주한 때에 해당하지 않는다고 한 사례(2005도7325)

- 사고 운전자가 교통사고 현장에서 동승자로 하여금 사고차량의 운전자라고 허위 신고하도록 하였더라도 사고 직후 사고 장소를 이탈하지 아니한 채 보험회사에 사고접수를 하고, 경찰관에게 위 차량이 가해차량임을 밝히며 경찰관의 요구에 따라 동승자와 함께 조사를 받은 후 이틀 후 자진하여 경찰에 출두하여 자수한 경우, 특정범죄 가중처벌 등에 관한 법률 제5조의3 제1항에 정한 도주한 때에 해당하지 않는다고 한 사례(2008도8627)

- 피고인은 사고 직후 바로 피해자 공소외인과 대화를 나눈 점, 피고인이 피해자 공소외인과 대화를 나눈 후 사고현장을 잠시 이탈하기는 하였으나 이탈시간은 약 10분~15분에 불과하고 사고현장 부근에 있었던 점(피고인은 사고현장에서 30m 정도 떨어진 곳에서 경찰관인 친구와 전화를 하고 있었고 견인차가 와서 조치를 취하는 것을 보았다고 진술함), 피해자 공소외인은 수사기관에서 당시 피고인이 도주하였는지에 관하여 잘 알지 못한다고 진술한 점, 피고인이 사고현장을 잠시 이탈한 이유는 경찰관인 친구와 사고에 관하여 전화로 상의하기 위한 것으로 보이는 점, 차량에 피고인의 전화번호가 부착되어 있어 경찰관이 전화를 하자 경찰관과 바로 통화가 되었고 경찰관에게 근처에 있으니 바로 가겠다고 말한 점, 경찰관과 통화를 한 후 몇 분 이내에 사고현장으로 돌아와 순순히 운전사실을 인정한 점을 종합해 보면, 피고인에게 도주의 범의가 있었다고 단정할 수는 없다(2012도1474).

(나) 신원확인조치를 취하지 않았다고 본 사례

- 피고인이 교통사고를 낸 후 피해자들을 자신의 차량에 태우고 근처에 있는 병원으로 데리고 간 다음, 그 병원 접수창구 의자에 피해자들을 앉힌 후 접수직원에게 교통사고 피해자들이라고 말하고, 피해자들이 치료를 받기 위하여 의자에 앉아 대기하고 있는 사이에 병원 밖으로 나가 도주하였고, 피해자들의 상태는 2주 또는 3주의 치료를 요하는 뇌진탕, 염좌상 정도로 그 후 병원측의 안내로 치료를 받은 사안에서, 피고인은 피해자를 병원에 데리고 가기는 하였으나 도로교통법 제50조 제1항이 예정하고 있는 사고 야기자로서 취하여야 할 구호의무를 제대로 이행하였다고 할 수 없음은 물론 피해자나 그 밖의 누구에게도 자기의 신원을 밝히지 않고 도주함으로써 사고를 낸 자가 누구인지 확정할 수 없는 상태를 초래케 하였으므로, 피고인의 행위는 특정범죄 가중처벌 등에 관한 법률 제5조의3 제1항 소정의 '피해자를 구호하는 등 필요한 조치를 취하지 아니하고 도주한 때'에 해당한다고 본 사례(97도2475)

- 피해자를 병원에 후송하면서 간호사에게 목격자인 양 행세하고, 간호사의 요구에 따라 자기 성명을 진료차트에 기재하고 병원 측의 응급처치를 돕다가 말없이 사라졌다가 4시간 경과 후 경찰서에 출두하였고, 사고신고도 간호사가 피고인을 의심하여 한 경우(2002도2187)

- 교통사고 야기자가 피해자를 병원에 후송하기는 하였으나 조사 경찰관에게 사고 사실을 부인하고 자신을 목격자라고 하면서 참고인 조사를 받고 귀가한 경우, 특정범죄 가중처벌 등에 관한 법률 제5조의3 제1항에서 정하는 '도주'에 해당한다고 한 사례(2002도5748)

- 피고인은 가해 차량에서 내리지 않은 채 가해 차량 동승자만이 내려 피해자 측에게 피고인 대신 사고처리를 해주겠다고 하였는데, 그 동승자에게서 술 냄새가 나자 동승자는 피해자 측과 사고처리를 두고 언쟁을 벌였을 뿐 피해자들의 상해 정도를 확인하거나 적절한 구호조치를 취하지 않은 사실, 피해자 측이 가해 차량에 있던 피고인에게 내리라고 하였으나 피고인은 이에 응하지 않은 사실, 이에 피해자 측에서 견인차를 부르고 경찰에 신고하자 피고인은 경찰과 견인차가 오기 전에 자신의 신원을 밝히지 않은 채 가해 차량을 운전하여 현장에서 이탈하였고, 그 과정에서 가해 차량 앞을 막고 있던 피해차량 운전자를 치일 뻔한 사실 등을 인정한 다음, 설령 사고현장에 남아 있던 가해 차량 동승자를 통해 피고인의 신원을 확인할 수 있었다고 하더라도 피해자들에 대한 구호조치 등이 이루어지기 전에 피고인이 사고현장을 이탈한 이상 피해자를 구호하는 등 도로교통법 제54조 제1항에 규정된 조치를 취하였다고 볼 수 없어 특정범죄가중처벌등에관한법률위반(도주차량)죄와 도로교통법위반(사고후미조치)죄에 해당한다(2011도15172).

(다) 신원확인조치를 할 필요가 없는 경우

피해자 측이 이미 사고 운전자의 신원을 잘 알고 있었다거나 혹은 아주 쉽게 사고 운전자를 알 수 있을 정도의 중요한 단서를 피해자 측에서 알고 있었다면, 사고 운전자 스스로 자신의 신원을 알릴 필요는 없다.

(라) 경미한 교통사고에 있어서 특정범죄가중처벌등에관한법률위반죄의 제한

특정범죄 가중처벌 등에 관한 법률 제5조의3 제1항은 자동차와 교통사고의 격증에 상응하는 건전하고 합리적인 교통질서가 확립되지 못한 현실에서 자신의 과실로 교통사고를 야기한 운전자가 그 사고로 사상을 당한 피해자를 구호하는 등의 조치를 취하지 아니하고 도주하는 행위에는 강한 윤리적 비난가능성이 있음을 감안하여 이를 가중처벌함으로써 교통의 안전이라는 공공의 이익을 보호함과 아울러 교통사고로 사상을 당한 피해자의 생명·신체의 안전이라는 개인적 법익을 보호하기 위하여 제정된 것이라는 입법 취지와 보호법익에 비추어 볼 때, 사고의 경위와 내용, 피해자의 상해의 부위와 정도, 사고 운전자의 과실 정도, 사고 운전자와 피해자의 나이와 성별, 사고 후의 정황 등을 종합적으로 고려하여 사고 운전자가 실제로 피해자를 구호하는 등 도로교통법 제50조 제1항에 의한 조치를 취할 필요가 있었다고 인정되지 아니하는 경우에는 사고 운전자가 피해자를 구호하는 등 도로교통법 제50조 제1항에 규정된 의무를 이행하기 이전에 사고현장을 이탈하였더라도 특정범죄 가중처벌 등에 관한 법률 제5조의3 제1항 위반죄로 처벌할 수 없다(2001도2869).

다만 상해가 경미하다는 이유로 특가법위반죄의 성립을 부정한 대법원 판결 사안들은 모두 '사고 운전자가 최소한 사고 후 즉시 정차하여 피해자의 상해 유무와 정도를 확인한 조치는 취하였음을 전제'로 하고 있고, 사고 운전자가 교통사고를 일으킨 후 정차하지 아니한 경우라도 피해자의 상해가 경미하다는 이유로 특가법의 적용을 제한하려는 취지는 아니다. 즉, 사고 운전자와 피해자가 전혀 모르는 사이가 대부분인 교통사고에 있어서 사고 운전자가 피해자가 사고로 사상을 당한 사실을 알면서도 즉시 정차 및 확인 의무조차 이

행하지 아니한 채 운전하여 가버린 경우는 전형적인 도주차량에 해당하고, 이러한 경우에까지 사후에 사고가 경미하여 구호조치의 필요성이 인정되지 않는다는 이유로 특가법위반죄의 성립을 부정할 수는 없다.

[1] 도로교통법 제54조 제1항 제1호의 취지는 도로에서 일어나는 교통상의 위험과 장해를 방지·제거하여 안전하고 원활한 교통을 확보하기 위한 것으로서 피해자의 피해를 회복시켜 주기 위한 것이 아니고, 이 경우 운전자가 취하여야 할 조치는 사고의 내용과 피해의 정도 등 구체적 상황에 따라 적절히 강구되어야 하고 그 정도는 건전한 양식에 비추어 통상 요구되는 정도의 조치를 말한다. [2] 자동차 운전자인 피고인이 편도 3차로 도로의 1차로를 따라 진행하다가 2차로로 차선을 변경하는 과정에서 자신의 차량 우측 앞바퀴 부분으로 갑이 운전하던 피해차량의 좌측 뒤 펜더 부분을 들이받는 사고로 피해차량을 손괴하고도 필요한 조치를 취하지 아니하고 도주하였다고 하여 도로교통법 위반(사고후미조치)으로 기소된 사안에서, 사고 충격의 정도, 피해차량 운전자의 사고 직후 상태, 피해차량이 정차된 위치 등 제반 사정을 종합하면, 피해차량 운전자 갑이 실제로 피고인의 차량을 추격하지 않았다거나 추격 과정에서 교통상의 구체적 위험이 발생하지 않았더라도 사고로 인한 교통상의 위험과 장해가 발생하였다고 보이고, 피고인은 그러한 위험과 장해를 방지·제거하여 원활한 교통을 확보하기 위한 조치를 취할 필요가 있었다는 이유로, 이와 달리 보아 공소사실을 무죄로 판단한 원심판결에 법리오해의 잘못이 있다고 한 사례(2019도3225)

라) 도주할 것

특정범죄 가중처벌 등에 관한 법률 제5조의3 제1항 소정의 '피해자를 구호하는 등 도로교통법 제50조 제1항의 규정에 의한 조치를 취하지 아니하고 도주한 때'라 함은 사고운전자가 사고로 인하여 피해자가 사상을 당한 사실을 인식하였음에도 불구하고 피해자를 구호하는 등 도로교통법 제50조 제1항에 규정된 의무를 이행하기 이전에 사고현장을 이탈하여 사고를 낸 자가 누구인지 확정될 수 없는 상태를 초래하는 경우를 말한다(2001도4771).

(1) 사고현장의 이탈

통상은 사고현장의 이탈 자체로서 도주가 추정되나, 사고현장으로부터 일정거리를 이탈하였다는 것만으로 도주사실이 인정되는 것은 아니고 또 사고현장에 있었다는 것만으로 도주사실이 부인되는 것도 아니다.

피고인이 병원에 구급을 요청하거나 경찰에 신고하기 위하여 일시 현장을 떠난 경우에는 도주하였다고 볼 수 없고, 비록 사고현장에 있었다고 하더라도 자신이 사고 운전자가 아닌 것처럼 가장하였다면 도주사실이 인정될 수도 있다.

차주나 아는 사람에게 알려 일시 떠난 경우나(74도2013), 사고 운전자가 자신의 지배하에 있지 아니한 사고 목격자·근처에 있던 택시기사·안면만 있는 제3자 등에게 단순히 사고처리를 부탁만 하고 구호조치가 이루어지기 전에 사고현장을 이탈한 경우(2004도250)에는 도주에 해당한다.

그러나 자신이 부상을 입고 후송된 것일 뿐 스스로 이탈한 것이 아닐 때(98도3315)나 **병원에 구급을 요청하거나 경찰에 신고하기 위하여 일시 현장을 떠난 경우는 도주에 해당되지 아니한다**. 또한, 사고 운전자가 처음에는 목격자로 행세하면서 친구가 운전하였다고 거짓말을 하였으나, 1~2시간 후 자신이 교통사고를 낸 사람임을 밝혔고 사고 후 사고장소를 떠나지 않고 피해자들을 태운 후 구급차에 동승하여 병원까지 동행하였으며, 그 후 피해자들을 후송한 병원을 떠나지 아니한 경우에는 현장을 이탈하였다는 점이 인정되지 아니하여 도주에 해당하지 아니한다(2003도8125).

(2) 도주의 범의

(가) 도주의 범의를 인정한 사례

- 피해자인 **어린이**가 괜찮다고 하자 병원에 데리고 가지 아니하고 그냥 간 경우(94도1651)
- 상해여부를 확인하지 아니하고 말다툼하다가 그냥 가버린 경우(94도1651)
- 피고인이 사고를 일으킨 직후 차를 되돌려 현장에 접근하여 두 피해자들이 피를 흘리며 신음하고 있는 것을 발견하였는바, 비록 피고인이 체격이 작은 여자인 데 비하여 피해자들은 건장한 청년들이고 사고 일시 및 장소는 심야에 차량이나 인적의 통행이 드문 산속이라 혼자의 힘으로 구호조치를 할 수 없다고 생각하였다 하더라도, 피고인으로서는 피해자들에게 최소한의 응급조치를 하고 병원으로 후송하도록 하거나, 피해자들에게 고지한 후 현장을 떠나 즉시 경찰관서나 병원에 연락 또는 신고를 하는 등 필요한 조치를 취하였어야 함에도 불구하고, 승용차에서 하차하지도 아니한 채 그대로 승용차를 운전하여 가 버렸다면, 설사 약 20분 후 피해자들을 구호하기 위하여 사고현장으로 되돌아 왔다 하더라도, 피고인에게는 특정범죄 가중처벌 등에 관한 법률 제5조의3 제1항 소정의 도주에 대한 범의가 있었다고 봄이 상당하다고 한 사례(96도2407)

(나) 도주의 범의를 부정한 사례

- **외상이 없는 성년**의 피해자가 괜찮다고 하여 그냥 간 경우(92도3437)
- 경미한 교통사고로서 바로 그 사고현장에서 구호조치 등을 취하지 않으면 안 될 정도가 아니고 또는 사고장소가 차량의 왕래가 많은 등 오히려 그 자리에서 어떠한 조치를 취하는 것이 교통에 방해가 되는 등의 사정이 있을 때에는 구태여 사고현장에서 응급조치 등을 취하지 않고 한적한 곳에 인도하여 그 곳에서 필요한 조치를 취할 수도 있다고 보아야 할 것이며, 피고인이 피해자를 한적한 곳에 유도할 의사나 목적을 가지고 깜빡이등을 켜고 시속 10Km의 저속으로 운전하는 등으로 자동차를 운전하여 간 경우(94도460)
- 눈이 내려 노면이 미끄러웠으므로 즉시 정차할 수 없었고 도로공사 중이어서 정차할 마땅한 장소가 없어 사고지점에서 150m 내지 200m쯤 전진하여 정차한 경우(81도2175)
- 교통사고로 인하여 피고인이 받았을 충격의 정도, 사고 후 불가항력적으로 반대차선으로 밀려 역주행하다가 2차 사고까지 일으키게 된 정황, 정주행 차선으로 돌아온 후에도 후발사고의 위험이 없는 마땅한 주차 공간을 찾기 어려운 도로여건, 피고인이 스스로 정

차한 후 개인택시조합 직원에게 사고처리를 부탁하는 전화를 마칠 무렵 경찰관이 도착한 사정 등에 비추어, 피고인이 교통사고 후 <u>비록 가해차량을 운전하여 사고 현장으로부터 약 400m 이동하여 정차한 사실은 인정되나 이는 불가피한 것으로 볼 여지가 있고</u>, 이로 인하여 피고인이 구 도로교통법 제50조 제1항의 규정에 의한 조치를 제대로 이행하지 못하였다고 하더라도 피고인에게 도주의 범의가 있었다고 보기는 어렵다고 한 사례(2006도3441)

- 사고현장에서 목격자로 행세하였지만, 경찰관의 요청에 따라 정비업소 등에 동행하였을 뿐 자의로 사고현장을 떠난 바 없던 중 경찰관의 추궁을 받고 자백한 경우(2003도5138)

- 피고인이 교통사고를 낸 후 사고현장에서 사고와 무관한 사람인 것처럼 행세하고 친구가 운전하였다고 거짓말하였다고 하더라도, 피고인이 사고장소를 떠나지 않고 주변사람들의 신고로 바로 구급차가 사고장소에 도착하자 그 자리에서 피해자들을 구급차에 싣는 장면을 지켜보았고, 피해자들을 태운 구급차가 병원으로 출발하려고 하자 구급차에 올라타서 피해자들과 함께 병원으로 동행하였고, 그로부터 약 1~2시간이 경과한 이후에 비로소 사고와 무관한 사람인 것처럼 행세하던 태도를 바꾸어 <u>뒤늦게 자신의 잘못을 인정하고 피고인이 교통사고를 낸 사람이라고 피해자들의 친지들과 경찰관에게 신원을 밝힌 경우</u>(2003도8125)

다. 죄수 등

1) 수인에게 상해를 입히고 도주한 경우

<u>수인을 사상케 하고 도주한 경우에는 피해자별로 수개의 특정범죄가중처벌등에관한법률위반(도주치사상)죄가 성립하고 양 죄는 상상적 경합관계에 있다</u>(2001도6408).

2) 도로교통법 제148조, 제151조와의 관계

사람을 사상케 하고 도로교통법 제54조 제1항의 조치를 취하지 아니한 채 도주한 경우에는 <u>특정범죄가중처벌등에관한법률위반죄(도주차량)만 성립하고 도로교통법 제148조의 죄는 성립하지 아니한다(흡수관계)</u>.

<u>하나의 교통사고로 사람을 사상케 함과 동시에 물건을 손괴한 후 도로교통법 제54조 제1항의 조치를 취하지 아니한 채 도주한 경우</u>에는 교통사고처리특례법위반죄, 사상 후 미조치로 인한 도로교통법 제148조의 죄는 특정범죄가중처벌등에관한법률위반(도주치사상)죄에 흡수된다. 그러나 도로교통법 제151조의 죄와 물건손괴 후 미조치로 인한 도로교통법 제148조의 죄는 흡수되지 아니하고 별도로 성립한다. 결국 <u>특정범죄가중처벌등에관한법률위반(도주치사상)죄, 도로교통법 제148조, 제151조의 죄가 각 성립</u>하고, 이 경우 특정범죄가중처벌등에관한법률위반(도주치사상)죄와 도로교통법 제148조의 죄(물건손괴 후 미조치의 점)는 <u>상상적 경합관계이다</u>(93도49).

한편, 특정범죄가중처벌등에관한법률위반(도주차량)죄와 도로교통법 제151조의 죄의 관계에 대하여는 실체적 경합관계로 본 판결(95도2312)이 있으나 상상적 경합관계로 보는

견해도 있다.

3) 도로교통법 제54조 제2항에 의한 신고를 아니한 죄와의 관계

특정범죄가중처벌등에관한법률위반(도주차량)죄와 도로교통법 제54조 제2항에 의한 신고를 아니한 죄는 실체적 경합관계이다(92도1749).

4) 음주운전 등과의 관계

음주운전 또는 무면허운전으로 인한 도로교통법위반죄와 특정범죄가중처벌등에관한법률위반(도주치사상)죄는 실체적 경합관계이다(92도1749).

또한 도로교통법 제156조 제1호, 제48조에서 금하는 안전운전의무위반죄와 특정범죄가중처벌등에관한법률위반(도주치사상)죄는 실체적 경합관계이다(93도49).

8. 위험운전치사상 – 특정범죄 가중처벌 등에 관한 법률 제5조의11

> **특정범죄 가중처벌 등에 관한 법률 제5조의11(위험운전 등 치사상)** ① 음주 또는 약물의 영향으로 정상적인 운전이 곤란한 상태에서 자동차등을 운전하여 사람을 상해에 이르게 한 사람은 1년 이상 15년 이하의 징역 또는 1천만원 이상 3천만원 이하의 벌금에 처하고, 사망에 이르게 한 사람은 무기 또는 3년 이상의 징역에 처한다.
>
> ② 음주 또는 약물의 영향으로 정상적인 운항이 곤란한 상태에서 운항의 목적으로 「해사안전법」 제41조제1항에 따른 선박의 조타기를 조작, 조작 지시 또는 도선하여 사람을 상해에 이르게 한 사람은 1년 이상 15년 이하의 징역 또는 1천만원 이상 3천만원 이하의 벌금에 처하고, 사망에 이르게 한 사람은 무기 또는 3년 이상의 징역에 처한다.

단순한 음주운전이 아니라 음주 또는 약물의 영향으로 '정상적인 운전이 곤란한 상태'에서 교통사고를 발생시켜 사상의 결과를 발생시킨 경우에 대한 가중처벌 규정이다.

단순히 혈중알코올농도 수치가 높다는 사정만으로는 특정법죄 가중처벌등에 관한 법률 제5조의11을 적용할 수 없고, 기록상 행위자가 음주 또는 약물의 영향으로 인하여 정상적인 운전이 곤란한 상태라는 점에 대한 사정이 존재하여야 한다.

- 음주로 인한 특정범죄 가중처벌 등에 관한 법률 위반(위험운전치사상)죄는 도로교통법 위반(음주운전)죄의 경우와는 달리 형식적으로 혈중알코올농도의 법정 최저기준치를 초과하였는지 여부와는 상관없이 운전자가 '음주의 영향으로 실제 정상적인 운전이 곤란한 상태'에 있어야만 하고, 그러한 상태에서 자동차를 운전하다가 사람을 상해 또는 사망에 이르게 한 행위를 처벌대상으로 하고 있는바, 이는 음주로 인한 특정범죄 가중처벌 등에 관한 법률 위반(위험운전치사상)죄는 업무상과실치사상죄의 일종으로 구성요건적 행위와 그 결과 발생 사이에 인과관계가 요구되기 때문이다(2008도7143).
- 음주로 인한 특정범죄가중처벌등에관한법률위반(위험운전치사상)죄와 도로교통법위반(음주운전)죄는 입법취지와 보호법익 및 적용영역을 달리하는 별개의 범죄로서 양죄가 모두 성립하는 경우 두 죄는 실체적 경합관계에 있는 것으로 보아야 할 것이다(2008도7143).

- 특정범죄가중처벌등에관한법률위반(위험운전치사상)죄가 성립하는 때에는 교통사고처리특례법위반죄는 그 죄에 흡수되어 별죄를 구성하지 아니한다(2008도9182).
- 음주 또는 약물의 영향으로 정상적인 운전이 곤란한 상태에서 자동차를 운전하여 사람을 상해에 이르게 함과 동시에 다른 사람의 재물을 손괴한 때에는 특정범죄가중처벌등에관한법률위반(위험운전치사상)죄 외에 업무상과실 재물손괴로 인한 도로교통법위반죄가 성립하고, 위 두 죄는 1개의 운전행위로 인한 것으로서 상상적 경합관계에 있다(2009도10845).

Ⅲ. 성폭력 관련 범죄

성폭력범죄의 처벌 등에 관한 특례법 제2조(정의) ① 이 법에서 "성폭력범죄"란 다음 각 호의 어느 하나에 해당하는 죄를 말한다.

1. 「형법」제2편제22장 성풍속에 관한 죄 중 제242조(음행매개), 제243조(음화반포등), 제244조(음화제조등) 및 제245조(공연음란)의 죄
2. 「형법」제2편제31장 약취, 유인 및 인신매매의 죄 중 추행, 간음 또는 성매매와 성적 착취를 목적으로 범한 제288조 또는 추행, 간음 또는 성매매와 성적 착취를 목적으로 범한 제289조, 제290조(추행, 간음 또는 성매매와 성적 착취를 목적으로 제288조 또는 추행, 간음 또는 성매매와 성적 착취를 목적으로 제289조의 죄를 범하여 약취, 유인, 매매된 사람을 상해하거나 상해에 이르게 한 경우에 한정한다), 제291조(추행, 간음 또는 성매매와 성적 착취를 목적으로 제288조 또는 추행, 간음 또는 성매매와 성적 착취를 목적으로 제289조의 죄를 범하여 약취, 유인, 매매된 사람을 살해하거나 사망에 이르게 한 경우에 한정한다), 제292조[추행, 간음 또는 성매매와 성적 착취를 목적으로 한 제288조 또는 추행, 간음 또는 성매매와 성적 착취를 목적으로 한 제289조의 죄로 약취, 유인, 매매된 사람을 수수 또는 은닉한 죄, 추행, 간음 또는 성매매와 성적 착취를 목적으로 한 제288조 또는 추행, 간음 또는 성매매와 성적 착취를 목적으로 한 제289조의 죄를 범할 목적으로 사람을 모집, 운송, 전달한 경우에 한정한다] 및 제294조(추행, 간음 또는 성매매와 성적 착취를 목적으로 범한 제288조의 미수범 또는 추행, 간음 또는 성매매와 성적 착취를 목적으로 범한 제289조의 미수범, 추행, 간음 또는 성매매와 성적 착취를 목적으로 제288조 또는 추행, 간음 또는 성매매와 성적 착취를 목적으로 제289조의 죄를 범하여 발생한 제290조제1항의 미수범 또는 추행, 간음 또는 성매매와 성적 착취를 목적으로 제288조 또는 추행, 간음 또는 성매매와 성적 착취를 목적으로 제289조의 죄를 범하여 발생한 제291조제1항의 미수범 및 제292조제1항의 미수범 중 추행, 간음 또는 성매매와 성적 착취를 목적으로 약취, 유인, 매매된 사람을 수수, 은닉한 죄의 미수범으로 한정한다)의 죄
3. 「형법」제2편제32장 강간과 추행의 죄 중 제297조(강간), 제297조의2(유사강간), 제298조(강제추행), 제299조(준강간, 준강제추행), 제300조(미수범), 제301조(강간등 상해·치상), 제301조의2(강간등 살인·치사), 제302조(미성년자등에 대한 간음), 제303조(업무상위력등에 의한 간음) 및 제305조(미성년자에 대한 간음, 추행)의 죄
4. 「형법」제339조(강도강간)의 죄 및 제342조(제339조의 미수범으로 한정한다)의 죄
5. 이 법 제3조(특수강도강간 등)부터 제15조(미수범)까지의 죄

② 제1항 각 호의 범죄로서 다른 법률에 따라 가중처벌되는 죄는 성폭력범죄로 본다.

제3조(특수강도강간 등) ① 「형법」제319조제1항(주거침입), 제330조(야간주거침입절도), 제331조(특수절도) 또는 제342조(미수범. 다만, 제330조 및 제331조의 미수범으로 한정한다)의 죄를 범한 사람이 같

은 법 제297조(강간), 제297조의2(유사강간), 제298조(강제추행) 및 제299조(준강간, 준강제추행)의 죄를 범한 경우에는 무기징역 또는 7년 이상의 징역에 처한다.
② 「형법」 제334조(특수강도) 또는 제342조(미수범. 다만, 제334조의 미수범으로 한정한다)의 죄를 범한 사람이 같은 법 제297조(강간), 제297조의2(유사강간), 제298조(강제추행) 및 제299조(준강간, 준강제추행)의 죄를 범한 경우에는 사형, 무기징역 또는 10년 이상의 징역에 처한다.

제4조(특수강간 등) ① 흉기나 그 밖의 위험한 물건을 지닌 채 또는 2명 이상이 합동하여 「형법」 제297조(강간)의 죄를 범한 사람은 무기징역 또는 7년 이상의 징역에 처한다.
② 제1항의 방법으로 「형법」 제298조(강제추행)의 죄를 범한 사람은 5년 이상의 유기징역에 처한다.
③ 제1항의 방법으로 「형법」 제299조(준강간, 준강제추행)의 죄를 범한 사람은 제1항 또는 제2항의 예에 따라 처벌한다.

제5조(친족관계에 의한 강간 등) ① 친족관계인 사람이 폭행 또는 협박으로 사람을 강간한 경우에는 7년 이상의 유기징역에 처한다.
② 친족관계인 사람이 폭행 또는 협박으로 사람을 강제추행한 경우에는 5년 이상의 유기징역에 처한다.
③ 친족관계인 사람이 사람에 대하여 「형법」 제299조(준강간, 준강제추행)의 죄를 범한 경우에는 제1항 또는 제2항의 예에 따라 처벌한다.
④ 제1항부터 제3항까지의 친족의 범위는 4촌 이내의 혈족·인척과 동거하는 친족으로 한다.
⑤ 제1항부터 제3항까지의 친족은 사실상의 관계에 의한 친족을 포함한다.

제6조(장애인에 대한 강간·강제추행 등) ① 신체적인 또는 정신적인 장애가 있는 사람에 대하여 「형법」 제297조(강간)의 죄를 범한 사람은 무기징역 또는 7년 이상의 징역에 처한다.
② 신체적인 또는 정신적인 장애가 있는 사람에 대하여 폭행이나 협박으로 다음 각 호의 어느 하나에 해당하는 행위를 한 사람은 5년 이상의 유기징역에 처한다.
  1. 구강·항문 등 신체(성기는 제외한다)의 내부에 성기를 넣는 행위
  2. 성기·항문에 손가락 등 신체(성기는 제외한다)의 일부나 도구를 넣는 행위
③ 신체적인 또는 정신적인 장애가 있는 사람에 대하여 「형법」 제298조(강제추행)의 죄를 범한 사람은 3년 이상의 유기징역 또는 3천만원 이상 5천만원 이하의 벌금에 처한다.
④ 신체적인 또는 정신적인 장애로 항거불능 또는 항거곤란 상태에 있음을 이용하여 사람을 간음하거나 추행한 사람은 제1항부터 제3항까지의 예에 따라 처벌한다.
⑤ 위계 또는 위력으로써 신체적인 또는 정신적인 장애가 있는 사람을 간음한 사람은 5년 이상의 유기징역에 처한다.
⑥ 위계 또는 위력으로써 신체적인 또는 정신적인 장애가 있는 사람을 추행한 사람은 1년 이상의 유기징역 또는 1천만원 이상 3천만원 이하의 벌금에 처한다.
⑦ 장애인의 보호, 교육 등을 목적으로 하는 시설의 장 또는 종사자가 보호, 감독의 대상인 장애인에 대하여 제1항부터 제6항까지의 죄를 범한 경우에는 그 죄에 정한 형의 2분의 1까지 가중한다.

제7조(13세 미만의 미성년자에 대한 강간, 강제추행 등) ① 13세 미만의 사람에 대하여 「형법」 제297조(강간)의 죄를 범한 사람은 무기징역 또는 10년 이상의 징역에 처한다.
② 13세 미만의 사람에 대하여 폭행이나 협박으로 다음 각 호의 어느 하나에 해당하는 행위를 한 사람

은 7년 이상의 유기징역에 처한다.
1. 구강·항문 등 신체(성기는 제외한다)의 내부에 성기를 넣는 행위
2. 성기·항문에 손가락 등 신체(성기는 제외한다)의 일부나 도구를 넣는 행위

③ 13세 미만의 사람에 대하여「형법」제298조(강제추행)의 죄를 범한 사람은 5년 이상의 유기징역에 처한다.

④ 13세 미만의 사람에 대하여「형법」제299조(준강간, 준강제추행)의 죄를 범한 사람은 제1항부터 제3항까지의 예에 따라 처벌한다.

⑤ 위계 또는 위력으로써 13세 미만의 사람을 간음하거나 추행한 사람은 제1항부터 제3항까지의 예에 따라 처벌한다.

제8조(강간 등 상해·치상) ① 제3조제1항, 제4조, 제6조, 제7조 또는 제15조(제3조제1항, 제4조, 제6조 또는 제7조의 미수범으로 한정한다)의 죄를 범한 사람이 다른 사람을 상해하거나 상해에 이르게 한 때에는 무기징역 또는 10년 이상의 징역에 처한다.

② 제5조 또는 제15조(제5조의 미수범으로 한정한다)의 죄를 범한 사람이 다른 사람을 상해하거나 상해에 이르게 한 때에는 무기징역 또는 7년 이상의 징역에 처한다.

제9조(강간 등 살인·치사) ① 제3조부터 제7조까지, 제15조(제3조부터 제7조까지의 미수범으로 한정한다)의 죄 또는「형법」제297조(강간), 제297조의2(유사강간) 및 제298조(강제추행)부터 제300조(미수범)까지의 죄를 범한 사람이 다른 사람을 살해한 때에는 사형 또는 무기징역에 처한다.

② 제4조, 제5조 또는 제15조(제4조 또는 제5조의 미수범으로 한정한다)의 죄를 범한 사람이 다른 사람을 사망에 이르게 한 때에는 무기징역 또는 10년 이상의 징역에 처한다.

③ 제6조, 제7조 또는 제15조(제6조 또는 제7조의 미수범으로 한정한다)의 죄를 범한 사람이 다른 사람을 사망에 이르게 한 때에는 사형, 무기징역 또는 10년 이상의 징역에 처한다.

제10조(업무상 위력 등에 의한 추행) ① 업무, 고용이나 그 밖의 관계로 인하여 자기의 보호, 감독을 받는 사람에 대하여 위계 또는 위력으로 추행한 사람은 3년 이하의 징역 또는 1천500만원 이하의 벌금에 처한다.

② 법률에 따라 구금된 사람을 감호하는 사람이 그 사람을 추행한 때에는 5년 이하의 징역 또는 2천만원 이하의 벌금에 처한다.

제11조(공중 밀집 장소에서의 추행) 대중교통수단, 공연·집회 장소, 그 밖에 공중이 밀집하는 장소에서 사람을 추행한 사람은 3년 이하의 징역 또는 3천만원 이하의 벌금에 처한다.

제12조(성적 목적을 위한 다중이용장소 침입행위) 자기의 성적 욕망을 만족시킬 목적으로 화장실, 목욕장·목욕실 또는 발한실, 모유수유시설, 탈의실 등 불특정 다수가 이용하는 다중이용장소에 침입하거나 같은 장소에서 퇴거의 요구를 받고 응하지 아니하는 사람은 1년 이하의 징역 또는 1천만원 이하의 벌금에 처한다.

제13조(통신매체를 이용한 음란행위) 자기 또는 다른 사람의 성적 욕망을 유발하거나 만족시킬 목적으로 전화, 우편, 컴퓨터, 그 밖의 통신매체를 통하여 성적 수치심이나 혐오감을 일으키는 말, 음향, 글, 그림, 영상 또는 물건을 상대방에게 도달하게 한 사람은 2년 이하의 징역 또는 2천만원 이하의 벌금에 처한다.

제14조(카메라 등을 이용한 촬영) ① 카메라나 그 밖에 이와 유사한 기능을 갖춘 기계장치를 이용하여 성적 욕망 또는 수치심을 유발할 수 있는 사람의 신체를 촬영대상자의 의사에 반하여 촬영한 자는 7년 이하의 징역 또는 5천만원 이하의 벌금에 처한다.

② 제1항에 따른 촬영물 또는 복제물(복제물의 복제물을 포함한다. 이하 이 조에서 같다)을 반포·판매·임대·제공 또는 공공연하게 전시·상영(이하 "반포등"이라 한다)한 자 또는 제1항의 촬영이 촬영 당시에는 촬영대상자의 의사에 반하지 아니한 경우(자신의 신체를 직접 촬영한 경우를 포함한다)에도 사후에 그 촬영물 또는 복제물을 촬영대상자의 의사에 반하여 반포등을 한 자는 7년 이하의 징역 또는 5천만원 이하의 벌금에 처한다.

③ 영리를 목적으로 촬영대상자의 의사에 반하여 「정보통신망 이용촉진 및 정보보호 등에 관한 법률」 제2조제1항제1호의 정보통신망(이하 "정보통신망"이라 한다)을 이용하여 제2항의 죄를 범한 자는 3년 이상의 유기징역에 처한다.

④ 제1항 또는 제2항의 촬영물 또는 복제물을 소지·구입·저장 또는 시청한 자는 3년 이하의 징역 또는 3천만원 이하의 벌금에 처한다.

⑤ 상습으로 제1항부터 제3항까지의 죄를 범한 때에는 그 죄에 정한 형의 2분의 1까지 가중한다.

제14조의2(허위영상물 등의 반포등) ① 반포등을 할 목적으로 사람의 얼굴·신체 또는 음성을 대상으로 한 촬영물·영상물 또는 음성물(이하 이 조에서 "영상물등"이라 한다)을 영상물등의 대상자의 의사에 반하여 성적 욕망 또는 수치심을 유발할 수 있는 형태로 편집·합성 또는 가공(이하 이 조에서 "편집등"이라 한다)한 자는 5년 이하의 징역 또는 5천만원 이하의 벌금에 처한다.

② 제1항에 따른 편집물·합성물·가공물(이하 이 항에서 "편집물등"이라 한다) 또는 복제물(복제물의 복제물을 포함한다. 이하 이 항에서 같다)을 반포등을 한 자 또는 제1항의 편집등을 할 당시에는 영상물등의 대상자의 의사에 반하지 아니한 경우에도 사후에 그 편집물등 또는 복제물을 영상물등의 대상자의 의사에 반하여 반포등을 한 자는 5년 이하의 징역 또는 5천만원 이하의 벌금에 처한다.

③ 영리를 목적으로 영상물등의 대상자의 의사에 반하여 정보통신망을 이용하여 제2항의 죄를 범한 자는 7년 이하의 징역에 처한다.

④ 상습으로 제1항부터 제3항까지의 죄를 범한 때에는 그 죄에 정한 형의 2분의 1까지 가중한다.

제14조의3(촬영물 등을 이용한 협박·강요) ① 성적 욕망 또는 수치심을 유발할 수 있는 촬영물 또는 복제물(복제물의 복제물을 포함한다)을 이용하여 사람을 협박한 자는 1년 이상의 유기징역에 처한다.

② 제1항에 따른 협박으로 사람의 권리행사를 방해하거나 의무 없는 일을 하게 한 자는 3년 이상의 유기징역에 처한다.

③ 상습으로 제1항 및 제2항의 죄를 범한 경우에는 그 죄에 정한 형의 2분의 1까지 가중한다.

제15조(미수범) 제3조부터 제9조까지, 제14조, 제14조의2 및 제14조의3의 미수범은 처벌한다.

제15조의2(예비, 음모) 제3조부터 제7조까지의 죄를 범할 목적으로 예비 또는 음모한 사람은 3년 이하의 징역에 처한다.

제18조(고소 제한에 대한 예외) 성폭력범죄에 대하여는 「형사소송법」 제224조(고소의 제한) 및 「군사법원법」 제266조에도 불구하고 자기 또는 배우자의 직계존속을 고소할 수 있다.

제20조(「형법」상 감경규정에 관한 특례) 음주 또는 약물로 인한 심신장애 상태에서 성폭력범죄(제2조제1항제1호의 죄는 제외한다)를 범한 때에는 「형법」 제10조제1항·제2항 및 제11조를 적용하지 아니할 수 있다.

제21조(공소시효에 관한 특례) ① 미성년자에 대한 성폭력범죄의 공소시효는 「형사소송법」 제252조제1항 및 「군사법원법」 제294조제1항에도 불구하고 해당 성폭력범죄로 피해를 당한 미성년자가 성년에 달한 날부터 진행한다.

② 제2조제3호 및 제4호의 죄와 제3조부터 제9조까지의 죄는 디엔에이(DNA)증거 등 그 죄를 증명할 수 있는 과학적인 증거가 있는 때에는 공소시효가 10년 연장된다.

③ 13세 미만의 사람 및 신체적인 또는 정신적인 장애가 있는 사람에 대하여 다음 각 호의 죄를 범한 경우에는 제1항과 제2항에도 불구하고 「형사소송법」 제249조부터 제253조까지 및 「군사법원법」 제291조부터 제295조까지에 규정된 공소시효를 적용하지 아니한다.

　1. 「형법」 제297조(강간), 제298조(강제추행), 제299조(준강간, 준강제추행), 제301조(강간등 상해·치상), 제301조의2(강간등 살인·치사) 또는 제305조(미성년자에 대한 간음, 추행)의 죄
　2. 제6조제2항, 제7조제2항 및 제5항, 제8조, 제9조의 죄
　3. 「아동·청소년의 성보호에 관한 법률」 제9조 또는 제10조의 죄

④ 다음 각 호의 죄를 범한 경우에는 제1항과 제2항에도 불구하고 「형사소송법」 제249조부터 제253조까지 및 「군사법원법」 제291조부터 제295조까지에 규정된 공소시효를 적용하지 아니한다.

　1. 「형법」 제301조의2(강간등 살인·치사)의 죄(강간등 살인에 한정한다)
　2. 제9조제1항의 죄
　3. 「아동·청소년의 성보호에 관한 법률」 제10조제1항의 죄
　4. 「군형법」 제92조의8의 죄(강간 등 살인에 한정한다)

제27조(성폭력범죄 피해자에 대한 변호사 선임의 특례) ① 성폭력범죄의 피해자 및 그 법정대리인(이하 "피해자등"이라 한다)은 형사절차상 입을 수 있는 피해를 방어하고 법률적 조력을 보장하기 위하여 변호사를 선임할 수 있다.

② 제1항에 따른 변호사는 검사 또는 사법경찰관의 피해자등에 대한 조사에 참여하여 의견을 진술할 수 있다. 다만, 조사 도중에는 검사 또는 사법경찰관의 승인을 받아 의견을 진술할 수 있다.

③ 제1항에 따른 변호사는 피의자에 대한 구속 전 피의자심문, 증거보전절차, 공판준비기일 및 공판절차에 출석하여 의견을 진술할 수 있다. 이 경우 필요한 절차에 관한 구체적 사항은 대법원규칙으로 정한다.

④ 제1항에 따른 변호사는 증거보전 후 관계 서류나 증거물, 소송계속 중의 관계 서류나 증거물을 열람하거나 등사할 수 있다.

⑤ 제1항에 따른 변호사는 형사절차에서 피해자등의 대리가 허용될 수 있는 모든 소송행위에 대한 포괄적인 대리권을 가진다.

⑥ 검사는 피해자에게 변호사가 없는 경우 국선변호사를 선정하여 형사절차에서 피해자의 권익을 보호할 수 있다.

제30조(영상물의 촬영·보존 등) ① 성폭력범죄의 피해자가 19세 미만이거나 신체적인 또는 정신적인 장애로 사물을 변별하거나 의사를 결정할 능력이 미약한 경우에는 피해자의 진술 내용과 조사 과정을

비디오녹화기 등 영상물 녹화장치로 촬영·보존하여야 한다.

② 제1항에 따른 영상물 녹화는 피해자 또는 법정대리인이 이를 원하지 아니하는 의사를 표시한 경우에는 촬영을 하여서는 아니 된다. 다만, 가해자가 친권자 중 일방인 경우는 그러하지 아니하다.

③ 제1항에 따른 영상물 녹화는 조사의 개시부터 종료까지의 전 과정 및 객관적 정황을 녹화하여야 하고, 녹화가 완료된 때에는 지체 없이 그 원본을 피해자 또는 변호사 앞에서 봉인하고 피해자로 하여금 기명날인 또는 서명하게 하여야 한다.

④ 검사 또는 사법경찰관은 피해자가 제1항의 녹화장소에 도착한 시각, 녹화를 시작하고 마친 시각, 그 밖에 녹화과정의 진행경과를 확인하기 위하여 필요한 사항을 조서 또는 별도의 서면에 기록한 후 수사기록에 편철하여야 한다.

⑤ 검사 또는 사법경찰관은 피해자 또는 법정대리인이 신청하는 경우에는 영상물 촬영과정에서 작성한 조서의 사본을 신청인에게 발급하거나 영상물을 재생하여 시청하게 하여야 한다.

⑥ **제1항에 따라 촬영한 영상물에 수록된 피해자의 진술은 공판준비기일 또는 공판기일에 피해자나 조사 과정에 동석하였던 신뢰관계에 있는 사람 또는 진술조력인의 진술에 의하여 그 성립의 진정함이 인정된 경우에 증거로 할 수 있다.**

⑦ 누구든지 제1항에 따라 촬영한 영상물을 수사 및 재판의 용도 외에 다른 목적으로 사용하여서는 아니 된다.

[단순위헌, 2018헌바524, 2021. 12. 23, 성폭력범죄의 처벌 등에 관한 특례법(2012. 12. 18. 법률 제11556호로 전부개정된 것) 제30조 제6항 중 '제1항에 따라 촬영한 영상물에 수록된 피해자의 진술은 공판준비기일 또는 공판기일에 조사 과정에 동석하였던 신뢰관계에 있는 사람 또는 진술조력인의 진술에 의하여 그 성립의 진정함이 인정된 경우에 증거로 할 수 있다' 부분 가운데 19세 미만 성폭력범죄 피해자에 관한 부분은 헌법에 위반된다.]

제34조(신뢰관계에 있는 사람의 동석) ① 법원은 제3조부터 제8조까지, 제10조 및 제15조(제9조의 미수범은 제외한다)의 범죄의 피해자를 증인으로 신문하는 경우에 검사, 피해자 또는 법정대리인이 신청할 때에는 재판에 지장을 줄 우려가 있는 등 부득이한 경우가 아니면 피해자와 신뢰관계에 있는 사람을 동석하게 하여야 한다.

② 제1항은 수사기관이 같은 항의 피해자를 조사하는 경우에 관하여 준용한다.

③ 제1항 및 제2항의 경우 법원과 수사기관은 피해자와 신뢰관계에 있는 사람이 피해자에게 불리하거나 피해자가 원하지 아니하는 경우에는 동석하게 하여서는 아니 된다.

제41조(증거보전의 특례) ① 피해자나 그 법정대리인 또는 경찰은 피해자가 공판기일에 출석하여 증언하는 것에 현저히 곤란한 사정이 있을 때에는 그 사유를 소명하여 제30조에 따라 촬영된 영상물 또는 그 밖의 다른 증거에 대하여 해당 성폭력범죄를 수사하는 검사에게 「형사소송법」 제184조(증거보전의 청구와 그 절차)제1항에 따른 증거보전의 청구를 할 것을 요청할 수 있다. 이 경우 피해자가 16세 미만이거나 신체적인 또는 정신적인 장애로 사물을 변별하거나 의사를 결정할 능력이 미약한 경우에는 공판기일에 출석하여 증언하는 것에 현저히 곤란한 사정이 있는 것으로 본다.

② 제1항의 요청을 받은 검사는 그 요청이 타당하다고 인정할 때에는 증거보전의 청구를 할 수 있다.

1. 2013년 성폭력범죄의 처벌 등에 관한 특례법 개정 내용

① 친족관계에 의한 강간 등(성폭력범죄의 처벌 등에 관한 특례법 제5조)의 '친족'의 범위에 '동거하는 친족'이 포함되었고, ② 장애인과 13세 미만인 자에 대한 강간죄의 객체를 '여자'에서 '사람'으로 변경하였고(제6조, 제7조), ③ '성적 목적을 위한 공공장소 침입죄'를 신설하였고, ④ 친고죄 조항을 삭제하였으며(제15조 삭제), ⑤ 공소시효 적용 배제 대상 범죄를 확대하였다(제21조).

2. 성폭력범죄 일반 내용

가. 강간

1) 폭행·협박

> 강간죄가 되기 위하여는 가해자의 폭행, 또는 협박은 피해자의 항거를 불능하게 하거나 현저히 곤란하게 할 정도의 것이어야 하고, 그 폭행 또는 협박이 피해자의 항거를 불능하게 하거나 현저히 곤란하게 할 정도의 것이었는지 여부는 유형력을 행사한 당해 폭행 및 협박의 내용과 정도는 물론이고, 유형력을 행사하게 된 경위, 피해자와의 관계, 성교 당시의 정황 등 제반 사정을 종합하여 판단하여야 한다(92도259).

2) 실행의 착수시기

피해자의 반항을 현저히 곤란하게 하는 정도의 폭행·협박이 개시된 때이다.

- 강간죄의 실행의 착수가 있었다고 하려면 강간의 수단으로서 폭행이나 협박을 한 사실이 있어야 할 터인데 피고인이 강간할 목적으로 피해자의 집에 침입하였다 하더라도 안방에 들어가 누워 자고 있는 피해자의 가슴과 엉덩이를 만지면서 간음을 기도하였다는 사실만으로는 강간의 수단으로 피해자에게 폭행이나 협박을 개시하였다고 하기는 어렵다(90도607).
- [1] 강간죄의 성립에 언제나 직접적으로 또 필요한 수단으로서 감금행위를 수반하는 것은 아니므로 감금행위가 강간미수죄의 수단이 되었다 하여 감금행위는 강간미수죄에 흡수되어 범죄를 구성하지 않는다고 할 수는 없는 것이고, 그때에는 감금죄와 강간미수죄는 일개의 행위에 의하여 실현된 경우로서 형법 제40조의 상상적 경합관계에 있다. [2] 피고인이 피해자가 자동차에서 내릴 수 없는 상태에 있음을 이용하여 강간하려고 결의하고, 주행 중인 자동차에서 탈출불가능하게 하여 외포케 하고 50킬로미터를 운행하여 여관 앞까지 강제연행한 후 강간하려다 미수에 그친 경우 위 협박은 감금죄의 실행의 착수임과 동시에 강간미수죄의 실행의 착수라고 할 것이다(83도323).

나. 강제추행

1) 폭행·협박

원칙적으로 폭행·협박의 정도는 강간죄와 동일하다. 다만 강제추행의 성격상 폭행 또는 협박을 가하여 그 항거를 곤란하게 한 후에 추행행위를 하는 경우뿐만 아니라 폭행 자체가 추행이라고 인정되는 경우에도 강제추행의 죄가 성립한다. 이러한 경우 그 폭행은 반드시 상

대방의 의사를 억압할 정도의 것임을 요하지 않고 상대방의 의사에 반하는 유형력의 행사가 있는 이상 그 힘의 대소강약을 불문한다.

> 피해자와 춤을 추면서 피해자의 유방을 만진 행위가 순간적인 행위에 불과하더라도 피해자의 의사에 반하여 행하여진 유형력의 행사에 해당하고 피해자의 성적 자유를 침해할 뿐만 아니라 일반인의 입장에서도 추행행위라고 평가될 수 있는 것으로서, 폭행행위 자체가 추행행위라고 인정되어 강제추행에 해당된다고 한 사례(2001도2417)

2) 추행

객관적으로 일반인에게 성적 수치심이나 혐오감을 일으키게 하고 선량한 성적 도덕관념에 반하는 행위로서 피해자의 성적 자유를 침해하는 것을 의미한다.

- [1] 성폭력범죄의처벌및피해자보호등에관한법률(업무상위력등에의한추행)상의 위력이라 함은 피해자의 자유의사를 제압하기에 충분한 세력을 말하고, 유형적이든 무형적이든 묻지 않으므로 폭행·협박뿐 아니라 사회적·경제적·정치적인 지위나 권세를 이용하는 것도 가능하며, 위력행위 자체가 추행행위라고 인정되는 경우도 포함되고, 이 경우에 있어서의 위력은 현실적으로 피해자의 자유의사가 제압될 것임을 요하는 것은 아니라 할 것이고, 추행이라 함은 객관적으로 일반인에게 성적 수치심이나 혐오감을 일으키게 하고 선량한 성적 도덕관념에 반하는 것이라고 할 것이다. [2] 성폭력범죄의처벌및피해자보호등에관한법률상의 업무상위력등에의한추행죄는 개인의 성적 자유를 보호법익으로 하는 것이므로 결국 이에 해당하는지 여부는 개인의 성적 자유가 현저히 침해되고, 또한 일반인의 입장에서 보아도 추행행위라고 평가될 경우에 한정하여야 할 것이고, 이러한 의미에서 키스, 포옹 등과 같은 경우에 있어서 그것이 추행행위에 해당하는가에 대하여는 피해자의 의사, 성별, 연령, 행위자와 피해자의 이전부터의 관계, 그 행위에 이르게 된 경위, 구체적 행위태양, 주위의 객관적 상황과 그 시대의 성적 도덕관념 등을 종합적으로 고려하여 신중히 검토하여야만 한다(97도2506).

- 초등학교 기간제 교사가 다른 학생들이 지켜보는 가운데 건강검진을 받으러 온 학생의 옷 속으로 손을 넣어 배와 가슴 등의 신체 부위를 만진 행위는, 설사 성욕을 자극·흥분·만족시키려는 주관적 동기나 목적이 없었더라도 객관적으로 일반인에게 성적 수치심이나 혐오감을 불러일으키고 선량한 성적 도덕관념에 반하는 행위라고 평가할 수 있고 그로 인하여 피해 학생의 심리적 성장 및 성적 정체성의 형성에 부정적 영향을 미쳤다고 판단되므로, 성폭력범죄의 처벌 및 피해자보호 등에 관한 법률 제8조의2 제5항에서 말하는 '추행'에 해당한다고 한 사례(2009도2576)

- [1] 강제추행죄는 상대방에 대하여 폭행 또는 협박을 가하여 항거를 곤란하게 한 뒤에 추행행위를 하는 경우뿐만 아니라 폭행행위 자체가 추행행위라고 인정되는 경우도 포함되며, 이 경우의 폭행은 반드시 상대방의 의사를 억압할 정도의 것일 필요는 없다. 추행은 객관적으로 일반인에게 성적 수치심이나 혐오감을 일으키게 하고 선량한 성적 도덕관념에 반하는 행위로서 피해자의 성적 자유를 침해하는 것을 말하며, 이에 해당하는지는 피해자의 의

사, 성별, 연령, 행위자와 피해자의 이전부터의 관계, 행위에 이르게 된 경위, 구체적 행위태양, 주위의 객관적 상황과 그 시대의 성적 도덕관념 등을 종합적으로 고려하여 신중히 결정되어야 한다. 그리고 추행의 고의로 상대방의 의사에 반하는 유형력의 행사, 즉 폭행행위를 하여 실행행위에 착수하였으나 추행의 결과에 이르지 못한 때에는 강제추행미수죄가 성립하며, 이러한 법리는 폭행행위 자체가 추행행위라고 인정되는 이른바 '기습추행'의 경우에도 마찬가지로 적용된다. [2] 피고인이 밤에 술을 마시고 배회하던 중 버스에서 내려 혼자 걸어가는 피해자 갑(여, 17세)을 발견하고 마스크를 착용한 채 뒤따라가다가 인적이 없고 외진 곳에서 가까이 접근하여 껴안으려 하였으나, 갑이 뒤돌아보면서 소리치자 그 상태로 몇 초 동안 쳐다보다가 다시 오던 길로 되돌아갔다고 하여 아동·청소년의 성보호에 관한 법률 위반으로 기소된 사안에서, 피고인과 갑의 관계, 갑의 연령과 의사, 행위에 이르게 된 경위와 당시 상황, 행위 후 갑의 반응 및 행위가 갑에게 미친 영향 등을 고려하여 보면, 피고인은 갑을 추행하기 위해 뒤따라간 것으로 추행의 고의를 인정할 수 있고, 피고인이 가까이 접근하여 갑자기 뒤에서 껴안는 행위는 일반인에게 성적 수치심이나 혐오감을 일으키게 하고 선량한 성적 도덕관념에 반하는 행위로서 갑의 성적 자유를 침해하는 행위여서 그 자체로 이른바 '기습추행' 행위로 볼 수 있으므로, 피고인의 팔이 갑의 몸에 닿지 않았더라도 양팔을 높이 들어 갑자기 뒤에서 껴안으려는 행위는 갑의 의사에 반하는 유형력의 행사로서 폭행행위에 해당하며, 그때 '기습추행'에 관한 실행의 착수가 있는데, 마침 갑이 뒤돌아보면서 소리치는 바람에 몸을 껴안는 추행의 결과에 이르지 못하고 미수에 그쳤으므로, 피고인의 행위는 아동·청소년에 대한 강제추행미수죄에 해당한다고 한 사례(2015도6980, 2015모2524).

다. 준강간·준강제추행

1) 심신상실 또는 항거불능의 상태를 이용

'심신상실'이란 정신기능의 장애로 정상적인 판단능력이 없는 상태를 의미하고, 판례는 깊은 잠에 빠져 있는 경우로 심신상실로 인정하고 있다(76도3673). '항거불능의 상태'는 심신상실 이외의 원인 때문에 심리적 또는 물리적으로 반항이 절대적으로 불가능하거나 현저히 곤란한 경우를 의미한다(98도3257).

[1] 준강간죄에서 '심신상실'이란 정신기능의 장애로 인하여 성적 행위에 대한 정상적인 판단능력이 없는 상태를 의미하고, '항거불능'의 상태란 심신상실 이외의 원인으로 심리적 또는 물리적으로 반항이 절대적으로 불가능하거나 현저히 곤란한 경우를 의미한다. 이는 준강제추행죄의 경우에도 마찬가지이다. 피해자가 깊은 잠에 빠져 있거나 술·약물 등에 의해 일시적으로 의식을 잃은 상태 또는 완전히 의식을 잃지는 않았더라도 그와 같은 사유로 정상적인 판단능력과 대응·조절능력을 행사할 수 없는 상태에 있었다면 준강간죄 또는 준강제추행죄에서의 심신상실 또는 항거불능 상태에 해당한다. [2] ㈎ 의학적 개념으로서의 '알코올 블랙아웃(black out)'은 중증도 이상의 알코올 혈중농도, 특히 단기간 폭음으로 알코올 혈중농도가 급격히 올라간 경우 그 알코올 성분이 외부 자극에 대하여 기록하고 해석하는 인코딩 과정(기억형성에 관여하는 뇌의 특정 기능)에 영향을 미침으로써 행위자가 일정한 시점에 진행되었던 사실에 대한 기

억을 상실하는 것을 말한다. 알코올 블랙아웃은 인코딩 손상의 정도에 따라 단편적인 블랙아웃과 전면적인 블랙아웃이 모두 포함한다. 그러나 알코올의 심각한 독성화와 전형적으로 결부된 형태로서의 의식상실의 상태, 즉 알코올의 최면진정작용으로 인하여 수면에 빠지는 의식상실(passing out)과 구별되는 개념이다. ㈑ 따라서 음주 후 준강간 또는 준강제추행을 당하였음을 호소한 피해자의 경우, 범행 당시 알코올이 위의 기억형성의 실패만을 야기한 알코올 블랙아웃 상태였다면 피해자는 기억장애 외에 인지기능이나 의식 상태의 장애에 이르렀다고 인정하기 어렵지만, 이에 비하여 피해자가 술에 취해 수면상태에 빠지는 등 의식을 상실한 패싱아웃 상태였다면 심신상실의 상태에 있었음을 인정할 수 있다. 또한 '준강간죄 또는 준강제추행죄에서의 심신상실·항거불능'의 개념에 비추어, 피해자가 의식상실 상태에 빠져 있지는 않지만 알코올의 영향으로 의사를 형성할 능력이나 성적 자기결정권 침해행위에 맞서려는 저항력이 현저하게 저하된 상태였다면 '항거불능'에 해당하여, 이러한 피해자에 대한 성적 행위 역시 준강간죄 또는 준강제추행죄를 구성할 수 있다. ㈒ 그런데 법의학 분야에서는 알코올 블랙아웃이 '술을 마시는 동안에 일어난 중요한 사건에 대한 기억상실'로 정의되기도 하며, 일반인 입장에서는 '음주 후 발생한 광범위한 인지기능 장애 또는 의식상실'까지 통칭하기도 한다. ㈓ 따라서 음주로 심신상실 상태에 있는 피해자에 대하여 준강간 또는 준강제추행을 하였음을 이유로 기소된 피고인이 '피해자가 범행 당시 의식상실 상태가 아니었고 그 후 기억하지 못할 뿐이다.'라는 취지에서 알코올 블랙아웃을 주장하는 경우, 법원은 피해자의 범행 당시 음주량과 음주 속도, 경과한 시간, 피해자의 평소 주량, 피해자가 평소 음주 후 기억장애를 경험하였는지 여부 등 피해자의 신체 및 의식 상태가 범행 당시 알코올 블랙아웃인지 아니면 패싱아웃 또는 행위통제능력이 현저히 저하된 상태였는지를 구분할 수 있는 사정들과 더불어 CCTV나 목격자를 통하여 확인되는 당시 피해자의 상태, 언동, 피고인과의 평소 관계, 만나게 된 경위, 성적 접촉이 이루어진 장소와 방식, 그 계기와 정황, 피해자의 연령·경험 등 특성, 성에 대한 인식 정도, 심리적·정서적 상태, 피해자와 성적 관계를 맺게 된 경위에 대한 피고인의 진술 내용의 합리성, 사건 이후 피고인과 피해자의 반응을 비롯한 제반 사정을 면밀하게 살펴 범행 당시 피해자가 심신상실 또는 항거불능 상태에 있었는지 여부를 판단해야 한다. 또한 피해사실 전후의 객관적 정황상 피해자가 심신상실 등이 의심될 정도로 비정상적인 상태에 있었음이 밝혀진 경우 혹은 피해자와 피고인의 관계 등에 비추어 피해자가 정상적인 상태하에서라면 피고인과 성적 관계를 맺거나 이에 수동적으로나마 동의하리라고 도저히 기대하기 어려운 사정이 인정되는데도, 피해자의 단편적인 모습만으로 피해자가 단순히 '알코올 블랙아웃'에 해당하여 심신상실 상태에 있지 않았다고 단정하여서는 안 된다(2018도9781).

2) 실행의 착수시기

간음 또는 추행의 수단이라고 할 만한 행위를 한 때이다.

- 피고인이 잠을 자고 있는 피해자의 옷을 벗긴 후 자신의 바지를 내린 상태에서 피해자의 음부 등을 만지고 자신의 성기를 피해자의 음부에 삽입하려고 하였으나 피해자가 몸을 뒤척이고 비트는 등 잠에서 깨어 거부하는 듯한 기색을 보이자 더 이상 간음행위에 나아가는 것을 포기한 경우, 준강간죄의 실행에 착수하였다고 본 사례(99도5187)

> • [1] 준강간죄에서 실행의 착수 시기는 피해자의 심신상실 또는 항거불능의 상태를 이용하여 간음을 할 의도를 가지고 간음의 수단이라고 할 수 있는 행동을 시작한 때로 보아야 한다. [2] 원심판결 이유 및 기록에 의하면 피고인이 피해자와 성관계를 할 의사로 술에 취하여 모텔 침대에 잠들어 있는 피해자의 속바지를 벗기다가 피해자가 깨어나자 중단한 사실을 알 수 있다. 그렇다면 피고인이 피해자의 속바지를 벗기려던 행위는 간음의 의도를 가지고 간음의 수단이라고 할 수 있는 행동을 시작한 것으로서 준강간죄의 실행에 착수한 것으로 보아야 한다(2018도19295).

라. 위계 또는 위력에 의한 간음 또는 추행

1) 위계

진정한 목적을 감추고 상대방에게 오인·착각·부지를 일으키고 그러한 심적 상태를 이용하여 목적을 달성하는 것으로, 변경 전 판례는 간음행위 자체에 대한 오인·착각·부지를 일으킨 경우에 한정하였으나, 변경된 판례는 '피해자가 오인, 착각, 부지에 빠지게 되는 대상은 간음행위 자체일 수도 있고, 간음행위에 이르게 된 동기이거나 간음행위와 결부된 금전적·비금전적 대가와 같은 요소일 수도 있다'고 한다.

[1] 아동·청소년을 보호하고자 하는 이유는, 아동·청소년은 사회적·문화적 제약 등으로 아직 온전한 자기결정권을 행사하기 어려울 뿐만 아니라, 인지적·심리적·관계적 자원의 부족으로 타인의 성적 침해 또는 착취행위로부터 자신을 방어하기 어려운 처지에 있기 때문이다. 또한 아동·청소년은 성적 가치관을 형성하고 성 건강을 완성해가는 과정에 있으므로 아동·청소년에 대한 성적 침해 또는 착취행위는 아동·청소년이 성과 관련한 정신적·신체적 건강을 추구하고 자율적 인격을 형성·발전시키는 데에 심각하고 지속적인 부정적 영향을 미칠 수 있다. 따라서 아동·청소년이 외관상 성적 결정 또는 동의로 보이는 언동을 하였더라도, 그것이 타인의 기망이나 왜곡된 신뢰관계의 이용에 의한 것이라면, 이를 아동·청소년의 온전한 성적 자기결정권의 행사에 의한 것이라고 평가하기 어렵다. [2] 위계에 의한 간음죄에서 '위계'란 행위자의 행위목적을 달성하기 위하여 피해자에게 오인, 착각, 부지를 일으키게 하여 이를 이용하는 것을 말한다. 이러한 위계의 개념 및 성폭력범행에 특히 취약한 사람을 보호하고 행위자를 강력하게 처벌하려는 입법 태도, 피해자의 인지적·심리적·관계적 특성으로 온전한 성적 자기결정권 행사를 기대하기 어려운 사정 등을 종합하면, 행위자가 간음의 목적으로 피해자에게 오인, 착각, 부지를 일으키고 피해자의 그러한 심적 상태를 이용하여 간음의 목적을 달성하였다면 위계와 간음행위 사이의 인과관계를 인정할 수 있고, 따라서 위계에 의한 간음죄가 성립한다. 왜곡된 성적 결정에 기초하여 성행위를 하였다면 왜곡이 발생한 지점이 성행위 그 자체인지 성행위에 이르게 된 동기인지는 성적 자기결정권에 대한 침해가 발생한 것은 마찬가지라는 점에서 핵심적인 부분이라고 하기 어렵다. 피해자가 오인, 착각, 부지에 빠지게 되는 대상은 간음행위 자체일 수도 있고, 간음행위에 이르게 된 동기이거나 간음행위와 결부된 금전적·비금전적 대가와 같은 요소일 수도 있다. 다만 행위자의 위계적 언동이 존재하였다는 사정만으로 위계에 의한 간음죄가 성립하는 것은 아니므로 위계적 언동의 내용 중에 피해자가 성행위를 결심하게 된 중요한 동기를 이룰 만한 사정이 포함되어 있어 피해자

의 자발적인 성적 자기결정권의 행사가 없었다고 평가할 수 있어야 한다. 이와 같은 인과관계를 판단할 때에는 피해자의 연령 및 행위자와의 관계, 범행에 이르게 된 경위, 범행 당시와 전후의 상황 등 여러 사정을 종합적으로 고려하여야 한다. 한편 위계에 의한 간음죄가 보호대상으로 삼는 아동·청소년, 미성년자, 심신미약자, 피보호자·피감독자, 장애인 등의 성적 자기결정 능력은 그 나이, 성장과정, 환경, 지능 내지 정신기능 장애의 정도 등에 따라 개인별로 차이가 있으므로 간음행위와 인과관계가 있는 위계에 해당하는지 여부를 판단할 때에는 구체적인 범행 상황에 놓인 피해자의 입장과 관점이 충분히 고려되어야 하고, 일반적·평균적 판단능력을 갖춘 성인 또는 충분한 보호와 교육을 받은 또래의 시각에서 인과관계를 쉽사리 부정하여서는 안 된다. [3] 피고인이 스마트폰 채팅 애플리케이션을 통하여 알게 된 14세의 피해자에게 자신을 '고등학교 2학년인 갑'이라고 거짓으로 소개하고 채팅을 통해 교제하던 중 자신을 스토킹하는 여성 때문에 힘들다며 그 여성을 떼어내려면 자신의 선배와 성관계를 하여야 한다는 취지로 피해자에게 이야기하고, 피고인과 헤어지는 것이 두려워 피고인의 제안을 승낙한 피해자를 마치 자신이 갑의 선배인 것처럼 행세하여 간음한 사안에서, 14세에 불과한 아동·청소년인 피해자는 36세 피고인에게 속아 자신이 갑의 선배와 성관계를 하는 것만이 갑을 스토킹하는 여성을 떼어내고 갑과 연인관계를 지속할 수 있는 방법이라고 오인하여 갑의 선배로 가장한 피고인과 성관계를 하였고, 피해자가 위와 같은 오인에 빠지지 않았다면 피고인과의 성행위에 응하지 않았을 것인데, 피해자가 오인한 상황은 피해자가 피고인과의 성행위를 결심하게 된 중요한 동기가 된 것으로 보이고, 이를 자발적이고 진지한 성적 자기결정권의 행사에 따른 것이라고 보기 어렵다는 이유로, 피고인은 간음의 목적으로 피해자에게 오인, 착각, 부지를 일으키고 피해자의 그러한 심적 상태를 이용하여 피해자를 간음한 것이므로 이러한 피고인의 간음행위는 위계에 의한 것이라고 평가할 수 있음에도 이와 달리 본 원심판결에 위계에 의한 간음죄에 관한 법리오해의 위법이 있다고 한 사례(2015도9436)

2) 위력

사람의 자유의사를 제압할 만한 세력을 의미한다. 폭행·협박은 물론 행위자의 지위·권세 등 상대방의 의사결정에 영향을 줄 수 있을 정도면 충분하다.

- 피고인이 '자신의 승용차 안에서 뇌병변·지체장애 1급의 여성장애인 갑의 바지를 강제로 벗기고 욕설을 하며 갑을 1회 강간하였다'는 요지의 성폭력범죄의 처벌 등에 관한 특례법 위반(장애인강간) 및 '자신의 승용차 안으로 갑을 유인하여 강제로 갑의 손을 잡아당겨 자신의 성기를 만지도록 하는 등 갑을 강제추행하였다'는 요지의 성폭력범죄의 처벌 등에 관한 특례법 위반(장애인강제추행)으로 기소된 사안에서, 피고인이 갑의 항거를 현저히 곤란하게 할 정도의 폭행·협박을 한 것을 인정할 증거가 없고, 갑에게 위와 같이 유형력을 행사한 것은 성폭력범죄의 처벌 등에 관한 특례법 위반(장애인위계등간음)죄와 성폭력범죄의 처벌 등에 관한 특례법 위반(장애인위계등추행)죄의 '위력'에 해당하며, 피고인의 방어권 행사에 실질적인 불이익을 초래할 염려도 없다는 이유로 공소장변경절차 없이 각각 성폭력범죄의 처벌 등에 관한 특례법 위반(장애인위계등간음)죄와 성폭력범죄의 처벌 등에 관한 특례법 위반(장애인위계등추행)죄로 인정한 원심의 조치가 정당하다고 한 사례(2014도9315)

- 피고인이 아파트 엘리베이터 내에 13세 미만인 갑(여, 11세)과 단둘이 탄 다음 갑을 향하여 성기를 꺼내어 잡고 여러 방향으로 움직이다가 이를 보고 놀란 갑 쪽으로 가까이 다가감으로써 위력으로 갑을 추행하였다고 하여 성폭력범죄의 처벌 등에 관한 특례법 위반으로 기소된 사안에서, 피고인은 나이 어린 갑을 범행 대상으로 삼아, 의도적으로 협소하고 폐쇄적인 엘리베이터 내 공간을 이용하여 갑이 도움을 청할 수 없고 즉시 도피할 수도 없는 상황을 만들어 범행을 한 점 등 제반 사정에 비추어 볼 때, **비록 피고인이 갑의 신체에 직접적인 접촉을 하지 아니하였고 엘리베이터가 멈춘 후 갑이 위 상황에서 바로 벗어날 수 있었다고 하더라도**, 피고인의 행위는 갑의 성적 자유의사를 제압하기에 충분한 세력에 의하여 추행행위에 나아간 것으로서 **위력에 의한 추행에 해당한다**고 보아야 하는데도, 이와 달리 본 원심판결에 위력에 의한 추행에 관한 법리오해의 위법이 있다고 한 사례(2011도7164)

마. 강간살인, 강간치사상

사상의 결과는 <u>널리 간음의 기회에 이루어진 것</u>이면 족하므로 간음행위 자체나 강간에 수반하는 행위에서 발생한 경우도 포함된다. 따라서 폭행이나 협박을 가하여 간음을 하려는 행위와 이에 극도의 흥분을 느끼고 공포심에 사로잡혀 이를 피하려다 사상에 이르게 된 사실과는 상당인과관계가 인정된다(98도724).

- 피고인들이 의도적으로 피해자를 술에 취하도록 유도하고 수차례 강간한 후 의식불명 상태에 빠진 피해자를 비닐창고로 옮겨 놓아 피해자가 저체온증으로 사망한 사안에서, 위 피해자의 사망과 피고인들의 강간 및 그 수반행위와의 <u>인과관계</u> 그리고 피해자의 사망에 대한 피고인들의 <u>예견가능성</u>이 인정되므로, 위 비닐창고에서 피해자를 재차 강제추행, 강간하고 하의를 벗겨 놓은 채 귀가한 피고인이 있다 하더라도 피고인들은 피해자의 사망에 대한 책임을 면한다고 볼 수 없어 <u>강간치사죄가 인정된다</u>고 한 사례(2007도10120).
- 정신과적 증상인 <u>외상 후 스트레스 장애</u>는 성폭력범죄의처벌및피해자보호등에관한법률 제9조 제1항 소정의 <u>상해에 해당</u>한다(98도3732).

바. 죄수

강간죄 등은 <u>피해자 별로 실체적 경합범</u>이 성립한다. 동일한 피해자에 대한 수회의 간음은 시간적·장소적으로 접착되어 범의의 단일성과 계속성이 인정되는 경우 포괄하여 일죄를 구성한다.

- 차량 안에서 강간을 시도하였으나 지나가는 사람에게 발각되어 미수에 그친 다음 1시간 30분 가량 자동차를 운전하여 이동한 후 이미 겁을 먹고 항거불능 상태에 있는 피해자를 간음한 사안에서, 두 번에 걸친 행위는 그 범행시간과 장소를 달리하고 있을 뿐 아니라 별개의 범의 하에 이루어진 것이므로 <u>실체적 경합범이다</u>(96도1763, 87도694).
- 피해자를 위협하여 항거불능케 한 후 1회 간음하고 200미터쯤 오다가 다시 1회 간음한 사안에서, 피고인의 의사 및 그 범행시각과 장소로 보아 두 번째 간음행위는 처음 한 행

위의 계속으로 볼 수 있으므로 일죄의 관계에 있다(70도1516).
- 감금행위가 강간죄의 수단이 된 경우 감금죄는 강간죄에 흡수되지 아니하고 별죄를 구성하며, 양 죄는 상상적 경합 관계에 있다(83도323).

3. 특수한 성폭력범죄

가. 특수강도강간 - 제3조

- 성폭력범죄의처벌및피해자보호등에관한법률 제5조 제1항은 형법 제319조 제1항의 죄를 범한 자가 강간의 죄를 범한 경우를 규정하고 있고, 성폭력범죄의처벌및피해자보호등에관한법률 제9조 제1항은 같은 법 제5조 제1항의 죄와 같은 법 제6조의 죄에 대한 결과적 가중범을 동일한 구성요건에 규정하고 있으므로, 피해자의 방안에 침입하여 식칼로 위협하여 반항을 억압한 다음 피해자를 강간하여 상해를 입히게 한 피고인의 행위는 그 전체가 포괄하여 같은 법 제9조 제1항의 죄를 구성할 뿐이지, 그 중 주거침입의 행위가 나머지 행위와 별도로 주거침입죄를 구성한다고는 볼 수 없다(99도354).

- 성폭력범죄의 처벌 및 피해자보호 등에 관한 법률 제5조 제1항의 주거침입에 의한 강간미수죄와 주거침입에 의한 강제추행죄의 법정형은 동일하지만, 전자의 경우 형법 제25조 제2항에 의한 미수감경을 할 수 있어 법원의 감경 여부에 따라 처단형의 하한에 차이가 발생할 수 있다. 따라서 법원이 성폭력범죄의 처벌 및 피해자보호 등에 관한 법률상 주거침입강간미수의 공소사실을 공소장 변경 없이 직권으로 같은 법의 주거침입강제추행죄로 인정하여 미수감경의 가능성을 배제하는 것은 피고인의 방어권 행사에 실질적인 불이익을 초래할 염려가 있어 위법하다(2008도2409).

- [1] 강간범이 강간행위 후에 강도의 범의를 일으켜 그 부녀의 재물을 강취하는 경우에는 강도강간죄가 아니라 강간죄와 강도죄의 경합범이 성립될 수 있을 뿐이지만, 강간행위의 종료 전 즉 그 실행행위의 계속 중에 강도의 행위를 할 경우에는 이때에 바로 강도의 신분을 취득하는 것이므로 이후에 그 자리에서 강간행위를 계속하는 때에는 강도가 부녀를 강간한 때에 해당하여 형법 제339조에 정한 강도강간죄를 구성하고, 구 성폭력범죄의 처벌 및 피해자보호 등에 관한 법률 제5조 제2항은 형법 제334조(특수강도) 등의 죄를 범한 자가 형법 제297조(강간) 등의 죄를 범한 경우에 이를 특수강도강간 등의 죄로 가중하여 처벌하는 것이므로, 다른 특별한 사정이 없는 한 특수강간범이 강간행위 종료 전에 특수강도의 행위를 한 이후에 그 자리에서 강간행위를 계속하는 때에도 특수강도가 부녀를 강간한 때에 해당하여 구 성폭력범죄의 처벌 및 피해자보호 등에 관한 법률 제5조 제2항에 정한 특수강도강간죄로 의율할 수 있다. [2] 강도죄는 재물탈취의 방법으로 폭행, 협박을 사용하는 행위를 처벌하는 것이므로 폭행, 협박으로 타인의 재물을 탈취한 이상 피해자가 우연히 재물탈취 사실을 알지 못하였다고 하더라도 강도죄는 성립하고, 폭행, 협박당한 자가 탈취당한 재물의 소유자 또는 점유자일 것을 요하지도 아니하며, 강간범인이 부녀를 강간할 목적으로 폭행, 협박에 의하여 반항을 억압한 후 반항억압 상태가 계속 중임을 이용하여 재물을 탈취하는 경우에는 재물탈취를 위한 새로운 폭행, 협박이 없더라도 강도죄가 성립한다. [3] 야간에 갑의 주거에 침입하여 드라이버를 들이대며 협박하여 갑의 반항을 억압한 상태에서 강

간행위의 실행 도중 범행현장에 있던 을 소유의 핸드백을 가져간 피고인의 행위를 포괄하여 구 성폭력범죄의 처벌 및 피해자보호 등에 관한 법률 위반(특수강도강간등)죄에 해당한다고 판단한 원심의 조치를 수긍한 사례(2010도9630)

- 성폭력범죄의 처벌 및 피해자보호 등에 관한 법률 제5조 제2항에 정하는 **특수강도강제추행죄의 주체는 형법의 제334조 소정의 특수강도범 및 특수강도미수범의 신분을 가진 자에 한정되는 것**으로 보아야 하고, 형법 제335조, 제342조에서 규정하고 있는 **준강도범 내지 준강도미수범은** 성폭력범죄의 처벌 및 피해자보호 등에 관한 법률 제5조 제2항의 **행위주체가 될 수 없다**(2006도2621).

- 강간범이 강간행위 후에 강도의 범의를 일으켜 그 부녀의 재물을 강취하는 경우에는 형법상 강도강간죄가 아니라 강간죄와 강도죄의 경합범이 성립될 수 있을 뿐인바, 성폭력범죄의처벌및피해자보호등에관한법률 제5조 제2항은 형법 제334조(특수강도) 등의 죄를 범한 자가 형법 제297조(강간) 등의 죄를 범한 경우에 이를 특수강도강간 등의 죄로 가중하여 처벌하고 있으므로, 다른 특별한 사정이 없는 한 **강간범이 강간의 범행 후에 특수강도의 범의를 일으켜 그 부녀의 재물을 강취한 경우에는** 이를 성폭력범죄의처벌및피해자보호등에관한법률 제5조 제2항 소정의 **특수강도강간죄로 의율할 수 없다**(2001도6425).

- **주거침입강제추행죄 및 주거침입강간죄 등은** 사람의 주거 등을 침입한 자가 피해자를 간음, 강제추행 등 성폭력을 행사한 경우에 성립하는 것으로서, 주거침입죄를 범한 후에 사람을 강간하는 등의 행위를 하여야 하는 일종의 신분범이고, 선후가 바뀌어 강간죄 등을 범한 자가 그 피해자의 주거에 침입한 경우에는 이에 해당하지 않고 강간죄 등과 주거침입죄 등의 실체적 경합범이 된다. 그 실행의 착수시기는 주거침입 행위 후 강간죄 등의 실행행위에 나아간 때이다. 강간죄는 사람을 강간하기 위하여 피해자의 항거를 불능하게 하거나 현저히 곤란하게 할 정도의 폭행 또는 협박을 개시한 때에 그 실행의 착수가 있다고 보아야 할 것이지, 실제 간음행위가 시작되어야만 그 실행의 착수가 있다고 볼 것은 아니다. 유사강간죄의 경우도 이와 같다(2020도17796).

- [1] **성폭력범죄의 처벌 등에 관한 특례법 위반(주거침입강제추행)죄는** 형법 제319조 제1항의 주거침입죄 내지 건조물침입죄와 형법 제298조의 강제추행죄의 결합범이므로, **위 죄가 성립하려면 형법 제319조가 정한 주거침입죄 내지 건조물침입죄에 해당하여야 한다.** 주거침입죄는 사실상 주거의 평온을 보호법익으로 한다. 주거침입죄의 구성요건적 행위인 침입은 주거침입죄의 보호법익과의 관계에서 해석하여야 하므로, **침입이란 주거의 사실상 평온상태를 해치는 행위태양으로 주거에 들어가는 것을 의미하고, 침입에 해당하는지는 출입 당시 객관적·외형적으로 드러난 행위태양을 기준으로 판단함이 원칙이다.** 사실상의 평온상태를 해치는 행위태양으로 주거에 들어가는 것이라면 대체로 거주자의 의사에 반하겠지만, 단순히 주거에 들어가는 행위 자체가 거주자의 의사에 반한다는 주관적 사정만으로는 바로 침입에 해당한다고 볼 수 없다. 거주자의 의사에 반하는지는 사실상의 평온상태를 해치는 행위태양인지를 평가할 때 고려할 요소 중 하나이지만 주된 평가 요소가 될 수는 없다. 따라서 **침입행위에 해당하는지는 거주자의 의사에 반하는지가 아니라 사실상의 평온상태를 해치는 행위태양인지에 따라 판단하여야 한다.** [2] 다가구용 단독주택이나 다세대주택·연립주택·아파트와 같은 공동주택 내부의 엘리베이터, 공용 계단, 복도 등 공용 부분도 그 거주자들의

사실상 주거의 평온을 보호할 필요성이 있으므로 주거침입죄의 객체인 '사람의 주거'에 해당한다. (중략) 따라서 아파트 등 공동주택의 공동현관에 출입하는 경우에도, 그것이 주거로 사용하는 각 세대의 전용 부분에 필수적으로 부속하는 부분으로 거주자와 관리자에게만 부여된 비밀번호를 출입문에 입력하여야만 출입할 수 있거나, 외부인의 출입을 통제·관리하기 위한 취지의 표시나 경비원이 존재하는 등 외형적으로 외부인의 무단출입을 통제·관리하고 있는 사정이 존재하고, 외부인이 이를 인식하고서도 그 출입에 관한 거주자나 관리자의 승낙이 없음은 물론, 거주자와의 관계 기타 출입의 필요 등에 비추어 보더라도 정당한 이유 없이 비밀번호를 임의로 입력하거나 조작하는 등의 방법으로 거주자나 관리자 모르게 공동현관에 출입한 경우와 같이, 출입 목적 및 경위, 출입의 태양과 출입한 시간 등을 종합적으로 고려할 때 공동주택 거주자의 사실상 주거의 평온상태를 해치는 행위태양으로 볼 수 있는 경우라면 공동주택 거주자들에 대한 주거침입에 해당할 것이다. [3] 일반인의 출입이 허용된 상가 등 영업장소에 영업주의 승낙을 받아 통상적인 출입방법으로 들어갔다면 특별한 사정이 없는 한 건조물침입죄에서 규정하는 침입행위에 해당하지 않는다. 설령 행위자가 범죄 등을 목적으로 영업장소에 출입하였거나 영업주가 행위자의 실제 출입 목적을 알았더라면 출입을 승낙하지 않았을 것이라는 사정이 인정되더라도 그러한 사정만으로는 출입 당시 객관적·외형적으로 드러난 행위태양에 비추어 사실상의 평온상태를 해치는 방법으로 영업장소에 들어갔다고 평가할 수 없으므로 침입행위에 해당하지 않는다(2022도3801).

나. 합동강간 - 제4조

[1] 성폭력범죄의처벌및피해자보호등에관한법률 제6조 제1항의 2인 이상이 합동하여 형법 제297조의 죄를 범함으로써 특수강간죄가 성립하기 위하여는 주관적 요건으로서의 공모와 객관적 요건으로서의 실행행위의 분담이 있어야 하고, 그 실행행위는 시간적으로나 장소적으로 협동관계에 있다고 볼 정도에 이르면 된다. [2] 피고인 등이 비록 특정한 1명씩의 피해자만 강간하거나 강간하려고 하였다 하더라도, 사전의 모의에 따라 강간할 목적으로 심야에 인가에서 멀리 떨어져 있어 쉽게 도망할 수 없는 야산으로 피해자들을 유인한 다음 곧바로 암묵적인 합의에 따라 각자 마음에 드는 피해자들을 데리고 불과 100m 이내의 거리에 있는 곳으로 흩어져 동시 또는 순차적으로 피해자들을 각각 강간하였다면, 그 각 강간의 실행행위도 시간적으로나 장소적으로 협동관계에 있었다고 보아야 할 것이므로, 피해자 3명 모두에 대한 특수강간죄 등이 성립된다고 한 사례(2004도2870)

다. 흉기휴대강간 - 제4조

성폭력범죄의처벌및피해자보호등에관한법률의 목적과 같은 법 제6조의 규정 취지에 비추어 보면 같은 법 제6조 제1항 소정의 '흉기 기타 위험한 물건을 휴대하여 강간죄를 범한 자'란 범행 현장에서 그 범행에 사용하려는 의도 아래 흉기를 소지하거나 몸에 지니는 경우를 가리키는 것이고, 그 범행과는 전혀 무관하게 우연히 이를 소지하게 된 경우까지를 포함하는 것은 아니라 할 것이나, 범행 현장에서 범행에 사용하려는 의도 아래 흉기 등 위험한 물건을 소지하거나 몸에 지닌 이상 그 사실을 피해자가 인식하거나 실제로 범행에 사용하였을 것까지 요구되는 것은 아니다(2004도2018).

라. 업무상 위력 등에 의한 추행 - 제10조

- [1] '추행'이라 함은 객관적으로 일반인에게 성적 수치심이나 혐오감을 일으키게 하고 선량한 성적 도덕관념에 반하는 행위로서 피해자의 성적 자유를 침해하는 것이라고 할 것이고, 이에 해당하는지 여부는 피해자의 의사, 성별, 연령, 행위자와 피해자의 이전부터의 관계, 그 행위에 이르게 된 경위, 구체적 행위태양, 주위의 객관적 상황과 그 시대의 성적 도덕관념 등을 종합적으로 고려하여 신중히 결정되어야 할 것이다. [2] 직장 상사가 등 뒤에서 피해자의 의사에 명백히 반하여 어깨를 주무른 경우, 여성에 대한 추행에 있어 신체 부위에 따라 본질적인 차이가 있다고 볼 수 없다는 이유로 추행에 해당한다고 한 사례(2004도52)

- [1] 성폭력범죄의 처벌 등에 관한 특례법 제10조는 '업무상 위력 등에 의한 추행'에 관한 처벌 규정인데, 제1항에서 "업무, 고용이나 그 밖의 관계로 인하여 자기의 보호, 감독을 받는 사람에 대하여 위계 또는 위력으로 추행한 사람은 3년 이하의 징역 또는 1천 500만 원 이하의 벌금에 처한다"라고 정하고 있다. '업무, 고용이나 그 밖의 관계로 인하여 자기의 보호, 감독을 받는 사람'에는 직장 안에서 보호 또는 감독을 받거나 사실상 보호 또는 감독을 받는 상황에 있는 사람뿐만 아니라 채용 절차에서 영향력의 범위 안에 있는 사람도 포함된다. 그리고 '위력'이란 피해자의 자유의사를 제압하기에 충분한 힘을 말하고, 유형적이든 무형적이든 묻지 않고 폭행·협박뿐만 아니라 사회적·경제적·정치적인 지위나 권세를 이용하는 것도 가능하며, 현실적으로 피해자의 자유의사가 제압될 필요는 없다. 위력으로써 추행하였는지는 행사한 유형력의 내용과 정도, 행위자의 지위나 권세의 종류, 피해자의 연령, 행위자와 피해자의 관계, 그 행위에 이르게 된 경위, 구체적인 행위 모습, 범행 당시의 정황 등 여러 사정을 종합적으로 고려하여 판단하여야 한다. [2] 편의점 업주인 피고인이 아르바이트 구인 광고를 보고 연락한 갑을 채용을 빌미로 불러내 면접을 한 후 자신의 집으로 유인하여 갑의 성기를 만지고 갑에게 피고인의 성기를 만지게 하였다고 하여 성폭력범죄의 처벌 등에 관한 특례법 위반(업무상위력등에의한추행)으로 기소된 사안에서, 피고인이 채용 권한을 가지고 있는 지위를 이용하여 갑의 자유의사를 제압하여 갑을 추행하였다고 본 원심판단이 정당하다고 한 사례(2020도5646)

마. 공중 밀집 장소에서의 추행 - 제11조

[1] 공중밀집장소에서의 추행죄를 규정한 성폭력범죄의 처벌 및 피해자보호 등에 관한 법률 제13조의 입법 취지, 위 법률 조항에서 그 범행장소를 공중이 '밀집한' 장소로 한정하는 대신 공중이 '밀집하는' 장소로 달리 규정하고 있는 문언의 내용, 그 규정상 예시적으로 열거한 대중교통수단, 공연·집회 장소 등의 가능한 다양한 형태 등에 비추어 보면, 여기서 말하는 '공중이 밀집하는 장소'에는 현실적으로 사람들이 빽빽이 들어서 있어 서로 간의 신체적 접촉이 이루어지고 있는 곳만을 의미하는 것이 아니라 이 사건 찜질방 등과 같이 공중의 이용에 상시적으로 제공·개방된 상태에 놓여 있는 곳 일반을 의미한다. 또한, 위 공중밀집장소의 의미를 이와 같이 해석하는 한 그 장소의 성격과 이용현황, 피고인과 피해자 사이의 친분관계 등 구체적 사실관계에 비추어, 공중밀집장소의 일반적 특성을 이용한 추행행위라고 보기 어려운 특별한 사정이 있는 경우에 해당하지 않는 한, 그 행위 당시의 현실적인 밀집도 내

지 혼잡도에 따라 그 규정의 적용 여부를 달리한다고 할 수는 없다. [2] 찜질방 수면실에서 옆에 누워 있던 피해자의 가슴 등을 손으로 만진 행위가 성폭력범죄의 처벌 및 피해자보호 등에 관한 법률 제13조에서 정한 공중밀집장소에서의 추행행위에 해당한다고 한 사례(2009도5704).

바. 통신매체를 이용한 음란행위 - 제13조

- 성폭력범죄의 처벌 등에 관한 특례법 제13조 규정 문언에 의하면, 위 규정은 자기 또는 다른 사람의 성적 욕망을 유발하는 등의 목적으로 '전화, 우편, 컴퓨터나 그 밖에 일반적으로 통신매체라고 인식되는 수단을 이용하여' 성적 수치심 등을 일으키는 말, 글, 물건 등을 상대방에게 전달하는 행위를 처벌하고자 하는 것임이 문언상 명백하므로, 위와 같은 **통신매체를 이용하지 아니한 채 '직접' 상대방에게 말, 글, 물건 등을 도달하게 하는 행위까지 포함하여 위 규정으로 처벌할 수 있다고 보는 것은 법문의 가능한 의미의 범위를 벗어난 해석으로서 실정법 이상으로 처벌 범위를 확대하는 것이다**(2015도17847).

- 음향, 글, 그림, 영상 또는 물건(이하 '성적 수치심을 일으키는 그림 등'이라 한다)을 상대방에게 도달하게 한다'는 것은 '상대방이 성적 수치심을 일으키는 그림 등을 직접 접하는 경우뿐만 아니라 상대방이 실제로 이를 인식할 수 있는 상태에 두는 것'을 의미한다. 따라서 행위자의 의사와 그 내용, 웹페이지의 성격과 사용된 링크기술의 구체적인 방식 등 모든 사정을 종합하여 볼 때 상대방에게 성적 수치심을 일으키는 그림 등이 담겨 있는 웹페이지 등에 대한 인터넷 링크(internet link)를 보내는 행위를 통해 그와 같은 그림 등이 상대방에 의하여 인식될 수 있는 상태에 놓이고 실질에 있어서 이를 직접 전달하는 것과 다를 바 없다고 평가되고, 이에 따라 상대방이 이러한 링크를 이용하여 별다른 제한 없이 성적 수치심을 일으키는 그림 등에 바로 접할 수 있는 상태가 실제로 조성되었다면, 그러한 행위는 전체로 보아 성적 수치심을 일으키는 그림 등을 상대방에게 도달하게 한다는 구성요건을 충족한다(2016도21389).

- 성폭력범죄의 처벌 등에 관한 특례법 제13조는 "자기 또는 다른 사람의 성적 욕망을 유발하거나 만족시킬 목적으로 전화, 우편, 컴퓨터, 그 밖의 통신매체를 통하여 '성적 수치심이나 혐오감을 일으키는 말, 음향, 글, 그림, 영상 또는 물건'(이하 '성적 수치심을 일으키는 그림 등'이라 한다)을 상대방에게 도달하게 한 사람"을 처벌하고 있다. 성폭력범죄의 처벌 등에 관한 특례법 제13조에서 정한 '통신매체 이용 음란죄'는 '성적 자기결정권에 반하여 성적 수치심을 일으키는 그림 등을 개인의 의사에 반하여 접하지 않을 권리'를 보장하기 위한 것으로 성적 자기결정권과 일반적 인격권의 보호, 사회의 건전한 성풍속 확립을 보호법익으로 한다. '자기 또는 다른 사람의 성적 욕망을 유발하거나 만족시킬 목적'이 있는지는 피고인과 피해자의 관계, 행위의 동기와 경위, 행위의 수단과 방법, 행위의 내용과 태양, 상대방의 성격과 범위 등 여러 사정을 종합하여 사회통념에 비추어 합리적으로 판단하여야 한다. '성적 욕망'에는 성행위나 성관계를 직접적인 목적이나 전제로 하는 욕망뿐만 아니라, 상대방을 성적으로 비하하거나 조롱하는 등 상대방에게 성적 수치심을 줌으로써 자신의 심리적 만족을 얻고자 하는 욕망도 포함된다. 또한 이러한 '성적 욕망'이 상대방에 대한 분노감과 결합되어 있더라도 달리 볼 것은 아니다(2018도9775).

- 성폭력범죄의 처벌 등에 관한 특례법 제13조는 "자기 또는 다른 사람의 성적 욕망을 유발하거나 만족시킬 목적으로 전화, 우편, 컴퓨터, 그 밖의 통신매체를 통하여 '성적 수치심이나 혐오감을 일으키는 말, 음향, 글, 그림, 영상 또는 물건'을 상대방에게 도달하게 한 사람"을 처벌한다. '자기 또는 다른 사람의 성적 욕망을 유발하거나 만족시킬 목적'이 있는지 여부는 피고인과 피해자의 관계, 행위의 동기와 경위, 행위의 수단과 방법, 행위의 내용과 태양, 상대방의 성격과 범위 등 여러 사정을 종합하여 사회통념에 비추어 합리적으로 판단하여야 한다. 또한 '성적 수치심이나 혐오감을 일으키는 것'은 피해자에게 단순한 부끄러움이나 불쾌감을 넘어 인격적 존재로서의 수치심이나 모욕감을 느끼게 하거나 싫어하고 미워하는 감정을 느끼게 하는 것으로서 사회 평균인의 성적 도의관념에 반하는 것을 의미한다. 이와 같은 성적 수치심 또는 혐오감의 유발 여부는 일반적이고 평균적인 사람들을 기준으로 하여 판단함이 타당하고, 특히 성적 수치심의 경우 피해자와 같은 성별과 연령대의 일반적이고 평균적인 사람들을 기준으로 하여 그 유발 여부를 판단하여야 한다(2020도11185).94)

사. 카메라 등을 이용한 촬영 - 제14조

- [1] 카메라 등 이용 촬영죄를 정한 성폭력범죄의 처벌 및 피해자보호 등에 관한 법률 제14조의2 제1항 규정의 문언과 그 입법 취지 및 연혁, 보호법익 등에 비추어, 위 규정에서 말하는 '그 촬영물'이란 성적 욕망 또는 수치심을 유발할 수 있는 타인의 신체를 그 의사에 반하여 촬영한 영상물을 의미하고, 타인의 승낙을 받아 촬영한 영상물은 포함되지 않는다고 해석된다. [2] 피고인이 피해자의 승낙을 받아 캠코더로 촬영해 두었던 피해자와의 성행위 장면이 담긴 영상물을 반포하였다는 공소사실에 대하여 무죄를 선고한 원심판결을 수긍한 사례(2009도7973)

- [1] '카메라나 그 밖에 이와 유사한 기능을 갖춘 기계장치를 이용하여 성적 욕망 또는 수치심을 유발할 수 있는 다른 사람의 신체를 그 의사에 반하여 촬영'하는 행위를 처벌하는 구「성폭력범죄의 처벌 등에 관한 특례법」(2012. 12. 18. 법률 제11556호로 전부 개정되기 전의 것. 이하 '구 성폭력처벌특례법'이라 한다) 제13조 제1항은 인격체인 피해자의 성적 자유와 함부로 촬영당하지 아니할 자유를 보호하기 위한 것이다. 촬영한 부위가 '성적 욕망 또는 수치심을 유발할 수 있는 다른 사람의 신체'에 해당하는지는 객관적으로 피해자와 같은 성별, 연령대의 일반적이고 평균적인 사람들의 관점에서 성적 욕망 또는 수치심을 유발할 수 있는 신체에 해당되는지 여부를 고려함과 아울러, 피해자의 옷차림, 노출의 정도 등은 물론, 촬영자의 의도와 촬영에 이르게 된 경위, 촬영 장소와 촬영 각도 및 촬영 거리, 촬영된 원판의 이미지, 특

---

94) 피고인이 2013. 12.경 ○○○시에 있는 자신의 집에서 피해자 공소외 2(이하 '피해자'라고만 한다)과 전화통화를 하면서 '남자친구와 자 봤느냐', '왜모르느냐, 남자친구도 있는데 모르느냐', '진짜냐, 왜 그런 것을 안하느냐, 나는 그런 것을 하면 기분이 좋던데, 진짜 안 해봤냐', '나는 해봤다, 좋더라', '어떻게 하니까 기분이 좋더라'라는 등의 말(이하 '이 사건 발언'이라고 한다)을 함으로써 자기 또는 다른 사람의 성적 욕망을 유발하거나 만족시킬 목적으로 전화를 통하여 피해자에게 성적 수치심이나 혐오감을 일으키는 말을 도달하게 하였다는 공소사실에 대해, 이 사건 발언은 피해자뿐만 아니라 피해자와 같은 성별과 연령대의 일반적이고 평균적인 사람들의 성적 도의관념에 비추어 성적 수치심 또는 혐오감을 일으키는 말에 해당하고, 또한 피고인은 미혼인 20대 초반의 여성 피해자에게 성관계 경험에 관하여 반복적으로 질문하고 자신의 성관계 경험을 들려주면서 그에 관한 피해자의 반응을 살핌으로써 성적 욕망을 유발하거나 성적 만족을 얻고자 하는 의도가 있었던 것으로 봄이 상당하다고 판시한 사례.

정 신체 부위의 부각 여부 등을 종합적으로 고려하여 구체적·개별적·상대적으로 결정하여야 한다. [2] 원심은, 그 판시와 같은 사정을 종합하여 피고인이 피해자의 의사에 반하여 피해자의 등 부위를 3회에 걸쳐 촬영한 사실을 인정하고 피고인이 촬영한 피해자의 등 부위는 구 성폭력처벌특례법 제13조 제1항에 규정된 '성적 욕망 또는 수치심을 유발할 수 있는 다른 사람의 신체'에 해당한다고 보아 이 사건 공소사실을 모두 유죄로 인정한 제1심의 판단을 그대로 유지하였다. 원심판결 이유를 앞서 본 법리와 원심이 유지한 제1심이 적법하게 채택한 증거들에 비추어 살펴보면 원심의 이러한 조치는 정당하고, 거기에 상고이유의 주장과 같이 구 성폭력처벌특례법 제13조 제1항에 규정된 '성적 욕망 또는 수치심을 유발할 수 있는 다른 사람의 신체'에 관한 법리를 오해하거나, 논리와 경험의 법칙을 위반하고 자유심증주의의 한계를 벗어나 사실을 잘못 인정하는 등의 위법이 없다(2013도8619).

- (전략) [1] 피고인이 같은 의도를 가지고 유사한 옷차림을 한 여성에 대한 촬영을 오랜 기간 지속한 경우에도, 피고인의 행위가 카메라등이용촬영죄에 해당하는지 여부는 개개의 촬영행위별로 촬영 장소와 촬영 각도 및 촬영 거리, 촬영된 원판의 이미지, 특정 신체 부위의 부각 여부 등을 종합적으로 고려하여 구체적·개별적으로 결정되어야 한다. [2] 이 사건 엑셀 파일에 정리된 사진 중 피고인이 청바지를 입은 여성을 따라다니면서 계단을 오르는 모습을 바로 뒤에서 엉덩이를 부각하여 촬영한 경우는 성적 수치심을 유발할 수 있다고 볼 여지가 있다. 그러나 특별히 엉덩이를 부각하지 않고 일상복인 청바지를 입은 여성의 뒷모습 전신을 어느 정도 떨어진 거리에서 촬영하였을 뿐이라면 일반적이고 평균적인 사람들의 관점에서 성적 욕망이 유발될 수 있다거나 그와 같은 촬영을 당하였을 때 성적 수치심을 유발할 수 있는 경우에 해당한다고 단정하기 어렵다. [3] 그렇다면 원심으로서는 먼저 공소제기의 대상을 명확히 한 다음, 피고인의 그와 같은 촬영이 성적 욕망 또는 수치심을 유발할 수 있는 신체를 촬영한 경우에 해당하는지 여부를 구체적·개별적으로 심리·판단하였어야 했다. 그럼에도 공소사실 전부를 그대로 유죄로 인정한 원심의 판단에는 공소사실의 특정 및 카메라등이용촬영죄의 성립에 관한 법리를 오해하여 판결에 영향을 미친 잘못이 있다. 이를 지적하는 취지의 상고이유 주장은 이유 있다(2021도13203).

- [1] 구 성폭력범죄의 처벌 및 피해자보호 등에 관한 법률(2010. 4. 15. 법률 제10258호 성폭력범죄의 피해자보호 등에 관한 법률로 개정되기 전의 것) 제14조의2 제1항에서 정한 '카메라 등 이용 촬영죄'는 카메라 기타 이와 유사한 기능을 갖춘 기계장치 속에 들어 있는 필름이나 저장장치에 피사체에 대한 영상정보가 입력됨으로써 기수에 이른다고 보아야 한다. 그런데 최근 기술문명의 발달로 등장한 디지털카메라나 동영상 기능이 탑재된 휴대전화 등의 기계장치는, 촬영된 영상정보가 사용자 등에 의해 전자파일 등의 형태로 저장되기 전이라도 일단 촬영이 시작되면 곧바로 촬영된 피사체의 영상정보가 기계장치 내 RAM(Random Access Memory) 등 주기억장치에 입력되어 임시저장되었다가 이후 저장명령이 내려지면 기계장치 내 보조기억장치 등에 저장되는 방식을 취하는 경우가 많고, 이러한 저장방식을 취하고 있는 카메라 등 기계장치를 이용하여 동영상 촬영이 이루어졌다면 범행은 촬영 후 일정한 시간이 경과하여 영상정보가 기계장치 내 주기억장치 등에 입력됨으로써 기수에 이르는 것이고, 촬영된 영상정보가 전자파일 등의 형태로 영구저장되지 않은 채 사용자

에 의해 강제종료되었다고 하여 미수에 그쳤다고 볼 수는 없다. [2] 피고인이 지하철 환승에스컬레이터 내에서 짧은 치마를 입고 있는 피해자의 뒤에 서서 카메라폰으로 성적 수치심을 느낄 수 있는 치마 속 신체 부위를 피해자 의사에 반하여 동영상 촬영하였다고 하여 구 성폭력범죄의 처벌 및 피해자보호 등에 관한 법률(2010. 4. 15. 법률 제10258호 성폭력범죄의 피해자보호 등에 관한 법률로 개정되기 전의 것) 위반으로 기소된 사안에서, 피고인이 휴대폰을 이용하여 동영상 촬영을 시작하여 일정한 시간이 경과하였다면 설령 촬영 중 경찰관에게 발각되어 저장버튼을 누르지 않고 촬영을 종료하였더라도 카메라 등 이용 촬영 범행은 이미 '기수'에 이르렀다고 볼 여지가 매우 큰데도, 피고인이 동영상 촬영 중 저장버튼을 누르지 않고 촬영을 종료하였다는 이유만으로 위 범행이 기수에 이르지 않았다고 단정하여, 피고인에 대한 위 공소사실 중 '기수'의 점을 무죄로 인정한 원심판결에 법리오해로 인한 심리미진 또는 이유모순의 위법이 있다고 한 사례(2010도10677)

- [1] 성폭력범죄의 처벌 등에 관한 특례법 제14조 제1항은 "카메라나 그 밖에 이와 유사한 기능을 갖춘 기계장치를 이용하여 성적 욕망 또는 수치심을 유발할 수 있는 다른 사람의 신체를 그 의사에 반하여 촬영하거나 그 촬영물을 반포·판매·임대·제공 또는 공공연하게 전시·상영한 자는 5년 이하의 징역 또는 1천만 원 이하의 벌금에 처한다."라고 규정하고 있다. 위 조항이 촬영의 대상을 '다른 사람의 신체'로 규정하고 있으므로, 다른 사람의 신체 그 자체를 직접 촬영하는 행위만이 위 조항에서 규정하고 있는 '다른 사람의 신체를 촬영하는 행위'에 해당하고, 다른 사람의 신체 이미지가 담긴 영상을 촬영하는 행위는 이에 해당하지 않는다. [2] 성폭력범죄의 처벌 등에 관한 특례법(이하 '성폭력처벌법'이라 한다) 제14조 제2항은 "제1항의 촬영이 촬영 당시에는 촬영대상자의 의사에 반하지 아니하는 경우에도 사후에 그 의사에 반하여 촬영물을 반포·판매·임대·제공 또는 공공연하게 전시·상영한 자는 3년 이하의 징역 또는 500만 원 이하의 벌금에 처한다."라고 규정하고 있다. 위 제2항은 촬영대상자의 의사에 반하지 아니하여 촬영한 촬영물을 사후에 그 의사에 반하여 반포하는 행위 등을 규율 대상으로 하면서 그 촬영의 대상과 관련해서는 '제1항의 촬영'이라고 규정하고 있다. 성폭력처벌법 제14조 제1항이 촬영의 대상을 '다른 사람의 신체'로 규정하고 있으므로, 위 제2항의 촬영물 또한 '다른 사람의 신체'를 촬영한 촬영물을 의미한다고 해석하여야 하는데, '다른 사람의 신체에 대한 촬영'의 의미를 해석할 때 위 제1항과 제2항의 경우를 달리 볼 근거가 없다. 따라서 다른 사람의 신체 그 자체를 직접 촬영한 촬영물만이 위 제2항에서 규정하고 있는 촬영물에 해당하고, 다른 사람의 신체 이미지가 담긴 영상을 촬영한 촬영물은 이에 해당하지 아니한다.[95] [3] 피고인이 갑과 성관계하면서 합의하에 촬영한 동영상 파일 중 피고인이 갑의 성기를 입으로 빨거나 손으로 잡고 있는 장면 등을 찍은 사진 3장을 지인 명의의 휴대전화 문자메시지 기능을 이용하여 갑의 처 을의 휴대전화로 발송함으로써, 촬영 당시 갑의 의사에 반하지 아니하였으나 사후에 그 의사에 반하여 '갑의 신체를 촬영한 촬영물'을 을에게 제공하였다고 하여 성폭력범죄의 처벌 등에 관한 특례법 위반(카메라등이용촬영)으로 기소된 사안에서, 피고인이 성관계 동영상 파일을 컴퓨터로 재생한 후 모니터에 나타난 영상을 휴대전화 카메

---

[95] 다만 2018. 12. 18. 개정된 성폭력범죄의 처벌 등에 관한 특례법 제14조 제2항에서 규정하는 복제물의 제공에는 해당할 수 있다.

라로 촬영하였더라도, 이는 갑의 신체 그 자체를 직접 촬영한 행위에 해당하지 아니하여, 그 촬영물은 같은 법 제14조 제2항에서 규정한 촬영물에 해당하지 아니한다는 이유로, 이와 달리 보아 피고인에게 유죄를 인정한 원심판단에 같은 법 제14조 제2항에 관한 법리를 오해한 잘못이 있다고 한 사례(2017도3443).

- 성폭력처벌법 제14조 제1항에서 '반포'와 별도로 열거된 '제공'은, '반포'에 이르지 아니하는 무상 교부행위로서 '반포'할 의사 없이 '특정한 1인 또는 소수의 사람'에게 무상으로 교부하는 것을 의미하는데, 성폭력처벌법 제14조 제1항에서 촬영행위뿐만 아니라 촬영물을 반포·판매·임대·제공 또는 공공연하게 전시·상영하는 행위까지 처벌하는 것이 촬영물의 유포행위를 방지함으로써 피해자를 보호하기 위한 것임에 비추어 볼 때, 촬영의 대상이 된 피해자 본인은 성폭력처벌법 제14조 제1항에서 말하는 '제공'의 상대방인 '특정한 1인 또는 소수의 사람'에 포함되지 않는다고 봄이 타당하다. 따라서 피해자 본인에게 촬영물을 교부하는 행위는 다른 특별한 사정이 없는 한 성폭력처벌법 제14조 제1항의 '제공'에 해당한다고 할 수 없다(2018도1481).

- 성폭력범죄의 처벌 등에 관한 특례법 제14조 제2항은 카메라나 그 밖에 이와 유사한 기능을 갖춘 기계장치를 이용하여 성적 욕망 또는 수치심을 유발할 수 있는 다른 사람의 신체를 촬영한 촬영물이 촬영 당시에는 촬영대상자의 의사에 반하지 아니하는 경우에도 사후에 의사에 반하여 촬영물을 반포·판매·임대·제공 또는 공공연하게 전시·상영한 사람을 처벌하도록 규정하고 있다. 여기에서 '반포'는 불특정 또는 다수인에게 무상으로 교부하는 것을 말하고, 계속적·반복적으로 전달하여 불특정 또는 다수인에게 반포하려는 의사를 가지고 있다면 특정한 1인 또는 소수의 사람에게 교부하는 것도 반포에 해당할 수 있다. 한편 '반포'와 별도로 열거된 '제공'은 '반포'에 이르지 아니하는 무상 교부 행위를 말하며, '반포'할 의사 없이 특정한 1인 또는 소수의 사람에게 무상으로 교부하는 것은 '제공'에 해당한다(2016도16676).

- (전략) 이러한 법률 규정의 내용 및 입법 취지 등에 비추어 볼 때 구 성폭력처벌법 제14조 제2항에서 유포 행위의 한 유형으로 열거하고 있는 '공공연한 전시'란 불특정 또는 다수인이 촬영물 등을 인식할 수 있는 상태에 두는 것을 의미하고, 촬영물 등의 '공공연한 전시'로 인한 범죄는 불특정 또는 다수인이 전시된 촬영물 등을 실제 인식하지 못했다고 하더라도 촬영물 등을 위와 같은 상태에 둠으로써 성립한다(2022도1683).

아. 기타

- [1] 성폭력범죄의 처벌 및 피해자보호 등에 관한 법률 제8조는 "신체장애 또는 정신상의 장애로 항거불능인 상태에 있음을 이용하여 여자를 간음하거나 사람에 대하여 추행한 자는 형법 제297조 또는 제298조에 정한 형으로 처벌한다."라고 규정하고 있다. 이는 장애인의 성적 자기결정권을 보호법익으로 하는 것으로서, 원래 1994. 1. 5. 법률 제4702호로 제정될 당시에는 단순히 "신체장애로 항거불능인 상태에 있음을 이용하여…"라고 규정하고 있던 것을 1997. 8. 22. 법률 제5343호로 개정하여 위와 같이 규정하기에 이른 것인데, 위와 같은 법률 개정은 장애인복지법에 명시된 신체장애 내지 정신장애 등을 가진 장애인을 망라함으로써 장애인의 범위를 확대하는 데에 개정 취지가 있다. 이러한 점을 고려할 때, 위 규정의 "신체장애 또는 정신상의 장애로 항거불능인 상태에 있음"

이라 함은, 신체장애 또는 정신상의 장애 그 자체로 항거불능의 상태에 있는 경우뿐 아니라 신체장애 또는 정신상의 장애가 주된 원인이 되어 심리적 또는 물리적으로 반항이 불가능하거나 현저히 곤란한 상태에 이른 경우를 포함하는 것으로 보아야 하고, 그 중 정신상의 장애가 주된 원인이 되어 항거불능인 상태에 있었는지 여부를 판단함에 있어서는 피해자의 정신상 장애의 정도뿐 아니라 피해자와 가해자의 신분을 비롯한 관계, 주변의 상황 내지 환경, 가해자의 행위 내용과 방법, 피해자의 인식과 반응의 내용 등을 종합적으로 검토해야 한다. [2] 피고인이 **별다른 강제력을 행사하지 않고서 지적 능력이 4~8세에 불과한 정신지체 장애여성을 간음하였고 장애여성도 이에 대하여 별다른 저항행위를 하지 아니한 사안**에서, 피해자가 정신장애를 주된 원인으로 항거불능상태에 있었음을 이용하여 간음행위를 한 것으로서 성폭력범죄의 처벌 및 피해자보호 등에 관한 법률 제8조의 '**항거불능인 상태**'에 해당한다고 본 사례(2005도2994)

- [1] 형법 제10조에 규정된 심신장애는 생물학적 요소로서 정신병 또는 비정상적 정신상태와 같은 정신적 장애가 있는 외에 심리학적 요소로서 이와 같은 정신적 장애로 말미암아 사물에 대한 변별능력과 그에 따른 행위통제능력이 결여되거나 감소되었음을 요하므로, 정신적 장애가 있는 자라고 하여도 범행 당시 정상적인 사물변별능력이나 행위통제능력이 있었다면 심신장애로 볼 수 없다. [2] 특단의 사정이 없는 한 성격적 결함을 가진 자에 대하여 자신의 충동을 억제하고 법을 준수하도록 요구하는 것이 기대할 수 없는 행위를 요구하는 것이라고는 할 수 없으므로, 사춘기 이전의 소아들을 상대로 한 성행위를 중심으로 성적 흥분을 강하게 일으키는 공상, 성적 충동, 성적 행동이 반복되어 나타나는 소아기호증은 성적인 측면에서의 성격적 결함으로 인하여 나타나는 것으로서, <u>소아기호증과 같은 질환이 있다는 사정은 그 자체만으로는 형의 감면사유인 심신장애에 해당하지 아니한다고 봄이 상당하고, 다만 그 증상이 매우 심각하여 원래의 의미의 정신병이 있는 사람과 동등하다고 평가할 수 있거나, 다른 심신장애사유와 경합된 경우 등에는 심신장애를 인정할 여지가 있으며, 이 경우 심신장애의 인정 여부는 소아기호증의 정도, 범행의 동기 및 원인, 범행의 경위 및 수단과 태양, 범행 전후의 피고인의 행동, 증거인멸 공작의 유무, 범행 및 그 전후의 상황에 관한 기억의 유무 및 정도, 반성의 빛의 유무, 수사 및 공판정에서의 방어 및 변소의 방법과 태도, 소아기호증 발병 전의 피고인의 성격과 그 범죄와의 관련성 유무 및 정도 등을 종합하여 법원이 독자적으로 판단할 수 있다.</u> [3] 범행 당시 <u>소아기호증의 정도 및 내용 등 여러 사정에 관하여 구체적으로 심리·검토하지 않은 상태에서 심신미약의 상태에 있었다고 판단한 원심판결을 파기한 사례</u>(2006도7900)

- 성폭력범죄의 처벌 등에 관한 특례법 제6조는 신체적인 장애가 있는 사람에 대하여 강간의 죄 또는 강제추행의 죄를 범하거나 위계 또는 위력으로써 그러한 사람을 간음한 사람을 처벌하고 있다. (중략) 성폭력처벌법 제6조에서 규정하는 '신체적인 장애가 있는 사람'이란 '신체적 기능이나 구조 등의 문제로 일상생활이나 사회생활에서 상당한 제약을 받는 사람'을 의미한다고 해석할 수 있다. (중략) 아울러 본 죄가 성립하려면 <u>행위자도 범행 당시 피해자에게 이러한 신체적인 장애가 있음을 인식하여야 한다</u>(2016도4404 등).

- 성폭력범죄의 처벌 등에 관한 특례법 제6조에서 정하는 '정신적인 장애가 있는 사람'이란 '정신적인 기능이나 손상 등의 문제로 일상생활이나 사회생활에서 상당한 제약을 받

는 사람'을 가리킨다. 장애인복지법에 따른 장애인 등록을 하지 않았다거나 그 등록 기준을 충족하지 못하더라도 여기에 해당할 수 있다(2021도9051).

- [1] 현행 성폭력처벌법 제6조 제4항에서의 '신체적인 또는 정신적인 장애'란 같은 조 제1항, 제2항, 제3항, 제5항, 제6항의 '신체적인 또는 정신적인 장애'와 같은 의미로서 '신체적인 기능이나 구조 등 또는 정신적인 기능이나 손상 등의 문제로 일상생활이나 사회생활에서 상당한 제약을 받는 상태'를 의미하고, '신체적인 또는 정신적인 장애로 항거불능 또는 항거곤란 상태에 있음'이란 신체적인 또는 정신적인 장애 그 자체로 항거불능 또는 항거곤란의 상태에 있는 경우뿐 아니라 신체적인 또는 정신적인 장애가 주된 원인이 되어 심리적 또는 물리적으로 반항이 불가능하거나 곤란한 상태에 이른 경우를 포함하는 것으로 보아야 하며, 이를 판단함에 있어서는 피해자의 신체적 또는 정신적 장애의 정도뿐 아니라 피해자와 가해자의 신분을 비롯한 관계, 주변의 상황 내지 환경, 가해자의 행위 내용과 방법, 피해자의 인식과 반응의 내용 등을 종합적으로 검토해야 한다. 특히 '정신적인 장애로 항거불능 또는 항거곤란 상태'에 있었는지 여부를 판단할 때에는 피해자가 정신적 장애인이라는 사정이 충분히 고려되어야 하므로, 외부적으로 드러나는 피해자의 지적 능력 이외에 정신적 장애로 인한 사회적 지능·성숙의 정도, 이로 인한 대인관계에서 특성이나 의사소통 능력 등을 전체적으로 살펴 피해자가 범행 당시에 성적 자기결정권을 실질적으로 표현·행사할 수 있었는지를 신중히 판단하여야 한다. 이와 같이 피해자가 피고인을 상대로 성적 자기결정권을 행사할 수 없거나 행사하기 곤란한 항거불능 또는 항거곤란 상태에 있었는지 여부는 피해자의 장애 정도와 함께 다른 여러 사정들을 종합하여 범행 당시를 기준으로 판단해야 하는 것이고, 피해자의 장애가 성적 자기결정권을 행사하지 못할 정도인지 여부가 절대적인 기준이 되는 것은 아니다. 그리고 이를 판단함에 있어서는 장애와 관련된 피해자의 상태는 개인별로 그 모습과 정도에 차이가 있다는 점에 대한 이해를 바탕으로 해당 피해자의 상태를 충분히 고려하여야 하고 비장애인의 시각과 기준에서 피해자의 상태를 판단하여 '장애로 인한 항거불능 또는 항거곤란 상태'에 해당하지 않는다고 쉽게 단정해서는 안 된다. [2] 성폭력범죄의 처벌 등에 관한 특례법 제6조 제4항의 죄는 피해자의 항거불능 또는 항거곤란 상태를 '이용하여' 간음한 경우를 처벌하고 있는데, 여기서 '이용하여'는 피고인이 피해자의 항거불능 또는 항거곤란 상태를 인식하고 이에 편승하여 간음행위에 나아가는 것을 의미한다(2020도13672).

4. 아동·청소년에 대한 성폭력범죄

> **아동·청소년의 성보호에 관한 법률 제2조(정의)** 이 법에서 사용하는 용어의 뜻은 다음과 같다.
> 1. "아동·청소년"이란 19세 미만의 자를 말한다. 다만, 19세에 도달하는 연도의 1월 1일을 맞이한 자는 제외한다.
> 2. "아동·청소년대상 성범죄"란 다음 각 목의 어느 하나에 해당하는 죄를 말한다.
>   가. 제7조, 제7조의2, 제8조, 제8조의2, 제9조부터 제15조까지 및 제15조의2의 죄
>   나. 아동·청소년에 대한 「성폭력범죄의 처벌 등에 관한 특례법」 제3조부터 제15조까지의 죄
>   다. 아동·청소년에 대한 「형법」 제297조, 제297조의2 및 제298조부터 제301조까지, 제301조의2,

제302조, 제303조, 제305조, 제339조 및 제342조(제339조의 미수범에 한정한다)의 죄

　　라. 아동·청소년에 대한 「아동복지법」 제17조제2호의 죄

3. "아동·청소년대상 성폭력범죄"란 아동·청소년대상 성범죄에서 제11조부터 제15조까지 및 제15조의2의 죄를 제외한 죄를 말한다.

3의2. "성인대상 성범죄"란 「성폭력범죄의 처벌 등에 관한 특례법」 제2조에 따른 성폭력범죄를 말한다. 다만, 아동·청소년에 대한 「형법」 제302조 및 제305조의 죄는 제외한다.

4. "아동·청소년의 성을 사는 행위"란 아동·청소년, 아동·청소년의 성(性)을 사는 행위를 알선한 자 또는 아동·청소년을 실질적으로 보호·감독하는 자 등에게 금품이나 그 밖의 재산상 이익, 직무·편의 제공 등 대가를 제공하거나 약속하고 다음 각 목의 어느 하나에 해당하는 행위를 아동·청소년을 대상으로 하거나 아동·청소년으로 하여금 하게 하는 것을 말한다.

　　가. 성교 행위

　　나. 구강·항문 등 신체의 일부나 도구를 이용한 유사 성교 행위

　　다. 신체의 전부 또는 일부를 접촉·노출하는 행위로서 일반인의 성적 수치심이나 혐오감을 일으키는 행위

　　라. 자위 행위

5. "아동·청소년성착취물"이란 아동·청소년 또는 아동·청소년으로 명백하게 인식될 수 있는 사람이나 표현물이 등장하여 제4호 각 목의 어느 하나에 해당하는 행위를 하거나 그 밖의 성적 행위를 하는 내용을 표현하는 것으로서 필름·비디오물·게임물 또는 컴퓨터나 그 밖의 통신매체를 통한 화상·영상 등의 형태로 된 것을 말한다.

6. "피해아동·청소년"이란 제2호나목부터 라목까지, 제7조, 제7조의2, 제8조, 제8조의2, 제9조부터 제15조까지 및 제15조의2의 죄의 피해자가 된 아동·청소년(제13조제1항의 죄의 상대방이 된 아동·청소년을 포함한다)을 말한다.

6의2. "성매매 피해아동·청소년"이란 피해아동·청소년 중 제13조제1항의 죄의 상대방 또는 제13조제2항·제14조·제15조의 죄의 피해자가 된 아동·청소년을 말한다.

7. 삭제 <2020. 5. 19.>

8. 삭제 <2020. 6. 9.>

9. "등록정보"란 법무부장관이 「성폭력범죄의 처벌 등에 관한 특례법」 제42조제1항의 등록대상자에 대하여 같은 법 제44조제1항에 따라 등록한 정보를 말한다.

제7조(아동·청소년에 대한 강간·강제추행 등) ① 폭행 또는 협박으로 아동·청소년을 강간한 사람은 무기 또는 5년 이상의 징역에 처한다.

② 아동·청소년에 대하여 폭행이나 협박으로 다음 각 호의 어느 하나에 해당하는 행위를 한 자는 5년 이상의 유기징역에 처한다.

　1. 구강·항문 등 신체(성기는 제외한다)의 내부에 성기를 넣는 행위

　2. 성기·항문에 손가락 등 신체(성기는 제외한다)의 일부나 도구를 넣는 행위

③ 아동·청소년에 대하여 「형법」 제298조의 죄를 범한 자는 2년 이상의 유기징역 또는 1천만원 이상 3천만원 이하의 벌금에 처한다.

④ 아동·청소년에 대하여 「형법」 제299조의 죄를 범한 자는 제1항부터 제3항까지의 예에 따른다.

⑤ 위계(僞計) 또는 위력으로써 아동·청소년을 간음하거나 아동·청소년을 추행한 자는 제1항부터 제3항까지의 예에 따른다.

⑥ 제1항부터 제5항까지의 미수범은 처벌한다.

제7조의2(예비, 음모) 제7조의 죄를 범할 목적으로 예비 또는 음모한 사람은 3년 이하의 징역에 처한다.

제8조(장애인인 아동·청소년에 대한 간음 등) ① 19세 이상의 사람이 13세 이상의 장애 아동·청소년(「장애인복지법」 제2조제1항에 따른 장애인으로서 신체적인 또는 정신적인 장애로 사물을 변별하거나 의사를 결정할 능력이 미약한 아동·청소년을 말한다. 이하 같다)을 간음하거나 13세 이상의 장애 아동·청소년으로 하여금 다른 사람을 간음하게 하는 경우에는 3년 이상의 유기징역에 처한다.

② 19세 이상의 사람이 13세 이상의 장애 아동·청소년을 추행한 경우 또는 13세 이상의 장애 아동·청소년으로 하여금 다른 사람을 추행하게 하는 경우에는 10년 이하의 징역 또는 5천만원 이하의 벌금에 처한다.

제8조의2(13세 이상 16세 미만 아동·청소년에 대한 간음 등) ① 19세 이상의 사람이 13세 이상 16세 미만인 아동·청소년(제8조에 따른 장애 아동·청소년으로서 16세 미만인 자는 제외한다. 이하 이 조에서 같다)의 궁박(窮迫)한 상태를 이용하여 해당 아동·청소년을 간음하거나 해당 아동·청소년으로 하여금 다른 사람을 간음하게 하는 경우에는 3년 이상의 유기징역에 처한다.

② 19세 이상의 사람이 13세 이상 16세 미만인 아동·청소년의 궁박한 상태를 이용하여 해당 아동·청소년을 추행한 경우 또는 해당 아동·청소년으로 하여금 다른 사람을 추행하게 하는 경우에는 10년 이하의 징역 또는 5천만원 이하의 벌금에 처한다.

제9조(강간 등 상해·치상) 제7조의 죄를 범한 사람이 다른 사람을 상해하거나 상해에 이르게 한 때에는 무기 또는 7년 이상의 징역에 처한다.

제10조(강간 등 살인·치사) ① 제7조의 죄를 범한 사람이 다른 사람을 살해한 때에는 사형 또는 무기징역에 처한다.

② 제7조의 죄를 범한 사람이 다른 사람을 사망에 이르게 한 때에는 사형, 무기 또는 10년 이상의 징역에 처한다.

제11조(아동·청소년성착취물의 제작·배포 등) ① 아동·청소년성착취물을 제작·수입 또는 수출한 자는 무기 또는 5년 이상의 징역에 처한다.

② 영리를 목적으로 아동·청소년성착취물을 판매·대여·배포·제공하거나 이를 목적으로 소지·운반·광고·소개하거나 공연히 전시 또는 상영한 자는 5년 이상의 유기징역에 처한다.

③ 아동·청소년성착취물을 배포·제공하거나 이를 목적으로 광고·소개하거나 공연히 전시 또는 상영한 자는 3년 이상의 유기징역에 처한다.

④ 아동·청소년성착취물을 제작할 것이라는 정황을 알면서 아동·청소년을 아동·청소년성착취물의 제작자에게 알선한 자는 3년 이상의 유기징역에 처한다.

⑤ 아동·청소년성착취물을 구입하거나 아동·청소년성착취물임을 알면서 이를 소지·시청한 자는 1년 이상의 유기징역에 처한다.

⑥ 제1항의 미수범은 처벌한다

⑦ 상습적으로 제1항의 죄를 범한 자는 그 죄에 대하여 정하는 형의 2분의 1까지 가중한다.

제12조(아동·청소년 매매행위) ① 아동·청소년의 성을 사는 행위 또는 아동·청소년성착취물을 제작하는 행위의 대상이 될 것을 알면서 아동·청소년을 매매 또는 국외에 이송하거나 국외에 거주하는 아동·청소년을 국내에 이송한 자는 무기 또는 5년 이상의 징역에 처한다.

② 제1항의 미수범은 처벌한다.

제13조(아동·청소년의 성을 사는 행위 등) ① 아동·청소년의 성을 사는 행위를 한 자는 1년 이상 10년 이하의 징역 또는 2천만원 이상 5천만원 이하의 벌금에 처한다.

② 아동·청소년의 성을 사기 위하여 아동·청소년을 유인하거나 성을 팔도록 권유한 자는 3년 이하의 징역 또는 3천만원 이하의 벌금에 처한다.

③ 16세 미만의 아동·청소년 및 장애 아동·청소년을 대상으로 제1항 또는 제2항의 죄를 범한 경우에는 그 죄에 정한 형의 2분의 1까지 가중처벌한다.

제14조(아동·청소년에 대한 강요행위 등) ① 다음 각 호의 어느 하나에 해당하는 자는 5년 이상의 유기징역에 처한다.

1. 폭행이나 협박으로 아동·청소년으로 하여금 아동·청소년의 성을 사는 행위의 상대방이 되게 한 자
2. 선불금(先拂金), 그 밖의 채무를 이용하는 등의 방법으로 아동·청소년을 곤경에 빠뜨리거나 위계 또는 위력으로 아동·청소년으로 하여금 아동·청소년의 성을 사는 행위의 상대방이 되게 한 자
3. 업무·고용이나 그 밖의 관계로 자신의 보호 또는 감독을 받는 것을 이용하여 아동·청소년으로 하여금 아동·청소년의 성을 사는 행위의 상대방이 되게 한 자
4. 영업으로 아동·청소년을 아동·청소년의 성을 사는 행위의 상대방이 되도록 유인·권유한 자

② 제1항 제1호부터 제3호까지의 죄를 범한 자가 그 대가의 전부 또는 일부를 받거나 이를 요구 또는 약속한 때에는 7년 이상의 유기징역에 처한다.

③ 아동·청소년의 성을 사는 행위의 상대방이 되도록 유인·권유한 자는 7년 이하의 징역 또는 5천만원 이하의 벌금에 처한다.

④ 제1항과 제2항의 미수범은 처벌한다.

제15조(알선영업행위 등) ① 다음 각 호의 어느 하나에 해당하는 자는 7년 이상의 유기징역에 처한다.

1. 아동·청소년의 성을 사는 행위의 장소를 제공하는 행위를 업으로 하는 자
2. 아동·청소년의 성을 사는 행위를 알선하거나 정보통신망(「정보통신망 이용촉진 및 정보보호 등에 관한 법률」 제2조 제1항 제1호의 정보통신망을 말한다. 이하 같다)에서 알선정보를 제공하는 행위를 업으로 하는 자
3. 제1호 또는 제2호의 범죄에 사용되는 사실을 알면서 자금·토지 또는 건물을 제공한 자
4. 영업으로 아동·청소년의 성을 사는 행위의 장소를 제공·알선하는 업소에 아동·청소년을 고용하도록 한 자

② 다음 각 호의 어느 하나에 해당하는 자는 7년 이하의 징역 또는 5천만원 이하의 벌금에 처한다.

1. 영업으로 아동·청소년의 성을 사는 행위를 하도록 유인·권유 또는 강요한 자
2. 아동·청소년의 성을 사는 행위의 장소를 제공한 자
3. 아동·청소년의 성을 사는 행위를 알선하거나 정보통신망에서 알선정보를 제공한 자
4. 영업으로 제2호 또는 제3호의 행위를 약속한 자

③ 아동·청소년의 성을 사는 행위를 하도록 유인·권유 또는 강요한 자는 5년 이하의 징역 또는 3천만원

이하의 벌금에 처한다.

제15조의2(아동·청소년에 대한 성착취 목적 대화 등) ① 19세 이상의 사람이 성적 착취를 목적으로 정보통신망을 통하여 아동·청소년에게 다음 각 호의 어느 하나에 해당하는 행위를 한 경우에는 3년 이하의 징역 또는 3천만원 이하의 벌금에 처한다.
1. 성적 욕망이나 수치심 또는 혐오감을 유발할 수 있는 대화를 지속적 또는 반복적으로 하거나 그러한 대화에 지속적 또는 반복적으로 참여시키는 행위
2. 제2조제4호 각 목의 어느 하나에 해당하는 행위를 하도록 유인·권유하는 행위

② 19세 이상의 사람이 정보통신망을 통하여 16세 미만인 아동·청소년에게 제1항 각 호의 어느 하나에 해당하는 행위를 한 경우 제1항과 동일한 형으로 처벌한다.

제16조(피해자 등에 대한 강요행위) 폭행이나 협박으로 아동·청소년대상 성범죄의 피해자 또는 「아동복지법」 제3조 제3호에 따른 보호자를 상대로 합의를 강요한 자는 7년 이하의 징역에 처한다.

제18조(신고의무자의 성범죄에 대한 가중처벌) 제34조 제2항 각 호의 기관·시설 또는 단체의 장과 그 종사자가 자기의 보호·감독 또는 진료를 받는 아동·청소년을 대상으로 성범죄를 범한 경우에는 그 죄에 정한 형의 2분의 1까지 가중처벌한다.

제19조(「형법」상 감경규정에 관한 특례) 음주 또는 약물로 인한 심신장애 상태에서 아동·청소년대상 성폭력범죄를 범한 때에는 「형법」 제10조 제1항·제2항 및 제11조를 적용하지 아니할 수 있다.

제20조(공소시효에 관한 특례) ① 아동·청소년대상 성범죄의 공소시효는 「형사소송법」 제252조제1항에도 불구하고 해당 성범죄로 피해를 당한 아동·청소년이 성년에 달한 날부터 진행한다.
② 제7조의 죄는 디엔에이(DNA)증거 등 그 죄를 증명할 수 있는 과학적인 증거가 있는 때에는 공소시효가 10년 연장된다.
③ 13세 미만의 사람 및 신체적인 또는 정신적인 장애가 있는 아동·청소년사람에 대하여 다음 각 호의 죄를 범한 경우에는 제1항과 제2항에도 불구하고 「형사소송법」 제249조부터 제253조까지 및 「군사법원법」 제291조부터 제295조까지에 규정된 공소시효를 적용하지 아니한다.
1. 「형법」 제297조(강간), 제298조(강제추행), 제299조(준강간, 준강제추행), 제301조(강간등 상해·치상), 제301조의2(강간등 살인·치사) 또는 제305조(미성년자에 대한 간음, 추행)의 죄
2. 제9조 및 제10조의 죄
3. 「성폭력범죄의 처벌 등에 관한 특례법」 제6조제2항, 제7조제2항·제5항, 제8조, 제9조의 죄

④ 다음 각 호의 죄를 범한 경우에는 제1항과 제2항에도 불구하고 「형사소송법」 제249조부터 제253조까지 및 「군사법원법」 제291조부터 제295조까지에 규정된 공소시효를 적용하지 아니한다.
1. 「형법」 제301조의2(강간등 살인·치사)의 죄(강간등 살인에 한정한다)
2. 제10조제1항 및 제11조제1항의 죄
3. 「성폭력범죄의 처벌 등에 관한 특례법」 제9조제1항의 죄

제25조의2(아동·청소년대상 디지털 성범죄의 수사 특례) ① 사법경찰관리는 다음 각 호의 어느 하나에 해당하는 범죄(이하 "디지털 성범죄"라 한다)에 대하여 신분을 비공개하고 범죄현장(정보통신망을 포함한다) 또는 범인으로 추정되는 자들에게 접근하여 범죄행위의 증거 및 자료 등을 수집(이하 "신분비공개

수사"라 한다)할 수 있다.
  1. 제11조 및 제15조의2의 죄
  2. 아동·청소년에 대한 「성폭력범죄의 처벌 등에 관한 특례법」 제14조제2항 및 제3항의 죄
② 사법경찰관리는 디지털 성범죄를 계획 또는 실행하고 있거나 실행하였다고 의심할 만한 충분한 이유가 있고, 다른 방법으로는 그 범죄의 실행을 저지하거나 범인의 체포 또는 증거의 수집이 어려운 경우에 한정하여 수사 목적을 달성하기 위하여 부득이한 때에는 다음 각 호의 행위(이하 "신분위장수사"라 한다)를 할 수 있다.
  1. 신분을 위장하기 위한 문서, 도화 및 전자기록 등의 작성, 변경 또는 행사
  2. 위장 신분을 사용한 계약·거래
  3. 아동·청소년성착취물 또는 「성폭력범죄의 처벌 등에 관한 특례법」 제14조제2항의 촬영물 또는 복제물(복제물의 복제물을 포함한다)의 소지, 판매 또는 광고
③ 제1항에 따른 수사의 방법 등에 필요한 사항은 대통령령으로 정한다.

제25조의3(아동·청소년대상 디지털 성범죄 수사 특례의 절차) ① 사법경찰관리가 신분비공개수사를 진행하고자 할 때에는 사전에 상급 경찰관서 수사부서의 장의 승인을 받아야 한다. 이 경우 그 수사기간은 3개월을 초과할 수 없다.
② 제1항에 따른 승인의 절차 및 방법 등에 필요한 사항은 대통령령으로 정한다.
③ 사법경찰관리는 신분위장수사를 하려는 경우에는 검사에게 신분위장수사에 대한 허가를 신청하고, 검사는 법원에 그 허가를 청구한다.
④ 제3항의 신청은 필요한 신분위장수사의 종류·목적·대상·범위·기간·장소·방법 및 해당 신분위장수사가 제25조의2제2항의 요건을 충족하는 사유 등의 신청사유를 기재한 서면으로 하여야 하며, 신청사유에 대한 소명자료를 첨부하여야 한다.
⑤ 법원은 제3항의 신청이 이유 있다고 인정하는 경우에는 신분위장수사를 허가하고, 이를 증명하는 서류(이하 "허가서"라 한다)를 신청인에게 발부한다.
⑥ 허가서에는 신분위장수사의 종류·목적·대상·범위·기간·장소·방법 등을 특정하여 기재하여야 한다.
⑦ 신분위장수사의 기간은 3개월을 초과할 수 없으며, 그 수사기간 중 수사의 목적이 달성되었을 경우에는 즉시 종료하여야 한다.
⑧ 제7항에도 불구하고 제25조의2제2항의 요건이 존속하여 그 수사기간을 연장할 필요가 있는 경우에는 사법경찰관리는 소명자료를 첨부하여 3개월의 범위에서 수사기간의 연장을 검사에게 신청하고, 검사는 법원에 그 연장을 청구한다. 이 경우 신분위장수사의 총 기간은 1년을 초과할 수 없다.

제25조의4(아동·청소년대상 디지털 성범죄에 대한 긴급 신분위장수사) ① 사법경찰관리는 제25조의2제2항의 요건을 구비하고, 제25조의3제3항부터 제8항까지에 따른 절차를 거칠 수 없는 긴급을 요하는 때에는 법원의 허가 없이 신분위장수사를 할 수 있다.
② 사법경찰관리는 제1항에 따른 신분위장수사 개시 후 지체 없이 검사에게 허가를 신청하여야 하고, 사법경찰관리는 48시간 이내에 법원의 허가를 받지 못한 때에는 즉시 신분위장수사를 중지하여야 한다.
③ 제1항 및 제2항에 따른 신분위장수사 기간에 대해서는 제25조의3제7항 및 제8항을 준용한다.

제25조의5(아동·청소년대상 디지털 성범죄에 대한 신분비공개수사 또는 신분위장수사로 수집한 증거 및 자료 등의 사용제한) 사법경찰관리가 제25조의2부터 제25조의4까지에 따라 수집한 증거 및 자료 등

은 다음 각 호의 어느 하나에 해당하는 경우 외에는 사용할 수 없다.
1. 신분비공개수사 또는 신분위장수사의 목적이 된 디지털 성범죄나 이와 관련되는 범죄를 수사·소추하거나 그 범죄를 예방하기 위하여 사용하는 경우
2. 신분비공개수사 또는 신분위장수사의 목적이 된 디지털 성범죄나 이와 관련되는 범죄로 인한 징계절차에 사용하는 경우
3. 증거 및 자료 수집의 대상자가 제기하는 손해배상청구소송에서 사용하는 경우
4. 그 밖에 다른 법률의 규정에 의하여 사용하는 경우

제26조(영상물의 촬영·보존 등) ① 아동·청소년대상 성범죄 피해자의 진술내용과 조사과정은 비디오녹화기 등 영상물 녹화장치로 촬영·보존하여야 한다.
② 제1항에 따른 영상물 녹화는 피해자 또는 법정대리인이 이를 원하지 아니하는 의사를 표시한 때에는 촬영을 하여서는 아니 된다. 다만, 가해자가 친권자 중 일방인 경우는 그러하지 아니하다.
③ 제1항에 따른 영상물 녹화는 조사의 개시부터 종료까지의 전 과정 및 객관적 정황을 녹화하여야 하고, 녹화가 완료된 때에는 지체 없이 그 원본을 피해자 또는 변호사 앞에서 봉인하고 피해자로 하여금 기명날인 또는 서명하게 하여야 한다.
④ 검사 또는 사법경찰관은 피해자가 제1항의 녹화장소에 도착한 시각, 녹화를 시작하고 마친 시각, 그 밖에 녹화과정의 진행경과를 확인하기 위하여 필요한 사항을 조서 또는 별도의 서면에 기록한 후 수사기록에 편철하여야 한다.
⑤ 검사 또는 사법경찰관은 피해자 또는 법정대리인이 신청하는 경우에는 영상물 촬영과정에서 작성한 조서의 사본을 신청인에게 교부하거나 영상물을 재생하여 시청하게 하여야 한다.
⑥ 제1항부터 제4항까지의 절차에 따라 촬영한 영상물에 수록된 피해자의 진술은 공판준비기일 또는 공판기일에 피해자 또는 조사과정에 동석하였던 신뢰관계에 있는 자의 진술에 의하여 그 성립의 진정함이 인정된 때에는 증거로 할 수 있다.
⑦ 누구든지 제1항에 따라 촬영한 영상물을 수사 및 재판의 용도 외에 다른 목적으로 사용하여서는 아니 된다.

제27조(증거보전의 특례) ① 아동·청소년대상 성범죄의 피해자, 그 법정대리인 또는 경찰은 피해자가 공판기일에 출석하여 증언하는 것에 현저히 곤란한 사정이 있을 때에는 그 사유를 소명하여 제26조에 따라 촬영된 영상물 또는 그 밖의 다른 증거물에 대하여 해당 성범죄를 수사하는 검사에게 「형사소송법」 제184조 제1항에 따른 증거보전의 청구를 할 것을 요청할 수 있다.
② 제1항의 요청을 받은 검사는 그 요청이 상당한 이유가 있다고 인정하는 때에는 증거보전의 청구를 하여야 한다.

제28조(신뢰관계에 있는 사람의 동석) ① 법원은 아동·청소년대상 성범죄의 피해자를 증인으로 신문하는 경우에 검사, 피해자 또는 법정대리인이 신청하는 경우에는 재판에 지장을 줄 우려가 있는 등 부득이한 경우가 아니면 피해자와 신뢰관계에 있는 사람을 동석하게 하여야 한다.
② 제1항은 수사기관이 제1항의 피해자를 조사하는 경우에 관하여 준용한다.
③ 제1항 및 제2항의 경우 법원과 수사기관은 피해자와 신뢰관계에 있는 사람이 피해자에게 불리하거나 피해자가 원하지 아니하는 경우에는 동석하게 하여서는 아니 된다.

제30조(피해아동·청소년 등에 대한 변호사선임의 특례) ① 아동·청소년대상 성범죄의 피해자 및 그 법

> 정대리인은 형사절차상 입을 수 있는 피해를 방어하고 법률적 조력을 보장하기 위하여 변호사를 선임할 수 있다.
> ② 제1항에 따른 변호사에 관하여는 「성폭력범죄의 처벌 등에 관한 특례법」 제27조 제2항부터 제6항까지를 준용한다.

현행법은 아동·청소년에 대한 성폭력범죄에 대하여 형법, 성폭력 범죄의 처벌 등에 관한 특례법 및 아동·청소년의 성보호에 관한 법률에서 나누어 규율하고 있다.

	13세 미만	13세 이상 18세 이하	19세 이상
강간	성폭법 제7조 제1항	아청법 제7조 제1항[96]	형법 제297조
유사강간	성폭법 제7조 제2항	아청법 제7조 제2항	형법 제297조의2
강제추행	성폭법 제7조 제3항	아청법 제7조 제3항	형법 제298조
준강간·강제추행	성폭법 제7조 제4항	아청법 제7조 제4항	형법 제299조
위계·위력 간음·추행	성폭법 제7조 제5항	아청법 제7조 제5항	형법 제302조
간음·추행(동의불문)	형법 제305조 제1항[97]	(13세이상 16세미만 자에 대한, 19세 이상 행위자) 제305조 제2항	

피해자가 아동·청소년이라도 ① 주거침입·야간주거침입절도·특수절도·특수강도, ② 흉기 기타 위험한 물건을 휴대하거나 2인 이상이 합동하여, ③ 친족관계에 있는 자가 아동·청소년에 대하여 강간·강제추행·준강간·준강제추행을 범하는 경우에는 **성폭력범죄의 처벌 등에 관한 특례법 제3조, 제4조, 제5조가 적용되어 가중처벌**된다.

> • [1] 아동·청소년의 성보호에 관한 법률 제10조 제2항은 '아동·청소년의 성을 사기 위하여 아동·청소년을 유인하거나 성을 팔도록 권유한 자'를 처벌하도록 규정하고 있는데, 위 법률조항의 문언 및 체계, 입법 취지 등에 비추어, 아동·청소년이 이미 성매매 의사를 가지고 있었던 경우에도 그러한 아동·청소년에게 금품이나 그 밖의 재산상 이익, 직무·편의제공 등 대가를 제공하거나 약속하는 등의 방법으로 성을 팔도록 권유하는 행위도 위 규정에서 말하는 '성을 팔도록 권유하는 행위'에 포함된다고 보아야 한다. [2] 피고인이 인터넷 채팅사이트를 통하여, 이미 성매매 의사를 가지고 성매수 행위를 할 자를 물색하고 있던 청소년 갑(여, 16세)과 성매매 장소, 대가, 연락방법 등에 관하여 구체적인 합의에 이른 다음, 약속장소 인근에 도착하여 갑에게 전화를 걸어 '속바지를 벗고 오라'고 지시한 사안에서, 피고인의 일련의 행위가 아동·청소년의 성보호에 관한 법률 제10조 제2항에서 정한 '아동·청소년에게 성을 팔도록 권유하는 행위'에 해당한다고 본 원심판단을 수긍한 사례(2011도3934).

---

96) 다만 장애인인 경우 성폭법 제8조에 의해 처벌된다(이하 동일).
97) 폭행·협박이나 위계·위력을 사용하지 않고 심신상실이나 항거불능 상태를 이용하지도 않고, 13세 미만의 부녀를 간음하거나 13세 미만의 사람을 추행한 경우에는 특별법이 아닌 형법 제305조가 적용된다. 즉, 제305조는 13세 미만인 부녀 또는 사람에 대하여는 간음 또는 추행에 대한 동의능력을 인정하지 아니하여 그 동의가 있는 때에도 강간죄 또는 강제추행죄로 처벌한다.

- 구 아동·청소년의 성보호에 관한 법률(2020. 6. 2. 법률 제17338호로 개정되기 전의 것, 이하 '구 청소년성보호법'이라고 한다) 제11조 제5항의 아동·청소년의 성보호에 관한 법률(이하 '청소년성보호법'이라고 한다) 위반(음란물소지)죄는 아동·청소년이용음란물임을 알면서 이를 소지하는 행위를 처벌함으로써 아동·청소년이용음란물의 제작을 근원적으로 차단하기 위한 처벌규정이다. 그리고 구 청소년성보호법 제11조 제1항의 청소년성보호법 위반(음란물제작·배포등)죄의 법정형이 무기징역 또는 5년 이상의 유기징역인 반면, 청소년성보호법 위반(음란물소지)죄의 법정형이 1년 이하의 징역 또는 2천만 원 이하의 벌금형이고, 아동·청소년이용음란물 제작행위에 아동·청소년이용음란물 소지행위가 수반되는 경우 아동·청소년이용음란물을 제작한 자에 대하여 자신이 제작한 아동·청소년이용음란물을 소지하는 행위를 별도로 처벌하지 않더라도 정의 관념에 현저히 반하거나 해당 규정의 기본 취지에 반한다고 보기 어렵다. 따라서 아동·청소년이용음란물을 제작한 자가 그 음란물을 소지하게 되는 경우 청소년성보호법 위반(음란물소지)죄는 청소년성보호법 위반(음란물제작·배포등)죄에 흡수된다고 봄이 타당하다. 다만 아동·청소년이용음란물을 제작한 자가 제작에 수반된 소지행위를 벗어나 사회통념상 새로운 소지가 있었다고 평가할 수 있는 별도의 소지행위를 개시하였다면 이는 청소년성보호법 위반(음란물제작·배포등)죄와 별개의 청소년성보호법 위반(음란물소지)죄에 해당한다(2021도2993).

- 포괄일죄에 관한 기존 처벌법규에 대하여 그 표현이나 형량과 관련한 개정을 하는 경우가 아니라 애초에 죄가 되지 않던 행위를 구성요건의 신설로 포괄일죄의 처벌대상으로 삼는 경우에는 신설된 포괄일죄 처벌법규가 시행되기 이전의 행위에 대하여는 신설된 법규를 적용하여 처벌할 수 없고(형법 제1조 제1항), 이는 신설된 처벌법규가 상습범을 처벌하는 구성요건인 경우에도 마찬가지이다. 공소장변경은 공소사실의 동일성이 인정되는 범위 내에서만 허용되고, 공소사실의 동일성이 인정되지 않는 범죄사실을 공소사실로 추가하는 취지의 공소장변경신청이 있는 경우 법원은 그 변경신청을 기각하여야 한다(형사소송법 제298조 제1항). 공소사실의 동일성은 그 사실의 기초가 되는 사회적 사실관계가 기본적인 점에서 동일하면 그대로 유지되고, 이러한 기본적 사실관계의 동일성을 판단할 때에는 그 사실의 동일성이 갖는 법률적 기능을 염두에 두고 피고인의 행위와 그 사회적인 사실관계를 기본으로 하되 규범적 요소도 아울러 고려하여야 한다(2022도10660).[98]

---

98) ① 검사는 청소년성보호법 위반(상습성착취물제작·배포등) 부분에 대하여 '피고인은 2020. 11. 3.부터 2021. 2. 10.까지 상습으로 아동·청소년인 피해자 3명에게 신체의 전부 또는 일부를 노출한 사진을 촬영하도록 하여 총 19개의 아동·청소년성착취물인 사진 또는 동영상을 제작하였다'고 공소를 제기하였다. ② 검사는 원심에서 청소년성보호법 위반(상습성착취물제작·배포등) 부분에 대하여 '피고인은 2015. 2. 28.부터 2021. 1. 21.까지 상습으로 아동·청소년인 피해자 121명에게 신체의 전부 또는 일부를 노출한 사진을 촬영하도록 하여 총 1,910개의 아동·청소년성착취물인 사진 또는 동영상을 제작하였다'는 공소사실을 추가하는 공소장변경허가신청을 하였고, 원심은 이를 허가하여 전부 유죄로 판단하였다. 이에 대하여 대법원은 다음과 같은 이유로 원심의 판단을 받아들일 수 없다고 판시하였다. ① 이 부분 공소사실 중 위 개정 규정이 시행되기 전인 2015. 2. 28.부터 2020. 5. 31.까지 아동·청소년 성착취물 제작으로 인한 청소년성보호법 위반 부분에 대하여는 위 개정 규정을 적용하여 청소년성보호법 위반(상습성착취물제작·배포등)죄로 처벌할 수 없고, 행위시법에 기초하여 청소년성보호법 위반(성착취물제작·배포등)죄로 처벌할 수 있을 뿐이다. ② 2015. 2. 28.부터 2020. 5. 31.까지 부분은 청소년성보호법 위반(상습성착취물제작·배포등)죄로 처벌될 수 없으므로, 청소년성보호법 위반(상습성착취물제작·배포등)죄로 처벌되는 그 이후의 부분과 포괄일죄의 관계에 있지 않고 실체적 경합관계에 있게 된다. 그런데 실체적 경합관계에 있는 부분은 종전 공소사실과 기본적 사실

5. 성폭력범죄와 친족관계

성폭력범죄의 처벌 등에 관한 특례법 제5조 제1항 내지 제3항은 친족관계에 있는 자가 강간 강제추행, 준강간, 준강제추행을 범하면 가중처벌한다. 친족이란 '4촌 이내의 혈족·인척과 동거하는 친족'을 의미하며 여기서 '동거하는 친족'이란 '동거하는 5촌 내지 8촌의 혈족'을 의미한다.[99]

위 친족에는 ① 인지 전 혼인외의 출생자의 생부와 같이 자연혈족의 관계에 있으나 법정 절차의 미이행으로 인하여 법률상의 친족으로 인정되지 못하는 자와 ② 사실상의 양자의 양부 또는 사실혼 관계의 처와 전남편 사이에서 태어난 딸과 사실혼 관계의 남편 등과 같은 법정 혈족관계나 혼인의 실질관계는 모두 갖추었으나 법률이 정한 방식, 즉 신고 등 절차의 미이행으로 인하여 법률상의 친족으로 인정되지 못하는 자를 포함한다.

다만 위와 같은 관계가 없는 경우에는 그 생활관계, 당사자의 역할·의사 등이 친족관계와 유사한 외관을 가진다는 이유만으로 사실상의 관계에 의한 친족에 포함된다고 할 수는 없다.

- 사실혼으로 인하여 형성되는 인척도 성폭력범죄의 처벌 및 피해자보호 등에 관한 법률 제7조 제5항이 규정한 사실상의 관계에 의한 친족에 해당한다(99도5395).
- [1] 사실상의 양자의 양부와 같이 법정혈족관계를 맺고자 하는 의사의 합치 등 법률이 정하는 실질관계는 모두 갖추었으나 신고 등 법정절차의 미이행으로 인하여 법률상의 존속으로 인정되지 못하는 자도 성폭력범죄의 처벌 및 피해자보호 등에 관한 법률 제7조 제5항이 규정한 사실상의 관계에 의한 친족에 해당한다. [2] 처가 있는 자가 입양을 함에 있어서 혼자만의 의사로 부부 쌍방 명의의 입양신고를 하여 수리된 경우, 처와 양자가 될 자 사이에서는 입양의 일반요건 중 하나인 당사자 간의 입양합의가 없으므로 입양이 무효가 되는 것이지만, 처가 있는 자와 양자가 될 자 사이에서는 입양의 일반 요건을 모두 갖추었어도 부부 공동입양의 요건을 갖추지 못하였으므로 처가 그 입양의 취소를 청구할 수 있으나, 그 취소가 이루어지지 않는 한 그들 사이의 입양은 유효하게 존속하는 것이고, 당사자가 양친자관계를 창설할 의사로 친생자출생신고를 하고, 거기에 입양의 실질적 요건이 모두 구비되어 있다면 그 형식에 다소 잘못이 있더라도 입양의 효력이 발생하고, 양친자관계는 파양에 의하여 해소될 수 있는 점을 제외하고는 법률적으로 친생자관계와

관계가 동일하다고 볼 수 없으므로, 2015. 2. 28.부터 2020. 5. 31.까지 부분을 추가하는 공소장변경은 허가될 수 없고 이 사건에서 심판의 대상이 되지 못한다[또한 이 사건 공소사실 중 아동복지법 위반(아동에 대한 음행강요·매개·성희롱등) 부분은 같은 날 행해진 청소년성보호법 위반(성착취물제작·배포등) 부분과 상상적 경합관계에 있으므로, 이 부분에 대하여도 2015. 2. 28.부터 2020. 5. 31.까지 부분을 추가하는 공소장변경은 허가될 수 없고 이 사건에서 심판의 대상이 되지 못한다. ③ 따라서 원심으로서는 검사의 공소장변경허가신청을 그대로 허가하여서는 안 되고, 다시 개정 규정 이후의 부분만을 추가하는 새로운 공소장변경허가신청이 있는 경우에만 이를 허가하였어야 한다[개정 규정 이전의 부분은 추가 기소의 방법으로 해결할 수밖에 없다]. ④ 그런데도 원심은 이 부분 공소사실이 전부 상습범에 해당하는 포괄일죄라는 전제 아래 검사의 공소장변경허가신청을 그대로 허가한 뒤 포괄하여 청소년성보호법 제11조 제7항, 제1항을 적용하여 전부 유죄로 판단하였다. 이러한 원심판결에는 상습범과 형법 제1조 제1항의 적용 및 공소장변경에 관한 법리를 오해하여 판결에 영향을 미친 잘못이 있다. 이를 지적하는 상고이유 주장은 이유 있다.

[99] 민법상 친족이란 '8촌 이내의 혈족, 4촌 이내의 인척, 배우자'를 의미한다.

똑같은 내용을 갖게 되므로, 이 경우의 허위의 친생자출생신고는 법률상의 친자관계인 양친자관계를 공시하는 입양신고의 기능을 발휘하게 된다. [3] 피고인이 피해자의 생모의 동의를 얻어 피해자를 입양할 의사로 데려왔으나 자신의 처의 동의 없이 피해자를 자신과 처 사이의 친생자로 출생신고를 한 경우, 피고인은 친생자출생신고 전에는 **성폭력범죄의 처벌 및 피해자보호 등에 관한 법률 제7조 제5항의 '사실상의 관계에 의한 친족'에 해당하고, 친생자출생신고 후에는 같은 법 제7조 제1항의 '친족'에 해당한다고 한 사례**(2005도8427)

- 성폭력범죄의 처벌 등에 관한 특례법 제5조 제3항은 "친족관계인 사람이 사람에 대하여 형법 제299조(준강간, 준강제추행)의 죄를 범한 경우에는 제1항 또는 제2항의 예에 따라 처벌한다."라고 규정하고 있고, 같은 조 제1항은 "친족관계인 사람이 폭행 또는 협박으로 사람을 강간한 경우에는 7년 이상의 유기징역에 처한다."라고 규정하고 있으며, 같은 조 제4항은 "제1항부터 제3항까지의 친족의 범위는 4촌 이내의 혈족·인척과 동거하는 친족으로 한다."라고 규정하고 있다. 한편 민법 제767조는 "배우자, 혈족 및 인척을 친족으로 한다."라고 규정하고 있고, 같은 법 제769조는 "혈족의 배우자, 배우자의 혈족, 배우자의 혈족의 배우자를 인척으로 한다."라고 규정하고 있으며, 같은 법 제771조는 "인척은 배우자의 혈족에 대하여는 배우자의 그 혈족에 대한 촌수에 따르고, 혈족의 배우자에 대하여는 그 혈족에 대한 촌수에 따른다."라고 규정하고 있다. 따라서 **의붓아버지와 의붓딸의 관계는 성폭력처벌법 제5조 제4항이 규정한 4촌 이내의 인척으로서 친족관계에 해당한다**(2020도10806).

6. 공소시효 관련 특례

가. 특례의 적용범위

<u>각 법 시행 전에 행하여진 성폭력범죄 또는 아동·청소년 대상 범죄로 아직 공소시효가 완성되지 아니한 것에 대하여도 공소시효 특례규정이 적용</u>된다(성폭력범죄의 처벌 등에 관한 법률 부칙 제3조, 아동·청소년의 성보호에 관한 법률 부칙 제3조).

이 사건 공소사실 중 2006. 5.경 장애인 준강간의 점에 대한 적용법조는 구 「성폭력범죄의 처벌 및 피해자보호 등에 관한 법률」 제8조, 구 형법 제297조로서 그 법정형이 3년 이상의 유기징역이므로, 구 형사소송법 제249조 제1항 제3호에 의하여 그 공소시효는 7년이다. 한편 2010. 4. 15. 법률 제10258호로 제정·공포된 「성폭력범죄의 처벌 등에 관한 특례법」은 미성년자에 대한 성폭력범죄와 관련한 공소시효 정지·연장조항을 신설하면서(제20조 제1항, 제2항) 그 부칙 제3조에서 "이 법 시행 전 행하여진 성폭력범죄로 아직 공소시효가 완성되지 아니한 것에 대하여도 제20조를 적용한다."고 규정한 반면, 2011. 11. 17. 법률 제11088호로 개정되어 2011. 11. 17. 시행된 「성폭력범죄의 처벌 등에 관한 특례법」은 제20조 제3항에서 "13세 미만의 여자 및 신체적인 또는 정신적인 장애가 있는 여자에 대하여 형법 제297조(강간) 또는 제299조(준강간, 준강제추행)(준강간에 한정한다)의 죄를 범한 경우에는 제1항과 제2항에도 불구하고 형사소송법 제249조부터 제253조까지 및 군사법원법 제291조부터 제295조까지에 규정된 공소시효를 적용하지 아니한다."고 규정하여 공소시효 배제조항을 신설하면서도 이에 대하여는 법률 제10258호 성폭력처벌법 부칙 제3조

와 같은 경과규정을 두지 아니하였다. 따라서 이 사건 장애인 준강간의 점에 대하여는 이 사건 법률 제20조 제3항을 소급하여 적용할 수 없으므로 그 범행에 대한 공소가 범죄행위 종료일부터 7년이 경과한 후에 제기되어 공소시효가 완성되었으므로 면소판결이 선고되어야 한다(2015도1362).

나. 공소시효의 기산에 관한 특례

미성년자에 대한 성폭력범죄 및 아동·청소년 대상 성범죄의 공소시효는 해당 범죄로 피해를 당한 미성년자 또는 아동·청소년이 성년에 달한 날부터 진행한다(성폭력범죄의 처벌 등에 관한 특례법 제21조 제1항, 아동·청소년의 성보호에 관한 법률 제20조 제1항).

다. 공소시효의 연장에 관한 특례

성폭력범죄의 처벌 등에 관한 특례법 제2조 제3호, 제4호 제3조 내지 제9조의 죄(성폭력범죄의 처벌 등에 관한 법률 제21조 제2항) 및 아동·청소년의 성보호에 관한 법률 제7조의 죄(아동·청소년의 성보호에 관한 법률 제20조 제2항)에 대하여 DNA 증거 등 그 죄를 증명할 수 있는 과학적인 증거가 있는 때에는 공소시효가 10년 연장된다.

라. 공소시효 배제에 관한 특례

다음의 범죄들에 대해서는 공소시효의 적용이 배제된다(성폭력범죄의 처벌 등에 관한 법률 제21조 제3항, 제4항, 아동·청소년의 성보호에 관한 법률 제20조 제3항, 제4항).

1) 13세 미만의 사람 및 신체적 또는 정신적인 장애가 있는 사람에 대한 ① 형법상의 강간(제297조), 강제추행(제298조), 준강간·강제추행(제299조), 강간등상해·치상(제301조), 강간등살인·치사(제301조의2), ② 장애인에 대한 유사강간(성폭력범죄의 처벌 등에 관한 특례법 제6조 제2항), 13세 미만에 대한 유사강간(제7조 제2항), 강간 등 상해·치상(제8조), 강간 등 살인·치사(제9조), ③ 아동·청소년에 대한 강간등 상해·치상(아동·청소년의 성보호에 관한 법률 제9조), 강간등 살인·치사(제10조)

2) 형법 제301조의2 중 강간등 살인

3) 성폭력범죄의 처벌 등에 관한 특례법 제9조 제1항(강간등 살인)

4) 아동·청소년의 성보호에 관한 법률 제10조 제1항(강간등 살인)

7. 감경규정에 대한 특례

음주 또는 약물로 인한 심신장애 상태에서 성폭력범죄나 아동·청소년 대상 성폭력범죄를 범한 때에는 형법 제10조, 제11조를 적용하지 아니할 수 있다(임의적 배제).

8. 수사과정에서의 특례

가. 조사과정의 영상녹화

성폭력범죄의 피해자가 19세 미만이거나 신체적 또는 정신적인 장애로 사물을 변별하거나 의사를 결정할 능력이 미약한 경우에는 조사의 개시부터 종료까지의 전과정 및 객관적 정황을 영상녹화하여야 한다.

이러한 촬영한 영상물에 수록된 피해자의 진술은 피해자나 조사과정에 동석하였던 신뢰관계에 있는 사람 또는 진술조력인의 진술에 의하여 그 성립의 진정함이 인정된 경우에 증거로 할 수 있었다(성폭력범죄의 처벌 등에 관한 특례법 제30조 제6항 및 아동·청소년의 성보호에 관한 법률 제26조 제6항). 그러나 위 성폭력범죄의 처벌 등 관한 특례법 제30조 제6항에 대하여 헌법재판소는 피고인의 공정한 재판을 받을 권리를 침해한다는 이유로 위헌결정을 하였고, 이에 따라 위 규정은 효력을 상실하였다(2018헌바524). 또한 위 결정 이후 대법원은 아동·청소년의 성보호에 관한 법률 제26조 제6항 역시 같은 이유로 과잉금지 원칙에 위반될 수 있으므로 법원은 피해자들을 증인으로 소환하여 그 진술을 듣고 피고인에게 반대신문권을 행사할 기회를 부여할 필요가 있는지 여부 등에 관하여 심리·판단하여야 하고, 이러한 심리·판단 없이 위 규정에 따라 영상녹화물의 증거능력을 인정할 수 없다고 판시하였다(2021도14616 등).

- 심판대상조항은 미성년 피해자가 증언과정 등에서 받을 수 있는 2차 피해를 막기 위한 것이다. 미성년 피해자의 2차 피해를 방지하는 것은, 성폭력범죄에 관한 형사절차를 형성함에 있어 포기할 수 없는 중요한 가치이나 그 과정에서 피고인의 공정한 재판을 받을 권리도 보장되어야 한다. 성폭력범죄의 특성상 영상물에 수록된 미성년 피해자 진술이 사건의 핵심 증거인 경우가 적지 않음에도 심판대상조항은 진술증거의 오류를 탄핵할 수 있는 효과적인 방법인 피고인의 반대신문권을 보장하지 않고 있다. 심판대상조항은 영상물로 그 증거방법을 한정하고 신뢰관계인 등에 대한 신문 기회를 보장하고 있기는 하나 위 증거의 특성 및 형성과정을 고려할 때 이로써 원진술자에 대한 반대신문의 기능을 대체하기는 어렵다. 그 결과 피고인은 사건의 핵심 진술증거에 관하여 충분히 탄핵할 기회를 갖지 못한 채 유죄 판결을 받을 수 있는바, 그로 인한 방어권 제한의 정도는 매우 중대하다. 반면 피고인의 반대신문권을 일률적으로 제한하지 않더라도, 성폭력범죄 사건 수사의 초기단계에서부터 증거보전절차를 적극적으로 실시하거나, 비디오 등 중계장치에 의한 증인신문 등 미성년 피해자가 증언과정에서 받을 수 있는 2차 피해를 방지할 수 있는 여러 조화적인 제도를 적극 활용함으로써 위 조항의 목적을 달성할 수 있다. 피고인 측이 정당한 방어권의 범위를 넘어 피해자를 위협하고 괴롭히는 등의 반대신문은 금지되며, 재판장은 구체적 신문 과정에서 증인을 보호하기 위해 소송지휘권을 행사할 수 있다. 우리 사회에서 미성년 피해자의 2차 피해를 방지하는 것이 중요한 공익에 해당함에는 의문의 여지가 없다. 그러나 심판대상조항으로 인한 피고인의 방어권 제한의 중대성과 미성년 피해자의 2차 피해를 방지할 수 있는 여러 조화적인 대안들이 존재함을 고려할 때, 심판대상조항이 달성하려는 공익이 제한되는 피고인의 사익보다 우월하다고 쉽게 단정하기는 어렵다. 따라서 심판대상조항은 과잉금지원칙을 위반하여 공정한 재판을 받을 권리를 침해한다(2018헌바524).

- (전략) 아동·청소년의 성보호에 관한 법률 제26조 제6항 중 이 사건 위헌 법률 조항과 동일한 내용을 규정하고 있는 부분은 이 사건 위헌 결정의 심판대상이 되지 아니하였지만 이 사건 위헌

법률 조항에 대한 위헌 결정 이유와 같은 이유에서 과잉금지 원칙에 위반될 수 있다. 따라서 원심으로서는 이 사건 청소년성보호법 조항의 위헌 여부 또는 그 적용에 따른 위헌적 결과를 피하기 위하여 피해자들을 증인으로 소환하여 그 진술을 듣고 피고인에게 반대신문권을 행사할 기회를 부여할 필요가 있는지 여부 등에 관하여 심리·판단하였어야 한다. 원심이 이러한 심리·판단 없이 이 사건 영상물이 청소년성보호법에 따른 절차적 요건을 갖추었다는 사정을 들어 이 사건 영상물의 증거능력이 인정된다고 판단한 것은 잘못이다(대판 2022.4.14. 2021도14616 등).

나. 증거보전의 특례

성폭력범죄의 피해자·법정대리인 또는 경찰은 피해자가 공판기일에 출석하여 증언하는 것에 현저히 곤란한 사정이 있는 경우 그 사유를 소명하여 영상물 또는 다른 증거에 대하여 수사검사에게 증거보전의 청구를 요청할 수 있다.

이 경우 피해자가 16세 미만이거나 신체적 또는 정신적 장애로 사물을 변별하거나 의사를 결정할 능력이 미약한 경우에는 공판기일에 위 '현저히 곤란한 사정'이 있는 것으로 간주한다.

다. 피해자의 변호사 및 진술조력인

성폭력범죄의 피해자 및 법정대리인은 포괄적인 대리권을 갖는 변호사를 선임할 수 있고, 변호사가 없는 경우 검사는 국선변호사를 선정할 수 있다.

성폭력범죄의 피해자가 13세 미만이거나 장애인인 경우 진술조력인으로 하여금 조사과정에 참여하여 의사소통을 중개하거나 보조하게 할 수 있다.

라. 2021. 3. 23. 개정 - 신분위장수사 등 제도 신설

2021. 3. 23. 개정되고, 2021. 9. 24. 시행되는 아동·청소년의 성보호에 관한 법률은 아동·청소년대상 '온라인 그루밍'의 경우 성착취물의 제작 및 유포에 따른 파급효과가 극심하고 피해의 회복이 어려우므로 이를 범죄행위로 규정하여 처벌하는 한편, 아동·청소년대상 디지털 성범죄를 사전에 예방하고 증거능력 있는 자료를 확보하기 위하여 사법경찰관리가 신분을 위장하여 수사할 수 있도록 수사 특례 규정을 마련하였다.

구체적으로는 ① 아동·청소년의 성을 사기 위해 권유·유인하는 경우의 법정형을 상향하고(제13조 제2항), ② 아동·청소년에 대한 성적 착취를 목적으로 성적 욕망이나 수치심 또는 혐오감을 유발하는 대화를 지속적 또는 반복적으로 하는 행위 등의 처벌 규정을 마련하고(제15조의2 신설), ③ 아동·청소년성착취물 제작·수입·수출죄의 경우에는 「형사소송법」상 공소시효를 적용하지 아니하도록 하도록 하였으며(제20조 제4항 제2호), ④ 아동·청소년대상 디지털 성범죄에 대한 신분비공개수사 및 신분위장수사를 허용하는 수사 특례 규정을 마련하였다(제25조의2부터 제25조의9까지 신설).

9. 기타 관련 판례

- 비록 장애가 있더라도 성적 자기결정권을 완전하게 행사할 능력이 충분히 있다고 인정되는 경우에는 위 조항의 '사물을 변별하거나 의사를 결정할 능력이 미약한 아동·청소년'에 해당하지 않게 되어, 이러한 아동·청소년과의 간음행위를 위 조항으로 처벌할 수 없으므로, 위 조항이 장애인의 일반적인 성적 자기결정권을 과도하게 침해한다고 볼 수 없다(2014도17346).

- 구 아청법 제2조 제5호의 '아동·청소년으로 인식될 수 있는 사람이 등장하는 아동·청소년이용음란물'이라고 하기 위해서는 주된 내용이 아동·청소년의 성교행위 등을 표현하는 것이어야 할 뿐만 아니라, 등장인물의 외모나 신체발육 상태, 영상물의 출처나 제작 경위, 등장인물의 신원 등에 대하여 주어진 여러 정보 등을 종합적으로 고려하여 사회 평균인의 시각에서 객관적으로 관찰할 때 외관상 의심의 여지없이 명백하게 아동·청소년으로 인식되는 경우라야 하고, 등장인물이 다소 어려 보인다는 사정만으로 쉽사리 '아동·청소년으로 인식될 수 있는 사람이 등장하는 아동·청소년이용음란물'이라고 단정해서는 아니 된다(2013도4503).

- 구 아동·청소년의 성보호에 관한 법률(2012. 12. 18. 법률 제11572호로 전부 개정되기 전의 것, 이하 '구 아청법'이라 한다)은 제2조 제5호, 제4호에 '아동·청소년이용음란물'의 의미에 관한 별도의 규정을 두면서도, 제8조 제1항에서 아동·청소년이용음란물을 제작하는 등의 행위를 처벌하도록 규정하고 있을 뿐 범죄성립의 요건으로 제작 등의 의도나 음란물이 아동·청소년의 의사에 반하여 촬영되었는지 여부 등을 부가하고 있지 아니하다. (중략) 제작한 영상물이 객관적으로 아동·청소년이 등장하여 성적 행위를 하는 내용을 표현한 영상물에 해당하는 한 대상이 된 아동·청소년의 동의하에 촬영한 것이라거나 사적인 소지·보관을 1차적 목적으로 제작한 것이라고 하여 구 아청법 제8조 제1항의 '아동·청소년이용음란물'에 해당하지 아니한다거나 이를 '제작'한 것이 아니라고 할 수 없다. 다만 아동·청소년인 행위자 본인이 사적인 소지를 위하여 자신을 대상으로 '아동·청소년이용음란물'에 해당하는 영상 등을 제작하거나 그 밖에 이에 준하는 경우로서, 영상의 제작행위가 헌법상 보장되는 인격권, 행복추구권 또는 사생활의 자유 등을 이루는 사적인 생활 영역에서 사리분별력 있는 사람의 자기결정권의 정당한 행사에 해당한다고 볼 수 있는 예외적인 경우에는 위법성이 없다고 볼 수 있다. 아동·청소년은 성적 가치관과 판단능력이 충분히 형성되지 아니하여 성적 자기결정권을 행사하고 자신을 보호할 능력이 부족한 경우가 대부분이므로 영상의 제작행위가 이에 해당하는지 여부는 아동·청소년의 나이와 지적·사회적 능력, 제작의 목적과 동기 및 경위, 촬영 과정에서 강제력이나 위계 혹은 대가가 결부되었는지 여부, 아동·청소년의 동의나 관여가 자발적이고 진지하게 이루어졌는지 여부, 아동·청소년과 영상 등에 등장하는 다른 인물과의 관계, 영상 등에 표현된 성적 행위의 내용과 태양 등을 종합적으로 고려하여 신중하게 판단하여야 한다(2014도11501,2014전도197).

- 아동·청소년의 성보호에 관한 법률(이하 '청소년성보호법'이라고 한다)은 성매매의 대상이 된 아동·청소년을 보호·구제하려는 데 입법 취지가 있고, 청소년성보호법에서 '아동·청소년의 성매매 행위'가 아닌 '아동·청소년의 성을 사는 행위'라는 용어를 사용한 것은 아동·청소년은 보호대상에 해당하고 성매매의 주체가 될 수 없어 아동·청소년의 성을 사

는 사람을 주체로 표현한 것이다. 그리고 아동·청소년의 성을 사는 행위를 알선하는 행위를 업으로 하는 사람이 알선의 대상이 아동·청소년임을 인식하면서 알선행위를 하였다면, 알선행위로 아동·청소년의 성을 사는 행위를 한 사람이 행위의 상대방이 아동·청소년임을 인식하고 있었는지는 알선행위를 한 사람의 책임에 영향을 미칠 이유가 없다. 따라서 아동·청소년의 성을 사는 행위를 알선하는 행위를 업으로 하여 청소년성보호법 제15조 제1항 제2호의 위반죄가 성립하기 위해서는 알선행위를 업으로 하는 사람이 아동·청소년을 알선의 대상으로 삼아 그 성을 사는 행위를 알선한다는 것을 인식하여야 하지만, 이에 더하여 알선행위로 아동·청소년의 성을 사는 행위를 한 사람이 행위의 상대방이 아동·청소년임을 인식하여야 한다고 볼 수는 없다(2015도15664).

- 아동·청소년의 성보호에 관한 법률(이하 '청소년성보호법'이라 한다)의 입법목적은 아동·청소년을 대상으로 성적 행위를 한 자를 엄중하게 처벌함으로써 성적 학대나 착취로부터 아동·청소년을 보호하고 아동·청소년이 책임 있고 건강한 사회구성원으로 성장할 수 있도록 하려는 데 있다. 아동·청소년이용음란물은 직접 피해자인 아동·청소년에게는 치유하기 어려운 정신적 상처를 안겨줄 뿐만 아니라, 이를 시청하는 사람들에게까지 성에 대한 왜곡된 인식과 비정상적 가치관을 조장한다. 따라서 아동·청소년을 이용한 음란물 '제작'을 원천적으로 봉쇄하여 아동·청소년을 성적 대상으로 보는 데서 비롯되는 잠재적 성범죄로부터 아동·청소년을 보호할 필요가 있다. 특히 인터넷 등 정보통신매체의 발달로 음란물이 일단 제작되면 제작 후 제작자의 의도와 관계없이 언제라도 무분별하고 무차별적으로 유통에 제공될 가능성이 있다. 이러한 점에 아동·청소년을 이용한 음란물 제작을 처벌하는 이유가 있다. 그러므로 아동·청소년의 동의가 있다거나 개인적인 소지·보관을 1차적 목적으로 제작하더라도 청소년성보호법 제11조 제1항의 '아동·청소년이용음란물의 제작'에 해당한다고 보아야 한다. 피고인이 직접 아동·청소년의 면전에서 촬영행위를 하지 않았더라도 아동·청소년이용음란물을 만드는 것을 기획하고 타인으로 하여금 촬영행위를 하게 하거나 만드는 과정에서 구체적인 지시를 하였다면, 특별한 사정이 없는 한 아동·청소년이용음란물 '제작'에 해당한다. 이러한 촬영을 마쳐 재생이 가능한 형태로 저장이 된 때에 제작은 기수에 이르고 반드시 피고인이 그와 같이 제작된 아동·청소년이용음란물을 재생하거나 피고인의 기기로 재생할 수 있는 상태에 이르러야만 하는 것은 아니다. 이러한 법리는 피고인이 아동·청소년으로 하여금 스스로 자신을 대상으로 하는 음란물을 촬영하게 한 경우에도 마찬가지이다(2018도9340).

- 구 아동·청소년의 성보호에 관한 법률(2020. 6. 2. 법률 제17338호로 개정되기 전의 것) 제11조 제2항은 영리를 목적으로 아동·청소년이용음란물을 공연히 전시한 자는 10년 이하의 징역에 처한다고 규정한다. 위 조항에서 규정하는 '영리의 목적'이란 위 법률이 정한 구체적 위반행위를 함에 있어서 재산적 이득을 얻으려는 의사 또는 이윤을 추구하는 의사를 말하며, 이는 널리 경제적인 이익을 취득할 목적을 말하는 것으로서 반드시 아동·청소년이용음란물 배포 등 위반행위의 직접적인 대가가 아니라 위반행위를 통하여 간접적으로 얻게 될 이익을 위한 경우에도 영리의 목적이 인정된다. 따라서 사설 인터넷 도박사이트를 운영하는 사람이, 먼저 소셜 네트워크 서비스 앱에 오픈채팅방을 개설하여 아동·청소년이용음란 동영상을 게시하고 1:1 대화를 통해 불특정 다수를 위 오픈채팅방 회원으로 가입시킨 다음, 그 오픈채팅방에서 자신이 운영하는 도박사이트를 홍보하면서 회원들이 가입 시 입력한 이

름, 전화번호 등을 이용하여 전화를 걸어 위 도박사이트 가입을 승인해주는 등의 방법으로 가입을 유도하고 그 도박사이트를 이용하여 도박을 하게 하였다면, 영리를 목적으로 도박공간을 개설한 행위가 인정됨은 물론, 나아가 영리를 목적으로 아동·청소년이용음란물을 공연히 전시한 행위도 인정된다(2020도8978).

Ⅳ. 폭력행위 등 처벌에 관한 법률

폭력행위 등 처벌에 관한 법률 제2조(폭행 등) ① 삭제

② 2명 이상이 공동하여 다음 각 호의 죄를 범한 사람은 「형법」 각 해당 조항에서 정한 형의 2분의 1까지 가중한다.

1. 「형법」 제260조 제1항(폭행), 제283조 제1항(협박), 제319조(주거침입, 퇴거불응) 또는 제366조(재물손괴 등)의 죄
2. 「형법」 제260조 제2항(존속폭행), 제276조 제1항(체포, 감금), 제283조 제2항(존속협박) 또는 제324조 제1항(강요)의 죄
3. 「형법」 제257조 제1항(상해)·제2항(존속상해), 제276조 제2항(존속체포, 존속감금) 또는 제350조(공갈)의 죄

③ 이 법(「형법」 각 해당 조항 및 각 해당 조항의 상습범, 특수범, 상습특수범, 각 해당 조항의 상습범의 미수범, 특수범의 미수범, 상습특수범의 미수범을 포함한다)을 위반하여 2회 이상 징역형을 받은 사람이 다시 제2항 각 호에 규정된 죄를 범하여 누범(累犯)으로 처벌할 경우에는 다음 각 호의 구분에 따라 가중처벌한다.

1. 제2항 제1호에 규정된 죄를 범한 사람: 7년 이하의 징역
2. 제2항 제2호에 규정된 죄를 범한 사람: 1년 이상 12년 이하의 징역
3. 제2항 제3호에 규정된 죄를 범한 사람: 2년 이상 20년 이하의 징역

④ 제2항과 제3항의 경우에는 「형법」 제260조 제3항 및 제283조 제3항을 적용하지 아니한다.

제3조(집단적 폭행 등) ① 삭제

② 삭제

③ 삭제

④ 이 법(「형법」 각 해당 조항 및 각 해당 조항의 상습범, 특수범, 상습특수범, 각 해당 조항의 상습범의 미수범, 특수범의 미수범, 상습특수범의 미수범을 포함한다)을 위반하여 2회 이상 징역형을 받은 사람이 다시 다음 각 호의 죄를 범하여 누범으로 처벌할 경우에는 다음 각 호의 구분에 따라 가중처벌한다.

1. 「형법」 제261조(특수폭행)(제260조 제1항의 죄를 범한 경우에 한정한다), 제284조(특수협박)(제283조 제1항의 죄를 범한 경우에 한정한다), 제320조(특수주거침입) 또는 제369조 제1항(특수손괴)의 죄: 1년 이상 12년 이하의 징역
2. 「형법」 제261조(특수폭행)(제260조 제2항의 죄를 범한 경우에 한정한다), 제278조(특수체포, 특수감금)(제276조 제1항의 죄를 범한 경우에 한정한다), 제284조(특수협박)(제283조 제2항의 죄를 범한 경우에 한정한다) 또는 제324조 제2항(강요)의 죄: 2년 이상 20년 이하의 징역
3. 「형법」 제258조의2제1항(특수상해), 제278조(특수체포, 특수감금)(제276조 제2항의 죄를 범한 경우에 한정한다) 또는 제350조의2(특수공갈)의 죄: 3년 이상 25년 이하의 징역

제4조(단체 등의 구성·활동) ① 이 법에 규정된 범죄를 목적으로 하는 단체 또는 집단을 구성하거나 그러한 단체 또는 집단에 가입하거나 그 구성원으로 활동한 사람은 다음 각 호의 구분에 따라 처벌한다.

   1. 수괴: 사형, 무기 또는 10년 이상의 징역
   2. 간부: 무기 또는 7년 이상의 징역
   3. 수괴·간부 외의 사람: 2년 이상의 유기징역

② 제1항의 단체 또는 집단을 구성하거나 그러한 단체 또는 집단에 가입한 사람이 단체 또는 집단의 위력을 과시하거나 단체 또는 집단의 존속·유지를 위하여 다음 각 호의 어느 하나에 해당하는 죄를 범하였을 때에는 그 죄에 대한 형의 장기 및 단기의 2분의 1까지 가중한다.

   1. 「형법」에 따른 죄 중 다음 각 목의 죄
      가. 「형법」 제8장 공무방해에 관한 죄 중 제136조(공무집행방해), 제141조(공용서류 등의 무효, 공용물의 파괴)의 죄
      나. 「형법」 제24장 살인의 죄 중 제250조 제1항(살인), 제252조(촉탁, 승낙에 의한 살인 등), 제253조(위계 등에 의한 촉탁살인 등), 제255조(예비, 음모)의 죄
      다. 「형법」 제34장 신용, 업무와 경매에 관한 죄 중 제314조(업무방해), 제315조(경매, 입찰의 방해)의 죄
      라. 「형법」 제38장 절도와 강도의 죄 중 제333조(강도), 제334조(특수강도), 제335조(준강도), 제336조(인질강도), 제337조(강도상해, 치상), 제339조(강도강간), 제340조 제1항(해상강도)·제2항(해상강도상해 또는 치상), 제341조(상습범), 제343조(예비, 음모)의 죄
   2. 제2조 또는 제3조의 죄(「형법」 각 해당 조항의 상습범, 특수범, 상습특수범을 포함한다)

③ 타인에게 제1항의 단체 또는 집단에 가입할 것을 강요하거나 권유한 사람은 2년 이상의 유기징역에 처한다.

④ 제1항의 단체 또는 집단을 구성하거나 그러한 단체 또는 집단에 가입하여 그 단체 또는 집단의 존속·유지를 위하여 금품을 모집한 사람은 3년 이상의 유기징역에 처한다.

제5조(단체 등의 이용·지원) ① 제4조 제1항의 단체 또는 집단을 이용하여 이 법이나 그 밖의 형벌 법규에 규정된 죄를 범하게 한 사람은 그 죄에 대한 형의 장기 및 단기의 2분의 1까지 가중한다.

② 제4조 제1항의 단체 또는 집단을 구성하거나 그러한 단체 또는 집단에 가입하지 아니한 사람이 그러한 단체 또는 집단의 구성·유지를 위하여 자금을 제공하였을 때에는 3년 이상의 유기징역에 처한다.

제6조(미수범) 제2조, 제3조, 제4조 제2항[「형법」 제136조, 제255조, 제314조, 제315조, 제335조, 제337조(강도치상의 죄에 한정한다), 제340조 제2항(해상강도치상의 죄에 한정한다) 또는 제343조의 죄를 범한 경우는 제외한다] 및 제5조의 미수범은 처벌한다.

제7조(우범자) 정당한 이유 없이 이 법에 규정된 범죄에 공용(供用)될 우려가 있는 흉기나 그 밖의 위험한 물건을 휴대하거나 제공 또는 알선한 사람은 3년 이하의 징역 또는 300만원 이하의 벌금에 처한다.

제8조(정당방위 등) ① 이 법에 규정된 죄를 범한 사람이 흉기나 그 밖의 위험한 물건 등으로 사람에게 위해를 가하거나 가하려 할 때 이를 예방하거나 방위하기 위하여 한 행위는 벌하지 아니한다.

② 제1항의 경우에 방위 행위가 그 정도를 초과한 때에는 그 형을 감경한다.

③ 제2항의 경우에 그 행위가 야간이나 그 밖의 불안한 상태에서 공포·경악·흥분 또는 당황으로 인한 행위인 때에는 벌하지 아니한다.

1. 공동 폭행 등 죄 - 제2조 제2항

형법상의 8개 범죄(상해, 존속상해, 폭행, 존속폭행, 협박, 존속협박, 체포·감금, 존속체포·존속감금, 강요, 주거침입·퇴거불응, 공갈, 재물손괴 등)를 2명 이상이 공동하여 범하는 경우 가중처벌된다. '공동하여'의 의미에 대하여 판례는 현장설에 따라 판단하고, 합동범의 공동정범에 대해서도 긍정된다.

- 폭력행위 등 처벌에 관한 법률 제2조 제2항의 '2인 이상이 공동하여'라고 함은 그 수인 간에 소위 공범관계가 존재하는 것을 요건으로 하고, 또 수인이 동일 장소에서 동일 기회에 상호 다른 자의 범행을 인식하고 이를 이용하여 범행을 한 경우임을 요한다(99도4305).

- [1] 신문의 부실공사 관련 기사에 대한 해당 건설업체의 반박광고가 있었음에도 재차 부실공사 관련 기사가 나가는 등 그 신문사 기자들과 그 건설업체 대표이사의 감정이 악화되어 있는 상태에서, 그 신문사 사주 및 광고국장이 보도자제를 요청하는 그 건설업체 대표이사에게 자사 신문에 사과광고를 싣지 않으면 그 건설업체의 신용을 해치는 기사가 계속 게재될 것 같다는 기자들의 분위기를 전달하는 방식으로 사과광고를 게재토록 하면서 과다한 광고료를 받은 행위가 공갈죄의 구성요건에 해당한다고 본 사례. [2] 2인 이상이 공모하여 범죄에 공동 가공하는 공범관계에 있어서 공모는 법률상 어떤 정형을 요구하는 것이 아니고 공범자 상호간에 직접 또는 간접으로 범죄의 공동실행에 관한 암묵적인 의사연락이 있으면 족한 것으로 비록 전체의 모의과정이 없었다고 하더라도 수인 사이에 의사의 결합이 있으면 공동정범이 성립되는 것이므로, 공범자가 공갈행위의 실행에 착수한 후 그 범행을 인식하면서 그와 공동의 범의를 가지고 그 후의 공갈행위를 계속하여 재물의 교부나 재산상 이익의 취득에 이른 때에는 공갈죄의 공동정범이 성립한다. [3] 폭력행위 등 처벌에 관한 법률 제2조 제2항의 "2인 이상이 공동하여 제1항에 열거된 죄를 범한 때"라고 함은 그 수인 사이에 공범관계가 존재하는 것을 요건으로 하고, 수인이 동일 장소에서 동일 기회에 상호 다른 자의 범행을 인식하고 이를 이용하여 범행을 한 경우임을 요한다. [4] 위 [1]항의 사안에서, 신문사 사주 및 광고국장 사이에 광고료 갈취에 대한 사전 모의는 없었으나 암묵적인 의사연락에 의한 공범관계가 존재하고, 동일 장소에서 동일 기회에 상호 다른 자의 범행을 인식하고 이를 이용한 경우에 해당한다고 보아, 신문사 사주 및 광고국장의 행위가 폭력행위 등 처벌에 관한 법률 제2조 제2항의 "2인 이상이 공동하여 공갈죄를 범한 때"에 해당한다고 본 사례(96도1959)

- 수인이 합세하여 피해자와 언쟁을 하다가 그 중 몇 사람이 피해자에게 폭행을 가하였다고 하여도 그 일행 중에서 폭행행위를 조장하거나 또는 이에 가세하지 아니하고 적극적으로 그 폭행을 만류한 자에 대하여는 그 폭행에 대한 공범관계를 인정할 수 없다(90도1025).

- 구 폭력행위처벌법 제2조 제1항은 "상습적으로 다음 각 호의 죄를 범한 사람은 다음의 구분에 따라 처벌한다."라고 규정하면서 그 제2호에서 형법 제324조(강요)에 대하여 2년 이상의 유기징역에, 제1호에서 형법 제283조 제1항(협박), 형법 제260조 제1항(폭행)에 대하여 1년 이상의 유기징역에 각 처하도록 규정하였다. 그런데 2016. 1. 6. 법률 제13718호로 개정·시행된「폭력행위 등 처벌에 관한 법률」에는 제2조 제1항이 삭제되었다. 이와 같이 형법 제324조(강요), 제285조, 제283조 제1항(상습협박), 제264조, 제260

조 제1항(상습폭행)의 각 가중적 구성요건을 규정하고 있던 구 폭력행위처벌법 제2조 제1항을 삭제한 것은 종전의 형벌규정이 과중하다는 데에서 나온 반성적 조치라고 보아야 하므로, 이는 형법 제1조 제2항의 '범죄 후 법률의 변경에 의하여 형이 구법보다 경한 때'에 해당한다(2015도19258).

- 노동조합의 조합활동은 근로자가 가지는 결사의 자유 내지 노동3권에 바탕을 둔 것으로서 노동조합 및 노동관계조정법(이하 '노동조합법'이라고 한다) 제1조의 목적을 달성하기 위하여 정당한 행위에 대하여는 민형사상 면책이 된다(노동조합법 제4조, 형법 제20조). 노동조합의 활동이 정당하다고 하려면, 첫째 주체의 측면에서 행위의 성질상 노동조합의 활동으로 볼 수 있거나 노동조합의 묵시적인 수권 혹은 승인을 받았다고 볼 수 있는 것이어야 하고, 둘째 목적의 측면에서 근로조건의 유지·개선과 근로자의 경제적 지위의 향상을 도모하기 위하여 필요하고 근로자들의 단결 강화에 도움이 되는 행위이어야 하며, 셋째 시기의 측면에서 취업규칙이나 단체협약에 별도의 허용규정이 있거나 관행이나 사용자의 승낙이 있는 경우 외에는 원칙적으로 근무시간 외에 행하여져야 하고, 넷째 수단·방법의 측면에서 사업장 내 조합활동에서는 사용자의 시설관리권에 바탕을 둔 합리적인 규율이나 제약에 따라야 하며 폭력과 파괴행위 등의 방법에 의하지 않는 것이어야 한다. 이 중에서 시기·수단·방법 등에 관한 요건은 조합활동과 사용자의 노무지휘권·시설관리권 등이 충돌할 경우에 그 정당성을 어떠한 기준으로 정할 것인지 하는 문제이므로, 위 요건을 갖추었는지 여부를 판단할 때에는 조합활동의 필요성과 긴급성, 조합활동으로 행해진 개별 행위의 경위와 구체적 태양, 사용자의 노무지휘권·시설관리권 등의 침해 여부와 정도, 그 밖에 근로관계의 여러 사정을 종합하여 충돌되는 가치를 객관적으로 비교·형량하여 실질적인 관점에서 판단하여야 한다(2017도2478).

- [1] 사용자는 쟁의행위 기간 중 그 쟁의행위로 중단된 업무의 수행을 위하여 당해 사업과 관계없는 자를 채용 또는 대체할 수 없고, 이를 위반한 자는 1년 이하의 징역 또는 1천만 원 이하의 벌금으로 처벌된다[노동조합 및 노동관계조정법(이하 '노동조합법'이라 한다) 제91조, 제43조 제1항]. 여기서 처벌되는 '사용자'는 사업주, 사업의 경영담당자 또는 그 사업의 근로자에 관한 사항에 대하여 사업주를 위하여 행동하는 자를 말한다(노동조합법 제2조 제2호). 노동조합법 제91조, 제43조 제1항은 사용자의 위와 같은 행위를 처벌하도록 규정하고 있으므로, 사용자에게 채용 또는 대체되는 자에 대하여 위 법조항을 바로 적용하여 처벌할 수 없음은 문언상 분명하다. 나아가 채용 또는 대체하는 행위와 채용 또는 대체되는 행위는 2인 이상의 서로 대향된 행위의 존재를 필요로 하는 관계에 있음에도 채용 또는 대체되는 자를 따로 처벌하지 않는 노동조합법 문언의 내용과 체계, 법 제정과 개정 경위 등을 통해 알 수 있는 입법 취지에 비추어 보면, 쟁의행위 기간 중 그 쟁의행위로 중단된 업무의 수행을 위하여 당해 사업과 관계없는 자를 채용 또는 대체하는 사용자에게 채용 또는 대체되는 자의 행위에 대하여는 일반적인 형법 총칙상의 공범 규정을 적용하여 공동정범, 교사범 또는 방조범으로 처벌할 수 없다고 판단된다. [2] 갑 노동조합 소속 지회의 지회장 및 조합원 등인 피고인들이, 파업기간 중에 위 지회에 가입한 중장비 임대업체인 을 회사에 채용되어 병 회사의 공장 내부에서 을 회사의 기중기를 운전하며 대체근로 중이던 정을 발견하고 뒤쫓아 가 붙잡으려는 과정에서 정에게 상해를 입게 하여 폭력행위 등 처벌에 관한 법률 위반(공동상해) 등으로 기소된 사안에서, 정은 을 회사 소속 근로자들의 쟁의행위로 중단된 업무를 수행하기 위하

여 을 회사에 채용된 근로자에 불과하므로, 대향범 관계에 있는 행위 중 '사용자'만 처벌하는 노동조합 및 노동관계조정법(이하 '노동조합법'이라 한다) 제91조, 제43조 제1항 위반죄의 단독정범이 될 수 없고, 형법 총칙상 공범 규정을 적용하여 공동정범 또는 방조범으로 처벌할 수도 없으므로, 결국 정은 노동조합법 제91조, 제43조 제1항 위반에 따른 현행범인이 아니고, 피고인들이 정을 체포하려던 당시 상황을 기초로 보더라도 현행범인 체포의 요건을 갖추지 못하였다는 이유로, 이와 달리 피고인들의 행위가 적법한 현행범인 체포로서 정당행위에 해당한다고 보아 공소사실을 무죄로 판단한 원심판결에 노동조합법 제91조, 제43조 제1항 위반죄, 형법 총칙상 공범의 성립 및 현행범인 체포의 요건 등에 관한 법리오해의 잘못이 있다고 한 사례(2016도3048)

2. 폭력범죄에 대한 누범 가중 – 제2조 제3항

형법상의 8개 범죄(상해, 존속상해, 폭행, 존속폭행, 협박, 존속협박, 체포·감금, 존속체포·존속감금, 강요, 주거침입·퇴거불응, 공갈, 재물손괴 등)로 인하여 2회 이상 징역형을 받은 자가 다시 같은 유형의 범죄를 범하여 누범이 되는 경우 가중처벌된다.

[1] 폭력행위 등 처벌에 관한 법률(이하 '폭력행위처벌법'이라 한다) 제2조 제3항은 "이 법(형법 각 해당 조항 및 각 해당 조항의 상습범, 특수범, 상습특수범, 각 해당 조항의 상습범의 미수범, 특수범의 미수범, 상습특수범의 미수범을 포함한다)을 위반하여 2회 이상 징역형을 받은 사람이 다시 제2항 각 호에 규정된 죄를 범하여 누범으로 처벌할 경우에는 다음 각 호의 구분에 따라 가중처벌한다."라고 규정하고 있다. 그런데 형의 실효 등에 관한 법률에 따라 형이 실효된 경우에는 형의 선고에 의한 법적 효과가 장래를 향하여 소멸하므로 형이 실효된 후에는 그 전과를 폭력행위처벌법 제2조 제3항에서 말하는 '징역형을 받은 경우'라고 할 수 없다. [2] 형법 제65조는 "집행유예의 선고를 받은 후 그 선고의 실효 또는 취소됨이 없이 유예기간을 경과한 때에는 형의 선고는 효력을 잃는다."라고 규정하고 있다. 여기서 '형의 선고가 효력을 잃는다'는 의미는 형의 실효와 마찬가지로 형의 선고에 의한 법적 효과가 장래를 향하여 소멸한다는 취지이다. 따라서 형법 제65조에 따라 형의 선고가 효력을 잃는 경우에도 그 전과는 폭력행위 등 처벌에 관한 법률 제2조 제3항에서 말하는 '징역형을 받은 경우'라고 할 수 없다. [3] 어느 징역형의 실효기간이 경과하기 전에 별도의 집행유예 선고가 있었지만 집행유예가 실효 또는 취소됨이 없이 유예기간이 경과하였고 그 무렵 집행유예 전에 선고되었던 징역형도 자체의 실효기간이 경과하였다면 그 징역형 역시 실효되어 폭력행위 등 처벌에 관한 법률 제2조 제3항에서 말하는 '징역형을 받은 경우'에 해당한다고 할 수 없다(2016도5032).

3. 특수폭력범죄에 대한 누범 가중 – 제3조 제4항

형법상 8개 범죄(상해, 존속상해, 폭행, 존속폭행, 협박, 존속협박, 체포·감금, 존속체포·존속감금, 강요, 주거침입·퇴거불응, 공갈, 재물손괴 등)로 인하여 2회 이상 징역형을 받은 자가 다시 같은 유형의 특수범죄(특수폭행, 특수협박, 특수주거침입, 특수손괴, 특수체포·감금, 특수공갈 등)를 범하여 누범이 되는 경우 역시 가중처벌된다.

형법 제257조 제2항의 가중적 구성요건을 규정하고 있던 구 폭력행위처벌법 제3조 제1항을 삭제하고 위와 같은 구성요건을 형법 제258조의2 제1항에 신설하면서 그 법정형을 구 폭력행위처벌법 제3조 제1항보다 낮게 규정한 것은, 위 가중적 구성요건의 표지가 가지는 일반적인 위험성을 고려하더라도 개별 범죄의 범행 경위, 구체적인 행위 태양과 법익침해의 정도 등이 매우 다양함에도 일률적으로 3년 이상의 유기징역으로 가중처벌한 종전 형벌 규정이 과중하다는 데에서 나온 반성적 조치라고 보아야 할 것이므로, 이는 <u>형법 제1조 제2항</u>의 '범죄 후 법률의 변경에 의하여 형이 구법보다 경한 때'에 해당한다(2015도18280).

4. 반의사불벌의 특칙 – 제2조 제4항

형법상 반의사불벌죄인 폭행, 존속폭행, 협박, 존속협박의 죄를 2인 이상 공동하여 범한 경우 및 2회 이상의 징역형을 받고 누범을 범한 자에 대하여는 형법상 반의사불벌의 규정이 적용되지 아니한다. 결국 <u>폭력행위 등 처벌에 관한 법률에 따라 처벌되는 모든 죄는 반의사불벌죄가 아니다.</u>

5. 단체 등의 구성·활동 – 제4조

- 폭력행위 등 처벌에 관한 법률 제4조 소정의 범죄단체는 <u>같은 법 소정의 범죄를 한다는 공동목적 하에 특정 다수인에 의하여 이루어진 계속적이고도 최소한의 통솔체제를 갖춘 조직화된 결합체를 의미한다</u> 할 것이므로, 특정 다수인에 의하여 이루어진 계속적이고 통솔체제를 갖춘 조직화된 결합체라 하더라도 그 구성원이 같은 법 소정의 범죄에 대한 <u>공동목적을 갖고 있지 아니하는 한 그 단체를 같은 법 소정의 범죄단체로 볼 수는 없다</u>(2004도2009).
- [1] 폭력행위집단은 합법적인 단체와는 달리 범죄단체의 특성상 단체로서의 계속적인 결집성이 다소 불안정하고 그 통솔체제가 대내외적으로 반드시 명확하지 않은 것처럼 보이더라도 구성원들 간의 관계가 선·후배 혹은 형, 아우로 뭉쳐져 그들 특유의 규율에 따른 통솔이 이루어져 단체나 집단으로서의 위력을 발휘하는 경우가 많은 점에 비추어 폭력행위 등 처벌에 관한 법률 제4조 소정의 범죄를 목적으로 하는 단체는 위 법 소정의 범죄를 한다는 공동의 목적 아래 특정 다수인에 의하여 이루어진 계속적인 결합체로서 그 단체를 주도하거나 내부의 질서를 유지하는 최소한의 통솔체계를 갖추면 되는 것이고, <u>폭력행위의 방법에 의하여 위 법률 제2조 제1항 소정의 범죄를 범하는 것을 목적으로 하는 이상 그 중 어느 범죄를 범하는 것을 목적으로 하는가 여부까지 특정될 필요는 없다.</u>
[2] 피고인등이 연주파라는 단체를 결성하기로 하면서 행동강령을 정하여 두목격 수괴, 두목격 고문, 부두목격 간부, 참모, 행동대장격 간부, 행동대원으로 그들 사이의 각 임무 분담을 정함과 아울러 단체구성원들 간의 위계질서를 대체로 나이 순서에 따른 서열로 확립하고, 또한 합숙소를 마련하여 단체생활을 함에 있어 합숙소 장롱 안에 쇠파이프 등 흉기를 보관하면서 조직에서 관리하는 유흥업소나 도박장 등지에서 싸움이 붙거나 문제가 발생하면 즉시 현장에 가서 위력을 과시하거나 폭력을 행사하는 소위 '기동타격대'의 역할을 할 수 있도록 하며, 조직원 양성을 위한 훈련을 실시하고 조직에서 이탈하려는 자들에 대하여는 보복을 감행하는 등으로 조직의 와해를 방지하고, 조직운영비 등 활동자금은 조직원들을 유흥업소의 영업부장 등의 직책으로 취직시켜 보호비를 징수하거나

아파트새시공사 등을 통하여 조달한 금품 등으로 충당하며, 또 위 연주파에서 이탈한 조직원들에 의하여 구성된 단체를 제압하기 위하여 2회에 걸쳐 회칼, 쇠파이프 등 흉기를 사용하여 폭력을 행사하였다면, 위 연주파는 폭력범죄 등을 목적으로 하는 계속적이고 조직 내의 통솔체계를 갖춘 결합체로서 폭력행위 등 처벌에 관한 법률 제4조 소정의 범죄단체에 해당한다고 본 사례
[3] 폭력행위 등 처벌에 관한 법률 제4조 소정의 단체 등의 조직죄는 같은 법에 규정된 범죄를 목적으로 한 단체 또는 집단을 구성하거나 가입함으로써 즉시 성립하고 그와 동시에 완성되는 즉시범이라 할 것이므로, 피고인이 범죄단체인 연주파에 가입한 이후 별개의 범죄단체에 가입하였다는 이유로 추가 기소가 되었다고 하여 이를 이중처벌이라고 할 수는 없다(97도1829).

- 폭력행위 등 처벌에 관한 법률 제4조 제1항 제1호에서 말하는 '수괴'라 함은 그 범죄단체의 우두머리로 단체의 활동을 지휘·통솔하는 자를 가리키는 것으로서 전면에서 단체 구성원의 통솔을 직접 담당하지 않더라도, 배후에서 일체의 조직활동을 지휘하거나 또는 말단조직원을 지휘·통솔하는 중간 간부를 통하여 조직활동을 지휘하는 자도 여기에서 말하는 수괴에 해당하며, 범죄단체의 말단 조직원이 중간 간부로부터 지휘·통솔을 받음으로써 실제 두목이 누구인지를 알지 못하는 수도 있고, 설사 두목을 알고 있다 하여도 조직의 생리상 그 사실을 쉽사리 발설하지 않으리라는 점은 추측할 수 있는 일이다(2001도1049).

- 폭력행위 등 처벌에 관한 법률 제4조 제1항은 그 법에 규정된 범죄행위를 목적으로 하는 단체를 구성하거나 이에 가입하는 행위 또는 구성원으로 활동하는 행위를 처벌하도록 정하고 있는데, 범죄단체를 구성하거나 이에 가입한 자가 더 나아가 구성원으로 활동하는 경우, 이는 포괄일죄의 관계에 있다(2015도7081).

- [1] 폭력행위 등 처벌에 관한 법률 제4조 제1항은 그 법에 규정된 범죄를 목적으로 하는 단체 등을 구성하거나 이에 가입하는 행위 또는 구성원으로 활동하는 행위를 처벌하도록 정하고 있고, 여기서 말하는 범죄단체 구성원으로서의 '활동'이란 범죄단체의 내부 규율 및 통솔 체계에 따른 조직적·집단적 의사 결정에 기초하여 행하는 범죄단체의 존속·유지를 지향하는 적극적인 행위를 의미한다. [2] 범죄단체 등에 소속된 조직원이 저지른 폭력행위 등 처벌에 관한 법률 위반(단체 등의 공동강요)죄 등의 개별적 범행과 폭력행위처벌법 위반(단체 등의 활동)죄는 범행의 목적이나 행위 등 측면에서 일부 중첩되는 부분이 있더라도, 일반적으로 구성요건을 달리하는 별개의 범죄로서 범행의 상대방, 범행 수단 내지 방법, 결과 등이 다를 뿐만 아니라 그 보호법익이 일치한다고 볼 수 없다. 또한 폭력행위처벌법 위반(단체 등의 구성·활동)죄와 위 개별적 범행은 특별한 사정이 없는 한 법률상 1개의 행위로 평가되는 경우로 보기 어려워 상상적 경합이 아닌 실체적 경합관계에 있다고 보아야 한다(2022도6993).

6. 우범자 – 제7조

- 폭력행위 등 처벌에 관한 법률 제7조에서 말하는 위험한 물건의 "휴대"라고 함은 범행현장에서 사용할 의도 아래 위험한 물건을 몸 또는 몸 가까이에 소지하는것을 말하는 것이므로 장칼 2개 등의 위험한 물건들을 피고인의 아파트에 보관하였다는 것만으로는 위 법조

에서 말하는 위험한 물건의 휴대라고 할 수는 없다(90도2170).
- 폭력행위 등 처벌에 관한 법률 제7조에서 말하는 위험한 물건의 '휴대'라 함은 범죄현장에서 사용할 의도 아래 위험한 물건을 몸 또는 몸 가까이에 소지하는 것을 말하는 것이고, 흉기 기타 위험한 물건을 소지하고 있다는 사실만으로 폭력행위 등 처벌에 관한 법률에 규정된 범죄에 공용될 우려가 있는 것으로 추정되는 것은 아니지만, **정당한 이유 없이 폭력범죄에 공용될 우려가 있는 흉기를 휴대하고 있었다면 다른 구체적인 범죄행위가 없다 하더라도 그 휴대행위 자체에 의하여 폭력행위 등 처벌에 관한 법률 제7조에 규정한 죄의 구성요건을 충족하는 것이다**(2007도2439).
- [1] (전략) 형벌규정 해석에 관한 일반적인 법리와 폭력행위처벌법의 개정경위와 내용, 폭력행위처벌법 제7조의 입법 취지와 문언의 체계, 폭력행위처벌법위반(우범자)죄의 성격과 성립요건 등을 종합하여 보면, 폭력행위처벌법 제7조에서 말하는 '이 법에 규정된 범죄'란 '폭력행위처벌법에 규정된 범죄'만을 의미한다고 해석함이 타당하다. [2] 폭력행위 등 처벌에 관한 법률(이하 '폭력행위처벌법'이라 한다) 제7조에서 말하는 위험한 물건의 '휴대'란 범죄현장에서 사용할 의도 아래 위험한 물건을 몸 또는 몸 가까이에 소지하는 것을 말하고, 정당한 이유 없이 폭력행위처벌법에 규정된 범죄에 공용될 우려가 있는 흉기를 휴대하고 있었다면 다른 구체적인 범죄행위가 없더라도 그 휴대행위 자체에 의하여 폭력행위처벌법위반(우범자)죄의 구성요건을 충족하는 것이지만, **흉기나 그 밖의 위험한 물건을 소지하고 있다는 사실만으로 폭력행위처벌법에 규정된 범죄에 공용될 우려가 있는 것으로 추정된다고 볼 수는 없다.** 그리고 형사재판에서 공소가 제기된 범죄의 구성요건을 이루는 사실에 대한 증명책임은 검사에게 있다. 따라서 피고인이 폭력행위처벌법에 규정된 범죄에 공용될 우려가 있는 흉기나 그 밖의 위험한 물건을 휴대하였다는 점은 검사가 증명하여야 한다(2017도7687).

V. 변호사법

> **변호사법 제109조(벌칙)** 다음 각 호의 어느 하나에 해당하는 자는 7년 이하의 징역 또는 5천만원 이하의 벌금에 처한다. 이 경우 벌금과 징역은 병과(倂科)할 수 있다.
> 1. 변호사가 아니면서 금품·향응 또는 그 밖의 이익을 받거나 받을 것을 약속하고 또는 제3자에게 이를 공여하게 하거나 공여하게 할 것을 약속하고 다음 각 목의 사건에 관하여 감정·대리·중재·화해·청탁·법률상담 또는 법률관계 문서 작성, 그 밖의 법률사무를 취급하거나 이러한 행위를 알선한 자
>   가. 소송 사건, 비송 사건, 가사 조정 또는 심판 사건
>   나. 행정심판 또는 심사의 청구나 이의신청, 그 밖에 행정기관에 대한 불복신청 사건
>   다. 수사기관에서 취급 중인 수사 사건
>   라. 법령에 따라 설치된 조사기관에서 취급 중인 조사 사건
>   마. 그 밖에 일반의 법률사건
> 2. 제33조 또는 제34조(제57조, 제58조의16 또는 제58조의30에 따라 준용되는 경우를 포함한다)를 위반한 자
>
> **제110조(벌칙)** 변호사나 그 사무직원이 다음 각 호의 어느 하나에 해당하는 행위를 한 경우에는 5년 이

하의 징역 또는 3천만원 이하의 벌금에 처한다. 이 경우 벌금과 징역은 병과할 수 있다.

1. 판사·검사, 그 밖에 재판·수사기관의 공무원에게 제공하거나 그 공무원과 교제한다는 명목으로 금품이나 그 밖의 이익을 받거나 받기로 한 행위
2. 제1호에 규정된 공무원에게 제공하거나 그 공무원과 교제한다는 명목의 비용을 변호사 선임료·성공사례금에 명시적으로 포함시키는 행위

제111조(벌칙) ① 공무원이 취급하는 사건 또는 사무에 관하여 청탁 또는 알선을 한다는 명목으로 금품·향응, 그 밖의 이익을 받거나 받을 것을 약속한 자 또는 제3자에게 이를 공여하게 하거나 공여하게 할 것을 약속한 자는 5년 이하의 징역 또는 1천만원 이하의 벌금에 처한다. 이 경우 벌금과 징역은 병과할 수 있다.

② 다른 법률에 따라 「형법」 제129조부터 제132조까지의 규정에 따른 벌칙을 적용할 때에 공무원으로 보는 자는 제1항의 공무원으로 본다.

제116조(몰수·추징) 제34조(제57조, 제58조의16 또는 제58조의30에 따라 준용되는 경우를 포함한다)를 위반하거나 제109조 제1호, 제110조, 제111조 또는 제114조의 죄를 지은 자 또는 그 사정을 아는 제3자가 받은 금품이나 그 밖의 이익은 몰수한다. 이를 몰수할 수 없을 때에는 그 가액을 추징한다.

1. 비변호사의 법률사무취급 등 – 제109조

- 형식상으로는 법무사 사무원의 지위에 있지만 실제로는 법무사의 지도·감독을 받지 않고 자신의 독자적인 책임과 계산하에 경매입찰을 사실상 대리하고 그 수수료 명목의 돈을 지급받기로 약정한 경우 변호사법 제109조 제1호 위반죄가 성립한다(2007도3587).

- 변호사법 제109조 제1호에서 비변호사의 사무취급이 금지되는 대상으로 열거하고 있는 '기타 일반의 법률사건'이라 함은, 법률상의 권리·의무에 관하여 다툼 또는 의문이 있거나, 새로운 권리의무관계의 발생에 관한 사건 일반을 의미하고, 같은 조 소정의 '기타 법률사무'라고 함은 법률상의 효과를 발생·변경·소멸시키는 사항의 처리 및 법률상의 효과를 보전하거나 명확화하는 사항의 처리를 뜻한다고 보아야 하므로, 부동산 권리관계 내지 부동산등기부 등본에 등재되어 있는 권리관계의 법적 효과에 해당하는 권리의 득실·변경이나 충돌 여부, 우열관계 등을 분석하는 이른바 권리분석업무는 변호사법 제109조 제1호 소정의 법률사무에 해당함이 분명하다고 할 것이지만, 단지 부동산등기부등본을 열람하여 등기부상에 근저당권, 전세권, 임차권, 가압류, 가처분 등이 등재되어 있는지 여부를 확인·조사하거나 그 내용을 그대로 보고서 등의 문서에 옮겨 적는 행위는 일종의 사실행위에 불과하여 이를 변호사법 제109조 제1호 소정의 법률사무 취급행위라고 볼 수는 없다(2007도1039).

- 아파트관리 및 하자보수공사 등을 목적으로 하는 회사가 아파트 입주자대표회의와 아파트 하자보수에 관한 손해배상청구소송을 대신 수행하여 주기로 하는 소송약정을 체결한 다음 그에 필요한 자료제공의 일환으로 하자내역을 조사하고 하자보고서를 작성한 경우, 하자보수비용을 산출하여 하자보고서를 작성하는 행위 부분은 위 회사의 통상적 업무수행에 불과하여 변호사법 제109조 제1호의 '감정'에 해당하지 않는다고 한 사례(2005도9521).

- 법률사무의 수임에 관하여 당사자를 특정 변호사에게 소개한 후 그 대가로 금품을 수수하면 변호사법 제109조 제2호, 제34조 제1항을 위반하는 죄가 성립하는바, 그 경우 소개

의 대가로 금품을 받을 고의를 가지고 변호사에게 소개를 하면 실행행위의 착수가 있다(2005도9858).

- [1] 구 변호사법의 입법취지 등에 비추어, 구 변호사법 제109조 제1호 후단에서 말하는 '알선'이라 함은 법률사건의 당사자와 그 사건에 관하여 대리 등의 법률사무를 취급하는 상대방 사이에서 양자 간에 법률사건이나 법률사무에 관한 위임계약 등의 체결을 중개하거나 그 편의를 도모하는 행위를 말하고, 따라서 <u>현실적으로 위임계약 등이 성립하지 않아도 무방하며</u>, 그 대가로서의 보수를 알선을 의뢰하는 자뿐만 아니라 그 상대방 또는 쌍방으로부터 지급받는 경우도 포함하고, 비변호사가 법률사건의 대리를 다른 비변호사에게 알선하는 경우는 물론, <u>변호사에게 알선하는 경우도 이에 해당하며</u>, 이러한 법리는 변호사에게 법률사건의 수임을 알선하고 그 대가로 금품을 받는 행위에 대하여 따로 처벌하는 규정을 두고 있다고 하여 달리 볼 것도 아니다.
[2] 피고인 2 등이 공소외인으로부터 일정한 이익을 받기로 약속하고 이 사건 토지에 관한 소송사건을 피고인 3이 대리하도록 알선하였고, 피고인 3은 그 정을 알면서 이를 알선받은 사실을 인정한 다음, 피고인 3을 구 변호사법위반죄로 의율한 조치는 정당하다(2009도1968).

- 변호사가 자신의 명의로 개설한 법률사무소 사무직원('비변호사'를 뜻한다. 이하 같다)에게 자신의 명의를 이용하도록 함으로써 변호사법 제109조 제2호 위반행위를 하고, 그 사무직원이 그 변호사의 명의를 이용하여 법률사무를 취급함으로써 <u>변호사법 제109조 제1호 위반행위를 하였는지 여부를 판단하기 위하여는</u>, 취급한 법률사건의 최초 수임에서 최종 처리에 이르기까지의 전체적인 과정, 법률사건의 종류와 내용, 법률 사무의 성격과 그 처리에 필요한 법률지식의 수준, 법률상담이나 법률문서 작성 등의 업무처리에 대한 변호사의 관여 여부 및 그 내용·방법·빈도, 사무실의 개설 과정과 사무실의 운영 방식으로서 직원의 채용·관리 및 사무실의 수입금 관리의 주체·방법, 변호사와 사무직원 사이의 인적 관계, 명의 이용의 대가로 지급된 금원의 유무 등 여러 사정을 종합하여, <u>그 사무직원이 실질적으로 변호사의 지휘·감독을 받지 않고 자신의 책임과 계산으로 법률사무를 취급한 것으로 평가할 수 있는지</u>를 살펴보아야 한다. 나아가 <u>법률사무소 사무직원이 법률사무소의 업무 전체가 아니라 일정 부분의 업무에 한하여 실질적으로 변호사의 지휘·감독을 받지 않고 자신의 책임과 계산으로 해당 법률사무를 변호사 명의로 취급·처리하였다면, 설령 변호사가 나머지 업무에 관하여 정상적인 활동을 하고 있다고 하더라도 사무직원과 변호사에게는 변호사법 제109조 제1호 및 제2호 위반죄가 성립될 수 있다</u>(2012도9571).

- [1] 변호사법 제109조 제1호는 소송사건 등에 관하여 법률사무를 하는 행위에 대한 벌칙을 규정하고 있는데, 위 조문은 금지되는 법률사무의 유형으로서 감정, 대리, 중재, 화해, 청탁, 법률상담, 법률 관계 문서 작성을 나열한 다음 '그 밖의 법률사무'라는 포괄적인 문구를 두고 있다. 위 조문에서 규정한 '그 밖의 법률사무'는 <u>법률상의 효과를 발생·변경·소멸시키는 사항의 처리와 법률상의 효과를 보전하거나 명확하게 하는 사항의 처리를 의미하는데, 직접적으로 법률상의 효과를 발생·변경·소멸·보전·명확화하는 행위는 물론이고, 위 행위와 관련된 행위도 '그 밖의 법률사무'에 해당한다.</u> [2] 변호사법 제109조 제1호는 변호사가 아닌 사람이 금품·향응 또는 그 밖의 이익을 받거나 받을 것을 약속하고 법률사무를 하

는 행위에 대한 벌칙을 규정하고 있는데, 단순히 법률사무와 관련한 실비를 변상받았을 때에는 위 조문상의 이익을 수수하였다고 볼 수 없다. 그러나 위 조문은 변호사가 아닌 사람이 유상으로 법률사무를 하는 것을 금지하는 데 입법목적이 있으므로, 법률사무의 내용, 비용의 내역과 규모, 이익 수수 경위 등 여러 사정을 종합하여 볼 때 실비변상을 빙자하여 법률사무의 대가로서 경제적 이익을 취득하였다고 볼 수 있는 경우에는, 이익 수수가 외형상 실비변상의 형식을 취하고 있더라도 그와 같이 이익을 수수하고 법률사무를 하는 행위가 변호사법위반죄에 해당한다. 이때 일부 비용을 지출하였다고 하더라도 비용이 변호사법위반죄의 범행을 위하여 지출한 비용에 불과하다면 수수한 이익 전부를 법률사무의 대가로 보아야 하고, 이익에서 지출한 비용을 공제한 나머지 부분만을 법률사무의 대가로 볼 수는 없다(2014도16204).

- [1] 변호사가 아니면서 금품·향응 또는 그 밖의 이익을 받거나 받을 것을 약속하고 또는 제3자에게 이를 공여하게 하거나 공여하게 할 것을 약속하고 법률사건에 관하여 감정·대리·중재·화해·청탁·법률상담 또는 법률 관계 문서 작성, 그 밖의 법률사무를 취급하거나 이러한 행위를 알선하는 변호사법 제109조 제1호 위반행위에서 당사자와 내용을 달리하는 법률사건에 관한 법률사무 취급은 각기 별개의 행위라고 할 것이므로, 변호사가 아닌 사람이 각기 다른 법률사건에 관한 법률사무를 취급하여 저지르는 위 변호사법위반의 각 범행은 특별한 사정이 없는 한 실체적 경합범이 되는 것이지 포괄일죄가 되는 것이 아니다. [2] 변호사가 자신의 명의로 개설한 법률사무소 사무직원('비변호사'를 뜻한다. 이하 같다)에게 자신의 명의를 이용하도록 함으로써 변호사법 제109조 제2호 위반행위를 하고, 그 사무직원이 변호사의 명의를 이용하여 법률사무를 취급함으로써 변호사법 제109조 제1호 위반행위를 하였는지 판단하기 위하여는, 취급한 법률사건의 최초 수임에서 최종 처리에 이르기까지의 전체적인 과정, 법률사건의 종류와 내용, 법률사무의 성격과 처리에 필요한 법률지식의 수준, 법률상담이나 법률문서 작성 등의 업무처리에 대한 변호사의 관여 여부 및 내용·방법·빈도, 사무실의 개설 과정과 사무실의 운영 방식으로서 직원의 채용·관리 및 사무실의 수입금 관리의 주체·방법, 변호사와 사무직원 사이의 인적 관계, 명의 이용의 대가로 지급된 금원의 유무 등 여러 사정을 종합하여, 그 사무직원이 실질적으로 변호사의 지휘·감독을 받지 않고 자신의 책임과 계산으로 법률사무를 취급한 것으로 평가할 수 있는지를 살펴보아야 한다(2011도14198).

- 변호사법 제109조 제1호가 규정한 '기타 일반의 법률사건'은 법률상의 권리·의무에 관하여 다툼 또는 의문이 있거나 새로운 권리의무관계의 발생에 관한 사건 일반을 말하는 것이므로, 법률적 지식이 없거나 부족한 보험가입자를 위하여 보험금 청구를 대리하거나 사실상 보험금 청구사건의 처리를 주도하는 것은 '기타 일반의 법률사건'에 관하여 법률사무를 취급하는 행위로 볼 수 있다. 한편 손해사정사는 손해발생 사실의 확인, 보험약관 및 관계 법규 적용의 적정 여부 판단, 손해액 및 보험금의 사정, 위 각 업무와 관련한 서류의 작성·제출의 대행, 위 각 업무의 수행과 관련한 보험회사에 대한 의견의 진술을 그 업무로 하는바(보험업법 제188조), 손해사정사가 그 업무를 수행함에 있어 보험회사에 손해사정보고서를 제출하고 보험회사의 요청에 따라 그 기재 내용에 관하여 근거를 밝히고 타당성 여부에 관한 의견을 개진하는 것이 필요할 경우가 있더라도, 이는 어디까

지나 보험사고와 관련한 손해의 조사와 손해액의 사정이라는 본래의 업무와 관련한 것에 한하는 것일 뿐, 여기에서 나아가 금품을 받거나 보수를 받기로 하고 교통사고의 피해자 측을 대리 또는 대행하여 보험회사에 보험금을 청구하거나 피해자 측과 가해자가 가입한 자동차보험회사 등과 사이에서 이루어질 손해배상액의 결정에 관하여 중재나 화해를 하도록 주선하거나 편의를 도모하는 등으로 관여하는 것은 위와 같은 손해사정사의 업무범위에 속하는 손해사정에 관하여 필요한 사항이라고 할 수 없다(2021도10046).

2. 공무원취급 사건 청탁 금품수수 등 – 제111조

- [1] 변호사법 제111조 소정의 '공무원이 취급하는 사건 또는 사무에 관하여 청탁 또는 알선을 한다는 명목으로 금품·향응 기타 이익을 받는다.' 함은 공무원이 취급하는 사건 또는 사무에 관하여 공무원과 의뢰인 사이를 중개한다는 명목으로 금품을 수수한 경우를 말하는 것으로, <u>단순히 공무원이 취급하는 사건 또는 사무와 관련하여 노무나 편의를 제공하고, 그 대가로서 금품 등을 수수하였을 뿐인 경우는 이에 포함되지 아니한다</u> 할 것이나, 공무원이 취급하는 사건 또는 사무에 관하여 청탁한다는 명목으로서의 성질과 단순히 공무원이 취급하는 사건 또는 사무와 관련하여 노무나 편의를 제공하고 <u>그 대가로서의 성질이 불가분적으로 결합되어 금품이 수수된 경우에는 그 전부가 불가분적으로 공무원이 취급하는 사건 또는 사무에 관하여 청탁한다는 명목으로서의 성질을 가진다고 할 것이다.</u>
[2] 피고인은 C 등에게 B 사건을 자신이 아는 검찰 조사실로 배당되게 하겠다거나, 5,000만 원을 주면 검찰청에 아는 수사관에게 부탁하여 B가 선처되게 할 수 있다고 얘기하면서 그 구체적인 방법으로 마약을 밀반입하는 사람들을 검찰에 제보하여 검찰에서 이들을 검거하도록 협조하는 작업을 하려고 한다면서 그 지출비용 명목으로 2,500만 원을 받았다는 것인바, 이상과 같이 피고인이 금원을 요구하게 된 경위와 피고인이 5,000만 원이라는 거액의 금원을 요구한 점 등의 상황을 종합하여 보면, 피고인이 받은 2,500만 원에는 검찰수사관들과 함께 마약사범을 검거하는데 드는 실비용뿐만 아니라, 피고인이 알고 있는 인맥인 검찰 수사관들을 연결하여 B가 선처를 받을 수 있도록 하는데 대한 청탁대가 및 마약사범의 검거에 자신이 참여하여 노력하는 데 대한 대가 등이 모두 포함되어 있다고 봄이 상당하고, 이러한 명목은 불가분적으로 연결되어 있어서 그 내역별로 구분할 수는 없으므로 2,500만 원 전체가 청탁의 명목으로 피고인에게 교부되었다고 봄이 상당하다(2007도3044).

- [1] 변호사법 제111조에서 말하는 '공무원이 취급하는 사건 또는 사무'라 함은 <u>자기 자신을 제외한 모든 자의 사건 또는 사무를 가리키는 것으로 해석함이 상당하다.</u>
[2] 변호사법 제111조의 '청탁 또는 알선을 한다는 명목으로'는 '청탁 또는 알선을 하는 것의 명목으로'의 의미로서 결국 '청탁 또는 알선을 내세우거나 이에 관하여'의 취지와 다르지 않다. 따라서 청탁 또는 알선의 부탁을 하고, 이를 수락하는 행위와 그 이익을 받거나 받을 것을 약속하는 행위 사이의 관련 내지 대가성이 인정되는 한 <u>청탁 또는 알선의 부탁을 하고, 이를 수락하는 행위가 먼저고 나중에 그와 관련하여 또는 그 대가로 이익을 받을 것을 약속하거나 이익을 받는 행위가 있었다고 하여 이에 해당되지 않는다고 볼 수 없다.</u> [3] 변호사법 제111조에서 정하고 있는 '이익'의 의미는 뇌물죄에서의 뇌물의 내용인 이익과

마찬가지로 금전, 물품 기타의 재산적 이익뿐만 아니라, 사람의 수요·욕망을 충족시키기에 족한 일체의 유형·무형의 이익을 포함한다고 해석되고, 투기적 사업에 참여하거나 어떤 수익을 얻을 수 있는 사업에 투자할 기회를 얻는 것도 이에 해당한다(2005도7050).

- 공무원이 취급하는 사건 또는 사무에 관하여 청탁 또는 알선을 한다는 명목으로 금품·향응 기타 이익을 받거나 받을 것을 약속하고 또 제3자에게 이를 공여하게 하거나 공여하게 할 것을 약속한 때에는 위와 같은 금품을 받거나 받을 것을 약속하는 것으로써 변호사법 제111조 위반죄가 성립하고, 위 금품의 수교부자에게 실제 청탁의사가 없었다 하더라도 위 금품을 교부받은 것이 자기의 이득을 취하기 위한 것이라면 범죄 성립에는 영향이 없다(2005도8704).

- 변호사법 제111조에서 규정하고 있는 공무원이 아닌 자를 공무원으로 보는 법령은, 개별 법령의 내용이 구체적으로 변호사법 제111조의 적용에 있어서 공무원으로 의제한다거나 또는 일반적으로 공무원이 범죄구성요건으로 들어가 있는 모든 형사처벌 조항의 적용에 있어서 공무원으로 의제하는 경우 등을 비롯하여, 공무원이 아닌 자가 취급하는 사건 또는 사무에 대해서도 공무원이 취급하는 사건 또는 사무와 동일시하여 그에 관하여 청탁 또는 알선이 이루어지는 경우에는 일반적으로 형사처벌의 대상으로 삼아 그들을 공무원으로 의제한다는 뜻을 담고 있는 때로 한정함이 상당하다. 그런데 정부투자기관관리기본법 제18조의 공무원 의제조항은 정부투자기관의 임·직원에게 형법이 규정하고 있는 뇌물에 관한 죄를 적용함에 있어서 공무원으로 의제한다는 의미에 불과하고, 그러한 경우가 아닌 일반적인 사안에서 그들이 취급하는 사건 또는 사무가 청탁·알선행위의 대상으로 되기만 하면 모두 이를 형사처벌하겠다는 취지는 아니라고 할 것이므로, 위 공무원 의제조항만으로는 정부투자기관의 임·직원이 변호사법 제111조에서 규정하고 있는 '법령에 의하여 공무원으로 보는 자'에 해당한다고 볼 수 없다. 그러므로 한국수자원공사 사장은 변호사법 제111조에 정한 '법령에 의하여 공무원으로 보는 자'에 해당한다고 볼 수 없어 한국수자원공사 사장이 취급하는 사무에 대하여 청탁 또는 알선한다는 명목으로 금품을 수령한 행위가 변호사법 제111조에 위반된다고 할 수 없다(2006도4549).

- 지식경제부 공무원이나 형법 그 밖의 법률에 의한 벌칙의 적용에 있어 공무원으로 의제되는 한국광해관리공단 임·직원의 강원랜드 본부장 인사에 관한 업무는 구 변호사법 제11조에서 규정하는 '공무원이 취급하는 사무'의 범위에 포함된다(2009도6789).

- 집행관사무소의 사무원이 집행관을 보조하여 담당하는 사무의 성질이 국가의 사무에 준하는 측면이 있다는 사정만으로는 형법 제129조 내지 제132조 및 구 변호사법 제111조에서 정한 '공무원'에 해당한다고 보기 어렵다(2010도14394).

- [1] 변호사 지위의 공공성과 직무범위의 포괄성에 비추어 볼 때, 구 특정범죄 가중처벌 등에 관한 법률 제3조 및 구 변호사법 제90조 제1호의 규정은 변호사가 그 위임의 취지에 따라 수행하는 적법한 청탁이나 알선행위까지 처벌대상으로 한 규정이라고는 볼 수 없고, 접대나 향응, 뇌물의 제공 등 공공성을 지닌 법률전문직으로서의 정상적인 활동이라고 보기 어려운 방법을 내세워 의뢰인의 청탁 취지를 공무원에게 전하거나 의뢰인을 대신하여 스스로 공무원에게 청탁하는 등을 명목으로 금품을 받거나 받을 것을 약속하는 것과 같이 금품 등의 수수의 명목이 변호사의 지위 및 직무범위와 무관하다고 평가할 수 있는 경우에 한

하여 구 특정범죄 가중처벌 등에 관한 법률 제3조 및 구 변호사법 제90조 제1호 위반죄가 성립된다.

[2] 구 변호사법 제109조 제1호에서 정한 '기타 법률사무'라고 함은 법률상의 효과를 발생·변경·소멸시키는 사항의 처리 및 법률상의 효과를 보전하거나 명확하게 하는 사항의 처리를 뜻하는 것인데, 그러한 법률사무를 취급하는 행위는 법률상의 효과를 발생·변경·소멸·보전 또는 명확하게 하는 사항의 처리와 관련된 행위이면 족하고, 직접적으로 법률상의 효과를 발생·변경·소멸·보전 또는 명확하게 하는 행위에 한정되는 것은 아니다.

[3] 미국계 사모펀드인 론스타펀드의 주식회사 한국외환은행 인수과정에서 인수가격 및 콜옵션 등 인수조건과 론스타의 인수자격 등은 론스타와 위 은행 사이의 인수계약 체결 및 이를 위한 협상이라고 하는 법률사무에 해당한다고 보아, **변호사인 피고인이 위 사무처리와 관련하여 의뢰인 론스타로부터 금품을 수수한 것이 변호사로서의 지위 및 직무범위와 무관하다고 볼 수 없다는** 이유로, 위 피고인에 대한 구 특정범죄가중처벌등에관한법률위반(알선수재)의 공소사실에 대하여 무죄를 선고한 원심판단을 수긍한 사례(2010도387)

3. 죄수관계

- 공무원이 취급하는 사건 등에 관하여 실제 청탁의 의사 없이 금품을 교부받은 경우, **사기죄와 변호사법위반죄가** 각각 성립하고 양 죄는 **상상적 경합관계**에 있다(2007도2372).

- 이와 같은 법리는 피고인이 금융회사 등의 임직원의 직무에 속하는 사항에 관하여 알선할 의사와 능력이 없음에도 알선을 한다고 기망하고 이에 속은 피해자로부터 알선을 한다는 명목으로 금품 등을 수수한 경우에도 동일하게 적용되므로, 이 경우 피고인의 행위는 형법 제347조 제1항의 **사기죄와 특정경제범죄 가중처벌 등에 관한 법률 제7조 위반죄에** 각 해당하고 위 두 죄는 **상상적 경합의 관계에 있다**(2012도3927).

- 공무원이 취급하는 사건 또는 사무에 관한 청탁을 받고 청탁 상대방인 공무원에게 제공할 금품을 받아 그 공무원에게 단순히 전달한 경우와는 달리, **자기 자신의 이득을 취하기 위하여 공무원이 취급하는 사건 또는 사무에 관하여 청탁한다는 등의 명목으로 금품 등을 교부받으면 그로써 곧 구 변호사법 제90조 제1호 위반죄가 성립되고** 이와 같은 경우에는 형법 제133조 제2항 증뢰물전달죄는 성립할 여지가 없다(2005도5567).

4. 몰수·추징 – 제116조

- 상상적 경합관계에 있는 사기죄와 변호사법위반죄에 대하여 형이 더 무거운 사기죄에 정한 형으로 처벌하기로 하는 경우, 필요적 몰수·추징에 관한 변호사법 제116조에 의하여 청탁 명목으로 받은 금품 상당액을 추징하는 것이 상당하다(2005도8704).

- [1] 몰수는 범죄에 의한 이득을 박탈하는 데 그 취지가 있고, 추징도 이러한 몰수의 취지를 관철하기 위한 것인 점 등에 비추어 볼 때, 몰수할 수 없는 때에 추징하여야 할 가액은 범인이 그 물건을 보유하고 있다가 몰수의 선고를 받았더라면 잃었을 이득상당액을 의미하므로, 다른 특별한 사정이 없는 한 **그 가액산정은 재판선고시의 가격을 기준으로 하여야 한다**.[2] 변호사법위반의 범행으로 금품을 취득한 경우 그 범행과정에서 지출한 비용은 그 금품을 취득하기 위하여 지출한 부수적 비용에 불과하고, **몰수하여야 할 것은 변호**

사법위반의 범행으로 취득한 금품 그 자체이므로, 취득한 금품이 이미 처분되어 추징할 금원을 산정할 때 그 금품의 가액에서 위 지출 비용을 공제할 수는 없다(2008도6944).

VI. 정보통신망 이용촉진 및 정보보호 등에 관한 법률[100]

> **정보통신망 이용촉진 및 정보보호 등에 관한 법률 제48조(정보통신망 침해행위 등의 금지)** ① 누구든지 정당한 접근권한 없이 또는 허용된 접근권한을 넘어 정보통신망에 침입하여서는 아니 된다.
> ② 누구든지 정당한 사유 없이 정보통신시스템, 데이터 또는 프로그램 등을 훼손·멸실·변경·위조하거나 그 운용을 방해할 수 있는 프로그램(이하 "악성프로그램"이라 한다)을 전달 또는 유포하여서는 아니 된다.
> ③ 누구든지 정보통신망의 안정적 운영을 방해할 목적으로 대량의 신호 또는 데이터를 보내거나 부정한 명령을 처리하도록 하는 등의 방법으로 정보통신망에 장애가 발생하게 하여서는 아니 된다.
>
> **제49조(비밀 등의 보호)** 누구든지 정보통신망에 의하여 처리·보관 또는 전송되는 타인의 정보를 훼손하거나 타인의 비밀을 침해·도용 또는 누설하여서는 아니 된다.
>
> **제70조(벌칙)** ① 사람을 비방할 목적으로 정보통신망을 통하여 공공연하게 사실을 드러내어 다른 사람의 명예를 훼손한 자는 3년 이하의 징역 또는 3천만원 이하의 벌금에 처한다.
> ② 사람을 비방할 목적으로 정보통신망을 통하여 공공연하게 거짓의 사실을 드러내어 다른 사람의 명예를 훼손한 자는 7년 이하의 징역, 10년 이하의 자격정지 또는 5천만원 이하의 벌금에 처한다.
> ③ 제1항과 제2항의 죄는 피해자가 구체적으로 밝힌 의사에 반하여 공소를 제기할 수 없다.
>
> **제70조의2(벌칙)** 제48조 제2항을 위반하여 악성프로그램을 전달 또는 유포하는 자는 7년 이하의 징역 또는 7천만원 이하의 벌금에 처한다.
>
> **제71조(벌칙)** ① 다음 각 호의 어느 하나에 해당하는 자는 5년 이하의 징역 또는 5천만원 이하의 벌금에 처한다.
>   1. 삭제 <2020. 2. 4.>
>   2. 삭제 <2020. 2. 4.>
>   3. 삭제 <2020. 2. 4.>
>   4. 삭제 <2020. 2. 4.>
>   5. 삭제 <2020. 2. 4.>
>   6. 삭제 <2020. 2. 4.>
>   7. 삭제 <2020. 2. 4.>
>   8. 삭제 <2020. 2. 4.>
>   9. 제48조제1항을 위반하여 정보통신망에 침입한 자
>   10. 제48조제3항을 위반하여 정보통신망에 장애가 발생하게 한 자
>   11. 제49조를 위반하여 타인의 정보를 훼손하거나 타인의 비밀을 침해·도용 또는 누설한 자

---

[100] 2020. 3. 24. 일부개정으로 2020. 8. 5. 시행되는 개정 정보통신망법은 「개인정보보호법」과 유사하거나 중복되는 조항을 삭제하고, 관련 내용을 「개인정보보호법」으로 이관하는 식으로 개정되었다. 다만, 변호사시험에서 가장 중요한 제70조는 개정되지 아니하였고, 제71조 벌칙 규정의 일부가 삭제되었을 뿐이다.

② 제1항제9호의 <u>미수범은 처벌</u>한다.

제74조(벌칙) ① 다음 각 호의 어느 하나에 해당하는 자는 1년 이하의 징역 또는 1천만원 이하의 벌금에 처한다.

1. 제8조 제4항을 위반하여 비슷한 표시를 한 제품을 표시·판매 또는 판매할 목적으로 진열한 자
2. <u>제44조의7 제1항 제1호</u>를 위반하여 음란한 부호·문언·음향·화상 또는 영상을 배포·판매·임대하거나 공공연하게 전시한 자
3. <u>제44조의7 제1항 제3호</u>를 위반하여 공포심이나 불안감을 유발하는 부호·문언·음향·화상 또는 영상을 반복적으로 상대방에게 도달하게 한 자
4. 제50조 제5항을 위반하여 조치를 한 자
5. 삭제 <2014.5.28.>
6. 제50조의8을 위반하여 광고성 정보를 전송한 자
7. 제53조 제4항을 위반하여 등록사항의 변경등록 또는 사업의 양도·양수 또는 합병·상속의 신고를 하지 아니한 자

② <u>제1항 제3호의 죄는 피해자가 구체적으로 밝힌 의사에 반하여 공소를 제기할 수 없다.</u>

제75조(양벌규정) 법인의 대표자나 법인 또는 개인의 대리인, 사용인, 그 밖의 종업원이 그 법인 또는 개인의 업무에 관하여 제71조부터 제73조까지 또는 제74조제1항의 어느 하나에 해당하는 위반행위를 하면 그 행위자를 벌하는 외에 그 법인 또는 개인에게도 해당 조문의 벌금형을 과(科)한다. 다만, 법인 또는 개인이 그 위반행위를 방지하기 위하여 해당 업무에 관하여 상당한 주의와 감독을 게을리하지 아니한 경우에는 그러하지 아니하다.

1. 정보통신망 명예훼손 – 제70조

가. 비방의 목적

- 정보통신망이용촉진 및 정보보호 등에 관한 법률상의 명예훼손죄에 있어서 '<u>고의</u>'는 타인의 사회적 평가를 저하시킬 사실의 인식과 그 의사를 말하고, '<u>비방의 목적</u>'은 가해의 의사 내지 목적을 요하며, '<u>사실의 적시</u>'는 사실관계에 관한 보고 내지 진술로서 가치판단이나 평가를 내용으로 하는 의견표현에 대치되는 개념으로 시간과 공간적으로 과거 또는 현재의 사실관계에 관한 보고 내지 진술을 의미한다(2004도6371).

- 구 정보통신망 이용촉진 및 정보보호 등에 관한 법률 제70조 제1, 2항에서 정한 '사람을 비방할 목적'이란 가해의 의사 내지 목적을 요하는 것으로서, 사람을 비방할 목적이 있는지 여부는 당해 적시 사실의 내용과 성질, 당해 사실의 공표가 이루어진 상대방의 범위, 그 표현의 방법 등 그 표현 자체에 관한 제반 사정을 감안함과 동시에 그 표현에 의하여 훼손되거나 훼손될 수 있는 명예의 침해 정도 등을 비교, 고려하여 결정하여야 하는데, 공공의 이익을 위한 것과는 행위자의 주관적 의도의 방향에 있어 서로 상반되는 관계에 있으므로, <u>적시한 사실이 공공의 이익에 관한 것인 경우에는 특별한 사정이 없는 한 비방할 목적은 부인된다</u>고 보아야 하고, 공공의 이익에 관한 것에는 널리 국가·사회 기타 일반 다수인의 이익에 관한 것뿐만 아니라 <u>특정한 사회집단이나 그 구성원 전체의 관심과 이익에 관한 것도 포함</u>하는 것이고, <u>행위자의 주요한 동기 내지 목적이 공공의 이익을 위한 것이라면 부수적으</u>

로 다른 사익적 목적이나 동기가 내포되어 있더라도 비방할 목적이 있다고 보기는 어렵다(2009 도12132, 2020도11471).

- 고등학교 교사가 피해자가 교감으로 근무하고 있는 고등학교의 여학생에 대한 퇴학처분의 부당함을 알리는 내용의 글을 인터넷 사이트 게시판에 게재한 행위가 공공의 이익을 위하여 한 것으로서 비방할 목적이 있다고 단정할 수 없다(2004도5288).

- 갑 운영의 산후조리원을 이용한 피고인이 9회에 걸쳐 임신, 육아 등과 관련한 유명 인터넷 카페나 자신의 블로그 등에 자신이 직접 겪은 불편사항 등을 후기 형태로 게시하여 갑의 명예를 훼손하였다는 내용으로 정보통신망 이용촉진 및 정보보호 등에 관한 법률 위반으로 기소된 사안에서, 피고인이 인터넷 카페 게시판 등에 올린 글은 자신이 산후조리원을 실제 이용하면서 겪은 일과 이에 대한 주관적 평가를 담은 이용 후기인 점, 위 글에 '갑의 막장 대응' 등과 같이 다소 과장된 표현이 사용되기도 하였으나, 인터넷 게시글에 적시된 주요 내용은 객관적 사실에 부합하는 점, 피고인이 게시한 글의 공표 상대방은 인터넷 카페 회원이나 산후조리원 정보를 검색하는 인터넷 사용자들에 한정되고 그렇지 않은 인터넷 사용자들에게 무분별하게 노출되는 것이라고 보기 어려운 점 등의 제반 사정에 비추어 볼 때, 피고인이 적시한 사실은 산후조리원에 대한 정보를 구하고자 하는 임산부의 의사결정에 도움이 되는 정보 및 의견 제공이라는 공공의 이익에 관한 것이라고 봄이 타당하고, 이처럼 피고인의 주요한 동기나 목적이 공공의 이익을 위한 것이라면 부수적으로 산후조리원 이용대금 환불과 같은 다른 사익적 목적이나 동기가 내포되어 있다는 사정만으로 피고인에게 갑을 비방할 목적이 있었다고 보기 어렵다(2012도10392).

- 피고인이 이 사건 글을 게시한 것이 경찰관 승진시험의 공정성과 투명성을 제고하고자 하는 의도에서 이루어졌음을 부정하기 어렵고, 경찰관 승진시험의 공정성과 투명성은 경찰청이나 그 구성원의 관심과 이익에 관한 것일 뿐만 아니라 나아가 국가·사회에서 경찰이 차지하는 위상과 중요성에 비추어 국가·사회 기타 일반 다수인의 이익에 관한 것이라고도 볼 수 있다. 아울러 피고인이 이 사건 글을 통하여 피해자가 승진시험 응시를 위한 요건인 경찰특공대 의무복무기간을 채우지 못해서 응시자격에 문제가 있다는 점을 지적한 것은, 경찰관 승진제도의 공정하고 투명한 운영을 위한 것으로서 그 주요한 동기 내지 목적이 공공의 이익을 위한 것이라고 할 수 있다. 따라서 이와 같이 피고인의 주요한 동기 내지 목적이 공공의 이익을 위한 것이라면 부수적으로 피고인이 이 사건 글을 게시한 것에 원심이 인정한 바와 같이 다른 목적이나 동기가 내포되어 있더라도 이러한 사정만으로 피고인에게 비방할 목적이 있었다고 단정하기는 어렵다(2013도3517).

- 정보통신망 이용촉진 및 정보보호 등에 관한 법률 제70조 제2항은 "사람을 비방할 목적으로 정보통신망을 통하여 공공연하게 거짓의 사실을 드러내어 다른 사람의 명예를 훼손한 자는 7년 이하의 징역, 10년 이하의 자격정지 또는 5천만 원 이하의 벌금에 처한다."라고 정하고 있다. 이 규정에 따른 범죄가 성립하려면 피고인이 공공연하게 드러낸 사실이 거짓이고 그 사실이 거짓임을 인식하여야 할 뿐만 아니라 사람을 비방할 목적이 있어야 한다. 비방할 목적이 있는지 여부는 피고인이 드러낸 사실이 거짓인지 여부와 별개의 구성요건으로서, 드러낸 사실이 거짓이라고 해서 비방할 목적이 당연히 인정되는 것은 아니다. 그리고 이 규정에서 정한 모든 구성요건에 대한 증명책임은 검사에게 있다. '사람을 비

방할 목적'이란 가해의 의사와 목적을 필요로 하는 것으로서, 사람을 비방할 목적이 있는지는 드러낸 사실의 내용과 성질, 사실의 공표가 이루어진 상대방의 범위, 표현의 방법 등 표현 자체에 관한 여러 사정을 감안함과 동시에 그 표현으로 훼손되는 명예의 침해정도 등을 비교·형량하여 판단하여야 한다. '비방할 목적'은 공공의 이익을 위한 것과는 행위자의 주관적 의도라는 방향에서 상반되므로, 드러낸 사실이 공공의 이익에 관한 것인 경우에는 특별한 사정이 없는 한 비방할 목적은 부정된다. 여기에서 '드러낸 사실이 공공의 이익에 관한 것인 경우'란 드러낸 사실이 객관적으로 볼 때 공공의 이익에 관한 것으로서 행위자도 주관적으로 공공의 이익을 위하여 그 사실을 드러낸 것이어야 한다. 그 사실이 공공의 이익에 관한 것인지는 명예훼손의 피해자가 공무원 등 공인(공인)인지 아니면 사인(사인)에 불과한지, 그 표현이 객관적으로 공공성·사회성을 갖춘 공적 관심 사안에 관한 것으로 사회의 여론형성이나 공개토론에 기여하는 것인지 아니면 순수한 사적인 영역에 속하는 것인지, 피해자가 명예훼손적 표현의 위험을 자초한 것인지 여부, 그리고 표현으로 훼손되는 명예의 성격과 침해의 정도, 표현의 방법과 동기 등 여러 사정을 고려하여 판단하여야 한다. 행위자의 주요한 동기와 목적이 공공의 이익을 위한 것이라면 부수적으로 다른 사익적 목적이나 동기가 포함되어 있더라도 비방할 목적이 있다고 보기는 어렵다(2020도11471).

- 사이버대학교 법학과 학생인 피고인이, 약 200명의 법학과 학생들만 회원으로 가입한 네이버 밴드에 갑이 총학생회장 출마자격에 관하여 조언을 구한다는 글을 게시하자 이에 대한 댓글 형식으로 직전 연도 총학생회장 선거에 입후보하였다가 중도 사퇴한 을의 실명을 거론하며 '○○○이라는 학우가 학생회비도 내지 않고 총학생회장 선거에 출마하려 했다가 상대방 후보를 비방하고 이래저래 학과를 분열시키고 개인적인 감정을 표한 사례가 있다.'고 언급한 다음 '그러한 부분은 지양했으면 한다.'는 의견을 덧붙임으로써 을의 명예를 훼손하였다고 하여 정보통신망 이용촉진 및 정보보호 등에 관한 법률 위반(명예훼손)으로 기소된 사안에서, 위 댓글은 피고인이 갑에게 총학생회장 입후보자가 갖추어야 할 자격 또는 지양하여야 할 사항에 관한 자신의 의견을 밝히고 조언하려는 취지에서 작성된 일련의 댓글들 중 일부로서, 피고인은 자신의 의견을 뒷받침할 구체적인 사례로 직전 연도에 을이 총학생회장에 입후보하였을 때의 사례를 언급하였고, 주요 내용은 객관적 사실에 부합하는 것으로 보이는 점, 총학생회장 입후보자는 입후보 당시뿐 아니라 이후라도 후보 사퇴나 당락을 떠나 후보자로서 한 행동에 대하여 다른 학생들의 언급이나 의사 표명을 어느 정도 수인하여야 하는 점, 피고인이 을의 실명을 거론하기는 하였으나 을을 '학우'라 칭하는 등 을에게 공격적인 표현을 사용하지 않았으며, 을이 총학생회장에 출마하였을 때 있었던 사례를 언급한 피고인의 글로 을의 사회적 평가가 저하되는 정도가 총학생회장 출마자격에 관한 법학과 학생들의 관심 증진과 올바른 여론형성에 따른 이익에 비해 더 크다고 보기 어려운 점, 피고인이 댓글을 작성할 무렵 을과 개인적인 갈등이나 대립을 겪고 있었다고 볼 만한 사정이 없는 점 등을 종합하면, 위 댓글은 총학생회장 입후보와 관련한 사이버대학교 법학과 학생들의 관심과 이익에 관한 사항이고, 피고인은 갑을 비롯하여 총학생회장에 입후보하려는 법학과 학생들에게 의사결정에 도움이 되는 의견을 제공하고자 댓글을 작성하였으므로, 피고인의 주요한 동기와 목적은 공공의 이익을 위한 것으로서 피고인에게 을을 비방할 목적이 있다고 보기 어렵다는 이유로, 이와 달리 보아 유죄를 인정한 원심판결에 정보통

신망 이용촉진 및 정보보호 등에 관한 법률 제70조 제1항에서 정한 '비방할 목적'에 관한 법리오해의 잘못이 있다고 한 사례(2018도15868).

- [1] 정보통신망 이용촉진 및 정보보호 등에 관한 법률 제70조 제1항은 "사람을 비방할 목적으로 정보통신망을 통하여 공공연하게 사실을 드러내어 다른 사람의 명예를 훼손한 자는 3년 이하의 징역 또는 3천만 원 이하의 벌금에 처한다."라고 정한다. 이 규정에 따른 범죄가 성립하려면 피고인이 공공연하게 드러낸 사실이 다른 사람의 사회적 평가를 떨어트릴 만한 것임을 인식해야 할 뿐만 아니라 사람을 비방할 목적이 있어야 한다. 비방할 목적이 있는지는 피고인이 드러낸 사실이 사회적 평가를 떨어트릴 만한 것인지와 별개의 구성요건으로서, 드러낸 사실이 사회적 평가를 떨어트리는 것이라고 해서 비방할 목적이 당연히 인정되는 것은 아니다. 그리고 이 규정에서 정한 모든 구성요건에 대한 증명책임은 검사에게 있다. '비방할 목적'은 드러낸 사실의 내용과 성질, 사실의 공표가 이루어진 상대방의 범위, 표현의 방법 등 표현 자체에 관한 여러 사정을 감안함과 동시에 그 표현으로 훼손되는 명예의 침해 정도 등을 비교·형량하여 판단해야 한다. 이것은 공공의 이익을 위한 것과는 행위자의 주관적 의도라는 방향에서 상반되므로, 드러낸 사실이 공공의 이익에 관한 것인 경우에는 특별한 사정이 없는 한 비방할 목적은 부정된다. 여기에서 '드러낸 사실이 공공의 이익에 관한 것인 경우'란 드러낸 사실이 객관적으로 볼 때 공공의 이익에 관한 것으로서 행위자도 주관적으로 공공의 이익을 위하여 그 사실을 드러낸 것이어야 한다. 공공의 이익에 관한 것에는 널리 국가·사회 그 밖에 일반 다수인의 이익에 관한 것뿐만 아니라 특정한 사회집단이나 그 구성원 전체의 관심과 이익에 관한 것도 포함한다. 그 사실이 공공의 이익에 관한 것인지는 명예훼손의 피해자가 공무원 등 공인(公人)인지 아니면 사인(私人)에 불과한지, 그 표현이 객관적으로 공공성·사회성을 갖춘 공적 관심 사안에 관한 것으로 사회의 여론형성이나 공개토론에 기여하는 것인지 아니면 순수한 사적인 영역에 속하는 것인지, 피해자가 명예훼손적 표현의 위험을 자초한 것인지 여부, 그리고 표현으로 훼손되는 명예의 성격과 침해의 정도, 표현의 방법과 동기 등 여러 사정을 고려하여 판단해야 한다. 행위자의 주요한 동기와 목적이 공공의 이익을 위한 것이라면 부수적으로 다른 사익적 목적이나 동기가 포함되어 있더라도 비방할 목적이 있다고 보기는 어렵다. [2] 피고인이 고등학교 동창인 甲으로부터 사기 범행을 당했던 사실과 관련하여 같은 학교 동창 10여 명이 참여하던 단체 채팅방에서 '甲이 내 돈을 갚지 못해 사기죄로 감방에서 몇 개월 살다가 나왔다. 집에서도 포기한 애다. 너희들도 조심해라.'라는 내용의 글을 게시함으로써 甲의 명예를 훼손하였다고 하여 정보통신망 이용촉진 및 정보보호 등에 관한 법률 위반(명예훼손)으로 기소된 사안에서, 피고인이 드러낸 사실의 내용, 게시 글의 작성 경위와 동기 등 제반 사정을 종합하면, 게시 글은 채팅방에 참여한 고등학교 동창들로 구성된 사회집단의 이익에 관한 사항으로 볼 수 있고, 피고인이 게시 글을 채팅방에 올린 동기나 목적에는 자신에게 재산적 피해를 입힌 甲을 비난하려는 목적도 포함되었다고 볼 수 있으나, 甲으로 인하여 동창 2명이 재산적 피해를 입은 사실에 기초하여 甲과 교류 중인 다른 동창생들에게 주의를 당부하려는 목적이 포함되어 있고, 실제로 게시 글의 말미에 그러한 목적을 표시하였으므로, 피고인의 주요한 동기와 목적은 공공의 이익을 위한 것으로 볼 여지가 있고 피고인에게 甲을 비방할 목적이 있다는 사실이 합리적 의심의 여지가 없을 정도로 증명되

없다고 볼 수 없다는 이유로, 이와 달리 보아 공소사실을 유죄로 인정한 원심판결에 같은 법 제70조 제1항에서 정한 '비방할 목적'에 관한 법리오해의 잘못이 있다고 한 사례(2022도4171).

나. 공연성 등

- [1] 명예훼손죄의 관련 규정들은 명예에 대한 침해가 '공연히' 또는 '공공연하게' 이루어질 것을 요구하는데, '공연히' 또는 '공공연하게'는 사전적으로 '세상에서 다 알 만큼 떳떳하게', '숨김이나 거리낌이 없이 그대로 드러나게'라는 뜻이다. 공연성을 행위 태양으로 요구하는 것은 사회에 유포되어 사회적으로 유해한 명예훼손 행위만을 처벌함으로써 개인의 표현의 자유가 지나치게 제한되지 않도록 하기 위함이다. 대법원 판례는 명예훼손죄의 구성요건으로서 공연성에 관하여 '불특정 또는 다수인이 인식할 수 있는 상태'를 의미한다고 밝혀 왔고, 이는 학계의 일반적인 견해이기도 하다. 대법원은 명예훼손죄의 공연성에 관하여 개별적으로 소수의 사람에게 사실을 적시하였더라도 그 상대방이 불특정 또는 다수인에게 적시된 사실을 전파할 가능성이 있는 때에는 공연성이 인정된다고 일관되게 판시하여, 이른바 전파가능성 이론은 공연성에 관한 확립된 법리로 정착되었다. 이러한 법리는 정보통신망 이용촉진 및 정보보호 등에 관한 법률(이하 '정보통신망법'이라 한다)상 정보통신망을 이용한 명예훼손이나 공직선거법상 후보자비방죄 등의 공연성 판단에도 동일하게 적용되어, 적시한 사실이 허위인지 여부나 특별법상 명예훼손 행위인지 여부에 관계없이 명예훼손 범죄의 공연성에 관한 대법원 판례의 기본적 법리로 적용되어 왔다. 공연성에 관한 전파가능성 법리는 대법원이 오랜 시간에 걸쳐 발전시켜 온 것으로서 현재에도 여전히 법리적으로나 현실적인 측면에 비추어 타당하므로 유지되어야 한다. 대법원 판례와 재판 실무는 전파가능성 법리를 제한 없이 적용할 경우 공연성 요건이 무의미하게 되고 처벌이 확대되게 되어 표현의 자유가 위축될 우려가 있다는 점을 고려하여, 전파가능성의 구체적·객관적인 적용 기준을 세우고, 피고인의 범의를 엄격히 보거나 적시의 상대방과 피고인 또는 피해자의 관계에 따라 전파가능성을 부정하는 등 판단 기준을 사례별로 유형화하면서 전파가능성에 대한 인식이 필요함을 전제로 전파가능성 법리를 적용함으로써 공연성을 엄격하게 인정하여 왔다. 구체적으로 살펴보면 다음과 같다. (가) 공연성은 명예훼손죄의 구성요건으로서, 특정 소수에 대한 사실적시의 경우 공연성이 부정되는 유력한 사정이 될 수 있으므로, 전파될 가능성에 관하여는 검사의 엄격한 증명이 필요하다. 나아가 대법원은 '특정의 개인이나 소수인에게 개인적 또는 사적으로 정보를 전달하는 것과 같은 행위는 공연하다고 할 수 없고, 다만 특정의 개인 또는 소수인이라고 하더라도 불특정 또는 다수인에게 전파 또는 유포될 개연성이 있는 경우라면 공연하다고 할 수 있다'고 판시하여 전파될 가능성에 대한 증명의 정도로 단순히 '가능성'이 아닌 '개연성'을 요구하였다. (나) 공연성의 존부는 발언자와 상대방 또는 피해자 사이의 관계나 지위, 대화를 하게 된 경위와 상황, 사실적시의 내용, 적시의 방법과 장소 등 행위 당시의 객관적 제반 사정에 관하여 심리한 다음, 그로부터 상대방이 불특정 또는 다수인에게 전파할 가능성이 있는지 여부를 검토하여 종합적으로 판단하여야 한다. 발언 이후 실제 전파되었는지 여부는 전파가능성 유무를 판단하는 고

려요소가 될 수 있으나, 발언 후 실제 전파 여부라는 우연한 사정은 공연성 인정 여부를 판단함에 있어 소극적 사정으로만 고려되어야 한다. 따라서 전파가능성 법리에 따르더라도 위와 같은 객관적 기준에 따라 전파가능성을 판단할 수 있고, 행위자도 발언 당시 공연성 여부를 충분히 예견할 수 있으며, 상대방의 전파의사만으로 전파가능성을 판단하거나 실제 전파되었다는 결과를 가지고 책임을 묻는 것이 아니다. (다) 추상적 위험범으로서 명예훼손죄는 개인의 명예에 대한 사회적 평가를 진위에 관계없이 보호함을 목적으로 하고, 적시된 사실이 특정인의 사회적 평가를 침해할 가능성이 있을 정도로 구체성을 띠어야 하나, 위와 같이 침해할 위험이 발생한 것으로 족하고 침해의 결과를 요구하지 않으므로, 다수의 사람에게 사실을 적시한 경우뿐만 아니라 소수의 사람에게 발언하였다고 하더라도 그로 인해 불특정 또는 다수인이 인식할 수 있는 상태를 초래한 경우에도 공연히 발언한 것으로 해석할 수 있다. (라) 전파가능성 법리는 정보통신망 등 다양한 유형의 명예훼손 처벌규정에서의 공연성 개념에 부합한다고 볼 수 있다. 인터넷, 스마트폰과 같은 모바일 기술 등의 발달과 보편화로 SNS, 이메일, 포털사이트 등 정보통신망을 통해 대부분의 의사표현이나 의사전달이 이루어지고 있고, 그에 따라 정보통신망을 이용한 명예훼손도 급격히 증가해 가고 있다. 이러한 정보통신망과 정보유통과정은 비대면성, 접근성, 익명성 및 연결성 등을 본질적 속성으로 하고 있어서, 정보의 무한 저장, 재생산 및 전달이 용이하여 정보통신망을 이용한 명예훼손은 '행위 상대방' 범위와 경계가 불분명해지고, 명예훼손 내용을 소수에게만 보냈음에도 행위 자체로 불특정 또는 다수인이 인식할 수 있는 상태를 형성하는 경우가 다수 발생하게 된다. 특히 정보통신망에 의한 명예훼손의 경우 행위자가 적시한 정보에 대한 통제가능성을 쉽게 상실하게 되고, 빠른 전파성으로 인하여 피해자의 명예훼손의 침해 정도와 범위가 광범위하게 되어 표현에 대한 반론과 토론을 통한 자정작용이 사실상 무의미한 경우도 적지 아니하다. 따라서 정보통신망을 이용한 명예훼손 행위에 대하여, 상대방이 직접 인식하여야 한다거나, 특정된 소수의 상대방으로는 공연성을 충족하지 못한다는 법리를 내세운다면 해결 기준으로 기능하기 어렵게 된다. 오히려 특정 소수에게 전달한 경우에도 그로부터 불특정 또는 다수인에 대한 전파가능성 여부를 가려 개인의 사회적 평가가 침해될 일반적 위험성이 발생하였는지를 검토하는 것이 실질적인 공연성 판단에 부합되고, 공연성의 범위를 제한하는 구체적인 기준이 될 수 있다. 이러한 공연성의 의미는 형법과 정보통신망법 등의 특별법에서 동일하게 적용되어야 한다. (마) 독일 형법 제193조와 같은 입법례나 유엔 인권위원회의 권고 및 표현의 자유와의 조화를 고려하면, 진실한 사실의 적시의 경우에는 형법 제310조의 '공공의 이익'도 보다 더 넓게 인정되어야 한다. 특히 공공의 이익관련성 개념이 시대에 따라 변화하고 공공의 관심사 역시 상황에 따라 쉴 새 없이 바뀌고 있다는 점을 고려하면, 공적인 인물, 제도 및 정책 등에 관한 것만을 공공의 이익관련성으로 한정할 것은 아니다. 따라서 사실적시의 내용이 사회 일반의 일부 이익에만 관련된 사항이라도 다른 일반인과의 공동생활에 관계된 사항이라면 공익성을 지닌다고 할 것이고, 이에 나아가 개인에 관한 사항이더라도 그것이 공공의 이익과 관련되어 있고 사회적인 관심을 획득한 경우라면 직접적으로 국가·사회 일반의 이익이나 특정한 사회집단에 관한 것이 아니라는 이유만으로 형법 제310조의 적용을 배제할 것은 아니다. 사인이라도 그가 관계하는 사회적 활동의 성질과 사회에 미칠 영향을 헤아려 공공의 이익에 관련되는지 판단하여야 한다. [2] 피고인이 갑의 집 뒷길에서 피고인의 남편을 및 갑의 친척인 병이 듣는 가운데 갑에게 '저것이 징역 살다온 전과자다' 등으로 큰 소리로 말함으로써 공연히 사실을 적시하여 갑의 명예를 훼손하였다는 내용으로 기소된 사안에서, 피고인과 갑은 이웃 주민으로 여러 가지 문제로 갈등관계에 있었고, 당일에도 피고인은 갑과 말다툼을 하는 과정에서 위와 같은 발언을 하게 된 점, 을과 갑의 처인 정은 피고인과 갑이 큰 소리로 다투는 소리를 듣고 각자의 집에서 나오게 되었는데, 갑과 정은 '피고인이 전과자라고 크게 소리쳤고, 이를 병 외에도 마을 사람들이 들었다'는 취지로 일관되게 진술한 점, 피고인은 신고를 받고 출동한 경찰관 앞에서도 '갑은 아주 질이 나쁜 전과자'라고 큰 소리로 수회 소리치기도 한 점, 갑이 사는 곳은 갑, 병과 같은 성씨를 가진 집성촌으로 갑에게 전과가 있음에도 병은 '피고인으로부터 갑이 전과자라는 사실을 처음 들었다'고 진술하여 갑과 가까운 사이가 아니었던 것으로 보이는 점을 종합하면, 갑과 병의 친분 정도나 적시된 사실이 갑의 공개하기 꺼려지는 개인사에 관한 것으로 주변에 회자될 가능성이 큰 내용이라는 점을 고려할 때 병이 갑과 친척관계에 있다는 이유만으로 전파가능성이 부정된다고 볼 수 없고(갑과 병 사이의 촌수나 구체적 친밀관계가 밝혀진 바도 없다), 오히려 피고인은 갑과의 싸움 과정에서 단지 갑을 모욕 내지 비방하기 위하여 공개된 장소에서 큰 소리로 말하여 다른 마을 사람들이 들을 수 있을 정도였던 것으로 불특정 또는 다수인이 인식할 수 있는 상태였다고 봄이 타당하므로 피고인의 위 발언은 공연성이 인정된다는 이유로, 같은 취지에서 공소사실을 유죄로 인정한 원심판단이 정당하다고 한 사례(2020도5813)

- [1] 정보통신망 이용촉진 및 정보보호 등에 관한 법률 제70조 제1항은 "사람을 비방할 목적으로 정보통신망을 통하여 공공연하게 사실을 드러내어 다른 사람의 명예를 훼손한 자는 3년 이하의 징역 또는 3천만 원 이하의 벌금에 처한다."라고 정하고 있다. 이 규정에 따른 범죄가 성립하기 위해서는 피해자가 특정된 사실을 드러내어 명예를 훼손하여야 한다. 여기에서 사실을 드러낸다는 것은 이로써 특정인의 사회적 가치나 평가가 침해될 가능성이 있을 정도로 구체성을 띠는 사실을 드러낸다는 것을 뜻하는데, 그러한 요건이 충족되기 위해서 반드시 구체적인 사실이 직접적으로 명시되어 있어야 하는 것은 아니지만, 적어도 특정 표현에서 그러한 사실이 곧바로 유추될 수 있을 정도는 되어야 한다. 그리고 피해자가 특정되었다고 하기 위해서는 표현의 내용을 주위사정과 종합하여 볼 때, 그 표현이 누구를 지목하는가를 알아차릴 수 있을 정도가 되어야 한다. 한편 특정 표현이 사실인지 아니면 의견인지를 구별할 때에는 언어의 통상적 의미와 용법, 증명가능성, 문제 된 말이 사용된 문맥, 그 표현이 행해진 사회적 상황 등 전체적 정황을 고려하여 판단하여야 한다. [2] 피고인이 초등학생인 딸 갑에 대한 학교폭력을 신고하여 교장이 가해학생인 을에 대하여 학교폭력대책자치위원회의 의결에 따라 '피해학생에 대한 접촉, 보복행위의 금지' 등의 조치를 하였는데, 그 후 피고인이 자신의 카카오톡 계정 프로필 상태메시지에 "학교폭력범은 접촉금지!!!"라는 글과 주먹 모양의 그림말 세 개를 게시함으로써 을의 명예를 훼손하였다고 하여 정보통신망 이용촉진 및 정보보호 등에 관한 법률 위반(명예훼손)으로 기소된 사안에서, 위 상태메시지에는 그 표현의 기초가 되는 사실관계가 드러나 있지 않고, '학교폭력범'이라는 단어는

'학교폭력을 저지른 사람'을 통칭하는 표현인데, 피고인은 '학교폭력범' 자체를 표현의 대상으로 삼았을 뿐 특정인을 '학교폭력범'으로 지칭하지 않았으며, 학교폭력이 심각한 문제로 대두되고 있는 우리 사회의 현실, 초등학생 자녀를 둔 피고인의 지위 등을 고려하면, 피고인이 '학교폭력범'이라는 단어를 사용하였다고 하여 실제 일어난 학교폭력 사건에 관해 언급한 것이라고 단정할 수 없고, '접촉금지'라는 어휘는 통상적으로 '접촉하지 말 것'이라는 의미로 이해되며, 위 의결 등을 통해 을에게 위 조치가 내려졌다는 사실이 을과 같은 반 학생들이나 그 부모들에게 알려졌음을 인정할 증거도 없으므로, 피고인이 상태메시지를 통해 을의 학교폭력 사건이나 그 사건으로 을이 받은 조치에 대해 기재함으로써 을의 사회적 가치나 평가를 저하시키기에 충분한 구체적인 사실을 드러냈다고 볼 수 없는데도, 이와 달리 본 원심판결에 법리오해 등의 잘못이 있다고 한 사례(2019도12750).

다. 행위의 종료시기

정보통신망을 이용한 명예훼손의 경우에도 게재행위의 종료만으로 범죄행위가 종료하는 것이 아니고 원래 게시물이 삭제되어 정보의 송수신이 불가능해지는 시점을 범죄의 종료시기로 보아서 이 때부터 공소시효를 기산하여야 한다는 검사의 주장을 배척하고, 이 경우도 게재행위 즉시 범죄가 성립하고 종료한다(2006도346).

2. 악성프로그램의 전달 또는 유포 – 제70조의2

- [1] 정보통신망 이용촉진 및 정보보호 등에 관한 법률(이하 '정보통신망법'이라 한다) 제48조 제2항은 "누구든지 정당한 사유 없이 정보통신시스템, 데이터 또는 프로그램 등을 훼손·멸실·변경·위조하거나 그 운용을 방해할 수 있는 프로그램(이하 '악성프로그램'이라 한다)을 전달 또는 유포하여서는 아니 된다."라고 정하고 있고, 같은 법 제70조의2는 "제48조 제2항을 위반하여 악성프로그램을 전달 또는 유포하는 자는 7년 이하의 징역 또는 7천만 원 이하의 벌금에 처한다."라고 정하고 있다. 정보통신망법 제70조의2와 제48조 제2항은 악성프로그램이 정보통신시스템, 데이터 또는 프로그램 등(이하 '정보통신시스템 등'이라 한다)에 미치는 영향을 고려하여 악성프로그램을 전달하거나 유포하는 행위만으로 범죄 성립을 인정하고, 그로 말미암아 정보통신시스템 등의 훼손·멸실·변경·위조 또는 그 운용을 방해하는 결과가 발생할 것을 필요로 하지 않는다. 악성프로그램에 해당하는지는 프로그램 자체를 기준으로 하되, 그 사용용도와 기술적 구성, 작동 방식, 정보통신시스템 등에 미치는 영향, 프로그램의 설치나 작동 등에 대한 운용자의 동의 여부 등을 종합적으로 고려하여 판단하여야 한다. [2] 피고인이 갑 유한회사가 운영하는 온라인 슈팅게임에서, 위 게임의 이용자가 상대방을 더욱 쉽게 조준하여 사격할 수 있도록 도와주기 위한 것으로 처음 사격이 성공한 다음부터 상대방 캐릭터를 자동으로 조준해 주는 기능을 하는 을 프로그램을 판매함으로써 정당한 사유 없이 정보통신시스템 등의 운용을 방해할 수 있는 '악성프로그램'을 전달 또는 유포하였다고 하여 정보통신망 이용촉진 및 정보보호 등에 관한 법률 위반으로 기소된 사안에서, 검사가 제출한 증거만으로는 을 프로그램이 같은 법 제48조 제2항의 '악성프로그램'에 해당한다고 단정하기 어렵다고 한 사례(2019도2862).

1) 이 사건 프로그램은 인터넷 커뮤니티 등에 업체나 상품 등을 광고하는 데 사용하기 위한 것으로, ○○○ 카페나 블로그 등에 자동적으로 게시 글과 댓글을 등록하고 '좋아요'를 입력하며 쪽지와 초대장을 발송하는 작업을 반복 수행하도록 설계되어 있다. 2) 이 사건 프로그램은 일반 사용자가 통상적으로 작업하는 것보다 빠른 속도로 작업하기 위하여 자동적으로 댓글의 등록이나 쪽지의 발송 등의 작업을 반복 수행할 뿐이고, 기본적으로 일반 사용자가 직접 작업하는 것과 동일한 경로와 방법으로 위와 같은 작업을 수행한다. 3) 이 사건 프로그램 중 일부는 IP 변경 기능, 보안문자 우회 기능, 랜덤 딜레이 설정 기능 등을 사용하여 ○○○가 가동하고 있는 어뷰징 필터링 프로그램을 우회할 수 있도록 설계되어 있다. 그러나 이는 ○○○의 정보통신시스템 등을 훼손·멸실·변경·위조하는 등 그 기능을 물리적으로 수행하지 못하게 하는 방법으로 어뷰징 필터링 프로그램의 작동을 방해하는 것이 아니라, 그 프로그램이 예정한 대로 작동하는 범위 내에서 차단 사유에 해당하지 않고 통과할 수 있도록 도와주는 것에 불과하다. 4) 이 사건 프로그램 사용으로 정보통신시스템 등의 기능 수행이 방해된다거나 ○○○ 등의 서버가 다운되는 등의 장애가 발생한다고 볼만한 증거가 없다(2018도16938).

3. 개인정보의 목적외 이용 - 제71조 제1항 제3호

정보통신망이용촉진및정보보호등에관한법률 제62조 제2호 전단은, 제24조 제2항의 규정에 위반하여, 제2조 제3호가 규정하는 "정보통신서비스제공자"나 제58조가 규정하는 "재화 또는 용역을 제공하는 자"로부터 이용자의 개인정보를 제공받은 자가, 당해 이용자의 동의를 얻거나 법률의 특별한 규정에 근거함이 없이, 그 개인정보를, 제공받은 목적 외의 용도로 이용하거나 제3자에게 제공하는 것을 처벌하는 규정이므로, 이 죄가 성립하기 위해서는 먼저 그 행위자가 그 개인정보를, 같은 법 제2조 제3호에 규정된 "정보통신서비스제공자"나 같은 법 제58조에 규정된 "재화 또는 용역을 제공하는 자"로부터 제공받았어야 하고 이 점은 검사가 입증하여야 하며, 이에 해당하지 않는 사람으로부터 제공받은 개인정보를 이용하거나 제3자에게 제공한 것만으로는 위 조항에 의하여 처벌할 수 없다(2003도5791).

4. 정보통신망에의 침입 - 제71조 제1항 제9호

구 정보통신망 이용촉진 및 정보보호 등에 관한 법률 제48조 제1항은 누구든지 정당한 접근권한 없이 또는 허용된 접근권한을 넘어 정보통신망에 침입하는 것을 금지하고 있고, 이를 위반하여 정보통신망에 침입한 자에 대하여는 5년 이하의 징역 또는 5천만 원 이하의 벌금에 처한다(위 법 제71조 제1항 제9호). 위 규정은 이용자의 신뢰 내지 그의 이익을 보호하기 위한 규정이 아니라 정보통신망 자체의 안정성과 그 정보의 신뢰성을 보호하기 위한 것이므로, 위 규정에서 접근권한을 부여하거나 허용되는 범위를 설정하는 주체는 서비스제공자이다. 따라서 서비스제공자로부터 권한을 부여받은 이용자가 아닌 제3자가 정보통신망에 접속한 경우 그에게 접근권한이 있는지 여부는 서비스제공자가 부여한 접근권한을 기준으로 판단하여야 한다. 그리고 정보통신망에 대하여 서비스제공자가 접근권한을 제한하고 있는지 여부는 보호조치나 이용약관 등 객관적으로 드러난 여러 사정을 종합적으로 고려하여 신중하게 판단하여야 한다(2021도1533).

5. 타인의 비밀누설 – 제71조 제1항 제11호

- 막연히 피해자의 이메일 출력물을 제3자에게 보여준 것이 타인의 비밀누설행위에 해당한다는 취지로만 되어 있는 공소사실이 심판의 대상과 피고인의 방어범위를 확정할 수 있을 정도로 특정되었다고 보기 어렵다고 한 사례(2005도7309)

- [1] 구 정보통신망 이용촉진 등에 관한 법률 제22조에서 말하는 '타인의 비밀'이란 일반적으로 알려져 있지 않은 사실로서 이를 다른 사람에게 알리지 않는 것이 본인에게 이익이 있는 것을 의미한다. [2] 인터넷을 통해 공개되는 전화가입자들의 전화번호에 관한 정보를 '타인의 비밀'로 볼 수 없으므로, 이를 국회의원 선거인명부의 정보와 조합하여 입후보자에게 제공한 행위는 구 정보통신망 이용촉진 등에 관한 법률 제22조에서 정한 '타인의 비밀'을 누설한 경우에 해당하지 않는다고 한 사례(2005도9259)

- 정보통신망에 의하여 처리·보관 또는 전송되는 타인의 정보를 훼손하거나 타인의 비밀을 침해·도용 또는 누설하는 행위를 금지·처벌하는 규정인 정보통신망 이용촉진 및 정보보호 등에 관한 법률 제49조 및 제62조 제6호의 '타인'에는 생존하는 개인뿐만 아니라 이미 사망한 자도 포함된다(2007도2162).

- 피고인이 자신이 운영하는 인터넷 사이트 카페에 개인정보가 담겨 있는 '특정 종교 교인 명단' 파일을 업로드하여 이에 접속하는 다른 회원들로 하여금 이를 다운로드받아 볼 수 있게 함으로써 정보통신망에 의하여 처리·보관 또는 전송되는 타인의 비밀을 침해·도용 또는 누설하였다는 내용으로 기소된 사안에서, 설령 위 명단이 타인의 비밀에 해당하여 보호받을 필요성이 인정된다 하더라도 원래 정보통신망에 의하여 처리·보관 또는 전송되던 것을 정보통신망을 침해하는 방법 등으로 명단의 작성자나 관리자의 승낙 없이 취득한 것이라는 점을 인정할 증거가 없는 이상, 피고인의 행위가 정보통신망 이용촉진 및 정보보호 등에 관한 법률 제49조에 규정된 정보통신망에 의하여 처리·보관 또는 전송되는 타인의 비밀을 침해·도용 또는 누설한 경우에 해당한다고 볼 수 없다(2010도10576).

- [1] 정보통신망법 제49조 위반행위의 객체인 '정보통신망에 의해 처리·보관 또는 전송되는 타인의 비밀'에는 정보통신망으로 실시간 처리·전송 중인 비밀, 나아가 정보통신망으로 처리·전송이 완료되어 원격지 서버에 저장·보관된 것으로 통신기능을 이용한 처리·전송을 거쳐야만 열람·검색이 가능한 비밀이 포함됨은 당연하다. 그러나 이에 한정되는 것은 아니다. 정보통신망으로 처리·전송이 완료된 다음 사용자의 개인용 컴퓨터(PC)에 저장·보관되어 있더라도, 그 처리·전송과 저장·보관이 서로 밀접하게 연계됨으로써 정보통신망과 관련된 컴퓨터 프로그램을 활용해서만 열람·검색이 가능한 경우 등 정보통신체제 내에서 저장·보관 중인 것으로 볼 수 있는 비밀도 여기서 말하는 '타인의 비밀'에 포함된다고 보아야 한다. 또한 정보통신망법 제49조에서 말하는 '타인의 비밀'이란 일반적으로 알려져 있지 않은 사실로서 이를 다른 사람에게 알리지 않는 것이 본인에게 이익이 되는 것을 뜻한다. [2] 정보통신망 이용촉진 및 정보보호 등에 관한 법률(이하 '정보통신망법'이라 한다) 제49조에서 말하는 타인의 비밀 '침해'란 정보통신망에 의하여 처리·보관 또는 전송되는 타인의 비밀을 정보통신망에 침입하는 등 부정한 수단 또는 방법으로 취득하는 행위를 말한다. 타인의 비밀 '누설'이란 타인의 비밀에 관한 일체의 누설행위를 의미하는 것이 아니라, 정

보통신망에 의하여 처리·보관 또는 전송되는 타인의 비밀을 정보통신망에 침입하는 등의 부정한 수단 또는 방법으로 취득한 사람이나 그 비밀이 위와 같은 방법으로 취득된 것임을 알고 있는 사람이 그 비밀을 아직 알지 못하는 타인에게 이를 알려주는 행위만을 의미한다. 정보통신망법 제48조 제1항은 정보통신망에 대한 보호조치를 침해하거나 훼손할 것을 구성요건으로 하지 않고 '정당한 접근권한 없이 또는 허용된 접근권한을 넘어' 정보통신망에 침입하는 행위를 금지하고 있다. 정보통신망법 제49조는 제48조와 달리 정보통신망 자체를 보호하는 것이 아니라 정보통신망에 의하여 처리·보관 또는 전송되는 타인의 정보나 비밀을 보호대상으로 한다. 따라서 정보통신망법 제49조의 '타인의 비밀 침해 또는 누설'에서 요구되는 '정보통신망에 침입하는 등 부정한 수단 또는 방법'에는 부정하게 취득한 타인의 식별부호(아이디와 비밀번호)를 직접 입력하거나 보호조치에 따른 제한을 면할 수 있게 하는 부정한 명령을 입력하는 등의 행위에 한정되지 않는다. 이러한 행위가 없더라도 사용자가 식별부호를 입력하여 정보통신망에 접속된 상태에 있는 것을 기화로 정당한 접근권한 없는 사람이 사용자 몰래 정보통신망의 장치나 기능을 이용하는 등의 방법으로 타인의 비밀을 취득·누설하는 행위도 포함된다. 그와 같은 해석이 죄형법정주의에 위배된다고 볼 수는 없다(2017도15226).

6. 정보훼손 – 제71조 제1항 제11호

[1] 구 정보통신망 이용촉진 및 정보보호 등에 관한 법률 제48조 제1항은 이용자의 신뢰 내지 그의 이익을 보호하기 위한 규정이 아니라 정보통신망 자체의 안정성과 그 정보의 신뢰성을 보호하기 위한 것으로, 위 규정에서 접근권한을 부여하거나 허용되는 범위를 설정하는 주체는 정보통신서비스 제공자라 할 것이므로, 정보통신서비스 제공자로부터 권한을 부여받은 계정 명의자가 아닌 제3자가 정보통신망에 접속한 경우 그에게 위 접근권한이 있는지 여부는 정보통신서비스 제공자가 부여한 접근권한을 기준으로 판단하여야 한다. [2] 구 정보통신망 이용촉진 및 정보보호 등에 관한 법률 제48조 제1항, 제49조, 제62조 제6호의 규정 및 해석론에 따르면, '위 법 제49조의 규정을 위반하여 타인의 정보를 훼손한 행위'에 해당하는지 여부를 판단할 때 그 전제가 되는 정보의 귀속은 정보통신서비스 제공자에 의하여 그 접근권한이 부여되거나 허용된 자가 누구인지에 따라 정해져야 할 것이고, 이는 정보통신서비스 제공자가 정한 인터넷온라인 게임 이용약관상 계정과 비밀번호 등의 관리책임 및 그 양도나 변경의 가부, 그에 필요한 절차와 방법 및 그 준수 여부, 이용약관에 따른 의무를 이행하지 않았을 경우 행해질 수 있는 조치내용, 캐릭터 및 아이템 등 게임정보에 관한 이용약관상 소유관계 등 여러 사정을 종합적으로 고려하여야 한다. [3] 인터넷 온라인 게임인 '리니지'의 이용자이자 계정 개설자 겸 명의자가 자신의 계정을 양도한 이후 그 계정을 현재 사용 중인 전전양수인이 설정해 둔 비밀번호를 변경하여 접속을 불가능하게 한 사안에서, 위 계정에 대한 구 정보통신망 이용촉진 및 정보보호 등에 관한 법률상 정당한 접근권한자가 누구인지를 밝혀 같은 법 제49조의 위반 여부를 판단하였어야 함에도 그 인정사실만으로 유죄라고 판단한 원심판결에 법리오해 및 심리미진의 위법이 있다고 한 사례(2010도63)

7. 정보통신망 침해 – 제72조 제1항 제1호

피고인이 업무상 알게 된 직속상관의 아이디와 비밀번호를 이용하여 직속상관이 모르는 사이에 군 내부전산망 등에 접속하여 직속상관의 명의로 군사령관에게 이메일을 보낸 사안에서, 정보통신망 이용촉진 및 정보보호 등에 관한 법률 제48조 제1항에 규정한 정당한 접근권한 없이 정보통신망에 침입하는 행위에 해당한다고 한 사례(2005도870)

8. 음란한 영상 배포 등 – 제74조 제1항 제2호

- [1] 구 정보통신망 이용촉진 및 정보보호 등에 관한 법률 제65조 제1항 제2호는 정보통신망을 통하여 음란한 부호·문언·음향·화상 또는 영상을 배포·판매·임대하거나 공연히 전시한 자를 처벌하도록 규정하고 있는바, 이 사건 법률 규정은 초고속 정보통신망의 광범위한 구축과 그 이용촉진 등에 따른 음란물의 폐해를 막기 위하여 마련된 것이고, 여기서 '공연히 전시'한다고 함은 불특정·다수인이 실제로 음란한 부호·문언·음향 또는 영상을 인식할 수 있는 상태에 두는 것을 의미한다. [2] PC방 운영자가 자신의 PC방 컴퓨터의 바탕화면 중앙에 음란한 영상을 전문적으로 제공하는 웹사이트로 연결되는 바로가기 아이콘을 설치하고 접속에 필요한 성인인증까지 미리 받아둠으로써, PC방을 이용하는 불특정·다수인이 아무런 제한 없이 위 웹사이트의 음란한 영상을 접할 수 있는 상태를 조성한 경우, 음란한 영상을 공연히 전시한다는 구 전기통신망 이용촉진 및 정보보호 등에 관한 법률 제65조 제1항 제2호의 구성요건을 충족한다고 한 사례(2007도8286)

- [1] '음란'이라는 개념은 사회와 시대적 변화에 따라 변동하는 상대적이고도 유동적인 것이고, 그 시대에 있어서 사회의 풍속, 윤리, 종교 등과도 밀접한 관계를 가지는 추상적인 것이므로, 구체적인 판단에 있어서는 사회통념상 일반 보통인의 정서를 그 판단의 기준으로 삼을 수밖에 없다고 할지라도, 이는 일정한 가치판단에 기초하여 정립할 수 있는 규범적인 개념이므로, '음란'이라는 개념을 정립하는 것은 물론 구체적인 표현물의 음란성 여부도 종국적으로는 법원이 이를 판단하여야 한다. [2] 영화나 비디오물 등에 관한 영상물등급위원회의 등급분류는 관람자의 연령을 고려하여 영화나 비디오물 등의 시청등급을 분류하는 것일 뿐 그 음란성 여부에 대하여 심사하여 판단하는 것이 아니므로, 법원이 영화나 비디오물 등의 음란성 여부를 판단하는 과정에서 영상물등급위원회의 등급분류를 참작사유로 삼을 수는 있겠지만, 영상물등급위원회에서 18세 관람가로 등급분류 하였다는 사정만으로 그 영화나 비디오물 등의 음란성이 당연히 부정된다거나 영상물등급위원회의 판단에 법원이 기속된다고 볼 수는 없다. [3] 형사법이 도덕이나 윤리 문제에 함부로 관여하는 것은 바람직하지 않고, 특히 개인의 사생활 영역에 속하는 내밀한 성적 문제에 개입하는 것은 필요 최소한의 범위 내로 제한함으로써 개인의 성적 자기결정권 또는 행복추구권이 부당하게 제한되지 않도록 해야 한다는 점, 개인의 다양한 개성과 독창적인 가치 실현을 존중하는 오늘날 우리 사회에서의 음란물에 대한 규제 필요성은 사회의 성윤리나 성도덕의 보호라는 측면을 넘어서 미성년자 보호 또는 성인의 원하지 않는 음란물에 접하지 않을 자유의 측면을 더욱 중점적으로 고려하여야 한다는 점 등에 비추어 볼 때, 구 정보통신망 이용촉진 및 정보보호 등에 관한 법률 제65조 제1항 제2호에서 규정하고 있는 '음란'이라 함은 사회통념상 일반 보통인의 성욕을 자극하여 성적 흥분을 유발하고 정상

적인 성적 수치심을 해하여 성적 도의관념에 반하는 것으로서, 표현물을 전체적으로 관찰·평가해 볼 때 단순히 저속하다거나 문란한 느낌을 준다는 정도를 넘어서서 존중·보호되어야 할 인격을 갖춘 존재인 사람의 존엄성과 가치를 심각하게 훼손·왜곡하였다고 평가할 수 있을 정도로, 노골적인 방법에 의하여 성적 부위나 행위를 적나라하게 표현 또는 묘사한 것으로서, 사회통념에 비추어 전적으로 또는 지배적으로 성적 흥미에만 호소하고 하등의 문학적·예술적·사상적·과학적·의학적·교육적 가치를 지니지 아니하는 것을 뜻한다고 볼 것이고, 표현물의 음란 여부를 판단함에 있어서는 표현물 제작자의 주관적 의도가 아니라 그 사회의 평균인의 입장에서 그 시대의 건전한 사회통념에 따라 객관적이고 규범적으로 평가하여야 한다. [4] 영상물등급위원회로부터 18세 관람가로 등급분류 받은 비디오물을 편집·변경함이 없이 그대로 옮겨 제작한 동영상을 정보통신망을 통하여 제공한 사안에서, 정보통신망을 통하여 제공한다는 시청환경 때문에 보다 엄격한 기준으로 음란 여부를 판단할 것은 아니라고 한 사례(2006도3558)

- 인터넷 폰팅광고 및 연예인 누드광고 사이트에 전라의 여성 사진, 남녀의 성행위 장면을 묘사한 만화 등을 게시한 사안에서, 그 게시물의 내용이 형사적 규제의 대상으로 삼을 만큼 사람의 존엄성과 가치를 심각하게 훼손·왜곡하였다고 평가할 정도는 아니어서, 구 정보통신망 이용촉진 및 정보보호 등에 관한 법률 제65조 제1항에서 규정한 '음란' 개념에 해당하지 않는다고 한 사례(2008도254)

- 인터넷사이트에 집단 성행위 목적의 카페를 운영하는 자가 남녀 회원을 모집한 후 특별모임을 빙자하여 집단으로 성행위를 하고 그 촬영물이나 사진 등을 카페에 게시한 사안에서, 위 카페의 회원수에 비추어 위 게시행위가 음란물을 공연히 전시한 것에 해당한다고 한 사례(2008도10914)

- 음란물 영상의 토렌트 파일을 웹사이트 등에 게시하여 불특정 또는 다수인에게 무상으로 다운로드 받게 하는 행위 또는 그 토렌트 파일을 이용하여 별다른 제한 없이 해당 음란물 영상에 바로 접할 수 있는 상태를 실제로 조성한 행위는 정보통신망법 제74조 제1항 제2호에서 처벌대상으로 삼고 있는 '같은 법 제44조의7 제1항 제1호를 위반하여 음란한 영상을 배포하거나 공공연하게 전시'한 것과 실질적으로 동일한 결과를 가져온다. 그러므로 위와 같은 행위는 전체적으로 보아 음란한 영상을 배포하거나 공공연하게 전시한다는 구성요건을 충족한다(2019도5283).

- [1] 정보통신망 이용촉진 및 정보보호 등에 관한 법률 제44조의7 제1항 제1호에서 규정하고 있는 '음란'이란 사회통념상 일반 보통인의 성욕을 자극하여 성적 흥분을 유발하고 정상적인 성적 수치심을 해하여 성적 도의관념에 반하는 것을 말한다. 이는 표현물을 전체적으로 관찰·평가해 볼 때 단순히 저속하다거나 문란한 느낌을 준다는 정도를 넘어서 존중·보호되어야 할 인격을 갖춘 존재인 사람의 존엄성과 가치를 심각하게 훼손·왜곡하였다고 평가할 수 있을 정도로 노골적인 방법에 의하여 성적 부위나 행위를 적나라하게 표현 또는 묘사한 것으로서, 사회통념에 비추어 전적으로 또는 지배적으로 성적 흥미에만 호소하고 하등의 문학적·예술적·사상적·과학적·의학적·교육적 가치를 지니지 아니하는 것을 뜻한다. 표현물의 음란 여부를 판단함에 있어서는 표현물 제작자의 주관적 의도가 아니라 그 사회의 평균인의 입장에서 그 시대의 건전한 사회통념에 따라 객관적이고 규범적으로 평가하여

야 한다. [2] 피고인 갑 주식회사의 대표이사 피고인 을과 운영·관리자 피고인 병, 정이 공모하여, 갑 회사 사무실에서 대량문자메시지 발송사이트를 이용하여 불특정 다수의 휴대전화에 여성의 성기, 자위행위, 불특정 다수와의 성매매를 포함한 성행위 등을 저속하고 노골적으로 표현 또는 묘사하거나 이를 암시하는 문언이 기재된 31,342건의 문자메시지(이하 '문자메시지'라고 한다)를 전송함으로써 정보통신망을 통하여 음란한 문언을 배포하였다고 하여 정보통신망 이용촉진 및 정보보호 등에 관한 법률 위반(음란물 유포)으로 기소된 사안에서, 위 문언은 건전한 성의식을 저해하는 반사회적 성행위 등을 표현함에 있어 단순히 저속하다거나 문란한 느낌을 준다는 정도를 넘어서 사람의 존엄성과 가치를 심각하게 훼손·왜곡하였다고 평가할 수 있을 정도에 이른 점, 피고인 을, 병, 정은 성인 폰팅업체를 운영하거나 관리하는 사람들로 문자메시지를 수신하는 불특정 다수로 하여금 자신들의 업체를 이용하도록 광고하기 위한 목적을 가지고 있었으며, 문자메시지의 내용은 사회통념상 일반 보통인의 성욕을 자극하여 성적 흥분을 유발하고 정상적인 성적 수치심을 해하여 성적 도의관념에 반하는 점, 피고인 을, 병, 정이 문자메시지를 전송한 동기 및 그 내용에 비추어 위 문자메시지에서 하등의 문학적·예술적·사상적·과학적·의학적·교육적 가치를 발견할 수 없는 점을 종합하면 문자메시지는 '음란한 문언'에 해당한다는 이유로, 이와 달리 보아 공소사실을 무죄로 판단한 원심판결에 음란성에 관한 법리를 오해한 위법이 있다고 한 사례(2016도8783).

9. 공포심·불안감 유발 문언의 반복적 도달 – 제74조 제1항 제3호

- [1] 정보통신망 이용촉진 및 정보보호 등에 관한 법률 제74조 제1항 제3호, 제44조의7 제1항 제3호는 '정보통신망을 통하여 공포심이나 불안감을 유발하는 문언을 반복적으로 상대방에게 도달하게 한 자'를 처벌하고 있다. 이 범죄는 구성요건상 위 조항에서 정한 정보통신망을 이용하여 상대방의 불안감 등을 조성하는 일정 행위의 반복을 필수적인 요건으로 삼고 있을 뿐만 아니라, 그 입법 취지에 비추어 보더라도 위 정보통신망을 이용한 일련의 불안감 조성행위가 이에 해당한다고 하기 위해서는 각 행위 상호간에 일시·장소의 근접, 방법의 유사성, 기회의 동일, 범의의 계속 등 밀접한 관계가 있어 그 전체를 일련의 반복적인 행위로 평가할 수 있는 경우라야 한다. 따라서 그와 같이 평가될 수 없는 일회성 내지 비연속적인 단발성 행위가 수차 이루어진 것에 불과한 경우에는 그 문언의 구체적 내용 및 정도에 따라 협박죄나 경범죄처벌법상 불안감 조성행위 등 별개의 범죄로 처벌함은 별론으로 하더라도 위 법 위반죄로 처벌할 수는 없다. [2] 투자금 반환과 관련하여 을로부터 지속적인 변제독촉을 받아오던 갑이 을의 핸드폰으로 하루 간격으로 2번 문자메시지를 발송한 행위는 일련의 반복적인 행위라고 단정할 수 없을 뿐만 아니라, 그 경위도 피해자의 불법적인 모욕행위에 격분하여 그러한 행위의 중단을 촉구하는 차원에서 일시적·충동적으로 다소 과격한 표현의 경고성 문구를 발송한 것이어서, 제74조 제1항 제3호에 정한 '공포심이나 불안감을 유발하는 문언을 반복적으로 도달하게 한 행위'에 해당하지 않는다고 한 사례(2008도11595).
- 채무자가 채무관계로 인한 분쟁 중 채권자의 휴대전화기에 7개월 동안 3회의 협박성 문자메시지를 발송한 사안에서, 그 시간적 간격 및 내용에 비추어 일련의 반복적 행위로 평가할 수

없어서 구 정보통신망 이용촉진 및 정보보호 등에 관한 법률 제65조 제1항 제3호에 정한 공포심이나 불안감을 유발하는 문언을 반복적으로 도달하게 한 행위에 해당하지 않는다고 한 사례(2008도4351).

- 정보통신망이용촉진및정보보호등에관한법률 제65조 제1항 제3호에서 '정보통신망을 통하여 공포심이나 불안감을 유발하는 음향을 반복적으로 상대방에게 도달하게 한다는 것'은 상대방에게 전화를 걸어 반복적으로 음향을 보냄(송신)으로써 이를 받는(수신) 상대방으로 하여금 공포심이나 불안감을 유발케 하는 것으로 해석되고, <u>상대방에게 전화를 걸 때 상대방 전화기에서 울리는 '전화기의 벨소리'</u>는 정보통신망을 통하여 상대방에게 송신된 음향이 아니므로, 반복된 전화기의 벨소리로 상대방에게 공포심이나 불안감을 유발케 하더라도 이는 같은 법 제65조 제1항 제3호 위반이 될 수 없다(2004도7615).

- '공포심이나 불안감을 유발하는 문언을 반복적으로 상대방에게 도달하게 하는 행위'에 해당하는지는 피고인이 상대방에게 보낸 문언의 내용, 표현방법과 그 의미, 피고인과 상대방의 관계, 문언을 보낸 경위와 횟수, 그 전후의 사정, 상대방이 처한 상황 등을 종합적으로 고려해서 판단하여야 한다. '도달하게 한다'는 것은 '<u>상대방이 공포심이나 불안감을 유발하는 문언 등을 직접 접하는 경우뿐만 아니라 상대방이 객관적으로 이를 인식할 수 있는 상태에 두는 것</u>'을 의미한다. 따라서 <u>피고인이 상대방의 휴대전화로 공포심이나 불안감을 유발하는 문자메시지를 전송함으로써 상대방이 별다른 제한 없이 문자메시지를 바로 접할 수 있는 상태에 이르렀다면, 그러한 행위는 공포심이나 불안감을 유발하는 문언을 상대방에게 도달하게 한다는 구성요건을 충족한다고 보아야 하고, 상대방이 실제로 문자메시지를 확인하였는지 여부는 상관없다</u>(2018도14610).

10. 영리 목적 스팸 광고 – 제74조 제1항 제4호

[1] 구 정보통신망 이용촉진 및 정보보호 등에 관한 법률 제65조 제1항 제4호, 제50조 제6항 제2호의 규정은 영리를 목적으로 광고를 전송하는 자가 숫자·부호 또는 문자를 조합하여 전화번호 등 수신자의 연락처를 자동으로 생성하는 조치를 한 경우를 처벌대상으로 삼고 있다. 이는 급증하는 스팸형 메일이나 문자메시지 등을 통한 무차별적인 광고성 정보의 전송으로 인한 수신자의 사생활 및 통신의 자유와 자기정보 관리통제권 등 침해 현상에 효과적으로 대처하기 위해 수신자의 의사에 반하는 대량의 광고성 정보 전송행위를 규제하기 위한 조치의 일환으로 신설되었다. 위 규정에서 말하는 '숫자 등의 조합'이나 '전화번호 등의 자동생성' 등의 행위는, 반드시 그것만을 목적으로 만들어진 전문 프로그램이 아닌, 일반 전산 혹은 정보용 프로그램의 관련 기능을 이용하여 이루어진 경우라고 하여 그 규제 대상에서 제외되지 않는다. 나아가 위 규정의 입법 취지에 스팸메일 등의 규제를 통한 건전하고 안전한 정보통신환경의 조성도 들어 있는 이상, 위와 같은 방법으로 생성한 다량의 전화번호 중 실제 사용되지 않는 결번이 일부 포함되어 있다 하더라도 마찬가지이다. [2] <u>핸드폰 가입자 유치 영업을 위하여 컴퓨터에 설치되어 있는 엑셀프로그램으로 다량의 전화번호를 자동 생성한 다음, 수회에 걸쳐 휴대폰 광고용 문자메세지를 전송한 행위</u>가 구 정보통신망 이용촉진 및 정보보호 등에 관한 법률 제50조 제6항 제2호 위반죄에 해당한다고 한 사례(2008도7061).

11. 양벌규정

> 정보통신망 이용촉진 및 정보보호 등에 관한 법률 제75조 및 영화 및 비디오물의 진흥에 관한 법률 제97조는 법인의 대표자 등이 그 법인의 업무에 관하여 각 법규위반행위를 하면 그 행위자를 벌하는 외에 그 법인에도 해당 조문의 벌금을 과하는 양벌규정을 두고 있다. 위와 같이 양벌규정을 따로 둔 취지는, 법인은 기관을 통하여 행위하므로 법인의 대표자의 행위로 인한 법률효과와 이익은 법인에 귀속되어야 하고, 법인 대표자의 범죄행위에 대하여는 법인 자신이 책임을 져야 하는바, 법인 대표자의 법규위반행위에 대한 법인의 책임은 법인 자신의 법규위반행위로 평가될 수 있는 행위에 대한 법인의 직접책임이기 때문이다. 따라서 대표자의 고의에 의한 위반행위에 대하여는 법인 자신의 고의에 의한 책임을, 대표자의 과실에 의한 위반행위에 대하여는 법인 자신의 과실에 의한 책임을 져야 한다. 이처럼 양벌규정 중 법인의 대표자 관련 부분은 대표자의 책임을 요건으로 하여 법인을 처벌하는 것이지 그 대표자의 처벌까지 전제조건이 되는 것은 아니다(2021도701).

VII. 알선수재 등 관련범죄

> **특정경제범죄 가중처벌 등에 관한 법률 제7조(알선수재의 죄)** 금융회사등의 임직원의 직무에 속하는 사항의 알선에 관하여 금품이나 그 밖의 이익을 수수, 요구 또는 약속한 사람 또는 제3자에게 이를 공여하게 하거나 공여하게 할 것을 요구 또는 약속한 사람은 5년 이하의 징역 또는 5천만원 이하의 벌금에 처한다.
>
> **제10조(몰수·추징)** ① 제4조 제1항부터 제3항까지의 경우 범인이 도피시키거나 도피시키려고 한 재산은 몰수한다.
> ② 제5조부터 제7조까지 및 제9조 제1항·제3항의 경우 범인 또는 정황을 아는 제3자가 받은 금품이나 그 밖의 이익은 몰수한다.
> ③ 제1항 또는 제2항의 경우 몰수할 수 없을 때에는 그 가액을 추징한다.
>
> **특정범죄 가중처벌 등에 관한 법률 제3조(알선수재)** 공무원의 직무에 속한 사항의 알선에 관하여 금품이나 이익을 수수·요구 또는 약속한 사람은 5년 이하의 징역 또는 1천만원 이하의 벌금에 처한다.
>
> **변호사법 제111조(벌칙)** ① 공무원이 취급하는 사건 또는 사무에 관하여 청탁 또는 알선을 한다는 명목으로 금품·향응, 그 밖의 이익을 받거나 받을 것을 약속한 자 또는 제3자에게 이를 공여하게 하거나 공여하게 할 것을 약속한 자는 5년 이하의 징역 또는 1천만원 이하의 벌금에 처한다. 이 경우 벌금과 징역은 병과할 수 있다.
> ② 다른 법률에 따라 「형법」 제129조부터 제132조까지의 규정에 따른 벌칙을 적용할 때에 공무원으로 보는 자는 제1항의 공무원으로 본다.
>
> **형법 제132조(알선수뢰)** 공무원이 그 지위를 이용하여 다른 공무원의 직무에 속한 사항의 알선에 관하여 뇌물을 수수, 요구 또는 약속한 때에는 3년 이하의 징역 또는 7년 이하의 자격정지에 처한다.

특별법상의 알선수재에 대해서는 형법 제132조와 달리 주체에 제한이 없다.

가. 특정경제범죄가중처벌등에관한법률위반(알선수재)죄

- [1] 특정경제범죄 가중처벌 등에 관한 법률 제7조에서 말하는 '금융기관의 임·직원의 직무에 속한 사항의 알선에 관하여 금품을 수수한다' 함은 금융기관의 임·직원의 직무에 속한 사항에 관하여 알선을 의뢰한 사람(알선의뢰인)과 알선의 상대방이 될 수 있는 금융기관의 임·직원(알선상대방) 사이를 중개한다는 명목으로 금품 기타 이익을 수수하는 경우라야 하는 것이지, 이를 전제로 하지 않고 단순히 금융기관의 임·직원의 직무에 속하는 사항과 관련하여 알선의뢰인에게 편의를 제공하고 그 대가로서 금품을 수수하였을 뿐인 경우에는 금융기관의 임·직원의 직무에 속한 사항의 알선에 관하여 금품을 수수한 것이라고 할 수 없다. [2] B창업투자 주식회사 투자심사위원인 피고인이 주식회사 X주식 매수인 측으로부터 주식매수자금 50억 원을 대출해 줄 것을 요청받고 이를 승낙한 다음, B창업투자 주식회사가 광주은행 K지점으로부터 50억 원을 대출받아 이를 다시 주식 매수인 측에게 대출해 주었고, 광주은행 K지점과 주식 매수인 측은 직접적으로 대출을 위한 교섭이나 거래관계를 형성한 적이 전혀 없는 사실을 인정한 다음, 위와 같은 경우에는 B창업투자 주식회사가 스스로 금융기관으로부터 대출을 받아 이를 다시 주식 매수인 측에게 대출하는 방법으로 금융상 편의를 제공해 준 것에 불과할 뿐, 알선의뢰인인 주식 매수인 측과 알선상대방인 광주은행 K지점 사이의 대출 거래를 가운데에서 중개하였다고 볼 수 없어 특정경제범죄가중처벌등에관한법률위반(알선수재)가 성립하지 않는다(2005도3045).

- 특정경제범죄 가중처벌 등에 관한 법률 제7조 소정 금융기관의 임·직원의 직무에 속한 사항이라 함은 자기 자신을 제외한 모든 자의 사건 또는 사무를 가리키는 것으로 해석하는 것이 상당하고, 회사의 이사가 대표이사로부터 돈을 받고 청탁을 부탁받은 내용이 자신이 이사로 있는 회사에 관한 것이고 위 이사가 회사의 대표이사를 대리하여 위 회사의 대표자로서 사무를 처리하였다고 보여질 경우에는 사건에 관한 청탁을 타인의 사건 또는 사무에 관한 청탁이라고 볼 수 없을 것이지만, 피고인이 청탁을 명목으로 법인의 대표이사로부터 금원을 받고 로비활동을 하여 오던 중, 그 활동상의 편의를 위하여 그 법인의 통상업무에는 전혀 관여함이 없이 형식적으로 그 법인의 이사로 등기를 경료하고 그 법인의 이사 등 직함을 사용하면서 청탁 명목으로 금원을 교부받았다면, 이는 피고인 자신의 사무라고는 볼 수 없다(2000도357).

나. 특정범죄가중처벌등에관한법률위반(알선수재)죄

- 특정범죄 가중처벌 등에 관한 법률 제3조에서 말하는 공무원의 직무에 속하는 사항의 알선에 관하여 금품이나 이익을 수수한다 함은 공무원의 직무에 속한 사항을 알선한다는 명목으로 금품 등을 수수하는 행위로서, 반드시 알선의 상대방인 공무원이나 그 직무의 내용이 구체적으로 특정될 필요까지는 없다 할 것이지만, 알선수재죄가 성립하기 위하여는 알선할 사항이 공무원의 직무에 속하는 사항이고, 금품 등 수수의 명목이 그 사항의 알선에 관련된 것임이 어느 정도 구체적으로 나타나야 하고, 단지 금품 등을 공여하는 자가 금품 등을 수수하는 자에게 잘 보이면 그로부터 어떤 도움을 받을 수 있다거나 손해를 입을 염려가 없다는 정도의 막연한 기대감 속에 금품 등을 교부하고, 금품 등을 수수하는 자 역시 공여자가 그러한 기대감을 가지고 금품 등을 교부하는 것이라고 짐작하면서 이를 수수하였다는 정도의 사

정만으로는 알선수재죄가 성립한다고 볼 수 없다(2008도2300).
- 특정범죄 가중처벌 등에 관한 법률 제3조는 그 행위주체에 제한을 두고 있지 않은바, 세무사가 자신이 세무대리를 맡은 사건의 해결을 위하여 공무원에게 청탁·알선한다는 명목으로 금품을 수수한 경우에도 특정범죄 가중처벌 등에 관한 법률 제3조의 알선수재죄가 성립한다(2006도5817).
- 공무원이 취급하는 사건에 관하여 청탁 또는 알선을 할 의사와 능력이 없음에도 청탁 또는 알선을 한다고 기망하고, 이에 속은 피해자로부터 청탁 또는 알선을 한다는 명목으로 금품을 받은 경우, 그 행위가 공무원이 취급하는 사건에 관하여 청탁 또는 알선을 한다는 명목으로 금품·향응 기타 이익을 받은 것으로서 구 변호사법 제111조 위반죄가 성립하거나 공무원의 직무에 속한 사항의 알선에 관하여 금품을 수수한 경우로서 **특정범죄가중처벌등에관한법률위반(알선수재)죄가 성립하는 것과 상관없이, 그 행위는 다른 사람을 속여 재물을 받은 행위로서 사기죄를 구성한다**(2007도10004).
- [1] 갑 주식회사 대표이사인 피고인이 금융기관에 청탁하여 을 주식회사가 대출을 받을 수 있도록 알선행위를 하고 그 대가로 용역대금 명목의 수수료를 갑 회사 계좌를 통해 송금받아 특정경제범죄가중처벌등에관한법률위반(알선수재)죄가 인정된 사안에서, **피고인이 갑 회사의 대표이사로서 같은 법 제7조에 해당하는 행위를 하고 당해 행위로 인한 대가로 수수료를 받았다면, 수수료에 대한 권리가 갑 회사에 귀속된다 하더라도 행위자인 피고인으로부터 수수료로 받은 금품을 몰수 또는 그 가액을 추징할 수 있으므로, 피고인이 개인적으로 실제 사용한 금품이 없더라도 마찬가지**라고 본 원심판단을 정당하다고 한 사례
[2] 뇌물수수나 알선수재에 이용된 공급계약이 실제 공급이 없는 형식적 계약에 불과하여 부가가치세 과세대상이 아니라면 그에 관한 납세의무가 없으므로, 설령 부가가치세 명목의 금전을 포함한 대가를 받았다고 하더라도 그 일부를 부가가치세로 거래 징수하였다고 할 수 없어 수수한 금액 전부가 범죄로 얻은 이익에 해당하여 추징대상이 되며, 그 후에 이를 부가가치세로 신고·납부하였다고 하더라도 달리 볼 수 없다(2012도7571).
- 알선수재죄는 '공무원의 직무에 속한 사항을 알선한다는 명목'으로 '금품 등을 수수'함으로써 성립하는 범죄이다. 공무원의 직무에 속한 사항의 알선과 수수한 금품 사이에 대가관계가 있는지 여부는 당해 알선의 내용, 알선자와 이익 제공자 사이의 친분관계 여부, 이익의 다과, 이익을 수수한 경위와 시기 등 제반 사정을 종합하여 결정하되, **알선과 수수한 금품 사이에 전체적·포괄적으로 대가관계가 있으면 족하다**(2013도363).

Ⅷ. 재산범죄의 가중처벌

> **특정경제범죄 가중처벌 등에 관한 법률 제3조(특정재산범죄의 가중처벌)** ① 「형법」 제347조(사기), 제347조의2(컴퓨터등 사용사기), 제350조(공갈), 제350조의2(특수공갈), 제351조(제347조, 제347조의2, 제350조 및 제350조의2의 상습범만 해당한다), 제355조(횡령·배임) 또는 제356조(업무상의 횡령과 배임)의 죄를 범한 사람은 그 범죄행위로 인하여 취득하거나 제3자로 하여금 취득하게 한 재물 또는 재산상 이익의 가액(이하 이 조에서 "이득액"이라 한다)이 5억원 이상일 때에는 다음 각 호의 구분에 따라

가중처벌한다.
  1. 이득액이 50억원 이상일 때: 무기 또는 5년 이상의 징역
  2. 이득액이 5억원 이상 50억원 미만일 때: 3년 이상의 유기징역
② 제1항의 경우 이득액 이하에 상당하는 벌금을 병과할 수 있다.

1. 이득액 산정 관련

- 자금중개업자인 피고인이 대출의뢰인으로부터 5억 원을 대출해 달라는 부탁과 함께 금액란이 공란으로 되어 있는 백지어음, 영수증 등의 서류를 교부받았음에도, 개인적인 채무를 변제하기 위해 사채업자인 피해자에게 위임 범위를 초과한 10억 원의 대출의뢰를 받은 것처럼 거짓말을 하여 피해자로부터 선이자를 공제한 8억 8,000만 원을 교부받았고, 그 과정에서 권한 없이 대출의뢰인 명의의 영수증 금액란에 10억 원이라고 기재하여 이를 위조하기까지 하였다면, 피고인이 피해자로부터 교부받은 돈 전액을 사기죄의 편취액 또는 구 특정경제범죄 가중처벌 등에 관한 법률 제3조 제1항에서 정한 "이득액"으로 보아야 하는 것이지, 위임받은 범위를 초과하는 금액만을 편취액 또는 이득액으로 보아야 하는 것은 아니다(2012도216).

- 담보로 제공할 목적물의 가액을 허위로 부풀려 금융기관으로부터 대출을 받은 경우 그 대출이 기망행위에 의하여 이루어진 이상 그로써 사기죄는 성립하고, 이 경우 사기죄의 이득액에서 담보물의 실제 가액을 전제로 한 대출가능금액을 공제하여야 하는 것은 아니다(2017도12649).

- 원칙적으로 그 부동산의 시가에서 다시 선순위 근저당권의 채권 최고액을 공제한 잔액 상당액을 기망자가 얻는 이득액의 한도로 보아야 할 것이나, 다만 그 부동산에 이미 다른 근저당권이 설정되어 있는 경우에도 후순위 근저당권을 취득하는 자로서 선순위 근저당권의 담보가치가 실제 피담보채권액만큼만 파악되고 있는 것으로 인정하였다고 볼 수 있는 특별한 사정이 있는 경우에는 근저당권 설정 당시의 그 부동산의 시가에서 그 선순위 근저당권의 실제 피담보채권액을 공제한 잔액 상당액을 그 이득액의 한도로 볼 수 있다 할 것이다(2000도137).

- [1] 사람을 기망하여 부동산의 소유권을 이전받거나 제3자로 하여금 이전받게 함으로써 이를 편취한 경우에 특정경제범죄 가중처벌 등에 관한 법률 제3조의 적용을 전제로 하여 그 부동산의 가액을 산정함에 있어서는, 그 부동산에 아무런 부담이 없는 때에는 그 부동산의 시가 상당액이 곧 그 가액이라고 볼 것이지만, 그 부동산에 근저당권설정등기가 경료되어 있거나 압류 또는 가압류 등이 이루어져 있는 때에는 특별한 사정이 없는 한 아무런 부담이 없는 상태에서의 그 부동산의 시가 상당액에서 근저당권의 채권최고액 범위 내에서의 피담보채권액, 압류에 걸린 집행채권액, 가압류에 걸린 청구금액 범위 내에서의 피보전채권액 등을 뺀 실제의 교환가치를 그 부동산의 가액으로 보아야 한다. [2] 각 대지에 아무런 부담이 없는 상태에서의 시가는 16억 4,600만 원이고, 위 각 대지에 설정된 근저당권의 채권최고액은 10억 2,000만 원인데, 그 피담보채권액은 이를 초과하므로 원심이, 피고인이 편취한 이 사건 각 대지의 가액을 산정함에 있어 위 각 대지의 시가에서 위 근저당권의 피담보채권액이 아닌 채권최고액을 공제하여 나머지 6억 2,600만 원을 그 가액이라고 보고 특경가법 제3조 제1항 제2호를 적용한 조치는 정당하다고 판시한 사례(2005도7288)

- [1] 사기죄는 기망으로 인한 재물의 교부가 있으면 바로 성립하고, 특정경제범죄 가중처벌 등에 관한 법률 제3조 제1항 소정의 '이득액'이란 거기에 열거된 범죄행위로 인하여 취득하거나 제3자로 하여금 취득하게 한 불법영득의 대상이 된 재물이나 재산상 이익의 가액 합계이지 궁극적으로 그와 같은 이득이 실현되었는지 여부는 영향이 없다. [2] 피고인이 원금 및 수익금을 제대로 지불하여 줄 의사나 능력 없이 피해자들로부터 투자금을 교부받아 이를 편취하였다면 그 투자금을 교부받을 때마다 각별로 사기죄가 성립하는 것이므로, 교부받은 투자금을 피해자들에게 반환하였다가 다시 그 돈을 재투자받는 방식으로 계속적으로 투자금을 수수하였다면 그 각 편취범행으로 교부받은 투자금의 합계액이 특정경제범죄 가중처벌 등에 관한 법률 제3조 제1항 소정의 이득액이 되는 것이지, 반환한 원금 및 수익금을 공제하여 이득액을 산정해야 하는 것은 아니다(2006도1614).

- [1] 업무상 배임죄에 있어서 재산상 손해는 인정할 수 있으나 그 가액을 구체적으로 산정할 수 없으므로 재산상 이득액을 기준으로 가중 처벌하는 특정경제범죄가중처벌등에관한법률위반(배임)죄로 의율할 수 없다고 한 사례 [2] 신용협동조합의 이사장이던 피고인이 조합명의로 피고인의 소유이던 이 사건 건물을 매입한 행위는 조합원에 대한 배임의 범의를 가지고 한 업무상 배임행위에 해당되나, 그 매매대금 일부는 조합이 피고인에 대해 가지고 있던 채권과 상계하고, 일부는 피고인이 이 사건 건물의 임차인에게 부담하고 있던 임차보증금 반환채무 및 체납세금 등을 조합이 인수하고 조합의 피고인에 대한 2억 5,000만 원 상당의 대출금 채권과 상계하는 등으로 정산처리하였음을 알 수 있다. 사실관계가 이러하다면, 조합으로서는 피고인들의 위 각 업무상 배임행위를 통하여, 피고인에 대한 채권 및 일부 재산을 상실하고, 피고인을 대신하여 제3자에게 금전을 지급하였거나 그의 채무를 인수하여 부담하는 등 이 사건 건물의 매입대금에 상응하는 재산이 감소되었지만 다른 한편으로는 이 사건 건물의 완전한 소유권을 취득하게 되었으므로, 조합이 피고인들의 이 사건 각 업무상 배임행위로 말미암아 입게된 재산상 손해는 이 사건 건물의 매입가액 상당액이라고는 할 수 없고, 위와 같은 방법으로 조합의 자본금을 현저히 초과하는 액수의 이 사건 건물을 매입함으로써 받을 채권이 소멸되고 오히려 채무를 부담하게 되어 그만큼 조합의 자금을 그 본래의 목적인 금융업무에 사용할 수 없게 되는 유동성의 장애라 할 것인바, 이러한 재산상 손해는 그 액수를 구체적으로 산정할 수 없는 것이라 할 것이므로 특정경제범죄가중처벌등에관한법률위반(배임)죄로 의율할 수 없다(2001도3531).

- 다른 공범들과 순차 공모하여 상습으로 당좌수표와 어음 등을 유통시키고 이를 결제하지 아니하여 재산상 이익을 편취한 경우의 이득액은 공범 중 1인이 실제로 취한 이익만을 합산하여 산정할 것이 아니라 순차 공모의 최종공범이 피해자로부터 편취한 재물 또는 재산상 이익의 가액을 합산하여 산정하여야 한다(93도1341).

- 특정경제범죄 가중처벌 등에 관한 법률 제3조 제1항의 적용 여부를 가리는 이득액을 정함에 있어서는 그 범행의 모든 공범자가 받은 이득액을 합한 금액을 기준으로 하여야 한다(91도1911).

- 부당대출행위에 의한 업무상배임죄가 성립하는 경우에는, 담보물의 가치를 초과하여 대출한 금액이나 실제로 회수가 불가능하게 된 금액만을 손해액으로 볼 수 있는 것이 아니고, 재산상 권리의 실행이 불가능하게 될 염려가 있거나 손해발생의 위험이 있는 대출금

전액을 손해액으로 보아야 하며, 그것을 제3자가 취득한 경우에는 그 전액을 특정경제범죄 가중처벌 등에 관한 법률 제3조 소정의 제3자로 하여금 취득하게 한 재산상 이익의 가액에 해당한다(95도1043).

- [1] 사기죄에서 수인의 피해자에 대하여 각 피해자별로 기망행위를 하여 각각 재물을 편취한 경우에 그 범의가 단일하고 범행방법이 동일하다고 하더라도 포괄일죄가 성립하는 것이 아니라 피해자별로 1개씩의 죄가 성립하는 것으로 보아야 한다. 다만 피해자들이 하나의 동업체를 구성하는 등으로 피해 법익이 동일하다고 볼 수 있는 사정이 있는 경우에는 피해자가 복수이더라도 이들에 대한 사기죄를 포괄하여 일죄로 볼 수도 있다. [2] 사기죄 피해자들의 피해 법익이 동일하다고 볼 근거가 없는데도, 위 피해자들이 부부라는 사정만으로 이들에 대한 각 사기 행위가 포괄하여 일죄에 해당한다고 보아 특정경제범죄 가중처벌 등에 관한 법률을 적용한 원심판결에 죄수에 관한 심리미진 또는 법리오해의 위법이 있다고 한 사례(2011도769)

- [1] 석유를 수입하는 것처럼 가장하여 신용장 개설은행들로 하여금 신용장을 개설하게 하고 신용장 대금 상당액의 지급을 보증하게 함으로써 동액 상당의 재산상 이익을 취득한 행위는 피해자들인 신용장 개설은행별로 각각 포괄하여 1죄가 성립하고, 분식회계에 의한 재무제표 및 감사보고서 등으로 은행으로 하여금 신용장을 개설하게 하여 신용장 대금 상당액의 지급을 보증하게 함으로써 동액 상당의 재산상 이익을 취득한 행위도 포괄하여 1죄가 성립하나, 위와 같이 '가장거래에 의한 사기죄'와 '분식회계에 의한 사기죄'는 범행 방법이 동일하지 않아 그 피해자가 동일하더라도 포괄일죄가 성립한다고 할 수 없다. [2] 갑 회사의 임원인 피고인들의 사기행위로 신용장 개설은행들이 수회에 걸쳐 신용장을 개설하여 갑 회사가 각 신용장 대금 상당액의 지급보증을 받음으로써 재산상 이익을 취득하였다면, 그 편취범행으로 취득한 재산상 이익의 가액으로 볼 수 있는 신용장 대금의 합계액이 특정경제범죄 가중처벌 등에 관한 법률 제3조 제1항이 정한 이득액이 되는 것이지, 갑 회사가 이후 신용장 대금을 결제하였다고 하여 그 결제한 대금을 공제하여 이득액을 산정해야 하는 것은 아니다(2007도10056).

- 특정경제범죄 가중처벌 등에 관한 법률 제3조 제1항의 '이득액'이란 거기에 열거된 범죄행위로 취득하거나 제3자로 하여금 취득하게 한 불법영득의 대상이 된 재물이나 재산상 이익의 가액의 합계액이지 궁극적으로 그와 같은 이득이 실현되었는지 여부는 영향이 없다(2014도11042).

2. 친족상도례 적용 여부

형법 제354조, 제328조의 규정을 종합하면, 직계혈족, 배우자, 동거친족, 호주, 가족 또는 그 배우자 간의 사기 및 사기미수의 각 죄는 그 형을 면제하여야 하고, 그 외의 친족 간에는 고소가 있어야 공소를 제기할 수 있으며, 또한 형법상 사기죄의 성질은 특정경제범죄 가중처벌 등에 관한 법률 제3조 제1항에 의해 가중처벌되는 경우에도 그대로 유지되고, 특별법인 특정경제범죄 가중처벌 등에 관한 법률에 친족상도례에 관한 형법 제354조, 제328조의 적용을 배제한다는 명시적인 규정이 없으므로, 형법 제354조는 특정경제범죄 가중처벌 등에 관한 법률 제3조 제1항 위반죄에도 그대로 적용된다(2009도12627, 99오1).

Ⅸ. 뇌물죄의 가중처벌 및 적용확대 등

특정범죄 가중처벌 등에 관한 법률 제2조(뇌물죄의 가중처벌) ① 「형법」 제129조·제130조 또는 제132조에 규정된 죄를 범한 사람은 그 수수(收受)·요구 또는 약속한 뇌물의 가액(이하 이 조에서 "수뢰액"이라 한다)에 따라 다음 각 호와 같이 가중처벌한다.

    1. 수뢰액이 1억원 이상인 경우에는 무기 또는 10년 이상의 징역에 처한다.
    2. 수뢰액이 5천만원 이상 1억원 미만인 경우에는 7년 이상의 유기징역에 처한다.
    3. 수뢰액이 3천만원 이상 5천만원 미만인 경우에는 5년 이상의 유기징역에 처한다.

② 「형법」 제129조·제130조 또는 제132조에 규정된 죄를 범한 사람은 그 죄에 대하여 정한 형(제1항의 경우를 포함한다)에 수뢰액의 2배 이상 5배 이하의 벌금을 병과한다.

[한정위헌, 2011헌바117, 2012. 12. 27. 형법(1953. 9. 18. 법률 제293호로 제정된 것) 제129조 제1항의 '공무원'에 구 '제주특별자치도 설치 및 국제자유도시 조성을 위한 특별법'(2007. 7. 27. 법률 제8566호로 개정되기 전의 것) 제299조 제2항의 제주특별자치도통합영향평가심의위원회 심의위원 중 위촉위원이 포함되는 것으로 해석하는 한 헌법에 위반된다.]

형법 제129조(수뢰, 사전수뢰) ① 공무원 또는 중재인이 그 직무에 관하여 뇌물을 수수, 요구 또는 약속한 때에는 5년 이하의 징역 또는 10년 이하의 자격정지에 처한다.

② 공무원 또는 중재인이 될 자가 그 담당할 직무에 관하여 청탁을 받고 뇌물을 수수, 요구 또는 약속한 후 공무원 또는 중재인이 된 때에는 3년 이하의 징역 또는 7년 이하의 자격정지에 처한다.

[한정위헌, 2011헌바117, 2012. 12. 27. 형법(1953. 9. 18. 법률 제293호로 제정된 것) 제129조 제1항의 '공무원'에 구 '제주특별자치도 설치 및 국제자유도시 조성을 위한 특별법'(2007. 7. 27. 법률 제8566호로 개정되기 전의 것) 제299조 제2항의 제주특별자치도통합영향평가심의위원회 심의위원 중 위촉위원이 포함되는 것으로 해석하는 한 헌법에 위반된다.]

제130조(제삼자뇌물제공) 공무원 또는 중재인이 그 직무에 관하여 부정한 청탁을 받고 제3자에게 뇌물을 공여하게 하거나 공여를 요구 또는 약속한 때에는 5년 이하의 징역 또는 10년 이하의 자격정지에 처한다.

제131조(수뢰후부정처사, 사후수뢰) ① 공무원 또는 중재인이 전2조의 죄를 범하여 부정한 행위를 한 때에는 1년 이상의 유기징역에 처한다.

② 공무원 또는 중재인이 그 직무상 부정한 행위를 한 후 뇌물을 수수, 요구 또는 약속하거나 제삼자에게 이를 공여하게 하거나 공여를 요구 또는 약속한 때에도 전항의 형과 같다.

③ 공무원 또는 중재인이었던 자가 그 재직 중에 청탁을 받고 직무상 부정한 행위를 한 후 뇌물을 수수, 요구 또는 약속한 때에는 5년 이하의 징역 또는 10년 이하의 자격정지에 처한다.

④ 전3항의 경우에는 10년 이하의 자격정지를 병과할 수 있다.

제132조(알선수뢰) 공무원이 그 지위를 이용하여 다른 공무원의 직무에 속한 사항의 알선에 관하여 뇌물을 수수, 요구 또는 약속한 때에는 3년 이하의 징역 또는 7년 이하의 자격정지에 처한다.

제133조(뇌물공여 등) ① 제129조부터 제132조까지에 기재한 뇌물을 약속, 공여 또는 공여의 의사를 표시한 자는 5년 이하의 징역 또는 2천만원 이하의 벌금에 처한다.

② 제1항의 행위에 제공할 목적으로 제3자에게 금품을 교부한 자 또는 그 사정을 알면서 금품을 교부받은 제3자도 제1항의 형에 처한다.

제134조(몰수, 추징) 범인 또는 사정을 아는 제3자가 받은 뇌물 또는 뇌물로 제공하려고 한 금품은 몰수한다. 이를 몰수할 수 없을 경우에는 그 가액을 추징한다.

특정범죄 가중처벌 등에 관한 법률 제4조(뇌물죄 적용대상의 확대) ① 다음 각 호의 어느 하나에 해당하는 기관 또는 단체로서 대통령령으로 정하는 기관 또는 단체의 간부직원은 「형법」 제129조부터 제132조까지의 규정을 적용할 때에는 공무원으로 본다.

1. 국가 또는 지방자치단체가 직접 또는 간접으로 자본금의 2분의 1 이상을 출자하였거나 출연금·보조금 등 그 재정지원의 규모가 그 기관 또는 단체 기본재산의 2분의1 이상인 기관 또는 단체
2. 국민경제 및 산업에 중대한 영향을 미치고 있고 업무의 공공성(公共性)이 현저하여 국가 또는 지방자치단체가 법령에서 정하는 바에 따라 지도·감독하거나 주주권의 행사 등을 통하여 중요 사업의 결정 및 임원의 임면(任免) 등 운영 전반에 관하여 실질적인 지배력을 행사하고 있는 기관 또는 단체

② 제1항의 간부직원의 범위는 제1항의 기관 또는 단체의 설립목적, 자산, 직원의 규모 및 해당 직원의 구체적인 업무 등을 고려하여 대통령령으로 정한다.

특정경제범죄 가중처벌 등에 관한 법률 제5조(수재 등의 죄) ① 금융회사등의 임직원이 그 직무에 관하여 금품이나 그 밖의 이익을 수수(收受), 요구 또는 약속하였을 때에는 5년 이하의 징역 또는 10년 이하의 자격정지에 처한다.

② 금융회사등의 임직원이 그 직무에 관하여 부정한 청탁을 받고 제3자에게 금품이나 그 밖의 이익을 공여하게 하거나 공여하게 할 것을 요구 또는 약속하였을 때에는 제1항과 같은 형에 처한다.

③ 금융회사등의 임직원이 그 지위를 이용하여 소속 금융회사등 또는 다른 금융회사등의 임직원의 직무에 속하는 사항의 알선에 관하여 금품이나 그 밖의 이익을 수수, 요구 또는 약속하였을 때에는 제1항과 같은 형에 처한다.

④ 제1항부터 제3항까지의 경우에 수수, 요구 또는 약속한 금품이나 그 밖의 이익의 가액(이하 이 조에서 "수수액"이라 한다)이 3천만원 이상일 때에는 다음 각 호의 구분에 따라 가중처벌한다.

1. 수수액이 1억원 이상일 때: 무기 또는 10년 이상의 징역
2. 수수액이 5천만원 이상 1억원 미만일 때: 7년 이상의 유기징역
3. 수수액이 3천만원 이상 5천만원 미만일 때: 5년 이상의 유기징역

⑤ 제1항부터 제4항까지의 경우에 수수액의 2배 이상 5배 이하의 벌금을 병과한다.

제6조(증재 등의 죄) ① 제5조에 따른 금품이나 그 밖의 이익을 약속, 공여 또는 공여의 의사를 표시한 사람은 5년 이하의 징역 또는 3천만원 이하의 벌금에 처한다.

② 제1항의 행위에 제공할 목적으로 제3자에게 금품을 교부하거나 그 정황을 알면서 교부받은 사람은 제1항과 같은 형에 처한다.

1. 뇌물죄의 가중처벌

- 형법 제131조 제1항은 공무원 또는 중재인이 형법 제129조, 제130조의 죄를 범한 후에 부정한 행위를 한 때에 가중처벌한다는 규정이므로, **형법 제131조 제1항의 죄를 범한 자는 특정범죄 가중처벌 등에 관한 법률 제2조 제1항 소정의 형법 제129조, 제130조에 규정된 죄를 범한 자에 해당된다**(2003도8077).
- **특정범죄 가중처벌 등에 관한 법률 제2조 제1항 위반으로 기소한 것을 공소장 변경절차 없이 뇌물수수죄로 인정할 수 있다**(78도1525).
- 수회에 걸친 뇌물수수가 포괄일죄가 되는 경우 **합산액을 기준으로** 본법의 적용여부를 결정한다(76도634).
- 수인이 공동하여 뇌물수수죄를 범한 경우에 공범자는 자기의 수뢰액뿐만 아니라 다른 공범자의 수뢰액에 대하여도 그 죄책을 면할 수 없는 것이므로, 특정범죄 가중처벌 등에 관한 법률 제2조 제1항의 적용 여부를 가리는 수뢰액을 정함에 있어서는 그 공범자 전원의 수뢰액을 합한 금액을 기준으로 하여야 할 것이고, 각 공범자들이 실제로 취득한 금액이나 분배받기로 한 금액을 기준으로 할 것이 아니다(99도1557).
- 특정범죄 가중처벌 등에 관한 법률 제2조 제1항 제2호 소정 수뢰액이 50만 원 이상(500만 원 미만)인 때라 함은 **단순일죄로 처단되는 뇌물죄 또는 포괄하여 하나의 뇌물죄가 성립되는** 경우에 그 수뢰액의 합산액이 50만 원 이상인 때를 말하는 것이지 경합범으로 처벌될 별개의 뇌물죄에 있어 그 수뢰액을 합한 금액이 50만 원 이상인 경우까지 포함되는 것이라고는 해석할 수 없다(76도634).

2. 뇌물죄의 적용확대

- [1] 특정범죄 가중처벌 등에 관한 법률 제4조 제2항, 같은법시행령 제3조 제1호 소정의 **정부관리기업체의 간부직원이 아닌 직원도 다른 간부직원인 직원과 함께 뇌물수수죄의 공동정범이 될 수 있다.** [2] 특정범죄 가중처벌 등에 관한 법률 제4조 제1항은 형법 제129조 내지 제132조의 적용에 있어서 뇌물죄의 적용대상을 원래 공무원이 아닌 정부관리기업체의 간부직원에게로 확대 적용한다는 것으로서, 정부관리기업체의 간부직원이 그 직무에 관하여 형법 제129조 내지 제132조의 죄를 범하였을 때에는 그 죄가 성립하는 것으로 하여 그 각 법조의 특정범죄 가중처벌 등에 관한 법률을 적용한다는 뜻임은 문언상 명백하다(99도1557).
- 특정범죄 가중처벌 등에 관한 법률 제4조 제1항은 형법 제129조 내지 제132조의 적용에 있어서는 뇌물죄의 적용대상을 원래 공무원이 아닌 정부관리기업체의 간부직원에게로 확대 적용한다는 것으로, 정부관리기업체의 간부직원이 그 직무에 관하여 형법 제129조 내지 제132조의 죄를 범하였을 때는 그 죄가 성립하는 것으로 하여 그 각 법조의 특정범죄 가중처벌 등에 관한 법률을 적용한다는 뜻임은 문언상 명백하므로 이를 가중처벌하는 경우가 아닌 단순한 형법 제129조 내지 제132조에 해당하는 경우에는 정부관리기업체의 간부를 공무원으로 보아 처벌할 수 없다는 규정이라고 풀이할 수는 없다(90도1092).
- 도시정비법 제16조의2 제1항에 따라 이 사건 조합에 대한 설립인가처분이 취소되었다고 하더라도 설립인가처분은 처분 당시로 소급하여 효력을 상실하는 것이 아니라 장래

를 향해 효력이 상실되는 것에 불과하므로, 이 사건 조합에 대한 설립인가처분이 소급적으로 취소된 경우를 설립인가처분이 무효인 경우와 동일하게 취급할 것인지 여부에 관한 판단에 나아갈 필요 없이 도시정비법 제16조의2 제1항에 의하여 조합 설립인가처분이 취소되기 전까지 이 사건 조합은 유효하게 존재하고, 따라서 피고인 1, 피고인 2, 피고인 3, 피고인 4는 구 도시정비법 제84조에 의하여 형법 제129조 내지 제132조의 적용에 있어서 공무원으로 의제되는 조합의 임원이라고 봄이 상당하다(2015도576).

3. 금융기관 임직원 수증재 등 – 특정경제범죄 가중처벌 등에 관한 법률 제5조, 제6조

- [1] 피고인이 검찰의 소환에 따라 자진 출석하여 검사에게 범죄사실에 관하여 자백함으로써 형법상 자수의 효력이 발생하였다면, 그 후에 검찰이나 법정에서 범죄사실을 일부 부인하였다고 하더라도 일단 발생한 자수의 효력이 소멸하는 것은 아니다. [2] 특정경제범죄 가중처벌 등에 관한 법률 제5조 제1항의 '금융기관의 임·직원이 그 직무에 관하여'라고 하는 것은 '금융기관의 임·직원이 그 지위에 수반하여 취급하는 일체의 사무와 관련하여'라는 뜻이고, 금융기관의 임·직원이 거래처 고객으로부터 금품 기타 이익을 받은 때에는 그것이 당해 거래처 고객이 종전에 금융기관의 임·직원으로부터 접대 또는 수수받은 것을 갚는 것으로서 사회상규에 비추어 볼 때에 의례상의 대가에 불과한 것이라고 여겨지거나, 개인적인 친분관계가 있어서 교분상의 필요에 의한 것이라고 명백하게 인정할 수 있는 경우 등 특별한 사정이 없는 한 직무와의 관련성이 없는 것으로 볼 수 없다. [3] 특정경제범죄 가중처벌 등에 관한 법률 제5조의 금융기관 임·직원이 수수한 금품에 직무행위에 대한 대가로서의 성질과 직무 외의 행위에 대한 사례로서의 성질이 불가분적으로 결합되어 있는 경우에는 그 전부가 불가분적으로 직무행위에 대한 대가로서의 성질을 가진다고 할 것이고, 이는 위 법률 제5조 제4항의 금품수수액을 정함에 있어서도 마찬가지이다(2002도46).

- 특정경제범죄 가중처벌 등에 관한 법률 제5조 제1항 소정의 '금융기관 임·직원이 직무에 관하여'라 함은 금융기관의 임·직원이 그 지위에 수반하여 취급하는 일체의 사무를 말하는 것으로서, 그 권한에 속하는 직무행위뿐만 아니라, 그와 밀접한 관계가 있는 사무 및 그와 관련하여 사실상 처리하고 있는 사무도 포함되는 한편, 같은 법 제5조 제1항 소정의 '이익'이란 금전, 물품 기타의 재산적 이익뿐만 아니라, 사람의 수요나 욕망을 충족시키기에 족한 일체의 유형, 무형의 이익을 포함하는 것이고, 투기적 사업에 참여할 기회를 얻는 것도 이에 해당한다고 보아야 할 것이며, 이처럼 투기적 사업에 참여하는 기회를 얻는 이익의 경우에는 그로 말미암아 예상되는 이익의 크기를 확정할 수 없거나 그 후의 경제사정의 변동 등으로 말미암아 처음의 예상과는 달리 그 사업에 참여하여 아무런 이득을 얻지 못한 경우라 할지라도 죄의 성립에는 아무런 영향이 없다(2003도4293).

X. 특정범죄 가중처벌 등에 관한 법률에 의한 상습강도·절도 등의 가중처벌

> **특정범죄 가중처벌 등에 관한 법률 제5조의4(상습 강도·절도죄 등의 가중처벌)** ① 삭제
> ② 5명 이상이 공동하여 상습적으로 「형법」 제329조부터 제331조까지의 죄 또는 그 미수죄를 범한 사람은 2년 이상 20년 이하의 징역에 처한다.
> ③ 삭제 <2016. 1. 6.>
> ④ 삭제 <2016. 1. 6.>
> ⑤ 「형법」 제329조부터 제331조까지, 제333조부터 제336조까지 및 제340조·제362조의 죄 또는 그 미수죄로 세 번 이상 징역형을 받은 사람이 다시 이들 죄를 범하여 누범으로 처벌하는 경우에는 다음 각 호의 구분에 따라 가중처벌한다.
> 1. 「형법」 제329조부터 제331조까지의 죄(미수범을 포함한다)를 범한 경우에는 2년 이상 20년 이하의 징역에 처한다.
> 2. 「형법」 제330조부터 제336조까지의 죄 및 제340조제1항의 죄(미수범을 포함한다)를 범한 경우에는 무기 또는 10년 이상의 징역에 처한다.
> 3. 「형법」 제362조의 죄를 범한 경우에는 2년 이상 20년 이하의 징역에 처한다.
> ⑥ 상습적으로 「형법」 제329조부터 제331조까지의 죄나 그 미수죄 또는 제2항의 죄로 두 번 이상 실형을 선고받고 그 집행이 끝나거나 면제된 후 3년 이내에 다시 상습적으로 「형법」 제329조부터 제331조까지의 죄나 그 미수죄 또는 제2항의 죄를 범한 경우에는 3년 이상 25년 이하의 징역에 처한다.
> [2016. 1. 6. 법률 제13717호에 의하여 2015. 2. 26. 헌법재판소에서 위헌 결정된 이 조 제1항을 삭제함.]
> [2016. 1. 6. 법률 제13717호에 의하여 2015. 11. 26. 헌법재판소에서 위헌 결정된 이 조 제6항을 개정함.]
>
> **제5조의5(강도상해 등 재범자의 가중처벌)** 「형법」 제337조·제339조의 죄 또는 그 미수죄로 형을 선고받고 그 집행이 끝나거나 면제된 후 3년 내에 다시 이들 죄를 범한 사람은 사형, 무기 또는 10년 이상의 징역에 처한다.

1. 상습성

- 범죄의 상습성이란 범죄자의 어떤 버릇, 범죄의 경향을 의미하는 것으로서 행위의 본질을 이루는 성질이 아니고 행위자의 특성을 이루는 성질을 의미하는 것이므로, 상습성의 유무는 행위자의 연령·성격·직업·환경·전과, 범행의 동기·수단·방법 및 장소, 전에 범한 범죄와의 시간적 간격, 그 범행의 내용과 유사성 등 여러 사정을 종합하여 판단하여야 하는 것이고, 행위자가 범죄 행위 당시 심신미약 상태에 있었다는 이유만으로 그 범죄 행위는 상습성이 발현된 것이 아니라고 단정할 수는 없는 것이다. 피고인 겸 피치료감호청구인(아래에서는 '피고인'이라고만 한다)의 충동조절장애 등으로 인한 심신미약 상태가 이 사건 각 절도 범행에 영향을 미친 사실은 인정되나, 이와 더불어 피고인의 절도 습벽의 발현으로 인하여 이 사건 각 절도 범행에 이르게 되었다고 판단한 것은 정당하다(2007도3820).
- 소년법상의 보호처분을 받은 사실을 상습성 인정의 자료로 삼을 수 있다(89도2097).
- 특정범죄 가중처벌 등에 관한 법률 제5조의4 제3항 소정의 상습강도범은 강도의 습벽이 있는 자가 그 습벽이 발현되어 다시 강도죄를 범한 경우에 성립되는 것이므로, 피고인들에게 절도 내지 상습절도죄의 전력이 있을 뿐 강도의 전력을 인정할 자료가 없고 또 공범 중 1

인의 유혹에 빠져 하루 사이에 2회 또는 이틀 사이에 3회의 강도범행에 가담한 경우라면 피고인들에게 강도의 습벽이 있다거나 그 범행이 습벽의 발로로서 범하여진 것이라 할 수 없다(86도2281).

2. 제5조의4 제5항 해석 관련

- 특정범죄 가중처벌 등에 관한 법률(이하 '특정범죄가중법'이라고 한다) 제5조의4 제5항의 규정 취지는 같은 항 각호에서 정한 죄 가운데 동일한 호에서 정한 죄를 3회 이상 반복 범행하고, 다시 그 반복 범행한 죄와 동일한 호에서 정한 죄를 범하여 누범에 해당하는 경우에는 동일한 호에서 정한 법정형으로 처벌한다는 뜻으로 보아야 한다. 그러므로 특정범죄가중법 제5조의4 제5항 제1호 중 '이들 죄를 범하여 누범으로 처벌하는 경우' 부분에서 '이들 죄'란, 앞의 범행과 동일한 범죄일 필요는 없으나, 특정범죄가중법 제5조의4 제5항 각호에 열거된 모든 죄가 아니라 앞의 범죄와 동종의 범죄, 즉 형법 제329조 내지 제331조의 죄 또는 그 미수죄를 의미한다(2019도18891).

- 특정범죄 가중처벌 등에 관한 법률 제5조의4 제5항 위반죄에 해당하는 경우 상습범에 관한 제1항 내지 제4항 소정의 법정형에 다시 누범가중하여야 한다(94도1391).

- 특정범죄 가중처벌 등에 관한 법률 제5조의4 제5항은 거기서 정하는 범죄전력 및 누범가중의 요건이 갖추어진 경우에는 상습성이 인정되지 아니하는 때에도 상습범에 관한 같은 조 제1항 내지 제4항 소정의 법정형에 의하여 처벌한다는 취지로서, 위 제5항의 범죄로 기소되어 처벌받은 경우를 상습범으로 기소되어 처벌받은 경우라고 볼 수 없다. 따라서 설사 피고인에게 절도의 습벽이 인정된다고 하더라도 위 법조항으로 처벌받은 확정판결의 기판력은 그 판결의 확정 전에 범한 다른 절도행위에 대하여는 미치지 아니한다고 봄이 상당하다(2009도13411).

- [1] 구 형의 실효 등에 관한 법률 제7조 제1항에 따라 형이 실효된 경우에는 형의 선고에 의한 법적 효과가 장래에 향하여 소멸되므로, 그 전과를 구 특정범죄 가중처벌 등에 관한 법률 제5조의4 제5항에서 정한 '징역형을 받은 경우'로 볼 수 없다. [2] 구 형의 실효 등에 관한 법률의 입법 취지에 비추어 보면, 2번 이상의 징역형을 받은 자가 자격정지 이상의 형을 받음이 없이 마지막 형의 집행을 종료한 날부터 위 법에서 정한 기간을 경과한 때에는 그 마지막 형에 앞서는 형도 모두 실효되는 것으로 보아야 한다. [3] 집행유예의 효과에 관한 형법 제65조에서 '형의 선고가 효력을 잃는다'는 의미는 구 형의 실효 등에 관한 법률에 의한 형의 실효와 같이 형의 선고에 의한 법적 효과가 장래에 향하여 소멸한다는 취지이다. 따라서 위 규정에 따라 형의 선고가 효력을 잃는 경우에도 그 전과는 구 특정범죄 가중처벌 등에 관한 법률 제5조의4 제5항에서 정한 '징역형을 받은 경우'로 볼 수 없다(2010도8021).

- [1] 특정범죄 가중처벌 등에 관한 법률 제5조의4 제5항 제1호(이하 '처벌조항'이라 한다)는 '형법 제329조부터 제331조까지의 죄 또는 그 미수죄로 세 번 이상 징역형을 받은 사람이 다시 이들 죄(미수범을 포함한다)를 범하여 누범으로 처벌하는 경우에는 2년 이상 20년 이하의 징역에 처한다.'라고 규정하고 있다. 처벌조항은 전범(전범)과 후범(후범)이 모두 동종의 절도 고의범일 것이라는 실질적 관련성을 요구하고, 전범에 대하여 '3회 이상의 징역형'을 선고받아 형이 아직 실효되지 아니하여야 하며, 후범을 '누범'으로 처벌하는 경우여야 하는 등

상당히 엄격한 구성요건을 설정하고 있다. 그리고 그 구성요건을 충족하는 행위가 3차례에 걸친 전범에 대한 형벌의 경고기능을 무시하고 다시 누범기간 내에 동종의 절도 범행을 저지른 것이라는 점에서 그 불법성과 비난가능성을 무겁게 평가하여 징벌의 강도를 높임으로써 결국 이와 같은 범죄를 예방하려는 데 처벌조항의 목적이 있다. [2] 특정범죄 가중처벌 등에 관한 법률 제5조의4 제5항 제1호(이하 '처벌조항'이라 한다)의 문언 내용 및 입법 취지, 형법 제37조 후단과 제39조 제1항의 규정은 법원이 형법 제37조 후단 경합범(이하 '후단 경합범'이라고 한다)인 판결을 받지 아니한 죄에 대한 판결을 선고할 경우 판결이 확정된 죄와 동시에 판결할 경우와의 형평을 고려하여야 한다는 형의 양정(형법 제51조)에 관한 추가적인 고려사항과 형평에 맞지 않는다고 판단되는 경우에는 형의 임의적 감면을 할 수 있음을 제시한 것일 뿐 판결이 확정된 죄에 대한 형의 선고와 그 판결확정 전에 범한 죄에 대한 형의 선고를 하나의 형의 선고와 동일하게 취급하라는 것이 아닌 점 등을 고려하면, 처벌조항 중 '세 번 이상 징역형을 받은 사람'은 그 문언대로 형법 제329조 등의 죄로 세 번 이상 징역형을 받은 사실이 인정되는 사람으로 해석하면 충분하고, 전범 중 일부가 나머지 전범과 사이에 후단 경합범의 관계에 있다고 하여 이를 처벌조항에 규정된 처벌받은 형의 수를 산정할 때 제외할 것은 아니다(2019도17381).

- 특정범죄 가중처벌 등에 관한 법률 제5조의4 제5항은 "형법 제329조부터 제331조까지, 제333조부터 제336조까지 및 제340조·제362조의 죄 또는 그 미수죄로 세 번 이상 징역형을 받은 사람이 다시 이들 죄를 범하여 누범으로 처벌하는 경우에는 다음 각호의 구분에 따라 가중처벌한다."라고 규정하고, 같은 항 제1호는 "형법 제329조부터 제331조까지의 죄(미수범을 포함한다)를 범한 경우에는 2년 이상 20년 이하의 징역에 처한다."라고 규정한다. 징역형의 집행유예를 선고한 판결이 확정된 후 선고의 실효 또는 취소 없이 유예기간을 경과함에 따라 형 선고의 효력이 소멸되어 그 확정판결이 특정범죄가중법 제5조의4 제5항에서 정한 "징역형"에 해당하지 않음에도, 위 확정판결에 적용된 형벌 규정에 대한 위헌결정 취지에 따른 재심판결에서 다시 징역형의 집행유예가 선고·확정된 후 유예기간이 경과되지 않은 경우라면, 특정범죄가중법 제5조의4 제5항의 입법 취지에 비추어 위 재심판결은 위 조항에서 정한 "징역형"에 포함되지 아니한다(2020도13705).

3. 누범가중 여부

2005. 8. 4. 법률 제7654호로 개정·시행된 **특정범죄 가중처벌 등에 관한 법률 제5조의4 제6항**은 그 입법 취지가 2005. 8. 4. 법률 제7656호로 공포·시행된 사회보호법 폐지법률에 의하여 사회보호법이 폐지됨에 따라 상습절도 사범 등에 관한 법정형을 강화하기 위한 데 있다고 보이고, 조문의 체계가 일정한 구성요건을 규정하는 형식으로 되어 있으며, 적용요건이나 효과도 형법 제35조와 달리 규정되어 있는 점 등에 비추어 볼 때, 위 법률 제5조의4 제1항 또는 제2항의 죄로 2회 이상 실형을 받아 그 집행을 종료하거나 면제받은 후 3년 이내에 다시 위 제1항 또는 제2항의 죄를 범한 때에는 그 죄에 정한 형의 단기의 2배까지 가중한 법정형에 의하여 처벌한다는 내용의 새로운 구성요건을 창설한 규정이라고 새겨야 할 것이므로, 이러한 경우 위 제6항에 정한 형에 다시 형법 제35조의 누범가중한 형기범위 내에서 처단형을 정하는 것이 옳다(2006도6886).

4. 죄수관계

특정범죄 가중처벌 등에 관한 법률 제5조의4 제5항은 범죄경력과 누범가중에 해당함을 요건으로 하는 반면, 같은 조 제1항은 상습성을 요건으로 하고 있어 그 요건이 서로 다르다. 또한, 형법 제330조의 야간주거침입절도죄 및 제331조 제1항의 손괴특수절도죄를 제외하고 일반적으로 주거침입은 절도죄의 구성요건이 아니므로, 절도범인이 그 범행수단으로 주거침입을 한 경우에 그 주거침입행위는 절도죄에 흡수되지 아니하고 별개로 주거침입죄를 구성하여 절도죄와는 실체적 경합의 관계에 서는 것이 원칙이다. 따라서 <u>주간에 주거에 침입하여 절도함으로써 특정범죄 가중처벌 등에 관한 법률 제5조의4 제5항 위반죄가 성립하는 경우, 별도로 형법 제319조의 주거침입죄를 구성한다</u>(2008도7820).

5. 기타

특정범죄 가중처벌 등에 관한 법률 제5조의4 제6항은 "제1항 또는 제2항의 죄로 두 번 이상 실형을 선고받고 그 집행이 끝나거나 면제된 후 3년 이내에 다시 제1항 또는 제2항의 죄를 범한 경우에는 그 죄에 대하여 정한 형의 단기의 2배까지 가중한다."고 규정하고 있다. 위 규정의 문언에 비추어, 형의 집행유예를 선고받은 후 집행유예가 실효되거나 취소된 경우가 특가법 제5조의4 제6항에서 정한 '실형을 선고받은 경우'에 포함된다고 볼 수 없다(2011도2749).

XI. 마약류관리에관한법률위반죄 관련

> **마약류 관리에 관한 법률 제2조(정의)** 이 법에서 사용하는 용어의 뜻은 다음과 같다.
> 1. "마약류"란 마약·향정신성의약품 및 대마를 말한다.
> 2. "마약"이란 다음 각 목의 어느 하나에 해당하는 것을 말한다.
>   가. 양귀비: 양귀비과의 파파베르 솜니페룸 엘(Papaver somniferum L.), 파파베르 세티게룸 디시(Papaver setigerum DC.) 또는 파파베르 브락테아툼(Papaver bracteatum)
>   나. 아편: 양귀비의 액즙이 응결된 것과 이를 가공한 것. 다만, 의약품으로 가공한 것은 제외한다.
>   다. 코카 잎[엽]: 코카 관목(에리드록시론속의 모든 식물을 말한다)의 잎. 다만, 엑고닌·코카인 및 엑고닌 알칼로이드 성분이 모두 제거된 잎은 제외한다.
>   라. 양귀비, 아편 또는 코카 잎에서 추출되는 모든 알카로이드 및 그와 동일한 화학적 합성품으로서 대통령령으로 정하는 것
>   마. 가목부터 라목까지에 규정된 것 외에 그와 동일하게 남용되거나 해독 작용을 일으킬 우려가 있는 화학적 합성품으로서 대통령령으로 정하는 것
>   바. 가목부터 마목까지에 열거된 것을 함유하는 혼합물질 또는 혼합제제. 다만, 다른 약물이나 물질과 혼합되어 가목부터 마목까지에 열거된 것으로 다시 제조하거나 제제할 수 없고, 그것에 의하여 신체적 또는 정신적 의존성을 일으키지 아니하는 것으로서 총리령으로 정하는 것("한외마약"이라 한다)은 제외한다.
> 3. "**향정신성의약품**"이란 인간의 중추신경계에 작용하는 것으로서 이를 오용하거나 남용할 경우 인체에 심각한 위해가 있다고 인정되는 다음 각 목의 어느 하나에 해당하는 것으로서 대통령령으로 정하는 것을 말한다.

가. 오용하거나 남용할 우려가 심하고 의료용으로 쓰이지 아니하며 안전성이 결여되어 있는 것으로서 이를 오용하거나 남용할 경우 심한 신체적 또는 정신적 의존성을 일으키는 약물 또는 이를 함유하는 물질

나. 오용하거나 남용할 우려가 심하고 매우 제한된 의료용으로만 쓰이는 것으로서 이를 오용하거나 남용할 경우 심한 신체적 또는 정신적 의존성을 일으키는 약물 또는 이를 함유하는 물질

다. 가목과 나목에 규정된 것보다 오용하거나 남용할 우려가 상대적으로 적고 의료용으로 쓰이는 것으로서 이를 오용하거나 남용할 경우 그리 심하지 아니한 신체적 의존성을 일으키거나 심한 정신적 의존성을 일으키는 약물 또는 이를 함유하는 물질

라. 다목에 규정된 것보다 오용하거나 남용할 우려가 상대적으로 적고 의료용으로 쓰이는 것으로서 이를 오용하거나 남용할 경우 다목에 규정된 것보다 신체적 또는 정신적 의존성을 일으킬 우려가 적은 약물 또는 이를 함유하는 물질

마. 가목부터 라목까지에 열거된 것을 함유하는 혼합물질 또는 혼합제제. 다만, 다른 약물 또는 물질과 혼합되어 가목부터 라목까지에 열거된 것으로 다시 제조하거나 제제할 수 없고, 그것에 의하여 신체적 또는 정신적 의존성을 일으키지 아니하는 것으로서 총리령으로 정하는 것은 제외한다.

4. "대마"란 다음 각 목의 어느 하나에 해당하는 것을 말한다. 다만, 대마초[칸나비스 사티바 엘(Cannabis sativa L)을 말한다. 이하 같다]의 종자·뿌리 및 성숙한 대마초의 줄기와 그 제품은 제외한다.

가. 대마초와 그 수지
나. 대마초 또는 그 수지를 원료로 하여 제조된 모든 제품
다. 가목 또는 나목에 규정된 것과 동일한 화학적 합성품으로서 대통령령으로 정하는 것
라. 가목부터 다목까지에 규정된 것을 함유하는 혼합물질 또는 혼합제제

5. "마약류취급자"란 다음 가목부터 사목까지의 어느 하나에 해당하는 자로서 이 법에 따라 허가 또는 지정을 받은 자와 아목 및 자목에 해당하는 자를 말한다(이하 각호 기재 생략).

제3조(일반 행위의 금지) 누구든지 다음 각 호의 어느 하나에 해당하는 행위를 하여서는 아니 된다.

1. 이 법에 따르지 아니한 마약류의 사용
2. 마약의 원료가 되는 식물을 재배하거나 그 성분을 함유하는 원료·종자·종묘를 소지, 소유, 관리, 수출입, 수수, 매매 또는 매매의 알선을 하거나 그 성분을 추출하는 행위. 다만, 대통령령으로 정하는 바에 따라 식품의약품안전처장의 승인을 받은 경우는 제외한다.
3. 헤로인, 그 염류 또는 이를 함유하는 것을 소지, 소유, 관리, 수입, 제조, 매매, 매매의 알선, 수수, 운반, 사용, 투약하거나 투약하기 위하여 제공하는 행위. 다만, 대통령령으로 정하는 바에 따라 식품의약품안전처장의 승인을 받은 경우는 제외한다.
4. 마약 또는 향정신성의약품을 제조할 목적으로 원료물질을 제조, 수출입, 매매, 매매의 알선, 수수, 소지, 소유 또는 사용하는 행위. 다만, 대통령령으로 정하는 바에 따라 식품의약품안전처장의 승인을 받은 경우는 제외한다(이하 각호 기재 생략).

제4조(마약류취급자가 아닌 자의 마약류 취급 금지) ① 마약류취급자가 아니면 다음 각 호의 어느 하나에 해당하는 행위를 하여서는 아니 된다.

1. 마약 또는 향정신성의약품을 소지, 소유, 사용, 운반, 관리, 수입, 수출, 제조, 조제, 투약, 수수, 매매, 매매의 알선 또는 제공하는 행위
2. 대마를 재배·소지·소유·수수·운반·보관 또는 사용하는 행위

3. 마약 또는 향정신성의약품을 기재한 처방전을 발급하는 행위
4. 한외마약을 제조하는 행위 (이하 규정 기재 생략)

제60조(벌칙) ① 다음 각 호의 어느 하나에 해당하는 자는 10년 이하의 징역 또는 1억원 이하의 벌금에 처한다.

1. 제3조제1호를 위반하여 마약 또는 제2조제3호가목에 해당하는 향정신성의약품을 사용하거나 제3조제11호를 위반하여 마약 또는 제2조제3호가목에 해당하는 향정신성의약품과 관련된 금지된 행위를 하기 위한 장소·시설·장비·자금 또는 운반 수단을 타인에게 제공한 자
2. 제4조제1항을 위반하여 제2조제3호나목 및 다목에 해당하는 향정신성의약품 또는 그 물질을 함유하는 향정신성의약품을 매매, 매매의 알선, 수수, 소지, 소유, 사용, 관리, 조제, 투약, 제공한 자 또는 향정신성의약품을 기재한 처방전을 발급한 자 (이하 규정 기재 생략)

제61조(벌칙) ① 다음 각 호의 어느 하나에 해당하는 자는 5년 이하의 징역 또는 5천만원 이하의 벌금에 처한다.

1. 제3조제1호를 위반하여 향정신성의약품(제2조제3호가목에 해당하는 향정신성의약품은 제외한다) 또는 대마를 사용하거나 제3조제11호를 위반하여 향정신성의약품(제2조제3호가목에 해당하는 향정신성의약품은 제외한다) 및 대마와 관련된 금지된 행위를 하기 위한 장소·시설·장비·자금 또는 운반 수단을 타인에게 제공한 자
2. 제3조제2호를 위반하여 마약의 원료가 되는 식물을 재배하거나 그 성분을 함유하는 원료·종자·종묘를 소지·소유한 자 (이하 규정 기재 생략)

제67조(몰수) 이 법에 규정된 죄에 제공한 마약류·임시마약류 및 시설·장비·자금 또는 운반 수단과 그로 인한 수익금은 몰수한다. 다만, 이를 몰수할 수 없는 경우에는 그 가액을 추징한다.

1. 매수죄와 소지죄의 관계, 소지죄와 소지죄의 관계

- 향정신성의약품 수수의 죄가 성립되는 경우에는 그 수수행위의 결과로서 그에 당연히 수반되는 향정신성의약품의 소지행위는 수수죄의 불가벌적 수반행위로서 수수죄에 흡수되고 별도로 범죄를 구성하지 아니한다(89도1211).
- 매입한 향정신성의약품을 처분함이 없이 계속 소유하고 있는 경우, 그 소유행위와 매매행위가 불가분의 관계에 있는 것이라거나 매매행위에 수반되는 필연적 결과로서 일시적으로 행하여진 것에 지나지 않는다고 평가되지 않는 한, 그 소유행위는 매매행위에 포괄 흡수되지 아니하고 향정신성의약품의 매매죄와는 별도로 향정신성의약품의 소유죄가 성립한다(96도2839).
- 피고인이 자신의 집에 메스암페타민 0.8g을 숨겨두어 소지하다가(이하 '1차 소지행위'라 한다), 그 후 수차에 걸쳐 투약하고 남은 0.38g을 평소 자신의 지배·관리 아래에 있지 않을 뿐 아니라 일반 투숙객들의 사용에 제공되는 모텔 화장실 천장에 숨겨두어 소지한(이하 '2차 소지행위'라 한다) 사안에서, 1차 소지행위와 2차 소지행위는 소지의 장소와 태양 등에 현저한 차이와 변화가 존재하고, 2차 소지행위는 1차 소지행위보다 수사기관의 압수·수색 등에 의하여 발각될 위험성이 훨씬 낮은 것이어서, 그만큼 메스암페타민의 오·

> 남용으로 인한 보건상의 위해로 이어질 가능성이 상대적으로 높아 이들 소지행위는 그 소지죄의 보호법익과 관련하여서도 법익침해의 동일성을 달리할 정도의 차이를 보이고 있으므로, 비록 1차 소지행위와 2차 소지행위가 시간적으로 하나의 계속성을 가지는 소지행위에 포섭되는 것이긴 하지만, 피고인은 2차 소지행위를 통하여 1차 소지행위와는 별개의 실력적 지배관계를 객관적으로 드러냈다고 평가하기에 충분하다는 이유로, 2차 소지행위를 1차 소지행위와 별개의 독립한 범죄로 보고 마약류관리에 관한 법률 위반(향정)의 공소사실을 유죄로 인정한 원심판단을 정당하다고 한 사례(2010도16742)

2. 징벌적 추징관련 판례

판례는 관세법, 외국환거래법, 마약류 관리에 관한 법률 등에서 규정한 추징 등을 '징벌적 추징'으로 파악하고 있다. 추징의 대상·범위와 관련하여 학설의 대립이 있으나, 판례는 다음과 같은 입장에 있다.

공범 간의 관계에서는 ① 공범 전원에 대하여 공동 연대의 추징이 가능하고(84도397, 94도1075, 2010도7251), ② 다만, 그 중 한 사람이 추징금 전액을 납부하였을 때에는 다른 사람은 추징의 집행을 면할 것이나, 그 일부라도 납부되지 아니하였을 때에는 그 범위 내에서 각 범칙자는 추징의 집행을 면할 수 없다(95도2002).

단계적 추징에 관하여는, 그 소유자나 최종소지인으로부터 마약류의 전부 또는 일부를 몰수하였다면 다른 취급자들과의 관계에 있어서도 실질상 이를 몰수한 것과 마찬가지이므로 그 몰수된 마약류의 가액부분은 이를 추징할 수 없다는 입장을 취하고 있다(2009도2819).

한편, 추징의 범위에 관하여는 피고인을 기준으로 하여 그가 취급한 범위 내에서 의약품 가액 전액의 추징을 명하면 되는 것이지 동일한 의약품을 취급한 피고인의 일련의 행위가 별죄를 구성한다 하여 그 행위마다 따로 그 가액을 추징하여야 하는 것은 아니라는 입장이다(2000도546).

추징은 몰수 대상물이 소비·훼손 등의 장애로 몰수하기 불가능할 때 그에 갈음하여 가액 상당의 납부를 명하는 부수처분으로 이미 몰수가 되었거나 몰수가 허용되지 않는 물건에 대하여는 추징도 할 수 없다. 압수물이 형사소송법 제130조 제2항 제3항 및 제219조에 따라 기소 전에 이미 감정 소모되어 현존하지 않게 되었다면, 그 압수물은 몰수의 대상이 아닐 뿐 아니라(2009도6982), 이미 압수된 상태에서 감정 소모되어 몰수할 수 없게 된 압수물의 해당 금액을 귀책사유가 없는 피고인에게 추징할 수도 없다.

3. 마약범죄 관련 강제 채뇨 절차

> • [1] 강제 채뇨는 피의자가 임의로 소변을 제출하지 않는 경우 피의자에 대하여 강제력을 사용해서 도뇨관(catheter)을 요도를 통하여 방광에 삽입한 뒤 체내에 있는 소변을 배출시켜 소변을 취득·보관하는 행위이다. 수사기관이 범죄 증거를 수집할 목적으로 하는 강제 채뇨는 피의자의 신체에 직접적인 작용을 수반할 뿐만 아니라 피의자에게 신체적 고통이

나 장애를 초래하거나 수치심이나 굴욕감을 줄 수 있다. 따라서 피의자에게 범죄 혐의가 있고 그 범죄가 중대한지, 소변성분 분석을 통해서 범죄 혐의를 밝힐 수 있는지, 범죄 증거를 수집하기 위하여 피의자의 신체에서 소변을 확보하는 것이 필요한 것인지, 채뇨가 아닌 다른 수단으로는 증명이 곤란한지 등을 고려하여 범죄 수사를 위해서 강제 채뇨가 부득이하다고 인정되는 경우에 최후의 수단으로 적법한 절차에 따라 허용된다고 보아야 한다. 이때 의사, 간호사, 그 밖의 숙련된 의료인 등으로 하여금 소변 채취에 적합한 의료장비와 시설을 갖춘 곳에서 피의자의 신체와 건강을 해칠 위험이 적고 피의자의 굴욕감 등을 최소화하는 방법으로 소변을 채취하여야 한다. [2] 수사기관이 범죄 증거를 수집할 목적으로 피의자의 동의 없이 피의자의 소변을 채취하는 것은 법원으로부터 감정허가장을 받아 형사소송법 제221조의4 제1항, 제173조 제1항에서 정한 '감정에 필요한 처분'으로 할 수 있지만(피의자를 병원 등에 유치할 필요가 있는 경우에는 형사소송법 제221조의3에 따라 법원으로부터 감정유치장을 받아야 한다), 형사소송법 제219조, 제106조 제1항, 제109조에 따른 압수·수색의 방법으로도 할 수 있다. 이러한 압수·수색의 경우에도 수사기관은 원칙적으로 형사소송법 제215조에 따라 판사로부터 압수·수색영장을 적법하게 발부받아 집행해야 한다. 압수·수색의 방법으로 소변을 채취하는 경우 압수대상물인 피의자의 소변을 확보하기 위한 수사기관의 노력에도 불구하고, 피의자가 인근 병원 응급실 등 소변 채취에 적합한 장소로 이동하는 것에 동의하지 않거나 저항하는 등 임의동행을 기대할 수 없는 사정이 있을 때에는 수사기관으로서는 소변 채취에 적합한 장소로 피의자를 데려가기 위해서 필요 최소한의 유형력을 행사하는 것이 허용된다. 이는 형사소송법 제219조, 제120조 제1항에서 정한 '압수·수색영장의 집행에 필요한 처분'에 해당한다고 보아야 한다. 그렇지 않으면 피의자의 신체와 건강을 해칠 위험이 적고 피의자의 굴욕감을 최소화하기 위하여 마련된 절차에 따른 강제 채뇨가 불가능하여 압수영장의 목적을 달성할 방법이 없기 때문이다(2018도6219).[101]

- 마약류 불법거래 방지에 관한 특례법(이하 '마약거래방지법'이라고 한다) 제6조를 위반하여 마약류를 수출입·제조·매매하는 행위 등을 업으로 하는 범죄행위의 정범이 그 범죄행위로 얻은 수익은 마약거래방지법 제13조부터 제16조까지의 규정에 따라 몰수·추징의 대상이 된다. 그러나 위 정범으로부터 대가를 받고 판매할 마약을 공급하는 방법으로 위 범행을 용이하게 한 방조범은 정범의 위 범죄행위로 인한 수익을 정범과 공동으로 취득하였다고 평가할 수 없다면 위 몰수·추징 규정에 의하여 정범과 같이 추징할 수는 없고, 그 방조범으로부터는 방조행위로 얻은 재산 등에 한하여 몰수, 추징할 수 있다고 보아야 한다(2020도16369).

---

101) 피고인이 메트암페타민(일명 '필로폰')을 투약하였다는 마약류 관리에 관한 법률 위반(향정) 혐의에 관하여, 피고인의 소변(30cc), 모발(약 80수), 마약류 불법사용 도구 등에 대한 압수·수색·검증영장을 발부받은 다음 경찰관이 피고인의 주거지를 수색하여 사용 흔적이 있는 주사기 4개를 압수하고, 위 영장에 따라 3시간가량 소변과 모발을 제출하도록 설득하였음에도 피고인이 계속 거부하면서 자해를 하자 이를 제압하고 수갑과 포승을 채운 뒤 강제로 병원 응급실로 데리고 가 응급구조사로 하여금 피고인의 신체에서 소변(30cc)을 채취하도록 하여 이를 압수한 사안에서, 피고인의 소변에 대한 압수영장 집행이 적법하다고 본 원심판단을 수긍한 사례

4. 기타 관련 판례

마약류 관리에 관한 법률은 향정신성의약품을 마약류취급의료업자로부터 투약받아 소지하는 경우에는 마약류취급자가 아닌 자도 마약류를 취급할 수 있다고 규정하고 있는데(제4조 제2항 제1호), 이 규정에 의하여 허용되는 마약류의 '취급'은 특정인이나 특정 동물에 대한 치료라고 하는 마약류 제공 목적에 부합하는 사용 및 이를 위한 소지, 소유, 운반 등에 한정되고, 이에 의하여 취급이 허용되는 대상도 마약류관리법에 따라 마약류취급의료업자로부터 제공받아 소지하게 된 마약류에 한정된다고 보아야 한다. (중략) 따라서 마약류취급의료업자로부터 마약류관리법에 따라 자신에 대한 투약 용도로 제공받아 소지하게 된 마약류를 수출하거나 매매하는 경우는 물론 이를 자신이 아닌 다른 사람 등에게 투약하거나 다른 사람 등의 투약을 위하여 제공하는 행위는 제4조 제2항 제1호에 의하여 허용되는 '취급'에 포함되지 아니하고, 제4조 제1항에 의하여 금지된 것으로서 제61조 제1항 제5호의 처벌대상에 해당한다. 이는 제61조 제1항 제7호가 '제5조 제2항을 위반하여 향정신성의약품, 대마 또는 임시마약류를 취급한 자'를 제61조 제1항 제5호 위반자와 같은 형으로 처벌하도록 규정하고 있다고 하여 달리 볼 수 없다(2021도16232 등).

XII. 기타 특정범죄 가중처벌 등에 관한 법률 위반 범죄

특정범죄 가중처벌 등에 관한 법률 제5조의9(보복범죄의 가중처벌 등) ① 자기 또는 타인의 형사사건의 수사 또는 재판과 관련하여 고소·고발 등 수사단서의 제공, 진술, 증언 또는 자료제출에 대한 보복의 목적으로 「형법」 제250조제1항의 죄를 범한 사람은 사형, 무기 또는 10년 이상의 징역에 처한다. 고소·고발 등 수사단서의 제공, 진술, 증언 또는 자료제출을 하지 못하게 하거나 고소·고발을 취소하게 하거나 거짓으로 진술·증언·자료제출을 하게 할 목적인 경우에도 또한 같다.

② 제1항과 같은 목적으로 「형법」 제257조제1항·제260조제1항·제276조제1항 또는 제283조제1항의 죄를 범한 사람은 1년 이상의 유기징역에 처한다.

③ 제2항의 죄 중 「형법」 제257조제1항·제260조제1항 또는 제276조제1항의 죄를 범하여 사람을 사망에 이르게 한 경우에는 무기 또는 3년 이상의 징역에 처한다.

④ 자기 또는 타인의 형사사건의 수사 또는 재판과 관련하여 필요한 사실을 알고 있는 사람 또는 그 친족에게 정당한 사유 없이 면담을 강요하거나 위력을 행사한 사람은 3년 이하의 징역 또는 300만원 이하의 벌금에 처한다.

제5조의10(운행 중인 자동차 운전자에 대한 폭행 등의 가중처벌) ① 운행 중(「여객자동차 운수사업법」 제2조제3호에 따른 여객자동차운송사업을 위하여 사용되는 자동차를 운행하는 중 운전자가 여객의 승차·하차 등을 위하여 일시 정차한 경우를 포함한다)인 자동차의 운전자를 폭행하거나 협박한 사람은 5년 이하의 징역 또는 2천만원 이하의 벌금에 처한다.

② 제1항의 죄를 범하여 사람을 상해에 이르게 한 경우에는 3년 이상의 유기징역에 처하고, 사망에 이르게 한 경우에는 무기 또는 5년 이상의 징역에 처한다.

제5조의13(어린이 보호구역에서 어린이 치사상의 가중처벌) 자동차등의 운전자가 「도로교통법」 제12조제3항에 따른 어린이 보호구역에서 같은 조 제1항에 따른 조치를 준수하고 어린이의 안전에 유의하면서

> 운전하여야 할 의무를 위반하여 어린이(13세 미만인 사람을 말한다. 이하 같다)에게 「교통사고처리 특례법」 제3조제1항의 죄를 범한 경우에는 다음 각 호의 구분에 따라 가중처벌한다.
>
>   1. 어린이를 사망에 이르게 한 경우에는 무기 또는 3년 이상의 징역에 처한다.
>   2. 어린이를 상해에 이르게 한 경우에는 1년 이상 15년 이하의 징역 또는 500만원 이상 3천만원 이하의 벌금에 처한다.
>
> **제14조(무고죄)** 이 법에 규정된 죄에 대하여 「형법」 제156조에 규정된 죄를 범한 사람은 3년 이상의 유기징역에 처한다.

1. 보복범죄의 가중처벌 - 제5조의9

> 구 특정범죄 가중처벌 등에 관한 법률(2010. 3. 31. 법률 제10210호로 개정되기 전의 것) 제5조의9 제2항은 '자기 또는 타인의 형사사건의 수사 또는 재판과 관련하여 고소·고발 등 수사단서의 제공, 진술, 증언 또는 자료제출에 대한 보복의 목적' 또는 '고소·고발 등 수사단서의 제공, 진술, 증언 또는 자료제출을 하지 못하게 하거나 고소·고발을 취소하게 하거나 거짓으로 진술·증언·자료제출을 하게 할 목적'으로 형법상 폭행죄, 협박죄 등을 범한 경우 형법상의 법정형보다 더 무거운 1년 이상의 유기징역에 처하도록 하고 있다. 여기에서 행위자에게 그러한 목적이 있었는지 여부는 행위자의 나이, 직업 등 개인적인 요소, 범행의 동기 및 경위와 수단·방법, 행위의 내용과 태양, 피해자와의 인적 관계, 범행 전후의 정황 등 여러 사정을 종합하여 사회통념에 비추어 합리적으로 판단하여야 한다(2009도12055).

2. 운행 중인 자동차운전자에 대한 폭행 등 가중처벌 - 제5조의10

> - 특정범죄 가중처벌 등에 관한 법률(이하 '특정범죄가중법'이라 한다) 제5조의10 제1항, 제2항은 운행 중인 자동차의 운전자를 폭행하거나 협박하여 운전자나 승객 또는 보행자 등의 안전을 위협하는 행위를 엄중하게 처벌함으로써 교통질서를 확립하고 시민의 안전을 도모하려는 목적에서 특정범죄가중법이 2007. 1. 3. 법률 제8169호로 개정되면서 신설된 것이다. 법 해석의 법리에 따라 법률에 사용된 문언의 통상적인 의미에 기초를 두고 입법 취지와 목적, 보호법익 등을 함께 고려하여 살펴보면, 특정범죄가중법 제5조의10의 죄는 제1항, 제2항 모두 운행 중인 자동차의 운전자를 대상으로 하는 범행이 교통질서와 시민의 안전 등 공공의 안전에 대한 위험을 초래할 수 있다고 보아 이를 가중처벌하는 이른바 추상적 위험범에 해당하고, 그중 제2항은 제1항의 죄를 범하여 사람을 상해나 사망이라는 중한 결과에 이르게 한 경우 제1항에 정한 형보다 중한 형으로 처벌하는 결과적 가중범 규정으로 해석할 수 있다. 따라서 운행 중인 자동차의 운전자를 폭행하거나 협박하여 운전자나 승객 또는 보행자 등을 상해나 사망에 이르게 하였다면 이로써 특정범죄가중법 제5조의10 제2항의 구성요건을 충족한다(2014도13345).
>
> - [1] 특정범죄 가중처벌 등에 관한 법률 제5조의10 제1항은 "운행 중(여객자동차 운수사업법 제2조 제3호에 따른 여객자동차운송사업을 위하여 사용되는 자동차를 운행하는 중 운전자가 여객의 승차·하차 등을 위하여 일시 정차한 경우를 포함한다)인 자동차의 운전자를 폭행하거나 협박한 사람은 5년 이하의 징역 또는 2천만 원 이하의 벌금에 처한다.", 제2항은 "제1항

의 죄를 범하여 사람을 상해에 이르게 한 경우에는 3년 이상의 유기징역에 처하고, 사망에 이르게 한 경우에는 무기 또는 5년 이상의 징역에 처한다."라고 규정하여 운행 중인 자동차의 운전자를 폭행·협박하거나 이로 인하여 상해 또는 사망에 이르게 한 경우를 가중처벌하고 있다. 특정범죄가중법 제5조의10의 문언 형식, 입법 취지 및 보호법익, 특정범죄가중법상 다른 자동차 등 관련 범죄의 가중처벌 규정과의 체계적 해석 등을 종합하면, **특정범죄가중법 제5조의10의 '자동차'는 도로교통법상의 자동차를 의미하고 도로교통법상 원동기장치자전거는 '자동차'에 포함되지 않는다.** [2] 자동차관리법 제2조 제1호, 제3조 제1항은 '자동차'의 범위에 모든 이륜자동차가 포함되는 것으로 규정하고, 도로교통법 제2조 제18호 (가)목 단서, 제19호는 자동차관리법 제3조에 정한 이륜자동차 중 원동기장치자전거, 즉 '배기량 125cc 이하(전기를 동력으로 하는 경우에는 최고정격출력 11kW 이하)의 이륜자동차'는 '자동차'의 범위에서 제외한다고 규정하고 있다. 이와 같이 자동차관리법과 도로교통법이 '자동차'의 범위를 달리 정한 것은 자동차관리법은 자동차의 등록, 안전기준 등에 관한 사항을 정하여 자동차를 효율적으로 관리하고 자동차의 성능 및 안전을 확보하는 것을 목적으로 하는 데 비하여 도로교통법은 도로에서 일어나는 교통상의 모든 위험과 장해를 방지하고 제거하여 안전하고 원활한 교통을 확보하는 것을 목적으로 하여 입법 목적이 서로 다르기 때문이다. 특정범죄 가중처벌 등에 관한 법률 제5조의10은 운행 중인 자동차의 운전자를 상대로 폭력 등을 행사하여 운전자나 승객 또는 보행자 등의 안전을 위협하는 행위를 엄중하게 처벌함으로써 교통질서를 확립하고 시민의 안전을 도모하기 위한 것이다. 이와 같은 입법 취지는, 자동차관리법의 입법 취지보다는 도로에서 일어나는 교통상의 모든 위험과 장해를 방지하고 제거하여 안전하고 원활한 교통을 확보하는 것을 목적으로 하는 도로교통법의 입법 취지에 가장 부합한다(2022도1013).

3. 무고죄의 가중처벌

[1] (전략) 특정범죄가중법의 입법 목적, 특정범죄가중법 제14조의 조문 위치와 문언의 체계 및 입법 취지에 더하여, 형벌법규의 해석은 엄격하여야 하고, 명문의 형벌법규의 의미를 피고인에게 불리한 방향으로 지나치게 확장해석하거나 유추해석하는 것은 죄형법정주의의 원칙에 어긋나는 것으로서 허용되지 아니하는 점 등을 종합하여 보면, **특정범죄가중법 제14조의 '이 법에 규정된 죄'에 특정범죄가중법 제14조 자체를 위반한 죄는 포함되지 않는다고 해석함이 타당하다.** [2] 피고인이 교통사고를 야기하고 도주한 것이 사실인데도, 갑 등이 '피고인이 교통사고를 일으키고 도망하였다'는 내용으로 피고인을 뺑소니범으로 경찰에 허위로 고소하였으니 갑 등을 무고죄로 처벌해 달라는 내용의 고소장을 작성하여 경찰서에 제출함으로써 갑 등으로 하여금 **특정범죄 가중처벌 등에 관한 법률**(이하 '특정범죄가중법'이라고 한다) **위반(무고)으로 형사처분을 받게 할 목적으로 무고하였다고 하여 특정범죄가중법 위반(무고)으로 기소된 사안**에서, 특정범죄가중법 제14조의 '이 법에 규정된 죄'에 특정범죄가중법 제14조 자체를 위반한 죄는 포함되지 않는데도, 원심이 이와 달리 보아 공소사실에 관하여 특정범죄가중법 제14조를 적용하여 특정범죄가중법 위반(무고)죄로 판단한 것은 특정범죄가중법 제14조의 해석 및 특정범죄가중법 위반(무고)죄의 구성요건에 관한 법리를 오해함으로써 판단을 그르친 것이라고 한 사례(2017도20241 등).

홍형철 변호사

서울대학교 졸업
제54회 사법시험 합격
제44기 사법연수원 수료
법무법인 율지 구성원변호사
에듀윌 법원직·검찰직시험 형사소송법
합격의 법학원 변호사·경찰간부·법무사·법원승진시험 형사법

[제5판]
올어바웃 기록형 형사법 1 (핵심정리)

2017년	6월	30일	초 판	제1쇄발행
2023년	5월	15일	제5판	제1쇄인쇄
2023년	5월	25일	제5판	제1쇄발행

편저자 홍 형 철
발행인 이 종 은
발행처 새 흐 름
　　　　서울특별시 마포구 독막로 295 삼부골든타워 212호
　　　　전 화　(02) 713-3069 FAX (02) 713-0403
　　　　등 록　2014. 1. 21. 제2014-000041호(윤)
　　　　홈페이지 www.sehr.co.kr

편저자와
협의하여
인지첨부를
생략함

파본은 바꿔드립니다.　　　　　본서의 무단복제행위를 금합니다.

정 가 26,000원　　　　　　　　ISBN 979-11-6293-387-9